Droit pénal européen

Droit pénal européen

2e édition

2002

Jean Pradel
Professeur à l'Université de Poitiers
Ancien magistrat

Geert Corstens
Conseiller à la Cour Suprême des Pays-Bas
Ancien professeur à l'Université Catholique Nimègue

DALLOZ

DALLOZ

31-35, rue Froidevaux - 75685 Paris cedex 14

SOMMAIRE

(Une table des matières détaillée figure à la fin de l'ouvrage)

AVANT-PROPOS
de la première édition

Cet ouvrage est le résultat d'une coopération franco-néerlandaise qui a son origine dans la collaboration entre les Facultés de Droit de Nimègue et de Poitiers, remontant à plus de cinquante ans. Les deux auteurs, à l'époque tous deux professeurs de droit pénal, se sont rencontrés pendant un des colloques à l'occasion desquels les collègues poitevins et niméguois se retrouvent tous les trois ans.

Une amitié et un intérêt commun les lient depuis déjà beaucoup d'années. C'est grâce à cette amitié qu'ils ont réussi à accomplir la tâche qui a pesé beaucoup plus qu'ils l'avaient estimé au début. L'intérêt commun, c'est la justice pénale, thème inépuisable, matière affectant la condition humaine d'une manière des plus intensives et thème se prolongeant aujourd'hui sur le plan européen. Cet intérêt commun les a réuni maintes fois dans le fameux Institut Supérieur International des Sciences Criminelles à Syracuse. Lors de l'une de ces rencontres, l'idée a surgi de développer dans un ouvrage commun le thème du droit Pénal Européen. En voici aujourd'hui le résultat.

Les auteurs remercient M. A. Meij, ancien collègue de l'un d'eux et spécialiste de droit communautaire, qui a commenté la troisième partie. Ils sont en outre très reconnaissant à l'égard de l'Institut néerlandais à Paris et de ses directeurs successifs, MM. Veer et Pröpper. L'Institut leur a offert son hospitalité durant les rencontres au stade final du projet *.

* Jean Pradel a rédigé les numéros 1 à 270 et 338 à 364 ; Geert Corstens les numéros 271 à 337 et 365 à 502.

ABRÉVIATIONS

ALD	*Actualités législatives Dalloz*
Annuaire	*Annuaire de la Convention européenne des droits de l'homme*
AFDI	*Annuaire français de droit international*
APC	Archives de politique criminelle
Bull. crim.	*Bulletin criminel* (des arrêts de la Chambre criminelle de la Cour de cassation de France)
Cah. dr. eur.	*Cahiers de droit européen*
CE	Traité instituant la Communauté européenne (Rome, 1957)
CE Amsterdam	Traité instituant la Communauté européenne tel que modifié par le Traité d'Amsterdam signé le 2 octobre 1997
CECA	Traité instituant la Communauté européenne du charbon et de l'acier
CEDH	Cour européenne des droits de l'homme (Strasbourg)
Ch. mixte	Chambre mixte de la Cour de cassation
CJCE	Cour de justice des Communautés européennes (Luxembourg)
Comm. EDH	Commission européenne des droits de l'homme
Cons. const.	Conseil constitutionnel
Conv. EDH	Convention européenne des droits de l'homme
CP	Code pénal
CPP	Code de procédure pénale
Crim.	Chambre criminelle (de la Cour de cassation de France)
D.	*Dalloz* (Recueil)
DR	Décisions et rapports de la Commission européenne des droits de l'homme
Dr. pén.	Droit pénal, éditions du Juris-Classeur
Euratom	Traité instituant la Communauté européenne de l'énergie atomique
Feuille d'inf.	Feuille d'information sur les droits de l'homme (Direction des droits de l'homme)

Gaz. Pal.	*Gazette du Palais*
JCP	*Jurisclasseur périodique*
JDI	*Journal de droit international* (Clunet)
JOCE	*Journal officiel des Communautés européennes*
Pas.	Pasicrisie
PIF	Convention relative à la protection des intérêts financiers des Communautés européennes
RD pén. crim.	*Revue de droit pénal et de criminologie*
RD publ.	*Revue de droit public et de science politique en France et à l'étranger*
RFD adm.	*Revue française de droit administratif*
RID comp.	*Revue internationale de droit comparé*
RGDI publ.	*Revue générale de droit international public*
RID pén.	*Revue internationale de droit pénal*
RICPT	*Revue internationale de criminologie et de police technique*
Rev. dr. homme	*Revue des droits de l'homme*
Rev. pénit.	*Revue pénitentiaire et de droit pénal*
Rev. sc. crim.	*Revue de science criminelle et de droit pénal comparé*
RTD civ.	*Revue trimestrielle de droit civil*
RTD eur.	*Revue trimestrielle de droit européen*
RTDH	*Revue trimestrielle des droits de l'homme*
RUDH	*Revue universelle des droits de l'homme*
TPICE	Tribunal de première instance des Communautés européennes
TUE	Traité sur l'Union européenne (Maastricht, 1992)
TUE Amsterdam	Traité sur l'Union européenne tel que modifié par le Traité d'Amsterdam signé le 2 octobre 1997

INTRODUCTION

1 ***Le droit pénal en général et le droit pénal européen*** ◇ À côté des droits pénaux nationaux (internes), il existe des droits pénaux extra nationaux dont le propre est d'impliquer deux ou plusieurs États et que l'on peut appeler les droits pénaux internationaux au sens large. La doctrine enseigne que le droit pénal international « est la branche du droit criminel qui règle l'ensemble des problèmes pénaux qui se posent au plan international » [1]. Or il existe trois sortes de droits pénaux internationaux.

Il existe d'abord le *droit pénal qui n'intéresse que deux États* et qui pose des problèmes classiques. Si un français tue une personne dans un pays autre que la France, il s'agit de savoir quel juge sera compétent et quelle loi sera applicable. La solution est fournie soit par la loi interne — en fait le code pénal ou le code de procédure pénale — soit par des conventions bilatérales [2]. Le juge compétent est un juge national, appartenant à l'un des États concernés [3].

Plus récemment est apparu un *droit pénal international mondial*, orchestré par une communauté internationale comme l'ONU. Déjà, au lendemain de la seconde guerre mondiale, les puissances victorieuses avaient conçu des juridictions internationales — et non pas nationales — pour sanctionner les auteurs d'infractions contre le droit des gens (crimes contre la paix, crimes de guerre et crimes contre l'humanité) [4]. L'accord de Londres du 8 août 1945 établit un tribunal militaire international pour juger les grands criminels de guerre des puissances européennes de l'Axe « dont les crimes sont sans localisation géographique précise ». Ce sera le Tribunal de Nuremberg qui, le

1. A. Huet et R. Koering-Joulin, *Droit pénal international,* PUF, Paris, 2e éd., 2001, p. 1.
2. On pense aux innombrables traités d'extradition notamment.
3. Il s'agit d'une délinquance « ordinaire », qui n'est internationale que par son lieu de commission.
4. Cl. Lombois, *Droit pénal international*, 2e éd., Dalloz 1978.

1er octobre 1946 condamnera une vingtaine d'accusés, dont plusieurs à la peine capitale [1]. Plus près de nous et à la suite des atrocités commises en ex-Yougoslavie à partir de 1990, l'ONU a décidé, suivant résolution 808 (1993) du 22 février 1993 de créer « un tribunal international pour juger les personnes présumées responsables de violations graves du droit humanitaire international commises sur le territoire de l'ex-Yougoslavie depuis 1991 ». Le statut de ce nouveau tribunal a été adopté par le Conseil de sécurité le 25 mai 1993 dans sa résolution 827. Installé en novembre 1993, le tribunal s'est doté d'un règlement de procédure et de preuve le 11 février 1994. Situé à La Haye, il a déjà rendu plusieurs décisions de condamnation [2]. Et dans le sillage de cette expérience [3], il est fortement question aujourd'hui de mettre en œuvre une Cour criminelle internationale, qui serait internationale et permanente [4].

Enfin, concomitament se développent à l'échelon intermédiaire, des *droits pénaux régionaux*. Un colloque de l'Association internationale de droit pénal s'est tenu en septembre 1992 à Helsinki sur la régionalisation du droit pénal international et à cette occasion, il avait été admis « pour les besoins du sujet » que le terme « régionalisation » vise « le développement de modalités de collaboration internationale qui lient au moins trois États indépendants appartenant à une entité géographique bien précise » [5]. C'est dans ce cadre régional que l'on peut placer le droit pénal européen.

2 ***Le droit pénal européen en lui-même*** ◇ Il est peu aisé de définir le droit pénal européen d'autant plus que si les juristes utilisent cette expression depuis plusieurs décennies [6], il ne semble pas encore à

1. R. MERLE et A. VITU, *Traité de droit criminel*, 7e éd. Cujas, 1997, nos 370 et s.

2. J.-P. GETTI et K. LESCURE, « Histoire du fonctionnement du tribunal pénal international pour l'ex-Yougoslavie », *RID pén.* 1996, p. 233 et s.

3. Et aussi de celle du tribunal international pour le Rwanda, résolution n° 955 du 8 nov. 1994, v. Larry D. JOHNSON, « The international tribunal for Rwanda », *RID pén.* 1996, p. 211 et s.

4. V. résolution adoptée par l'Assemblée générale des Nations-Unies portant création d'une Cour criminelle internationale, en date du 11 décembre 1995, *RID pén.* 1996, p. 117 et s. L'acte fondateur de cette juridiction a été signé à Rome en juillet 1998 par 120 États, mais manquent encore les ratifications.

5. La régionalisation du droit pénal international et la protection des droits de l'homme dans les procédures de coopération internationale en matière pénale, *RID pén.* 1994, p. 21.

6. Au détour d'articles plus ou moins approfondis. V. par exemple en dernier lieu, M. DELMAS-MARTY, « Vers un droit pénal européen commun ? », *Arch. pol. crim.* 1997, n° 19, p. 9 et s. « Hacia un derecho penal ecónomico europeo », Jornadas en honor del Profesor Klaus Tiedemann, *Boletin oficial del Estado,* Madrid, 1995 (une quarantaine de contributions). Une des premières synthèses, intitulée Droit pénal européen, est celle de l'Institut d'Études européennes, de l'Université libre de Bruxelles, Presses Universitaires de Bruxelles, 1970 (étude limitée cependant à la Convention européenne des droits de l'homme et à diverses Conventions du Conseil de l'Europe).

l'heure actuelle exister de théorie générale de la matière, d'ouvrages d'ensemble.

Le meilleur parti est sans doute de donner une définition très simple du droit pénal européen. Ce droit est constitué d'un *ensemble de normes pénales (substantielles, procédurales, pénitentiaires) communes à divers États d'Europe dans le souci de mieux lutter contre la criminalité et notamment contre la criminalité transnationale organisée.* Cette définition fait aussitôt apparaître des obstacles à un tel droit. Mais elle invite aussi à se demander si un droit pénal européen correspond bien à une nécessité [1].

1° S'interroger sur les *obstacles* à l'édification d'un droit pénal européen, c'est se demander si cette tâche est possible.

Un premier obstacle est constitué par l'idée de souveraineté : exercer la justice — et surtout la justice pénale — est un attribut de la souveraineté, comme la gestion d'une politique étrangère ou le fait de battre monnaie. Et, de façon voisine, les peuples composant l'Europe ressentent tout effort d'unification européenne comme une atteinte à leur culture propre. C'est ce qui pousse les décideurs européens à se réfugier derrière des valeurs indiscutables comme l'État de droit, la démocratie ou les droits de l'homme. On retrouve derrière ce premier obstacle l'idée de nation ou si l'on préfère l'idée — très forte et très légitime — d'une Europe des nations [2].

Un second obstacle provient des particularismes nationaux en droit pénal — notamment à propos des fraudes commises au préjudice de la Communauté européenne — et plus encore en procédure pénale. On sait qu'il existe en Europe deux grands systèmes, celui du « droit pénal continental » issu du droit romain pour une bonne part, et celui de common law représenté notamment en Angleterre. Sans doute peut-on noter actuellement des rapprochements entre ces deux systèmes : les Anglais ont adopté en 1986 une sorte de ministère public tandis que les législateurs d'Europe continentale ont importé la probation [3]. Il faut noter aussi le rôle croissant du droit écrit dans les pays de common law. De même, et plus encore, la distinction entre système procédural continental (inquisitoire) et système procédural anglais (accusatoire) tend à s'estomper dans une certaine mesure. Il est cependant peu raisonnable de penser qu'un droit unique s'appliquera dans toutes les contrées d'Europe. Les différences juridiques, sociologiques et culturelles s'y opposent et s'y opposeront encore pour longtemps. Sur des points précis et capi-

1. A. TSITSOURA, « Faut-il un droit pénal européen ? », *Pouvoirs,* n° 55, 1990, p. 133 et s. ; A. BERNARDI, « Verso una codificazione penale europea ? Ostacoli e prospettive », *Annali dell'Universita di Ferrara,* nuova serie, 1996 ; du même auteur, « Vers une européanisation du droit pénal des affaires ? Limites et perspectives d'un *ius commune criminale* », *RD pén. crim.* 1997, p. 405 et s. ; A. CADOPPI, « Towards a European Criminal Code ? », *European Journal of Crime, Criminal law and Criminal Justice* 1996, p. 2 et s.

2. V. pour une affirmation de cet idéal, J. CALVET, *La grande faillite. Comment l'éviter,* Plon 1998.

3. J. PRADEL, *Droit pénal comparé,* Dalloz, 1995, *passim.*

taux, les différences subsistent, comme en matière de secret bancaire : nul n'ignore par exemple, que la pratique luxembourgeoise en matière de secret est si extensive que toute coopération est à peu près impossible [1].

Cependant le deuxième obstacle n'est peut-être pas déterminant. D'abord car il y a des pans entiers, quoique bien circonscrits, qui pourraient être unifiés, par exemple en droit pénal général (comme les causes de non-responsabilité) et même en droit pénal spécial. Sur ce dernier plan, on pense avant tout à la fraude communautaire, incrimination indispensable à la protection des intérêts financiers des Communautés. Si certaines législations internes incriminent déjà la fraude communautaire, comme l'Allemagne et l'Italie, beaucoup d'autres l'ignorent : ainsi en France et aux Pays-Bas, la poursuite n'est possible que sur la base d'incriminations de droit commun comme l'escroquerie, le faux, la tromperie, voire la fraude douanière qui en fait aboutit souvent à des transactions lesquelles font échapper le délinquant à la justice pénale. On pourrait envisager d'avoir un délit spécifique réprimant la fraude communautaire [2]. La problématique est la même en matière d'environnement [3] et plus généralement pour les délits concernant des matières sur lesquelles il n'y a pas (ou pas encore) de tradition juridique nationale [4]. Bien sûr, il ne s'agirait pas de faire juger ces affaires par une juridiction européenne supra nationale [5]. On pourrait plus modestement conce-

1. D. Robert, *La justice ou le chaos*, Stock, Paris 1996, *passim*.

2. V. la proposition d'un texte sur la définition de la fraude communautaire, sur les problèmes de responsabilité et de procédure, réalisé à la demande du Parlement européen, *Corpus juris* portant dispositions pénales pour la protection des intérêts financiers de l'Union européenne, sous la direction de M. Delmas-Marty. Direction générale du contrôle financier de la Communauté, Economica, Paris, 1997 (ce projet va jusqu'à créer un procureur européen menant les enquêtes concernant les fraudes au budget de l'Union européenne, ce qui suppose cependant une modification des législations et de l'Union, ce qui fait apparaître le projet comme bien ambitieux). *Add.* à titre de première exploration, *La protection juridique des intérêts financiers des Communautés européennes,* sous la direction de F. Tulkens, Ch. Van Den Wyngaert et I. Verougstraete, Bruylant, Bruxelles, 1992. V. encore pour une vision plus large, A. Bernardi, « Vers une européanisation du droit pénal des affaires ? Limites et perspectives d'un *ius commune criminale* », in *The Unification of International Commercial Law,* Franco Ferrari éd. Tilburg Lectures, Nomos Verlagsgesellschaft, 1998, p. 201 et s., étude parue aussi à la *RD pén. crim.* 1997, p. 405 et s.

3. V. déjà la Résolution du Conseil de l'Europe (77) 28 sur la contribution du droit pénal à la protection de l'environnement, et la XVIIe conférence des ministres européens de la justice sur le thème Protection de l'environnement par le droit pénal, avec le rapport du ministre de la justice de RFA, Conseil de l'Europe, 1990.

4. Comme les délits informatiques ou ceux qui sont liés à des maladies transmissibles.

5. Comp. la proposition d'un ministère public européen pour la poursuite d'infraction ayant portée atteinte aux intérêts financiers de l'Union européenne, suggestion faite dans le cadre du projet Espace judiciaire européen lancé en 1995 par F. De Angelis, in *Corpus juris* portant dispositions pénales pour la protection des intérêts financiers de l'Union européenne préc. V. aussi anciennement l'idée sans lendemain d'une Cour pénale européenne pour résoudre les conflits de compétence en matière législative et judiciaire entre États, P. Bouzat, « Proposition pour la constitution d'une Cour pénale européenne », in *RID pén.* 1967, p. 179 et s., et P.-E. Trousse, « Le règlement des compétences en matière pénale », in *Droit pénal européen,* préc. p. 420 et s.

voir que des règles uniformes seraient intégrées dans les droits nationaux et appliquées par des juges nationaux. Il existe d'autre part une seconde raison au caractère non déterminant de l'obstacle au développement d'un droit européen, c'est qu'il suffit bien souvent de prévoir une harmonisation entre droits : le droit pénal européen est alors fait de conventions d'entraide et de principes directeurs. À cet égard, il faut signaler le rôle déterminant du Conseil de l'Europe quant à l'harmonisation des législations pénales, et plus précisément le rôle du Comité européen pour les problèmes criminels créé le 5 mai 1949, devenu aujourd'hui le Comité directeur pour les problèmes criminels [1]. Si le Conseil de l'Europe a fait un grand nombre de Résolutions et de Recommandations, c'est bien dans l'espoir que les États en tiendront compte lors de leurs réformes législatives [2].

Ce souci de rapprochement s'étend d'ailleurs aux franges du droit pénal et de la procédure pénale avec certains textes concernant le statut des magistrats (question qui certes n'intéresse pas que les magistrats pénaux, mais qui les intéresse au premier chef). On peut citer la Recommandation n° R (94) 12 adoptée par le Comité des ministres du Conseil de l'Europe le 13 octobre 1994, relative à l'indépendance, l'efficacité et au rôle des juges.

2° Il apparaît à la vérité qu'un droit pénal européen, limité pour l'essentiel à un idéal d'harmonisation correspond à une impérieuse *nécessité.*

Cette nécessité découle d'un fait banal, mais certain et capital : la montée et l'internationalisation de la criminalité. Plus précisément, cette criminalité est de plus en plus dangereuse, est le fait d'agents de diverses nationalités et agissant dans divers pays : on parle de plus en plus de criminalité organisée dont les domaines sont surtout le trafic de drogues, le terrorisme, la mafia, voire le trafic d'œuvres d'art ou de véhicules volés puis revendus, sans oublier la corruption de fonctionnaires, cette « peste moderne » (P. Bernasconi). Le crime devenant international, il faut bien que le droit pénal le devienne aussi. C'est bien ce qu'ont compris les responsables qui, au sein des Nations-Unies, organisent tous les cinq ans les fameux Congrès sur « la prévention du crime et le traitement des délinquants ». Cependant, une internationalisation de la lutte contre le crime, si elle est organisée à l'échelle mondiale, est bien difficile à mettre en œuvre, risquant d'aboutir plus d'une fois à des vœux pieux et à rien de plus. C'est à l'échelle régionale que la lutte contre le

1. Dont on ne compte plus les résolutions, projets de conventions et recherches doctrinales sur les thèmes les plus variés en droit pénal spécial, en pénologie, en procédure pénale... V. not. Cl. FAUGERON et L. HULSMAN, « Le développement de la criminologie au sein du Conseil de l'Europe : état et perspectives », in *La justice pénale et l'Europe*, Bruylant, Bruxelles, 1996, p. 23 et s.

2. Ce qui paraît d'autant plus possible que ces divers États de l'Europe, par delà leurs différences inévitables, partagent en gros le même patrimoine culturel, issu de la double tradition chrétienne et humaniste.

crime a toutes chances d'être plus efficace. Voilà la justification d'un droit pénal européen. L'Europe est avant tout un espace géographique, ce qui implique « une intervention pénale au niveau européen et justifie l'inclusion de la matière pénale au cœur du processus de rapprochement des systèmes juridiques en présence » [1]. À l'heure actuelle, plus personne ne doute de sa légitimité et de sa nécessité, et c'est pourquoi les études favorables se multiplient [2].

On devine cependant que ce droit pénal européen, s'il présente une certaine unité, est d'abord placé sous le signe d'une évidente diversité.

SECTION 1. LA DIVERSITÉ DU DROIT PÉNAL EUROPÉEN

3 On peut parler, en simplifiant à l'extrême, d'une bipolarité de l'Europe car il est possible de distinguer schématiquement deux Europes : celle du Conseil de l'Europe (la grande Europe avec 43 États) et l'Europe communautaire des Traités de Rome de 1957 et de Maastricht de 1992, ce dernier créant l'Union européenne (15 États) [3], les Traités de Rome et de Maastricht ayant été eux-mêmes modifiés par le Traité d'Amsterdam signé le 2 octobre 1997, et entré en vigueur le 1er mai 1999 [4]. Il faut enfin mentionner, toujours au titre de l'Union européenne, le Traité de Nice, signé le 20 décembre 2000 et non encore ratifié. La première Europe est celle des droits de l'homme (notion qui déborde d'ailleurs le

1. H. Labayle, « L'application du titre VI du traité sur l'Union européenne à la matière pénale », *Rev. sc. crim.* 1995, p. 48 et s. En outre, cet auteur rappelle que la doctrine justifie souvent l'existence d'un droit pénal européen par la nécessité de compenser le « déficit sécuritaire » issu de la disparition des frontières. Mais il ne pense pas que cette disparition ait vraiment accru la criminalité qui s'est toujours joué des frontières.

2. Outre les études précitées de A. Tsitsoura et A. Bernardi, v. *Mélanges Levasseur,* « Droit pénal, droit européen », *Gazette du Palais* et Litec 1992 ; *Quelle politique pénale pour l'Europe ?,* sous la direction de M. Delmas-Marty, Economica 1993 ; G. Grasso, « Les perspectives de la formation d'un droit pénal de l'Union européenne : les résolutions finales des 6 journées gréco-latines de défense sociale », *Cahiers de défense sociale* 1996, p. 61 et s. ; *La justice pénale et l'Europe,* préc. ; A. Bernardi, *Vers une européanisation du droit pénal des affaires ? Limites et perspectives d'un* ius commune criminale, préc. ; J. Borricand, *Vers l'Europe pénale,* Travaux de l'Institut de Sciences pénales et de criminologie d'Aix-en-Provence, vol. VII, 1993, p. 109 et s.

3. L'Union européenne comprend, comme on l'a dit en doctrine, trois « piliers ». Le premier est constitué par les Communautés européennes, CECA ou Communauté européenne charbon-acier, Euratom (Traité de Rome de 1957). Le second « pilier » est relatif à la politique étrangère et à la sécurité (PES). Enfin le troisième « pilier », créé par le Traité de Maastricht de 1992, traite de la justice et des affaires intérieures (JAI). De la sorte, les Communautés sont une partie de l'Union européenne. V. *infra,* nos 8 et 390 pour les détails.

4. On trouvera la version « consolidée » du Traité instituant la Communauté européenne et du Traité sur l'Union européenne — dans lesquels ont été intégrées les modifications apportées par le traité d'Amsterdam — in *Le Traité d'Amsterdam,* Dalloz 1998 p. 304 et s. Il faut comprendre en effet que le Traité d'Amsterdam a retouché à la fois le Traité sur l'Union européenne (de Maastricht, 1992), et le Traité instituant la Communauté européenne (de Rome, 1957). Ces deux Traités classiques ont ainsi fait l'objet d'une version « consolidée ».

droit pénal) et de la coopération policière et judiciaire, tandis que la seconde est celle du droit communautaire (qui est assez peu pénal et qui suppose une intégration plus poussée).

On rappellera, bien que l'on déborde ici le cadre du droit pénal, que le Conseil de l'Europe est une organisation internationale issue du traité signé à Londres le 5 mai 1949, ce qui en fait une ancienne institution européenne. Il regroupe des États unis par une communauté d'idées libérales. Dans le Préambule du statut du Conseil de l'Europe, il est indiqué notamment que les États signataires (aujourd'hui au nombre de 43) sont « inébranlablement attachés aux valeurs spirituelles et morales qui sont le patrimoine commun de leurs peuples, et qui sont à l'origine des principes de liberté individuelle, de liberté politique et de prééminence du Droit, sur lesquels se fonde toute démocratie véritable ». Ce préambule indique en outre « qu'afin de sauvegarder et de faire triompher progressivement cet idéal et de favoriser le progrès social et économique, une union plus étroite s'impose entre les pays européens qu'animent les mêmes sentiments », ce qui est repris quasiment par l'article 1er. Organiquement, le Conseil de l'Europe comporte un Comité des ministres (organe intergouvernemental représentatif des gouvernements des États européens membres du Conseil de l'Europe et organe essentiel), une Assemblée et un Secrétariat général. Fonctionnellement, le Conseil de l'Europe émet des recommandations destinées aux gouvernements des États membres et élabore des conventions, comme la Convention européenne des droits de l'homme.

L'activité du Conseil de l'Europe a toujours été considérable [1]. Elle déborde largement le travail des juges de Strasbourg. On a parlé de « l'œuvre méconnue, mais essentielle du Conseil de l'Europe » [2]. Le Conseil de l'Europe à travers son « Comité européen pour les problèmes criminels » assure une importante recherche en criminologie [3] et en justice pénale avec des publications devenues des « classiques », à connotation encore assez criminologique [4] ou franchement juridique [5]. La liste de tous ces travaux est régulièrement publiée par le Conseil de l'Eu-

1. *Europäische Verträge/European treaties/Traités européens*, 2 volumes, 1998, Editions du Conseil de l'Europe. Sont rassemblés dans ces deux volumes tous les traités européens (accords, conventions, protocoles additionnels) élaborés de 1949 à 1998, qu'ils soient ou non de nature pénale.

2. P.-H. Bolle, « La politique criminelle européenne : fusion ou confusion », « L'œuvre méconnue du Conseil de l'Europe », *Cahiers de défense sociale*, 1990-1991, p. 191 et 1.

3. Cl. Faugeron et L. Hulsman, « Le développement de la criminologie au sein du Conseil de l'Europe : état et perspectives », in *La justice pénale et l'Europe*, sous la direction de F. Tulkens et H.-D. Bosly, Université catholique de Louvain, Bruylant, 1996, p. 23 ; F. Digneffe, *Recherche criminologique et politique criminelle. Le rôle du Conseil de l'Europe, idem*, p. 59.

4. V. par ex. *La décriminalisation*, 1980, et *Lenteurs dans le système de justice pénale*, 1991.

5. V. par ex. Rapport sur la décriminalisation, 1980 ; La criminalité des affaires, 1981 ; Disparités dans le prononcé des peines, causes et solutions, 1989 ; La criminalité informatique, 1990 ; Privatisation du contrôle de la criminalité, 1990 ; Lenteurs dans le système de justice pénale, 1991, etc.

rope [1]. On ne saurait taire enfin les très nombreuses Résolutions et Recommandations : « droit mou » peut-être puisque ces textes sont dépourvus d'effet juridique, instruments très importants cependant en ce qu'ils incitent les gouvernements à prendre des mesures (qui vont conduire à des rapprochements entre législations). On peut citer, à titre d'exemples, la Recommandation n° R (87) 3 « Règles pénitentiaires européennes » (adoptée par le Conseil des ministres le 12 février 1987), la Recommandation n° R (92) 17 « relative à la cohérence dans le prononcé des peines » (adoptée le 19 octobre 1992), la Recommandation n° R (95) 12 « sur la gestion de la justice pénale » (adoptée le 11 septembre 1995) etc. Parmi les Résolutions, l'une des plus célèbres est la Résolution (76) 10 sur « les mesures pénales de substitution aux peines privatives de libertés ».

On serait donc tenté, à première vue, de dégager deux ensembles au sein du droit pénal européen. En réalité, cette esquisse passe sous silence la coopération pénale policière et judiciaire qui, naguère monopole du Conseil de l'Europe, est aujourd'hui également prise en considération par l'Union européenne. Le Traité sur l'Union européenne, tel que modifié par celui d'Amsterdam, signé le 2 octobre 1997 et déjà évoqué, contient en effet un titre entier, le 6°, qui traite de la coopération en matière pénale.

De la sorte, on peut admettre que le droit pénal européen comporte trois ensembles : celui de la coopération interétatique en matière pénale ; celui des droits de l'homme ; enfin celui du droit communautaire. Ces trois ensembles, différents géographiquement, constituent autant d'aspects de cet « espace judiciaire européen » dont on parle tant en doctrine depuis que M. Giscard d'Estaing, ancien président de la République française, a lancé cette expression en 1977 lors du Conseil européen de Bruxelles [2].

§ 1. L'ensemble de la coopération inter-étatique européenne

4 ***Vue générale*** ◇ Depuis des siècles, un grand nombre d'États ont éprouvé le besoin de se lier contractuellement en vue de faciliter la lutte contre le crime. Est né ainsi un droit pénal international, fondé sur l'idée de coopération ou entraide, bref sur l'idéal de confiance [3]. Pour

1. V. aussi in *La justice pénale et l'Europe*, préc., p. 45 et s.

2. E. CRABIT, *Recherches sur la notion d'espace judiciaire européen*, publié avec le concours financier de la Commission des Communautés Européennes, Presses Universitaires de Bordeaux, 1988.

3. On considérera comme synonymes des mots entraide et coopération. Selon le dictionnaire Littré, l'entraide est le fait de s'aider mutuellement et la coopération est le fait d'opérer conjointement avec quelqu'un. Disons que les États coopèrent pour s'entraider. Les conven-

mieux lutter contre le crime, une telle coopération est indispensable et l'on a pu parler des « atouts » de la coopération internationale [1].

À l'échelle européenne, cette coopération s'est particulièrement développée. Apparut ainsi — et il se développe sans cesse — un droit pénal européen de la coopération, avec sa propre spécificité, tout en constituant une partie du droit pénal international de la coopération [2]. Historiquement, des signes anonciateurs du droit pénal européen se manifestent dès le XIXe siècle. On peut citer la convention franco-belge du 12 août 1843 d'assistance en matière fiscale, notamment pour le recouvrement des amendes. On peut évoquer aussi l'article 34 de la Convention de Mannheim du 17 octobre 1868 concernant le régime international du Rhin pour toutes les infractions pénales aux lois et règlements sur la navigation du Rhin [3]. Aujourd'hui les deux premières manifestations de l'entraide pénale européenne sont la Convention européenne d'extradition de 1957 et la Convention européenne d'entraide judiciaire de 1959. Beaucoup d'autres suivront, toutes impulsées par le Conseil de l'Europe. Ces Conventions sont en quelque sorte complétées, dans un esprit d'harmonisation des droits nationaux, par des Recommandations adoptées elles aussi par le Conseil de l'Europe. Et il existe évidemment beaucoup d'autres conventions que celles de 1957 et 1959.

Cet ensemble émanant du Conseil de l'Europe est aujourd'hui — on l'a dit — complété par des dispositions du traité de Maastricht, dit de l'Union européenne de 1992 (art. K à K. 14 sur la coopération dans les domaines de la justice et des affaires intérieures, notamment en matière pénale) [4], lui-même modifié, comme il a été dit, par le traité d'Amsterdam, de 1997 : le titre VI du traité de Maastricht, intitulé « Dispositions sur la coopération dans les domaines de la justice et des affaires intérieures » (art. K. 1 à K. 14) est remplacé par le titre VI du traité d'Amsterdam intitulé « Dispositions relatives à la coopération policière et judiciaire en matière pénale » (art. 29 à 42 TUE Amsterdam).

Ainsi apparaît, grâce au concept de coopération, un double espace judiciaire européen : celui du Conseil de l'Europe (la « Grande Europe ») et celui de l'Union européenne à l'échelle plus restreinte (la « Petite Europe ») (sans oublier l'espace judiciaire Schengen, issu de la Convention d'application de Schengen entrée en vigueur le 26 mars 1995, qui

tions parlent en général d'entraide (sauf les traités de Maastricht et d'Amsterdam, v. *infra,* n° 8, qui parlent de coopération) et la doctrine use indistinctement du mot entraide et du mot coopération.

1. F. Falletti et F. Debove, *Planète criminelle, Le crime — phénomène social du siècle ?,* PUF 1998, p. 317.

2. A. Huet et R. Koering-Joulin, préc., où la coopération pénale inter étatique européenne est fondue dans le droit international dont elle est une partie.

3. R. Legros, « La pénétration du droit européen dans la justice répressive belge », in *L'amélioration de la justice répressive par le droit européen,* Bruylant, Bruxelles, 1970, p. 16.

4. Quand on parle du Traité de Maastricht, on utilise soit l'expression Traité de Maastricht soit l'expression Traité de l'Union européenne (TUE).

prévoit un renforcement de la coopération policière et judiciaire entre un petit nombre d'États). Dans les deux cas, on assiste à une internationalisation du droit pénal, ce qui vient réduire les deux principes de territorialité du droit et de souveraineté des législateurs.

À l'intérieur de l'Europe, il existe d'ailleurs aussi une coopération entre certains États voisins. Ainsi, depuis 1960, il existe un Comité nordique de droit pénal, organe permanent qui comprend un représentant de chacun des cinq États (Danemark, Islande, Norvège, Finlande et Suède) et qui a pour mission de préparer la coopération en matière pénale [1]. Et le Traité d'Amsterdam précité énonce dans cet esprit la possibilité d'une « coopération renforcée » dont il prévoit le régime (art. 40 TUE).

§ 2. L'ensemble des droits de l'homme

5 ***Définition générale des droits de l'homme*** ◇ On peut considérer que les droits de l'homme sont des facultés permettant à toute personne de défendre sa liberté et sa dignité, grâce à l'existence de garanties institutionnelles. Cette définition large appelle deux remarques.

La première est d'ordre formel. On parle tantôt de droits de l'homme, tantôt de libertés publiques. Certains auteurs préfèrent parler de libertés publiques quand il s'agit du droit interne et de droits de l'homme lorsqu'est évoquée la société internationale [2]. Cependant, dans l'ensemble, même en droit interne, l'expression droits de l'homme tend aujourd'hui à l'emporter, sans doute car elle est plus mobilisatrice [3]. Et dans le présent ouvrage, il ne sera question que de droits de l'homme en raison de l'intitulé du texte fondateur, la Convention européenne de sauvegarde des droits de l'homme et des libertés fondamentales.

La seconde est d'ordre fondamental. Les droits de l'homme ont un caractère objectif. Ce caractère s'explique par l'identité de la personne humaine et il exprime l'idée que ces « droits ne sont pas attribués aux individus par le biais d'un statut juridique particulier révocable mais qu'ils sont attachés par principe à la seule qualité de la personne humaine » [4]. On pourrait parler de l'universalisme des droits de l'homme qui sont étrangers à toute contingence, à tout relativisme, sauf excep-

1. H. ROMANDER, « Les tentatives d'harmonisation et d'unification du droit pénal et de la procédure pénale dans les États nordiques », in *Droit pénal européen*, Institut d'études européennes, Université libre de Bruxelles, préc. p. 557 et s. Il existe un Traité Benelux d'extradition et d'entraide judiciaire, et aussi une loi nordique d'extradition.

2. F. SUDRE, *Droit international et européen des droits de l'homme*, PUF, 5e éd. 2001, p. 12-13.

3. Y. MADIOT, *Droits de l'homme*, Masson, 2e éd. 1995, p. 12.

4. F. SUDRE, *La Convention européenne des droits de l'homme*, PUF, Que sais-je ? n° 2513, 2e éd. 1990, p. 11. V. aussi du même auteur « Existe-t-il un ordre public européen ? », in *Quelle Europe pour les droits de l'homme ? La Cour de Strasbourg et la réalisation d'une « Union plus étroite »*, sous la direction de P. TAVERNIER, Bruylant, Bruxelles 1996, p. 44 à 46.

tions. Et pour anticiper sur ce qui sera bientôt dit du droit européen des droits de l'homme, on peut dès maintenant indiquer que la Comm. EDH. reconnaît formellement ce caractère objectif : « les obligations souscrites par les États contractants dans la Convention ont essentiellement un caractère objectif, du fait qu'elles visent à protéger les droits fondamentaux des particuliers contre les empiétements des États contractants plutôt qu'à créer des droits subjectifs et réciproques entre ces derniers » [1]. Il apparaît ainsi que les obligations des États sont objectives en ce qu'elles opèrent à l'égard des personnes relevant de leur juridiction et non vis à vis des autres États également parties de la Conv. EDH.

6 ***Les droits de l'homme dans le temps et l'espace*** ◇ Le concept de droits de l'homme remonte très haut dans l'histoire avec notamment la *Magna Carta* anglaise du 12 juin 1215. À vrai dire, ce texte n'est pas une Déclaration au sens moderne du terme. Il s'agit tout simplement d'un document qui, en 63 articles, énumère divers privilèges et garanties pour les vassaux du roi ainsi que des droits pour les individus (droit de commercer, de circuler...). Ce texte pose enfin les bases d'une monarchie tempérée.

En 1679 est établi, toujours en Angleterre, l'acte d'*Habeas corpus*, relatif à la liberté d'aller et de venir.

Le XVIIIe siècle finissant voit se multiplier des déclarations de droits plus spécialement aux États-Unis — avec notamment la Déclaration de Virginie (juin 1776), de Pennsylvanie (septembre 1776), du Maryland (novembre 1776), de Caroline du Nord (décembre 1776), du Massachusetts (mars 1780) — et en France avec la fameuse *Déclaration des droits de l'homme et du citoyen* d'août 1789 [2]. Puis ce sont les huit premiers Amendements à la Constitution américaine constituant le *Bill of Rights* (1789-1791). On ajoutera encore les Pays-Bas avec leur Constitution pour le peuple batave, de 1798.

Nouvelle vague de textes après le second conflit mondial et certainement à cause des horreurs qui l'avaient accompagné. En 1945, la Charte des Nations-Unies proclame la « foi dans les droits fondamentaux de l'homme, dans la dignité et la valeur de la personne humaine, dans l'égalité des droits des hommes et des femmes ». Dans le sillage de ce principe, l'Assemblée générale des Nations-Unies proclame en 1948 la *Déclaration universelle des droits de l'homme*. Ce texte contient un nombre impressionnant de droits : on y trouve non seulement l'affirmation du droit à la vie, mais aussi l'affirmation du droit à une nationalité, du

1. Comm. EDH, 11 janv. 1961, *Autriche c/ Italie*, *Annales de la CEDH* 1961, vol. 4, p. 139.
2. Le texte de ces diverses Déclarations se trouve dans l'ouvrage *La déclaration des droits de l'homme et du citoyen*, présentée par S. Rials, Hachette, 1988, p. 477 et s.

droit d'asile, des droits à la propriété, à la liberté de pensée, des droits de conscience et de religion, etc. On le voit, le document dépasse largement le droit pénal, comme d'ailleurs les textes précédents. Cependant, la portée de la Déclaration de 1948 est réduite car ce texte n'est qu'une recommandation, un vœu n'imposant aucune obligation aux États [1]. Plus intéressant, et également à caractère mondial, est le *Pacte relatif aux droits civils et politiques*, dit de New-York de 1966. On y retrouve certes, comme dans la Déclaration de 1948, une proclamation sur le droit à la vie, à l'intégrité corporelle, à la liberté et à la sécurité de la personne. Mais, en outre, le Pacte organise un double contrôle de ses prescriptions : d'abord les États s'engagent à présenter périodiquement des rapports sur les mesures adoptées pour mieux respecter les droits de l'homme [2] ; ensuite, toute personne s'estimant victime d'une violation de ses droits peut déposer une plainte auprès du Comité des droits de l'homme et celui-ci rend une décision qui, il est vrai, n'est pas exécutoire puisqu'il ne dispose pas d'un pouvoir de contrainte.

À l'échelon régional, et non plus international, on peut citer plusieurs textes : la *Convention américaine des droits de l'homme de San José* de 1969 [3], la *Charte africaine des droits de l'homme et des peuples* de 1981 [4] et même l'*Acte final d'Helsinki* de 1975. Ce dernier, international en principe, est en fait européen : en effet sur les 35 États signataires, il y avait 33 États européens et seulement 2 qui ne l'étaient pas (USA et Canada). Il évoque donc déjà le droit européen.

7 ***Le droit européen des droits de l'homme. La Convention européenne des droits de l'homme*** ◇ L'idée d'une Convention européenne des droits de l'homme a été suggérée par le Mouvement européen lors d'un congrès tenu en mai 1948 à La Haye. Le projet devait prendre corps dans le cadre du Conseil de l'Europe dont le statut, adopté à Londres le 5 mai 1949 a déjà été évoqué (v. *supra*, n° 3).

La Convention européenne — très exactement, la Convention européenne de sauvegarde des droits de l'homme et des libertés fondamentales (ci-après Conv. EDH) — a été signée à Rome le 4 novembre 1950 par les États fondateurs du Conseil de l'Europe. Elle est complétée de onze Protocoles additionnels. Elle est « fermée » en ce sens qu'elle n'est ouverte à la signature et à la ratification que des seuls membres du

1. Pourtant la Cour internationale de justice de La Haye s'y réfère parfois expressément et il en est de même de certaines Constitutions.

2. Cette présentation est faite à un Comité des droits de l'homme, créé par le Pacte lui-même.

3. Qui s'est inspirée de la Convention européenne des droits de l'homme dont il va être question bientôt.

4. Sur l'ensemble de ces textes, v. les observations de J.-Y. MORIN, *L'état de droit : émergence d'un principe du droit international*, Académie de droit international, tome 254, 1995, p. 281 et s., 299 et s.

Conseil de l'Europe. On doit considérer que cette « fermeture » ne résulte pas de la première phrase de l'article 59 de la Convention (« La présente Convention est ouverte à la signature des membres du Conseil de l'Europe »), mais de l'absence d'une disposition permettant à des États non membres du Conseil de l'Europe d'y participer.

On se bornera pour l'instant à indiquer les grands traits de ce texte capital [1].

1° La Convention affirme l'existence de droits. Ceux-ci ne sont pas créés par la Convention, mais seulement reconnus par elle : en effet, selon l'article 1er de la Convention, « Les Hautes Parties contractantes *reconnaissent* à toute personne relevant de leur juridiction les droits et libertés définis au titre I de la présente Convention ». Ce qui signifie que ces droits sont *protolégals,* ont une valeur permanente et antérieure à la Convention qui a un effet déclaratif et non constitutif.

2° Ces droits ne sont pas des droits sociaux ou économiques très contingents par nature puisque liés au contexte socio-économique. Ce sont des droits civils et politiques, universels par nature. Ces droits que l'on examinera en détail plus bas intéressent :

— la personne physique (droit à la vie ; droit de n'être pas soumis à la torture ou à des peines ou traitements inhumains ou dégradants ; droit de ne pas être soumis à un travail forcé ou obligatoire ; droit à la liberté et à la sûreté) ;

1. Pour l'heure, on indiquera les sources principales. *En langue française,* on pourra consulter K. VASAK, *La Convention européenne des droits de l'homme,* LGDJ, Paris, 1964 ; G. COHEN-JONATHAN, *La Convention européenne des droits de l'homme,* Economica, Paris 1989, et du même commentaire au *Jurisclasseur Europe* (fascicule 6500, caractères généraux, 1990 ; fascicule 6510, système international de contrôle, 1991 ; fascicules 6520, 6521 et 6522, droits garantis, 1992), Éditions techniques ; *La Convention européenne des droits de l'homme, commentaire article par article,* sous la direction de L.-E. PETTITI, E. DECAUX et P.-H. IMBERT, Economica, 1995 ; J.-C. SOYER et M. DE SALVIA, *Convention européenne des droits de l'homme, le recours individuel supra-national, mode d'emploi,* LGDJ. 1992 ; J. VELU et R. ERGEC, *La Convention européenne des droits de l'homme,* Bruylant, Bruxelles, 1990 ; *La Convention européenne des droits de l'homme : développements récents et nouveaux défis,* actes d'une journée d'études du 30 novembre 1996 organisée à l'Institut des hautes études européennes de Strasbourg à la mémoire de M.-A. Eissen, sous la direction de J.-F. FLAUSS et M. DE SALVIA, Bruylant, Bruxelles, 1997. V. BERGER, *Jurisprudence de la Cour européenne des droits de l'homme,* 6e éd. Sirey 1998 (avec une bibliographie considérable à partir de la page 553) ; *Add.* nombreuses études à la RTDH et à la RUDH.

En langue anglaise, on pourra consulter J.-A. FROWEIN, « The European Convention on Human Rights as the Public Order of Europe », *Recueil des cours de l'Académie de droit européen de Florence,* 1990, Nijhoff, Dordrecht ; F.-G. JACOBS et R. C. A. WHITE, *The European Convention on Human Rights,* 2e éd., Clarendon Press Oxford, 1996 ; P. VAN DIJK et G. J. H. VAN HOOF, « Theory and Practice of the European Convention on Human Rights », *Kluwer Law International,* The Hague, London, Boston, 3e éd. 1998 ; D. J. HARRIS, M. O'BOYLE et C. WARBRICK, *Law of the European Convention on Human Rights,* Butterworths, London, Dublin, Edinburgh, 1995.

En langue allemande, on pourra consulter J.-A. FROWEIN et W. PEUKERT, *Europäische Menschenrechts Konvention,* EMRK – Kommentar, 2. Aufl. NP Engel Verlag, Kehl, Strasbourg, Arlington, 1996.

En langue néerlandaise, on pourra consulter P. VAN DIJK et G. J. H. VAN HOOF, *De europese conventie in theorie en praktÿk,* 3e éd. Ars Aequi Libri, Nijmegen, 1990 ; A. E. HARTEVELD, B. F. KEULEN, H. G. M. KRABBE, *Het EVRM en het Nederlandse strafprocesrecht,* 2e éd. Wolters-Noordhoff, Groningen, 1996.

— la personne dans son esprit (liberté de pensée, de conscience, d'opinion, de religion) ;
— la personne dans sa vie privée ou familiale ;
— la personne en procès (droit à un procès équitable).

Ainsi « la Convention incarne les exigences actuelles d'un ordre public européen des droits de l'homme » [1] et elle constitue « l'épine dorsale des droits de l'homme pour l'ensemble des droits de l'homme » [2].

Ce catalogue rappelle celui du Pacte de New-York et de la Convention de San José. Il ne concerne pas uniquement le droit pénal et la procédure pénale. Mais il est vrai que le droit criminel est très souvent concerné. Par exemple, le droit à la liberté implique que la garde à vue et la détention provisoire soient des mesures exceptionnelles. Le droit à une vie privée a pour conséquence que les écoutes téléphoniques admises par une autorité judiciaire à la recherche de la preuve d'une infraction soient soumises à des conditions strictes. On pourrait multiplier les exemples. Il est évident que ne seront traités dans cet ouvrage, que les droits intéressants le droit pénal et la procédure pénale, mais dans une orientation large, celle de la « matière pénale » pour reprendre l'expression utilisée par l'article 6 de la Convention et dont il sera question plus bas (2ᵉ partie) [3].

Pour n'être pas totalement pénale, la Conv. EDH est d'abord pénale : sur trois affaires jugées à Strasbourg, près de deux sont des affaires pénales.

3° Les droits contenus dans la Conv. EDH ont d'autant plus d'intérêt que les rédacteurs de celle-ci ont institué des contrôles juridictionnels chargés d'en assurer le respect. Les citoyens peuvent, après épuisement des voies de recours nationales, saisir la Cour européenne des droits de l'homme (ci-après CEDH). Les auteurs de la Conv. EDH ont ainsi créé un système de « justiciabilité » de ses propres normes, ce qui confère aux personnes s'estimant victime de la violation d'un droit le pouvoir de saisir une juridiction internationale, la Cour. Il est vrai, cependant, que l'atteinte au principe des souverainetés nationales est subtilement mesurée. Si la Cour peut bien décider que tel État (à travers ses propres organes, juges, administrateurs, policiers...) a bien violé une disposition de la Convention, ses arrêts sont transmis au Comité des ministres du Conseil de l'Europe, qui en surveille l'exécution. Et si la Cour peut bien condamner un État à verser à la victime une « satisfaction équitable » (art. 41 de la Conv. EDH), c'est-à-dire une somme

1. S. Marcus-Helmons, « La contribution de la consécration internationale des droits de l'homme au développement du droit », *Mélanges Levasseur,* préc., p. 230. V. aussi F. Sudre, *Existe-t-il un ordre public européen ?,* préc.

2. G. Cohen-Jonathan, *Quelques considérations sur l'autorité des arrêts de la Cour européenne des droits de l'homme,* Liber amicorum Marc-André Eissen, Bruylant et LGDJ 1995, p. 39.

3. Indiquons dès maintenant que cette expression assez vague a donné lieu à une jurisprudence considérable de la part de la CEDH.

d'argent, elle ne peut forcer les États à exécuter sa décision : celle-ci, en effet, n'est pas exécutoire et il appartient à l'État condamné d'agir comme il l'entend pour mettre fin à la violation constaté et en effacer les suites.

§ 3. L'ensemble du droit communautaire

8 ***Évolution historique*** [1] ◇ L'idée de faire de l'Europe un ensemble économique remonte à 1950. C'est alors que R. Schuman, ministre français des Affaires étrangères, présente à ses partenaires des États voisins un plan (encore modeste) qui aboutira le 18 avril 1951 à la signature à Paris d'un Traité instituant la *Communauté européenne du charbon et de l'acier* (CECA). Cette nouvelle entité était dotée d'organes : une Haute Autorité, un Conseil spécial des ministres et une Cour de justice. Voilà l'embryon de la construction européenne.

Le 25 mars 1957, deux Traités sont signés à Rome. L'un institue une *Communauté européenne de l'énergie atomique* (CEEA, ou Euratom) et l'autre, bien plus important, créé la *Communauté économique européenne* (CEE, ou marché commun). Le préambule de ce second traité est très éclairant : les signataires s'y déclarent « déterminés à établir les fondements d'une Union sans cesse plus étroite entre les peuples européens » et « décidés à assurer par une action commune le progrès économique et social de leurs pays en éliminant les barrières qui divisent l'Europe ». Pour y parvenir, ce traité — qu'on appellera le Traité de Rome — crée un marché commun, ou unique, correspondant aux territoires des six États signataires [2]. À l'intérieur de ces territoires est instituée une libre circulation des marchandises, ce qui implique la suppression des droits de douanes (art. 3), mais aussi la libre circulation des personnes, services et capitaux, le tout dans le respect du principe de la libre concurrence. Sur le plan institutionnel, sont créés un Parlement européen, un Conseil, une Commission, une Cour de justice et une Cour des comptes [3]. Le Traité de Rome instituant la CEE est absolument fondamental puisque la Communauté qu'il institue « constitue un nouvel ordre juridique de droit international au profit duquel les États ont limité bien que dans les domaines restreints, leurs droits souverains, et dont les sujets sont non seulement les États membres, mais également leurs ressortissants » [4].

1. G. Isaac, *Droit communautaire général,* Colin, Paris, 6e éd. 1998, p. 1 et s. ; J.-L. Quermone, *Le système politique européen. Des communautés économiques à l'Union européenne,* Montchrétien, 2e éd. 1994 ; C. Zorgbibe, *Histoire de la construction européenne,* PUF 1993.

2. Belgique, France, Italie, Luxembourg, Pays-Bas et République fédérale d'Allemagne.

3. V. *infra.*

4. CJCE 5 févr. 1963, *Van Gend en Loos,* dit aussi *N.-V. Algemene Transport...* n° 26/62, *Rec. CJCE* 1963, 3 concl. K. Roemer, et J. Boulouis et R.-M. Chevallier. *Grands arrêts de la Cour de justice des communautés européennes I,* 6e éd. Dalloz 1994, n° 1.

Au bout de quelques années, le Traité s'élargit. Le 22 janvier 1972, est signé un acte d'adhésion par la Grande-Bretagne, le Danemark, l'Irlande et la Norvège ; toutefois celle-ci in extremis, à la suite d'un référendum, se retira. C'est donc une Communauté élargie à neuf membres qui s'ouvre le 1er janvier 1973. Nouvel élargissement avec l'adhésion le 1er janvier 1981 de la Grèce, et le 1er janvier 1986 de l'Espagne et du Portugal : la Communauté comprend alors douze membres. Le mouvement se continue avec l'adhésion, le 1er janvier 1995, de la Finlande, de la Suède et de l'Autriche. On en est là pour l'instant avec un ensemble de quinze membres.

Les 17 et 28 février 1986, les États membres de la Communauté avaient signé l'*Acte unique européen*. Il s'agissait d'amendements au Traité de Rome, destinés à répondre à une certaine torpeur de la construction communautaire et permettant en conséquence la mise en place du Grand Marché grâce à des améliorations institutionnelles. Il était prévu qu'à partir du 1er janvier 1993 disparaîtraient toutes les barrières faisant obstacle à la libre circulation des personnes et des biens.

Bien plus important encore est le *Traité sur l'Union européenne*, signé le 7 février 1992 à Maastricht par les ministres des Affaires étrangères et des finances des États membres de la Communauté économique européenne. Négativement, le Traité de Maastricht ne transforme pas les Communautés en union. Sans doute l'article A, la première disposition du Titre premier (article premier TUE Amsterdam) dispose-t-il : « Par le présent traité, les Hautes Parties contractantes instituent entre elles une Union européenne... ». Mais la formule est trompeuse : en réalité, la nouvelle Union n'a pas de contenu juridique, elle n'est pas une nouvelle structure car elle est dépourvue de la personnalité juridique [1], de budget et de moyens financiers propres ; de la sorte, l'Union créé à Maastricht n'a qu'une existence politique. Négativement en outre, l'Union n'a aucune vocation fédérale, celle-ci ayant été finalement écartée après avoir été pourtant retenue dans les versions provisoires successives. Positivement, le Traité institue une Union, car, selon le préambule, ses auteurs sont « résolus à franchir une nouvelle étape dans le processus d'intégration européenne engagé par la création des Communautés européennes ». À cet effet ce Traité, tout à la fois, modifie les traités de base (CEE, CEEA et CECA) et contient des dispositions nouvelles portant création de cette Union politique. En effet, selon l'article A alinéa 3 du Traité (article premier alinéa 3 TUE Amsterdam), « l'Union est fondée sur les Communautés européennes complétées par les politiques et formes de coopération instaurées par le présent Traité. Elle a pour mission d'organiser de façon cohérente et solidaire les relations entre les États membres et entre leurs peuples ». Plus précisément doit-on rappeler, le Traité de Maastricht comporte trois aspects, trois « piliers » comme l'on dit souvent. Le premier concerne les Communautés (titre 1 à 4 du Traité), le

1. Notamment de la capacité de s'engager internationalement.

second intéresse la politique étrangère et de sécurité commune (titre 5) et le troisième, de loin le plus important pour nous, est relatif à la justice et aux affaires intérieures (police) (titre 6) [1]. Au sein de ce titre 6, l'article clé est l'article K. 1 (article 29 TUE Amsterdam) qui dispose : « Aux fins de la réalisation des objectifs de l'Union, notamment de la libre circulation des personnes, et sans préjudice des compétences de la Communauté européenne, les États membres considèrent les domaines suivants comme des questions d'intérêt commun... 4) La lutte contre la toxicomanie... 5) La lutte contre la fraude de dimension internationale... 7) La coopération judiciaire en matière pénale... 9) La coopération policière en vue de la prévention et de la lutte contre le terrorisme, le trafic illicite de drogue et d'autres formes graves de criminalité internationale... ». Les articles K. 1 et suivants ont été réécrits par le Traité d'Amsterdam (29 à 42 TUE Amsterdam), signé le 2 octobre 1997 et entré en vigueur le 1er mai 1999.

Selon le nouvel article 29 TUE, « l'objectif de l'Union est d'offrir aux citoyens un niveau élevé de protection dans un espace de liberté, de sécurité et de justice... Cet objectif est atteint par la prévention de la criminalité, organisée ou autre, et la lutte contre ce phénomène, notamment le terrorisme, la traite d'êtres humains et les crimes contre les enfants, le trafic de drogue, le trafic d'armes, la corruption et la fraude grâce » à une coopération plus étroite notamment entre polices et autorités de justice, grâce aussi à un rapprochement des règles de droit pénal. De la sorte, la matière de la criminalité organisée *lato sensu* est une matière d'intérêt commun (v. le texte complet de l'article 29 à l'Annexe III du présent volume).

9 ***Les organes communautaires*** ◇ On les indiquera très succinctement [2].

Le premier est le *Conseil des ministres* qui est un collège des représentants des États membres, chaque gouvernement y déléguant un de ses membres. Le Conseil a à sa tête, un président désigné automatiquement par roulement, chaque État accédant à la présidence pour six mois. Le Conseil joue un rôle important car c'est surtout lui qui fait les règlements et les directives [3] : il apparaît ainsi un peu comme le pouvoir législatif des Communautés. Mais, ce qui surprendra les admirateurs de Montesquieu, il a aussi des fonctions exécutives : dans les grandes enceintes internationales comme l'ONU, c'est lui qui, par la voix de son

1. Ce qui fait apparaître un changement radical dans l'intégration européenne : se trouve dépassé l'objectif économique de la Communauté et affirmé l'orientation politique de l'Union européenne. C'est ainsi que la Communauté économique européenne devient la Communauté européenne (CE) et par exemple la nouvelle appellation du traité de Rome est « Traité de Rome du 25 mars 1957 instituant la Communauté européenne ».

2. Pour plus de détails, v. nos 391 et s. ; J. Rideau, *Droit institutionnel de l'Union et des Communautés européennes*, LGDJ, 2e éd. 1996.

3. V. *infra*, n° 10.

président, exprime la position de la Communauté et, en matière budgétaire, c'est lui qui arrête chaque année le projet de budget. Bref, le Conseil est la voix des gouvernements de chaque pays de la Communauté (art. 87 CE, 83 CE Amsterdam).

La *Commission européenne* est composée de vingt membres, chacun étant désigné par les gouvernements des États membres parmi leurs nationaux. Ils sont désignés pour cinq ans, ce qui fait coïncider leur mandat avec la législature du Parlement. La Commission est chargée de veiller à l'application des traités. De plus, elle a un propre droit de décision et le pouvoir de donner recommandations et avis. En outre, elle fait des propositions au Conseil et elle dispose même là-dessus d'un monopole : le Conseil se prononce ainsi sur les propositions de la Commission qui apparaît au total comme un organe plus important que le Conseil. Enfin, la Commission exécute les traités et les actes du Conseil : elle apparaît ici comme l'exécutif. Bref, elle apparaît un peu comme l'animateur, le moteur de la Communauté.

Quant au *Parlement européen* — dont les membres sont élus au suffrage universel direct depuis 1979 — il exerce un quadruple pouvoir : il est consulté sur les propositions importantes faites par la Commission au Conseil et il procède à un vote, pouvant les accepter ou proposer des modifications ; il dispose d'un pouvoir budgétaire qu'il partage avec le Conseil ; il a enfin le droit de contrôler la Commission.

La *Cour de justice des Communautés européennes* (CJCE) est l'organe juridictionnel de la Communauté. Elle siège à Luxembourg et est composée de quinze juges assistés de huit avocats généraux. Le président est élu parmi les juges. Outre des attributions consultatives, la Cour a des attributions contentieuses à deux titres. D'une part, elle est saisie par les plaideurs eux-mêmes, soit par voie d'action, soit par voie d'exception dans le cadre de divers recours (en annulation des actes des institutions, contre la carence des institutions, exception d'illégalité contre les règlements, recours contre les sanctions prises par les autorités communautaires, recours en manquements d'États) ; dans tous ces cas, la Cour se prononce en premier et dernier ressort. D'autre part, la Cour peut être saisie par une juridiction nationale qui, pour se prononcer sur une question de droit communautaire, surseoit à statuer et adresse une demande à la Cour par voie de question préjudicielle.

Adjoint à la Cour et comme à son ombre, est institué le *Tribunal de première instance des Communautés européennes* (TPICE), composé de quinze membres. Selon décision du Conseil en date du 24 octobre 1988, lui sont attribués certains recours exigeant des examens complexes et donc « mangeurs de temps » comme les litiges entre les Communautés et leurs agents évoqués aux articles 179 CE (236 CE Amsterdam) [1]

1. Nous n'utiliserons pas l'expression Traité de Rome car il y a deux traités de Rome : celui instituant la Communauté européenne (de 1957), et celui instituant la Convention européenne de sauvegarde des droits de l'homme et des libertés fondamentales (de 1950).

et 152 Euratom, les recours formés contre une institution des Communautés par des personnes physiques ou morales en application des articles 173 et 175 CE (230 et 232 CE Amsterdam) (affaires de concurrence) et les recours formés contre la Commission en application des articles 35 et 40 CECA (recours en annulation et en carence) par les entreprises concernant des actes individuels relatifs à la mise en œuvre des articles 50 et 57 à 66 CECA (prélèvements, production, prix, ententes et concentrations).

Enfin on doit évoquer le *Conseil européen* auquel font allusion l'Accord unique européen et le Traité de l'Union européenne. Il réunit les chefs d'État ou de gouvernement des États membres ainsi que le président de la Commission. Il se réunit au moins deux fois par an, sous la présidence du chef du gouvernement du pays assurant la présidence du Conseil. Et il « donne à l'Union les impulsions nécessaires à son développement et en définit les orientations politiques générales » (art. D. du Traité de l'Union européenne, art. 4 TUE Amsterdam). Le Conseil européen est donc un organe de l'Union européenne [1]. Mais il n'a pas formellement de pouvoir de décision. C'est un organe d'orientation, de réflexion et d'arbitrage.

10 ***Les actes des institutions*** [2] ◇ Formellement, le droit communautaire est très diversifié. On peut distinguer le *droit primaire* et le *droit dérivé*.

Le droit primaire est constitué d'un ensemble de traités qu'on a déjà évoqué [3]. Ces trois traités originaires (traité de Paris de 1951 créant la CECA ; traités de Rome de 1957 créant l'un la CEEA et l'autre la CEE) et les traités ou actes modificatifs (comme l'Acte Unique européen de 1986 et le traité de Maastricht instituant l'Union européenne de 1992) [4]. Les Traités de Rome et Maastricht ont été modifiés par celui d'Amsterdam de 1997, puis par celui de Nice de 2000, ce dernier n'étant pas encore entré en vigueur.

Le droit dérivé est fait d'un ensemble d'actes divers émanant des organes communautaires. Le texte premier est ici l'article 189 du Traité de Rome (249 CE Amsterdam), instituant la Communauté européenne : « Pour l'accomplissement de leur mission et dans les conditions prévues au présent traité, le Parlement européen conjointement avec le Conseil, le Conseil et la Commission arrêtent des règlements et des directives, prennent des décisions et formulent des Recommandations ou des avis... ».

1. C. Blumann, « Le Conseil européen », *RTD eur.* 1976, 1 ; B. Taulègne, *Le Conseil européen,* PUF 1993 ; G. Isaac, *Droit communautaire général,* préc. p. 11.
2. V. aussi *infra,* n°s 402 et 403.
3. V. *supra,* n° 8.
4. Union européenne, *Recueil des traités,* tome I, 2 volumes, Office des publications officielles des Communautés, Luxembourg.

Le *règlement* est la principale source du droit dérivé, qui évoque la loi des droits internes. Selon l'article 189-2 (249-2 CE Amsterdam), « le règlement a une portée générale. Il est obligatoire dans tous ses éléments et il est directement applicable dans tout État membre ». Ayant une « portée générale », le règlement contient des normes générales et impersonnelles ; en cela il s'oppose à la décision qui est un acte à caractère particulier (v. *infra*). En outre, le règlement est « obligatoire dans tous ses éléments » : il est donc interdit aux États de l'appliquer incomplètement [1] et, de plus, le règlement s'oppose à la directive qui ne lie les États que « quant au résultat » (v. *infra*). Enfin le règlement est « directement applicable dans tout État membre » : en somme, le règlement produit des effets juridiques dans l'ordre interne des États membres par lui-même et automatiquement, sans que soit nécessaire une intervention des États dont l'effet aurait pu être de « faire obstacle à l'effet direct des règlements communautaires et de compromettre leur application simultanée et uniforme dans l'ensemble de la Communauté » [2]. Le texte de l'article 189 dit d'ailleurs que le règlement est directement applicable « dans tout État membre » et non « par tout État membre », ce qui montre bien que le règlement s'adresse directement aux citoyens des États et non pas qu'il a pour destinataire les États [3]. Bref, les particuliers sont soumis au règlement qui engendre pour eux droits et obligations et comme le rappelle la Cour de Justice, le règlement « en raison de sa nature même et de sa fonction dans le système de sources de droit communautaire... produit des effets immédiats et est, comme tel, apte à confier aux particuliers des droits que les juridictions nationales ont l'obligation de protéger » [4].

La *directive* est une sorte de loi-cadre en ce qu'elle doit être complétée par des textes d'application édictés par les États, ce qui permet de respecter les particularités nationales. Selon l'article 189-3 (249-3 CE Amsterdam), « la directive lie tout État membre destinataire quant au résultat à atteindre, tout en laissant aux instances nationales la compétence quant à la forme et aux moyens ». Il en résulte que les États disposent d'une grande liberté dans le choix de l'acte de transposition de la directive : il peut s'agir d'une loi, d'un décret, d'un arrêté, voire d'une circulaire. Dans la pratique, la marge de manœuvre des États quant au contenu de leur texte est de plus en plus réduite car les autorités communautaires ont de plus en plus tendance à rédiger des directives très précises et détaillées, ce qui réduit pour les États le choix des moyens et les conduit à transposer fidèlement dans leur droit interne le contenu de la directive.

1. CJCE 7 févr. 1973, *Commission c/Italie*, 39/72, *Rec. CJCE*, p. 101.
2. *Id.*
3. G. Isaac, préc. p. 129.
4. CJCE 14 févr. 1971, *Politi*, 43/71, *Rec.* p. 1030.

Les plus grandes discussions concernant la directive intéressent son absence d'effet direct. Cette absence d'effet direct est bien le principe compte tenu de l'article 189-3 *in fine* (249-3 *in fine* CE Amsterdam) et aussi du fait que toute directive contient un article fixant un délai dans lequel les États doivent avoir pris un texte de transposition. Mais quelle est la nature de ce texte ? S'agit-il d'un acte de réception à défaut duquel la directive est privée d'effet dans l'État considéré ou s'agit-il au contraire d'un simple acte d'exécution à défaut duquel la directive pourrait déjà s'appliquer ? La Cour de justice adopte une position nuancée. Dans un premier temps, la directive ne produit ni droits ni obligations pour le particulier. Mais dans un deuxième temps, si l'État n'a pas correctement exécuté une directive ou plus spécialement s'il n'a rien fait à l'expiration du délai fixé, alors la directive a un effet direct et le juge interne pourra l'appliquer directement à l'encontre de l'État défaillant [1].

La *décision* « est obligatoire dans tous ses éléments pour les destinataires qu'elle désigne » (art. 189-4 du Traité de Rome, 249-4 CE Amsterdam). C'est dire que la décision n'a pas de portée générale puisqu'elle n'est obligatoire que pour ses destinataires directs (individu, entreprise, État) : elle s'oppose ainsi au règlement. Elle s'oppose aussi à la directive car elle est obligatoire dans tous ses éléments et pas seulement en ce qui concerne le résultat à atteindre, d'où il résulte qu'elle peut être fort détaillée et prescrire même les moyens d'atteindre le résultat imposé [2].

Enfin, les *recommandations* et *avis* « ne lient pas » (art. 189, al. 5 du Traité de Rome, 249-5 CE Amsterdam). Ils n'ont donc aucune force obligatoire et ne sont donc pas vraiment des sources du droit, n'exprimant qu'un souhait ou une opinion. La doctrine voit dans les recommandations de la Commission et du Conseil « des invitations à adopter telle ou telle règle de conduite » [3] et les apparente « à des sortes de directives non obligatoires » [4] jouant concrètement un rôle non négligeable de « source indirecte du rapprochement des législations nationales » [5]. Si les recommandations émanent de la Commission et du Conseil, les avis émanent seulement de la Commission.

11 ***Aspects pénaux du droit communautaire*** ◇ Ce droit n'est pas strictement une branche du droit pénal. Ni le Traité de Rome de 1957, ni l'Acte unique de 1986 ne confèrent aux autorités communautaires de

1. V. *infra*, nos 403 et 408 ; CJCE 5 avr. 1979. *Ministère public c/Ratti*, affaire 148/78, *Rec.* 1629 ; G. Isaac, préc. p. 178, 179 ; P. Manin, « L'invocabilité des directives : quelques interrogations », *RTD eur.* 1990, p. 669 ; J. Boulouis, « Sur une catégorie nouvelle d'actes juridiques : les directives », *Mélanges Eisenmann* 1975, p. 191 et s. ; Y. Galmot et J.-C. Bonichot, « La CJCE et la transposition des directives en droit national », *RFD adm.* 1988, p. 1 et s.
2. G. Isaac, préc., p. 131.
3. *Id.*
4. *Id.*
5. P. Soldatos et G. Vandersanden, *Les instruments du rapprochement des législations dans le cadre de la CEE*, éd. Université de Bruxelles 1976, p. 95.

compétence pénale et le Traité de Maastricht de 1992 n'apporte aucun changement sur ce point. Il faut reconnaître que la solution inverse aurait porté un coup très dur au principe de souveraineté. Comment admettre en effet que des sanctions pénales puissent être instituées par un organe non issu du suffrage populaire (le Conseil) [1] et que ces sanctions puissent être appliquées par un organe non juridictionnel (la Commission) [2] ? Il est vrai que les articles 61 et 67 CE Amsterdam ainsi que les articles 29 et 42 TUE Amsterdam prévoient une possible communautarisation (c'est-à-dire adoption d'une règle à la majorité) de la justice pénale dans les domaines du terrorisme, du trafic de drogue et de la criminalité organisée, notion très large. Mais ce traité n'est pas encore entré en vigueur et des verrous sont posés [3].

Ainsi, les États sont maîtres de la détermination des peines (nature et quantum) et des procédures. On serait alors tenté d'en tirer qu'il n'y a pas de droit communautaire pénal, mais seulement des droits pénaux internes. Une telle affirmation est inexacte car le droit communautaire comporte des aspects pénaux. Il existe bien un droit communautaire pénal, une composante communautaire du droit pénal européen. On peut le montrer de plusieurs façons.

1° On a déjà indiqué que l'article 87 du traité de Rome (83-2a CE Amsterdam) renvoie à un règlement du Conseil des ministres le soin d'administrer des « amendes et des astreintes » pour faire respecter le principe de la libre concurrence. Même si ces sanctions n'ont pas un caractère pénal, elles sont répressives *lato sensu*, comme cela sera développé plus bas (méthode communautaire) [4].

2° En outre, les droits pénaux nationaux sont influencés par les normes communautaires (et se trouvent ainsi harmonisés entre eux). En premier lieu, si le droit pénal est bien de la compétence des États, la Cour de justice s'assure que les peines choisies ne constituent pas des obstacles indirects à la réalisation des objectifs des traités, ce qui exprime l'effet négatif de ceux-ci. Ainsi a-t-elle décidé que toute sanction disproportionnée à la nature d'une infraction constituerait une mesure d'effet équivalent à une restriction quantitative interdite [5]. De même en matière de circulation des personnes, le fait pour un ressortissant communautaire de ne pas avoir déclaré sa présence à la police dans les trois

1. C'est le problème classique du « déficit démocratique ».
2. G. Isaac, préc., p. 219.
3. V. *infra*, n°s 390 et 415.
4. V. *infra*, n° 480. *Add.* en matière agricole, l'art. 40-3 du Traité de Rome qui permet à l'organisation commune « ... de prendre toutes les mesures nécessaires pour atteindre les objectifs de l'article 39 » comme l'accroissement de la productivité, mais il est vrai qu'il ne s'agit pas de sanctions pénales dans le sens formel du mot, même si matériellement il s'agit bien de sanctions pénales, CJCE, 27 oct. 1992, *République fédérale d'Allemagne c/Commission*, C. 240/90, *Rec. CJCE* I. 5383.
5. CJCE 15 déc. 1976. *Donckerwolke*, 41/76, *Rec. CJCE* 1921.

jours ne saurait être puni d'emprisonnement, peine disproportionnée [1]. Peut-être plus nettement encore, la Cour de justice rappelle qu'un « système de sanctions ne saurait avoir pour effet de compromettre les libertés prévues par le traité » car « si une sanction était disproportionnée à la gravité de l'infraction... elle deviendrait une entrave à la liberté garantie par le droit communautaire » [2]. Par ce contrôle de proportionnalité, la Cour de justice corrige les excès de tel État et permet une harmonisation des droits internes.

En second lieu, la Cour de justice entend aussi que les violations du droit communautaire soient sanctionnées dans des conditions analogues à celles qui concernent les violations des normes de droit national de nature similaire. Car il faut dans les deux cas que la sanction soit effective, dissuasive et proportionnée [3].

En troisième lieu, des incriminations de droit interne se fondent sur un texte communautaire, ce qui exprime l'effet positif de celui-ci. Plus précisément, des directives communautaires, lorsqu'elles sont introduites dans le droit national par un texte lui-même national et comportant des sanctions pénales, peuvent servir de base à des condamnations pénales en cas de violation de leurs dispositions [4]. L'influence du droit communautaire est d'autant plus importante qu'en cas de contrariété entre directive et texte interne, c'est la directive (ou le règlement) qui s'applique [5].

Enfin en quatrième lieu, en matière procédurale, la Cour de justice rappelle des principes qui s'appliquent en droit interne. C'est le cas du principe du recours juridictionnel qui est un principe général de droit [6].

3° De plus, se pose actuellement le problème de la création d'incriminations qui seraient européennes et l'on pense à celle de fraude portant atteinte aux intérêts financiers des Communautés, ce qui consacrerait un vrai droit communautaire pénal européen. Comme il a déjà été dit, les droits nationaux présentent parfois des lacunes car, faute de dispositions spécifiques, les juristes sont contraints d'appliquer les dispositions sur l'escroquerie et le faux notamment. S'agissant précisément de la fraude communautaire, le processus d'unification est engagé. On sait que l'article K 1-5 du traité sur l'Union européenne (Maastricht) vise parmi les objectifs de l'Union « la lutte contre la fraude de dimension internationale... » et que l'article K 3-2 c permet au Conseil, en cette matière « d'établir des conventions dont il recommandera l'adop-

1. *Id.* 7 juill. 1976, *Watson*, 118/75, *Rec.* 1185.
2. *Id.* 25 févr. 1988, *Rainer Drexl*, *Rev. sc. crim.* 1988, 591 et obs. Bonichot.
3. *Id.* 21 sept. 1989, *Communauté c/Grèce*, 68/88, *Rec. CJCE* 2979.
4. B. Bouloc, « L'influence du droit communautaire sur le droit pénal interne », *Mélanges Levasseur*, 1992, p. 103.
5. V. *infra*, n° 403.
6. CJCE 15 mai 1986, *Marguerite Johnson*, *Rev. sc. crim.* 1988, obs. Bonichot ; J. Pradel, *Droit pénal général*, 11e éd. 1997, p. 202 et 203.

tion par les États membres... » [1]. En application de ces dispositions, la Commission a obtenu la signature de la Convention du 26 juillet 1995 relative à la protection des intérêts financiers des communautés européennes. Cette Convention (dite Convention PIF) prescrit aux États membres d'introduire dans leur propre législation pénale l'incrimination de « fraude portant atteinte aux intérêts financiers des Communautés ». Le texte décrit de manière précise l'élément matériel de l'infraction et son élément psychologique. Moins précis en ce qui concerne les sanctions, le texte de la Convention impose cependant en cas de « fraude grave » de prévoir « des peines privatives de liberté pouvant entraîner l'extradition ». Cependant, cette Convention doit encore être soumise à ratification [2].

La fraude communautaire n'est qu'un exemple. Le Traité de Rome consacre un chapitre entier au « rapprochement des législations » (art. 100 et s., 94 et s. CE Amsterdam). Et surtout l'article 29 du futur TUE Amsterdam (art. K 1 Traité de Maastricht) dispose que l'objectif de sécurité et de justice poursuivi par l'Union, notamment en matière de terrorisme, trafic de drogue ou d'armes, corruption et fraude doit être atteint par un « rapprochement, en tant que de besoin, des règles de droit pénal des États membres conformément à l'article 31 point e) ». Cet article 31 point e) prévoit une action en commun « en matière pénale visant entre autres à... e) adopter progressivement des mesures instaurant des règles minimales relatives aux éléments constitutifs des infractions pénales et aux sanctions applicables dans les domaines de la criminalité organisée, du terrorisme et du trafic de drogue » [3].

Concluons en écrivant qu'il existe bien déjà, à des titres divers, une sorte de droit pénal communautaire. Et il serait étonnant que ce mouvement ne se développe pas dans les prochaines années. La doctrine n'a d'ailleurs pas manqué de marquer son intérêt pour ce droit pénal communautaire [4]. Deux voies pourraient être empruntées pour permettre à

1. L'art. K 1-5 est sensiblement repris par l'art. 29 TUE Amsterdam qui vise la lutte notamment contre « la corruption et la fraude ». De son côté l'art. K 3-2 est repris fidèlement par l'art. 34 § 2d) TUE Amsterdam.

2. *JOCE* n° C 316/48 du 27 nov. 1995. V. *infra*, 3e Partie.

3. On peut y voir l'amorce d'un « code pénal européen », limité certes à la grosse criminalité et à des principes directeurs comme les problèmes concernant les causes d'irresponsabilité (comme l'erreur) et la responsabilité pénale des personnes morales ou encore la peine perpétuelle privative de liberté par exemple, toutes questions opposant actuellement les législateurs.

4. V. not. J. Biancarelli et D. Maidani, « L'incidence du droit communautaire sur le droit pénal des États membres », *Rev. sc. crim.* 1984, 225 et 455 ; J. Boré, « La difficile rencontre du droit pénal français et du droit communautaire », *Mélanges A. Vitu* 1989, 25 ; B. Bouloc, « L'influence du droit communautaire sur le droit pénal interne », *Mélanges G. Levasseur,* 1992, 103 ; M. Delmas-Marty (sous la direction de), *Quelle politique pénale pour l'Europe ?,* Economica 1993 ; D. R. Doorenbos, « EG-recht en strafwetgeving », *Delikt en Delinkwent,* 1992, p. 1041 et s. ; U. Sieber (sous la direction de), *Europäische Einigung und Europäisches Strafrecht,* Carl Heymanns Verlag, Koln, Berlin, Bonn, München, 1993 ; Droit communautaire

la Communauté européenne de légiférer dans le domaine pénal : soit en alourdissant l'article 3 du traité de Rome (3 TCE Amsterdam) qui énumère les domaines d'action de la Communauté et qui ne vise pas le droit pénal pour l'instant cette voie apparaissant cependant comme invraisemblable ; soit en jouant sur le principe de subsidiarité résultant de l'article 3 B CE (5-2 CE), qui décide que dans les domaines hors de sa compétence exclusive, « la Communauté n'intervient, conformément au principe de subsidiarité, que si et dans la mesure où les objectifs de l'action envisagée ne peuvent pas être réalisés de manière suffisante par les États membres et peuvent donc, en raison des dimensions ou des effets de l'action envisagée, être mieux réalisés au niveau communautaire », cette voie apparaissant elle aussi comme peu sérieuse [1].

SECTION 2. **L'UNITÉ DU DROIT PÉNAL EUROPÉEN**

12 C'est à trois égards que se manifeste cette unité. Ces trois parties du droit pénal européen présentent en effet trois caractères communs [2]. On se bornera ici à esquisser ces caractères en évoquant des normes qui seront reprises en détail ultérieurement. Il s'agira des caractères de technique juridique, non des caractères généraux descriptifs qui ont déjà été évoqués en doctrine.

Un auteur a montré que le droit européen (et nous sommes tentés de dire par exemple droit pénal européen) est placé sous un triple signe : pluralisme d'abord, compte tenu de la présence des législations nationales avec lesquelles il faut « faire avec » ; pragmatisme ensuite car les praticiens du droit créent du droit si l'on songe par exemple que c'est dans les cabinets des avocats que se préparent des recommandations qui

et droit pénal, colloque organisé le 25 octobre 1979 par l'Université de Parme, Giuffré, Milan et Bruxelles, 1981 ; R. France, « The influence of European Community Law on the Criminal Law of the Member States », *European Journal of Crime, Criminal Law and Criminal Justice* 1994, p. 324 et s. ; H. Johannes, « Le droit pénal et son harmonisation dans les Communautés européennes », *RTD eur.* 1971, 315 ; H. Johannes, « Das Strafrecht im Bereich der Europaischen Gemeinschaften », *Europarecht* 1968, p. 63 et s. ; J.-H. Robert, « L'incrimination par renvoi du législateur national à des règlements communautaires futurs », *Mélanges G. Levasseur*, préc., 168 ; Klaus Tiedemann, « Europaisches Gemeinschaftsrecht und Strafrecht », *Nene Juristische Wochenschrift*, 1993, p. 23 et s. ; M. Massé, « L'influence du droit communautaire sur le droit pénal français », *Rev. sc. crim.* 1996, p. 935 et s. ; F. Tulkens et H. Bosly (sous la direction de), *La justice pénale et l'Europe*, Bruylant, Bruxelles, 1996 ; L. Idot, Chroniques à la *Rev. sc. crim.* depuis 1997.

1. « Définition et limites du principe de subsidiarité », *Conseil de l'Europe, Communes et régions d'Europe*, n° 55, 1994.

2. On serait tenté d'ajouter un quatrième caractère commun, celui de l'aire géographique (l'Europe). N'oublions pas cependant — ce qui atténue ce caractère — que l'Europe de Strasbourg (celle de la Conv. EDH. et des traités d'entraide) correspond à 40 États alors que l'Europe communautaire (celle des traités de Rome et de Maastricht, et demain d'Amsterdam) n'en concerne que 15.

ensuite, formeront une partie du droit communautaire ; complexité enfin puisque doivent être combinées des logiques différentes, ce qui conduit à respecter les différences et à appliquer l'idée que « le diseur de droit européen doit prendre conscience qu'il lui faut le moins possible régler d'en haut » [1]. Et pourtant, c'est le vertige qui saisit le lecteur du Journal officiel des Communautés européennes, tant sont nombreuses les normes communautaires [2].

§ 1. Le droit pénal européen est un droit conventionnel

13 Pour une raison impérieuse de souveraineté, les États ne peuvent bâtir un droit qui leur sera commun que s'ils sont d'accord pour le faire. C'est pourquoi tout le droit international est à base conventionnelle et il en est évidemment ainsi des trois ensembles du droit pénal européen qui constituent autant de parties du droit international. Il convient cependant de s'entendre sur le caractère conventionnel du droit pénal européen en apportant une précision et des limites.

La *précision* procède de la distinction entre traités-contrats et traités-lois. Les premiers, on le rappellera, tendent à réaliser entre États une opération juridique (traités de commerce ou d'alliance), mais ne créent pas un droit nouveau. Les seconds au contraire créent des règles de droit et ont donc un contenu normatif. Il est évident que les traités et conventions européens sont des traités-lois. La distinction n'est pas purement théorique car l'exigence de réciprocité ne s'applique pas de la même façon. On sait que selon le principe de réciprocité, une Partie n'est pas tenue de s'exécuter si l'autre Partie cesse de le faire [3]. Or, on considère que le principe de réciprocité ne concerne pas les traités-lois, mais seulement les traités-contrats. Et comme le droit pénal européen est fait de traités-lois, il échappe à l'exigence de réciprocité. Par exemple, ce n'est pas parce que la France ne respecte pas tel règlement communautaire ou telle norme de la Conv. EDH. que les Pays-Bas peuvent se dispenser de les respecter. Le droit pénal européen (et même tout le droit européen), parce qu'il est conventionnel au sens des traités-lois échappe à la règle de la réciprocité car, ainsi qu'il a été excellemment dit, il « s'impose non à titre de contrepartie des droits consentis par les autres États signataires, mais à raison des engagements pris à l'égard des personnes bénéficiaires » [4]. Cette exclusion du principe de réciprocité est confir-

1. A.-J. Arnaud, *Pour une pensée juridique européenne*, 1995, PUF, p. 297.
2. B. Oppetit, « L'eurocratie ou le mythe du législateur suprême », *D.* 1990, chron. p. 73.
3. C'est l'équivalent de l'exception d'inexécution du droit privé des contrats.
4. L. Dubouis, « La portée des instruments internationaux protecteurs des droits de l'homme dans l'ordre juridique français », *in* E. Smith éd., *Les droits de l'homme dans le droit national en France et en Norvège*, Economica, Paris 1990, p. 139.

mée, pour ce qui concerne les droits de l'homme, par la Convention de Vienne du 23 mai 1969 : son article 60, § 5 dispose que la méconnaissance par un État contractant de « dispositions relatives à la protection de la personne humaine » n'autorise pas les autres Parties à se dégager de leurs obligations nées du traité. De même la CEDH a précisé que la Conv. EDH, qui n'est pas un traité international classique, crée non seulement des engagements synallagmatiques bilatéraux, mais aussi des obligations objectives qui, au terme de son Préambule, bénéficient d'une garantie collective [1]. Le rejet du principe de réciprocité s'applique aussi en droit communautaire si l'on rappelle de l'arrêt français *Jacques Vabres* l'attendu suivant : « dans l'ordre juridique communautaire, les manquements d'un État membre de la Communauté aux obligations qui lui incombent en vertu du traité du 25 mars 1957 (Traité de Rome) étant soumis au recours prévu par l'article 170 dudit traité (227 CE Amsterdam), l'exception tirée du défaut de réciprocité ne peut être invoquée devant les juridictions nationales » [2].

À la précision, s'ajoutent des *limites*, et cela dans deux sens. D'un côté, malgré le lien conventionnel, les États disposent d'une certaine marge de manœuvre. Par exemple, la CEDH a décidé que « ni l'article 13 de la Convention européenne ni la Convention européenne en général ne prescrivent aux États une manière déterminée d'assurer dans leur droit interne l'application effective de toutes les dispositions de cet instrument » [3]. Bref, si les États doivent respecter leur engagement, ils restent libres dans la façon de le faire. Ils disposent d'une certaine marge de manœuvre quant au fond du droit et même quant à la forme [4]. On a indiqué aussi qu'après survenance d'une directive communautaire, chaque État est libre du moyen de l'introduire dans son propre droit ; on sait en effet que la directive, si elle lie les États membres quant au résultat à atteindre, elle les laisse libres quant à la forme et quant aux moyens [5]. Mais d'un autre côté et toujours en dépit de l'engagement conventionnel, les États peuvent ne plus être les maîtres du jeu. Tel est le cas avec le droit communautaire dérivé qui est un ensemble normatif créé par la Communauté elle-même, de façon quasi autonome et qui constitue un véritable fait accompli pour les États. Les organes de la Communauté exercent un véritable pouvoir normatif (notamment avec les règlements qui s'imposent tels quels aux États) qui n'est pas sans

1. CEDH, 18 janv. 1978, *Irlande c/ Royaume-Uni*, série A, n° 25, § 235 ; v. aussi *supra*, n° 5 sur le caractère objectif des droits de l'homme.

2. Ch. mixte 24 mai 1975, *D.* 1975, 496, concl. A. Touffait.

3. CEDH 6 févr. 1976, *Syndicat suédois des conducteurs de locomotives*, série A, n° 20, § 30.

4. Suite à la condamnation d'un État par la CEDH, cet État peut se borner à infléchir sa jurisprudence sans modifier sa législation. De façon générale, la CEDH consacre la notion de « marge nationale d'appréciation », v. *infra*, n°s 269 et s.

5. Art. 189-3 du Traité de la Communauté européenne (249-3 CE Amsterdam) et v. *supra*, n° 10.

rappeler celui du pouvoir législatif interne [1]. Sans doute dira-t-on que les États, en signant les traités de Rome, de Maastricht et d'Amsterdam, avaient accepté l'existence du droit dérivé. Il n'en reste pas moins qu'ils ne pouvaient pas forcément mesurer l'importance énorme de ce qui allait devenir le droit dérivé. Ce droit est l'expression d'importants abandons de souveraineté [2].

§ 2. Le droit pénal européen occupe une place élevée dans les hiérarchies nationales des sources du droit

14 ***Le droit de la Convention européenne des droits de l'homme*** ◇ Une distinction doit d'emblée être faite entre droits nationaux [3].

1° Dans quelques pays peu nombreux, comme l'Irlande, la Norvège (et hier, le Royaume-Uni), la Conv. EDH n'est pas incorporée dans l'ordre juridique interne [4]. Dans ces pays, il y a cependant des discussions en vue d'intégrer la Conv. EDH. Dans la pratique cependant, elle joue le rôle d'une autorité morale [5]. Elle est parfois citée dans les décisions de justice. Il advient même qu'après sa condamnation par la CEDH, un État modifie sa législation. Elle occupe donc une place importante *de facto* ; « une valeur persuasive en ce sens qu'en cas d'ambiguïté (mais seulement en cas d'ambiguïté), les juges doivent autant que faire se peut interpréter les lois en conformité avec elle » [6].

2° Le Royaume-Uni occupe une place à part. Longtemps il fit partie du premier groupe, évoqué à l'instant. Or, le *Human Rights Act 1998* intégra la Conv. EDH à l'ordre britannique (avec application depuis octobre 2000). Mais cette intégration est très originale [7].

1. La CJCE évoque « le système législatif du Traité » dans son arrêt du 17 décembre 1790, *Kaster*, 25/70, Rec. CJCE p. 1161, et elle parle du « pouvoir législatif de la Communauté » dans son arrêt du 9 mars 1978, *Simmenthal*, 106/77, *Rec. CJCE* p. 629.
2. F. Terré, *Introduction générale au droit*, Dalloz, 4e éd., 1998, p. 207 et 211.
3. Distinction s'appliquant aussi aux Protocoles additionnels.
4. On dit que ces pays ont adopté un système dualiste (non moniste) : droit national et droit international (ici droit européen) constituent des systèmes de droit distincts, qui coexistent séparément. Dès lors, le droit non national ne peut s'appliquer de façon interne que s'il a été incorporé au droit interne (réception) ou que si la législation nationale a été transformée : il y a alors applicabilité directe (ou *self-executing*) de la norme internationale, en conséquence de quoi le système devient moniste.
5. L.-H. Leigh, « The influence of the European Convention of Human Rights on English Criminal Law and Procedure », *European Journal of Crime, Criminal Law and Criminal Justice*, 1993-1, p. 3 et s.
6. G. Rouhette, « Brèves remarques sur l'application de l'article 6 Conv. EDH », *Revue Justices*, n° 7, 1997, p. 64.
7. J. R. Spencer, « English criminal procedure and the Human Rights Act 1998 », *Israel Law Review*, vol. 33, 1999, p. 664 et s. ; P. M. Mabaka, « L'incorporation de la Conv. EDH dans l'ordre juridique britannique », *RTDH*, n° 41, 2000, p. 11 et s.

— D'un côté, cette loi contient deux dispositions favorables à la suprématie du texte européen sur le droit britannique. C'est d'abord l'article 6 qui décide « qu'il est illégal pour une autorité publique d'agir de manière incompatible avec la Convention », le terme « d'autorité publique » incluant les juges. C'est ensuite l'article 2 selon lequel lorsqu'une question touche à la Conv. EDH, les juges doivent tenir compte de la jurisprudence de la CEDH et de la Comm. EDH (cette dernière ayant d'ailleurs aujourd'hui disparu).

— Mais d'un autre côté, en cas de conflit entre droit britannique et Conv. EDH, la loi de 1998, s'efforce de sauvegarder le droit britannique. Sans doute, l'article 3 dispose-t-il que, dans toute la mesure du possible, le droit interne doit être interprété dans un sens compatible avec la Conv. EDH, ce qui peut s'appliquer en cas d'ambiguïté du texte interne. Mais si l'incompatibilité éclate aux yeux, alors l'article 4 invite le juge britannique à faire une « déclaration d'incompatibilité » et ajoute que cette déclaration n'affecte pas la validité du texte interne en cause, ce qui conduit le juge à l'appliquer malgré tout. Et le législateur peut alors modifier la loi concernée. Ainsi le législateur britannique consacre une doctrine de la souveraineté du Parlement qui signifie que si la Conv. EDH fait bien partie de la législation britannique, elle n'en fait pas partie totalement.

3° Le plus souvent cependant, la Conv. EDH est intégrée à l'ordre juridique interne de manière franche et nette [1]. Elle a alors un effet direct (l'individu peut l'invoquer directement devant les juridictions internes). Elle a aussi une place importante *de jure*, encore que cette place soit variable selon les dispositions nationales constitutionnelles.

Il advient que la Conv. EDH ait simplement valeur de loi. C'est le cas en Allemagne (art. 59 de la loi fondamentale) et de l'Italie : en vertu de l'article 80 de la Constitution, la Conv. EDH a au moins un rang égal aux lois nationales, sous réserve de la primauté des lois postérieures, ce qui fait dire à la doctrine que l'État italien adopte « un comportement tendanciellement autarcique par rapport à la Conv. EDH » [2] et qu'il manifeste des « résistances... à reconnaître la pleine efficacité de la Conv. EDH à l'intérieur du système juridique italien » [3]. Une position apparemment voisine est adoptée par la Suède [4] avec une loi du 5 mai 1994 qui incorpore la Conv. EDH dans le droit interne, en lui conférant un rang simplement législatif, tout en imposant aux autorités suédoises de ne pas édicter de textes qui lui seraient contraires [5]. En

1. On dit que ces pays ont adopté le système moniste, dans lequel le droit est un tout constitué à la fois du droit interne et du droit international (ici droit européen) ; v. une note précédente.

2. F. Palazzo et A. Bernardi, in *Raisonner la raison d'État, Vers une Europe des droits de l'homme*, sous la direction de M. Delmas-Marty, PUF 1989, p. 235.

3. *Id.*

4. Qui longtemps s'était refusé à incorporer la Conv. EDH dans son ordre juridique propre.

5. En application d'une révision de la Constitution en 1994, article 23 du chapitre 2 de celle-ci.

conséquence, le juge suédois peut désormais écarter une loi qui serait contraire à la Conv. EDH [1].

Plus souvent, la Conv. EDH a valeur supra législative, se trouvant intercalée entre la loi et la Constitution. C'est le cas de la Belgique selon la jurisprudence belge [2]. C'est aussi le cas de beaucoup d'autres États dont la Constitution exprime de façon plus ou moins nette le caractère supra législatif de la Conv. EDH : Chypre (art. 169) ; Espagne (art. 96, § 1) ; France (art. 55) ; Grèce (art. 28, § 1) et Portugal (art. 278, § 1). Cette place supra législative de la Conv. EDH entraîne deux effet très importants. D'abord, en cas de conflit entre une norme de la Conv. EDH et une norme de droit interne, le juge doit faire prévaloir le traité et, le cas échéant, modifier sa jurisprudence. Ensuite le législateur national peut être conduit, éventuellement, à modifier des textes pour les mettre en accord avec la Conv. EDH. À vrai dire, les exemples de cette idée sont innombrables. En voici un. Le droit belge traditionnel n'autorisait pas l'avocat de l'inculpé à prendre connaissance du dossier quarante huit heures avant l'audience de la chambre du Conseil appelée à statuer sur le règlement de la procédure d'instruction. Ce système a été condamné par la CEDH dans l'affaire *Lamy* en 1989 [3]. Très rapidement, le législateur belge intervint : une loi du 20 juillet 1990 vint permettre à l'avocat (et même à l'inculpé lui-même) d'avoir connaissance du dossier [4]. Un peu partout apparaissent des travaux doctrinaux faisant apparaître l'influence de la Conv. EDH et de la CEDH sur les droits nationaux, législatif et jurisprudentiel [5].

Enfin il advient plus exceptionnellement que la Conv. EDH ait valeur constitutionnelle, voire supra constitutionnelle. La première qualification vaut pour l'Autriche (art. 2, § 7 de la loi constitutionnelle fédérale) et la seconde pour les Pays-Bas (art. 93 et 94 de la Constitution) en ce sens qu'aux Pays-Bas le juge, confronté à une application d'une loi nationale qui est inconciliable avec une disposition d'un traité, n'appliquera pas cette loi. Il est bien évident que les deux effets signalés plus haut, concernant le juge et le législateur, s'appliquent ici à plus forte raison.

1. J.-F. Flauss, *L'incorporation de la Convention européenne dans le droit suédois, Liber amicorum,* M.-A. Eissen, Bruylant et LGDJ, 1995, p. 141 et s.

2. L'arrêt de principe rendu par la Cour de cassation est du 27 mai 1971. Pas 1971, I, 886, avec les conclusions du procureur général Ganshof van der Meersch ; *add.* Cass. 4 avr. 1984, *RDPC* 1984, p. 679 et s., et les conclusions de l'avocat général Velu.

3. CEDH, 30 mars 1989, *Lamy*, série A, n° 151.

4. La doctrine vit dans cette loi une conséquence directe de l'arrêt *Lamy*, H.-D. Bosly et D. Vandermeersch, « La nouvelle loi belge sur la détention préventive (20 juill. 1990) », *RD pén. crim.* 1991, p. 163 et s., not. p. 165 et 206.

5. Pour la France, v. F. Debove, *Le renouvellement des normes répressives françaises par le droit européen,* thèse Paris II, 1995. À titre général, v. C. Silvestre, *Le rôle régulateur de la Cour européenne des droits de l'homme sur les droits pénaux interne,* thèse Aix-Marseille, 1995.

Apparaît ainsi, à des degrés divers, un droit pénal européen des droits de l'homme. Tous les droits nationaux n'ont pas les mêmes normes certes. Mais ils adoptent peu à peu des normes voisines ayant comme commun dénominateur des principes généraux [1].

15 ***Le droit européen de la coopération inter-étatique*** ◇ La situation est très voisine car on assiste encore à une sorte de rapprochement. Après signature d'une Convention, les États peuvent la ratifier, ce qui provoque son entrée en vigueur dans leur ordre juridique interne. Et l'on sait que la plupart des États européens ont ratifié les conventions d'entraide, quitte à le faire (assez souvent) avec certaines réserves.

Précisons notre pensée : l'entrée en vigueur d'une Convention non seulement rapproche les droits qui vont avoir le même instrument, mais encore, entraîne des effets sur d'autres aspects des droits internes qui sont mis en accord avec les normes européennes [2]. En voici deux exemples qui intéressent la France. La Convention sur le transfèrement des personnes condamnées, signée à Strasbourg le 21 mars 1983 a rendu nécessaire une adaptation de certaines dispositions du code de procédure pénale sur l'exécution des peines, d'où la loi du 21 décembre 1984 créant les articles 713-1 à 713-8 [3]. Quant à la Convention sur le dédommagement des victimes d'actes criminels, signée à Strasbourg le 24 novembre 1983, elle a eu une influence évidente sur les lois des 9 septembre 1986 et surtout 6 juillet 1990 [4].

16 ***Le droit de la communauté européenne*** ◇ Le principe est celui de la primauté du droit communautaire sur le droit interne : en effet, le droit communautaire est immédiatement et directement applicable dans l'ordre juridique des États membres. C'est dans son arrêt *Costa*, du 15 juillet 1964, que la CJCE a nettement et pour la première fois posé le principe de la primauté [5] : « Le traité de la CEE a institué un ordre

1. J. Pradel, « La Convention européenne des droits de l'homme et le procès pénal français : harmonie ou divergence ? », *Revue juridique Thémis* (Montréal), 1990, vol. 24, p. 353 ; « Vers des principes directeurs communs aux diverses procédures pénales européennes », *Mélanges Levasseur,* préc. p. 459 et s. ; Jorg G. Polakiewicz, « La mise en œuvre de la CEDH en Europe de l'Ouest : aperçu du droit et de la pratique nationaux », *RUDH* 1992, p. 359 ; S. Marcus Helmons, *La contribution de la consécration internationale des droits de l'homme au développement du droit, id.,* p. 227 et s. À vrai dire, cette harmonisation est affirmée depuis longtemps, v. déjà en 1970 Droit pénal européen préc., notamment la 3e partie de cet ouvrage, intitulée « La détermination entre les pays européens de principes communs dans le domaine du droit pénal, de la procédure pénale et du traitement des délinquants », p. 433 et s.

2. Ce qui entraîne une harmonisation entre les droits au deuxième degré si l'on peut dire.

3. Ph. Conte, « Heurts et malheurs de la Convention européenne sur le transfèrement des condamnés : l'article 713-3 du code de procédure pénale et la détermination de la partie de la peine restant à subir en France », *Mélanges Levasseur,* préc., p. 393 et s.

4. J.-M. Guth, « Le dédommagement des victimes d'infractions violentes et la Convention européenne du 24 novembre 1983 », *Mélanges Levasseur,* préc. p. 421 et s., not. p. 428 et s.

5. CJCE 15 juill. 1964, *Costa*, 6/64, *Recueil CJCE*, p. 1141 ; *add.* B. de Witte, « Retour à "Costa" », *RTD eur.* 1984, 425.

juridique propre, intégré au système juridique des États membres lors de l'entrée en vigueur du traité et qui s'impose à leurs juridictions... Cette intégration au droit de chaque pays membre de dispositions qui proviennent de source communautaire et plus généralement les termes et l'esprit du traité, ont pour corollaire l'impossibilité pour les États de faire prévaloir contre un ordre juridique accepté par eux... une mesure unilatérale ultérieure qui ne saurait lui être opposable ». En somme, le droit communautaire doit s'appliquer immédiatement et directement car sans cela, il serait lettre morte si un État pouvait le neutraliser par une loi ultérieure propre. Ce droit est donc en logique supérieur à la loi interne. D'ailleurs, l'article 189 du Traité de Rome (249 CE Amsterdam) rappelle bien que les règlements ont valeur « obligatoire » et sont « directement applicables dans tout État membre ». L'arrêt *Costa* ajoute en faveur de la primauté du droit communautaire un argument tiré de l'unité de ce droit : « la force exécutoire du droit communautaire ne saurait... varier d'un État à l'autre à la faveur des législations internes ultérieures, sans mettre en péril la réalisation des buts du traité... ».

Cette primauté du droit communautaire sur le droit national entraîne deux effets : paralysie de la norme nationale contraire [1] et obligation pour le juge national de préférer la norme communautaire à toute disposition contraire du droit national, même postérieure [2]. Les juridictions internes consacrent elles aussi ce principe [3]. Il en résulte un rapprochement des droits pénaux nationaux [4].

§ 3. **Le droit pénal européen est un droit assurant le respect des droits de l'homme**

17 C'est l'évidence pour le *droit contenu dans la Conv. EDH et dans les arrêts de la CEDH*, et l'on s'en voudrait d'insister. Mais, ce qu'il convient de

1. Même si elle n'a pas été formellement abrogée. On parle de l'effet de neutralisation, v. J. BIANCARELLI, « Le droit communautaire et le droit pénal », *Bull. Inf. Cour cass.* n° 371, 15 juill. 1993, p. 1 et s.

2. CJCE 9 mars 1978, *Simmenthal*, 106/77, *Rec. CJCE*, p. 629.

3. Par ex. pour la France, Crim. 22 oct. 1970, *Les fils d'Henri Ramel*, *D.* 1971, 221, note Mazard, J. Pradel et A. Varinard, *Les grands arrêts du droit criminel*, I, 2e éd., 1997, n° 4. Même solution avec la Chambre des Lords anglaise, v. E. GARCIA DE ENTERRIA, « Un pas décisif dans le droit constitutionnel britannique : le pouvoir des juges de juger de façon abstraite et générale les lois du Parlement en contradiction avec le droit communautaire », *Liber amicorum*, M.-A. EISSEN, préc. p. 165 et s. Même règle en Allemagne avec cependant cette réserve que la Cour constitutionnelle fédérale affirme sa compétence de principe pour vérifier « au cas par cas » si les actes communautaires respectent « les standards inaltérables des droits fondamentaux » établis par la Constitution, v. D. HAUF, « Le jugement de la Cour constitutionnelle allemande », *RTDE* 1994.

4. J. BIANCARELLI et D. MAÏDANI, « L'incidence du droit communautaire sur le droit pénal des États membres », *Rev. sc. crim.* 1984, p. 225 et s., 455 et s. *Add.* CJCE 17 déc. 1970, affaire *Internationale Handelsgesellschaft*, 11/70, *Rec. CJCE* p. 1125.

souligner, c'est que l'impératif des droits de l'homme se retrouve aussi très fortement dans les deux autres parties du droit pénal européen.

S'agissant des *convention d'entraide pénale*, les applications de l'idée de respect des droits de l'homme affluent partout. Il suffit de lire les diverses conventions du Conseil de l'Europe. À titre d'exemple, on indiquera, à propos de la Convention européenne d'extradition signée le 13 décembre 1957, que selon son article 9, l'extradition ne sera pas accordée lorsque l'individu réclamé a déjà été jugé définitivement par les autorités de la Partie requise : se trouve ainsi consacré le principe *Non bis in idem* que reconnaît expressément par ailleurs l'article 3 du protocole n° 7, additionnel à la Conv. EDH. On peut aussi évoquer la Convention européenne sur le transfèrement des personnes condamnées dont l'article 3-1 d stipule que le condamné dont le transfèrement est envisagé doit y consentir, ce qui évoque plus ou moins le principe de liberté qui se retrouve sous des formes diverses dans la Conv. EDH. Quant à la coopération inter étatique issue de l'Union européenne (du Traité de Maastricht, de 1992), le traité de 1992, en son article K2, rappelle que les questions énumérées à l'article K 1 (29 TUE Amsterdam) (comme la lutte contre la fraude internationale, la lutte contre la toxicomanie et la coopération judiciaire en matière pénale) « sont traitées dans le respect de la convention européenne de sauvegarde des droits de l'homme et des libertés fondamentales, du 4 novembre 1950... ». Il est vrai qu'avec le traité d'Amsterdam signé le 2 octobre 1997 réformant le traité de Maastricht, cette disposition disparaît. Mais elle est quasiment reprise dans le nouvel article, F-2 (6-2 TUE Amsterdam) à titre de principe général, comme on va le voir.

On est moins habitué à l'idée que le *droit communautaire* assure le respect des droits de l'homme [1]. C'est qu'en effet le droit communautaire est avant tout d'essence économique. Et pourtant les droits de l'homme sont impliqués, notamment sur le plan procédural. C'est pourquoi la CJCE les a progressivement reconnus. Schématiquement, on peut distinguer trois temps.

Dans un premier temps, la CJCE, si elle ne pouvait que refuser de contrôler la conformité du droit communautaire aux droits fondamentaux résultant des Constitutions [2], se devait en revanche d'accorder en matière communautaire, une protection égale à celle prévue dans les Conventions.

Dans un deuxième temps, la CJCE, en même temps qu'elle continue à nourrir du respect à l'égard des normes constitutionnelles, introduit

1. Dont on rappellera qu'il peut être quasi pénal, mais n'est pas pénal au sens strict. Pour une première approche. V. L. Dubouis, « Le rôle de la Cour de justice des Communautés européennes. Objet et portée de la protection des droits fondamentaux », *RID comp.* 1981, n° 2.

2. Sous peine de ruiner le principe d'une application uniforme du droit communautaire dans les différents États.

le concept de droits de l'homme. Très révélateur est à cet égard l'arrêt *Nold* selon lequel « la Cour est tenue de s'inspirer de traditions constitutionnelles communes aux États membres et ne saurait admettre des mesures incompatibles avec les droits fondamentaux reconnus et garantis par les Constitutions de ces États... les instruments internationaux concernant la protection des droits de l'homme auxquels les États membres ont coopéré ou adhéré, peuvent également fournir des indications dont il convient de tenir compte dans le cadre du droit communautaire » [1].

Enfin, troisième temps, le traité sur l'Union européenne, de 1992, dispose expressément que « l'Union respecte les droits fondamentaux tels qu'ils sont garantis par la Convention européenne de sauvegarde des droits de l'homme et des libertés fondamentales, signée à Rome le 4 novembre 1950, et tels qu'ils résultent des traditions constitutionnelles communes aux États membres en tant que principes généraux du droit communautaire » (art. F-2). Sans doute, la CJCE avait déjà, dans plusieurs arrêts, incorporé la Conv. EDH. Mais elle l'avait fait sans s'estimer juridiquement liée par cette convention, et en la considérant seulement comme une source d'inspiration privilégiée. Désormais, avec le Traité de Maastricht, la Conv. EDH est officiellement intégrée, incorporée à l'ordre communautaire. Cette intégration est confirmée avec le traité d'Amsterdam (signé le 2 octobre 1997) qui modifie celui de Maastricht. L'article 6-2 de ce nouveau Traité reprend exactement la formule de l'article F-2 [2]. Toutefois, même aujourd'hui, la Communauté n'adhère pas la Conv. EDH : la CJCE s'y est refusée [3] et les rédacteurs du Traité d'Amsterdam (signé le 2 octobre 1997) ne se sont pas engagés dans cette voie.

De là l'idée d'une Charte des droits fondamentaux de l'Union européenne. Précisément, sur la suggestion de l'Allemagne qui désirait combler le vide laissé par ce refus, le Conseil européen, lors du sommet de Nice en décembre 2000, signa une Charte qui avait été élaborée par un groupe de travail dont le principe avait été arrêté lors du sommet précédent, à Tampere en octobre 1999. Signée le 7 décembre 2000, la Charte contient 53 articles [4]. Elle entend constituer un catalogue des droits fondamentaux propres à l'Union européenne, tirés entre autres de la juris-

1. CJCE 14 mai 1974, *Nold*, 4/73, *Rec. CJCE* p. 508 ; *add.* M. Darmon, « La prise en compte des droits fondamentaux par la Cour de justice des Communautés européennes », *Rev. sc. crim.* 1995, p. 23 et s., not. p. 29.

2. La doctrine a déjà étudié les liens entre droit communautaire et droits de l'homme, v. not. F. Sudre, « La Communauté européenne et les droits fondamentaux après le Traité d'Amsterdam : vers un nouveau système européen de protection des droits de l'homme ? », *JCP* 1998, doctr. I, 100 ; P. Wachsmann, « Les droits de l'homme », in *Le Traité d'Amsterdam*, Dalloz 1998, p. 175 et s. ; J. F. Renucci, « Union européenne des droits de l'homme : les enjeux du Traité d'Amsterdam », *Rev. pénit.* 1998, p. 326 et s.

3. CJCE 28 mars 1996, Avis 2/94, *Rec.* I, 7963. *Add.* les commentaires de P. Wachsmann, *RTDE* 1996, 467 ; D. Simon, *Europe* 1996, 6 ; J.-F. Flauss, *Petites Affiches*, 1997, 91 ; F. Benoit-Rohmer, « L'adhésion de l'Union à la CEDH », *RUDH* 2000, p. 57.

4. La Charte a été publiée au *JOCE*, série C, n° 364 du 18 décembre 2000, p. 1.

prudence de la CJCE ou déjà inscrits de façon éparse dans les divers instruments de l'Union européenne. Tout en allant au-delà de la Conv. EDH, notamment en ce qui concerne les droits sociaux, la Charte reprend largement — et souvent dans la même forme — les droits déjà retenus par la Conv. EDH. On retrouve en effet le droit à la vie, l'interdiction de la torture et des peines ou traitements inhumains ou dégradants, le droit à la sûreté et à la liberté, et surtout dans le chapitre VI sur la « justice », le droit à un tribunal impartial, la présomption d'innocence et les droits de la défense, la légalité et la proportionnalité des délits et des peines, le droit de ne pas être jugé deux fois pour une même infraction.

Il doit être bien compris que la Charte doit s'appliquer aux institutions et organes de l'Union européenne, non seulement d'ailleurs en ce qui concerne le volet communautaire, mais aussi le volet sur la politique étrangère et la sécurité, et bien sûr le volet concernant la coopération en matière pénale (les trois « piliers »). Dès lors, la Charte est à l'Union européenne ce qu'est la Conv. EDH au Conseil de l'Europe. La Charte n'est donc pas une alternative, encore moins une concurrente à la Conv. EDH.

Quel est l'intérêt de la Charte ? À vrai dire, elle ne fait que rappeler des droits déjà connus, qu'ils soient affirmés dans la Conv. EDH, dans la jurisprudence de la CJCE ou dans des instruments de l'Union européenne. Mais la Charte a tout de même un intérêt symbolique. Elle rend en effet les droits fondamentaux plus visibles et elle avertit les candidats à l'Union européenne — du fait de l'élargissement très probable de celle-ci — des principes qu'ils devront respecter. Peut-être un jour la Charte sera-t-elle intégrée dans les traités. Peut-être aussi de façon plus lointaine, la Charte sera-t-elle le préambule d'une future Constitution européenne [1].

En dépit de ces rapprochements entre elles, les trois pièces du droit pénal européen indiquées dans la première section doivent être examinées distinctement. Le présent ouvrage comportera donc les parties suivantes [2] :

Première partie : Le droit pénal de la coopération inter-étatique européenne
(Conseil de l'Europe et Union européenne)

Deuxième partie : Le droit pénal et la Convention européenne des droits de l'homme
(Conseil de l'Europe)

Troisième partie : Le droit pénal et le droit communautaire
(Union européenne)

1. J. Dutheil de la Rochère, « La Charte des droits fondamentaux de l'Union européenne, quelle valeur ajoutée ? », *Rev. marché commun*, 2000, p. 674 et s. ; F. Benoit-Rohmer, « La Charte des droits fondamentaux de l'Union européenne », *D.* 2001, chron. p. 1483 et s.

2. Où apparaissent sans cesse les idées de coopération et d'harmonisation, ces deux grandes notions du droit pénal européen.

PREMIÈRE PARTIE

LE DROIT PÉNAL DE LA COOPÉRATION INTER-ÉTATIQUE EUROPÉENNE (Conseil de l'Europe et Union européenne)*

18 ***Distinction*** ◇ La coopération inter-étatique européenne (ou entraide) en matière pénale est faite d'un ensemble considérable d'instruments [1]. Tout classement, aussi nécessaire soit-il, est malaisé. Toutefois, une distinction essentielle se détache : à côté de conventions applicables en

* Pour la rédaction de cette partie, nous voulons remercier tout spécialement M. Daniel FONTANAUD, chef du bureau du droit pénal européen et international au ministère français de la Justice et président du comité européen des problèmes criminels au Conseil de l'Europe. Il nous a fourni très aimablement, pour cette seconde édition, beaucoup d'informations.

1. Rappelons que, selon une bonne définition, « l'entraide judiciaire peut être définie comme étant un ensemble d'actes qu'une autorité judiciaire compétente (autorité requise) relevant d'un État (État requis) accomplit pour le compte d'une autorité judiciaire requérante relevant d'un autre État (État requérant) », v. G. DEMANET, « Considérations sur l'entraide judiciaire en matière pénale », *RD. pén. crim.* 1997, p. 809 et s., not. p. 811. De façon voisine, on ajoutera que la coopération est la participation de juges de nationalités différentes à une œuvre commune – ici la lutte contre la criminalité – par l'aide apportée par l'un (requis) à l'appel d'un autre (requérant).

principe à un très grand nombre d'infractions et de personnes, il existe des conventions propres à certaines infractions et à certaines personnes. De là, la distinction entre coopération d'application générale (Titre 1) et la coopération d'applications particulières (Titre 2). Avant de s'attacher tour à tour à ces deux formes de coopération, il conviendra cependant de donner un premier aperçu de la matière (Section préliminaire).

SECTION PRÉLIMINAIRE. UN PREMIER APERÇU DE LA MATIÈRE

19 ***La nécessité d'une coopération*** [1] ◇ On sait que le but du Conseil de l'Europe, selon l'article 1 de son statut est de « réaliser une union plus étroite entre ses membres afin de sauvegarder et développer les idéaux et les principes qui sont leur patrimoine commun et de favoriser le progrès économique et social ». Ces fins, le Conseil de l'Europe les assume dans un grand nombre de secteurs, à l'exception de la défense nationale qui n'est pas de sa compétence. Plus précisément, le Conseil de l'Europe s'attache aux huit domaines principaux suivants : à côté des droits de l'homme (v. *infra*, 2e Partie), il prend en considération les questions sociales, l'éducation, la culture, les sports et la jeunesse, la santé publique, l'environnement et le patrimoine culturel, les pouvoirs locaux et régionaux, les affaires juridiques enfin. À travers ces divers secteurs et surtout à travers le dernier, le droit pénal et la procédure pénale sont présents. Et à l'heure du développement de la criminalité, nationale ou transfrontière, cette présence est incontournable. Il devient urgent comme l'écrivait déjà en 1928 H. Donnedieu de Vabres « qu'à l'internationalisation du crime s'oppose l'internationalisation de la répression » [2]. Il en résulte que pour accomplir les fins que l'on vient d'énumérer, la coopération pénale entre États du Conseil de l'Europe constitue une nécessité primordiale. Il faut ajouter que cette vision a été renforcée encore par le traité du 7 février 1992 de Maastricht, qui crée l'Union européenne et dont l'article K 1 vise parmi les objectifs de cette Union « ... 7) la coopération judiciaire en matière pénale... » [3]. Ces deux cadres, celui du Conseil de l'Europe et celui de l'Union européenne et les Conventions qui s'y rattachent, font apparaître l'idée d'un *espace judiciaire pénal européen* ou territoire comprenant divers États d'Europe où s'appliquent les mêmes normes issues de ces conventions, en sorte que disparaissent les frontières. Le traité de Maastricht a d'ailleurs lui-même été réformé par le traité d'Amsterdam, de juin 1997, et signé le 2 octobre 1997, et entré en vigueur le 1er mai 1999 [4].

1. La coopération judiciaire en Europe, textes rassemblés par D. FONTANAUD, in *Problèmes politiques et sociaux*, n° 786, 20 juin 1997, La Documentation française ; Coopération internationale en matière pénale, Conventions du Conseil de l'Europe, recueil de textes, 1997 ; B. AUBERT, *Coopération internationale en matière pénale*, inventaire en 5 volumes, 2000, École nationale de la Magistrature, formation continue.

2. H. DONNEDIEU DE VABRES, *Les principes modernes du droit pénal international*, 1928, p. 302.

3. J. CLOOS, G. REINESCH, D. VIGNES et J. WEYLAND, *Le traité de Maastricht*, Genèse, analyse, commentaires, Bruylant, Bruxelles, 1993.

4. V. deux ouvrages sur la coopération pénale en général : L. HARRRIS et C. MURRAY, *Mutual assistance in criminal matters*, Sweet and Maxwell, London, 1999 ; R. ZIMMERMANN, *La coopération judiciaire internationale en matière pénale*, Staempfli, Berne, 1999. *Add.* pour une vue plus rapide, mais excellente, H. LABAYLE, « La coopération européenne en matière de justice et d'affaires intérieures », *RTD eur.* 1997, p. 1 et s.

20 ***Les instruments de la coopération*** ◇ Pour mettre en œuvre la coopération pénale, deux organismes interviennent.

1° Le premier, notamment historiquement, est le Conseil de l'Europe : il élabore des conventions et accords et adopte des recommandations, tous actes appelés souvent les « instruments juridiques » du Conseil de l'Europe, ou, si l'on préfère de la coopération inter-étatique européenne.

Une *Convention européenne* est un traité multilatéral, élaboré dans le cadre du Conseil de l'Europe. Une négociation a lieu, qui s'achève par une décision du Comité des ministres, arrêtant définitivement le texte du traité ; la décision d'adoption est prise à la majorité des deux tiers des voix exprimées et à la majorité des représentants ayant le droit de siéger au Conseil des ministres. Ensuite, est prise la décision d'ouvrir la Convention à la signature des États, cette décision exigeant l'accord des représentants au Conseil des ministres. Après signature, les Conventions pour être intégrer dans les droits internes, doivent être ratifiées par les législateurs nationaux. Il arrive que des Conventions ne soient pas ratifiées par tous les États ou qu'elles le soient tardivement[1]. Parfois enfin, une Convention est complétée par un élément, pris éventuellement plusieurs années après, qui s'appelle un *Protocole additionnel.*

Les *Accords* ont la même portée juridique que les Conventions, la seule différence étant qu'un Accord peut faire l'objet d'une signature avec ou sans réserve de ratification ou d'acceptation, tandis qu'une Convention doit nécessairement faire l'objet d'un instrument de ratification ou d'acceptation.

Le Comité des ministres, d'autre part, adopte des *Recommandations* ou actes adressées aux gouvernements des États membres et devant servir de guide pour leur législation propre. Jusqu'en 1985, le Comité des ministres a adopté environ 400 Recommandations (appelées d'ailleurs Résolutions jusqu'en 1979). Le Comité des ministres adopte la technique de la Recommandation lorsque le sujet traité ne se prête pas à l'élaboration d'une Convention. Les Recommandations traitent le plus souvent de problèmes d'importance relativement mineure ou présentent la solution généralement déjà acceptée d'une question qui, selon les experts gouvernementaux, n'a pas besoin de faire l'objet d'une Convention ou d'un Protocole additionnel à une Convention existante. Comme les Recommandations concernent en fait souvent l'application pratique des Conventions, elles apparaissent alors un peu comme une interprétation de ces dernières. Les Recommandations complètent en somme les rapports explicatifs qui d'ordinaire, précèdent le texte des Conventions.

1. Ainsi la Convention européenne d'extradition, signée à Paris en 1957, n'a été ratifiée par la France qu'en 1985, et la Convention européenne pour la répression du terrorisme, signée en 1977 n'est entrée en vigueur en France que dix ans plus tard, v. R. Koering-Joulin et H. Labayle, « Dix ans après... de la signature (1977) à la ratification (1987) de la Convention européenne pour la répression du terrorisme », *JCP* 1988, I, 3349.

Il advient d'ailleurs que certaines Recommandations soient elles-mêmes accompagnées d'un exposé des motifs, sorte de commentaire.

2° À la suite du traité de Maastricht de 1992 [1] modifié par celui d'Amsterdam de 1997, en vigueur depuis le 1er mai 1999, une nouvelle série d'instruments apparaît. Rappelons d'abord que ce traité, en son titre VI (« troisième pilier », articles 29 et s. TUE Amsterdam) [2], institutionnalise la coopération en matière de justice et d'affaires intérieures (JAI), en prévoyant un renforcement de la coopération inter-étatique en matière pénale de deux façons : d'abord en faisant de la coopération judiciaire, non plus une question de coopération politique intergouvernementale classique comme naguère, mais une « question d'intérêt commun » devant appeler des « positions communes » et des « actions communes » ; ensuite, en confiant la coopération judiciaire entre États membres à une nouvelle instance de négociation, le Conseil des ministres de la justice et des affaires intérieures, qui regroupe la coopération judiciaire et la coopération policière (alors qu'auparavant cette dernière s'était développée de façon autonome, notamment au sein du groupe Trevi). Ce « Conseil JAI » est donc l'organe décideur du « troisième pilier », étant chargée d'adopter les divers instruments de coopération au sein de l'Union européenne [3].

Le « Conseil JAI » adopte des *Conventions*. Ainsi a-t-il déjà adopté la Convention du 27 septembre 1996 sur l'extradition, celle du 26 juillet 1995 sur les intérêts financiers de la Communauté et celle du 26 juillet 1996 sur l'extradition entre États membres de l'Union européenne, comme on le verra bientôt. Ces Conventions doivent évidemment être ensuite ratifiées par les États pour être applicables (art. 34 TUE Amsterdam) qui décide que ces conventions, une fois qu'elles ont été adoptées par la moitié au moins des États membres, entrent en vigueur dans les États les ayant adoptées.

Il en va différemment des autres formes d'activités du « Conseil JAI ». Il s'agit d'abord des *Recommandations* et des *Résolutions*. Il s'agit ensuite, nouveauté par rapport au Conseil de l'Europe, des « *actions communes* ». Ces dernières définissent des objectifs communs, qu'il revient à chaque gouvernement de mettre en œuvre pour rapprocher les législations et les pratiques judiciaires des États membres. On citera l'action commune du 10 mars 1995 concernant l'Unité Drogues-Europol (UDE), complétée par celle du 16 décembre 1996 qui élargit le mandat de l'UDE à la lutte contre la traite des êtres humains. On citera aussi l'action commune

1. Signé le 7 février 1992. Ce traité est entré en vigueur le 1er novembre 1993.
2. V. sur la notion des « trois piliers », *supra*, n° 4.
3. Le Conseil des ministres JAI est assisté d'un « Comité de coordination des hauts fonctionnaires », dit Comité K 4 (article du traité sur l'Union européenne du 7 février 1992), composé de hauts fonctionnaires des États membres. Il a pour rôle de coordonner les travaux de plus de 20 groupes (dont 7 en matière judiciaire) chargés d'élaborer les textes qui sont ensuite adoptés par le Conseil.

du 15 juillet 1996 sur le rapprochement des législations en matière de lutte contre le racisme, l'action commune du 22 avril 1996 concernant un cadre d'échange de magistrats de liaison, l'action commune du 17 décembre 1996 sur le rapprochement des législations en matière de toxicomanie, celle du 24 février 1997 sur l'exploitation sexuelle des enfants et...[1]. Tout en bas de l'échelle, il faut enfin citer les « *positions communes* » ou énoncé de principes fondamentaux tels qu'affirmés aux conférences de Copenhague (5-9 juin 1990) et de Moscou (3 octobre 1991) comme on le verra bientôt[2].

Le statut juridique des recommandations et positions communes et actions communes peut faire l'objet de discussions[3]. Reste le bloc des Conventions qui est doté d'une force contraignante effective (sous condition de ratification évidemment).

Avec le traité d'Amsterdam signé le 2 octobre 1997, qui modifie celui de Maastricht de 1992, la palette des instruments offerts au Conseil est un peu modifiée. Le nouvel article 34 TUE Amsterdam (ex. art. K 6 TUE) indique que le Conseil, pour faciliter la coopération, peut à l'initiative de tout État membre ou de la Commission :

– arrêter des *positions communes* définissant l'approche de l'Union sur une question déterminée et constituant en fait des déclarations générales sans caractère contraignant ;

– arrêter des *décisions-cadres* qui ont pour but de rapprocher les dispositions législatives et réglementaires des États. Ces actes lient les États membres quant au résultat à atteindre, tout en laissant aux États la compétence quant à la forme et aux moyens. Les décisions-cadres n'ont pas d'effet direct. Les décisions-cadres remplacent les actions communes du Traité de Maastricht dont on se demandait si elles liaient les États ;

– arrêter des *décisions à toute autre fin conforme aux objectifs de la coopération policière et judiciaire.* Elles ont un caractère contraignant, mais sont dénuées d'effet direct ;

– établir des *conventions* dont il recommande l'adoption par les États membres selon leurs règles constitutionnelles respectives, ce qui implique la mise en œuvre de la procédure de ratification.

Les décisions-cadres et les décisions autres doivent être adoptées à l'unanimité des États. Elles peuvent faire l'objet d'un recours en annulation de la part d'un État membre ou de la Commission pour incompétence ou violation des formes substantielles. Le recours est porté devant la CJCE (art. 35, § 6, TUE Amsterdam).

1. H. Labayle, « L'application du titre VI du traité de l'Union européenne et la matière pénale », *Rev. sc. crim.* 1995, p. 35 et s.

2. V. *infra*, n° 23.

3. A. Lo Monaco, « Les instruments juridiques de coopération dans les domaines de la justice et des affaires intérieures », *Rev. sc. crim.* 1995, p. 11 et s.

21 ***Le développement de la coopération*** ◇ Ce développement, qui correspond exactement à celui d'un espace judiciaire pénal européen [1], ne s'effectue pas de façon cartésienne et simple. C'est qu'en effet il existe trois Europes : celle de l'Union européenne qui est la plus petite (15 États aujourd'hui), celle du Conseil de l'Europe appelée parfois la grande Europe (43 États actuellement) et enfin de façon moins normative celle de l'Organisation sur la sécurité et la coopération en Europe, c'est-à-dire celle de l'espace judiciaire pénal pan-européen (55 États présentement). La coopération entre les États européens a débuté au sein de la grande Europe. Puis elle s'est réalisée au sein de l'Union européenne sans pour autant que soit abandonné le cadre du Conseil de l'Europe. Enfin, apparaît la dimension pan-européenne. Trois périodes peuvent donc être distinguées au sein de cet énorme ensemble conventionnel [2].

22 ***Première période*** ◇ Au cours de la première période, que l'on pourrait qualifier d'héroïque, la coopération se réalise avant tout par un petit nombre de conventions de base élaborées dans le cadre du Conseil de l'Europe et ratifiées par le plus grand nombre des États. Ces conventions sont au nombre de deux :

— la Convention européenne d'extradition du 13 décembre 1957, qui règle entre 40 États membres du Conseil de l'Europe et Israël le régime de l'extradition [3] ;

— la Convention européenne d'entraide judiciaire en matière pénale du 20 avril 1959, qui détermine la procédure et le régime des modes élémentaires d'entraide judiciaire pénale entre 39 États parties et Israël ;

On doit ajouter un second ensemble de conventions, également élaborées par le Conseil de l'Europe, mais plus spécialisées et peut-être pour cette raison ratifiées par un moins grand nombre d'États. On en citera sept :

1. Sur le développement de l'idée d'espace judiciaire pénal européen, la doctrine est considérable. V. not. E. CRABIT, *Recherches sur la notion d'espace judiciaire européen*, Presses Universitaires de Bordeaux, 1988 ; R. DE GOUTTES, « Variations sur l'espace judiciaire pénal européen », *D.* 1990, chron. p. 215 et s. ; du même, « Vers un espace judiciaire pénal pan-européen », *D.* 1991, chron. p. 154 et s. ; du même, « De l'espace judiciaire pénal européen à l'espace judiciaire pénal pan-européen », *Mélanges Levasseur*, 1992, p. 3 et s. ; D. FLORE, « Vers une justice pénale européenne : l'apport de l'Union européenne », in *La justice pénale et l'Europe,* sous la direction de F. Tulkens et H.-D. Bosly, Bruylant, Bruxelles, p. 373 et s., not. p. 381 et s., avec une énumération de 6 conséquences attachées à l'idée d'espace européen. *Vers un espace judiciaire pénal européen,* édité par G. de Kerchove et A. Weyembergh, Actes d'un colloque organisé en décembre 1999 par l'Université libre de Bruxelles, Bruxelles, 2000 ; P. RANCÉ et O. de BAYNAST, *L'Europe judiciaire. Enjeux et perspectives,* Dalloz, 2001.

2. Pour un panorama général de cette entraide conventionnelle européenne. V. A. POTOKI, « Coopération policière, coopération judiciaire », in *Quelle politique pénale pour l'Europe,* sous la direction de M. Delmas-Marty, Economica 1993, p. 187 et s. ; F. THOMAS, « De l'Europe rechtshulpverdragen in strafzaken », *Gard, Story-Scientia* 1980 ; H.-D. BOSLY et G. RENAULT, « La coopération policière et judiciaire », in *La justice pénale en Europe,* précité, p. 339 et s.

3. Et qui notamment s'applique entre tous les États de l'Union européenne.

– la Convention européenne pour la répression des infractions routières du 30 novembre 1964, ratifiée seulement par 4 États (Chypre, Danemark, France et Suède) [1] ;

– la Convention européenne pour la surveillance des personnes condamnées ou libérées sous condition, du 30 novembre 1964, ratifiée par 12 États membres du Conseil de l'Europe [2] ;

– la Convention européenne sur la valeur internationale des jugements répressifs, du 28 mai 1970, qui n'est en vigueur qu'entre 11 États ;

– la Convention européenne sur la transmission des procédures répressives, du 15 mai 1972, en vigueur entre 15 États ;

– la Convention européenne sur l'imprescribilité des crimes contre l'humanité et des crimes de guerre, du 25 janvier 1974, ratifiée uniquement par les Pays-Bas et par la Roumanie, et donc pas encore en vigueur par manque de ratification ;

– la Convention européenne pour la répression du terrorisme du 27 janvier 1977, aujourd'hui en vigueur entre 36 États [3].

– enfin la Convention européenne sur le contrôle de l'acquisition et de la détention d'armes à feu par les particuliers, du 28 juin 1978, en vigueur entre 12 États.

23 ***Seconde période*** ◇ La seconde période qui consacre un abaissement de la souveraineté s'ouvre avec le projet de V. Giscard d'Estaing [4] d'un espace judiciaire pénal européen, en 1977. Il entendait créer entre les États membres des Communautés européennes (au nombre de 9 alors) un espace unifié dans le domaine de la justice pénale comme cela était déjà un peu réalisé sur le plan économique [5]. Le projet avait pris naissance à l'occasion des conseils européens des chefs d'État, tenu à Bruxelles à partir de décembre 1977. Le Président français pensait que dans le cadre plus étroit des 9, la création d'un tel espace serait plus aisée que dans celle des 19 États qui alors composaient le Conseil de l'Europe. Dans le cadre restreint des Communautés européennes, il s'agissait d'élaborer une convention d'extradition simplifiée, d'améliorer la procédure d'entraide pénale internationale, de reconnaître la valeur internationale des jugements répressifs et de généraliser le transfèrement des détenus entre États membres. À cet effet fut créé par le Conseil européen un

1. C'est un peu étonnant car, dans une annexe, cette convention définissait un « Fonds commun d'infractions routières », ce qui représentait un essai d'unification des infractions en ce domaine.

2. Et à laquelle a adhéré aussi qu'un État non membre, la Bosnie-Herzégovine.

3. Qui n'a été ratifiée par la France qu'en 1987, soit dix ans après sa signature, en raison de controverses sur le droit d'asile.

4. Alors Président de la République française.

5. La première étude sur l'espace européen, suggéré par l'expression du Président français, est de J. Charpentier, « Vers un espace judiciaire européen », *Annuaire français de droit international*, 1978, p. 927.

groupe de hauts fonctionnaires des États membres, placé sous l'autorité des ministres de la justice. Mais ce groupe de spécialistes n'élabora que deux textes : l'accord de Dublin (concernant l'application entre les États membres des Communautés européennes, de la Convention du Conseil de l'Europe sur le terrorisme) et la Convention de coopération en matière pénale (qui visait non seulement le terrorisme, mais aussi toutes les infractions d'une certaine gravité). Mais devant l'hostilité des Pays-Bas, le projet de convention de coopération en matière pénale n'eut pas de suite [1]. Entre 1982 et 1984, la France tenta de remettre en chantier l'espace judiciaire. À la conférence des ministres de la justice des Dix, le 25 octobre 1982, M. Badinter, ministre français, proposa un projet révisé de convention de coopération (qui renforçait la protection des droits individuels) et un avant-projet de future « Cour pénale européenne » : devant cette juridiction seraient renvoyés les personnes que l'État requis a refusé d'extrader et qu'il n'est pas compétent pour poursuivre en vertu de son droit interne [2]. Mais ces propositions n'ont pas abouti du fait de l'opposition de la Belgique, des Pays-Bas et du Royaume-Uni.

Malgré ces échecs, l'idée d'un espace européen va prendre corps. Mais cette idée va être plurielle, placée sous l'angle de la diversité géographique, plusieurs cadres apparaissent, avec chacun un nombre d'États différent. Apparaît ainsi une Europe à géométrie variable [3].

1° Au sein des pays des Communautés — c'est-à-dire dans le *cadre de l'Union européenne* depuis le Traité de Maastricht du 7 février 1992 — plusieurs conventions ont été élaborées. On peut, à première vue, s'en étonner car, de son côté, le Conseil de l'Europe en a déjà élaboré plusieurs et continuera à le faire parallèlement à l'Union européenne (v. *infra*, sous le même numéro). Dans le cadre de l'Union, il s'agit pour l'essentiel de refaire dans un cadre plus restreint que celui du Conseil de l'Europe des accords plus simples et mieux adaptés. Plus techniquement, l'Union européenne procède de deux manières : d'abord en élargissant le domaine et l'application de conventions fortement ratifiées en y ajoutant des hypothèses nouvelles ou en annulant des conditions restrictives ; ensuite en empruntant largement à des conventions peu ratifiées parce que trop complexes et trop contraignantes [4].

1. Les Pays-Bas voulaient privilégier le cadre du Conseil de l'Europe, non celui trop étroit à leurs yeux des Communautés européennes, d'autant plus qu'il existait déjà, dans le cadre du Conseil de l'Europe, une Convention d'extradition et une Convention pour la répression du terrorisme (conférence de Rome, 19 juin 1980).

2. Le projet sur cette Cour s'inspirait du projet de « Convention sur la création d'une Cour pénale internationale contre le terrorisme » du 16 novembre 1937 élaboré sous l'égide de la Société des Nations.

3. M. Massé, « La multiplication des conventions internationales », *Rev. sc. crim.* 1991, p. 815 et s., spéc. p. 818 où apparaît l'expression de « géographie variable ».

4. R. Koering-Joulin, « L'entraide judiciaire répressive au sein de l'union européenne », in *Quelle politique pénale pour l'Europe*, sous la direction de M. Delmas-Marty, Economica 1993, p. 169 et s., spéc. p. 175.

A ainsi été élaboré tout un bloc conventionnel dont voici les éléments [1] :

— la Convention du 25 mai 1987 relative à l'application du principe *non bis in idem*, rendant applicable entre les États membres la règle selon laquelle une personne définitivement jugée dans un État membre ne peut plus être poursuivie pour les mêmes faits dans un autre État membre [2]. Ratifiée par la France, cette convention est entrée en vigueur entre trois États membres (Danemark, France et Italie) [3] ;

— l'Accord du 25 mai 1987 concernant l'application de la Convention du Conseil de l'Europe sur le transfèrement des personnes condamnées [4] ;

— l'Accord du 26 mai 1989 relatif à la simplification et à la modernisation des modes de transmission des demandes d'extradition, qui vise à améliorer les délais de transmission des demandes d'extradition au moyen de télécopieurs cryptés [5] ;

— l'Accord du 6 novembre 1990 relatif à la transmission des procédures répressives, ratifiée seulement par la France et le Portugal, dont le but est d'instituer une procédure complète et simple de transmission des poursuites pénales entre États membres des Communautés européennes. Il s'agit d'éviter la trop grande complexité de la convention adoptée sur ce sujet par le Conseil de l'Europe le 15 mai 1972 [6] ;

— la Convention du 13 novembre 1991 sur l'exécution des condamnations pénales étrangères, dont l'objectif est d'instituer entre les États membres une procédure de reconnaissance réciproque des jugements répressifs étrangers, en simplifiant les règles figurant dans la convention du Conseil de l'Europe du 28 mai 1970 sur la valeur internationale du jugement répressif [7] ;

— la Convention du 10 mars 1995 relative à la procédure simplifiée d'extradition — en cas de consentement de la personne recherchée — qui, quoique signée par tous les États membres, n'est pas encore ratifiée ;

— la Convention du 26 juillet 1995 sur l'amorce d'une police européenne (Europol) ; plus exactement, cette Convention crée un lieu d'analyse commune de la criminalité et d'échange d'informations entre les polices des États membres ;

1. Seule la première de ces conventions est entrée en vigueur pour ce qui concerne la France. Add. pour un premier bilan de la coopération en matière de justice et d'affaires intérieures, voir La revue *Europe*, août-septembre 1997.

2. V. art. 692 CPP français.

3. Elle a en outre été rendue applicable entre les États parties à la convention de Schengen, v. art. 54 à 58 de la convention d'application de l'accord de Schengen du 19 juin 1990.

4. Il s'agit de la convention du 21 mars 1983 qui a été elle-même ratifiée par tous les États membres.

5. La France met actuellement au point les dispositions internes nécessaires à la ratification de cet accord.

6. V. *supra*, n° 21.

7. V. *supra*, n° 21.

— la Convention du 26 juillet 1995 sur la protection des intérêts financiers des Communautés, signée par tous les États membres, qui, pour faciliter la lutte contre les fraudes communautaires, prévoit notamment une définition comme la fraude aux intérêts financiers des Communautés, un rapprochement des sanctions et une coopération judiciaire renforcée, avec compétence accordée à la Cour de justice des Communautés européennes pour régler les difficultés d'interprétation ou d'application de la convention. La convention du 26 juillet 1995 a été complétée par trois protocoles des 27 septembre 1996, 29 novembre 1996 et 19 juin 1997 ;

— enfin la Convention du 27 septembre 1996 relative à l'extradition entre les États membres de l'Union européenne dont la portée est générale et qui introduit de grandes innovations : interdiction de considérer comme politique les infractions à caractère terroriste ainsi que les ententes et associations de malfaiteurs ; instauration du principe de l'extradition des nationaux ; abaissement du seuil des infractions passibles d'extradition (peine encourue d'un an dans l'État requérant et de six mois dans l'État requis) ; simplification de l'extradition pour les infractions fiscales et douanières, etc.

Il apparaît ainsi que les États, après avoir rejeté le premier projet français d'espace judiciaire européen, en ont adopté progressivement les éléments principaux, même s'ils tardent souvent à ratifier les textes qu'ils ont signés.

2° Dans le *cadre plus étroit des États du groupe de Schengen*, une autre forme d'espace judiciaire se développe. Le 14 juin 1985, cinq États membres des Communautés européennes (Allemagne fédérale, Belgique, France, Luxembourg et Pays-Bas) avaient conclu l'Accord de Schengen qui visait à supprimer peu à peu les contrôles à leurs frontières pour assurer la libre circulation des personnes et des biens. Cet Accord a été complété par la Convention d'application du 19 juin 1990, signée par les cinq États précités auxquels s'ajoutaient l'Italie, l'Espagne et le Portugal ; il s'agit encore d'une coopération de type intergouvernemental. Les accords de Schengen ne sont pas une entreprise concurrente de l'Union européenne, mais un « laboratoire » de ses travaux. Seuls en effet les États membres de l'Union européenne peuvent devenir partie à la convention[1]. Le Traité d'Amsterdam de 1997 a décidé d'intégrer les accords de Schengen, en ce qui concerne leurs dispositions pénales, dans le Traité de Maastricht.

L'objet des accords de Schengen est la suppression progressive des contrôles aux frontières, compensée par des mécanismes correcteurs visant à éviter un « déficit de sécurité », en d'autres termes visant à

1. Les États suivants y ont adhéré : Italie (1990), Espagne (1991), Portugal (1991), Grèce (1992), Autriche (1995), Danemark, Finlande et Suède (1996). La convention de Schengen a été mise en vigueur entre 10 États : France, Allemagne, Belgique, Luxembourg, Pays-Bas, Espagne et Portugal, enfin Italie, Grèce et Autriche depuis octobre 1997.

développer la coopération policière et judiciaire (entraide judiciaire – extradition – transmission des jugements répressifs)[1].

3° C'est enfin dans le *cadre du Conseil de l'Europe* que se développe l'espace juridique européen. À ce titre, on citera les conventions suivantes :

– la Convention européenne sur le transfèrement des personnes condamnées, du 21 mars 1983, qui permet à un État membre de faire exécuter sur son territoire une peine d'emprisonnement prononcée contre l'un de ses ressortissants par une juridiction d'un autre État membre[2] ;

– la Convention européenne relative au dédommagement des victimes d'infractions violentes, du 24 novembre 1983[3], et qui a pour objet d'assurer une garantie d'indemnisation dans tous les États membres pour les victimes d'actes intentionnels de violence ;

– le Protocole n° 6 à la CESDH, concernant l'abolition de la peine de mort, du 28 avril 1983[4], et dont les effets sont importants, notamment dans le domaine de l'extradition avec le refus de celle-ci lorsque la peine capitale est encourue dans l'État requérant ;

– la Convention du 8 novembre 1990 relative au blanchiment, au dépistage, à la saisie et à la confiscation des produits du crime[5] ;

– la Convention sur la protection de l'environnement par le droit pénal, du 4 novembre 1998 et encore ratifiée par aucun État.

En marge de ces textes conventionnels, on peut citer le fameux « appel de Genève » du 1er octobre 1996 par lequel sept juges originaires de Belgique, de France, d'Italie, d'Espagne et de Suisse ont solennellement réclamé la création d'un « espace judiciaire unique » : ainsi les magistrats pourraient recueillir librement des informations nécessaires à l'obtention de la vérité dans l'ensemble des territoires des États membres[6].

On fera une place à part à la convention européenne pour la prévention de la torture, du 26 novembre 1987, car elle a un caractère préventif et non répressif[7].

1. D. Fontanaud, « Guide de coopération policière et judiciaire dans "l'espace Schengen" », *Gaz. Pal.* 12 et 13 avril 1996.

2. Cette convention est actuellement en vigueur entre 35 États, dont 4 non membres du Conseil de l'Europe (Canada, États-Unis, Bahamas, Trinité et Tobago).

3. Actuellement en vigueur entre 10 États.

4. Qui lie actuellement 24 États membres.

5. Ratifiée par 14 États dont la France.

6. *La justice ou le chaos,* sous la direction de D. Robert, Paris, éd. Stock, 1996 ; *Add.* P. Bernasconi, « La criminalité transfrontalière : sophistications financières et faiblesses judiciaires », *Les Cahiers de la sécurité intérieure,* Paris, Institut des hautes études sur la sécurité intérieure (IHESI), n° 19, 1995, p. 126 et s., sur une précédente réunion tenue à Genève en septembre 1994 entre 35 magistrats de nationalité espagnole, française, italienne et suisse proposant déjà la même chose.

7. Ratifiée par 41 États.

24 ***Troisième période*** ◇ 1) Parallèlement aux dernières années de la seconde période, une première nouveauté apparaît. Depuis le processus d'évolution des États d'Europe centrale et orientale, surgit un nouvel « espace juridique démocratique pan-européen » en matière pénale, prenant la forme de normes ou de garanties générales. Ce nouvel espace juridique joue un peu un rôle de transition et de préparation des États d'Europe centrale et orientale à leur entrée progressive dans le Conseil de l'Europe [1]. Cet espace se concrétise d'abord par les travaux de la Conférence sur la sécurité et la coopération en Europe (CSCE) devenue par la suite l'Organisation sur la sécurité et la coopération en Europe (OSCE). Ces travaux ont débouché sur le Document final de Copenhague (5-9 juin 1990) [2], sur la Charte de Paris pour une nouvelle Europe (21 novembre 1990) et enfin sur le Document final de Moscou (3 octobre 1991). Ces divers documents rappellent les grands principes pénaux (légalité, égalité de tous devant la loi, présomption d'innocence, droit à un procès équitable...) et recommandent aux États d'adhérer aux conventions portant sur la coopération. Certes, les principes ainsi énoncés n'ont pas de force juridique obligatoire puisqu'ils ne sont pas coulés dans un traité et participent seulement d'un engagement à caractère politique. Mais ils s'inscrivent dans la perspective d'un espace juridique démocratique comme à tous les États d'Europe (occidentale, centrale et orientale).

Aujourd'hui les États d'Europe centrale et orientale font partie du Conseil de l'Europe, qui couvre ainsi toute l'Europe. Mais ces États ne font pas encore partie de l'Union européenne, encore que beaucoup y aient déjà sollicité leur entrée.

2) Au cours de cette troisième période, une autre nouveauté apparaît, celle des magistrats de liaison au sein de l'Union européenne, qui sont chargés de faciliter l'exécution de la coopération judiciaire. Par exemple, le magistrat de liaison français détaché aux Pays-Bas sert notamment d'organe d'informations de la France sur le droit néerlandais et d'assistant technique pour l'exécution par les autorités hollandaises des commissions rogatoires émises par les juges d'instruction français à destination des Pays-Bas. Cette notion de magistrats de liaison est appelée à se développer. C'est la France qui a procédé à l'envoi du premier magistrat de liaison : à la suite de l'assassinat de deux magistrats italiens en Sicile en mai et juillet 1992, la France a envoyé à Rome un magistrat de liaison [3]. Après quelques autres applications, l'institution des magistrats de liaison a été officialisée par une action commune du 22 avril 1996 adoptée par le Conseil de l'Union euro-

1. *Vers un espace judiciaire pénal européen,* édité par G. de KERCHOVE et A. WEYEMBERGH, Institut d'études européennes, Université de Bruxelles, 2000.
2. J.-D. de VIGNY, *RUDH,* 22 oct. 1990, vol. 2, n° 9.
3. Ph. LABRÉGÈRE, « Les fonctions du magistrat de liaison et ses rapports avec les autres organes de coopération », in *Vers un espace judiciaire pénal européen*, préc. p. 101.

péenne sur la base de l'article K 3, § 2, point b) du Traité sur l'Union européenne[1]. À côté des magistrats de liaison, il existe aussi des officiers de liaison (policiers, gendarmes, douaniers), qui permettent une coopération plus concrète.

3) Cette troisième période est également caractérisée par une réfection du Traité de Rome et du Traité de Maastricht par celui d'Amsterdam en juin 1997. Le nouveau Traité, déjà signé depuis le 2 octobre 1997, est entré en vigueur le 1er mai 1999. Il est assez complexe et dans l'ensemble est moins novateur qu'il n'y paraît au premier abord[2]. On résumera ici les principales nouveautés intéressant le droit pénal[3] :

— Le Titre VI du Traité de Maastricht, intitulé « Dispositions sur la coopération dans les domaines de la justice et des affaires intérieures », s'appelle désormais « Dispositions relatives à la coopération policière et judiciaire en matière pénale ». Et il passe de 9 articles (K 1 à K 9) à 14 (K 1 à K 14, art. 29 à 42 TUE Amsterdam). Le « troisième pilier » reçoit de nouvelles compétences : à la lutte contre la toxicomanie et la fraude internationale « à la coopération judiciaire » en matière pénale et à la coopération policière en matière de terrorisme, trafic de drogue et autres formes graves de criminalité internationale (ancien art. K 1), s'ajoutent désormais la traite d'êtres humains, les crimes contre les enfants, le trafic d'armes et la corruption (art. K 1) (art. 29 TUE Amsterdam).

— Dans tous ces domaines, le nouvel article K 1 (art. 29 TUE Amsterdam) prévoit une coopération plus étroite entre États membres directement et grâce à Europol « un rapprochement... des règles de droit pénal des États membres... », ce qui est complété par l'article K 3 e (art. 31 e TUE Amsterdam) selon lequel l'action en commun entre États vise à « adopter progressivement des mesures instaurant des règles minimales relatives aux éléments constitutifs des infractions pénales et aux sanctions applicables dans les domaines de la criminalité organisée, du terrorisme et du trafic de drogue ».

1. A. WEYEMBERGH, « Vers un réseau judiciaire européen contre la criminalité organisée », *RD pén. et crim.* 1997, p. 868 et s., not. p. 878 et s. En marge de l'institution des magistrats de liaison, il faut noter l'existence de rencontres un peu officieuses, mais régulières entre magistrats de certains pays : ainsi depuis la rencontre d'Aix-en-Provence du 12 mars 1994, des magistrats français et italiens se réunissent chaque année pour évoquer l'évolution du crime organisé en Italie et en France, v. F. FALLETTI et F. DEBOVE, *Planète criminelle, Le crime, phénomène social du siècle ?*, PUF 1998, p. 353.

2. Le plan reste le même et les rédacteurs du traité d'Amsterdam ont essentiellement changé des intitulés et rajouté ou modifié des dispositions, v. *infra*, 3e partie.

3. P. FAUCHON, *Vers la construction d'un espace judiciaire européen ?*, Les rapports du Sénat. Délégation du Sénat pour l'Union européenne, n° 352, 1996-1997, où l'on trouve notamment une description des propositions en discussions ; H. LABAYLE, « La coopération européenne en matière de justice et d'affaires intérieures et la Conférence intergouvernementale », *RTD eur.* 1997, p. 1 et s. ; G. SOULIER, « Le Traité d'Amsterdam et la coopération policière et judiciaire en matière pénale », *Rev. sc. crim.* 1998, p. 237 et s. ; J. PRADEL, *Vías para la creación de un espacio judicial europeo único*, rapport au colloque sur le sujet Perspectivas de unificación del derecho penal en la Unión europea, 17-18 sept. 1998, Faculté des sciences juridiques de Tolède, *Revista penal*, février 1999, n° 3, p. 42. *Add.* v. *infra*, 3e partie.

— Toujours dans le cadre du Titre VI, l'article K 7 (art. 35 TUE Amsterdam) ouvre la possibilité de donner compétence à la Cour de justice des Communautés européennes pour statuer à titre préjudiciel sur la validité et l'interprétation des décisions-cadres et des décisions [1], sur l'interprétation des conventions et sur la validité et l'interprétation des mesures d'application. On avait critiqué naguère l'absence d'un droit de recourir au juge en cas de difficulté. Désormais le traité d'Amsterdam consacre un droit au juge, même si des conditions sont prévues.

— Les textes conventionnels de Schengen (Accord signé le 14 juin 1985 et Convention d'application de l'Accord, conclue le 19 juin 1990) sont intégrés au traité de l'Union européenne sous la forme d'un protocole annexé audit traité et avec l'idée d'instaurer entre États « une coopération plus étroite » (Protocole annexé, article 1) [2]. Ce Protocole parle de « l'acquis de Schengen » et ajoute en son article 2 qu'à compter de la date de son entrée en vigueur, cet « acquis » (y compris les décisions qui auront été adoptées avant cette date), s'appliqueront automatiquement aux États membres (Royaume-Uni et Irlande restent en dehors de ce processus). En outre, dans la troisième partie du traité d'Amsterdam est introduit un Titre III A intitulé « Visa, asile, immigration et autre politiques liées à la libre circulation des personnes » où l'on trouve notamment l'article 61 CE donnant compétence au Conseil pour arrêter « des mesures dans le domaine de la coopération policière et judiciaire en matière pénale visant un niveau élevé de sécurité par la prévention de la criminalité et la lutte contre ce phénomène au sein de l'union... ».

Des dispositions du titre VI, l'opinion publique européenne attend une meilleure efficacité de la lutte contre le crime organisé et contre la drogue. Environ 86 % des citoyens interrogés estiment que la lutte contre ces deux fléaux doit devenir une des priorités d'action de l'Union européenne.

4) Quant aux conséquences des Traités de Maastricht et d'Amsterdam, elles sont multiples. Prolifèrent en effet les manifestations de l'idée de coopération, qu'il s'agisse de conférences ou de textes [3].

— En juin 1998, se tient à Noordwijk (Pays-Bas) une conférence, la première réunissant 60 procureurs généraux d'États faisant partie de l'Union européenne. Cette réunion avait été organisée à l'initiative du

1. V. *supra*, n° 20.
2. *Le Traité d'Amsterdam*, Dalloz, 1998, p. 276 et s.
3. Sur les derniers développements résumés ci-dessous, on lira deux ouvrages fondamentaux : *Eurojustice*, Actes de la conférence de Rouen, 1999, Ministère français de la Justice, La Documentation française, septembre 2000 ; *Vers un espace judiciaire pénal européen*, Toward a European Judicial Criminal Area, édité par G. de Kerchove et A. Weyembergh, Institut d'études européennes, Université de Bruxelles, 2000. On ajoutera les chroniques régulières parues à la *Revue pénitentiaire et de droit pénal* (Droit pénal européen, sous la direction de J.-F. Renucci). Voir enfin un ouvrage écrit dans un esprit d'ouverture au grand public par P. RANCÉ et O. de BAYNAST, *L'Europe judiciaire. Enjeux et perspectives*, Dalloz, 2001.

collège des procureurs généraux des Pays-Bas. On y souligna la nécessité de coordonner l'action policière et l'action judiciaire en matière de criminalité organisée, l'utilité d'une généralisation du délit d'association de malfaiteurs, l'intérêt d'une levée automatique du secret bancaire, l'avantage de la suppression de la condition de réciprocité d'incrimination, etc.

— Une action commune du 29 juin 1998 créa le réseau judiciaire européen (RJE), pièce fondamentale en ce qu'il doit faciliter sur le plan pratique le fonctionnement de la coopération judiciaire pénale [1].

— Les 15 et 16 octobre 1999 — quelques mois après l'entrée en vigueur du Traité d'Amsterdam — se tient à Tampere (Finlande) la conférence du Conseil européen. Consacrée exclusivement au droit pénal et à la procédure pénale, cette conférence a entendu consacrer « la création d'un espace de liberté, de sécurité et de justice dans l'Union européenne... en exploitant pleinement les possibilités offertes par le Traité d'Amsterdam », est-il indiqué en tête des conclusions de la présidence. À partir de là, 62 propositions sont présentées et par exemple la création d'Eurojust [2].

— Du 27 au 29 octobre 1999, se tient à Rouen une conférence Eurojustice, pour faire suite à celle de Noordwijk. 108 procureurs généraux vinrent à Rouen où deux questions furent examinées. D'abord celle d'un statut européen des victimes d'infractions, ce qui implique une harmonisation des droits en vue de parvenir à une réparation immédiate, intégrale et effective des préjudices. Ensuite celle d'une amélioration de la lutte contre le crime organisé en faisant connaître à tous les magistrats le réseau judiciaire européen et en insistant sur la nécessité d'une ratification rapide des deux conventions d'extradition des 10 mars 1995 et 27 septembre 1996 [3].

— On doit encore signaler, même si elle n'est pas à ce jour entrée en vigueur, la Convention du 25 mai 2000 relative à l'entraide judiciaire en matière pénale entre les États membres de l'Union européenne. Ce texte est très riche en prévoyant notamment la transmission directe des demandes d'entraide entre autorités judiciaires (art. 6), l'audition d'un témoin par vidéoconférence lorsque ce témoin se trouve sur le territoire d'un État autre que celui de la juridiction ayant besoin de procéder à son audition (art. 10), les livraisons surveillées (art. 12), les équipes communes d'enquête (art. 13), les enquêtes « discrètes », c'est-à-dire les enquêtes impliquant des agents intervenant en secret ou sous une identité fictive (art. 14), etc. [4].

1. V. *infra*, n° 158.
2. V. *infra*, n° 140.
3. V. *infra*, n°s 124 et s.
4. L'esprit et même souvent la lettre de cette Convention sont repris par un deuxième Protocole additionnel à la Convention européenne d'entraide judiciaire en matière pénale de 1959, Strasbourg, 8 nov. 2001.

25 ***Appréciation générale sur la coopération*** ◇ On se limitera à deux remarques :

Au *fond* tout d'abord, l'ensemble conventionnel est important et même énorme alors qu'en pratique il suscite le scepticisme des praticiens. La coopération est encore loin d'être parfaite, les États répondant inégalement aux demandes d'entraide ; les raisons tiennent parfois à l'insouciance des autorités sollicitées et d'autres fois d'une volonté de ne pas coopérer et l'on songe par exemple aux États constituant des « paradis fiscaux » qui constituent pour les délinquants des « paradis pénaux ». Il faut tenir compte également des diversités de législation : les faits sont incriminés différemment d'un État à l'autre, voire sont incriminés dans un État et pas dans un autre. D'où un effort d'harmonisation. C'est ainsi que l'article 31 e TUE Amsterdam dispose que « l'action en commun dans le domaine de la coopération judiciaire en matière pénale visée à... e) adopter progressivement des mesures instaurant des règles minimales relatives aux éléments constitutifs des infractions pénales et aux sanctions applicables dans les domaines de la criminalité organisée, du terrorisme et du trafic de drogue ». Dans le même esprit, la résolution n° 33 du sommet européen de Tampere parle de « rapprochement nécessaire des législations », ce qui « faciliterait la coopération ». Enfin dernier élément suscitant le scepticisme, c'est la lenteur des ratifications [1].

Pour répondre à ces griefs, notamment au dernier, on a évoqué le remède de la communautarisation du troisième pilier du Traité de Maastricht (sur la coopération policière et judiciaire). Mais est-ce possible ? Beaucoup d'États risquent de se montrer réticents car ils y verraient un abandon de souveraineté [2]. Et ce serait une révolution, les législateurs nationaux se trouvant dessaisis. Pourtant des précautions ont été prises par les rédacteurs du Traité d'Amsterdam. Selon l'article 42 TUE Amsterdam, « le Conseil statuant à l'unanimité à l'initiative de la Commission ou d'un État membre et après consultation du Parlement européen, peut décider que des actions dans les domaines visés à l'article 29 relèveront du titre IV du traité instituant la Communauté européenne et, en même temps, déterminer les conditions de vote qui s'y rattachent. Il recommande l'adoption de cette décision par les États membres conformément à leurs règles constitutionnelles respectives ». On rappellera que l'article 29 vise « la prévention de la criminalité, organisée ou autre, et la lutte contre ce phénomène, notamment le terrorisme, la traite d'êtres humains et les crimes contre des enfants, le tra-

1. Th. Jean-Pierre, *Le droit des plus forts,* Fixot 1996. *Add. La justice ou le chaos,* sous la direction de D. Robert, Paris, Stock 1996.

2. Pour une approbation de la communautarisation, D. Bigo, *Enjeux du troisième pilier du traité sur l'Union européenne,* Politique étrangère, Paris, IFRI (Institut français des relations internationales), vol. 61, printemps 1996, p. 125 et s. *Add.* E. Ruiz-Vadillo, « Que peut-on espérer raisonnablement d'un droit pénal européen communautaire ? », *Rev. sc. crim.* 1993, p. 619 et s.

fic de drogue, le trafic d'armes, la corruption et la fraude » grâce à une coopération plus étroite entre polices et justices nationales et grâce à un rapprochement des législations pénales nationales. Quant au titre IV du traité sur la communauté européenne, relatif aux visas, à l'asile, à l'immigration et à la libre circulation des personnes, son article 61 décide que le Conseil arrête... « e) des mesures dans le domaine de la coopération policière et judiciaire en matière pénale visant un niveau élevé de sécurité par la prévention de la criminalité et la lutte contre ce phénomène au sein de l'Union européenne... ». Or cet article, à l'inverse de l'article 62 (qui traite des contrôles aux frontières et des visas) ne renvoie pas à la procédure visée à l'article 67 CE, procédure de communautarisation, impliquant des décisions à la majorité. De telles décisions sont impensables dans le domaine de la justice pénale, si sensible au regard de la souveraineté des États.

Le Traité d'Amsterdam a aussi créé le concept de coopération renforcée destiné à permettre à une majorité seulement d'États à s'engager dans des actions communes, à l'exclusion de ceux qui y seraient hostiles et auxquels ces actions ne seront évidemment pas opposables (art. 43 à 45 TUE Amsterdam).

Beaucoup de choses sont donc faites pour raffermir l'espace judiciaire européen en combinant intégration et souveraineté. On peut espérer que la coopération sera meilleure, tout en restant prudent[1].

En la *forme*, c'est le problème de la codification qui se pose face à cette multitude de conventions pénales : il faudrait imaginer un regroupement en un texte unique. À vrai dire, l'idée d'une codification pénale de la coopération pénale européenne est ancienne. À l'initiative de E. Muller-Rappard et de C. Bassiouni, deux réunions d'experts se sont tenues en mai 1984 et mai 1986 à l'Institut supérieur international de science criminelle de Syracuse (Italie) pour préparer une telle codification, limitée évidemment aux instruments élaborés par le Conseil de l'Europe[2]. Il s'agissait d'effectuer une « codification à droit constant ». De ces réunions, est sorti un projet préliminaire de Convention européenne générale sur la coopération inter-étatique dans le domaine pénal[3]. Cet avant-projet avait même été approuvé par la Quinzième conférence des ministres européens de la justice tenue à Oslo en juin 1986, après avoir reçu l'appui du Comité européen pour les problèmes criminels (CEPC) en octobre 1985. Cependant, il n'eut pas de suite, sans doute en grande partie à cause de l'évolution incessante de la matière. L'idée sera cer-

1. J. Pradel, *Vías para la creación de un espacio judicial europeo*, préc.

2. On ne parlait pas encore des instruments de l'Union européenne, celle-ci n'ayant été créée qu'en 1992 par le Traité de Maastricht, faut-il le rappeler.

3. E. Muller-Rappart et C. Bassiouni, *European inter-state cooperation in criminel maters/La coopération inter-étatique européenne en matière pénale*, éd. Martinus Nijhoff publishers, 1987, tome III.

tainement reprise un jour ou l'autre, en incluant cette fois tous les instruments, qu'ils émanent de l'Union européenne ou du Conseil de l'Europe. Une telle réalisation constituerait une des meilleures expressions du concept d'espace judiciaire pénal européen.

Tableau des principaux instruments de coopération en matière pénale Conseil de l'Europe[1]

Extradition

Convention européenne d'extradition, signée à Paris le 13 décembre 1957

Protocole additionnel à cette Convention, signé à Strasbourg le 15 octobre 1975

Deuxième Protocole additionnel à cette Convention, signé à Strasbourg le 17 mars 1978.

Convention européenne pour la répression du terrorisme, signée à Strasbourg le 27 janvier 1977

Entraide en matière pénale

Convention européenne d'entraide judiciaire en matière pénale, signée à Strasbourg le 20 avril 1959

Protocole additionnel à cette Convention, signé à Strasbourg le 17 mars 1978

Convention européenne pour la répression des infraction routières, signée à Strasbourg le 30 novembre 1964

Convention relative au blanchiment, au dépistage, à la saisie et à la confiscation des produits du crime, signée à Strasbourg le 8 novembre 1990

Accord relatif au trafic illicite par mer, mettant en œuvre l'article 17 de la Convention des Nations Unies contre le trafic illicite de stupéfiants et de substances psychotropes, signé à Strasbourg le 31 janvier 1995

Transmission des procédures

Convention européenne sur la transmission des procédures répressives, signée à Strasbourg le 15 mai 1972

1. À partir de l'ouvrage Coopération internationale en matière pénale, Recueil de textes, Éditions du Conseil de l'Europe, 1997, p. 3 et 4. Ci-dessus sont indiqués les actes de signature. L'ouvrage de Conseil de l'Europe indique aussi pour chaque pays la date de ratification, d'acceptation ou d'approbation ainsi que la date d'entrée en vigueur, p. 269 et s.

Exécution des sanctions

Convention européenne pour la surveillance des personnes condamnées ou libérées sous condition, signée à Strasbourg le 30 novembre 1964

Convention européenne sur la valeur internationale des jugements répressifs, signée à La Haye le 28 mai 1970

Convention européenne sur les effets internationaux de la déchéance du droit de conduire un véhicule à moteur, signée à Bruxelles le 3 juin 1976

Convention sur le transfèrement des personnes condamnées, signée à Strasbourg le 21 mars 1983

Protection des victimes

Convention européenne relative au dédommagement des victimes d'infractions violentes, signée à Strasbourg le 24 novembre 1983

Autres matières

Protocole additionnel à la Convention européenne dans le domaine de l'information sur le droit étranger, signé à Strasbourg le 15 mars 1978

Convention européenne sur le contrôle de l'acquisition et de la détention d'armes à feu par des particuliers, signée à Strasbourg le 28 juin 1978

Accord du 25 mai 1987 relatif à l'application du principe *Non bis in idem* sur le transfèrement des personnes condamnées

Accord du 26 mai 1989 relatif à la simplification et à la modernisation des modes de transmission des demandes d'extradition

Accord du 6 novembre 1990 relatif à la transmission des procédures répressives

Convention du 13 novembre 1991 sur l'exécution des condamnations pénales étrangères

Convention du 10 mars 1995 relative à la procédure simplifiée d'extradition

Convention du 26 juillet 1995 sur l'amorce d'une police européenne (Europol)

Convention du 26 juillet 1995 sur la protection des intérêts financiers des Communautés

Convention du 27 septembre 1996 relative à l'extradition entre les États membres de l'Union européenne

TITRE 1

LA COOPÉRATION D'APPLICATION GÉNÉRALE

26 On rappellera que par coopération d'application générale, on doit entendre celle qui, au moins en principe, intéresse toutes les infractions et tous les délinquants (ou plus généralement toutes les personnes). On ajoutera que cette coopération n'a pas toujours la même nature. Techniquement en effet, l'entraide se présente de deux façons. Dans certains cas, un État (requis ou sollicité) ne fait qu'apporter un soutien à un autre État (requérant ou demandeur) : c'est l'entraide qu'on peut appeler secondaire. Dans d'autres cas, un État transfert à un autre la gestion de tout ou partie du processus pénal et l'on peut parler d'entraide primaire : il y a abandon de souveraineté. L'atteinte à la souveraineté se réalise par une *délégation de compétence,* que dans un sens restrictif, on a pu définir comme « l'abandon définitif et volontaire fait par un État requérant d'un des attributs de son pouvoir souverain de juger à un État requis » ; dans la délégation de compétence, il y a donc à la fois offre de transfert de compétence par l'État requérant à l'État requis (de résidence) et attribution de compétence à ce dernier, grâce à son acceptation [1]. Il y a donc bien atteinte à la souveraineté. Mais c'est le prix à payer pour assurer une bonne coopération qui est elle-même la condition sine qua non d'une lutte efficace contre la criminalité.

Les raisons de la délégation de compétence sont aisément discernables. C'est d'abord l'intérêt même du délinquant qui peut conduire à une délégation : l'État requis (de résidence) peut faciliter le reclassement de l'individu qui va rester dans son cadre familial et continuer à travailler, si cet État prend une décision non privative de liberté (art. 8 f de la

1. F. ALT-MAES, « La délégation de compétence dans les Conventions européennes », *Mélanges Levasseur*, 1992, p. 373 et s., not. 376.

Convention sur la transmission des procédures, de 1972). Il y a aussi des raisons de procédure, par exemple quand les preuves se trouvent dans l'État de résidence ou lorsque l'État requérant se heurte au refus d'extradition : cette technique n'étant en général pas possible pour les nationaux et judiciables de l'État requis, cet État va se voir déléguer la compétence aux fins de poursuite ou d'exécution de la condamnation.

La délégation peut être *proposée* par un État requérant désireux de donner compétence à un État autre (requis) (Convention de 1991 sur l'exécution des sanctions pénales). Elle peut aussi être *sollicitée* par exemple par le délinquant (art. 2 de la Convention sur le transfèrement des personnes condamnées de 1983). La délégation peut même être *imposée* dans le cas où elle intervient comme substitut à l'extradition (art. 7 de la Convention pour la répression du terrorisme) [1].

On examinera donc tour à tour l'entraide primaire (chapitre 1) et l'entraide secondaire (chapitre 2).

1. F. ALT-MAES, préc., p. 377 et 378.

CHAPITRE 1
L'ENTRAIDE PRIMAIRE

27 Constituant un véritable dépouillement de sa souveraineté par un État, l'entraide primaire paraît à première vue un cas d'école. Cependant, l'examen des Conventions fait apparaître deux cas d'une telle entraide : la transmission des poursuites et celle de l'exécution des condamnations.

SECTION 1. LA TRANSMISSION DES POURSUITES

28 À côté des modalités de cette transmission, il faut évoquer l'obstacle à une telle transmission que constitue la chose jugée (*Non bis in idem*).

§ 1. Les modalités de la transmission

A. La dénonciation par un État aux fins de lancement des poursuites par un autre État

29 ***Position du problème et solution*** ◇ Supposons une infraction commise sur le territoire de l'État A par un individu qui vit sur le territoire de l'État B ou qui s'y réfugie après son forfait. Supposons que l'État A ne puisse ou ne veuille extrader l'intéressé. Peut-il alors saisir l'État B en lui dénonçant les faits aux fins de poursuite par cet État B ? La réponse est donnée par l'article 21 de la Convention européenne d'entraide judiciaire de 1959 et à celle de 1972.

1° Le *principe* de base est celui-ci : un État normalement compétent pour poursuivre une infraction peut demander à l'un de ses partenaires de poursuivre à sa place cette infraction, à condition que l'auteur des faits soit un ressortissant de cet État, ou se trouve sur le territoire de cet État ou encore y possède sa résidence habituelle.

Cette prise en charge de la poursuite par l'État B suppose certaines conditions : même définition de l'infraction (avec possibilité pour les États d'en exclure certaines), même exigence de la double incrimination, même disposition concernant la qualité particulière de certains auteurs (comme les personnes investies d'une mission de service public) ou de certaines victimes *(idem)*. C'est aussi la loi de l'État requis qui s'applique, même pour le choix et le contenu de la sanction. Sont pris en compte les actes suspensifs et interruptifs de prescription intervenus dans les deux États. Le placement en détention provisoire n'est possible que si les deux législations l'autorisent [1]. Enfin, les cas dans lesquels l'État requis peut refuser la demande de poursuite (art. 11 de la Convention de 1972) ont disparu de l'Accord de 1990 : en effet dans une Europe fondée sur la confiance, on ne peut admettre qu'un État puisse refuser de déférer à une demande de poursuite émanant d'un autre État au motif par exemple que « la poursuite est contraire aux principes fondamentaux de l'ordre juridique de l'État requis » [2].

2° Comment *formellement* est présentée la demande aux fins de poursuite ? Selon l'article 21-1 de la Convention de 1959, la Partie qui désire que des poursuites soient lancées par une autre, lui adresse une « dénonciation » qui matériellement, fait l'objet d'une communication entre ministères de la justice, ce qui exclut la transmission par voie diplomatique. Cependant il est prévu par l'article 15-6 de cette Convention que toute Partie peut, lors de la signature de cette Convention ou lors du dépôt de son instrument de ratification ou d'adhésion faire savoir que toute demande d'entraide doit lui être adressée par une « voie autre » [3]. Et la Convention de 1972 prévoit de façon voisine la transmission de la demande (accompagnée de toutes pièces utiles) de ministère de la justice à ministère de la justice. Sauf accords particuliers ou urgence permettant notamment l'appel à l'intermédiaire d'Interpol, ce qui implique toute voie appropriée laissant une trace écrite y compris la télécopie (art. 13).

3° Plus importante est la question de savoir si l'État de refuge auquel la dénonciation d'une infraction a été faite *doit poursuivre ou reste libre de poursuivre*. On retrouve ici le classique problème de la liberté du poursuivant : certains pays comme l'Allemagne, l'Italie et l'Espagne adoptent le système de la poursuite obligatoire (dit de la légalité de la poursuite) [4] alors que la plupart des autres préfèrent celui de la poursuite facultative (dit de l'opportunité de la poursuite) [5].

De façon générale, le droit pénal européen adopte le système de l'opportunité des poursuites. L'article 21-2 de la Convention européenne d'entraide décide en effet que « la Partie requise fera connaître la suite

1. Du moins selon l'Accord de 1990 (art. 9-A) car la Convention de 1972 ne prenait en compte que la loi de l'État requis (art. 28). L'Accord l'emporte sur la Convention.

2. R. KOERING-JOULIN, « L'entraide judiciaire répressive au sein de l'Union européenne », in *Quelle politique pénale pour l'Europe ?*, sous la direction de M. Delmas-Marty, Economica 1993, p. 179.

3. Ce qui, selon le rapport explicatif, permet aux Parties intéressées « de choisir librement dans tous les cas la voie de transmission qui leur paraîtra la plus appropriée ».

4. Système esquivé en droit pénal international par l'adage *aut dedere, aut punire* (ou *judicare*), livrer ou poursuivre (ou juger), dû à Grotius. *Add.* J. FOYER, « Droit et politique dans la répression du terrorisme en France », *Mélanges Levasseur*, 1992, p. 409 et s. ; H. LABAYLE, *AFDI*, 1989, p. 719.

5. J. PRADEL, *Droit pénal comparé*, Dalloz 1995, n°s 380 et s.

donnée à cette dénonciation et transmettra s'il y a lieu copie de la décision intervenue ». Il résulte de cette phrase que rien n'oblige l'État qui a reçu la dénonciation à engager des poursuites, et l'on peut ajouter que si cet État les engage par obligation, c'est en vertu de son droit interne qui serait légaliste. La solution est la même si l'on considère la Convention d'extradition de 1957. Selon l'article 6-2, la Partie qui n'extrade pas son ressortissant devra, sur la demande de la Partie requérante, soumettre l'affaire aux autorités compétentes « afin que des poursuites judiciaires puissent être exercées s'il y a lieu ». Il est vrai que l'article 6-2 ne concerne que le cas particulier de l'extradition des nationaux. Mais il n'en reste pas moins que ce texte consacre le principe opportuniste. Et c'est bien ce que dit très nettement le rapport explicatif : « Les poursuites judiciaires en elles-mêmes ne sont pas obligatoires bien que la Partie requise ait l'obligation de soumettre l'affaire aux autorités judiciaires. Les poursuites auront lieu uniquement si les autorités judiciaires estiment qu'il y a lieu de poursuivre »[1].

Des Conventions particulières, qui seront examinées plus en détail ultérieurement, adoptent le même pont de vue. C'est le cas de la Convention européenne pour les infractions routières du 30 novembre 1964 (art. 4-5 et 18) et de la Convention européenne pour la répression du terrorisme, du 27 janvier 1977 (art. 7).

À titre exceptionnel, le principe légaliste est consacré. Ainsi l'article 27 du statut de la Cour de justice des Communautés européennes décide : « Chaque État membre regarde toute violation des serments des témoins et des experts (commises devant cette Cour) comme le délit correspondant commis devant un tribunal national statuant en matière civile. Sur dénonciation de la Cour, il poursuit l'auteur de ce délit devant la juridiction nationale compétente ». Le texte dit bien « il poursuit » et non « il peut poursuivre ». Chaque État est donc obligé de poursuivre devant ses propres tribunaux les violations de serment qui lui ont été dénoncés par la Cour de justice. Il en va de même du délit de violation de secret professionnel, chaque État « poursuivant tout auteur d'une telle violation relevant de sa juridiction sur requête de tout État membre ou de la Commission » (art. 194 Traité CECA).

B. La transmission de poursuites déjà engagées

30 ***Règle commune et distinction*** ◇ Le principe qui s'applique toujours est celui d'*assimilation*, en vertu duquel la procédure accomplie dans l'État requérant est totalement assimilée à celle menée dans l'État requis. Selon l'article 26 de la Convention sur la transmission des procédures

1. Rapport explicatif, p. 17 et 18 ; Ch. Vallée, « La Convention européenne pour la répression du terrorisme », *AFDI*, 1976, p. 756 et s., not. p. 777. Contra, G. Fournier, « Répertoire de droit pénal », V° *Extradition*, n° 44.

répressives de 1972, « tout acte aux fins d'enquête et de poursuite accompli dans l'État requérant conformément aux lois et règlements qui y sont en vigueur, a la même valeur dans l'État requis que s'il avait été accompli par les autorités de cet État »[1]. Cependant, le principe d'assimilation s'il intéresse les actes accomplis, ne concerne pas les effets secondaires qui en découlent car ceux ci peuvent être prévus par la loi étrangère sans l'être forcément dans la loi nationale de l'État requis[2]. Le principe d'assimilation emporte un effet important : c'est l'imputation de la détention provisoire sur la peine ultérieurement prononcée par l'État requis[3].

Cela dit, la Convention sur la transmission des procédures répressives de 1972[4] distingue deux cas.

1. Le cas d'une poursuite unique ouverte par un État

31 ***Le problème*** ◇ Dans le cas de figure qu'on vient d'examiner[5], la Partie requérante demandait à une autre – celle sur le territoire de laquelle se trouve le délinquant – de déclencher la poursuite. Dans le cas que nous allons maintenant examiner, l'une des Parties contractantes a déjà engagé la poursuite. L'enquête est terminée et l'instruction est peut-être en cours, sinon terminée elle-même. Un jugement a peut-être même été rendu, mais il n'est pas exécuté. Or, les autorités judiciaires de l'État concerné peuvent considérer que la procédure ne saurait se dérouler normalement et de façon adéquate. Les difficultés peuvent tenir à la difficulté de rassembler les preuves ou d'obtenir une décision contradictoire. Elles peuvent tenir aussi aux incertitudes quant à l'exécution de la condamnation à attendre. Bref, l'autorité de poursuite d'un État peut considérer qu'il est meilleur, dans l'intérêt d'une bonne justice, de confier la suite de l'affaire à un autre État mieux placé. L'État ayant lancé la poursuite va donc en qualité d'État requérant solliciter l'État mieux placé, devenu État requis, de continuer la poursuite. Et si l'État requis accueille cette demande, intervient une « transmission des poursuites pénales ». En pratique, le plus souvent, l'État requérant est celui où l'infraction a été commise et l'État requis est celui où s'est réfugié le délinquant.

1. Voir aussi en ce sens art. 26, al. 4 de la Convention sur la valeur des jugements répressifs, 14, § 2 de la Convention relative au blanchiment des produits du crime et 8 de la Convention de la CEE sur la transmission des procédures.

2. F. ALT-MAES, « La délégation de compétence dans les Conventions européennes », *Mélanges Levasseur*, 1992, p. 385.

3. Art. 44, al. 3 de la Convention sur la valeur des jugements répressifs.

4. Dont s'inspire beaucoup l'Accord du 6 novembre 1990 passé dans le cadre des États membres des Communautés européennes. Cet Accord tend à simplifier la procédure et donc à renforcer la coopération entre États en réduisant les conflits de compétence, en assurant une bonne administration de la justice. Sans oublier les intérêts des victimes. Il a été ratifié par la France le 13 mai 1993.

5. V. *supra*, n° 29.

32 ***Convention y correspondant*** ◇ La transmission des poursuites est réglementée par la Convention européenne sur la transmission des procédures répressives, signée le 15 mai 1972 à Strasbourg, à l'occasion de la 50e session du Comité des ministres du Conseil de l'Europe [1]. Le texte de cette Convention a pour origine une Recommandation de l'Assemblée consultative du Conseil de l'Europe du 29 janvier 1965 (n° 420) relative au règlement des conflits de compétence en matière répressive. Un projet a été élaboré par le Comité européen pour les problèmes criminels (CEPC) entre 1965 et 1969. Le texte du CEPC a ensuite été soumis à un comité d'experts élargi au sein duquel tous les États membres intéressés étaient représentés. Le Comité d'experts achève ses travaux en février 1971. Le texte définitif est adopté par le Comité des ministres du Conseil de l'Europe en septembre 1971. Enfin le 15 mai 1972, la Convention est ouverte à la signature.

Il est vrai que la transmission d'une poursuite peut intervenir même si aucune convention internationale s'est intervenue, la seule condition d'une telle transmission étant que la loi pénale de l'État requis soit applicable au délinquant. Cependant, l'existence de la Convention sur la transmission des poursuites est très opportune car elle prévoit des règles internationales dont l'application permet de mieux lutter contre la criminalité internationale.

La Convention européenne sur la transmission des procédures répressives comporte six titres, le premier portant sur des définitions, le second sur la compétence, le troisième sur la transmission des procédures, le quatrième sur la pluralité de procédures répressives, le cinquième sur la règle *Ne bis in idem* et le sixième sur des dispositions générales. C'est le titre troisième qui traite du cas d'une poursuite unique lancée par un État et susceptible d'être transmise à un autre. Cette question est longuement traitée dans ce titre, divisé en cinq sections [2]. En simplifiant, ces sections peuvent être regroupées en deux idées.

a. Conditions de la demande de poursuite

• Conditions de fond

Énumérées aux articles 6 à 12, ces conditions sont au nombre de trois.

33 ***1° Compétence de l'État requis*** ◇ Il faut avant tout que l'État requis soit compétent pour assurer la poursuite. Si en vertu de sa loi interne il est bien compétent, il n'y a aucune problème. Mais si sa loi interne

1. C'est dans le rapport explicatif de cette Convention que se trouve expliqué l'intérêt d'une transmission des poursuites pénales.

2. Intitulées « Demande de poursuites », « Procédure de transmission », « Effets de la demande de poursuite dans l'État requérant », « Effet de la demande de poursuite dans l'État requis », enfin « Mesures provisoires dans l'État requis ».

ne lui confère aucune compétence, le système de transmission des poursuites ne peut fonctionner que s'il reçoit compétence. D'où l'article 2-1 de la Convention sur la transmission des procédures : « En vue de l'application de la présente Convention, tout État contractant a compétence pour poursuivre selon sa propre loi pénale toute infraction à laquelle est applicable la loi pénale d'un autre État contractant ». On observera que l'État requis poursuivra « selon sa propre loi pénale », expression qui recouvre à notre sens à la fois le droit de fond (incriminations et sanctions) et la procédure. On précisera aussi qu'il s'agit-là pour l'État requis d'une compétence subsidiaire, c'est-à-dire d'une aptitude à poursuivre se fondant seulement sur la Convention et plus précisément sur la présentation d'une demande de poursuite (art. 2-2). Les rédacteurs ont en effet entendu éviter des excès de compétence grâce à cette restriction [1].

Cette première condition n'appelle pas d'autres observations. Elle est en effet nécessairement remplie puisqu'à défaut de dispositions internes dans la législation de l'État requis, celui-ci se trouve *ipso facto* compétent de par la volonté des rédacteurs de la Convention.

34 ***2° Réciprocité d'incriminations. Principe*** ◇ Pour que la transmission de poursuite puisse être réalisée, il faut que le fait poursuivi soit incriminé dans la législation de l'État requérant et dans celle de l'État requis tout à la fois. Selon l'article 7-1, « la poursuite ne peut être instituée dans l'État requis que lorsque le fait dont la poursuite est demandée constituerait une infraction en cas de commission dans cet État et lorsque dans ce cas, l'auteur serait passible d'une sanction également en vertu de la législation dudit État ». Et comme l'article 6-1 parle d'une infraction commise dans le territoire de l'État requérant, il en résulte bien que la première condition à la transmission des poursuites est la double incrimination [2].

Cette condition est bien naturelle. Dans l'optique de la coopération entre États, il faut par hypothèse que ce soient les mêmes valeurs qui soient défendues par les divers États.

35 ***Difficultés*** ◇ Toutefois des hésitations peuvent apparaître sur le point de savoir si le concept d'incrimination doit être interprété *in abstraco* (identité d'appellation du fait dans les deux droits) ou *in concreto* (fait que les agissements sont passibles de sanction dans les deux droits). Le débat est posé ici comme il est posé dans le cadre de la Convention sur la valeur internationale des jugements répressifs. Et il reçoit la même solution : c'est l'interprétation concrète qui est retenue « car on ne peut

1. Rapport explicatif, § 32, sous-art. 2.
2. C'est comme en matière d'extradition et d'exécution des jugements répressifs étrangers.

s'attendre à ce que les législations de deux ou plusieurs États concordent au point que certains faits y soient invariablement considérés comme constitutifs de la même infraction »[1]. De plus, l'évocation de la punissabilité dans l'article 7-1 (« l'auteur serait passible d'une sanction également en vertu de la législation » de l'État requis) renforce l'idée d'une préférence pour l'appréciation concrète des faits poursuivis.

Deux précisions complémentaires s'imposent. En premier lieu, il existe dans la structure de l'infraction au sens large certains éléments comme les rapports entre délinquant et victime (lorsqu'ils rendent le fait non punissable), ou des causes de justification ou d'excuse. Dès lors, si la législation de l'État requis prévoit, à l'inverse de celle de l'État requérant, ces éléments, il n'y a pas double incrimination *in concreto* puisque dans l'État requis, le prévenu n'aurait pas été passible de sanctions s'il avait agi sur son territoire. En second lieu, c'est le mot même « infraction » qui doit être défini compte tenu de l'existence dans certaines législations d'infractions administratives, punissables en général seulement d'une amende, comme la violation d'un règlement d'ordre en Allemagne (*Ordnungswidrigkeit*). Il est admis que si le même fait est puni comme infraction dans un État et comme infraction administrative dans un autre, la condition de réciprocité d'incrimination est remplie : la violation d'un règlement d'ordre est englobée dans le mot infraction[2]. En outre, en cas de condamnation pour manquement à un règlement d'ordre par une autorité administrative, un recours devant un juge est systématiquement prévu. On reste donc dans le domaine des infractions ou, si l'on préfère, de « la matière pénale »[3]. Voilà pourquoi les rédacteurs de la Convention sur la transmission des procédures ont défini à l'article 1 l'infraction comme comprenant « les faits constituant des infractions pénales ainsi que ceux qui sont visés par les dispositions légales mentionnés à l'annexe III de la présente Convention à la condition que si l'infraction est de la compétence d'une autorité administrative, l'intéressé ait la possibilité de porter l'affaire devant une instance juridictionnelle ». Or, à l'annexe III figure justement au titre de l'Allemagne fédérale « tout comportement illégal pour lequel est prévue la procédure instaurée par la loi sur les violations des prescriptions d'ordre... » dont il faut rappeler qu'un recours devant un juge est toujours possible.

Le contentieux de la qualification infractionnelle est simple. C'est aux organes de l'État requis qu'incombe la charge d'établir s'il y a bien ou non double incrimination *in concreto*.

1. Rapport explicatif de la Convention sur la transmission des poursuites. Même phrase d'ailleurs dans le rapport explicatif de la Convention sur la valeur internationale des jugements répressifs.

2. Rapport explicatif. Point de vue confirmé par l'article 49 de la Convention d'application de l'Accord de Schengen.

3. Comme l'a indiqué la Cour européenne des droits de l'homme dans l'arrêt *Oztürk*, du 21 février 1984.

36 ***3° Hypothèses de demande de transmission de la poursuite. Liste de cas*** ◇ La transmission ne peut se faire que dans certains cas qu'énumère l'article 8-1 de la Convention. Et il faut observer d'emblée que ces cas sont alternatifs et non cumulatifs d'une part, et que la liste de ces cas est exhaustive d'autre part. Ces cas sont au nombre de huit, les quatre premiers étant de nature objective et les quatre derniers supposant une appréciation subjective de la part de l'État requérant [1]. Voici ces cas.

a) « Le prévenu a sa résidence habituelle dans l'État requis ». La notion de « résidence habituelle » se retrouve dans d'autres Conventions comme celle qui concerne la surveillance des personnes qui ne résident que passagément dans l'État requis. L'idée ayant présidé à l'adoption de cette expression est qu'en cas de condamnation, l'exécution de celle-ci doit s'effectuer dans une perspective de reclassement social. Or ce reclassement suppose que le délinquant soit enraciné dans le pays requis, donc qu'il y demeure habituellement.

b) « Le prévenu est un ressortissant de l'État requis ou... cet État est son État d'origine ». Là encore, on retrouve le désir de favoriser la réinsertion du délinquant. Il faut également se souvenir que les États n'extradant souvent pas leurs nationaux, le seul moyen de faire prospérer une poursuite est pour un État — celui du lieu de l'infraction pour l'État requérant — de se décharger du poids de la poursuite sur l'État dont le délinquant est un ressortissant, l'État requis.

c) « Le prévenu subit ou doit subir dans l'État requis une sanction privative de liberté ». Il est certain que si le délinquant est déjà détenu dans une prison de l'État requis ou s'il doit y être détenu, l'efficacité conduit à charger cet État de le poursuivre. L'exécution successive des peines a tout avantage à se faire dans le même État.

d) « Le prévenu fait l'objet dans l'État requis d'une poursuite pour la même infraction ou pour d'autres infractions ». On vise ici la même situation que dans le cas précédent, mais au stade de la poursuite et non plus de l'exécution de la condamnation. Il faut éviter deux poursuites pour la même infraction ou encore la pluralité d'infractions. Il faut joindre les poursuites.

e) L'État requérant « estime que la transmission est justifiée par l'intérêt de la découverte de la vérité et notamment que les éléments de preuve les plus importants se trouvent dans l'État requis ». L'idée des rédacteurs est que l'administration de la justice se ferait plus efficacement dans un autre État, si par exemple, les témoins essentiels se trouvent sur le territoire de cet État ou s'il convient de procéder à un transport sur les lieux.

f) L'État requérant « estime que l'exécution dans l'État requis d'une éventuelle condamnation est susceptible d'améliorer les possibilités de

1. Rapport explicatif, § 32, sous-art. 8.

reclassement social du condamné ». Des possibilités plus nettes de reclassement dans un autre État peuvent donc conduire l'État ayant lancé la poursuite à s'en décharger au profit de cet autre État.

g) L'État requérant « estime que la présence du prévenu ne peut pas être assurée à l'audience dans l'État requérant alors que sa présence peut être assurée à l'audience dans l'État requis ». Il faut éviter les jugements par défaut et promouvoir l'idée que les prévenus ont droit à ce que leur cause soit entendue équitablement. Si un État est compétent, mais s'il ne peut assurer la présence du prévenu, mieux vaut que l'affaire soit traitée par les magistrats d'un autre État dès lors que la présence du prévenu y sera assurée.

h) L'État requérant « estime qu'il n'est pas en mesure d'exécuter lui-même une éventuelle condamnation même en ayant recours à l'extradition et que l'État requis est en mesure de le faire ». Les experts ont ici entendu que la condamnation ne reste pas lettre morte. Mieux vaut une exécution par un tiers État qu'une non-exécution consécutive à une condamnation par l'État saisi de la poursuite. C'est le risque de cette éventualité qui a conduit les rédacteurs à créer ce huitième et dernier cas, et donc à permettre à l'État saisi de l'affaire à s'en dessaisir à un stade encore peu avancé de la procédure au profit d'un autre État où les chances d'exécution sont plus fortes. Évidemment, on aurait pu se contenter d'une demande par l'État de condamnation d'une exécution du jugement. Mais le transfert précoce des poursuites présente l'avantage d'assurer l'unité de la poursuite et de l'exécution au sein d'un même État.

À côté de ces huit cas prévus par l'article 8-1, il faut en ajouter un neuvième indiqué par l'article 8-2, qui est très particulier. Il faut supposer que le prévenu a été condamné définitivement dans un État. Celui-ci peut demander à un autre État d'exercer la poursuite si trois conditions sont remplies : 1° L'État requérant n'est pas lui-même en mesure d'exécuter la condamnation, même en ayant recours à l'extradition ; 2° L'État requis n'admet pas le principe de l'exécution de jugements pénaux rendus à l'étranger ou il refuse d'exécuter la condamnation déjà prononcée ; 3° L'un des huit cas indiqués à l'article 8-1 peut être invoqué. En réalité, les rédacteurs de l'article 8-2 ont entendu éviter que le prévenu puisse échapper à toute sanction en raison de l'impossibilité pour l'État requérant d'exécuter la condamnation prononcée sur son territoire ou de la faire exécuter par un autre État. D'où le subterfuge consistant pour l'État de condamnation de solliciter d'un autre État la reprise de la poursuite.

37 ***Rôle de l'État requérant*** ◇ Même si les autorités de l'État requérant se trouvent en face de l'un des cas visés à l'article 8, elles ne sont pas pour autant tenue de transmettre la poursuite. Il n'existe en effet aucune obligation pour un État contractant de demander la poursuite à un autre

État [1]. L'article 6-1 de la Convention décide que « lorsqu'une personne est prévenue d'avoir commis une infraction à la loi d'un État contractant, celui-ci *peut demander* à un autre État contractant d'exercer la poursuite... ». Ainsi à côté des hypothèses de droit prévues à l'article 8, il existe des hypothèses de fait qui vont restreindre les cas où il y aura transmission de la poursuite. Les autorités chargées de la demande vont donc apprécier l'opportunité, et rien d'autre, de celle-ci (art. 6-2).

Évidemment, il est difficile de donner des critères à une telle décision de pure opportunité. Il n'est pas possible d'énumérer toutes les considérations dont les autorités de l'État requérant doivent tenir compte pour formuler la demande. Ce seront uniquement les circonstances de l'affaire qui dicteront la décision sur le point de savoir si la réunion des preuves doit l'emporter sur le fait qu'il y a de meilleures possibilités de reclassement dans un autre État. De plus, on ne peut préciser le moment où doit être décidé s'il convient d'adresser une demande à un autre État : en principe, le plus tôt sera le mieux, mais il y a des cas où l'opportunité d'une demande de transmission des poursuites n'apparaîtra qu'assez tard.

38 ***Rôle de l'État requis. Sa liberté de principe face à la demande*** ◇
Si l'État requérant n'est jamais tenu d'établir une demande, le principe est que l'État requis n'est jamais tenu de l'accepter. La libre appréciation est donc la règle aussi bien pour l'État requis que pour l'État requérant. La seule obligation de l'État requis est d'examiner la demande. Ainsi que l'exprime l'article 9-1, « les autorités compétentes de l'État requis examinent la demande de poursuite qui leur a été adressée... Elles déterminent, conformément à leur propre légalisation, la suite à donner à la demande ». L'État requis se décide en fonction des cas de l'article 8 (demande « adressée en application des articles précédents »). Il apparaît donc bien que les autorités requises n'ont qu'une obligation, celle d'examiner la demande et de prendre position. Et cet examen se fait selon la législation propre de l'État requis, cette législation prévoyant que celui-ci doit revêtir un caractère administratif ou judiciaire.

Des difficultés particulières apparaissent lorsque l'infraction qui est pénale dans l'un des deux États est administrative dans l'autre [2]. Plus précisément, trois questions se posent : 1° La transmission de la poursuite peut-elle être demandée si l'infraction fait l'objet d'une procédure administrative dans l'État requérant et d'une procédure judiciaire dans l'État requis ? 2° Le transmission peut-elle être demandée si l'infraction fait l'objet d'une procédure judiciaire dans l'État requérant et d'une procédure administrative dans l'État requis ? 3° Dans ce dernier cas, l'État

1. Rapport explicatif, § 32, sous-art. 6.
2. Ce qui évoque les violations des prescriptions d'ordre du droit allemand.

requérant est-il obligé de reconnaître les effets découlant de la décision de l'autorité administrative de l'État requis ? C'est une réponse affirmative qui doit être donnée à ces diverses questions. Toutefois, l'État requis, s'il prévoit dans sa législation pour le fait visé à la demande une procédure administrative, doit en aviser aussitôt que possible l'État requérant (art. 9-2) [1]. De plus, dans un souci de simplification, l'article 9-2 ouvre aux États contractants la possibilité — lors de la signature ou du dépôt de l'instrument de ratification de la Convention ou à tout autre moment, par déclaration adressée au secrétariat général du Conseil de l'Europe — de faire connaître les conditions dans lesquelles ils prévoient la répression des infractions administratives.

39 ***Obstacles à l'acceptation de la demande*** ◇ La liberté de l'État requis n'est qu'un principe. La Convention a prévu en effet des cas de refus de donner suite à la demande. Il s'agit en somme d'obstacle à la demande.

Ces obstacles sont absolus en ce sens qu'ils constituent en réalité des fins de non-recevoir de la demande (qui ne sera donc même pas examinée par l'État requis). L'article 10 de la Convention énumère ces cas : il n'y a pas double incrimination, le fait n'est pas incriminé par le législateur de l'État requis ; il y a violation du principe *non bis in idem* (art. 35 auquel renvoie l'article 10) ; à la date de la demande, la prescription de l'action publique est déjà acquise dans l'État requérant selon sa propre loi. À ces cas précis, l'article 10 ajoute un cas plus général et véritablement fondamental : c'est celui que la demande n'est pas faite en conformité avec les dispositions de la présente Convention régissant le droit pour l'État requérant de formuler une demande.

D'autres obstacles avaient été catalogués par la Convention sur la transmission des procédures de 1972, mais qui étaient facultatifs en ce qu'ils laisseraient une certaine liberté d'appréciation à l'État requis. Ces cas étaient cependant entendus strictement puisque l'article 11 de cette Convention qui les énumérait, décidait que l'État requis « ne peut refuser entièrement ou partiellement l'acceptation de la demande que dans ce ou plusieurs des cas suivants... » :

a) L'État requis « estime que le motif sur lequel la demande est fondée en application de l'article 8 » (qui énumère les cas de demande) « n'est pas justifié » ;

b) « Le prévenu n'a pas sa résidence habituelle dans l'État requis » ;

c) « Le prévenu n'est pas un ressortissant de l'État requis et n'avait pas sa résidence habituelle sur le territoire de cet État au moment de l'infraction ». Les deux conditions sont cumulatives ;

1. La conséquence de l'avis est de permettre à l'État requérant de retirer sa demande s'il considère qu'une répression simplement administrative est insuffisante. Et pour permettre l'exercice de ce retrait, il faut que l'État requis retarde pendant un temps raisonnable sa décision sur la demande afin de donner à l'État requérant la possibilité matérielle de retirer sa demande, v. rapport explicatif, § 32, sous-art. 9.

d) L'État requis « estime que l'infraction dont la poursuite est demandée revêt un caractère politique ou qu'il s'agit d'une infraction purement militaire ou purement fiscale ». Cette exclusion s'explique par le fait que ces infractions sont parfois commises sous l'influence d'un mobile passionnel et dans des conditions difficile à apprécier par l'État requis qui de plus peut adopter une politique différente [1] ;

e) L'État requis « estime qu'il y a des raisons sérieuses de croire que la demande de poursuite est motivée par des considérations de race, de religion, de nationalité ou d'opinions politiques ». Cette disposition évoque celle de l'article 3-2 de la Convention européenne d'extradition ;

f) La loi de l'État requis « est déjà applicable au fait et l'action publique est prescrite selon cette loi au moment de la réception de la demande » ;

g) La compétence de l'État requis « est fondée exclusivement sur l'article 2 [2] et... l'action publique est prescrite selon sa loi au moment de la réception de la demande, compte tenu de la prolongation de six mois du délai de prescription prévu à l'article 23 » [3] ;

h) « Le fait a été commis hors du territoire de l'État requérant » ;

i) « La poursuite est contraire aux engagements internationaux de l'État requis ». Car le respect des engagements internationaux est une exigence essentielle dans les relations entre États. C'est ainsi que l'article 6 de la Conv. EDH énonce un corps de règles applicables aux procédures répressives et implique que la transmission de la poursuite ne doit pas entraîner une aggravation de la situation juridique du prévenu [4] ;

j) « La poursuite est contraire aux principes fondamentaux de l'ordre juridique de l'État requis ». C'est ainsi qu'on ne saurait admettre le déroulement d'une poursuite contraire aux lois constitutionnelles de l'État requis. Il est vrai que la formule est vague. Mais les rédacteurs ne pouvaient pas faire autrement compte tenu de la diversité des États contractants ;

k) « L'État requérant a violé une règle de procédure prévue par la présente Convention ». Il ne s'agit pas ici de permettre un refus d'acceptation qui se fonderait sur un vice de forme empêchant l'État requis de donner suite à la demande (art. 10). Il s'agit de la violation des règles sur la procédure de transmission (visées à la Section II du Titre III, énumérées infra). De plus, il doit s'agir de violations substantielles pour lesquelles la Convention n'a pas prévu de remède possible, comme par

1. Rapport explicatif, § 32, sous-art. 11.

2. Disposition rappelant « qu'en vue de l'application de la... Convention (sur la transmission des procédures répressives), tout État contractant a compétence pour poursuivre selon sa propre loi pénale toute infraction à laquelle est applicable la loi pénale d'un autre État contractant ».

3. Article 23 selon lequel le délai de prescription de l'action publique est prolongée de six mois quand la compétence de l'État requis est fondée uniquement sur l'article 2.

4. Rapport explicatif, § 32, sous-art. 11.

exemple dans le cas de l'article 14 (qui permet à l'État requis insuffisamment renseigné de demander un complément d'informations).

Cependant, observations très importantes, tous ces obstacles facultatifs énumérés à l'article 11 de la Convention de 1972 ont aujourd'hui disparu avec la Convention d'application de l'Accord de Schengen de 1990, mais évidemment seulement pour les États liés par cette Convention. Cette simplification, qui tend à réduire les cas de refus de coopération, s'explique dans une Europe fondée sur la confiance, celle de Schengen étant beaucoup plus petite que celle du Conseil de l'Europe. Comment en effet admettre, a-t-on fait remarquer, que « dans une Europe proche et confiante, un État puisse refuser de déférer à la demande de poursuite d'un de ses partenaires au motif que par exemple il y a des raisons sérieuses de croire que la demande de poursuite est motivée par des considérations de race, de religion ou d'opinions politiques »[1] ?

40 ***Révocation de l'acceptation de la demande*** ◇ L'acceptation ne saurait être irrévocable. Il se peut qu'au cours de la procédure menée par l'État requis (et acceptant) apparaissent des faits nouveaux qui remettent en cause le bien fondé de la décision. Aussi l'article 12-1 ordonne-t-il à l'État de révoquer son acceptation en cas de survenance d'un motif de non-recevoir visé à l'article 10 (non réciprocité d'incrimination par exemple). De plus, l'article 12-2 prévoit en faveur de l'État requis le droit (et non plus le devoir) de révoquer son acceptation :

a) s'il apparaît que la présence du prévenu ne peut être assurée à l'audience ou si une éventuelle condamnation ne peut être exécutée par l'État requis ;

b) si l'un des motifs de l'article 11 (traitant des motifs de refus facultatif) se révèle entre l'acceptation de la demande et la saisine de la juridiction de jugement[2] ;

c) si les deux États s'entendent pour que l'acceptation soit révoquée.

L'effet de la révocation est que l'État requérant recouvre son droit de poursuite et d'exécution (art. 21-2 c).

- **Conditions de procédure**

41 ***De la part de l'État requérant*** ◇ Plusieurs règles doivent être indiquées.

Premièrement, la demande est faite par écrit (art. 13-1). La Convention ne parle pas de ces modes modernes comme la télécopie, qui ne paraît pourtant pas exclue. Elle ne traite pas davantage de la date, alors pourtant qu'il est certain que la demande doit être datée, compte tenu

1. R. Koering-Joulin, « L'entraide judiciaire répressive au sein de l'Union européenne », in *Quelle politique pénale pour l'Europe ?*, sous la direction de M. Delmas-Marty, Economica, Paris 1993, p. 179.
2. Ce qui englobe les autorités administratives, V rapport explicatif, § 32, sous-art. 12.

notamment de la prescription (v. art. 10 c, qui indique que l'État requis ne donne pas suite à la demande si la prescription est acquise dans l'État requérant selon la loi de cet État, « à la date mentionnée sur la demande »).

Deuxièmement, les demandes sont adressées au ministère de la justice de l'État requis par celui de l'État requérant. Mais il est possible qu'en application d'accords particuliers, les autorités de l'État requérant saisissent directement celles de l'État requis. Et même en cas d'urgence, les demandes peuvent être transmises par Interpol (art. 13-1 et 2).

Troisièmement, la demande est accompagnée de l'original ou d'une copie certifiée conforme du dossier pénal, ainsi que de toutes les pièces utiles (art. 15-1). Toutefois, si les autorités requises prennent des mesures provisoires d'urgence, comme la mise en détention provisoire du délinquant pour éviter sa fuite, les pièces peuvent n'être adressées qu'après la demande (art. 15-1 *in fine*). Les documents sont-ils adressés en traduction à l'État requis ? Dans le principe, la traduction n'est pas exigée. Mais par déclaration expresse, un État peut exiger une traduction accompagnant les pièces. Il ne peut jamais exiger que l'on emploie sa seule langue nationale, à moins qu'il ne s'agisse d'une langue officielle du Conseil de l'Europe. Si l'État requis n'a pas précisé laquelle des langues officielles doit être employée, l'État requérant est libre de choisir la langue qu'il préfère.

Quatrièmement enfin, après envoi de la demande, l'État requérant informe par écrit l'État requis de tous actes ultérieurs relatifs à l'action publique. Cette notification est accompagnée de tous documents utiles (art. 15-2).

42 ***De la part de l'État requis*** ◇ À réception de la demande et des pièces jointes, l'État requis peut s'estimer insuffisamment informé et en conséquence demander des informations complémentaires, et même, le cas échéant, fixer à l'État requérant un délai pour leur obtention (art. 14).

Il n'est pas prévu par la Convention que l'État requis accuse réception de la demande. Mais l'article 16 de celle-ci dispose que cet État informe sans délai l'État requérant de sa décision sur la demande de poursuite et sur l'arrêt de la poursuite. De plus, il doit l'informer de la décision rendue à l'issue de la poursuite, en lui adressant une copie certifiée conforme de la décision rendue (art. 16). Il est en effet utile à l'État requérant d'obtenir des informations sur la pratique suivie dans l'État requis, afin de pouvoir conseiller la victime de l'infraction et de tenir compte d'une décision étrangère en vue d'établir une récidive [1].

Enfin, dans le cas où la compétence de l'État requis se fonde uniquement sur l'article 2, l'article 17 de la Convention dispose que cet État « doit aviser le prévenu de la demande de poursuite afin que ce dernier puisse faire valoir ses arguments avant que cet État ait pris une

1. Rapport explicatif, § 32, sous-art. 16.

décision sur ladite demande ». On veut que le prévenu puisse se faire entendre à ce moment crucial de la procédure car la décision prise dans l'État requis peut avoir des conséquences importantes sur la suite de l'affaire. Et de plus il est bon que les renseignements fournis par l'État requérant soient complétés, voire contestés par l'intéressé lui-même. On évitera ainsi des mauvaises décisions, voire une révocation de l'acceptation (v. art. 12-2 b de la Convention). En revanche, si l'État requis est compétent en raison de sa législation interne, une pareille obligation à sa charge n'est pas prévue.

b. **Effets de la demande de poursuite**

La Convention distingue entre les deux États.

- **Effets intéressant l'État requérant**

43 L'effet essentiel est indiqué par l'article 21-1 : l'État requérant *doit mettre fin à la procédure qu'il a déjà entamée* dès le moment où il a présenté sa demande, c'est-à-dire à partir de l'envoi de celle-ci. Il ne faut pas se dissimuler cependant que l'examen de la demande par l'État requis va mettre un certain temps à être effectué. Aussi l'article 21-1 *in fine* permet à l'État requérant « de procéder à tous actes de poursuite, à l'exception de ceux qui ont pour effet de saisir la juridiction de jugement ou éventuellement l'autorité administrative compétente pour statuer sur l'infraction ». Cette expression se comprend quasiment d'elle-même : l'État requérant, s'il ne peut rendre une décision dans l'affaire ni prescrire des mesures d'investigation par le tribunal, peut cependant traduire le prévenu devant un organe d'instruction et prendre les mesures nécessaires pour conserver les preuves. En somme, l'État requérant peut procéder à toutes mesures conservatoires.

En outre — et ce deuxième effet est de moindre importance car plus exceptionnel — l'État requérant *récupère son droit de poursuite et d'exécution* dans les cinq cas suivants (art. 21-2) :

a) Si l'État requis l'informe de sa décision de ne pas donner suite à la demande dans les cas prévus à l'article 10 (par exemple l'absence de double incrimination) ;

b) Si l'État requis l'informe qu'il refuse son acceptation de la demande dans les cas prévus à l'article 11 ;

c) Si l'État requis l'informe qu'il révoque son acceptation de la demande dans les cas prévus à l'article 12 ;

d) Si l'État requis l'informe de sa décision de ne pas entamer la poursuite ou d'y mettre fin. Par exemple, une décision de classement sans suite ou de non-lieu n'empêche pas l'État requérant de récupérer son droit de poursuite, quels que soient les motifs du classement ou du non-lieu, qu'il y ait absence de preuve ou raison d'opportunité[1] ;

1. Rapport explicatif, § 32, sous-art. 21.

e) Si l'État requérant retire sa demande avant que l'État requis l'ait informé de sa décision d'y donner suite. Cependant, après notification de la décision à l'État requérant, celui-ci ne peut plus unilatéralement décider de reprendre son droit de poursuite, sauf accord avec l'État requis en application de l'article 12-2 c de la Convention.

Enfin, troisième effet, la demande de poursuite a pour effet de *prolonger de six mois et au profit de l'État requérant le délai de prescription de l'action publique* (art. 22). Cette règle s'explique par le fait que l'examen de la demande par l'État requis risque de prendre du temps. Dès lors, si la demande a été formulée quelques semaines seulement avant l'accomplissement de la prescription et si l'État requis décide de ne pas poursuivre, l'État requérant risquerait de ne plus pouvoir exercer la poursuite. D'où la règle d'une prolongation de six mois de la prescription de l'action publique. Cette règle entraîne évidemment l'obligation morale pour l'État requis de statuer à l'intérieur de ce délai [1].

- **Effets intéressant l'État requis**

La Convention contient aux articles 23 à 29 une série de règles dont le but est systématiquement soit de faciliter l'action de la justice dans l'État requis soit d'assurer la protection des intérêts privés.

44 ***Aide à l'action de la justice*** ◇ La plupart des règles visent à aider les autorités judiciaires de l'État requis à remplir leur mission.

1° Certaines de ces règles intéressent la *procédure stricto sensu*.

D'abord, la demande de poursuite entraîne un prolongement de six mois de la prescription de l'action publique. Cette règle, prévue par l'article 23 est le pendant de celle de l'article 22 relatif à la Partie requérante. Les raisons sont évidemment les mêmes : il s'agit d'éviter le dépérissement de la poursuite par l'effet du temps alors que la transmission d'une poursuite est une cause de retard du cours de la justice. Cependant, la prolongation de la prescription au regard de l'État requis ne joue que si la compétence de celui-ci se fonde sur l'article 2 (pas sur la compétence originaire de l'État requis).

Ensuite, si la poursuite est subordonnée à une plainte dans les deux États, l'article 24-1 dispose que la plainte déposée dans l'État requérant « vaut comme telle dans l'État requis ». Une plainte suppose en effet le mécontentement de la victime de sorte qu'il n'y a aucune raison de penser que la transmission de la poursuite, circonstance purement fortuite, va annuler ce sentiment. En outre, il faut admettre que cette règle vaut même si les règles sont différentes. Si par exemple le délai pour déposer plainte est de six mois dans l'État requérant, mais de trois mois seulement dans l'État requis, une plainte déposée dans le premier État le quatrième mois est valablement déposé pour les besoins de la pour-

1. Rapport explicatif, § 32, sous-art. 22.

suite dans le second État [1]. On peut y voir la manifestation d'une sorte de principe d'équivalence.

Ce principe est encore consacré par l'article 26. Son premier paragraphe pose la règle de l'équivalence des actes de procédure en décidant que « tout acte aux fins de poursuites, accompli dans l'État requérant conformément aux lois et règlements qui y sont en vigueur, a la même valeur dans l'État requis que s'il avait été accompli par les autorités de cet État... ». Toutefois l'assimilation des actes tendant aux mêmes fins ne veut pas dire assimilation des effets attachés à ces actes et c'est ainsi que s'agissant de l'effet probatoire, l'article 26-1 a prévu une limite : l'assimilation ne saurait avoir pour effet de donner à l'acte une force probante supérieure à celle qu'il a dans l'État requérant. Quant au second paragraphe de l'article 26, il consacre encore une application du principe d'équivalence en indiquant que « tout acte interruptif de prescription valablement accompli dans l'État requérant a les mêmes effets dans l'État requis et réciproquement ».

2° D'autres règles intéressent les *mesures provisoires attentatoires à la liberté du délinquant*, ces règles ne s'appliquant que si la compétence de l'État requis est subsidiaire, c'est-à-dire fondée sur l'article 2 [2]. Deux éventualités sont prévues par les articles 27 et 28.

Selon l'article 27, il faut imaginer que l'État requérant, tout en ayant pris la décision de transmettre la poursuite, n'a pas encore accompli toutes les formalités nécessaires à cette fin. Cet État peut demander à l'État requis de procéder à l'arrestation provisoire du prévenu si deux conditions sont remplies : la loi de l'État requis autorise la détention provisoire en raison de l'infraction ; il existe des motifs de craindre que le prévenu ne prenne la fuite ou qu'il ne crée un danger de suppression des preuves [3]. La demande d'arrestation provisoire indique l'existence d'un mandat d'arrêt, mentionne l'infraction ainsi que ses circonstances de temps et de lieu, et décrit le signalement de l'individu. Un exposé succinct des faits est joint. Cette demande d'arrestation est transmise directement par les autorités de l'État requérant aux autorités correspondantes de l'État requis par tout moyen laissant une trace écrite [4] ou admis par l'État requis. L'État requérant est informé sans délai de la suite donnée à sa demande : en effet l'État requis est évidemment tout à fait libre de faire incarcérer ou non l'intéressé.

Selon l'article 28, l'État requis est déjà en possession de la demande de poursuite et des documents qui l'accompagnent. Entre la réception du dossier et l'acceptation de prendre l'affaire, l'État requis peut appliquer « toutes les mesures provisoires, y compris la détention provisoire du prévenu et la saisie dont sa loi permettrait l'application... ». Après

1. Rapport explicatif, § 32, sous-art. 24.
2. Car sinon, c'est sa loi interne qui s'applique seule.
3. Ce qui inclut l'intervention auprès des témoins, v. rapport explicatif.
4. Lettre, télégramme ou télécopie.

acceptation, le fondement juridique de ces mesures d'urgence change : il n'est plus constitué par l'article 28 de la Convention, mais par le droit interne de l'État requis.

Le régime juridique des mesures prévues aux articles 27 et 28 est décrit par la Convention et la loi interne de l'État requis (art. 29). Des dispositions favorables en outre sont indiquées à l'article 29.

45 ***Protection des intérêts privés*** ◇ Certaines règles tendent à protéger le délinquant et la victime.

1° La protection du *délinquant* est assurée par deux articles de la Convention. D'abord par l'article 29 : la détention provisoire cesse dans les cas prévus à l'article 21 (l'État requis ne donne pas suite à la demande ou refuse de se saisir, ou met fin à la poursuite, ou encore révoque son acceptation...) ; dans le cas de l'article 27, la détention cesse soit dans les dix-huit jours si l'État requis n'a pas reçu la demande de poursuite dans ce délai, soit dans les quinze jours de la réception de la demande si les documents à joindre à celle-ci ne sont pas parvenus dans ce délai, soit de toutes façons au bout de quarante jours. Ces mesures strictes se comprennent car la compétence de l'État requis n'est que subsidiaire et car l'État requérant a, dans certains cas, fait la preuve de son manque de diligence.

Une autre protection résulte de l'article 25, qui traite de la loi applicable dans l'État requis en ce qui concerne la détermination de la sanction [1]. Le principe est que la sanction est celle qui est déterminée par la loi de l'État requis si la compétence de celui-ci est déjà fondée sur sa loi propre ; la loi d'un autre État ne saurait être prise en considération que si la loi de l'État requis le prévoit expressément [2]. Mais lorsque la compétence de l'État requis est exclusivement fondée sur l'article 2 de la Convention (compétence subsidiaire), les juges de cet État ne peuvent agir en toute liberté : la sanction prononcée ne peut pas être plus sévère que la sanction prévue dans la législation de l'État requérant. C'est donc la *lex mitior* de l'État requérant qui s'applique et c'est là que se manifeste la protection du délinquant. Il ne serait pas juste en effet d'autoriser l'État requis à prononcer une sanction plus sévère que celle prévue par la loi de l'État requérant alors que sa compétence à lui, l'État requis, ne tient qu'à un fil.

2° La protection de la *victime* est assurée par une disposition originale figurant à l'article 24-2. Si une plainte n'est nécessaire que dans le droit de l'État requis, cet État peut exercer la poursuite, même en l'absence de plainte, si la victime ne s'est pas opposée à cette poursuite dans

1. Cet article tient compte des conclusions relatives à l'application du droit étranger, adoptées en 1961 par l'Association internationale de droit pénal à Lisbonne.

2. C'est le cas du code pénal suisse qui rend applicable une loi étrangère moins sévère pour certaines infractions commises à l'étranger.

le mois à compter de la réception de l'avis pour lequel l'autorité compétente l'informe de ce droit. En somme, une action positive de la victime n'est pas nécessaire, mais cette victime dispose d'un droit de veto, d'un droit de s'opposer à la poursuite si elle l'estime indésirable dans l'État requis. Par conséquent, en cas d'inaction de la victime, la poursuite sera normalement exercée. On attribue, pour ainsi dire, « un effet positif au silence de la victime »[1].

2. Le cas de poursuites simultanées ouvertes par deux ou plusieurs États

46 ***Le problème*** ◇ Il peut arriver que deux ou plusieurs États, compétents selon leur droit propre, revendiquent simultanément la compétence dans la même affaire et entament effectivement des poursuites, ou du moins proclament leur intention de le faire. Il y a « concours de compétence *in concreto* »[2]. Plusieurs États agissent donc simultanément pour poursuivre le même fait. Un tel chevauchement de procédures est évidemment préjudiciable à une bonne administration de la justice et il importe en conséquence que toutes les poursuites soient rassemblées au sein d'un seul et même État. D'où un Titre IV de la Convention intitulé « Pluralité de procédures répressives »[3] comprenant les articles 30 à 34. Ces articles traitent de deux cas de figure.

a. Unité de fait et d'auteur

Pour régler le conflit de compétence, la Convention instaure une procédure en deux temps.

47 ***Premier temps*** ◇ Lorsqu'un État saisi d'une infraction qu'il entend poursuivre ou qu'il vient de poursuivre apprend qu'une poursuite a été lancée dans un autre État « contre la même personne et pour les mêmes faits », il doit *examiner* « s'il peut, soit renoncer à sa propre poursuite, soit la suspendre, soit la transmettre à l'autre État » (art. 30-1)[4]. Il faut en effet éviter le concours de procédures. Cependant, ce qu'exige l'article 30-1, c'est seulement que l'État en question examine l'abandon de la poursuite. Cet État n'est nullement tenu de suspendre ou transmettre

1. Rapport explicatif, § 32, sous-art. 24.
2. Rapport explicatif, § 33.
3. Et non « pluralité de compétences » : en effet la pluralité de compétences ne soulève de difficultés que lorsque les États compétents décident d'excuser *effectivement* leur compétence.
4. L'expression « Les mêmes faits » doit être entendu au sens large, pas au sens de qualifications juridiques, lesquelles peuvent différer d'un pays à l'autre pour un même geste.

la poursuite, voire d'y renoncer. C'est dire que l'État peut engager ou continuer la poursuite, sa seule obligation étant alors « d'en *aviser* l'autre État en temps utile et en tout cas avant le prononcé du jugement au fond » (art. 30-2) [1].

Ce système ne s'applique cependant pas aux infractions ayant un caractère politique ou purement militaire (art. 30-1). En effet, ces infractions intéressent particulièrement les États impliqués de sorte qu'il serait peu opportun de les obliger de négocier avec d'autres la gestion de la poursuite. Toutefois ne sont pas assimilées aux infractions militaires et politiques, les infractions fiscales.

Examen et avis constituent donc le premier temps. L'avis donné, s'ouvre le second temps.

48 ***Second temps*** ◇ En vue de régler le conflit de compétence, l'article 31-1 prévoit une procédure de consultation entre les États intéressés : ceux-ci « s'efforçant, dans la mesure du possible, de déterminer après appréciation dans chaque cas d'espèce des circonstances mentionnées à l'article 8, celui d'entre eux auquel incombera le soin de continuer l'exercice d'une poursuite unique ».

Cette procédure suit l'avis de non-renonciation aux poursuites, évoqué à l'article 30-1 et elle ne s'applique que dans ce cas : en effet, si l'État renonce d'emblée à continuer la poursuite, une telle procédure est inutile. Cela dit, la Convention ne dit pas grand chose sur cette concertation, se contentant de renvoyer aux critères de l'article 8. Il n'était pas possible aux auteurs de la Convention de désigner d'emblée l'État qui devait abandonner la poursuite. La procédure de consultation consistera à déterminer, cas par cas, le critère permettant de désigner tel ou tel État. Lors de l'élaboration de la Convention, il avait été envisagé d'établir un certain ordre de priorité entre les divers critères de l'article 8. Mais il y fut renoncé devant les difficultés issues du particularisme des affaires.

À l'issue de la consultation, de deux choses l'une : ou bien un accord intervient et alors l'État ayant renoncé à la poursuite ne peut continuer à l'exercer ; ou bien nul accord n'est intervenu et alors l'État qui continue à exercer la poursuite doit informer l'autre État du résultat de celle-ci (art. 33 et 16-2), la règle *ne bis in idem* jouant par ailleurs [2]. Pour faciliter l'issue de la procédure de consultation, chaque État intéressé doit s'abstenir pendant trente jours au maximum à compter de l'envoi de l'avis, de prononcer un jugement au fond.

Il peut advenir que la procédures de consultation ne puisse pas débuter avant que la procédure ne soit très avancée de sorte qu'il ne paraît

1. L'envoi d'une demande d'extradition peut être considérée comme un avis au sens de l'article 30-2, v. rapport explicatif, § 34, sous-art. 30.

2. L'autre État ne pourra pas exécuter sa propre décision, v. *infra*, n°s 50 et s.

plus opportun de renoncer à la compétence au profit d'un autre État. Pour déterminer ce moment, la Convention utilise le critère de l'ouverture des débats en présence du prévenu [1]. Dès lors, en vertu de l'article 31-2, la concertation ne s'impose ni à l'État d'envoi de l'avis ni à l'État destinataire de l'avis lorsque les débats principaux au fond ont été déclarés ouverts en présence du prévenu avant envoi (pour l'État d'envoi) ou réception (pour l'État destinataire) de cet avis. Il est trop tard en effet pour envisager une concertation.

b. **Pluralité de faits et unité d'auteur, pluralité d'auteurs et unité de fait, et pluralité de faits et d'auteurs**

49 C'est l'article 32 qui règle les hypothèses suivantes : différents faits punissables commis par la même personne ou par plusieurs personnes ayant agi de concert ; fait unique commis par plusieurs personnes ayant agi de concert. Le souhait des rédacteurs de cet article est d'arriver à une poursuite unique par voie d'accord. L'article 32 indique deux raisons à ce souhait. D'une part, l'intérêt de la découverte de la vérité : en effet, des poursuites contre un même délinquant, menées simultanément dans deux pays, entraînent des difficultés probatoires car il est malaisé d'assurer la comparution de l'intéressé et car il faut pouvoir comparer les déclarations. D'autre part, l'application d'une sanction appropriée : en effet, pour déterminer la sanction la meilleure, le tribunal compétent doit pouvoir prendre en compte toutes les infractions commises et pas seulement celles dont il serait saisi en cas de fractionnement des poursuites [2].

Le système prévu par l'article 32 est plus simple que celui prévu pour délit unique commis par une seule personne. L'article 32 se contente de dire que « les États intéressés examinent s'il est opportun qu'une poursuite unique soit intentée par l'un d'eux et, dans l'affirmative, s'efforcent de déterminer lequel d'entre eux intentera la poursuite... ». On ne retrouve donc ni l'obligation de donner avis (art. 30-2) ni celle d'attendre les résultats d'une consultation éventuelle (art. 31-1). Cette absence de rigueur de la Convention s'explique parce que, dans la plupart des cas, il sera impossible de regrouper les diverses poursuites.

Deux règles sont indiquées par l'article 33, communes avec le cas où il n'y a qu'un fait et un délinquant. Si l'un des États transmet la poursuite, il ne peut plus continuer à poursuivre. Si au contraire, il entend garder l'affaire, il doit informer l'autre État du résultat de la poursuite.

1. On avait hésité lors des travaux préparatoires entre ouverture des débats et dépôt de l'acte d'accusation, v. rapport explicatif, § 34, sous-art. 31.

2. Le rapport explicatif indique cependant qu'il n'y a des cas où le regroupement des poursuites n'est pas nécessaire, notamment pour les affaires de peu de gravité, § 34, sous-art. 32.

§ 2. L'obstacle à la transmission d'une poursuite Le principe *Ne bis in idem*

50 ***Position de la question et solution de principe*** ◇ Une personne ayant déjà fait l'objet d'un jugement pénal définitif, peut-elle être poursuivie à nouveau sur la base des mêmes faits ?

La question se pose d'abord en droit interne. Dans la plupart des législations, il y a un texte qui interdit une nouvelle poursuite : un jugement définitif empêche le lancement de nouvelles poursuites en application du principe *ne bis in idem* [1]. Bref, le même État ne peut poursuivre deux fois. Il y a autorité de la chose jugée au criminel sur le criminel.

La question se pose aussi en droit international en ce sens qu'il faut se demander si après condamnation par un État, un autre État peut à son tour poursuivre pour les mêmes faits, qu'il le fasse de lui-même ou qu'il soit saisi par voie de transmission de la part du premier État. La réponse est moins évidente. Selon une première conception, une seconde poursuite est possible car le droit de poursuivre une infraction est un attribut de souveraineté [2]. Mais une autre conception, beaucoup plus libérale, s'oppose à une seconde poursuite pour raison d'équité. Qu'en est-il en droit positif ?

Il existe d'abord des dispositions dans certaines législations internes. Ainsi, en droit français, « aucune poursuite ne peut être exercée contre une personne justifiant qu'elle a été jugée définitivement à l'étranger pour les mêmes faits » [3]. À l'opposé, en droit international, on peut invoquer l'article 14-7 du Pacte de l'ONU relatif aux droits civils et politiques : « Nul ne peut être poursuivi ou puni en raison d'une infraction pour laquelle il a déjà été acquitté ou condamné par un jugement définitif conformément à la loi et à la procédure pénale de chaque pays ». Il est admis cependant que ce texte a une portée limitée à un même pays [4]. Enfin, de façon médiane, il faut considérer le droit européen qui contient divers textes inégalement intéressants. Il y a d'abord le Proto-

1. V. *infra*, n°s 444-446, 470, 483 et par ex. art. 368 CPP français, J. PRADEL, *Procédure pénale*, 9e éd. 1997, n°s 705 et s ; G. J. M. CORSTENS, *Het Nederlands strafprocesrecht*, 2e éd., Deventer, 1995, p. 187 et s.

2. De plus, l'État d'infraction étant celui où la preuve est la plus aisée à rapporter, il n'est pas logique de dire que cet État est lié par une décision prise par un autre État lorsqu'à raison de la faiblesse de la preuve, les juges de ce dernier ont prononcé un acquittement.

3. Art. 113-9 CP et 692 CPP. Il faut noter cependant que si le droit français consacre ainsi le principe, ce n'est pas dans un esprit d'entraide internationale, mais simplement pour des raisons de justice et d'équité, Cass. req. 14 avr. 1868, S. 1868, I, 183, v. aussi A. HUET et R. KOERING-JOULIN préc., p. 243.

4. Le Comité des droits de l'homme considère que cette disposition « n'interdit les doubles condamnations pour un même fait que dans le cas de personnes jugées dans un État donné », v. *Rec.* CCPR-C-31-D-204 1986, 2 nov. 1987, *AP c/ Italie,* inédit. Diverses jurisprudences nationales adoptent la même position comme celle de Belgique, Cass. 20 févr. 1991, *RD pén. crim.* 1992, p. 86.

cole n° 7 additionnel à la Conv. EDH, dont l'article 4 indique que « nul ne peut être poursuivi ou puni pénalement par les juridictions du même État en raison d'une infraction pour laquelle il a déjà été acquitté ou condamné par un jugement définitif conformément à la loi et à la procédure pénale de cet État ». Texte qui n'apporte rien car il ne consacre qu'une autorité interne de la chose jugée (comme le Pacte précité). Il y a ensuite les articles 53 et s. de la Convention européenne sur la valeur internationale des jugements répressifs (1970) et les articles 35 à 37 de la Convention européenne sur la transmission des procédures répressives (1972) : ces textes sont bien plus intéressants car ils affirment l'autorité externe de la chose jugée. Peut-être plus important encore est la Convention de Bruxelles du 25 mai 1987 qui est propre au principe *ne bis in idem* et qui consacre ce principe de façon externe. Cette Convention de 1987 est reprise mot pour mot par la Convention de Schengen de 1990 (articles 54 à 58) [1]. Désormais la règle est donc bien certaine en droit européen. Elle suppose évidemment des conditions et comporte cependant des limites.

A. **Conditions d'application du principe *Ne bis in idem***

51 Divers textes formulent dans des formes très voisines les conditions du principe. La Convention de Bruxelles de 1987, décide en son article 1 : « Une personne qui a été définitivement jugée dans un État membre ne peut, pour les mêmes faits, être poursuivie dans un autre État membre, à condition que, en ce cas de condamnation, la sanction ait été subie ou soit actuellement en cours d'exécution ou ne puisse plus être exécutée selon les lois de l'État de condamnation » [2]. De manière plus détaillée, l'article 35-1 de la Convention sur la transmission des procédures répressives de 1972 dispose : « Une personne qui a fait l'objet d'un jugement répressif définitif et exécutoire ne peut, pour le même fait, être poursuivie, condamnée ou soumise à l'exécution d'une sanction dans un autre État contractant :

a) lorsqu'elle a été acquittée ;

b) lorsque la sanction infligée :

i) a été entièrement subie ou est en cours d'exécution, ou

ii) a fait l'objet d'une grâce ou d'une amnistie portant sur la totalité de la sanction ou sur la partie non exécutée de celle-ci, ou

iii) ne peut plus être exécutée en raison de la prescription ;

c) lorsque le juge a constaté la culpabilité de l'auteur de l'infraction sans prononcer de sanction ».

1. J. Kessedjian, « La circulation des jugements pénaux dans l'Europe communautaire », *Mélanges Levasseur*, 1992, p. 139 et s.

2. Même rédaction avec article 54 de la Convention de Schengen de 1990.

Ces textes démontrent que le principe ne s'applique qu'à certaines conditions.

1° Il faut avant tout pour qu'une seconde poursuite soit impossible, que la décision soit *définitive*, c'est-à-dire insusceptible de voies de recours. Toutefois le principe s'oppose aussi – malgré le silence du texte – à ce qu'un autre État entame une action entre le prononcé du premier jugement et l'expiration des délais de recours [1]. Il y a des systèmes juridiques dans lesquels il arrive qu'une décision n'est jamais définitive. On doit alors admettre qu'un autre État peut lancer à son tour la poursuite.

2° L'impossibilité d'une nouvelle poursuite suppose aussi que la décision ait un certain *contenu*.

Il peut d'abord s'agir d'un *acquittement* : point de nouvelle poursuite après acquittement définitif. La règle est certaine en cas d'acquittement pour absence ou insuffisance de preuve. Mais en va-t-il de même si l'acquittement est rendu pour absence d'incrimination du fait ? On a répondu par l'affirmative, avec prudence il est vrai [2]. Ce n'est pas sûr pourtant car chaque État est maître de déterminer les faits à incriminer et ce n'est pas parce qu'un État prononce un acquittement pour défaut d'incrimination qu'un autre, s'il est compétent pour poursuivre et juger selon sa propre loi, devra s'abstenir de lancer un procès.

Il peut s'agir ensuite d'une *condamnation à une sanction dont l'exécution* est déjà en cours ou qui a déjà été accomplie, à cause d'une technique d'extinction de la peine (grâce, amnistie, prescription dans l'État de jugement). De la sorte, de nouvelles poursuites ne seront possibles que si le délinquant s'est soustrait à l'exécution de la sanction dans l'État du premier jugement. Le terme « sanction » doit être entendu au sens large : il peut s'agir de privation de liberté, d'amende, de mesure de sûreté... car selon l'article 1 de la Convention, « le mot « sanction » désigne toute peine ou mesure encourue ou prononcée en raison d'une infraction pénale ou en raison d'une infraction aux dispositions légales mentionnées à l'Annexe III » comme les infractions administratives. La sanction inclut par exemple les conditions imposées dans le cadre d'un sursis [3]. Enfin, si l'adage *Ne bis in idem* suppose, pour son application, une exécution totale de la sanction (ou le fait que cette exécution soit en cours), que décider si l'exécution n'a porté que sur une partie seulement ? La Convention est muette. Peut-être pourrait-on distinguer selon que la partie exécutée est faible ou importante. Mais il est douteux que même si la partie exécutée est faible, un autre État veuille reprendre la poursuite exercée par le premier État.

Il peut s'agir enfin d'une *condamnation sans sanction*. Grâce à cette disposition, qui vise notamment les dispenses de peine ou même les sur-

1. Rapport explicatif de la Convention de 1972, § 44.
2. Rapport explicatif de la Convention de 1972, *idem*.
3. Rapport explicatif de la Convention de 1972, *idem*.

sis simples, toutes les formes de suspension ou d'exclusion de la sanction sont couvertes, rendant impossible une seconde poursuite.

3° En revanche, peu importe la qualification des faits : un même fait peut être qualifié différemment dans les deux États : l'article 54 de la Convention d'application de l'Accord de Schengen n'exige pas l'identité des qualifications juridiques, mais uniquement l'identité des faits.

B. Limites à l'application du principe *Ne bis in idem*

1. Cas où ne s'applique pas le principe

52 Tout d'abord, l'article 55 de la Convention d'application de l'Accord de Schengen permet aux États de faire une déclaration selon laquelle ils ne sont pas liés par les dispositions de l'article 54 précité.

Ensuite, un État peut avoir des raisons particulières de poursuivre un délinquant alors même que celui-ci l'a déjà été par un autre. Aussi bien est-il prévu par les dispositions conventionnelles que l'adage *Ne bis in idem* ne s'applique pas à certains cas dans lesquels l'État peut déclarer qu'il n'est pas lié. Ces cas sont au nombre de trois.

— En premier lieu, le principe *Ne bis in idem* ne s'applique pas « lorsque les faits incriminés ont eu lieu sur tout ou partie du territoire de l'État contractant » (art. 55-1 a, de la Convention de Schengen) [1]. En somme, l'État d'infraction se voit reconnaître un intérêt évident à ce que le délinquant soit jugé par ses propres tribunaux. En effet, les preuves seront plus aisément recueillies et l'action civile sera plus aisée à exercer pour la victime. Mais comment déterminer si une infraction a été commise sur le territoire d'un État ? Comme les critères varient selon les législations, la Convention de 1972 dispose que la question sera tranchée d'après les dispositions de la loi nationale de l'État qui envisage une seconde poursuite (« ... État contractant dans lequel le fait a été commis ou est considéré comme tel selon la loi de cet État »).

— En second lieu, il est également dérogé au principe « lorsque les faits visés par le jugement étranger constituent une infraction contre la sûreté de l'État ou contre les intérêts essentiels de l'État » (art. 55-1 b, de la Convention de Schengen) [2]. C'est la consécration du principe de la compétence réelle, dit aussi de la protection nationale.

— En troisième lieu enfin, le principe ne s'applique pas « lorsque les faits ont été commis par un fonctionnaire de son ressort » (de l'État contractant) « en violation des obligations de sa charge » (art. 55-1 c, de la Convention de Schengen) [3].

1. V. aussi antérieurement et en termes très proches, l'article 35-3 de la Convention de 1972 et l'article 2 a de la Convention de Bruxelles de 1987.
2. V. aussi déjà l'article 2 b de la Convention de Bruxelles de 1987.
3. V. aussi déjà l'article 2 c de la Convention de Bruxelles de 1987.

S'agissant de ce troisième cas, la Convention de 1972 (art. 35-2) visait l'infraction commise « contre une personne, une institution ou un bien ayant un caractère public » ou « par une personne ayant elle-même un caractère public dans cet État » (celui qui envisage la seconde poursuite). Lors des travaux préparatoires, il avait été question d'adopter une expression plus large, du genre de « tous actes commis contre les intérêts d'un État ». Mais cela avait paru trop vague car on serait allé jusqu'à inclure les infractions économiques [1]. Les termes retenus étaient déjà bien large incluant les infractions contre les fonctionnaires, l'espionnage et la contrefaçon de monnaie.

Telles sont donc les trois exceptions. Cependant, selon les termes de l'article 55-1 de la Convention de Schengen, ces exceptions doivent être définies par les Parties contractantes au plus tard au moment de l'approbation de la Convention. En outre, selon les dispositions de l'article 56, les nouvelles peines éventuellement prononcées ne sont pas cumulées, mais seulement confondues (Anrechnungsprinzip) : il ne faut pas en effet que soient appliquées des peines disproportionnées.

2. Correctifs à la violation du principe

53 Si, au mépris du principe *Ne bis in idem*, une nouvelle poursuite néanmoins a lieu, la Convention de 1972 sur la transmission des procédures répressives s'efforce d'en atténuer les effets en évitant autant que possible l'application d'une double sanction. L'idéal serait d'exclure cette double application pour toutes sanctions, y compris les amendes par exemple. Cependant, les rédacteurs de la Convention ont pensé que cette double application est plus spécialement mal venue dans le cas d'une peine privative de liberté. D'où l'article 36 selon lequel « Si une nouvelle poursuite est intentée contre une personne jugée pour le même fait dans un autre État contractant, toute période de privation de liberté subie en exécution du jugement, doit être déduite de la sanction qui sera éventuellement prononcée ». La Convention de Bruxelles, en son article 3, exige que le deuxième État de condamnation déduise de la sanction éventuellement prononcée, toute période de privation de liberté subie dans les prisons du premier État [2].

Les rédacteurs de la Convention n'ont considéré que la privation de liberté prononcée dans les deux États. Prévoir une réduction éventuelle lorsque les sanctions à comparer sont de nature différente, aurait posé de graves difficultés. De toutes façons, tout État est libre de prévoir une protection plus large puisque l'article 36 constitue une protection minimale. En effet est du ressort des législations nationales, la réduction de

1. Rapport explicatif de la Convention de 1972, § 44.

2. L'article 3 ajoute même « qu'il sera également tenu compte, dans la mesure où les législations nationales le permettent, des sanctions autres que celles privatives de liberté qui ont déjà été subies ».

toute période que le prévenu passe en détention provisoire[1]. En outre, il faut tenir compte de l'article 56 de la Convention d'application de l'Accord de Schengen, de 1990. Ce texte en effet indique d'abord qu'en cas de poursuite nouvelle par une Partie contre une personne déjà jugée définitivement pour les mêmes faits par une autre Partie, toute période de privation de liberté subie sur le territoire de cette dernière Partie doit être déduite de la sanction qui sera éventuellement prononcée. Et il précise ensuite, ce qui est le plus important, « qu'il sera également tenu compte, dans la mesure où les législations nationales le permettent, des sanctions autres que celles privatives de liberté qui ont déjà été subies ».

SECTION 2. LA TRANSMISSION DE L'EXÉCUTION

54 L'expression « transmission de l'exécution » doit être prise au sens large : il s'agit non seulement de celle qui concerne les peines privatives de liberté mais également de celle qui porte sur toute décision répressive ayant été rendue par les juges de l'une des Parties. On sera cependant amené dans les développements qui suivent à prendre en considération telle ou telle peine particulière.

Plus précisément, l'entraide pénitentiaire comporte trois éléments principaux : il est prévu par des conventions la surveillance des condamnés, la transfèrement des condamnés et le paiement de l'amende, tous ces actes étant du ressort d'un État autre que l'État de condamnation qui abandonne ses prérogatives d'exécution en transmettant ses pouvoirs à un État autre.

§ 1. La surveillance des condamnés

55 ***Principe*** ◇ De nos jours et dans tous les pays d'Europe, des techniques comme le sursis ou la libération conditionnelle sont très souvent appliquées car elles constituent des moyens de traitement en même temps qu'elles allègent les charges financières de l'incarcération. Cependant, la tendance naturelle des juges a été longtemps de réserver l'application de ces mesures à leurs nationaux, c'est-à-dire à des personnes pouvant être aisément surveillées pendant l'exécution de leur peine. Corrélativement, les juges n'appliquaient guère ces procédés d'individualisation à des étrangers qui, dès leur condamnation (pour le sursis) ou leur libération (pour la libération conditionnelle), quittaient le territoire et ne pouvaient plus être surveillés ; il en résultait un accroissement du risque de récidive.

1. Rapport explicatif de la Convention de 1972, § 44, sous-art. 36.

Aussi fut-il décidé l'élaboration d'une *Convention européenne pour la surveillance des personnes condamnées ou libérés sous condition*. Elle fut signée le 30 novembre 1964. L'idée directrice de cette convention est de permettre la surveillance d'un condamné vivant dans un pays déterminé alors qu'il a été condamné précédemment dans un autre pays. Une coopération est ainsi organisée entre État de condamnation et État de résidence. Un suivi de la condamnation est rendu possible par les autorités de l'État de résidence en liaison avec celles de l'État de condamnation.

Le Comité européen pour les problèmes criminels (CEPC), dans une première réunion tenue du 30 juin au 3 juillet 1958 élaborait un plan d'action prévoyant notamment une entente post-pénale. Ce plan ayant été approuvé par le Comité des ministres en septembre 1958, le CEPC élabora très vite un projet de convention européenne pour la surveillance des personnes condamnées ou libérées sous condition. Un sous-comité se mit au travail, sous la présidence de M. Petrson (Royaume-Uni) d'abord, de M. Dupréel (Belgique) ensuite. Un avant-projet était écrit en mai 1963, que le Comité plénier examinera en Mai, puis en décembre 1963, pour finir par l'adopter. En janvier 1964, en exécution des conclusions du Comité des ministres, le Secrétariat général adressa le projet de convention aux divers gouvernements des pays membres du Conseil de l'Europe, qui furent priés de communiquer leurs observations éventuelles avant le 15 mars 1964. Ces observations furent examinées par le Comité plénier du CEPC en juin 1964. Sur la base de ces observations, le CEPC adopta à l'unanimité le texte de la convention. Et à la suite d'une décision prise par le Comité des ministres, la Convention était ouverte à la signature des États membres du Conseil de l'Europe le 30 novembre 1964. Elle entrait en vigueur le 22 juillet 1975 [1].

Sur le plan de sa philosophie, cette Convention appelle deux remarques. D'abord, elle consacre un principe selon lequel le droit pénal d'un pays ne va pas ignorer une sentence étrangère puisque les autorités de ce pays vont participer à son exécution. En outre, elle rétablit une certaine égalité entre justiciables qui, étrangers ou nationaux, pourront de la même façon bénéficier des techniques d'individualisation.

De cette coopération, on examinera les conditions, les modalités et les formes.

A. Les conditions de la coopération

1. Conditions positives

56 D'abord, les articles 1 et 2 de la Convention parlent de « *délinquant* ». Et l'article 2 définit celui-ci comme étant la personne qui a fait l'objet

1. V. rapport explicatif de cette Convention.

soit d'une décision judiciaire de culpabilité assortie d'une suspension conditionnelle du prononcé de la peine, soit d'une condamnation à une peine privative de liberté prononcée sous condition ou dont l'exécution a été suspendue conditionnellement, en tout ou en partie, au moment de la condamnation ou ultérieurement. Le premier cas, concernant la décision judiciaire de culpabilité, correspond à ces hypothèses où le juge se contente de reconnaître le principe de la culpabilité, avant un délai d'épreuve pour s'assurer de la réinsertion du délinquant et ne prononçant pas de peine à l'issue de ce délai si la conduite a été bonne ou prononçant une dispense de peine, ce qui est presque pareil. Le second cas, celui de la condamnation à une privation de liberté, évoque le sursis simple ou probatoire (exécution suspendue en cours de peine). Bref, le délinquant est au sens de la Convention de 1964 la personne qui est reconnue coupable, qui peut parfois avoir été condamnée à une peine privative de liberté, mais qui n'exécute pas ou pas intégralement cette peine.

De cela, il résulte que la personne simplement mise en examen ou inculpée, n'est pas concernée par la Convention, sa culpabilité n'étant pas, par hypothèse, reconnue. Si donc une telle personne est soumise à une mesure restrictive de liberté, du genre contrôle judiciaire du droit français, il ne saurait être question, pour le juge l'ayant décidée, de faire appel aux autorités de l'État de résidence pour en surveiller l'exécution. C'est pourquoi les autorités préfèrent placer les étrangers en détention provisoire que les soumettre à une mesure de surveillance qui ne pourrait pas être gérée en cas de départ de l'étranger vers son pays d'origine.

Ensuite, seconde condition, la décision de culpabilité ou de condamnation doit être *définitive* et *exécutoire* (art. 3 de la Convention). On ne saurait en effet imaginer d'entraide à l'occasion d'une sentence judiciaire encore incertaine.

Enfin, troisième condition, la demande d'entraide suppose une *réciprocité d'incrimination* : ainsi que l'exprime l'article 4, « l'infraction qui motive une demande (d'entraide) doit être réprimée à la fois par la loi de l'État requérant et par celle de l'État requis ». Les deux droits doivent donc contenir la même infraction, même s'il est évidemment indifférent que les peines soient identiques. La règle de la double incrimination constitue, faut-il le rappeler, une constante en matière d'entraide répressive.

2. Conditions négatives

57 L'article 7 de la Convention énumère une longue série d'obstacles à l'entraide. Certains de ces obstacles sont obligatoires (absolus) alors que d'autres sont seulement facultatifs (relatifs).

Dans certains cas, la coopération ne pourra absolument pas avoir lieu, à cause d'un *obstacle obligatoire*. L'article 7-1 énumère ces cas :

a) la coopération demandée à l'État requis est considérée par lui « comme étant de nature à porter atteinte à sa souveraineté, à sa sécurité, aux principes fondamentaux de son ordre juridique ou à d'autres de ses intérêts essentiels » ;

b) la condamnation qui motive la demande d'entraide « est fondée sur des faits qui ont été jugés définitivement dans l'État requis » ;

c) l'État requis « considère les faits qui motivent la condamnation soit comme une infraction politique, soit comme une infraction connexe à une telle infraction, soit encore comme une infraction purement militaire » ;

d) « La prescription de la sanction est acquise d'après la loi de l'État requérant ou d'après celle de l'État requis » ;

e) « L'auteur de l'infraction bénéficie d'une amnistie ou d'une mesure de grâce dans l'État requérant, ou dans l'État requis ».

Bref, il s'agit d'hypothèses dans lesquelles la coopération nuirait à l'intégrité de l'État requis — ce qui laisse apparaître le respect des souverainetés puisque l'appréciation de cette intégrité est faite par l'État requis comme on le verra — ou est devenu sans objet.

Dans certains autres cas, la coopération pourra éventuellement ne pas avoir lieu, en raison d'un *obstacle facultatif*. L'article 7-2 indique les cas des lesquels la coopération pourra être refusée par l'État requis. Les voici :

a) « Les autorités compétentes de l'État requis ont décidé de ne pas engager de poursuites ou de mettre fin aux poursuites qu'elles ont exercées pour les mêmes faits » ; il faut supposer qu'une infraction a été poursuivie dans deux États, que l'un d'eux condamne son auteur et demande une aide post-pénale à l'autre qui dans le même temps décide de classer sans suite l'affaire ou rendre non-lieu ;

b) « Les faits qui motivent la condamnation font l'objet de poursuites dans l'État requis » ; ce cas est le contraire du précédent puisqu'il y a litispendance en sorte que l'État requis n'a aucune raison de prêter main forte à l'État requérant car il va lui-même être amené à exécuter en son propre nom une condamnation afférente aux mêmes faits ;

c) « La condamnation qui motive la demande a été prononcée par défaut » de sorte qu'elle est très fragile puisqu'une opposition est possible [1] ;

d) « L'État requis estime que la condamnation dont il est saisi est incompatible avec les principes qui président à l'application de son droit pénal, notamment si, en raison de son âge, l'auteur de l'infraction n'eût pas pu être condamné dans l'État requis » ; le texte donne ici un exemple et l'on pourrait en imaginer d'autres comme la reconnaissance dans le

1. Disposition qui s'accorde mal avec l'article 3 de la même Convention selon lequel les décisions « doivent être définitives et exécutoires ».

droit de l'État requis d'un fait justificatif inconnu de la législation de l'État requérant[1].

Enfin, comme en matière d'extradition et d'entraide judiciaire en matière pénale, les infractions fiscales sont soumises à un *régime spécial*. En effet, l'article 7-3 de la Convention dispose que ces infractions ne sont soumises à ses dispositions que les Parties en décident ainsi.

B. Les modalités de la coopération

58 Texte clé, l'article 5 indique les trois modalités de la coopération : l'État requis est sollicité d'assurer soit seulement la surveillance du condamné, soit la surveillance du condamné et l'exécution de sa condamnation, soit l'entière application de la condamnation, ce qui implique le dessaisissement en faveur de cet État.

1. La surveillance du délinquant

59 Elle est décrite aux articles 10 à 15 de la Convention (Titre II). Elle peut être présentée chronologiquement.

Le point de départ de la surveillance consiste en une démarche de l'État requérant. Celui-ci fait connaître à l'État requis les conditions et mesures imposées au condamné.

Après quoi, l'essentiel est le fait de l'État requis. Chargé de la surveillance, celui-ci dispose de prérogatives, mais aussi de devoirs. Sa principale prérogative est la possibilité d'adapter selon sa propre législation les mesures de surveillance prescrites, avec toutefois une limite consistant dans l'interdiction d'aggraver les obligations imposées par l'État requérant au condamné. D'un autre côté, l'État requis contracte diverses obligations, s'il accepte d'assurer la surveillance : il informe au plus vite l'État requérant de l'accueil réservé à sa demande ; il saisit les autorités qui sur son sol vont assurer la surveillance et s'assure de leur collaboration ; il rend compte à l'État requérant de toutes mesures prises. En outre, autre obligation, l'État requis doit immédiatement informer l'État requérant d'une mauvaise conduite de l'intéressé qui se trouve en sursis d'épreuve ou en libération conditionnelle, cette mauvaise conduite consistant soit en une nouvelle condamnation, soit en un manquement aux obligations imposées.

La fin de la surveillance peut survenir de deux façons. En cas d'incident, tel qu'il vient d'être évoqué, l'État requérant a seul compétence pour apprécier la suite à lui réserver et « pour tirer de ses constata-

1. R. KOERING-JOULIN, « Convention internationales répressives. Conventions répressives régionales », *Jurisclasseur procédure pénale*, fasc. 406-2, 2e app., art. 689 à 696, fasc. 2, mars 1986, n° 155.

tions les conséquences prévues par sa propre législation » (art. 15). C'est donc l'État requérant qui décidera le cas échéant la révocation du sursis ou de la libération conditionnelle. Si au contraire il n'y a pas d'incident, la peine sera considérée comme exécutée, sauf à noter que l'État requérant peut réclamer à l'État requis tous renseignements nécessaires.

La surveillance semble être peu utilisée en pratique. Elle a d'ailleurs été ratifiée avec d'importantes réserves pour plusieurs États [1].

2. L'exécution de la condamnation

60 Cette question fait l'objet des articles 16 à 21 (Titre III). Il faut supposer que la décision de suspension conditionnelle ayant été révoquée par l'État requérant, cet État va à nouveau s'adresser à l'État requis pour lui demander cette fois de faire exécuter la condamnation (art. 16). Un délicat problème de conciliation des compétences entre les deux États va dès lors se poser. La Convention le résout en attribuant à chaque État certains pouvoirs propres [2].

L'État requis, après avoir vérifié l'authenticité de la demande et sa conformité aux exigences de la Convention, va donc faire procéder à l'exécution de la condamnation : en d'autres termes, il va faire incarcérer le délinquant et à cet effet, il va adresser à l'État requérant un document certifiant cette exécution.

Toutefois, et c'est une réserve importante, cette exécution se fera en application de la loi de l'État requis (*Locus regit actum*). Et même, qui plus est, l'État requis « substitue, s'il y a lieu, à la sanction infligée dans l'État requérant, la peine ou la mesure prévue par sa propre loi pour une infraction analogue. Cette peine ou mesure correspond, autant que possible, quant à sa nature, à celle infligée par la décision à exécuter. Elle ne peut ni excéder le maximum prévu par la loi de l'État requis, ni aggraver par sa nature ou par sa durée la sanction prononcée dans l'État requérant » (art. 19). Ainsi donc, l'État requis pourra aménager la condamnation prononcée par l'État requérant, cet aménagement se fai-

1. V. pour ce cas particulier d'application, voir l'affaire *Saad Salah, RID pén.* 1984, p. 147 et s., not. p. 172-173.

2. Cette hypothèse ne doit pas être confondue avec celle visée par l'article 68 de la Convention de Schengen du 19 juin 1990 et selon laquelle « La Partie contractante sur le territoire de laquelle une peine privative de liberté... a été prononcée par un jugement passé en force de chose jugée à l'égard d'un ressortissant d'une autre Partie contractante, qui s'est soustrait, en s'enfuyant vers son pays à l'exécution de cette peine... peut demander à cette dernière Partie contractante, si la personne évadée est trouvée sur son territoire, de reprendre l'exécution de la peine ». L'article 68 suppose qu'un emprisonnement ferme a été prononcé et que le délinquant se soit enfui pour se réfugier dans son pays d'origine, cette hypothèse ne devant pas davantage être confondue avec le transfèrement des personnes condamnées, dans un but humanitaire, v. *infra*, n° 67.

sant dans une double limite : respect du droit de l'État requis [1] et respect des intérêts du délinquant qui ne saurait voir son sort aggravé pour la raison qu'il y a un décalage entre lieu de condamnation et lieu d'exécution. L'autorité chargée de procéder à l'adaptation de la condamnation est désignée par le droit de l'État requis. Il s'agira en général d'un juge ou d'un tribunal.

Compétent pour assurer l'exécution de la condamnation, l'État requis est du même coup compétent pour traiter des modalités d'exécution comme la libération conditionnelle ainsi que l'indique l'article 21. Et dans le silence de cet article, il faut étendre la solution à toutes autres modalités comme les réductions de peine, la semi-liberté ou les permissions de sortir.

L'*État requérant* n'a plus grand pouvoir puisqu'il a volontairement abandonné la gestion du cas [2]. Cependant, il récupérerait la charge de l'exécution en cas de refus ou d'impossibilité d'exécution de la part de l'État requis [3]. De plus, l'article 21 décide que le droit de grâce peut être exercé par les deux États [4]. Apparaît ainsi une distinction entre la libération conditionnelle qui est domaine exclusif de l'État requis et la grâce qui continue à appartenir à l'État requérant, sans être ôtée à l'État requis. La distinction se comprend : la libération conditionnelle touche à l'administration judiciaire et n'intéresse donc que le droit interne de l'État d'exécution alors que la grâce est un acte plus politique qui intéresse les deux États.

Les dispositions sur l'exécution n'en posent pas moins en pratique de multiples difficultés. Aussi plusieurs États ont-ils fait des réserves, comme l'Autriche, la Belgique, la France et la Suède. La situation est assez proche en ce qui concerne le dessaisissement en faveur de l'État requis.

3. Le dessaisissement en faveur de l'État requis

61 Point extrême de la coopération, le dessaisissement implique abandon complet de ses prérogatives par l'État requérant au profit de l'État requis « comme s'il s'agissait d'une condamnation prononcée par sa juridiction » (art. 24). Cette procédure s'applique lorsqu'il résulte des éléments de l'affaire que le délinquant, après sa condamnation, retournera sur le

1. En cas de contrariété entre les deux droits, on ne peut en effet admettre qu'un État prête la main à une exécution dont il rejette les modalités. Prenons l'exemple de l'Allemagne et de l'Italie qui proscrivent en principe les courtes peines d'emprisonnement. En conséquence, les autorités de ces pays vont transformer la peine d'emprisonnement qui aurait été prononcée par un État connaissant cette peine, même de courte durée, v. J. PRADEL, *Droit pénal comparé*, 1995, n°s 468 et 476.

2. Il ne peut plus exécuter la condamnation, rappelle l'article 20.

3. Car l'État requis peut évidemment refuser l'exécution alors même qu'il avait accepté la surveillance. Souveraineté oblige.

4. On doit, semble-t-il, raisonner pour l'amnistie comme pour la grâce.

territoire de l'État requis sans intention de revenir dans l'État requérant [1]. C'est pourquoi les articles 22 à 25 (Titre IV) instituent une procédure simplifiée qui permet à l'État de condamnation de transmettre le dossier à l'État de résidence qui assurera la complète exécution de la décision. Voilà un bel exemple d'abandon complet de souveraineté car si l'État requis accepte le dessaisissement, l'État requérant perd tout droit à assurer l'exécution (art. 25).

Évidemment, comme dans le cas précédent, l'État requis adapte la sanction à sa propre législation et il ne peut en aggraver la nature ou la durée.

C. Les formes de la coopération

62 Les règles de procédure sont décrites aux articles 26 à 32 (Titre V). Le point de départ est la demande formulée par l'État requérant, suivie de divers actes.

1. La demande

63 ***Conditions de la demande*** ◇ Toute demande est formulée par écrit. Elle indique l'autorité dont elle émane, son objet, l'identité du délinquant et son lieu de résidence dans l'État requis.

À ces règles communes à toutes demandes, il faut ajouter certaines règles variant en fonction de son objet. Si l'État requérant sollicite la surveillance du délinquant, sa demande est accompagnée de l'original ou d'une copie authentique de la décision contenant les raisons de la surveillance et de celle qui prescrit les mesures. La demande doit certifier le caractère exécutoire des mesures de surveillance. La demande précise aussi, dans la mesure du possible, les circonstances de l'infraction et sa qualification. Elle contient encore les références aux dispositions légales applicables et les renseignements nécessaires sur la personnalité du délinquant et sur sa conduite dans l'État requérant. Si l'État requérant réclame l'exécution de la condamnation, sa demande est accompagnée de l'original ou d'une copie authentique de la décision constatant la révocation de la condition suspensive de la condamnation ou de son exécution, ainsi que de la décision de condamnation ; la demande doit également être complétée par une certification des deux décisions. Si enfin l'État requérant sollicite l'entière application de la condamnation, la demande est accompagnée des mêmes pièces qu'en cas de demande de surveillance.

1. Rapport explicatif de la Convention.

64 ***Langue de la demande*** ◇ En quelle langue sont adressées la demande et les pièces annexes ? Le principe est que la traduction n'est pas exigée. Cependant, rien n'interdit aux Parties d'exiger une traduction dans leur propre langue ou dans l'une des langues officielles du Conseil de l'Europe, voire dans une tierce langue indiquée [1].

65 ***Auteur de la demande*** ◇ Quelles est, au sein de l'État requérant, l'autorité compétente pour formuler la demande ? La demande elle-même est établie par le ministère de la justice de cet État. En pratique, c'est le parquet de la juridiction de condamnation qui saisit le ministère, celui-ci se bornant à vérifier la régularité formelle du dossier et l'adressant ensuite au ministère de la justice de l'État requis [2].

2. Les actes subséquents

66 L'État requis doit une réponse à la demande. Il peut accepter ou refuser (partiellement ou totalement), étant observé qu'un refus doit être motivé (art. 9-2). L'exigence de motifs n'a pas une importance considérable puisqu'aucun recours n'est ouvert à l'État requérant. La réponse est exprimée par le ministère de la justice.

En donnant sa réponse immédiatement ou ultérieurement, l'État requis peut considérer qu'il a besoin de renseignements complémentaires. Rien ne lui interdit alors de réclamer ces renseignements, le cas échéant en fixant un délai. En outre, l'État requis peut être conduit à signaler à l'État requérant le mauvais comportement du délinquant. Pour ces deux séries de raisons, un échange de communication va s'établir. Mais selon quelle forme ? L'article 27 offre un choix : les communications sont échangées soit par voie ministérielle, comme la demande initiale, soit directement entre les autorités des Parties, c'est-à-dire de parquet à parquet ; en cas d'urgence, les communications peuvent s'effectuer par l'entremise d'Interpol.

La question des demandes de remboursements des frais est succinctement évoquée aux articles 31 et 32. D'une part, l'État requis peut percevoir, sur la demande de l'État requérant, les frais de poursuite et de jugement exposés par ce dernier, ne devant lui rembourser que les honoraires d'experts. D'autre part, les frais de surveillance et d'exécution assumés par l'État requis ne sont pas remboursés.

1. Exigence ayant pu se manifester au moment de la signature ou du dépôt de l'instrument de ratification, d'acceptation ou d'adhésion, et se traduisant par une déclaration adressée au secrétaire général du Conseil de l'Europe, art. 29-2 de la Convention.

2. On évite donc la voie diplomatique qui postule l'entrée en scène du Ministère des affaires étrangères.

§ 2. Le transfèrement des condamnés

67 ***Position du problème*** ◇ Nul n'ignore que dans certains pays d'Europe, comme la Belgique, la France, les Pays Bas, la République fédérale d'Allemagne et la Suède, il y a beaucoup d'étrangers dans les prisons [1]. Nul n'ignore non plus que ce pourcentage important d'étrangers présente un double inconvénient. D'abord pour les condamnés eux-mêmes dont la réinsertion sociale dans un milieu qui n'est pas le leur est difficile. Ensuite pour les administrations pénitentiaires qui doivent gérer simultanément des clientèles de milieux culturels et linguistiques différents. Il en résulte non seulement des difficultés matérielles, mais aussi une certaine inégalité au détriment des détenus étrangers qui bénéficient moins facilement de mesures d'individualisation — comme la semi-liberté ou les permissions de sortir — car ils risquent de s'enfuir.

Aussi, d'assez longue date, les juristes ont-ils envisagé, après condamnation, d'organiser le transfèrement du condamné de l'État de condamnation vers l'État dont il possède la nationalité. De là une grande multitude de conventions bilatérales entre États très différents au point de vue culturel et climatique [2]. De là aussi des conventions au sein du Conseil de l'Europe. une première Convention, sur la valeur internationale des jugements répressifs, signée à La Haye le 28 mai 1970 et entrée en vigueur le 26 juillet 1974, avait permis à l'État de condamnation d'offrir le transfèrement du détenu vers l'État où il a sa résidence habituelle (art. 5). Mais ce premier texte était d'application difficile : la procédure était lourde ; seul l'État de condamnation pouvait lancer le processus de transfèrement ; le condamné n'était pas amené à consentir à son déplacement, ce qui pouvait nuire à son reclassement social. Aussi une seconde convention, plus spécialement centrée sur le transfèrement, devait-elle être envisagée. C'est ainsi que naquit la *Convention européenne sur le transfèrement des personnes condamnées*. Elle fut ouverte à la signature le 21 mars 1983 [3]. On ne confondra pas le transfèrement ainsi prévu avec l'extradition vers un pays tiers pour y exécuter une condamnation prononcée dans un pays autre [4].

1. Souvent autour de 20 à 30 %. V. les chiffres au *Bulletin d'information pénologique*, n°s 19 et 20, 1994-1995, Conseil de l'Europe, p. 81.

2. Ainsi la France et divers pays d'Afrique noire francophone ont passé de tels accords de transfèrement.

3. E. Harremoes, « Une nouvelle Convention du Conseil de l'Europe : le transfèrement des personnes condamnées », *Rev. sc. crim.* 1983, 235 ; R. Koering-Joulin, *Jurisclasseur proc. pén.*, préc. ; Schouwey, « Nouvelles perspectives pour les ressortissants suisses condamnés à l'étranger », *RICPT* 1985, 345 ; Zellick, « Convention on the transfer of sentenced persons », *Criminal law review*, 1983, 63.

4. L'idée que le transfèrement a pour fondement le souci de ne pas rompre les liens familiaux et sociaux du condamné avec son milieu, est étrangère à l'extradition.

Quelques mots sur l'historique de cette Convention. Lors de la 11e Conférence des ministres de la justice du Conseil de l'Europe (Copenhague, juin 1978), le débat porta sur les problèmes soulevés par les détenus étrangers. Peu après, fut prise la Résolution 78 (1) du Comité des ministres du Conseil de l'Europe par l'effet de laquelle le Comité européen pour les problèmes criminels se voyait chargé « d'examiner à la lumière des discussions de la Conférence les mesures à prendre en ce qui concerne les problèmes posés par les détenus étrangers ». Le Comité européen créa un comité restreint avec mission notamment d'envisager la possibilité d'élaborer un accord type prévoyant une procédure simple pur leur transfert. Lors de sa session de mars 1980, le Comité européen autorisa le comité restreint, à la demande de celuici, à élaborer une convention multilatérale, sous la réserve que celle-ci ne soit pas en conflit avec les conventions déjà en vigueur. Cette convention, ouverte à la signature en mars 1983 allait être signée par un grand nombre de pays du Conseil de l'Europe, plus les Bahamas, le Canada et les États-Unis.

Le principe directeur de cette Convention est simple. Un accord est passé entre deux États, l'État sur le territoire duquel se trouve le délinquant et qui vient d'y être condamné à une peine privative de liberté et l'État sur le territoire duquel l'intéressé va être transféré pour purger cette peine ou achever de la purger. Il y a donc bien entraide et c'est pourquoi l'article 2-1 de cette Convention dispose : « Les parties s'engagent à s'accorder mutuellement... la coopération la plus large possible en matière de transfèrement des personnes condamnées ». Une telle coopération est indispensable car, ainsi que l'indique le Préambule, elle « doit servir les intérêts d'une bonne administration de la justice et favoriser la réinsertion sociale des personnes condamnées ».

Toujours valable pour l'essentiel, la Convention de 1983 a cependant été légèrement modifiée par deux textes : l'Accord sur le transfèrement des condamnés du 25 mai 1987 (pris dans le cadre des Communautés européennes) et la Convention de Schengen de 1990. Ces deux instruments ont pour objet d'étendre le champ d'application de la Convention de 1983. On dira enfin quelques mots du protocole additionnel à cette Convention, du 18 décembre 1997, qui sur un point particulier abandonne le principe de l'entraide primaire au profit de l'entraide secondaire.

A. L'initiative du transfèrement

68 Cette initiative est largement conçue (art. 2 de la Convention de 1983). D'une part, la demande de transfèrement peut être faite par l'État sur le territoire duquel se trouve le détenu condamné, ce qui permet à cet État de proposer le rapatriement d'un étranger qui est dépourvu d'attaches avec lui. La demande peut d'autre part être faite par l'État vers

lequel le détenu peut être transféré, ce qui permet à cet État de réclamer le retour de ses propres ressortissants [1].

Quant au condamné, s'il ne peut pas présenter une demande formelle de transfèrement, il peut exprimer le souhait d'être transféré en s'adressant à l'État de condamnation ou à l'État d'exécution. Il peut ainsi attirer l'attention des autorités de l'État de condamnation sur sa situation personnelle au point de vue culturel ou familial.

B. Les conditions du transfèrement

1. Conditions de fond

69 Principe. L'article 3 de la Convention de 1983 énumère six conditions. L'une est si évidente qu'elle apparaît plus, malgré la lettre du texte, comme une condition préalable que comme une condition réelle : il s'agit de l'accord qui doit intervenir entre les deux États sur le transfèrement. À vrai dire, il s'agit là d'une évidence puisque toute la coopération pénale interétatique se fonde sur un accord. Il ne nous reste donc que cinq conditions à étudier.

a. Le condamné doit être ressortissant de l'État d'exécution (en principe)

70 À la suite de longs débats, l'accord se fit sur le critère de la nationalité, qui est plus précis que certains autres comme « la résidence habituelle dans l'autre État » ou « l'État d'origine ».

La personne peut être le ressortissant de deux ou plusieurs États. Il faut admettre que chaque État dont l'intéressé est ressortissant, pourra être considéré comme État d'exécution, liberté étant donnée au détenu de privilégier tel État puisque comme on le verra, il doit donner son consentement.

Pour donner plus d'ampleur au transfèrement, l'article 3-4 de la Convention de 1983 décide que tout État peut, par déclaration adressée au secrétariat général du Conseil de l'Europe, définir en ce qui le concerne le mot « ressortissant ». Ainsi un État peut étendre l'application de la Convention à des personnes autres que les « ressortissants » au sens technique de national. Peuvent être concernés de la sorte les apatrides et les étrangers résidant de façon permanente ou de longue date. De même certains États peuvent y inclure les ressortissants de leurs partenaires proches : ainsi agissent les États nordiques [2].

1. Ce qui est une nouveauté par rapport à la Convention sur la valeur internationale des jugements répressifs.

2. V. par exemple la déclaration de la Suède qui étend le terme « ressortissant » aux étrangers domiciliés sur son sol et celle du Danemark qui l'étend aux personnes ayant une résidence permanente sur son sol.

C'est dans cet esprit qu'il faut comprendre l'Accord de 1987 : élargissant la portée du texte *ratione personae*, il décide que « chaque État membre assimilera à ses propres nationaux, les ressortissants de tout autre État membre dont le transfèrement semble approprié et à l'intérêt de la personne en cause, compte tenu de sa résidence habituelle et régulière sur le territoire dudit État ».

b. Le jugement doit être définitif

71 Exiger que le jugement soit définitif signifie qu'il doit être exécutoire, les voies de recours ayant été épuisées ou le délai pour les exercer étant expiré (art. 3-1 b).

Toutefois, n'est pas exclue la possibilité d'un recours en révision à la lumière d'éléments nouveaux. L'article 13 décide en effet que l'État de condamnation peut être amené à statuer sur un recours en révision.

c. La peine restant à purger est d'au moins six mois

72 La durée de condamnation que le détenu doit encore subir doit être au moins de six mois à la date de réception de la demande de transfèrement, ou indéterminée (art. 3-1 c) [1]. Le rapport explicatif indique les deux raisons qui ont conduit les rédacteurs de la Convention à fixer ce plancher de six mois. La première est que le transfèrement est conçu comme un instrument au service de la réinsertion sociale des délinquants, objectif qui suppose que la durée de la peine restant à subir est encore assez longue. La seconde raison est économique : le transfèrement d'un détenu est assez cher de sorte que les dépenses exposées doivent être en rapport avec l'objectif visé, ce qui exclut tout déplacement si le temps de peine restant à couvrir est trop faible.

Toutefois, l'article 3-2 autorise les États, « dans des cas exceptionnels », à opérer un transfèrement même si la durée restante est inférieures à six mois. Cette dérogation s'applique dans des cas où les deux raisons précitées ne jouent pas pleinement. Ainsi, on peut imaginer que les perspectives de réinsertion sont favorables et le transfèrement sera peu onéreux par exemple car les deux États sont limitrophes.

d. Les faits doivent être incriminés dans l'État d'exécution

73 Cette condition vise à assurer le respect du principe de la double incrimination (art. 3-1 e). Elle est remplie lorsque le fait ayant entraîné la condamnation dans l'État de condamnation aurait été également punissable s'il avait été commis dans l'État d'exécution et lorsque son auteur aurait, selon la loi de l'État d'exécution, encouru une sanction.

1. L'hypothèse de la peine privative de liberté à durée indéterminée est assez rare.

Toutefois, le principe de la double incrimination s'entend *in abstracto*. Il n'est pas nécessaire que l'infraction soit la même dans les deux États, la qualification juridique pouvant différer. Il faut seulement qu'il y ait correspondance entre les éléments constitutifs essentiels dans l'infraction telle qu'elle est conçue dans chacun des deux droits [1].

e. **L'intéressé doit donner son accord (en principe)**

74 Voilà la condition la plus intéressante et aussi la plus originale car elle ne figurait pas dans la Convention sur la valeur internationale des jugements répressifs. Exactement, l'article 3-1 d de la Convention de 1983 dispose qu'un transfèrement ne peut avoir lieu qu'à la condition suivante : « Le condamné ou lorsqu'en raison de son âge ou de son état physique ou mental, l'un des deux États l'estime nécessaire, son représentant doit consentir au transfèrement ».

Cette condition se justifie parfaitement. Elle se fonde sur l'objectif premier de la Convention, qui est de faciliter la réinsertion. Or, le transfèrement d'un détenu sans son accord serait un non-sens [2].

Et comme elle se justifie pleinement, les auteurs de la Convention ont pris toutes précautions pour que le consentement soit valable.

— Premièrement, si le détenu est inapte à consentir, c'est le consentement d'un représentant qui se substituera au sien. D'ailleurs, le terme « représentant » doit être entendu au sens large ; il n'est pas nécessaire que le représentant soit juridiquement qualifié et il suffit que le tiers soit dûment autorisé par la loi à représenter le condamné [3].

— Deuxièmement, le détenu doit être informé de ses droits et obligations avant d'exprimer son consentement. C'est la raison pour laquelle tout condamné transférable selon les termes de la Convention sera informé par l'État de condamnation de la teneur de la Convention (art. 4-1). En complément de cette disposition, il faut évoquer la Recommandation (84) 11 concernant l'information relative à la Convention sur le transfèrement des personnes condamnées. Cette Recommandation invite les Gouvernements des États membres à fournir dans une langue officielle une traduction du texte type qui lui est annexé. Ce texte type rappelle le principe et les conditions du transfèrement ainsi que les modalités de son exécution.

— Troisièmement, si le condamné, après réflexion, exprime le souhait d'être transféré, l'État de condamnation doit informer l'État dont il est

1. Rapport explicatif, § 24.

2. E. Harremoes cite le cas de 22 détenus turcs en Suède, qui se sont opposés à leur rapatriement, préc. ; p. 238, note 4.

3. Le rapport explicatif donne l'exemple d'un parent ou d'une personne spécialement désignée par l'autorité compétente, § 23.

le ressortissant le plus tôt possible, dès que le jugement est définitif [1]. Mais corrélativement, l'État de condamnation doit s'assurer que le consentement a bien été donné volontairement par le condamné : en effet, cet État « fera en sorte que la personne qui doit donner son consentement au transfèrement... le fasse volontairement et en étant pleinement consciente des conséquences juridiques qui en découlent. La procédure à suivre à ce sujet sera régie par la loi de l'État de condamnation » (art. 7-1).

— Quatrièmement, on aura noté la fin de l'article 7-1. L'État d'exécution doit pouvoir jouer un rôle de contrôle d'autant plus que l'État de condamnation « doit lui donner la possibilité de vérifier, par l'intermédiaire d'un consul ou d'un autre fonctionnaire désigné en accord avec l'État d'exécution, que le consentement a été donné dans les conditions prévues au paragraphe précédent » (art. 7-2).

Lors de la préparation du texte, on s'est demandé s'il fallait prévoir une condition de spécialité, selon laquelle la personne transférée dans le cadre de la Convention pour l'exécution d'une peine ne peut être ni poursuivie, ni condamnée, ni détenue pour une infraction autre que celle ayant donné lieu au transfèrement. On sait que par exemple la Convention européenne d'extradition contient une disposition consacrant la spécialité (art. 14). Mais les rédacteurs ont finalement jugé inopportun d'introduire la clause de spécialité, en raison précisément de l'exigence du consentement, qui n'apparaît pas en matière d'extradition. Aussi la Recommandation R (84) 11 précitée prévoit-elle dans son annexe la disposition suivante : « Poursuite éventuelle pour d'autres infractions. Sachez qu'en cas de transfèrement, les autorités de l'État d'exécution peuvent vous poursuivre, juger ou détenir pour toute infraction autre que celle qui est à la base de la condamnation actuelle ».

L'exigence du consentement du condamné est pourtant réduite aujourd'hui par la Convention de Schengen de 1990. Plus précisément, lorsqu'un État a condamné à une peine privative de liberté ou à une mesure de sûreté un étranger qui s'est soustrait à l'exécution de cette sanction en s'enfuyant dans son pays d'origine, l'État de condamnation pourra demander à l'État de refuge, si le délinquant se trouve sur son territoire, « de reprendre l'exécution de la peine ou de la mesure de sûreté » (art. 68). Cette reprise d'exécution s'effectuera selon les conditions générales prévues par la Convention de 1983, sauf précisément en ce qui concerne le consentement de l'intéressé (art. 69). C'est ici tout l'esprit de la Convention de 1983 qui est méconnu. Si l'on se passe ici du consentement du condamné, c'est qu'on présume que, s'il s'est enfui dans son pays d'origine, c'est qu'il a intérêt à y purger sa peine. En outre, on échappe à l'obligation de mettre en mouvement la lourde pro-

1. Systématiquement, si c'est auprès de l'État d'exécution que le condamné exprime son souhait — ce qui sera beaucoup plus rare — cet État assume la même obligation d'information à l'égard de l'État de condamnation : art. 4-2 et 4-4.

cédure d'extradition aux fins d'exécution d'une peine. Et de la sorte, on confère une plus grande autorité au principe de la valeur internationale des jugements répressifs [1].

2. Conditions de forme

75 Le principe général est que toute demande de transfèrement et toute réponse doivent être formulées *par écrit*. Demandes et réponses doivent normalement passer par les ministères de la justice des deux États. Toutefois, les États contractants peuvent indiquer — par une déclaration — qu'ils useront d'autres voies de communication, comme la voie diplomatique. Et dans un souci de simplification et de célérité, l'État requis doit informer rapidement l'État requérant de sa décision d'accepter ou de refuser le transfèrement (art. 5).

Toute procédure de transfèrement donne lieu à des correspondances qui comportent des *pièces à l'appui* (art. 6). D'abord, l'État d'exécution doit, sur demande de l'État de condamnation, fournir à ce dernier certaines pièces : un document démontrant que le détenu est un ressortissant de l'État d'exécution (le plus souvent en fait un certificat de nationalité) ; une copie des dispositions indiquant que dans le droit de l'État d'exécution, les faits sont réprimés ; une attestation indiquant quelle procédure l'État d'exécution suivra, le choix lui étant en effet donné — comme on le verra — entre une exécution pure et simple et une conversion de la condamnation prononcée. Ensuite, l'État de condamnation doit fournir à l'État d'exécution certaines autres pièces : une copie du jugement et des dispositions légales appliquées ; l'indication de la condamnation déjà subie, y compris tous renseignements sur toute détention provisoire, remise de peine ou autre acte intéressant l'exécution de la condamnation [2] ; une déclaration constatant le consentement au transfèrement ; le cas échéant enfin tout rapport médical ou social sur le condamné et toute recommandation pour la suite du traitement dans l'État d'exécution.

C. Les conséquences du transfèrement

La situation se complique un peu car à côté des États de condamnation et d'exécution, peut intervenir un troisième État, l'État de transit.

1. Du côté de l'État de condamnation

76 Selon l'article 8, le transfèrement entraîne deux effets pour l'État de condamnation. D'une part, dès prise en charge du condamné par l'État

1. R. KOERING-JOULIN, *L'entraide judiciaire répressive au sein de l'Union européenne*, préc., p. 177.
2. Ce qui permettra à l'État d'exécution de savoir quelle partie de peine reste à purger.

d'exécution, l'État de condamnation doit décider de « suspendre l'exécution » (art. 8-1). Le rapport explicatif, quant à lui, parle « d'interruption ». Disons qu'il y a cessation d'exécuter et, faut-il ajouter, cessation automatique : en effet l'article 8-1 décide que la prise en charge du condamné par l'État d'exécution « a pour effet de suspendre l'exécution ». D'autre part, quand l'État d'exécution considère l'exécution terminée, l'État de condamnation perd tout droit à faire assurer l'exécution (art. 8-2) : il faut y voir une application de la règle *non bis in idem* qui interdit de faire exécuter deux fois une même peine, l'État de condamnation profitant par exemple du retour de l'intéressé sur son territoire, après exécution dans l'État d'exécution. Peut-être cependant, faut-il admettre que l'État de condamnation recouvre son droit à faire exécuter la fin de la peine en cas d'évasion du condamné suivie de son retour sur le territoire de cet État : en effet, selon l'article 15, l'État d'exécution informe l'État de condamnation de certaines circonstances parmi lesquelles figure l'évasion avant exécution complète de la condamnation [1].

Le Protocole additionnel de 1997 a comblé une lacune de la Convention de 1983. Dans son article 2, ce Protocole envisage le cas du ressortissant d'un État A qui se trouve être condamné dans un État B et qui quitte cet État pour se soustraire à l'exécution de sa peine ou à la poursuite de cette exécution et qui se réfugie sur le territoire de l'État A. Cette hypothèse est en fait celle de la fuite, le condamné voulant échapper à l'exécution de la peine infligée par l'État B. L'article 2 du Protocole dispose alors que « l'État de condamnation peut adresser à la première Partie une requête tendant à ce que celle-ci se charge de l'exécution de la condamnation ». En somme, l'État du national, au lieu de se décharger de l'exécution, va l'assurer. Ce Protocole était nécessaire car la Convention ne peut pas s'appliquer puisque l'intéressé, par hypothèse, ne se trouve pas sur le territoire de l'État de condamnation et ne peut donc être transférée ; en outre l'extradition vers l'État de condamnation n'est en principe pas possible puisque l'État A n'extrade pas ses nationaux [2].

À titre complémentaire, le Protocole en son article 2 précise que : 1° dès réception de la requête à l'État de nationalité, celui-ci peut procéder à l'arrestation du condamné, avant même d'avoir reçu les pièces ; 2° la période passée en détention doit être déduite dans l'État d'exécution ; 3° le transfert de l'exécution ne nécessite pas le consentement du condamné [3].

1. L'État de condamnation pourrait aussi, certainement, renvoyer l'intéressé vers l'État d'exécution, et sans avoir à respecter le formalisme précité, notamment sans devoir recueillir à nouveau le consentement du condamné puisqu'il y a en quelque sorte rupture de contrat de sa part.

2. Rapport explicatif, n° 12.

3. Le condamné ne mérite aucune bienveillance puisqu'il a « délibérément essayé de détourner le cours de la justice en s'en échappant et s'est par là même exclu du champ d'application de la Convention », rapport explicatif, n° 14.

2. Du côté de l'État d'exécution

77 ***Vue générale*** ◇ C'est l'État d'exécution qui a, de loin, le plus grand rôle, qu'il assume selon son droit propre. Comme l'indique l'article 9-3 « l'exécution de la condamnation est régie par la loi de l'État d'exécution et cet État est seul compétent pour prendre toutes les décisions appropriées ». En application de cette disposition, la France, par déclaration, précise que « l'État d'exécution est seul compétent pour prendre à l'égard du condamné détenu les décisions de suspension et de réduction de peine et pour déterminer toutes les autres modalités d'exécution de la peine, sans que soient remises en cause, dans leur principe, la nature juridique et la durée de la sanction prononcée par la juridiction de l'État de condamnation ». C'est lui notamment qui détermine l'établissement pénitentiaire et les mesures d'individualisation. Comme l'indique le rapport explicatif, « la référence à la loi de l'État d'exécution doit être interprétée au sens large ; elle comprend par exemple les règles autorisant la libération conditionnelle. Pour que ceci soit clair, le paragraphe 3 déclare que l'État d'exécution est seul compétent pour prendre toutes les dispositions appropriées » [1]. Par voie de conséquence cet État va décider de la forme d'exécution et, dans une très large mesure de la cessation de l'exécution.

a. Les formes de l'exécution

78 ***Existence de deux formes*** ◇ Nous touchons ici à un point capital de la Convention, évoqué à l'article 9 et traité plus en détail aux articles 10 et 11. La Convention créée en effet deux procédures alternatives d'exécution entre lesquelles l'État d'exécution devra choisir : la poursuite de l'exécution et la conversion de la condamnation. La différence fondamentale entre les deux voies est celle-ci. Dans la procédure de poursuite de l'exécution (art. 10), l'État d'exécution poursuit simplement le travail entamé par l'État de condamnation, prenant en somme sa succession. Au contraire, avec la procédure de conversion de la condamnation (art. 11), la sanction prononcée par l'État de condamnation est transformée en une sanction de l'État d'exécution en sorte que « la condamnation exécutée ne repose plus directement sur la sanction imposée dans l'État de condamnation » [2].

79 ***Première forme : la poursuite de l'exécution*** ◇ Le principe est donc que l'État d'exécution est le continuateur de l'État de condamnation. Il en résulte qu'il est « lié par la nature juridique et la durée de la sanction telles qu'elles résultent de la condamnation » (art. 10-1). La pre-

1. Rapport explicatif, n° 47.
2. E. Harremoes, préc., n° 9.

mière idée (sur la nature juridique) évoque la nature de la peine imposée lorsque le droit de l'État de condamnation repose sur une diversité des peines (réclusion criminelle, emprisonnement, détention par exemple). La seconde idée (durée de la sanction) signifie que la condamnation a subir dans l'État d'exécution correspond, sauf libération conditionnelle par exemple accordée par lui — à la durée de la condamnation telle que fixée par l'État de condamnation, sauf évidemment à déduire la partie déjà exécutée et les remises accordées par l'État de condamnation.

Toutefois, l'État d'exécution peut être conduit à adapter la condamnation. Il peut arriver en effet que les systèmes de répartition des sanctions ou que les minima ou maxima légaux ne soient pas identiques dans les deux États. Il faut bien alors que l'État d'exécution aménage la sanction prononcée à celle qui est prévue par sa propre législation pour une infraction de même nature. Aussi l'article 10-2 prévoit-il que l'État d'exécution « peut, par décision judiciaire ou administrative, adapter cette sanction à la peine ou mesure prévue par sa propre loi... Cette peine ou mesure correspond, autant que possible, quant à sa nature, à celle infligée par la condamnation à exécuter. Elle ne peut aggraver par sa nature ou par sa durée, la sanction prononcée dans l'État de condamnation ni excéder le maximum prévu par la loi de l'État d'exécution »[1]. Voici une peine de cinq ans d'emprisonnement prononcée pour vol par l'État de condamnation. Imaginons que l'État d'exécution prévoie pour cette infraction une peine maximale de trois ans. Cet État va « adapter » la sanction en l'exécutant de telle façon que le total de l'incarcération (par chacun des deux États) ne dépasse pas trois ans. L'État d'exécution n'a pas en effet à prêter la main à l'exécution d'une peine qui ne correspond pas à ses choix de politique criminelle. En résumé, l'État d'exécution « peut adapter la sanction à son plus proche équivalent en vertu de sa propre législation... »[2].

80 ***Deuxième forme : la conversion de la condamnation*** ◇ Beaucoup plus grave que la simple adaptation de la sanction, la conversion est une substitution pure et simple d'une sanction choisie par l'État d'exécution à celle qui avait été prononcée par l'État de condamnation. Selon l'article 9-1 b les autorités compétentes de l'État d'exécution peuvent « convertir la condamnation, par une procédure judiciaire ou administrative, en une décision de cet État, substituant ainsi à la décision infligée dans l'État de condamnation une sanction prévue par la législation de l'État d'exécution pour la même infraction, dans les conditions énoncées à l'article 11 ». La voie de la conversion a été prévue pour les cas

1. Une disposition identique existe dans la Convention pour la surveillance des personnes condamnées ou libérées sous condition, v. *supra*, n° 55.
2. Rapport explicatif, n° 50.

où les deux législations sont très différentes. Techniquement, la conversion appelle deux remarques.

En premier lieu, elle s'effectue selon une procédure d'exequatur judiciaire ou administrative (art. 9-1 b). La procédure applicable est celle prévue par la législation de l'État d'exécution.

En second lieu — et c'est le plus important — le pouvoir de substitution des autorités de l'État d'exécution n'est pas total. En effet, l'article 11 pose quatre limites car on ne peut admettre que l'œuvre de l'État de condamnation soit défigurée.

— Premièrement, l'autorité compétente de l'État d'exécution est « liée par la constatation des faits dans la mesure où ceux-ci figurent explicitement ou implicitement dans le jugement prononcé dans l'État de condamnation ». Cette autorité ne saurait donc porter une appréciation différente des faits sur la base desquels les premiers juges ont statué. La constatation des faits doit être entendue largement, en incluant à la fois les éléments objectifs (l'acte et ses résultats) et les éléments subjectifs (l'imprudence ou l'intention, y compris dans ses variantes comme la préméditation). Cette première condition se justifie par le fait que la substitution est faite uniquement pour permettre l'exécution d'une condamnation [1].

— Deuxièmement, l'autorité compétente ne peut convertir une sanction privative de liberté en une sanction pécuniaire. Il y a à cela deux raisons : d'abord la Convention ne s'applique qu'au transfèrement des condamnés et la condamnation est une peine ou mesure privative de liberté (art. 1 a) ; ensuite la conversion de l'emprisonnement en amende bouleverserait la condamnation qui par hypothèse est définitive. Cependant, rien ne paraît interdire le remplacement de la privation de liberté par une alternative à cette privation comme le travail d'intérêt général. Et pourtant, une telle substitution ne va-t-elle pas à l'encontre des deux raisons indiquées à l'instant ?

— Troisièmement, la période de privation de liberté déjà subie par le condamné doit être déduite de la condamnation lors de l'opération de conversion. Cette période déjà écoulée est soit la détention provisoire, soit la partie de peine purgée, soit le temps de transit, soit les trois à la fois.

— Quatrièmement enfin, comme en cas de poursuite de l'exécution, l'État d'exécution peut modifier la situation du condamné quand il procède à la conversion. Ainsi, comme l'indique l'article 11-1 d, l'État d'exécution n'est pas lié par la sanction minimale éventuellement prévue par sa propre législation. Si par exemple l'État de condamnation ne prévoit pas de minimum et si l'État d'exécution en prévoit un de six mois, rien n'interdira à l'État d'exécution de descendre en dessous de ce plancher

1. Rapport explicatif, n° 54.

si la peine prononcée par l'État de condamnation était inférieure à ce minimum.

Comme la procédure de conversion peut durer un certain temps, l'article 11-2 prévoit qu'au cas où cette procédure aurait lieu après transfèrement de la personne condamnée, l'État d'exécution doit maintenir cette personne en détention ou s'assurer, par d'autres moyens, de sa présence sur son sol.

b. La cessation de l'exécution

81 L'exécution peut d'abord cesser à l'issue de la période fixée. Cependant, maître de l'exécution, l'État d'exécution peut prendre des mesures de réduction de la peine comme la libération conditionnelle. L'exécution cessera alors avant terme. Tout cela est assez évident.

Deux cas en revanche posent plus d'hésitations car peuvent jouer un rôle les autorités de l'État de condamnation.

Le premier cas est celui d'une *grâce, amnistie* ou *commutation* de peine. L'article 12 pose le principe que ces mesures de bienveillance peuvent être prises par les deux États, ce qui amoindrit un peu la règle de l'article 9-3 selon laquelle seul l'État d'exécution a la responsabilité de l'exécution. On ajoutera que lorsque l'une de ces mesures est prise par l'État de condamnation, celui-ci doit en informer l'État d'exécution aux fins de cessation de la peine (art. 14).

Le deuxième cas est celui de la *révision de la condamnation*. Selon l'article 13, seul l'État de condamnation peut statuer sur un recours en révision. Le terme de « révision » a d'ailleurs deux sens. Selon son premier sens, il consiste en un réexamen de la condamnation définitive en fonction de l'apparition après coup de nouveaux éléments matériels [1] : comme l'État de condamnation est seul compétent pour examiner de nouveau la matérialité des faits, il en résulte que seul cet État peut procéder à la révision au premier sens du mot. Selon un second sens, la révision est la procédure qui permet un nouvel examen des aspects juridiques de l'affaire une fois que le jugement est définitif [2] : là encore seul l'État de condamnation est compétent puisqu'une telle procédure ne fait pas partie de l'exécution.

3. Du côté de l'État de transit

82 Si le transfèrement se fait entre États limitrophes ou si le transfèrement appelle le survol d'un État intermédiaire, il n'y a pas de difficulté. Il arrive en revanche que le déplacement implique le passage par voie terrestre (ou aérienne avec atterrissage) à travers un État tiers, dit État de

1. C'est le cas de la France et des Pays-Bas.
2. C'est le cas de l'Allemagne.

transit. Comme un tel passage est source d'inconvénients pour cet État, la Convention a dû prévoir une réglementation (art. 16) [1].

a. Les conditions du transit

83 D'une part, les États contractants sont obligés d'accéder aux demandes de transit, conformément à leur droit interne. Une double condition doit cependant être remplie : la demande de transit doit être formulée par un autre État contractant ou avec un État tiers du transfèrement du condamné. Il en résulte que l'obligation d'autoriser le transit ne devient effective qu'à partir du moment où l'État de condamnation et celui d'exécution se sont entendus sur le transfèrement.

On observera aussi à la lumière de ce qui vient d'être dit, que l'obligation de laisser transiter un condamné ne s'applique que lorsque la demande émane d'un État contractant. Quant aux demandes émanant d'un État tiers, l'article 16-4 prévoit une faculté et non plus une obligation : une demande de transit peut être accordée si l'État tiers demandeur s'est entendu avec un autre État contractant sur le transfèrement du condamné.

D'autre part, le transit peut être refusé par un État dans deux cas : lorsque le condamné transféré est l'un de ses ressortissants et lorsque le fait à l'origine de la condamnation n'est pas une infraction au regard du droit interne de cet État. Il s'agit, notons-le bien, d'un refus facultatif, non d'un refus obligatoire.

Enfin, s'agissant des règles de forme, les demandes de transit et les réponses doivent en principe passer par les ministères de la justice des deux États concernés. Mais rien n'interdit aux États d'indiquer, par une déclaration, qu'ils utiliseront d'autres voies de communication.

b. Le statut de la personne en transit

84 L'article 16 contient deux règles à cet égard. D'abord, l'État de transit ne peut garder le condamné en détention que pendant la durée de son transit sur son sol. Ensuite, cet État peut être invité à donner l'assurance que le condamné ne sera ni poursuivi ni détenu (sauf à être détenu pendant le temps de son transit comme il vient d'être dit) pour des faits ou condamnations antérieurs à son départ du territoire de l'État de condamnation. Mais rien n'oblige l'État de transit à donner une telle assurance.

1. Cette réglementation s'inspire de l'article 21 de la Convention européenne d'extradition et de l'article 13 de la Convention européenne sur la valeur internationale des jugements répressifs.

§ 3. Le paiement des amendes

85 Une amende prononcée dans un État va être payée dans un autre. Une telle proposition peut surprendre. Il en est cependant deux applications.

La première concerne la navigation fluviale. La Convention de Mannheim de 1868 (relative à la navigation sur le Rhin) [1] et la Convention de Luxembourg de 1956 (relative à la canalisation de la Moselle) [2] fixent elles-mêmes des amendes susceptibles d'être prononcées par les juridictions nationales [3]. Or, les condamnations prononcées dans un État ont force exécutoire sur le territoire des autres États contractant. Par conséquent, les amendes pourront être recouvrées par un État autre que l'État de condamnation.

Une seconde application intéresse le droit communautaire. On verra qu'en matière de concurrence notamment, les instances communautaires prononcent des amendes — dont la nature pénale a été controversée il est vrai — contre des entreprises [4].

1. Qui lie l'Allemagne, la Belgique, la France, les Pays-Bas, le Royaume-Uni et la Suisse.
2. Qui lie l'Allemagne, la France et le Luxembourg.
3. Alors qu'il est de principe général que la détermination des peines est assurée par les autorités nationales d'un État.
4. V. *Infra*, n°s 475 et s.

CHAPITRE 2
L'ENTRAIDE SECONDAIRE

86 Forme d'entraide dans laquelle un État, sans renoncer à sa souveraineté, sollicite d'un autre État une aide pour lui permettre de mieux à remplir sa mission répressive, l'entraide secondaire est beaucoup plus riche que l'entraide primaire. Parmi les techniques de l'entraide secondaire, l'une se détache, c'est l'extradition et c'est pourquoi on peut la qualifier d'entraide majeure. Par opposition, les autres formes d'entraide secondaire peuvent être évoquées sous l'appellation d'entraide mineure.

SECTION 1. L'ENTRAIDE MAJEURE : L'EXTRADITION

87 ***Définition*** ◇ Tout le monde définit l'extradition comme la procédure pour laquelle un État (dit requis) remet un individu réfugié sur son territoire à un autre État (dit requérant) afin que ce dernier puisse le juger (extradition aux fins de jugement) ou bien faire exécuter sa peine (extradition aux fins d'exécution). Voilà évidemment un moyen privilégié de l'entraide répressive internationale et c'est pourquoi il en constitue la forme la plus ancienne [1]. La nécessité de l'extradition n'a d'ailleurs jamais été discutée : « est-il donc utile, écrivait Beccaria, que les Nations se rendent réciproquement les criminels ? Assurément, la persuasion de ne trouver aucun lieu sur la terre où le crime puisse demeurer impuni serait un moyen bien efficace de le prévenir » [2]. Dans le cadre européen, l'extradition paraît particulièrement opportune, compte tenu du caractère de plus en plus transfrontière de la criminalité. C'est pourquoi les conventions d'extradition sont nombreuses. L'extradition en droit européen sera étudié successivement d'un point de vue historique et sur le plan technique.

On se gardera de confondre l'extradition avec le refoulement (qui permet aux services de police des frontières d'interdire à un étranger peu désirable d'accéder au territoire national) et l'expulsion (qui met fin par le biais d'un arrêté mettant fin au séjour d'un étranger, celui-ci étant reconduit par la force publique à la frontière au cas où il n'obéirait pas spontanément à l'arrêté).

1. On dit souvent que les premiers accords entre États remonteraient au XIIe siècle, v. H. DONNEDIEU DE VABRES, « Traité de droit criminel et de législation pénale comparée », *Sirey*, 3e éd. 1947, p. 248 et s.
2. *Traité des délits et des peines*, éd. Flammarion, col. Champs 1979, p. 108.

La pièce essentielle du droit européen de l'extradition est bien la Convention de 1957, annoncé par certains traités et complétée par d'intéressantes dispositions postérieures.

88 ***Histoire. Avant la Convention de 1957. Des conventions bilatérales*** ◇ Au XIIIe siècle, les principaux États d'Europe se lient par des traités bilatéraux d'extradition, les conditions variant selon les traités [1]. Le mouvement se précipite aux XIXe et XXe siècles avec une double série de conventions bilatérales. Ce sont d'abord les conventions dites de la première génération qui s'étendent du milieu du XIXe siècle à la première guerre mondiale [2]. Ce sont ensuite les conventions dites de la seconde génération qui apparaissent après la seconde guerre mondiale [3]. On peut distinguer quelques changements entre ces deux masses de conventions. Par exemple, le système de l'énumération des infractions pouvant donner lieu à extraditions est remplacé par celui de la pénalité applicable, ce qui constitue un double avantage : le premier système appelait de fréquentes adjonctions à la convention initiale ; en outre la structures des qualifications n'étant pas forcément la même dans les deux législations, il fallait s'assurer que les deux qualifications figurent dans la liste contenue dans la convention. En outre, dans les conventions de la deuxième génération, les obstacles à l'extradition se développent à cause de la montée des droits de l'individu dont l'extradition est réclamée ; par exemple, l'extradition est limitée, voire exclue lorsque l'infraction est punie de la peine de mort selon la loi de l'État requérant, mais pas selon la loi de l'État requis.

Il faut reconnaître malgré certains progrès que le droit extraditionnel avançait en ordre dispersé. Une unification s'imposait. Des esprits nombreux appelaient de leurs vœux l'adoption d'une convention unique, européenne, qui se substituerait automatiquement à cette multitude de traités particuliers. Ce rêve devint réalité avec la convention européenne d'extradition, ouverte à la signature le 13 décembre 1957 à Paris.

89 ***La Convention de 1957*** ◇ Des textes régionaux et une volonté commune sont à l'origine de la Convention européenne d'extradition. Les textes régionaux sont d'une part le projet de traité d'extradition entre les États du Benelux, établi en 1950 [4] et d'autre part la convention (dite de la seconde génération) passée entre la France et l'Allemagne le

1. P. FIORE, *Droit pénal international,* Paris 1880, p. 285 et s.
2. À titre d'exemple, la France s'est liée 28 fois, c'est-à-dire en pratique avec presque tous les pays d'Europe, sauf la Finlande et l'Irlande. Sur ces 28 traités, 17 concernaient la France et les États de la future Allemagne qui devinrent donc caducs à partir de 1871, l'Allemagne s'étant unifiée.
3. L'activité extraditionnelle des États fut très faible entre 1918 et 1945 à cause de l'apparition d'États totalitaires en Europe.
4. Projet qui aboutira à un traité définitif le 27 juin 1962.

29 décembre 1951. Quant à la volonté commune, elle s'est traduite le 28 décembre 1951 par une recommandation de l'Assemblée consultative du Conseil de l'Europe, relative aux mesures préparatoires à prendre en vue de la conclusion d'une convention unique d'extradition (recommandation 16-1951).

À partir de là, la procédure d'élaboration de cette convention va se mettre en marche, mais sans précipitation. Le comité des ministres du Conseil de l'Europe charge le secrétaire général de réunir un comité d'experts gouvernementaux aux fins d'examiner le vœu de la recommandation 16 (1951). Du 5 au 9 octobre 1953, le comité d'experts se réunit à Strasbourg. Et comme un large accord existe sur les principes devant régir l'extradition, il est décidé d'élaborer une convention. L'assemblée de son côté poursuit ses travaux et adopte une nouvelle recommandation, la recommandation 66 (1954), suggérant que le comité d'experts poursuive ses travaux en vue de la conclusion d'une convention d'extradition. Le comité d'experts tient deux autres sessions, en février 1955 et en février 1956. En septembre 1957, le comité des ministres décide d'ouvrir la convention multilatérale – dont le projet vient d'être achevé – à la signature des États membres. C'est fait le 13 décembre 1957 et la Convention entre en vigueur le 18 avril 1960. Nous venons de parler de convention multilatérale car, au sein du comité d'experts, une discussion était apparu : certains spécialistes avaient exprimé une préférence pour des conventions bilatérales, sensibles à des intérêts particuliers d'ordre géographique, politique ou juridique ; d'autres experts au contraire avaient marqué leur préférence pour une grande convention qui soit serait limitée à l'énoncé de principes directeurs et laisserait donc subsister des conventions bilatérales pour les détails (thèse des experts nordiques), soit serait unique, réglant principes et détails à la fois. C'est finalement ce dernier parti qui l'emporta ; bref, la convention d'extradition de 1957 est unique et traite à la fois des principes et des détails [1], ce qui en fait apparaître la grande portée.

Quelle est la portée de la Convention de 1957 ?

On observera d'abord que cette Convention a été ratifiée par tous les États du Conseil de l'Europe [2]. Il est vrai que les États ont formulés des réserves, parfois en grand nombre comme le Royaume-Uni et la Suisse [3].

1. V. le rapport explicatif accompagnant le texte, Conseil de l'Europe, 1969 ; R. Koering-Joulin, Conventions internationales répressives, Conventions répressives régionales, Jurisclasseur procédure pénale, fascicule 406-2, mars 1986, mise à jour mars 1989 ; A. Huet et R. Koering-Joulin, *Droit pénal international*, 1994, p. 356 et s. ; Kix, *AFDI* 1958, 493 ; Chanet, *AFDI*, 1987, 774 ; A. Fournier, v° *Extradition, Répertoire de droit pénal*, Dalloz, 1994.

2. La Belgique, ne l'a fait qu'en 1996 car c'est seulement à cette époque qu'elle a abrogé de son code pénal l'article sur la peine de mort.

3. La réserve, en droit international public, est une déclaration par laquelle un État partie à un traité multilatéral exclut de son engagement certaines dispositions de ce traité ou précise le sens qu'il leur attribue.

La grande question est celle de savoir quels sont désormais les rapports entre la convention de 1957 et les accords bilatéraux. Ainsi, lorsqu'une infraction tombe sous le coup à la fois de la convention de 1957 et d'un accord bilatéral, l'État requérant est-il libre d'invoquer le texte qu'il veut ? L'article 28 de la convention de 1957 répond à la question par trois règles.

Première règle : la convention européenne abroge tous les traités bilatéraux antérieurs, en ce qui concerne les territoires auxquels elle s'applique (art. 28-1). Cette disposition, adoptée après une large discussion, est logique car la convention de 1957 régit l'ensemble de l'extradition. Admettre la survivance d'anciennes conventions eut vidé de sa substance le texte nouveau [1].

Deuxième règle : si les Parties contractantes entendent faire, après mise en vigueur de la Convention européenne, des accords bilatéraux ou multilatéraux, ceux-ci ne peuvent servir « qu'à compléter les dispositions de la présente convention ou qu'à faciliter l'application des principes contenus dans celle-ci » (art. 28-2). En somme, les accords ultérieurs n'ont qu'une valeur supplétive. Le seul moyen d'adopter des règles différentes de celles contenues dans la convention serait donc de réécrire celle-ci. Pour que la convention n'ait pas un poids excessif pour les États, ceux-ci au moment de la signature avaient pu formuler des réserves (art. 26-1), mais il est vrai, avec obligation de la retirer aussitôt que les circonstances le permettent (art. 26-2).

Troisième règle enfin : lorsqu'il existe entre certains États une législation extraditionnelle uniforme (par exemple entre les pays scandinaves) ou un système fondé sur l'exécution réciproque (par exemple entre Royaume-Uni et Irlande), ces dispositions particulières l'emportent sur la convention européenne (art. 28-3).

90 ***Après la Convention de 1957. La nécessité d'aller plus loin*** ◇ La convention européenne dote d'un régime juridique uniforme les États parties à celle-ci. Du fait de la neutralisation des traités bilatéraux, le droit extraditionnel se trouve harmonisé. Il y a cependant encore des limites à cette unification. D'abord, s'agissant de l'extradition des nationaux, l'article 6 de la Convention dispose que « toute partie contractante aura la faculté de refuser l'extradition de ses ressortissants » ; il est bien évident que les États jouissant ici d'une faculté, une différence de politique va apparaître entre États favorables à l'extradition et ceux qui ne le sont pas. Ensuite, toutes les infractions ne sont pas soumises au même régime et par exemple, s'agissant des infractions politiques, le refus d'extradition suppose une appréciation subjective de la part de l'État requis (qui a la charge d'apprécier si l'infraction pour laquelle l'ex-

1. Deux ans plus tard est signée à Strasbourg, le 20 avril 1959, une convention européenne d'entraide judiciaire qui s'inscrit dans la politique consacrée en 1957.

tradition est réclamée est politique ou non) ; par conséquent, il peut exister des différences d'interprétation selon les États. Enfin, la convention de 1957 est silencieuse sur la procédure à suivre pour l'examen des demandes d'extradition, chaque État requis restant libre d'utiliser la procédure qu'il estime la plus convenable, ce qui va évidemment entraîner des différences selon les pays, tous n'offrant pas les mêmes garanties pour les individus sous le coup d'une demande d'extradition. Voilà donc trois facteurs venant limiter l'unification du droit extraditionnel européen. Et encore, c'est sans compter avec les réserves à la convention. On sait que des réserves ont été formulées par tous les États et qu'elles sont parfois nombreuses [1]. Il faut ajouter qu'évidemment les réserves varient selon les pays. Et ces réserves paralysent plus encore le jeu de l'extradition en ce que tout État qui a formulé une réserve peut, lorsqu'il devient État requérant, se voir opposer la même réserve par l'État requis, même si ce dernier n'en avait pas fait sur le point en question (art. 26-3) [2].

Ces limites à la convention européenne ont certes des causes souvent pertinentes : le souci de sauvegarder la souveraineté nationale, la protection des nationaux (qui conduit la majorité des États à refuser de livrer leurs nationaux) et le manque de valeurs communes. Cette troisième cause est en pratique la plus importante. Elle explique notamment le principe de la double incrimination [3] : en effet, c'est « l'existence de plusieurs systèmes juridiques différents et l'absence de toute autorité centrale chargée de contrôler les services et les pouvoirs publics dans les divers pays d'Europe, ainsi que le diversité des conceptions, qui préside à la fixation des limites imposées au comportement social et à la latitude aux pouvoirs publics de s'immiscer dans les affaires privées » [4] qui fait obstacle à une entraide sans limites.

Il n'en reste pas moins que le droit extraditionnel européen, avec la convention de 1957, s'il a fait un grand pas vers l'harmonisation, n'est pas encore parvenu à une véritable unification. D'où la nécessité de nouveaux pas, qui vont d'ailleurs être faits.

91 ***La réalisation*** ◇ Après la convention de 1957, presque rien ne se fait pendant vingt ans. En 1969, se réunit un comité européen pour l'application de cette convention et à partir de 1975, s'annonce un nouvel élan, dans un double cadre.

1. Par exemple, La France en a formulé 10 !
2. Ce qui tend à « bilatériser » la convention, E. Crabit, Recherches sur la notion d'espace judiciaire européen, Presses universitaires de Bordeaux 1988.
3. Il faut selon l'article 2-1 de la convention, que les faits soient « punis par les lois de la Partie requérant et de la Partie requise... » pour que l'extradition soit possible. V. *infra*, n° 98.
4. Conseil de l'Europe, Comité européen pour les problèmes criminels, aspects juridiques de l'extradition entre État européen, Strasbourg 1970, p. 39.

1° Un premier pas est fait au sein du *Conseil de l'Europe* avec les deux Protocoles additionnels à la Convention de 1957, l'un du 15 octobre 1975 et l'autre du 17 mars 1978. Le premier, ratifié par 27 États, modifie des dispositions importantes de la convention de 1957. Ainsi, il complète l'article 3 de la convention, relatif aux infractions politiques afin d'apporter une définition plus précise de l'expression « infraction politique » et d'éviter en conséquence qu'un individu manifestement criminel échappe sans raison à l'extradition. De plus, il ajoute à l'article 9 de cette convention, relatif au principe *ne bis in idem*, pour en élargir la portée et protéger mieux les droits de l'individu réclamé. Quant au second Protocole du 17 mars 1978, ratifié par 32 États, il tend « à faciliter l'application en matière d'infractions fiscales de la convention européenne d'extradition »[1] et à apporter certaines améliorations sur l'extradition accessoire, les jugements par défaut, l'amnistie et la transmission des requêtes d'extradition.

À ces deux Protocoles, il faut ajouter la Convention européenne pour la répression du terrorisme en date du 27 janvier 1977[2]. Ratifiée par tous les États de l'Union européenne[3], cette convention illustre leur volonté de s'entraider pour mieux lutter contre le terrorisme. Pour l'heure, l'intérêt de la convention de 1977 est de compléter celle de 1957. Mais il faut bien en comprendre la nature. La convention de 1977 n'est pas une convention d'extradition. Elle n'institue pas d'obligation d'extrader car elle en suppose justement la préexistence. Elle est seulement une convention complémentaire de celle de 1957 en ajoutant à celle de 1957 : elle précise exactement que tels agissements criminels, qui par leur nature donnent lieu à extradition obligatoire, ne peuvent être qualifier d'infractions politiques.

2° Un second pas est fait dans le cadre de la *Communauté européenne*. À vrai dire, beaucoup d'efforts sont dispensés, pas tous couronnés de succès. M. Badinter, ministre français de la justice proposa, en octobre 1982, à la conférence des ministres de la justice un projet de convention d'extradition entre États membres des Communautés, ainsi que la création d'une Cour pénale européenne compétente pour juger les individus qu'un État aurait refusé d'extrader sans que son droit lui permette de poursuivre lui-même. mais l'opposition des Pays-Bas, de la Belgique et du Royaume-Uni provoqua l'abandon de cette proposition[4].

1. V. exposé des motifs *in limine* du Protocole.
2. Souvent appelée convention de Strasbourg.
3. Parfois très tardivement. Ainsi en France la ratification n'a été autorisée que par une loi du 16 juillet 1987 et elle n'est entrée en vigueur que le 22 décembre 1987. V. R. Koering-Joulin et H. Labayle, « Dix ans après... De la signature à la ratification de la convention européenne pour la répression du terrorisme », *JCP* 1988, I, 3349.
4. R. de Gouttes, « Variations sur l'espace judiciaire pénal européen », *D.* 1990, chron. p. 245.

D'autres travaux ont été entrepris qui, eux au contraire, ont abouti à des ententes.

C'est d'abord l'**Accord de Dublin**, élaboré le 4 décembre 1979 entre États membres de la Communauté, concernant l'application de la convention européenne pour la répression du terrorisme. Quelques États l'ont ratifié. Mais il n'est jamais entré en vigueur car celle-ci impliquait la ratification de tous les États membres de la Communauté. Par ailleurs, il a encore un intérêt aujourd'hui. Cet accord était en effet un texte pris dans l'attente de la ratification sans réserve de la convention de Strasbourg : son objet était d'assurer l'application de la convention sur le terrorisme entre les États y compris ceux qui n'étaient pas partie d'une part, et d'autre part de permettre aux États membres des Communautés européennes de retirer les réserves émises dans le cadre du Conseil de l'Europe. Or, tous les États de la Communauté n'ont pas encore ratifié la Convention de Strasbourg sur le terrorisme, ce qui confère toujours un objet au texte de Dublin.

C'est ensuite la **Convention d'application de l'accord de Schengen**, adoptée le 19 juin 1990 [1]. Cette convention étend le champ d'application de la convention européenne d'extradition en réduisant les taux de peine permettant l'extradition, en étendant l'extradition aux infractions fiscales et en décidant que l'interruption et la suspension de la prescription, au regard de la procédure d'extradition, sont appréciées selon les dispositions légales de la Partie requérante uniquement. La convention de Schengen décide encore que l'amnistie — dont la convention européenne de 1957 ne parle pas — ne fait pas obstacle à l'extradition quand elle est prononcée par la Partie requise, sauf si l'infraction relève de la juridiction de cette Partie. Enfin, le texte de Schengen apporte quelques simplifications à la procédure d'extradition [2].

C'est enfin le **Traité de Maastricht** du 7 février 1992 [3]. Cet important traité comporte, nul ne l'ignore, trois « piliers » dont le troisième intéresse le domaine de la coopération dans les domaines de la justice et des affaires intérieures (art. K à K 9 du Titre VI du Traité, art. 29 et s. TUE Amsterdam). La coopération judiciaire devient ainsi une question d'intérêt commun, confiée au Conseil des ministres de la justice et de l'intérieur (Conseil JAI). Ce Conseil a travaillé pour compléter la convention européenne d'extradition sur plusieurs points, notamment sur l'abaissement du seuil d'extradition (quantum de la peine encourue

1. Cette convention fait suite à l'accord de Schengen, signé le 14 juin 1985, relatif à la suppression graduelle des contrôles aux frontières communes. Cet accord rendait nécessaire la Convention de 1990 sur la coopération policière, l'entraide judiciaire et l'extradition, v. M. Massé, « L'espace Schengen II, Développement de l'entraide répressive internationale », *Rev. sc. crim.* 1992, p. 800.

2. Déjà l'Accord de San Sebastian — passé presque inaperçu — de 1989 poursuivait un objectif clair, « la simplification et... la modernisation des mode de transmission des demandes d'extradition », v. R. Koering-Joulin, *L'entraide judiciaire répressive...* préc., p. 182.

3. Dont on sait qu'il a été signé par les 12 États membres, à l'époque de la Communauté européenne, devenue par effet de ce Traité, l'Union européenne. Il y a aujourd'hui 15 États.

pour qu'il puisse y avoir extradition), sur l'assimilation des infractions fiscales aux infractions de droit commun et sur l'abandon du caractère politique lorsque les faits sont graves...

C'est ainsi que deux conventions ont été signées (mais pas encore en vigueur faute d'avoir été ratifiées pour l'instant).

— La première Convention est celle du 10 mars 1995, « relative à la procédure simplifiée d'extradition entre les États membres et l'Union européenne » [1]. C'est la première Convention à voir le jour dans le cadre du Titre VI du traité de Maastricht. Elle a pour origine une déclaration des ministres de la justice réunis en session informelle en septembre 1993 à Limelette. Cette déclaration, adoptée par la Conseil JAI dès novembre 1993, tendait à un assouplissement des conditions de l'extradition dans le sens de l'accélération, sans toutefois que soient violés les principes fondamentaux comme les droits de la défense. Se mettant au travail, le Conseil JAI fit porter ses efforts surtout sur les cas dans lesquels l'intéressé consent à son extradition. Il ressortait en effet des statistiques sur lesquelles travaillait ledit Conseil que, dans plus de 30 % des cas, les individus consentent à leur extradition sans pour autant que la durée de la procédure soit nécessairement réduite [2].

— La seconde Convention est celle du 27 septembre 1996, « relative à l'extradition entre les États membres de l'Union européenne » [3]. Elle est capitale puisqu'elle renverse des principes fondamentaux du droit de l'extradition, notamment en interdisant de considérer comme politiques (et donc non extradables traditionnellement) les terroristes et en instaurant le principe de l'extradition des nationaux [4].

Le point ultime d'évolution serait évidemment la création d'un code européen d'extradition [5]. L'idée, à vrai dire, n'est pas nouvelle. Déjà en 1914, au Congrès international de police judiciaire de Monaco, l'idée d'un traité universel avait été évoquée. Elle avait été reprise au congrès pénitentiaire international de Londres en 1925. Puis la doctrine avait approuvé cette idée [6] et, plus récemment, un projet de code pénal international avait été élaboré, qui contenait un long développement sur l'extradition [7].

1. Publiée au *JOCE*, C 78, 30 mars 1995.
2. Sur la Convention du 10 mars 1995, v. F.-R. Paulino Pereira, commentaire à la *Revue du Marché commun et de l'Union européenne*, n° 391, oct. 1995, p. 52 ; A.-M. Rouchaud, « Convention relative à la procédure d'extradition entre les États membres de l'Union européenne », *Revue AGON* (Association des juristes européens pour les intérêts financiers des Communautés européennes), Bruxelles, juill. 1995, p. 3 et s.
3. Publiée au *JOCE*, C 313, 23 oct. 1996.
4. Sur la Convention du 27 septembre 1996, v. Y. Gautier, « La Convention du 27 septembre 1996 relative à l'extradition entre les États membres de l'Union européenne », *Europe*, éd. du Jurisclasseur, déc. 1996 ; D. Richard, « Une contribution européenne aux tendances actuelles du droit extraditionnel : la Convention du 27 septembre 1996 », *JCP* 1997, I, 3988.
5. Qui pourrait évidemment être modifié en fonction des nécessités.
6. H. Donnedieu de Vabres, « Les principes modernes du droit pénal international », *Sirey* 1928.
7. C. Bassiouni, *RID pén.* 1981, p. 97 et s., not. p. 172 et s.

92 Traditionnellement, les auteurs étudient l'extradition — qu'il s'agisse des lois internes ou des conventions bilatérales — en considérant tour à tour ses conditions, son déroulement et ses effets [1]. On conservera cette présentation.

SOUS-SECTION 1. **Conditions de l'extradition**

93 Lors de l'élaboration du projet de convention, qui devait aboutir à la Convention de 1957, deux tendances s'étaient dégagées quant aux principes relatifs aux conditions de l'extradition : d'un côté une tendance classique visant la répression des crimes, favorisant donc l'extradition ; de l'autre une tendance humanitaire conduisant à entraver l'extradition. Ces deux courants n'ont pu se concilier vraiment. Même si des efforts ont été faits depuis 1957 pour rendre plus aisée l'extradition, on retrouve encore aujourd'hui ces deux courants quand on examine les diverses conditions de l'extradition.

§ 1. **Conditions quant à la personne**

A. **La question des réfugiés**

94 La Convention est muette sur la question des **réfugiés**. Et pourtant, le problème se pose car, selon l'article 33-1 de la Convention de Genève du 28 juillet 1951, « aucun des États contractants n'expulsera ou ne refoulera de quelque manière que ce soit un réfugié sur les frontières des territoires où sa vie ou sa liberté serait menacée en raison de sa race, de sa religion, de sa nationalité, de son appartenance à un certain groupe social ou de ses opinions politiques ». Si l'on étend le concept d'expulsion en y incluant l'extradition [2], on doit admettre que celle d'un réfugié est impossible, au titre de la Convention de Genève, pas au titre de la convention d'extradition. Mais il est vrai que du point de vue juridique, expulsion et extradition sont différentes.

B. **L'âge, la santé et autres motifs personnels**

95 De même, les considérations tirées de l'**âge**, de la **santé** ou d'**autres motifs personnels**, qui sont parfois visées dans certaines conventions

1. Les conditions s'entendent ici des conditions de fond, tenant par exemple à la nature des infractions susceptibles de permettre l'extradition de leur auteur.

2. En ce sens, CE 1er avr. 1988, *JCP* 1988, II, 21071, concl. Vigouroux, *D.* 1988, 413, note Labayle.

bilatérales d'extradition, ne sont pas évoquées par la convention européenne d'extradition. Cependant, certains pays, comme la France, ont accompagné la ratification de cette convention d'une déclaration selon laquelle « l'extradition pourra être refusée si la remise est susceptible d'avoir des conséquences d'une gravité exceptionnelle pour la personne réclamée, notamment en raison de son âge », ce qui vise à la fois les personnes âgées et les mineurs.

D'autres États ont également introduit dans leurs réserves cette clause, dite souvent clause humanitaire. C'est le cas du Danemark, du Luxembourg, de la Finlande, de la Suède et des Pays-Bas. Ainsi, « le gouvernement du Royaume des Pays-Bas se réserve la faculté de refuser l'extradition pou des raisons humanitaires, si les conséquences pour la personne réclamée en étaient particulièrement dures, notamment en raison de sa jeunesse ou de son âge avancé ou de son état de santé »[1]. Une disposition très proche est également adoptée par la Convention (non encore en vigueur) du 27 septembre 1996, élaborée dans le cadre de l'Union européenne (art. 5-3).

C. La nationalité du délinquant

1. Principe

96 Le principe est affirmé à l'article 6-1a) et 6-2 de la convention d'extradition. Selon l'article 6-1a), « toute Partie contractante aura la faculté de refuser l'extradition de ses ressortissants ». L'article 6-2 ajoute que « si la Partie requise n'extrade pas son ressortissant, elle devra, sur la demande de la Partie requérante, soumettre l'affaire aux autorités compétentes afin que des poursuites judiciaires puissent être exercées s'il y a lieu... ». C'est l'application du principe de Grotius *aut tradere aut judicare*[2].

Ce principe de défiance à l'égard de la Partie requérante se fonde sur certaines raisons qui ne sont pas sans valeur. On peut faire remarquer d'abord que les individus sont et se sentent « chez eux » dans le pays dont ils sont ressortissants. Plus sérieusement, on invoque l'intérêt de la justice : il est de bonne administration que poursuite, jugement et exécution s'effectuent dans le pays auquel appartient le délinquant. C'est dans ce pays que le rassemblement des preuves et des éléments de personnalité est le plus aisé. C'est dans ce pays aussi que la réadaptation

1. Lors de l'élaboration du texte de la convention, un expert avait suggéré d'intégrer une phase de ce genre à titre humanitaire. Mais le comité d'experts a préféré ne pas l'inclure, tout en laissant aux États le droit de formuler une réserve au titre de l'article 26, v. rapport explicatif.

2. V. déjà en ce sens la convention bilatérale entre Allemagne et France du 29 décembre 1951.

sera la plus aisée. Il faut enfin évoquer l'idée de souveraineté nationale qui veut qu'un État n'abandonne pas son devoir de juger, ce qui se produirait s'il livrait ses justiciables à un États tiers.

Il faut pourtant reconnaître que la règle de non-extradition des nationaux n'est pas générale dans le temps ou dans l'espace. Dans le temps : ainsi le traité conclu en 1376 entre France et Savoie prévoyait que les Parties livreraient même leurs propres sujets et un décret du 23 octobre 1811 admettait implicitement la livraison de citoyens français et en pratique il y eut au début du XIXe siècle des remises de français à des autorités étrangères. Dans l'espace : les pays anglo-saxons admettent l'extradition de leurs nationaux au profit des États qui se sont engagés à pratiquer la réciprocité [1] et l'Italie, tout en posant la règle de la non-extradition en l'article 13 de son code pénal, réserve le cas où une convention internationale en disposerait autrement de façon expresse.

Les Pays-Bas n'extradent leurs sujets que s'il s'agit d'une extradition aux fins de poursuite et si l'État requérant s'engage à restituer aux Pays-Bas aux fins d'exécution l'intéressé condamné à une peine privative de liberté.

Tout ceci fait apparaître la faiblesse du principe de non-extradition des nationaux [2]. Il est à la vérité la manifestation d'une « solidarité mal placée » [3]. Trois arguments peuvent être invoqués à l'encontre de ce principe. Premièrement, et le plus souvent aucun texte constitutionnel, a-t-on dit, ne vient s'opposer à l'extradition des nationaux [4]. Deuxièmement, la règle de non-extradition des nationaux risque d'aboutir à l'impunité de certains délinquants qui peuvent trouver refuge dans leurs pays d'origine et l'État requis n'est pas compétent pour juger lui-même les faits. C'est bien pourquoi la Grande-Bretagne accepte de livrer ses nationaux : à la différence du droit français par exemple (articles 689 et suivants CPP), le droit anglais ne permet pas de juger ses nationaux ayant commis une infraction à l'étranger (sauf s'il s'agit d'un meurtre) [5]. Troisièmement enfin, à ceux qui douteraient de la qualité de la justice de l'État requérant, on peut répondre que tous les États européens adoptent aujourd'hui les mêmes principes de fond et de procédure, étant observé qu'à cet égard, la CEDH joue un rôle d'harmonisation bien connu.

1. A. DUCEL, *Étude comparée des pratiques française et anglo-américaine de l'extradition,* thèse Montpellier 1988, not. tome I, p. 198 et s., dactyl.

2. Bien qu'il puisse être atténué par l'application de la compétence personnelle active.

3. G. LEVASSEUR et H. BONNARD, *Jurisclasseur international,* v° *Extradition* n° 27.

4. V. pour la France, M. MASSÉ, « L'extradition des nationaux », *Rev. sc. crim.* 1994, p. 798. Pourtant un pays comme l'Allemagne exclut l'extradition des nationaux dans sa Constitution.

5. Même si l'État requis accepte de juger ses nationaux en application du principe de Grotius, le jugement d'un national pour une infraction commise à l'étranger n'est pas forcément opportun car souvent l'État le mieux placé pour juger est l'État requérant.

2. Limites

97 Une première série de limites, dans le sens d'une réduction de l'extradition, découle de la Convention de 1957 elle-même, ce qui restreint le principe *aut tradere aut judicare*. Certains États ont fait des réserves au principe même de l'article 6 : ainsi la France a décidé que « l'extradition sera refusée lorsque la personne réclamée avait la nationalité française au moment des faits ». En outre, l'article 6-1 b) de la Convention rappelant que chaque Partie contractante peut définir le terme « ressortissant », certains États en ont profité pour adopter une définition large de ce concept, ce qui réduit d'autant les possibilités d'extradition. Ainsi Danemark et Suède considèrent comme leurs nationaux les ressortissants de la Norvège et de l'autre pays, et ils assimilent à leurs nationaux ceux de la Finlande et de l'Islande. Luxembourg et Pays-Bas, de leur côté, assimilent à leurs nationaux les personnes intégrées dans leurs communautés respectives lorsque leur droit interne permet de les poursuivre pour les faits ayant fait l'objet de la demande.

Une seconde série de limites au principe de non-extradition est posée par la Convention du 27 septembre 1996 (de l'Union européenne). Mais cette seconde série joue en sens inverse. La Convention de 1996 pose en effet le principe nouveau que l'extradition ne peut être refusée au motif que, la personne qui fait l'objet de la demande d'extradition est un ressortissant de l'État requis (art. 7-1). On s'en félicitera compte tenu de la proximité culturelle des membres actuels de l'Union et de la faiblesse du fondement de la règle de la non-extradition. La possibilité pour un État d'extrader ses nationaux peut se justifier aussi d'une autre façon : elle est la contrepartie à la liberté de circulation des citoyens à l'intérieur de l'espace européen.

Cependant, le principe nouveau de l'extradition obligatoire des nationaux est encore loin d'être absolu : d'abord car la Convention de 1996 n'est pas encore applicable et ensuite car des réserves sont possibles, compte tenu des particularités des droits nationaux[1]. Et ces réserves sont importantes. Résumons-en le mécanisme. En adoptant la Convention, les États peuvent déclarer qu'ils n'accordent pas l'extradition de leurs nationaux, ou ne l'accordent qu'à certaines conditions spécifiées (art. 7-2). Il est vrai que cette possibilité de réserve ne vaut que pour cinq ans. Mais la réserve peut être renouvelée pour des périodes successives de même durée (art. 7-3), ce qui peut conduire à une pérennisation de la réserve (du moins si les États renouvellent sans discontinuité ces réserves). En réalité, le principe nouveau de l'extradition des nationaux peut être réduit à l'état de coquille vide par les États.

1. On a dit que l'Allemagne a inscrit dans sa Constitution le principe de non-extradition de ses nationaux. Le Portugal, de son côté, ignore la réclusion à perpétuité, ce qui pose difficulté si l'État requérant la connaît (presque toutes les législations d'Europe consacrent la réclusion perpétuelle).

§ 2. Conditions quant à l'infraction

A. L'existence de l'infraction. Le principe de la double incrimination

98 Selon l'article 2 de la Convention de 1957, « donneront lieu à extradition, les faits punis par les lois de la Partie requérante et de la Partie requise... »[1]. Il y a là une condition qui existe de longue date dans toutes les conventions bilatérales et qui est désormais consacrée aussi en droit européen. Cette condition doit être approuvée car « l'exigence d'une qualification pénale par la loi de l'État requérant paraît s'imposer au nom du bon sens »[2] et car on ne concevait pas que l'État requis participe à la répression d'un individu pour un fait qu'il ne réprouve pas lui-même. L'extradition suppose entre les deux États un accord sur les valeurs à protéger.

Cependant, l'article 2 de la Convention de 1957 ne fait que poser un principe. Il ne dit rien sur les difficultés qui peuvent se présenter dans l'application. Voici précisément deux difficultés que l'on résoudra comme on le fait à propos des conventions bilatérales.

Première difficulté : que faire lorsque les faits sont qualifiés différemment dans les deux droits ? Il faut répondre qu'il importe peu[3]. Car il faut et il suffit que les faits soient stigmatisés dans les deux législations. En conséquence, il n'appartient pas à l'État requis de s'insérer dans la justice de l'État requérant en vérifiant l'exactitude de la qualification et il suffit que les faits tombent sous le coup d'une qualification dans la législation de l'État requis.

Seconde difficulté : que décider à l'égard de ces modalités de l'infraction que sont la tentative et la complicité ? La Convention européenne ne parle que des « faits punis ». Mais dans le principe, on admettra que tentative et complicité ne font pas obstacle à l'extradition dès lors qu'ils sont incriminés. Par exemple, la France ne livrera pas le comparse qui, en raison de la modicité de son aide, n'est pas un complice. Elle ne livrera pas davantage l'individu qui n'a accompli que des actes préparatoires ou qui s'est désisté de son commencement d'exécution, circonstances qui sont exclusives de la tentative punissable. On observera aussi que dans les législations où la complicité et la tentative sont moins sévèrement réprimées que l'acte principal, il faut veiller à ce que l'auteur de la tentative et le complice encoure ou purge une peine au moins égale au seuil de gravité minimale.

Il convient enfin de signaler une exception au principe de la double incrimination, avec la Convention du 27 septembre 1996 signée dans

1. On parle tantôt de double incrimination, tantôt de réciprocité d'incrimination.
2. A. FOURNIER, *Répertoire de droit pénal*, v° *Extradition*, Dalloz 1994, n° 54.
3. A. HUET et R. KOERING-JOULIN, *Droit pénal international*, PUF, 1994, n° 243, p. 347.

le cadre de l'Union européenne[1]. Cette exception intéresse les infractions de conspiration et d'association de malfaiteurs. Selon cette Convention, lorsque l'infraction motivant la demande d'extradition est qualifiée, dans la législation de l'État requérant, de conspiration ou d'association de malfaiteurs et lorsque cette infraction est punie d'une peine privative de liberté ou d'une mesure de sûreté privative de liberté d'un maximum au moins égal à douze mois, l'extradition ne peut être refusée par l'État requis au motif que les faits ne sont pas incriminés par sa législation. Toutefois, l'extradition n'aura lieu que si la conspiration ou l'association de malfaiteurs a pour but de commettre :

— une infraction de nature terroriste ou

— toute autre infraction punie d'une peine privative de liberté ou d'une mesure de sûreté privative de liberté d'un maximum ou moins égal à douze mois relevant du trafic de stupéfiants ou d'autres formes de criminalité organisée ou d'autres actes de violence dirigées contre la vie, l'intégrité corporelle ou la liberté d'une personne, ou créant un danger collectif pour des personnes (art. 3-1).

Cette exception au principe de la double incrimination a pour origine un conflit ayant opposé en février 1996 la Belgique à l'Espagne, le Conseil d'État belge s'étant fondé sur l'absence en Belgique du délit de « participation à bande armée ». Une lacune est ainsi apparue dans le droit extraditionnel. D'où le correctif apporté par la Convention de 1996. On ne peut qu'approuver. Mais on ne pourra vraiment supprimer le principe de la double incrimination à titre général que lorsque les législations de chaque État seront très proches.

B. La nature de l'infraction

99 Le droit extraditionnel classique, résultant des conventions bilatérales, entend strictement les infractions susceptibles d'extradition : point de remise possible lorsque la personne est poursuivie ou punie pour une infraction politique, militaire ou financière. Le droit européen a progressivement assoupli ce système.

1. Les infractions politiques

a. Système actuel (moyennement favorable à l'extradition)

• **Principe**

100 Selon l'article 3-1 de la Convention de 1957, « l'extradition ne sera pas accordée si l'infraction pour laquelle elle est demandée est considéré par la Partie requise comme une infraction politique ou comme un fait connexe à une telle infraction ». L'idée est que le délinquant politique,

1. On rappellera que cette Convention récente n'a pas encore été ratifiée par tous les États. De même, dans le système du futur mandat d'arrêt européen, l'exigence de la double incrimination disparaîtra, v. *infra*, n° 124.

animé d'un idéal noble, ne saurait être traité comme un vulgaire malfaiteur. Il y a là la survivance d'une conception née au XIXe siècle et qui s'est trouvée illustrée par la plupart des conventions bilatérales [1].

L'appréciation du caractère politique relève du pouvoir souverain de la Partie requise. La difficulté est de savoir ce qu'il faut entendre par infraction politique. Un vieil arrêt français avait jugé que les infractions politiques sont celles « qui portent atteinte à l'acte politique, qui sont dirigées contre la Constitution du Gouvernement et contre la souveraineté, qui troublent l'ordre établi par les lois fondamentales de l'État et la distribution des pouvoirs » [2]. La Convention de 1957 assimile expressément à l'infraction politique le « fait connexe à une telle infraction » (art. 3-1 *in fine*).

Cela dit, l'infraction politique, au regard de l'extradition, est conçue à la fois largement et surtout restrictivement.

- **Extension**

101 Les internationalistes connaissent la « clause française » selon laquelle l'extradition est refusée lorsque la Partie requérante sollicite la remise d'un individu au titre d'une infraction de droit commun, mais pour des raisons politiques. C'est pour éviter un tel détournement de procédure, pour empêcher l'extradition d'opposants politiques, que certaines conventions bilatérales dès le début du XXe siècle [3] ont ici exclu l'extradition. C'est cette clause que reprend dans une formulation légèrement modifiée, la Convention européenne de 1957. Selon son article 3-2, « la même règle » (de l'interdiction de l'extradition) « s'appliquera si la Partie requise a des raisons sérieuses de croire que la demande d'extradition motivée par une infraction de droit commun a été présentée aux fins de poursuivre ou de punir un individu pour des considérations de race, de religion, de nationalité ou d'opinions politiques ou que la situation de cet individu risque d'être aggravée pour l'une ou l'autre de ces raisons ». En somme, le mobile politique de l'État requérant est un obstacle absolu à l'extradition.

- **Restriction**

La tendance dominante est tout de même à entendre de façon très restrictive le concept d'infraction politique, qui constitue évidemment un frein à l'extradition. Cette tendance à faciliter l'extradition comporte trois manifestations.

1. H. SCHUTZ, « La Convention européenne d'extradition et le délit politique », *Hommage à J. Constant*, Liège 1971, p. 313 et s.
2. Grenoble 13 janv. 1947, *JCP* 1947, II, 3664. V. déjà une définition proche dans P. FIORE, *Droit pénal international*, 1880, p. 586.
3. La première application de la « clause française » a été faite à l'occasion de la convention bilatérale conclue entre la France et les États-Unis le 6 janvier 1909 : pas d'extradition « lorsque la personne réclamée établit que la demande d'extradition a été présentée en réalité dans le but de la juger ou de lui faire exécuter sa peine pour une infraction de caractère politique ».

102 ***Les infractions complexes*** ◇ Traditionnellement, l'attentat à la vie d'un chef d'État est considérée comme une infraction non politique, donc de droit commun et susceptible d'extradition. Cette règle, connue sous le nom de « clause belge », avait été créé par une loi belge de 1856 modifiant la loi du 1er octobre 1833 sur l'extradition[1]. Cette « clause belge », dite aussi « clause d'attentat » allait se retrouver dans tous les traités bilatéraux postérieurs[2]. Elle figure également dans la Convention européenne, dans une forme voisine : en effet, selon son article 3-3, « pour l'application de la présente Convention, l'attentat à la vie d'un chef d'État ou d'un membre de sa famille ne sera pas considéré comme infraction politique ».

On observera que la clause européenne vise le chef d'État (et sa famille), non le chef du Gouvernement (et sa famille). Par conséquent, sera livré l'assassin du chef d'État, mais pas l'assassin du premier ministre, du moins si son geste est politique.

La portée de la clause de l'article 3-3 est cependant réduite par les réserves apportées par divers États. Ainsi le Danemark considère que la question de savoir si l'attentat à la vie d'un chef doit être considéré comme politique « est décidée suivant une appréciation concrète ». La France « se réserve le droit d'apprécier, en fonction des circonstances particulières de chaque affaire, si l'attentat à la vie d'un chef d'État ou d'un membre de sa famille revêt ou non un caractère politique ». La Norvège adopte une réserve similaire.

103 ***Les crimes contre l'humanité et infractions assimilées*** ◇ L'article 3-4 de la Convention européenne de 1957 précise que l'application du présent article (sur les infractions politiques) « n'affectera pas les obligations que les Parties auront assumées ou assumeront aux termes de toute autre convention internationale de caractère multilatéral ». Il y avait là une allusion à la Convention des Nations-Unies de 1948 sur le génocide et aux quatre conventions de Genève de 1949.

Or, un Protocole additionnel à la Convention européenne d'extradition, en date du 15 octobre 1975, est venu apporter plus de clarté à

1. À la suite d'une tentative d'attentat perpétrée en 1854 contre Napoléon III par deux français qui se réfugièrent en Belgique, la France avait réclamé la remise de ces deux individus par la Belgique. Sous la pression de l'opinion, la France retira sa demande. Mais l'émotion avait été telle en Belgique que le législateur intervint en 1856 pour décider que « ne sera pas réputé délit politique... l'attentat contre la personne d'un chef d'un gouvernement étranger ou contre celle des membres de sa famille, lorsque cet attentat constitue le fait soit de meurtre, soit d'assassinat, soit d'empoisonnement ».

2. Même analyse en droit français interne, le meurtre ou l'assassinat d'un chef d'État « étant par sa nature et quelqu'en aient été les motifs, une infraction de droit commun », Crim. 20 août 1932, *affaire Gorguloff, D.* 1932, I, 121 ; J. PRADEL et A. VARINARD, *Les grands arrêts du droit criminel,* I, Dalloz, 2e éd. 1996, n° 27.

l'article 3-4 précité[1]. Dès juin 1969, les personnes chargées de l'application de la Convention de 1957 avaient considéré qu'il existait d'autres circonstances, non indiquées expressément dans l'article 3, à l'occasion desquelles il fallait permettre l'extradition. C'est ainsi que le Protocole de 1975 est venu ajouter d'autres infractions à la liste des infractions qui, aux fins de l'article 3 de la Convention de 1957, ne seront pas considérées comme des infractions politiques. Ce sont :

— Les crimes contre l'humanité prévus par la Convention pour la prévention de la répression au crime de génocide, adoptée le 9 décembre 1948 par l'Assemblée générale des Nations-Unies ;

— Les infractions prévues aux articles 50 de la Convention de Genève de 1949 pour l'amélioration du sort des blessés et des malades dans les forces armées en campagne, 51 de la Convention de Genève de 1949 pour l'amélioration du sort des blessés, des malades et des naufragés des forces armées sur mer, 130 de la Convention de Genève de 1949 relative au traitement des prisonniers de guerre et 147 de la Convention de Genève de 1949 relative à la protection des personnes civiles en temps de guerre ;

— Toutes violations analogues des lois de la guerre en vigueur lors de l'entrée en guerre, en application du présent Protocole et des coutumes de la guerre existant à ce moment, qui ne sont pas déjà prévus par les dispositions visées des Conventions de Genève.

Dans toutes ces hypothèses, l'État requis est donc tenu d'extrader l'auteur de l'infraction (sous réserve évidemment que les autres conditions de la Convention européenne soient remplies).

104 ***Les infractions à caractère terroriste. Convention européenne pour la répression du terrorisme de 1977. Vue générale***[2] ◇ La Convention d'extradition de 1957 doit être combinée avec la Convention sur le terrorisme, faite à Strasbourg le 27 janvier 1977.

La Convention pour la répression du terrorisme de 1977 s'explique par le développement dramatique du terrorisme dans certains États d'Europe, ce fléau du XXe siècle qui se caractérise par son double caractère international et odieux[3].

En mai 1973, lors de sa 25e session, l'Assemblée consultative du Conseil de l'Europe adopte la Recommandation 703 (1973) dans laquelle elle condamne « les actes de terrorisme international qui — quelle qu'en soit la cause — devraient faire l'objet de sanctions pénales en tant qu'actes

1. Actuellement entré en vigueur entre six pays de l'Union européenne : le Danemark, l'Espagne, les Pays-Bas, Chypre, le Portugal et la Suisse. La Grèce, le Luxembourg et la Hongrie l'ont seulement signé.

2. G. Frayssé-Druesne, « La Convention européenne pour la répression du terrorisme », *Rev. gén. dr. internat. pub.* 1978, n° 4, p. 1 et s.

3. Le rapport explicatif de la Convention de 1977 évoque le caractère « particulièrement odieux » de ces crimes, n° 12.

criminels graves entraînant le meurtre ou l'enlèvement de personnes innocentes ou mettant leur vie en danger ». À la suite de cette Recommandation, le Conseil des ministres du Conseil de l'Europe adopte le 24 janvier 1974 la Résolution (74) 3 sur le terrorisme international. Selon ce texte, certains crimes sont tellement odieux quant à leurs méthodes et leurs résultats qu'il est impossible de les ranger dans la catégorie des infractions politiques en sorte que l'extradition doit être possible. Après deux ans de travaux, la Convention sur le terrorisme est signée à Strasbourg le 27 janvier 1977. Elle entre en vigueur le 4 août 1978. Cependant, les États ne sont pas toujours pressés de la ratifier [1]. De plus, beaucoup d'États ont prévu des réserves.

Le principe directeur de la Convention sur le terrorisme est très net. Elle entend « contribuer à la répression des actes de terrorisme lorsqu'ils constituent une attaque contre les droits fondamentaux à la vie et à la liberté des personnes » [2]. C'est pourquoi elle déroge au droit extraditionnel classique en éliminant l'exception à l'extradition pour délit politique. Elle pose en effet une alternative : extrader ou juger, sauf il est vrai à admettre expressément des réserves [3].

105 ***Première branche de l'option : extrader*** ◇ Dans cette première voie, la Convention de 1977 institue une obligation d'extrader ou une faculté de le faire. Certes, lors de l'élaboration du texte conventionnel, deux thèses s'étaient affrontées : celle de l'obligation systématique d'extrader au double motif que c'était à le seul moyen de lutter efficacement contre le terrorisme et que les États européens pouvaient se faire confiance ; celle de la simple faculté d'extrader qui voulait éviter une extradition automatique pour toutes infractions politiques. Mais finalement, on s'arrêta à une solution transitionnelle : une extradition obligatoire pour certaines infractions (art. 1) et une extradition facultative pour d'autres (art. 2).

1° L'extradition *obligatoire* est prévue par l'article 1 de la Convention de 1977 en ces termes : « Pour les besoins de l'extradition entre États contractants, aucune des infractions mentionnées ci-après ne sera considérée comme une infraction politique, comme une infraction connexe à une infraction politique ou comme une infraction inspirée par des mobiles politiques... ». Les expressions « infractions politiques » et « infractions connexes à une infraction politique » sont empruntées à l'article 3-1 de la Convention européenne d'extradition de 1957 qui se

1. La France ne ratifiera cette Convention qu'au bout de dix ans ! V. H. LABAYLE et R. KOERING-JOULIN, « Dix ans après... de la signature (1977) à la ratification (1987) de la Convention européenne pour la répression du terrorisme », *JCP* 1978, I, 3349.

2. Rapport explicatif sur la Convention européenne pour la répression du terrorisme, Conseil de l'Europe, 1977.

3. Dans le principe, il y a là une consécration du principe *aut dedere, aut judicare*, dû à Grotius.

trouve ainsi modifiée dans la mesure où les Parties contractantes à la Convention sur le terrorisme ne peuvent plus considérer comme politiques les infractions visées à son article 1. Quant à l'expression « infraction inspirée par des mobiles politiques », elle évoque la Résolution (74) 3 sur le terrorisme international adoptée par le Conseil des ministres du Conseil de l'Europe le 24 janvier 1974 [1]. Se trouve ainsi très nettement consacrée l'interdiction pour l'État requis d'opposer le caractère politique de l'infraction à toute demande d'extradition provenant d'un État sur le territoire duquel ont été commis certains crimes particulièrement odieux (ou compétent pour les poursuivre). Cela dit, l'article 1 énuméré deux catégories d'infractions.

La *première catégorie* figure aux alinéas a), b) et c). Il s'agit d'infractions déjà incluses dans des traités internationaux :

a) « Infractions comprises dans le champ d'application de la Convention pour la répression de la capture illicite d'aéronefs, signée à La Haye le 16 décembre 1970 » (détournement d'avions) ;

b) « Infractions comprises dans le champ d'application de la Convention pour la répression d'actes illicites dirigés contre la sécurité de l'aviation civile, signée à Montréal le 23 septembre 1971 » ;

c) « Infractions graves constituées par une attaque contre la vie, l'intégrité corporelle ou la liberté des personnes ayant droit à une protection internationale, y compris les agents diplomatiques ».

Le c) énumère diverses infractions contenues dans la Convention de New-York du 14 décembre 1973 sur la protection des personnes jouissant d'une protection internationale, y compris les agents diplomatiques. Cette Convention n'est donc pas expressément visée, contrairement à celles de La Haye et de Montréal. Cela s'explique d'abord parce que la Convention de New-York n'était pas encore entrée en vigueur au moment de l'élaboration de la Convention européenne sur le terrorisme. Seconde raison : la Convention de New-York a un champ d'application plus large que celle sur le terrorisme, couvrant en effet les locaux et moyens de transport des personnes bénéficiant d'une protection internationale, ce que l'article 1 c) ne fait pas [2].

Dans la *deuxième catégorie* figurent des infractions si graves qu'il a été jugé logique de les assimiler à celles de la première catégorie. Les voici indiquées aux alinéas d) et e) :

d) « Infractions comportant l'enlèvement, la prise d'otage ou la séquestration arbitraire ».

e) « Infractions comportant l'utilisation de bombes, grenades, fusées, armes à feu automatiques ou de lettres ou colis piégés dans la mesure où cette utilisation présente un danger pour des personnes » [3].

1. On tourne ainsi le dos au critère subjectif de l'infraction politique, au profit d'un critère objectif, v. B. Bouloc, *Rev. sc. crim.* 1988, p. 338.

2. Rapport explicatif n° 36.

3. Il s'agit selon le texte d'un « danger ». Par conséquent, il importe peu qu'il n'y ait ni mort ni blessures.

Observons enfin que, s'agissant des faits de la première et de la seconde catégorie, le refus d'extradition s'applique non seulement à l'auteur d'une action consommée, mais également à la « tentative de soumettre une des infractions précitées » et à la « participation en tant que coauteur ou complice... » (art. 1 f). Des dispositions identiques figurent dans les Conventions précitées de La Haye, Montréal et New-York. La tentative s'entend uniquement d'une tentative punissable : l'observation est utile à faire car, dans certaines législations, la tentative de commettre une infraction n'est pas toujours punissable.

La Convention sur le terrorisme apparaît donc avoir un domaine très étendu et l'on comprend que des auteurs aient pu écrire que « sans doute se célèbre ici la fin de la criminalité politique en Europe »[1]. N'oublions pas cependant que l'extradition est parfois seulement facultative.

2° Est prévue, aussi par la Convention sur le terrorisme, une extradition *facultative* pour des actes graves, mais non visés à l'article 1. L'extradition de leur auteur est possible en application de l'article 2, les autorités de l'État requis pouvant considérer les faits comme politiques.

Il y a *deux hypothèses* qui sont prévues par l'article 2-1 et 2-2. D'abord, un État peut ne pas considérer comme infraction politique, comme infraction connexe à une infraction politique ou comme infraction à mobile politique « tout acte grave de violence qui n'est pas visé à l'article 1er et qui est dirigé contre la vie, l'intégrité corporelle ou la liberté des personnes ». Ensuite « il en sera de même en ce qui concerne tout acte grave contre les biens autres que ceux visés à l'article 1er lorsqu'il a créé un danger collectif pour des personnes » ; on peut songer au danger résultant de l'explosion d'une installation nucléaire ou d'un barrage[2] ou encore du déraillement d'un train.

De la sorte, trois possibilités s'offrent à l'État requis : ne pas considérer l'infraction comme politique et par conséquent extrader la personne ; ne pas considérer l'infraction comme politique et néanmoins refuser l'extradition de celle-ci ; enfin considérer l'infraction comme politique et en conséquence refuser l'extradition de la personne, en application de la Convention européenne d'extradition.

S'agissant des *modalités de l'infraction*, on retrouve les dispositions de l'article 1 f). L'article 2-3 permet l'extradition non seulement de l'auteur d'une action consommée, mais aussi l'auteur d'une tentative punissable ou d'un complice.

Cette obligation d'extrader n'est pourtant pas absolue.

1. R. Koering-Joulin et H. Labayle, préc. II. A. N'oublions pas cependant que les actes décrits à l'article 1 de la Convention sur le terrorisme ne sont pas des « délits politiques purs », qui portent directement atteinte à l'ordre public comme par exemple la trahison ou l'espionnage, infraction ne tombant pas sous le coup de cette Convention, v. du Jardin, « De quelques particularités de la Convention européenne pour la répression du terrorisme par rapport au droit extraditionnel classique », *RD pén. crim.* 1980, p. 15.

2. Rapport explicatif, n° 41.

106 ***Limites à l'obligation d'extrader*** ◇ On a comparé la Convention sur le terrorisme à un « véritable tigre de papier » [1] en ce qu'il contient deux « clauses échappatoires » [2] la privant partiellement d'efficacité. Ces clauses s'expliquent par le souci de sauvegarder l'indépendance des États. La Convention en connaît deux, l'une figurant à l'article 5 et l'autre à l'article 13.

1° *Selon l'article 5*, « aucune disposition de la présente Convention ne doit être interprétée comme impliquant une obligation d'extrader si l'État requis a des raisons sérieuses de croire que la demande d'extradition » (visant une infraction terroriste) « a été présentée aux fins de poursuivre ou de punir une personne pour des considérations de race, de religion, de nationalité ou d'opinions politiques ou que la situation de cette personne risque d'être aggravée pour l'une ou l'autre de ces raisons ». Il faut y voir une clause générale de sauvegarde des droits fondamentaux de l'homme [3]. Cette clause vise notamment à sauvegarder le droit d'asile. C'est dire à quel point les droits de l'individu peuvent paralyser la procédure d'extradition, même s'il est évident que l'État invoquant l'article 5 doit indiquer à l'État requérant les motifs de son refus [4].

Si la clause de l'article 5 présente un caractère très subjectif et discriminatoire, celle de l'article 13 constitue à l'extradition une limite encore plus nette.

2° *Selon l'article 13-1*, tout État contractant peut formuler des réserves au sujet de l'article 1 qui, on le sait, prévoit une extradition obligatoire : en effet, « tout État peut... déclarer qu'il se réserve le droit de refuser l'extradition en ce qui concerne toute infraction énumérée dans l'article 1 qu'il considère comme une infraction politique, comme une infraction connexe à une infraction politique ou comme une infraction inspirée par des motifs politiques... ». Il peut advenir effectivement qu'un État soit empêché pour des raisons législatives ou constitutionnelles d'accepter les obligations découlant de l'article 1 qui exclue la nature politique de certaines infractions au regard de l'extradition.

Il existe cependant une limite à cette limite. C'est qu'avant d'exprimer la réserve, l'État est appelé à tenir compte de divers éléments avant de statuer sur la demande de l'État tiers. Très exactement, l'État requis aux fins d'extradition doit « prendre dûment en considération, lors de l'évaluation du caractère de l'infraction, son caractère de particulière gravité, y compris : a) qu'elle a créé un danger collectif pour la vie, l'intégrité corporelle ou la liberté des personnes ; ou bien b) : qu'elle a atteint des personnes étrangères aux mobiles qui l'ont inspirée ; ou bien

1. R. Koering-Joulin et H. Labayle, préc., II, B.
2. J. du Jardin, *De quelques particularités*... préc., p. 25.
3. On la retrouve à l'article 3-2 de la Convention européenne d'extradition.
4. Rapport explicatif, n° 51. On sent ici l'influence de la Convention d'extradition de 1957 dont l'article 18-2 prévoit que tout rejet, complet ou partiel, sera motivé.

c) que des moyens cruels ou perfides ont été utilisés pour sa réalisation »[1].

En somme, un État peut, lors de la signature ou au moment du dépôt de son instrument de ratification, prévoir une réserve transformant l'obligation d'extrader en une possibilité de le faire. Et ultérieurement, à l'occasion de l'examen de toute demande, l'État doit y réfléchir à deux fois puisqu'avant de statuer, il doit apprécier le bien fondé de la demande en fonction de certains critères. Malgré la présence de cet examen sur critère, le caractère automatique de l'extradition se trouve gravement atteint. L'obligation n'est plus qu'une simple faculté. Un auteur s'est même demandé si une réserve d'une telle importance est compatible avec le but de la Convention[2]. Cela est d'autant plus vrai que presque tous les États — à l'exception du Royaume-Uni et de l'Allemagne pour ne citer que les deux principaux — ont exprimé cette réserve. Cette atteinte essentielle à l'esprit de principe de la Convention s'explique sans doute par le fait que la « dépolitisation » exprimée à l'article 1 se heurte à la réalité : sociologiquement, le terrorisme est un fait politique.

107 ***Seconde branche de l'option : juger (substitut à l'extradition)*** ◇ Si pour les réserves indiquées aux article 5 et 13 de la Convention sur le terrorisme, l'État requis refuse de livrer l'intéressé, il doit le juger lui-même. Ainsi en décide l'article 7 de cette Convention qui ajoute même que l'affaire sera traitée « sans aucune exception et sans retard injustifié » et qui précise encore que la procédure applicable sera celle en vigueur dans l'État requis.

Cette règle doit être précisée dans sa nature. Elle évoque l'adage bien connu *aut dedere, aut judicare*. Cependant, il ne s'agit pas ici d'une application pure et simple de la maxime. L'État requis n'est pas en présence de deux obligations principales alternatives, mises à égalité. L'État a une obligation principale, celle de livrer, à défaut de quoi il devra juger lui-même : en effet l'obligation de soumettre l'affaire à ses propres juges n'est pour l'État que subsidiaire puisqu'elle suppose un refus préalable d'extrader. Comme on l'a écrit, « la règle *aut dedere, aut judicare* a laissé la place à la règle *primo dedere, secundo punire* »[3].

La règle de l'article 7 entraîne en outre une conséquence. Celle-ci est énoncée à l'article 6 selon lequel « tout État contractant prend les mesures nécessaires pour établir sa compétence aux fins de connaître d'une infraction visée à l'article 1 dans le cas où l'auteur soupçonné de

1. Ce qui est un souvenir du paragraphe 1 de la Recommandation contenue dans la résolution (74) 3 du Comité des ministres.

2. F. TULKENS, « Le délit politique en droit belge et le sort qui y est réservé dans la CERT », *RD pén. crim.* 1980, p. 79 et s., not. p. 129.

3. J.-D. SCHOUWEY, « Conséquences de l'entrée en vigueur en Suisse de l'EIMP en matière de délits politiques et d'insusceptibilité », *RICPT* 1984, p. 81 et s., spéc. p. 88.

l'infraction se trouve sur son territoire et où l'État ne l'extrade pas après avoir reçu une demande d'extradition d'un État contractant dont la compétence de poursuivre est fondée sur une règle de compétence existant également dans la législation de l'État requis ». Les rédacteurs ont voulu permettre plus facilement à l'État requis, qui refuse d'extrader, de juger lui-même. D'où la règle que chaque État contractant aménage son propre droit pour être compétent [1]. Plus précisément, la compétence de l'État requis ne joue qu'à deux conditions : l'auteur soupçonné se trouve sur son territoire et cet État décide de ne pas l'extrader après avoir reçu une demande d'extradition d'un État autre dont la compétence pour poursuivre est fondé sur une règle de compétence existant également dans la législation de l'État requis. Pour que cette seconde condition existe, il faut qu'il y ait une correspondance entre les règles de compétence appliquées par l'État requis et par l'État requérant. Cette condition conduit à limiter l'aptitude de l'État requis à poursuivre et juger un terroriste : en effet, certains État connaissent le principe de la territorialité (infraction commise sur le territoire de ces États) alors que d'autres adoptent le principe personnaliste (infraction commise par des nationaux de l'État, quel que soit son lieu de commission). Ainsi en cas de refus d'extradition formulée par un État désireux d'exercer sa compétence pour connaître une infraction commise par un de ses ressortissants hors de son territoire, cet État n'est obligé de juger que si la législation de l'État requérant prévoit également dans son droit interne qu'un de ses ressortissants agissant hors du territoire est justiciable de ses juridictions [2].

b. Système futur (très favorable à l'extradition)

108 Comme on vient de le voir, la Convention de 1977, outre qu'elle est d'une application complexe sous une apparence de simplicité, a une portée bien plus réduite que ne l'avaient voulu ses auteurs. Non seulement, cet instrument contient des limites au devoir pour l'État requis d'extrader (art. 5 et 13), mais en outre l'article 13 a donné lieu à beaucoup de réserves. Ainsi la Belgique « s'engage à prendre dûment en considération, lors de l'évaluation du caractère de l'infraction, son caractère de particulière gravité » [3]. De son côté, la France déclare que « la lutte à mener contre le terrorisme doit se concilier avec le respect des principes fondamentaux de notre droit pénal et de notre Constitution, laquelle proclame dans son préambule que tout homme persécuté, en raison de

1. À titre d'exemple, une loi française du 16 juillet 1987 a ajouté au code de procédure pénale un article 689-3 permettant de poursuivre en France l'auteur d'un acte terroriste qui a agi hors de France (et qui est arrêté en France). L'article 4 a CP néerlandais donne compétence aux autorités néerlandaises en cas de transmission de la poursuite sur la base d'un traité.

2. Sur les détails, v. rapport explicatif n°s 55 et 56.

3. Réserve faite lors du dépôt de l'instrument de ratification le 31 octobre 1985.

son action en faveur de la liberté, a droit d'asile sur les territoires de la République »[1]. L'Italie, à son tour, « déclare qu'elle se réserve le droit de refuser l'extradition... en ce qui concerne toute infraction énumérée à l'article 1, qu'elle considère comme... politique »[2]. Les Pays-Bas, comme l'Italie, adoptent le principe du refus d'extradition si l'infraction est politique[3]. Aucune réserve il est vrai n'a en revanche été formulée par le Royaume-Uni et l'Allemagne[4].

C'est pourquoi la Convention du 27 septembre 1996, réalisée dans le cadre de l'Union européenne, fait disparaître dans une très large mesure la règle de la non-extradition pour infraction politique[5]. Le principe nouveau est celui-ci : aucune infraction ne peut être considérée par l'État membre requis comme une infraction politique, un fait connexe à une telle infraction ou une infraction inspirée par des motifs politiques (art. 5-1). Il est vrai que les États peuvent admettre une réserve : les États peuvent en effet limiter l'application du principe nouveau aux infractions terroristes et aux faits qualifiés de conspiration ou d'association de malfaiteurs en vue de commettre des infractions de nature terroriste (art. 5-2). Ainsi deux règles sont posées : au minimum, celles des infractions politiques qui sont de nature terroristes doivent donner lieu à extradition, ce qui interdit donc désormais d'invoquer le caractère politique d'une infraction de terrorisme pour rejeter la demande d'extradition[6] ; au maximum toutes les infractions politiques doivent donner lieu à extradition dès lors que l'État requis n'a formulé aucune réserve.

La grande nouveauté est donc que désormais, toute infraction à caractère terroriste doit donner lieu à extradition. Seule limite – et il ne s'agit pas d'une exception – si l'État requis a des raisons sérieuses de croire que la demande d'extradition vise faussement une infraction terroriste et a été formulée en réalité pour poursuivre ou punir une personne pour des considérations de race, de religion, de nationalité ou d'opinions politiques, ou si la situation de cette personne risque d'être aggravée pour l'une ou l'autre de ces raisons, alors l'obligation d'extrader cesse (art. 5-3).

1. Déclaration faite au moment de la signature, le 27 janvier 1977.
2. *Idem.*
3. Réserve et déclaration contenues dans l'instrument d'acceptation déposé le 18 avril 1985.
4. Le Royaume-Uni va même jusqu'à préciser « qu'il s'engage à remplir et à exécuter fidèlement les obligations stipulées dans ladite Convention », v. instrument de ratification déposé le 24 juillet 1978. Sur l'ensemble, v. G. ROUJOU DE BOUBÉE, « La Convention européenne pour la répression du terrorisme et le droit de l'extradition », *RD pén. crim.* 1980, p. 63 et s.
5. Rappelons encore que cette Convention n'est pas en vigueur pour l'instant, faute de ratification par les États.
6. Ce qui constitue un énorme progrès par rapport à la Convention de 1977 qui permettait aux États d'émettre une réserve prévoyant la non-extradition d'un terroriste lorsqu'ils y voyaient un délinquant politique. La Convention de 1996 dispose en effet qu'aucune réserve n'est possible lorsque l'infraction est à caractère terroriste (art. 5-4).

2. Les infractions militaires

109 Selon l'article 4 de la Convention européenne d'extradition de 1957, « l'extradition à raison d'infractions militaires qui ne constituent pas des infractions de droit commun est exclue du champ d'application de la présente Convention ».

La non-extradition concerne uniquement les infractions purement militaires, comme la désertion, mais pas les infractions de droit commun commises par un militaire : ainsi le vol, commis par un militaire dans le service, n'empêche pas l'extradition, dès lors évidemment que les autres conditions de la Convention de 1957 sont remplies [1].

Pourquoi cette exclusion de l'extradition ? C'est que les intérêts des puissances européennes étant peu nets dans le domaine militaire, l'allié d'un jour pouvant devenir l'ennemi le lendemain, les États n'avaient pas à s'entraider au moyen de l'extradition dans la punition des infractions aux lois et règlements militaires de leurs voisins.

Cette raison est si forte que la règle d'exclusion est traditionnelle. Dans les Conventions bilatérales de la première génération (signées avant la première guerre mondiale), les infractions militaires ne sont pas inscrites dans la liste des infractions extraditionnelles. Dans celles de la deuxième génération (signées après la première guerre mondiale), si le système de l'énumération des infractions extraditionnelles est abandonné au profit d'un système de la pénalité applicable, figure une clause particulière décidant que « l'extradition ne sera pas accordée si l'infraction pour laquelle elle est demandée consiste uniquement dans la violation d'obligations militaires ».

3. Les infractions financières

110 Les Conventions bilatérales (antérieures à 1957) excluaient systématiquement l'extradition pour infractions fiscales, douanières et de change, tout comme pour les infractions militaires. Cependant, l'évolution en droit européen va être différente : à l'inverse de ce qui se passe pour les infractions militaires, pour lesquelles le principe de non-extradition subsiste, les infractions fiscales, douanières et de change sont de plus en plus sujettes à extradition.

La Convention d'extradition de 1957 reste certes très prudente. En son article 5, elle décide que « en matière de taxes et impôts, de douane, de change, l'extradition sera accordée, dans les conditions prévues par la présente Convention, seulement s'il en a été ainsi décidé entre Partie contractantes pour chaque infraction ou catégorie d'infractions ». Un arrangement préalable est donc nécessaire entre les Parties pour que

1. R. KOERING-JOULIN, *Jurisclasseur de droit pénal international, Conventions internationales répressives*, fascicule 406-2, mars 1986, n° 92.

l'extradition soit possible. Cette prudence s'explique pas les différences considérables entre les diverses législations.

Mais, avec le second Protocole additionnel à la Convention de 1957, en date du 17 mars 1978, un pas est franchi. Cet instrument tend en effet « à faciliter l'application en matière d'infractions fiscales de la Convention européenne d'extradition »[1]. Le Protocole, en son article 2, « tend à fondre ces infractions dans la délinquance ordinaire, afin de renforcer la coopération répressive internationale dans ce domaine sensible »[2]. Plus précisément, cet article 2 du Protocole abroge l'article 5 de la Convention de 1957 pour lui substituer le texte suivant : « En matière de taxes et impôts, de douane et de change, l'extradition sera accordée entre les Parties contractantes, conformément aux dispositions de la Convention, pour les faits qui correspondent, selon la loi de la Partie requise, à une infraction de même nature ». L'extradition peut donc désormais avoir lieu indépendamment de tout arrangement conclu entre les Parties contractantes. Il suffit que soit respecté le principe de la double incrimination (déjà examiné) ainsi que celui du taux de la peine applicable (qui va l'être). Et même l'extradition devient obligatoire.

Cette évolution doit être approuvée. Il faut en effet traquer les délinquants économiques en raison du tort qu'ils causent à la société. Voici une personne qui se soustrait délibérément au paiement d'une taxe ou d'un impôt dans l'État requérant en faisant figurer des informations inexactes dans un document servant de base à une décision de l'administration fiscale, et imaginons que cette personne vive dans un autre pays ou gagne ce pays. Cette personne pourra être extradée si le même type de fraude est punissable dans l'État requis, même si la législation de cet État ne correspond pas exactement à celle de l'État requérant[3]. L'État requis ne pourrait pas en effet refuser l'extradition au motif d'une différence entre les deux droits : le nouvel article 5 de la Convention de 1957, non seulement parle « d'infraction de même nature », mais encore ajoute que « l'extradition ne pourra être refusée pour le motif que la législation de la Partie requise n'impose pas le même type de taxes ou d'impôts, ou ne contient pas le même type de réglementation en matière de taxes ou d'impôts, de douane et de change que la législation de la Partie requérante »[4].

Enfin, la Convention de Schengen, en date du 19 juin 1990, en son article 63 décide que les Parties contractantes s'engagent à s'extrader

1. V. exposé des motifs du Protocole, *in limine*.

2. A. Huet et R. Koering-Joulin, *Droit pénal international*, préc., p. 376.

3. Rapport explicatif in deuxième Protocole additionnel.

4. Cependant ce deuxième Protocole sur les infractions fiscales n'est pas entré en vigueur entre tous les États de l'Union européenne membres du Conseil de l'Europe. C'est pour assurer l'application du principe d'extradition obligatoire que la Convention du 26 septembre 1996 (de l'Union européenne) dispose qu'en matière de taxes et impôts, de douane et de change, donnent lieu à extradition les faits qui correspondent selon la législation de l'État requis à une infraction de même nature (art. 6-1).

entre elles les individus poursuivis pour infractions douanières, infractions à la taxe à la valeur ajoutée et infractions aux règlements relatifs aux droits d'accises. Ainsi, la Convention de Schengen assimile des infractions aux infractions de droit commun.

C. La gravité de l'infraction

1. Les principes généraux

111 Ces principes sont au nombre de trois.

1° Depuis 1945, les conventions bilatérales n'appréciaient plus la gravité de l'infraction par voie d'énumération, mais selon un barème général de gravité abstraite, fondé sur le taux de la peine. C'est ce système de la clause générale qu'adopte la Convention européenne d'extradition de 1957, qu'il s'agisse de l'extradition à fin de jugement ou à fin d'exécution de la condamnation. Selon l'article 2-1 de cette Convention, la *règle principale* est la suivante : pour l'extradition à fin de jugement, il faut que l'infraction soit punie abstraitement d'une peine ou d'une mesure de sûreté privative de liberté d'au moins un an [1] ; pour l'extradition à fin d'exécution, il faut que la sanction concrètement prononcée ait été d'une durée d'au moins quatre mois de privation de liberté. Ces deux taux valent pour les deux États, le requis et le requérant dans la Convention d'extradition.

Cependant, ce système va en partie disparaître avec la Convention du 27 septembre 1996 [2], du moins en ce qui concerne la peine encourue. Désireux de réduire au maximum les motifs de refus d'extradition, les rédacteurs de cette Convention ont considéré que la relative clémence de l'État requis ne devait pas forcément empêcher l'extradition vers l'État requérant, quand la loi de ce dernier prévoit une peine permettant normalement l'extradition. Se trouve donc abandonné le principe de la gravité unique de l'infraction pour les deux États. Plus précisément, en vertu de l'article 2-1, donnent lieu à extradition, les faits punis par la loi de l'État requérant d'une peine privative de liberté ou d'une mesure de sûreté privative de liberté d'un maximum d'au moins douze mois et par la loi de l'État requis d'une peine privative de liberté ou d'une mesure de sûreté privative de liberté d'au moins six mois. En somme, si une double incrimination est toujours nécessaire, l'importance des taux minima de gravité n'ont plus besoin d'être les mêmes.

2° À la règle principale, il faut ajouter des extensions. La première est relative à la pluralité d'infractions (cumul réel d'infractions ou réité-

1. C'était déjà le taux retenu par la Convention bilatérale de 1951 entre la France et l'Allemagne.

2. Quand elle entrera en vigueur évidemment.

ration d'infractions). Lorsque certaines de ces infractions n'atteignent pas les taux conventionnels précités, l'extradition est possible pour le tout. On parle souvent « d'extradition accessoire » pour désigner celle qui s'applique à ces « petites » infractions.

Plus précisément, « la Partie requise aura la faculté d'accorder également l'extradition » pour les infractions en deçà des taux (art. 2-2). C'est à cause du caractère facultatif de cette extension de l'extradition que tous les experts l'ont acceptée.

Voici maintenant une seconde extension qui intéresse encore ces « petites » infractions non punissables de privation de liberté. À vrai dire, cette situation n'est pas prévue par la Convention de 1957 en sorte que nulle extradition accessoire n'est possible pour celles des infractions punissables seulement d'une amende ou d'une peine autre non privative de liberté. Pourtant ces infractions peuvent causer un préjudice social assez important. C'est pourquoi le second Protocole additionnel, signé le 17 mars 1978, a inclus ces infractions dans la catégorie des infractions donnant lieu à extradition accessoire. Ainsi l'article 1 du Protocole décide que « la faculté de l'extradition accessoire est également applicable aux faits qui ne sont passibles que d'une sanction de nature pécuniaire »[1], ce qui montre que cette seconde extension ne concerne que l'extradition à fin de poursuite et ce qui pose un problème d'interprétation de cette expression sur la nature de la sanction. Par « sanction de nature pécuniaire », il faut entendre non seulement les véritables infractions pénales punies d'amende (ou d'une autre peine pécuniaire), mais aussi les manquements punis de sanctions qui ne sont pas strictement pénales, c'est-à-dire les infractions administratives comme les infractions aux prescriptions d'ordre (*Ordnungswidrigkeiten* du droit allemand). Grâce au Protocole du 17 mars 1978, toutes ces infractions, purement ou quasi pénales, peuvent donc donner lieu à extradition accessoire, si l'État requis le veut bien.

3° Enfin le principe que l'extradition est possible à partir d'un certain seuil de peine encourue ou prononcée comporte des *restrictions*. Les conventions européennes connaissent, on le sait, la notion de réserves, qui permettent à tout État en souscrivant, de ne pas appliquer telle disposition.

La Convention de 1957 connaît d'abord les réserves générales de l'article 26 dont par exemple la France a fait application à propos de l'article 2-1. Alors que l'article 2-1 retient les seuils minima d'un an (extradition aux fins de poursuite) et de quatre mois (extradition aux fins d'exécution de la condamnation), la France a remonté le seuil à deux ans pour l'extradition aux fins de poursuite[2].

1. Encore faut-il que cette « petite » infraction soit prévue et sanctionnée tant par la loi de l'État requis que par celle de l'État requérant, même s'il n'est pas indispensable que la sanction soit exactement la même, v. rapport explicatif du Protocole.

2. V. *supra*, sous le même numéro pour la combinaison de cette réserve et de l'article 61 de la Convention de Schengen du 19 juin 1990.

En outre, la Convention en question consacre des cas particuliers de réserve en son article 2, paragraphes 3 et suivants. Ces paragraphes décident d'abord que l'État, dont la législation n'autorise pas l'extradition pour certaines infractions entrant dans le champ d'application du premier paragraphe sur les seuils minima (1 ans et 4 mois), n'aura pas l'obligation de rendre son droit national conforme à la Convention puisqu'il pourra se borner à exclure les infractions en question du champ de l'extradition, quitte à se voir opposer la réciprocité par toute autre Partie (art. 2-7). Cette exclusion, l'État la notifie au secrétariat général du Conseil de l'Europe qui en communique la teneur aux autres signataires (art. 2-4). Et si ultérieurement, d'autres infractions viennent à être exclues de l'extradition par une Partie contractante dans sa propre législation, cette Partie doit notifier cette nouvelle exclusion au secrétariat général (art. 2-5). Bien évidemment, toute Partie peut revenir sur ses exclusions (art. 2-6).

Cependant, l'intérêt des réserves va disparaître avec la ratification de la Convention du 27 septembre 1996 : en effet, contrairement à la Convention de 1957, celle de 1996 ne prévoit pas la possibilité de réserves étatiques. Cette dernière dispose qu'elle ne peut faire l'objet d'aucune réserve, hormis celles qu'elle prévoit expressément (art. 17). Or, s'agissant des infractions pouvant donner lieu à extradition, aucune possibilité de réserve n'est prévue [1].

2. **Les cas particuliers**

112 1° Le fait pour un État de conserver *la peine de mort* fait-il obstacle à ce que lui soit remis un délinquant, passible de cette peine ou condamné à cette peine, par un État qui a aboli dans sa législation cette sanction ? Certes la question a plus d'intérêt en droit international général qu'en droit européen puisque, dans le continent européen, la peine de mort a quasiment disparu. Il faut pourtant parler de ce problème car, même en Europe, la peine de mort n'a pas totalement disparu.

La réponse est donnée par l'article 11 de la Convention d'extradition : « Si le fait à raison duquel l'extradition est demandée est puni de la peine capitale par la loi de la Partie requérante et que, dans ce cas, cette peine n'est pas prévue par la législation de la Partie requise, ou n'y est généralement exécutée, l'extradition pourra n'être accordée qu'à la condition que la Partie requérante donne des assurances jugées suffisantes par la Partie requise que la peine capitale ne sera pas exécutée ». Il ne faut pas qu'un État ayant aboli dans sa législation le châtiment capital soit indirectement le « complice » obligé de l'application de cette peine. De là, l'idée des « assurances » que la peine de mort ne sera pas exécutée si elle est déjà ou risque d'être prononcée.

1. La réserve précitée des deux ans minimum, signée par la France, disparaîtra donc.

Cette disposition a donné lieu à un certain nombre de réserves de la part des États. Par exemple, l'Espagne refuse l'extradition « sauf si la Partie requérante offre des garanties considérées comme suffisantes par la Partie requise que l'on n'impose pas la peine de mort ou si elle est imposée, qu'elle ne sera pas exécutée »[1]. La Suisse se réserve le droit d'appliquer l'article 11 par analogie également dans le cas où le droit de la Partie requérante prévoit que le prévenu peut... être astreint à subir une peine portant atteinte à son intégrité corporelle ou être soumis contre son gré à une mesure de cette nature »[2] : ainsi les garanties prévues pour la peine de mort sont étendues à des peines ou mesures portant atteinte au corps lui-même. La France avait elle aussi adopté une réserve en s'autorisant à refuser l'extradition pour « des peines plus sévères que les peines ou mesures de sûreté privatives de liberté »[3]. Avec le quasi-effondrement de la peine de mort, ces réserves n'ont plus guère d'intérêt.

Il faut évoquer ici le fameux arrêt *Soering c/Royaume-Uni*, rendu par la CEDH le 7 juillet 1989. Le nommé Soering, auteur de deux assassinats commis aux USA se trouvait en Angleterre lorsque les USA sollicitaient de cet État son extradition. La Cour s'y opposa, non d'ailleurs en considérant cette mesure comme contraire à l'ordre public européen (Protocole n° 6 additionnel à la Convention des droits de l'homme, qui exclut cette peine), mais en visant l'article 3 de la Conv. EDH qui prohibe les peines ou traitement inhumain ou dégradant et qui, à ce titre est contraire à la « très longue période à passer dans le couloir de la mort » (§ 111); en somme, ce n'est pas à titre direct, mais par le biais indirect du « syndrome de la mort » que la Cour de Strasbourg déclare irrégulière l'extradition[4]. On retrouvera cet arrêt dans la deuxième partie.

2° Avec la Convention du 27 septembre 1996, apparaît un *second cas particulier*, lié au type de sanction de l'infraction, ce type étant considéré à deux égards. D'abord, l'extradition ne peut être refusée au motif que la législation de l'État requis ne prévoit pas le même type de mesure de sûreté privative de liberté que la législation de l'État requérant (art. 2-2). Comme on l'a écrit, « l'imagination créatrice d'un État membre pour ce qui est du type de peine applicable à certains faits, n'est donc plus

1. Réserves et déclarations consignées dans l'instrument de ratification déposé le 7 mai 1982.

2. Réserves et déclarations consignées dans l'instrument de ratification déposé le 20 décembre 1966.

3. Réserves et déclarations consignées dans l'instrument de ratification déposé le 10 février 1986.

4. L.-E. Pettiti, *Rev. sc. crim.* 1989, 787 (commentaire fondamental) ; F. Sudre, *RGDI publ.* 1990, 99 ; H. Labayle, *JCP* 1990, I, 3452 ; M. Chiavario, « Peine de mort et extradition : la perspective européenne et les chemins de la Cour constitutionnelle italienne », *Études en l'honneur de Dominique Poncet*, Genève, 1997, p. 155 et s. ; W.-J. Ganshof Van der Meersch, *RTDH* 1990, p. 5.

susceptible d'entraîner un refus d'extradition de la part d'autres États membres »[1]. Ensuite, l'extradition aux fins de poursuite ne peut être refusée au motif que la demande s'appuie sur une décision de l'autorité judiciaire de l'État requérant visant à priver une personne de sa liberté en la plaçant dans un lieu autre qu'un établissement pénitentiaire (art. 4).

§ 3. Conditions quant à la procédure

A. La compétence

113 S'agissant de l'*État requis*, il peut refuser d'extrader « l'individu à raison d'une infraction qui, selon sa législation, a été commise en tout ou en partie sur son territoire ou en un lieu assimilé à son territoire » (art. 7-1 de la Convention d'extradition). C'est l'application du principe territorialiste qui donne compétence à l'État sur le territoire duquel une infraction a été commise en tout (territorialisme *stricto sensu*) ou en partie (ubiquité). En somme au lieu de livrer le délinquant à un État tiers, l'État de refuge le jugera lui-même. La Convention européenne applique ici très facilement un principe classique.

C'est évidemment la Partie requise qui apprécie, selon sa législation, si l'acte a été commis sur son territoire, les difficultés principales apparaissant avec les infractions commises sur un navire ou un aéronef[2].

S'agissant de l'*État requérant*, sa compétence en droit commun se fonde sur le fait que l'infraction a été commise soit sur son territoire (compétence territoriale) soit à l'étranger par un national de cet État (compétence personnelle active), soit encore par un étranger lorsque la loi autorise les juges de l'État requérant à la juger, par exemple lorsque sont en jeu les intérêts de l'État requérant (compétence personnelle passive). La Convention européenne est proche de ce système, tout en précisant à son article 7-2 : « Lorsque l'infraction motivant la demande d'extradition aura été commise hors du territoire de la Partie requérante, l'extradition ne pourra être refusée que si la législation de la Partie requise n'autorise pas la poursuite d'une infraction du même genre pour l'infraction faisant l'objet de la demande ». Cette disposition s'explique par le fait que certaines législations n'autorisent pas l'extradition pour une infraction commise hors du territoire de la Partie requérante[3].

1. D. Richard, « Une contribution européenne aux tendances actuelles du droit extraditionnel : la Convention du 27 septembre 1996 », *JCP* 1997, I, 3899, n° 9.
2. Rapport explicatif, commentaire sous l'art. 7.
3. Rapport explicatif, commentaire sous l'art. 7.

B. La procédure au sens strict

Il existe dans la Convention de 1957 plusieurs obstacles procéduraux à l'extradition dont l'absence constitue en quelque sorte des conditions procédurales au jeu de cette institution. Quels sont ces obstacles ?

1. L'autorité de la chose jugée

114 Une procédure d'extradition peut-elle prospérer lorsqu'une décision a déjà été prise à propos des mêmes faits, notamment par l'État requis ? Un certain flou règne sur ce point. Une première thèse, sévère, veut qu'aucun État dans lequel un acte punissable a été commis ne soit empêché d'engager des poursuites contre l'auteur de cet acte au prétexte que les faits ont déjà été sanctionnés dans un autre État : le droit de poursuivre est un attribut de la souveraineté et l'État d'infraction est l'État dans lequel la preuve est plus aisée à administrer. Une seconde thèse considère au contraire que le délinquant serait exposé à un traitement injuste et inéquitable s'il était poursuivi une seconde fois ou s'il devait purger une seconde fois une peine. C'est cette seconde opinion que consacre le droit européen.

Trois situations doivent cependant être distinguées [1].

1° Première hypothèse : les faits ont déjà fait l'objet d'une décision de la part de l'État requis. La Convention d'extradition répond à cette hypothèse en considérant trois cas de figure. Si la Partie requise est en train d'exécuter des poursuites, elle a la faculté de refuser l'extradition (art. 8) ; bien que cet article ne le dise pas, le bon sens commande d'admettre que si l'État requis accepte de livrer le justiciable à l'État requérant, il est tenu d'arrêter la poursuite. Si la Partie requise a déjà décidé de ne pas engager de poursuites (classement sans suite) ou de les arrêter (non-lieu), elle peut, là encore, refuser l'extradition (art. 9, 2e phrase). Enfin si la Partie requise a déjà jugé définitivement l'individu réclamé, l'extradition est automatiquement exclue (art. 9, 1re phrase) : peu importe que la décision soit de condamnation, de relaxe ou d'acquittement, d'exemption ou de dispense de peine, à la condition bien sûr que cette décision soit définitive [2]. Certaines conventions bilatérales exigent, pour que l'extradition soit refusée, qu'il y ait eu déjà exécution de la condamnation ou prescription, ou encore grâce [3] ; rien de tel n'est exigé dans l'article 9 en sorte que le seul fait d'une décision au fond devenue définitive exclut automatiquement l'extradition.

1. M. Pralus, « Étude en droit pénal international et en droit communautaire d'un aspect du principe *non bis in idem : non bis* », *Rev. sc. crim.* 1996, p. 551 et s., not. 572 et s.

2. Toutes voies de recours étant donc exclues. Mais le jugement rendu par défaut n'est pas définitif, indique le rapport explicatif.

3. G. Levassseur et H. Bonnard, *Jurisclasseur de droit international, Extradition,* fascicule 405 B-4, n° 36.

2° Seconde hypothèse : les faits ont déjà fait l'objet d'une décision de l'État requérant. Les rédacteurs de la Convention européenne n'ont pas jugé utile d'inscrire le principe de l'autorité de la chose jugée car « tous les pays membres du Conseil de l'Europe connaissent la règle dans leur droit interne » [1]. On admettra donc sans hésitation que l'État requis devra opposer une fin de non-recevoir à la demande d'extradition. Sauf à observer que les magistrats de l'État requis devront se prononcer sur le point de savoir s'il y a bien chose jugée, c'est-à-dire si les faits sont bien les mêmes [2].

3° Troisième hypothèse enfin : les faits ont déjà donné lieu à un jugement dans un État tiers. La Convention d'extradition de 1957 est silencieuse sur cette question et la position la plus fréquente des conventions bilatérales récentes est de laisser une grande liberté d'appréciation à l'État requis : ainsi la chose jugée dans un État tiers laisse l'État requis libre d'accueillir ou de rejeter la demande d'extradition. La règle *non bis in idem*, pourtant frappée au coin du bon sens, devient une règle d'opportunité ; ce qui réduit singulièrement sa portée. Pourtant, ne pas extrader et se retrancher derrière l'adage risque de faire de l'État requis le « complice d'acquittements de complaisance » [3], risque de lui conférer « un pouvoir arbitraire » [4]. C'est sans doute pour ces raisons que les rédacteurs de la Convention de 1957, par prudence, ont préféré ne pas traiter cette question.

On pourrait suggérer peut-être qu'à l'échelle européenne, les États pourraient s'entendre pour admettre la chose jugée des décisions rendus par l'un d'eux. C'est bien ce qu'avait décidé déjà le premier Protocole additionnel à la Convention de 1957, en date du 15 octobre 1975. Mais cet instrument n'est en vigueur qu'entre vingt-sept États et il reste prudent. En son titre 2, ce Protocole complète la Convention de 1957 interdisant l'extradition quand un jugement définitif a été rendu dans l'État requis, par une règle supplémentaire selon laquelle l'extradition ne sera pas accordée non plus en cas de jugement déjà rendu dans un État tiers. Cependant, des limites sont posées à cette autorité de chose jugée : l'interdiction d'extrader ne joue pas si l'infraction a été commise sur le territoire de l'État requérant ni dans le cas d'infractions déterminées ayant été commises contre les intérêts particuliers de l'État requérant ni si la personne à extrader « avait elle-même un caractère public dans l'État requérant » ; seules les décisions ayant la forme d'un jugement excluent l'extradition.

2. Les causes d'extinction de l'action publique

115 On examinera successivement la prescription et l'amnistie.

1° La *prescription* est une cause bien connue d'extinction, au moins dans les États d'Europe continentale. C'est pourquoi l'article 10 de la

1. A. Huet et R. Koering-Joulin, préc., n° 253, p. 363.
2. C. Lombois, *Droit pénal international*, 2e éd., Dalloz 2e éd. 1979, n° 455.
3. C. Lombois, préc., n° 454.
4. F. Julien-Laferrière, note sous CE 9 mai 1994, *Hejli*, *AJDA* 1994, 751.

Convention d'extradition de 1957 exclut l'extradition en cas de prescription. La formule employée est même très large, visant les deux États et englobant aussi la prescription de la peine : « L'extradition ne sera pas accordée si la prescription de l'action ou de la peine est acquise d'après la législation soit de la Partie requérante, soit de la Partie requise ».

Cela étant rappelé, trois précisions doivent être faites. D'abord on peut admettre que la prescription dans le droit de la Partie requérante n'a pas à être appréciée par la Partie requise, celle-ci devant toutefois s'adresser directement à l'autre Partie pour savoir s'il y a ou non prescription [1]. Ensuite, on peut admettre, dans le silence de l'article 10, que la date à laquelle on doit se placer pour savoir si la prescription est acquise, est le jour de la demande d'extradition : c'est à ce moment en effet que commence la procédure et c'est bien cette date que retiennent les praticiens en droit interne pour savoir si la poursuite est possible au regard de la prescription de l'action publique. Enfin, toujours dans le silence de la Convention de 1957, on doit se demander quel effet attacher aux cause de suspension et d'interruption de la prescription de l'action publique. La lacune a été comblée par la Convention de Schengen du 19 juin 1990 : elle prévoit que l'interruption et la suspension, au regard de l'extradition, sont appréciées selon les dispositions légales de la Partie requérante exclusivement (art. 62-1). Il en résulte une raréfaction des rejets des demandes d'extradition par la Partie requise.

Cependant, la conception de la Convention de 1957 est critiquable : la prescription étant une cause automatique de refus d'extradition, il suffit à l'auteur de l'infraction de se réfugier dans un État dont la législation prévoit des délais brefs de prescription, pour se trouver à l'abri de toute poursuite. Cette attitude est d'autant plus choquante que l'État de refuge peut n'avoir aucun lien avec l'infraction. C'est pourquoi la Convention du 27 septembre 1996 dispose que l'extradition ne peut être refusée au motif qu'il y a prescription de l'action ou de la peine selon la législation de l'État requis. Le progrès est certain car l'ancien système favorisait la constitution de lieux de refuge en fonction de la diversité des législations nationales sur le délai de la prescription. Cependant, la règle nouvelle est tempérée par le jeu d'un principe connu : l'État requis peut refuser l'extradition lorsqu'il est compétent selon sa propre loi pénale (art. 7, 8-2 Conv. 27 sept. 1996). En conséquence, la législation de l'État requis, relative aux délais de prescription, peut s'appliquer et empêcher l'extradition vers l'État requérant : alors le délinquant échappera à la justice pénale à la fois de l'État requérant (pour cause de compétence de l'État requis) et de l'État requis (pour cause de prescription) [2] !

1. Rapport explicatif de la Convention.
2. On rappellera que la Convention de 1996 n'est pas encore applicable, faute d'avoir été ratifiée par les États.

2° Quant à l'amnistie, elle n'est pas évoquée dans la Convention de 1957. Là encore la lacune a été comblée ultérieurement, grâce cette fois au deuxième Protocole additionnel de 1978. À vrai dire, on doit distinguer selon le législateur ayant octroyé l'amnistie. Celle qui est prononcée dans l'État requérant n'est pas envisagée car, ont estimé les auteurs du Protocole, il n'est pas possible (et en tous cas déraisonnable) qu'un État sollicite l'extradition d'une personne pour une infraction qu'il aurait amnistiée précédemment. Si d'aventure, un État requérant agissait, l'État requis, logiquement, n'accéderait pas à sa demande [1]. Quant à l'amnistie prononcée dans l'État requis, l'article 4 du second Protocole dispose que « l'extradition ne sera pas accordée pour une infraction couverte par l'amnistie dans l'État requis si celui-ci avait compétence pour poursuivre cette infraction selon sa propre loi pénale ». Les auteurs de la Convention du 27 septembre 1996, soucieux de réduire les cas de non-extradition, ont adopté un système voisin : le refus d'extrader l'auteur d'une infraction amnistiée dans l'État requis ne peut intervenir que si ce dernier avait compétence pour poursuivre cette infraction selon sa propre loi pénale (art. 9). En somme, l'amnistie chez l'État requis n'exclut pas forcément l'extradition.

3. Le respect des droits de la défense

116 Il faut avant tout s'entendre sur le concept des droits de la défense : il ne s'agit pas ici de ceux qui sont incorporés à la procédure d'extradition [2], mais ceux qui se situent en amont ou en aval de la demande d'extradition. La Convention de 1957 est totalement muette là-dessus. À deux égards cependant, l'idée de droits de la défense apparaît.

En premier lieu, des réserves ont été faites à propos de la Convention de 1957 elle-même. Ainsi la France, à propos de l'article 1 qui affirme l'obligation d'extrader, a voulu s'affranchir de cette contrainte en cas de violation des droits de la défense. Exactement, la réserve rappelle que « l'extradition ne sera pas accordée lorsque la personne réclamée serait jugée dans l'État requérant par un tribunal n'assurant pas les garanties fondamentales de procédure et de protection des droits de la défense, ou par un tribunal institué pour son cas particulier, ou lorsque l'extradition est demandée pour l'exécution d'une peine ou d'une mesure de sûreté infligée par un tel tribunal... ». Ainsi, la France, État requis, rejette la demande si la procédure pénale interne de l'État requérant ne respecte pas des droits de la défense et si son organisation judiciaire connaît des juridictions d'exception dont l'une pourrait connaître des cas de l'individu dont l'extradition est demandée.

1. De rares conventions bilatérales abordent la question. Ainsi celle du 9 juillet 1975 entre France et Autriche dispose en son article 8 que « l'extradition n'est pas accordée si une amnistie est intervenue dans l'État requérant ».
2. V. *infra*, n° 117.

En second lieu, la question des jugements rendus par défaut, c'est-à-dire rendus sans que le condamné ait comparu en personne à l'audience [1] et donc sans qu'il ait pu assurer sa défense, a été considérée, non par la Convention de 1957, mais par le second Protocole additionnel de 1978. Selon l'article 3 du Protocole, « la Partie requise peut refuser d'extrader... si, à son avis, la procédure de jugement n'a pas satisfait aux droits minimum de la défense reconnus à toute personne accusée d'une infraction » [2]. Cependant, le Protocole en revient au principe de l'extradition obligatoire si « la Partie requérante donne des assurances jugées suffisantes pour garantir à la personne... le droit à une nouvelle procédure de jugement qui sauvegarde les droits de la défense », ce qui veut dire que la Partie requérante peut exécuter le jugement si le condamné ne fait pas opposition ou le poursuivre s'il fait opposition. La disposition sur les « assurances jugées suffisantes » évoque l'article 11 de la Convention de 1957, relatif à la peine de mort. Le fait de reconnaître le défaut comme obstacle éventuel à l'extradition trouve sa source dans une réserve à la Convention d'extradition, formulée par les Pays-Bas et selon laquelle l'extradition ne sera pas accordée s'il apparaît que l'intéressé n'a pas pu exercer ses droits énoncés à l'article 6-3 c de la Conv. EDH. Enfin, ce qui renforce encore la protection de la personne dont l'extradition est réclamée, l'article 3 du second Protocole rappelle que la communication à l'État requis du jugement par défaut ne vaut pas notification par l'État requérant. Cette ultime disposition tend à empêcher que la personne à extrader ne soit confrontée à un délai d'opposition très court alors que la procédure de la remise peut durer longtemps.

SOUS-SECTION 2. **Déroulement de l'extradition**

117 ***Vue générale*** ◇ Selon le droit classique — conventions bilatérales et lois internes — la procédure décrite comporte deux temps : celui de la demande d'extradition, formulée par l'État requérant à l'État requis, puis celui de l'examen de cette demande par l'État requis. Dans le droit européen, la Convention du Conseil de l'Europe, en date du 13 décembre 1957, présente un visage contrasté : d'un côté elle abandonne au droit national de la Partie requise la procédure elle-même (procédure y com-

1. V. la définition de l'article 21-2 de la Convention européenne sur la valeur internationale des jugements répressifs.

2. Comp. dans le même esprit la jurisprudence du Conseil d'État français à propos de la régularité de décrets d'extradition, v. not. CE 26 sept. 1984, *Lujambio-Goldeano, JCP* 1985, II, 20346, concl. Genevois et note Jeandidier, « Le système judiciaire espagnol respecte les droits et libertés fondamentaux de la personne humaine ainsi que l'exigent les principes généraux de l'extradition » ; 27 févr. 1987, *D.* 1988, somm. 133, obs. Waquet et Julien-Laferrière, pour un individu condamné en Italie par contumace, l'ordre public français n'est pas troublé dès lors que l'accusé a bénéficié d'un défenseur et a pu exercer un recours contre cette condamnation.

pris droits de la défense) ainsi que l'arrestation provisoire (art. 22), ce qui traduit une grande discrétion de sa part ; de l'autre elle traite, avec un luxe de détails qui frappe l'observateur, le reste de la matière comme la demande d'extradition. Ce système détaillé est en même temps très lourd. C'est pourquoi la Convention de 1957 a été plusieurs fois retouchée sur des points particuliers par le Protocole additionnel (de 1978) et par la Convention de Schengen (de 1990), tous textes actuellement en vigueur.

De la sorte aujourd'hui, il existe un schéma qui est issu de la Convention de 1957, toujours valable dans le principe, mais aménagé, ou mieux simplifié sur certains points. Cependant, ce schéma sera remplacé par celui de la Convention de l'Union européenne du 10 mars 1995 quand celle-ci aura été ratifiée [1]. Alors la procédure sera plus simple et plus rapide encore.

§ 1. Le régime actuellement en vigueur (Convention européenne de 1957 modifiée)

A. La requête

118 Le régime lourd imaginé en 1957, qu'on peut appeler ordinaire, a été simplifié par la Convention de Schengen de 1990 sur certains points.

1. Régime ordinaire

L'État requérant adresse une demande à l'État requis.

a. Voie d'acheminement

119 Selon l'article 12-1 de la Convention de 1957, « la requête sera formulée par écrit et présentée par la voie diplomatique. Une autre voie pourra être convenue par arrangement direct entre deux ou plusieurs Parties ». La Convention prévoit donc un principe et une exception : un principe qui est celui de la transmission par la voie diplomatique, faisant intervenir les ministres de la justice et des affaires étrangères des deux États (ce qui est conforme à la tradition des traités bilatéraux) ; une exception commandée par l'idée de célérité, qui implique l'appel aux seuls ministères de la justice, voire à la voie consulaire [2].

1. C'est la Convention établie sur la base de l'article K 3 TUE (31 TUE Amsterdam), relative à la procédure simplifiée d'extradition entre les États membres de l'Union européenne. Quoique signée par tous les États membres de l'Union européenne, elle n'est pas encore ratifiée par tous les États membres et ne se trouve donc être en vigueur qu'entre les États l'ayant déjà ratifiée. Elle est publiée au *JOCE* du 30 mars 1995, n° C 78-1.
2. Rapport explicatif.

L'exception est cependant d'un maniement malaisé car elle implique un arrangement direct « entre les Parties ». Aussi, le second Protocole additionnel a-t-il prévu, en son article 5, que la requête sera adressée par le ministère de la justice de la Partie requérante à son homologue de la Partie requise. Sans doute, la voie diplomatique n'est ni interdite, ni exclue. Mais, la voie nouvelle qui n'était en 1957 qu'un mode exceptionnel et conditionnel, devient le mode ordinaire et normal avec le Protocole de 1978 [1].

b. Pièces jointes

120 À la requête, sont annexées diverses pièces que la Partie requérante est tenue de produire à l'appui de celle-ci. L'article 12-2 de la Convention de 1957 énumère ces pièces :

— L'original ou l'expédition authentique soit d'une décision de condamnation (pour l'extradition à fin d'exécution d'une condamnation) soit d'un mandat d'arrêt ou de tout autre acte ayant la même force, délivré selon les formes prescrites par la loi de la Partie requérante (pour l'extradition à fin de condamnation) ;

— Un exposé des faits pour lesquels l'extradition est demandée, avec la qualification légale et la référence aux textes correspondants ;

— Une copie des dispositions légales applicables, applicables ou à défaut, une déclaration sur le droit applicable ainsi que le signalement aussi précis que possible de l'individu réclamé et tous autres renseignements permettant de déterminer son identité et sa nationalité.

De cette énumération, il ne se déduit pas nécessairement que l'extradition doive être demandée suite à une décision préalable d'une autorité judiciaire puisque le texte de l'article 12-2 parle de « mandat d'arrêt *ou de tout autre acte ayant la même force* ». Pourtant les rédacteurs de la Convention ont constaté que la plupart des États n'accordent l'extradition qu'après une décision judiciaire. En pratique, la pièce fondamentale annexée à la requête est bien de nature juridictionnelle, à savoir une décision de condamnation ou un mandat d'arrêt appelé mandat d'arrêt international, signé par un juge, et plus précisément par un juge d'instruction là où il existe.

c. Questions diverses

121 Si l'État requis considère que les *informations contenues dans la requête et les pièces annexées à celle-ci sont insuffisantes* pour lui permettre de prendre une décision, il peut demander à l'État requérant de lui four-

1. Ce mode de transmission des demandes d'extradition a été adopté sur la base de l'article 15-1 de la Convention européenne d'entraide judiciaire en matière pénale. Il était déjà consacré par l'article 11-1 du Traité Benelux d'extradition de 1962.

nir des renseignements complémentaires, le cas échéant en lui impartissant un délai pour le faire (art. 13 de la Convention de 1957).

Quant à la *langue employée*, l'article 23 de la Convention de 1957 indique que les pièces seront rédigées soit dans celle de la Partie requérante, soit dans celle de la Partie requise, cette dernière pouvant réclamer une traduction dans la langue officielle du Conseil de l'Europe qu'elle choisira.

Reste la question plus délicate du *concours de requêtes*. Parfois, plusieurs États, simultanément compétents pour connaître des faits, formulent une demande d'extradition auprès de l'État sur le territoire duquel l'intéressé s'est réfugié. Si les autorités judiciaires de l'État requis donnent un avis sur l'extradition, il faut savoir selon quel critère le gouvernement se décidera et si ses autorités prennent la décision, il faut savoir selon quel critère elles la prennent. Pour résoudre ce problème, les lois internes et les conventions bilatérales donnent des indications. Par exemple, la loi française du 10 mars 1977 distingue comme suit : si les diverses demandes visent la même infraction, la prééminence est donnée indifféremment « à l'État contre les intérêts duquel l'infraction était dirigée ou à celui sur le territoire duquel elle a été commise » ; si les demandes font état d'infractions différentes, la prééminence se fait en fonction de « toutes circonstances de fait et, notamment, de la gravité relative et du lieu des infractions, de la date respective des demandes, de l'engagement qui sera pris par l'un des États requérants de procéder à la reextradition ».

C'est ce dernier critère que retient la Convention européenne quelle que soit l'hypothèse considérée. Selon l'article 17 en effet, « si l'extradition est demandée concurremment par plusieurs États, soit pour le même fait, soit pour des faits différents, la Partie requise statuera compte tenu de toutes les circonstances et notamment de la gravité relative et du lieu des infractions, des dates respectives des demandes, de la nationalité de l'individu réclamé et de la possibilité d'une extradition ultérieure à un autre État ». Beaucoup de conventions bilatérales disent la même chose, sauf parfois à ajouter le critère de la nationalité du délinquant. Il en découle que, selon la Convention européenne, les autorités de l'État requis jouissent d'une grande latitude.

2. **Régime simplifié**

122 C'est dans le cadre de l'Union européenne qu'un système simplifié a été conçu.

La première manifestation de ce régime simplifié[1] apparaît avec la *Convention de Schengen* de 1990 dont l'article 66 permet l'extradition sans procédure formelle en cas de consentement de l'intéressé. Une pro-

1. La seconde, celle de la Convention de 1995 sera examinée plus bas, v. *infra*, n°s 63 et s.

cédure simplifiée peut être autorisée en cas d'accord de l'intéressé, accord consigné dans un procès verbal établi devant un magistrat et après audition par celui-ci pour l'informer de son droit à une procédure formelle d'extradition. La personne réclamée peut se faire assister d'un avocat au cours de son audition. L'intéressé peut renoncer explicitement à la protection qui lui est offerte par le principe de spécialité [1], sa renonciation étant irrévocable. Voilà une procédure très nouvelle par rapport à celle de la Convention de 1957 qui l'ignorait totalement.

B. L'arrestation provisoire

123 L'arrestation provisoire est une privation de liberté de la personne dont l'extradition est demandée, cette privation s'effectuant avant la demande même d'extradition et étant commandée par l'urgence.

Elle ne doit pas être confondue avec l'arrestation préventive [2]. Pratique coutumière créée par Interpol, elle permet avant toute demande judiciaire d'arrestation provisoire de faire procéder par la police à la recherche, à l'appréhension et à une brève garde à vue du suspect dont l'arrestation provisoire sera ultérieurement demandée. L'arrestation préventive, mesure de localisation et de « fixation » du suspect est donc le préalable éventuel de l'arrestation provisoire. Concrètement, l'autorité judiciaire demanderesse de l'extradition établit une note de recherche qu'elle adresse au Bureau central national (BCN) de son pays. Celui-ci établit une demande de diffusion en vue de l'extradition qu'il adresse au secrétariat général d'Interpol qui, à son tour, l'adresse aux divers BCN des pays susceptibles d'abriter le suspect. C'est cette transmission effectuée par Interpol à ces BCN qui constitue le titre permettant de rechercher et d'arrêter pour quelques heures (la durée de la garde à vue) l'intéressé. Dès que l'arrestation préventive est effectuée, le BCN du pays de refuge informe Interpol qui à son tour, informe le BCN du pays demandeur. Et c'est alors que les autorités judiciaires de ce dernier peuvent solliciter l'extradition et, en pratique, en premier lieu l'arrestation provisoire, l'intéressé étant maintenant localisé. L'arrestation préventive existe à la fois en droit pénal européen et dans le droit pénal international traditionnel.

Les *conditions de l'arrestation provisoire* sont énoncées à l'article 16-1, 2 et 3. Il faut d'abord qu'il y ait urgence (« en cas d'urgence » dit *ab initio* l'article 16-1 de la Convention européenne d'extradition). Le cas d'urgence doit être apprécié évidemment par la Partie requérante [3]. Il faut ensuite une demande formulée par le requérant aux autorités de l'État requis, cette demande appelant trois remarques. Premièrement, la

1. V. *infra*, n°s 132 et s.

2. V. sur l'arrestation préventive, A. Huet et R. Koering-Joulin, préc., n° 274, p. 393. Précisons toutefois que cette pratique est appliquée en France mais pas dans tous les autres États.

3. Rapport explicatif

demande indique l'existence de l'un des titres permettant l'extradition (mandat d'arrêt, décision de condamnation), fait état de l'intention d'envoyer une demande d'extradition et mentionne l'infraction pour laquelle l'extradition sera réclamée (avec circonstances de commission, de temps et de lieu, ainsi que si possible signalement de l'individu recherché). Deuxièmement, la demande est adressée à l'État requis soit par la voie diplomatique, soit par la voie postale ou télégraphique, soit par Interpol, soit même par tout autre moyen laissant une trace écrite ou admis par la Partie requise (art. 16-3). Enfin troisièmement, quel est le rôle de l'autorité requise lorsqu'elle a reçu la demande ? Elle doit évidemment informer sans délai l'autorité requérante (art. 16-3 *in fine*) et elle doit statuer sur cette demande. D'ailleurs en disant qu'elle statue sur la demande, on ne veut pas dire qu'elle est toujours tenue de procéder à l'arrestation car l'on veut dire seulement qu'elle se décidera en fonction de sa législation (art. 16-1 *in fine* et 22 *in fine* de la Convention) : dès lors, si la loi interne oblige à l'arrestation, celle-ci s'effectuera et si la loi interne laisse libres les autorités requises, celles-ci apprécieront.

Quant à la *cessation de l'arrestation provisoire*, la matière est traitée en partie par l'article 16-4 et 5 de la Convention. Selon ce texte, si à l'expiration d'un délai de dix-huit jours après l'arrestation, l'État requis n'a pas reçu la demande d'extradition ainsi que les pièces de la procédure indiqués à l'article 12 de la Convention, l'individu pourra être remis en liberté. Et si à l'expiration d'un délai de quarante jours, l'État requérant n'a toujours rien envoyé, l'intéressé devra être libéré. En somme, l'inertie de l'État demandeur entraîne la libération de l'intéressé dans un délai compris entre dix-huit et quarante jours. Toutefois, la mise en liberté ne s'oppose pas à une nouvelle arrestation et si la demande d'extradition parvient ultérieurement, une autre question que celle de l'inertie de l'État demandeur peut se poser, c'est la demande d'élargissement formée par l'intéressé. Rien n'est prévu directement par la Convention, sauf à remarquer que son article 22 dispose que la procédure et l'arrestation provisoire sont régis par la loi de l'État requis. Par conséquent, l'individu arrêté provisoirement et désireux de recouvrer sa liberté devra se soumettre à la loi de l'État d'arrestation ou requis.

§ 2. **Le régime probable de demain (Conventions de l'Union européenne de 1995 et 1996)**

124 ***Vue générale*** ◇ Le système qu'on vient de décrire est lourd, même s'il a été un peu amélioré par la Convention de Schengen de 1990[1]. Ainsi,

1. Et en outre peu favorable à l'extradition, les motifs de la refuser étant nombreux.

dans le cadre de l'Union européenne, deux Conventions importantes ont été établies [1] : celle du 10 mars 1995 et celle du 27 septembre 1996 déjà évoquées, mais sur lesquelles il faut revenir encore car elles comportent des aspects procéduraux. On observera que ces deux conventions, avant leur pleine entrée en vigueur, sont déjà applicables entre les États membres ayant déposé des déclarations d'application (respectivement art. 16-3 et 18-4).

L'idée générale de ces deux Conventions est celle d'une grande simplification aux fins d'une plus grande célérité. L'intitulé de la première est révélateur puisqu'elle est « relative à la procédure simplifiée d'extradition entre les États membres de l'Union européenne ». En l'élaborant, le Conseil JAI fit porter ses efforts surtout sur les cas dans lesquels l'intéressé consent à son extradition. Il ressortait en effet des statistiques, que dans plus de 30 % des cas, les individus consentaient à leur extradition sans que pour autant la durée de la procédure soit nécessairement réduite. Aussi la Convention de 1995 pose-t-elle le principe suivant : en cas d'accord de l'État requis et de l'intéressé, la remise de celui-ci se fait sans que soit présentée une demande d'extradition en bonne et due forme, ce qui reviendrait à supprimer la procédure d'extradition. Plus précisément, « les États membres s'engagent à se remettre selon la procédure simplifiée telle que prévue par la présente Convention, les personnes recherchées à des fins d'extradition, moyennant le consentement de ces personnes et l'accord de l'État requis, donnés conformément à la présente Convention » (art. 2). La seconde Convention, du 27 septembre 1996, apporte quelques simplifications, sans évidemment remettre en cause le droit précédent.

On observera que l'accélération de la procédure, ainsi réalisée, n'ôte rien aux garanties procédurales classiques. L'exposé des motifs de la Convention de 1996 indique en effet : « Les États membres ont un intérêt commun à s'assurer que les procédures d'extradition fonctionnent d'une manière efficace et rapide dans la mesure où leurs systèmes de gouvernement sont fondés sur les principes démocratiques et où les États membres respectent les obligations fixées par la Convention de sauvegarde des droits de l'homme et des libertés fondamentales signée à Rome le 4 novembre 1950 » [2]. La procédure d'extradition se déroule donc dans le respect des droits de l'homme.

Il faut enfin préciser que ces deux conventions ne font pas table rase du droit actuel [3]. Elles renvoient souvent aux conventions qui leur sont antérieures et même la Convention de 1996, en son article 1, indique que

1. Sur la base de l'article K 3 du traité sur l'Union européenne (31 et 34 TUE Amsterdam), qui permet au Conseil d'établir des conventions dont il recommandera l'adoption par les États membres, rappelons-le.

2. Rappelé par Y. Gautier, « La Convention du 27 septembre 1996 relative à l'extradition entre les États membres de l'Union européenne », *Europe*, éd. du Juris-Classeur, déc. 1996, p. 2.

3. C'est donc une raison de plus justifiant qu'un paragraphe lui ait été consacré.

« la présente convention a pour objet de compléter les dispositions et de faciliter l'application entre les États membres de l'Union européenne d'un certain nombre de textes précédents qui sont énumérés » (Convention européenne d'extradition de 1957 ; Convention européenne pour la répression du terrorisme de 1977 ; Convention du 19 juin 1990 d'application de l'Accord de Schengen de 1985 ; Traité d'extradition et d'entraide judiciaire en matière pénale unissant les trois États du Benelux de 1962).

A. Schéma général de la procédure

125 Il faut avant tout indiquer que selon la Convention de 1996, chaque État désigne une *autorité centrale* chargée de transmettre et de recevoir les demandes d'extradition et les documents requis à l'appui de ces demandes, ainsi que toute autre correspondance officielle relative aux demandes (art. 13-1 de la Convention de 1996) [1]. Ainsi disparaît la voie diplomatique, prévue par la Convention de 1957, et qui est d'une grande lourdeur.

Cela dit, la procédure se déroule en trois stades.

Premier stade : c'est celui du lancement de la procédure par la voie d'une demande d'arrestation provisoire visée à la Convention de 1957. À cette demande, est assimilée l'introduction d'un signalement dans le système d'information Schengen (SIS) [2] : en effet, selon l'article 64 de la Convention de Schengen, un signalement dans le SIS a le même effet qu'une demande d'arrestation provisoire au sens de l'article 16 de la Convention de 1957.

Deuxième stade : c'est celui de la décision de l'État requis. Sans doute, celui-ci est-il tenu de déférer à la demande (v. art. 2 de la Convention de 1995, « Les États membres s'engagent à se remettre... les personnes recherchées à des fins d'extradition... »). Mais encore faut-il que l'État requis procède à certaines formalités, notamment pour s'assurer que la demande est recevable.

La Convention de 1995 a construit un système procédural accéléré dès lors que l'intéressé et l'État requis [3] donnent leur consentement à l'extradition. Afin que la personne recherchée puisse donner un consentement libre et éclairé, l'article 4 de la Convention de 1995 énumère certains renseignements que doit remettre l'État requérant à l'autorité centrale : identité de la personne recherchée, autorité qui demande l'arrestation, existence d'un mandat d'arrêt ou d'un jugement exécutoire, description des circonstances de l'infraction, dans la mesure du possible

1. *Add.* la Convention de 1996 qui prévoit que les documents peuvent être adressés par télécopie avec utilisation d'un dispositif cryptographique (art. 13-3 et 4) et que pour garantir l'authenticité des pièces d'extradition, l'autorité centrale de l'État requérant déclare dans sa demande qu'elle certifie la conformité avec les originaux des pièces transmises (art. 13-5).

2. V. *infra*, n° 152.

3. L'accord de l'État requis est presque systématiquement donné par une juridiction (la chambre de l'instruction en France).

les conséquences de l'infraction. À partir de là, la personne concernée donne son accord, et cela dès sa mise en détention provisoire. Ce consentement est donné devant les autorités judiciaires compétentes de l'État requis conformément au droit interne de celui-ci (art. 7-1). Lors de l'entrevue avec l'autorité judiciaire, l'intéressé peut se faire assister d'un conseil (art. 7-2). Donné, le consentement est irrévocable, sauf possibilité pour les États, d'adopter une réserve sur la révocabilité (art. 7-4). L'État requis communique immédiatement à l'État requérant le consentement de la personne (art. 8-1). L'État requis doit agir ainsi dans les dix jours suivant l'arrestation provisoire, ce qui permettra à l'État requérant de présenter une demande d'extradition (art. 8-1).

Cette procédure rapide, imaginée en 1995, suppose cependant l'accord de l'intéressé, ce qui limite son champ d'application. C'est pourquoi en 1996, la seconde Convention, inspirée par le même esprit de célérité, s'applique à tous les cas, même en cas d'absence de consentement.

Troisième stade : c'est celui de la remise du détenu à l'État requérant. Arrêté provisoirement, l'intéressé doit être remis à l'État requérant. Le délai normal de la remise est de 40 jours, à compter du jour qui suit le jour du consentement. Et ce délai de 40 jours se subdivise en deux périodes de 20 jours. La première période constitue le délai maximum de communication par l'État requis à l'État requérant de la décision d'extradition. La seconde période constitue le délai maximum de la remise effective de la personne, ce délai courant à compter de la date de communication de la décision par l'État requis. À l'issue de ce délai, la personne concernée, si elle est détenue, est remise en liberté sur le territoire de l'État requis : voilà un excellent moyen de faire respecter les délais.

Il faut ajouter un aménagement destiné à répondre aux cas de force majeure. À l'intérieur du premier délai de 20 jours (délai à compter du consentement de l'État requérant), est prévu un nouveau délai de 10 jours à compter du consentement de la personne, destiné à informer l'État requérant de l'accord ou du refus d'accord de la personne. Cette information est importante car, en cas d'accord, l'État requérant peut suspendre immédiatement la préparation de la demande formelle d'extradition (évoquée à l'article 12 de la Convention de 1957), demande qui serait indispensable en cas de refus de la part de l'intéressé. Ainsi, par le jeu cumulé des délais de 10 et de 20 jours précités, il restera à l'État requérant 10 jours avant l'échéance de 40 jours (au sens de l'article 16 de la Convention de 1957) pour présenter une demande formelle.

Les dispositions relatives aux délais ne s'appliquent pas quand la personne est poursuivie dans l'État requis pour une autre cause ou doit purger une peine pour un autre fait et que cet État entend faire usage des dispositions de la Convention de 1957 sur la remise ajournée ou conditionnelle (art. 19).

Enfin la Convention résout deux cas où l'intéressé consent à son extradition en dehors des conditions prévues aux articles 3 à 11 de la Convention de 1957 :

— La personne donne son accord après l'expiration du délai de 10 jours de la Convention de 1995, mais avant l'expiration du délai de 40 jours prévu par la Convention de 1957 et avant qu'une demande formelle d'extradition ait été présentée par l'État requérant : alors l'État requis met en œuvre la procédure simplifiée ;

— La personne consent après présentation d'une demande formelle d'extradition, que cette demande ait été précédée ou pas d'une demande d'arrestation provisoire : alors l'application de la procédure simplifiée est facultative, chaque Partie devant déclarer lors de la ratification si elle entend utiliser la voie simplifiée dans de tels cas.

B. Complications particulières dans la procédure

126 Deux complications peuvent se présenter.

1° La première, la plus fréquente, résulte du cas où les États requérant et requis ne sont pas limitrophes. L'intéressé doit alors *transiter* par un État tiers. Les deux Conventions de 1995 et 1996 allègent sensiblement la procédure créé par la Convention de 1957 (sans supprimer évidemment la nécessité de l'accord de l'État de transit).

Selon la Convention de 1995, les règles suivantes sont posées (art. 14). En cas d'urgence, la demande de passage peut être adressée par tous moyens laissant une trace écrite à l'État de transit, accompagnée des renseignements énumérés à l'article 4 (identité de la personne recherchée, autorité demandant l'arrestation, etc.). Les renseignements figurant à l'article 4 sont suffisants pour permettre à l'autorité compétente de l'État de transit de savoir s'il s'agit d'une procédure simplifiée d'extradition et de prendre à l'encontre de la personne extradée les mesures de contrainte nécessaires à l'exécution du transit.

Plus importante et plus précise est la Convention de 1996. Les demandes de transit n'ont à contenir que les renseignements suivants : identité de la personne extradée ; existence d'un mandat d'arrêt ou d'un acte ayant la même force juridique, ou d'un jugement exécutoire ; nature et qualification légale de l'infraction ; description des circonstances de l'infraction, y compris la date et le lieu (art. 16 a). On voit que par rapport à la Convention de 1957, l'allégement est réel : ainsi, alors que la Convention de 1957 requiert la transmission de l'original ou de l'expédition authentique d'une décision de condamnation exécutoire, ou d'un mandat d'arrêt, la Convention de 1996 se contente de la mention de l'existence de ces pièces. Ajoutons que la demande de transit ne suppose plus le recours à la voie diplomatique. Désormais en effet, la demande de transit et les renseignements qui l'accompagnent peuvent être adressés à l'État de transit « par tout moyen permettant d'en conserver une trace écrite » et « l'État membre de transit fait connaître sa décision par le même procédé » (art. 16 b) [1].

1. La télécopie peut être utilisée.

2° La seconde complication provient d'une insuffisance des informations communiquées par la Partie requérante à la Partie requise, d'où la nécessité d'un *complément d'information*. La voie diplomatique prévue par la Convention de 1957, peut désormais être évitée. Selon l'article 14 de la Convention de 1996, à tout moment, l'État membre peut déclarer que, dans le cadre de ses relations avec les autres États membres ayant fait la même déclaration, les autorités judiciaires de ces autres États peuvent, s'il y a lieu, s'adresser directement à ses propres autorités judiciaires pour solliciter un complément d'information.

Les Conventions de 1995 et 1996 ainsi que la Convention de 1957 sont amenées à perdre de l'intérêt alors pourtant que les deux conventions précitées vont très prochainement entrer en vigueur. Le système futur sera beaucoup plus simple et même révolutionnaire en excluant le droit de veto opposé par l'exécutif à une demande d'extradition. Plus précisément, l'extradition en tant que technique de coopération traditionnelle d'État à État sera remplacée par un système d'exécution directe d'une décision judiciaire dans l'ensemble de l'Union européenne ; il s'agit de ce que l'on appelle déjà le *mandat d'arrêt européen* appelé à régir les rapports entre États membres de l'Union.

Quelques précisions s'imposent. Le Conseil JAI, en novembre 2001, a élaboré un texte qui a été présenté les 6 et 7 décembre 2001 aux ministres des quinze États de l'Union. Tous (l'Italie après hésitations) l'ont accepté. Ce projet provisoire est déjà détaillé. Selon l'article 1, « le mandat d'arrêt européen est toute décision judiciaire émise pour qu'il soit procédé à l'arrestation et à la remise d'une personne recherchée pour l'exercice de poursuites pénales ou pour l'exécution d'une peine ou d'une mesure privative de liberté ». Un tel mandat n'implique pas - grande nouveauté - une réciprocité d'incrimination : il suffit que les faits soient incriminés dans l'État d'émission. Ce mandat ne peut être utilisé que pour un nombre déterminé d'infraction, la liste donnée par l'article 2 étant du reste très longue et débordant un peu le concept de criminalité organisée, allant du terrorisme à l'escroquerie. La future institution implique une transmission et un traitement directs d'autorité judiciaire à autorité judiciaire au sein de l'Union [1] ; l'exécution s'effectue directement sur le territoire de l'État d'exécution, dans un délai maximum de 90 jours, de la décision prise par l'autorité de l'État d'émission, ce qui exclut toute procédure de validation dans l'État requis. Le projet prévoit cependant des motifs de non-exécution du mandat d'arrêt, notamment en cas d'amnistie dans l'État d'exécution ou lorsque la personne a déjà été condamnée dans cet État pour les faits visés au mandat.

1. Si l'autorité judiciaire d'émission ne connaît pas l'autorité judiciaire d'exécution, elle peut saisir les points de contact du Réseau judiciaire européen.

Ce projet, encore sujet à retouches, devrait aboutir à une décision-cadre courant 2002. Et, probablement en 2003, cet instrument serait applicable et se substituerait aux actuelles conventions qui seraient abrogées [1].

SOUS-SECTION 3. Effets de l'extradition

127 ***Questions qui se posent*** ◇ Les ouvrages de droit pénal international traitent ordinairement, au titre des effets de l'extradition, deux questions : celle des effets « normaux » de l'extradition et celle de l'annulation de l'extradition, la nullité étant en général invoquée par l'extradé au moment où il va être livré par l'État requis à l'État requérant. La question de la nullité n'est pas traitée par la Convention européenne de 1957, s'agissant d'une question de procédure qui, selon son article 22, est de la compétence de la loi nationale de l'État requis. Reste donc à examiner la question des effets « normaux » de l'extradition. Ceux-ci n'ont pas été modifiés depuis 1957. La source de la matière est donc constituée par la Convention de 1957. Et cette matière est composée d'obligations pesant sur chacun des deux États [2].

§ 1. Obligations de l'État requis

A. Remise de l'extradé

1. Principe

128 Le siège de la matière est l'article 18 qui reprend largement la Convention franco-allemande d'extradition du 29 décembre 1951.

Dès que la Partie requise a pris sa décision, elle en informe la Partie requérante. S'il s'agit d'un rejet, la décision est motivée et s'il s'agit d'une acceptation [3] — ce qui est le cas le plus fréquent — la Partie requise informe la Partie requérante des modalités de la remise (lieu et date

1. Du moins en ce qui concerne les relations entre États membres de l'Union, les relations entre ces États et les États tiers restant régies par l'actuel bloc conventionnel du Conseil de l'Europe.

2. Quant aux frais engagés par la procédure d'extradition, il est admis que chaque État supporte les dépenses occasionnées sur son territoire (art. 24 de la Convention de 1957).

3. Sauf s'il considère que les conditions de l'extradition ne sont pas remplies, l'État requis est tenu de livrer l'individu. L'article 1er de la Convention de 1957 est intitulé « Obligation d'extrader » et il commence par les mots « Les Parties contractantes s'engagent à se livrer réciproquement... les individus qui sont poursuivis... ».

notamment) ainsi que la durée de la détention subie dans le cadre de la procédure d'extradition [1].

Si l'individu n'a pas été reçu par la Partie requérante à la date indiquée par la Partie requise, la Convention de 1957 a prévu, dans un souci du respect des libertés, une mesure qui n'est pas sans rappeler celle de l'article 16-4 sur l'arrestation provisoire. Plus exactement, selon l'article 18-4 de la Convention, si l'individu réclamé n'a pas été reçu par la Partie requérante à la date indiquée par la Partie requise, il pourra être mis en liberté après un délai de quinze jours et il sera mis obligatoirement en liberté au bout de trente jours, son extradition pouvant être refusée pour le même fait. Toutefois, ajoute l'article 18-5, en cas de force majeure, la Partie requise en informera la Partie requérante et les deux Parties conviendront d'une nouvelle date.

2. Modalités spéciales

La Convention en prévoit deux, l'ajournement de l'extradition ou l'imposition de conditions d'une part (art. 19) et le transit d'autre part (art. 21).

129 ***Les modalités de l'article 19*** ◇ Beaucoup de Conventions bilatérales avaient, avant la Convention européenne, prévu déjà un ajournement de la remise du délinquant. L'article 19 de la Convention européenne reprend cette disposition qui permet à l'État requis de poursuivre immédiatement le délinquant et/ou de lui faire exécuter sa peine.

Au lieu de décider l'ajournement, la Partie requise peut remettre à la Partie requérante l'intéressé immédiatement, mais sous la condition d'une reextradition ultérieure « dans des conditions à déterminer d'un commun accord ». Ainsi la poursuite et/ou l'exécution de la peine par l'État requis n'auront lieu qu'après les opérations similaires menées par l'État requérant.

130 ***La modalité de l'article 21*** ◇ Il s'agit du transit en vertu duquel la remise de l'intéressé s'effectue en utilisant le territoire ou l'espace aérien d'un État tiers (mais contractant).

Sur le *principe*, le transit est admis par l'article 21, encore que lors des travaux préparatoires, les experts se sont divisés. Pour certains, le transit devrait être soumis à des conditions moins sévères que l'extradition elle-même, alors que d'autres entendaient que les conditions soient

1. Ce qui pourra être utile en cas de condamnation à la privation de liberté, le temps passé sous écrou extraditionnel s'imputant sur la durée de la peine, dans la plupart des législations.

toujours les mêmes [1]. Ce sont en gros les tenants de la deuxième thèse qui l'ont emporté, à ceci près que l'État de transit peut refuser le passage de l'extradé s'il s'agit d'un ressortissant de l'État de transit (§ 2).

Ainsi l'article 21 ne contient des *modalités* que dans la mesure où le particularisme du cas de figure du transit impose l'adoption de certaines précisions. Selon le § 1, le transit sera accordé sur demande adressée comme toute autre demande d'extradition, c'est-à-dire par voie diplomatique ou par toute autre voie convenue amiablement entre les Parties comme l'indique l'article 12-1 auquel renvoie justement l'article 21-1. De même, selon le § 3 de l'article 21, la production des pièces accompagnant une demande d'extradition sera nécessaire, ce texte renvoyant à l'article 12-2 qui énumère ces pièces. L'article 21-3 réserve toutefois le cas de transit par voie aérienne, qui est traité séparément par le § 4 selon la distinction suivante : si un atterrissage n'est pas prévu sur le territoire de l'État de transit, la Partie requérante l'avertira et attestera l'existence de la décision de condamnation ou du mandat d'arrêt ; si un atterrissage est prévu, la Partie requérante adressera à l'État de transit une demande régulière de transit.

Pendant les travaux préparatoires, une discussion s'était instaurée pour savoir si le transport d'individu à bord d'un navire ou d'un aéronef, ayant la nationalité d'un pays autre que celle de la Partie requérante ou de la Partie requise, devait être assimilé au transit à travers le territoire de ce pays autre. Le débat ayant conduit à des distinctions subtiles (moyen de locomotion touchant des ports d'État tiers ou en traversant seulement les eaux territoriales ; navire appartenant à un particulier ou à un État, etc.), les experts décidèrent de ne pas toucher à ce point [2].

Enfin, selon le § 6 de l'article 21, le transit de l'intéressé ne sera pas effectué à travers un pays « où il y aurait lieu de croire que sa vie ou sa liberté pourraient être menacées en raison de sa race, de sa religion, de sa nationalité ou de ses opinions politiques ».

Bien que la Convention n'en souffle mot, c'est à la Partie requérante qu'appartient la charge d'assumer le transit et de régler en accord avec les autorités du pays de transit, toutes difficultés. En outre, la Partie requérante informera la Partie requise qu'un transit pourra avoir lieu [3].

B. Remise des objets

131 En même temps qu'elle livre l'individu, la Partie requise remet à la Partie requérante les « objets » dont parle l'article 20 de la Convention. Il s'agit des objets liés à la commission de l'infraction comme les pièces à conviction ou le produit de l'infraction, qu'ils aient été découverts sur

1. Rapport explicatif, commentaire sous l'art. 21.
2. Rapport explicatif, *idem*.
3. Selon l'avis du Comité des experts, v. rapport explicatif.

le délinquant lors de son arrestation ou ultérieurement. Toutefois, il y a de nombreuses limites à la remise des objets, mais aussi des extensions. Les limites en premier lieu : d'abord, la Partie requise remet ces objets... dans la mesure permise par sa législation. Il y a en effet dans beaucoup de législations des objets qui doivent être détruits parce que dangereux pour la santé notamment. Seconde limite : la Partie requise peut garder temporairement les pièces saisies au cas de procédure pénales en cours ou encore les remettre sous condition de restitution. Enfin, sont réservés les droits de la Partie requise ou des tiers sur les objets saisis. Il est prévu en second lieu une extension : la remise des objets est effectuée même si l'extradition déjà accordée ne pourrait avoir lieu pour cause de mort ou d'évasion.

§ 2. **Obligations de l'État requérant**

A. **Spécialité de l'extradition**

1. **Suivant la Convention européenne de 1957**

a. **Principes**

132 Selon une règle classique du droit extraditionnel, l'individu qui aura été livré ne peut être ni poursuivi, ni jugé, ni mis en détention, pour un fait autre que celui ayant motivé l'extradition. L'article 14-1 de la Convention européenne d'extradition reprend fidèlement cette règle : « L'individu qui aura été livré ne sera ni poursuivi, ni jugé, ni détenu en vue de l'exécution d'une peine ou d'une mesure de sûreté, ni soumis à toute autre restriction de sa liberté individuelle, pour un fait quelconque antérieur à la remise, autre que celui ayant motivé l'extradition... ».

Cette règle s'explique par l'existence d'un accord entre les deux États, accord portant sur une infraction déterminée [1]. Subsidiairement, on peut invoquer l'intérêt du justiciable qui extradé pour une infraction A serait ensuite poursuivi pour une infraction B, ce qui pourrait le gêner dans sa défense. Et pourtant, la règle de spécialité est très loin d'être absolue [2].

1. Notamment, il faut noter que les Conventions excluent toutes les infractions politiques. Il ne faudrait donc pas que l'extradition ayant été accordée pour un délit non politique permette à l'État requérant de juger ensuite l'individu pour un délit politique, v. D. Poncet et P. Gully-Hart, « Le principe de la spécialité en matière d'extradition », *RID pén.* 1991, p. 199 et s., not. p. 201.

2. B. Bouloc, « Le principe de spécialité en droit pénal international », *Mélanges D. Holleaux*, Litec 1990, p. 13 et s.

b. Limites

133 On peut en citer deux : la première est relative aux mesures conservatoires et la seconde est relative à la modification de la qualification.

S'agissant des *mesures conservatoires*, l'article 14-2 décide : « toutefois, la Partie requérante pourra prendre les mesures nécessaires en vue d'une part d'un renvoi éventuel du territoire, d'autre part d'une interruption de la prescription conformément à sa législation, y compris le recours à une procédure par défaut ». Comme l'indique le rapport explicatif, il faut bien autoriser ces mesures « puisqu'un État aurait pu les prendre si l'individu inculpé n'avait pas été extradé ». Et le rapport poursuit en donnant l'exemple du jugement par défaut que peut prendre l'État requérant relativement à une infraction autre que celle ayant motivé l'extradition.

Le vrai est que l'on veut concilier le principe de spécialité et les nécessités de la répression. Pour y parvenir, auteurs et juges ont inventé le concept d'individu « réputé absent », pour les infractions commises avant extradition et autres que celle ayant motivé cette mesure. Sont donc légitimes tous actes judiciaires n'impliquant pas la présence ou un rôle actif de l'intéressé comme un jugement par défaut ou par contumace[1]. Ainsi l'action publique peut être mise en mouvement, la prescription est interrompue par des actes d'investigation aussi bien que de poursuite, et le juge d'instruction peut agir[2]. En revanche, sont nuls tous actes qui impliquent la présence de l'intéressé, qu'elle soit active comme un interrogatoire[3] ou même une signification[4] ou encore à plus forte raison une opposition[5] ou qu'elle soit passive comme une garde à vue ou une détention provisoire[6].

Reste la question de la modification de la qualification. Est-ce que dans le cadre d'une extradition sollicitée aux fins de poursuite, le juge de l'État requérant peut modifier la qualification qui avait été donnée dans la demande et plus généralement dans les actes de la procédure d'extradition ? L'article 14-3 de la Convention apporte une réponse à cette question en précisant : « Lorsque la qualification donnée au fait incriminé sera modifiée au cours de la procédure, l'individu extradé ne sera poursuivi ou jugé que dans la mesure où les éléments constitutifs de l'infraction nouvellement qualifiée permettraient l'extradition ». Ce texte semble accorder aux juges de l'État requérant un pouvoir de disqualification sous condition. En réalité, il ne donne du problème qu'une

1. Rapport explicatif ; Crim. 2 juin 1987, *Bull. crim.*, n° 231.
2. Crim. 31 août 1905, *Bull. crim.*, n° 431.
3. Crim. 10 mars 1987, *Bull. crim.*, n° 118.
4. Crim. 15 oct. 1991, *Bull. crim.*, n° 343.
5. Crim. 14 janv. 1986, *Bull. crim.*, n° 23 ; 23 févr. 1988, *Bull. crim.*, n° 88.
6. Rapport explicatif qui réserve toutefois l'accord de la Partie requise qui alors légitime la détention ; Crim. 8 déc. 1987, *Bull. crim.*, n° 449, *D.* 1989, somm. 139, obs. Waquet et Julien-Laferrière.

réponse incomplète. Pour que le changement de qualification soit possible, trois conditions doivent être remplies, dont seule la première est indiquée à ce texte.

Première condition (indiquée par l'article 14-3) : il faut que les éléments constitutifs de la nouvelle infraction permettent l'extradition, ce qui conduira par exemple à faire jouer la règle de spécialité et donc à annuler l'extradition (et le jugement qui en découlait) si dans la nouvelle infraction, il y a des éléments à caractère politique [1]. La doctrine indique de façon plus précise, qu'il faut que « les composantes de l'infraction nouvellement qualifiée ou de la cause d'aggravation retenue soient déduites des éléments de fait au vu desquels l'extradition a été accordée » [2]. Pour être plus précis encore, une réserve faite par la France à l'article 14-3 est ainsi rédigée : « la France exigera que l'infraction nouvellement qualifiée vise les mêmes faits que ceux en raison desquels l'extradition a été accordée ».

Seconde condition (non indiquée par l'article 14-3) : il faut, semble-t-il, que la nouvelle qualification ne conduise pas au prononcé d'une peine interdite (peine de mort notamment) ou d'une peine inférieure au seuil minimum exigé par l'article 2 de la Convention (un an au moins). On peut sans doute tirer cette règle de la généralité de l'article 14-3 qui, *in fine*, parle « d'infraction nouvellement qualifiée permettant l'extradition ». Mais cette interprétation se heurte au fait que cette expression est précédée d'une allusion aux éléments constitutifs alors qu'il s'agit ici de peine. C'est pourquoi la deuxième condition est plus légitimement déduites de l'économie générale de la Convention qui interdit à la fois l'extradition pour les « petites » infractions, et pour celles passibles de la peine capitale (art. 2 et 11). Contre l'existence de cette seconde condition, on invoquera la liberté de qualification du juge, au moins lorsqu'il adopte une qualification correspondant à une peine dont le maximum est inférieur à une année d'emprisonnement. La France, en ce qui la concerne, a adopté une réserve décidant qu'elle « exigera que l'infraction nouvellement qualifiée... n'emporte pas l'application d'une peine pour laquelle l'extradition pourrait être refusée ». Les autres États n'ont fait aucune réserve ou déclaration à propos de cet article 14-3. En somme, il existe un léger doute sur l'existence de la seconde condition, du moins en ce qui concerne une disqualification conduisant à une peine inférieure au minimum extraditionnel.

Troisième condition (non indiquée par l'article 14-3) : si les faits sont l'objet d'un changement de qualification, il faut que l'intéressé en ait été avisé à temps, donc avant le jugement sur le fond, pour qu'il puisse

1. Le rapport explicatif donne l'exemple de l'individu extradé pour assassinat et jugé pour homicide et ajoute que le comité des experts « estime qu'une telle modification ne sera permise que dans la mesure où les éléments constitutifs de l'infraction nouvellement qualifiée permettraient l'extradition », ce qui n'apporte pas grand chose.

2. A. Huet et R. Koering-Joulin, préc. ; *add.* Crim. 22 déc. 1975, *Bull. crim.*, n° 296.

se défendre. Ainsi le veut l'article 6-3 a de la Convention européenne des droits de l'homme, selon lequel l'accusé a le droit d'être informé dans le plus court délai, dans une langue qu'il comprend et d'une manière détaillée, de la nature et de la cause de l'accusation portée contre lui »[1].

C. Exceptions

• Consentement spécial de l'État requis

134 Selon l'article 14-1 a de la Convention d'extradition, le principe de spécialité s'efface « lorsque la Partie qui a livré (l'individu) y consent ».

Procéduralement, la Partie requérante présente à la Partie requise une demande comprenant les mêmes pièces que celles qui sont nécessaires à une requête aux fins d'extradition (énumérées à l'article 12). En outre, la Partie requérante joint un procès-verbal consignant les déclarations de l'extradé. Dans certains États, la déposition de l'extradé sur un nouveau fait constitue déjà un acte de poursuite qui pourrait être considéré comme contraire à la règle de spécialité. Pourtant, il faut bien que l'extradé puisse s'expliquer sur une éventuelle nouvelle poursuite avant décision sur l'extension de l'extradition. C'est pourquoi il n'y a pas lieu de s'opposer à l'établissement de cette déposition et c'est pourquoi l'article 14-1 en fait état[2].

Pour quelles infractions le consentement de l'État requis est-il donné ? Selon l'article 14-1, ce consentement « sera donné lorsque l'infraction pour laquelle il est demandé entraîne elle-même l'obligation d'extrader... ». Il faut en déduire *a contrario* que ce consentement pourra être donné pour les autres infractions.

• Attitude du délinquant

135 En premier lieu, l'article 14-1 autorise l'extension de l'extradition à d'autres faits lorsque l'individu extradé ayant eu la possibilité de le faire n'a pas quitté le territoire de l'État requérant dans les quarante cinq jours suivant son élargissement définitif ou s'il y est retourné après l'avoir quitté. On suppose que l'intéressé est resté de son plein gré dans le pays de poursuite, de jugement ou d'exécution. D'où l'on déduit qu'il est censé se soumettre sans réserve aux autorités judiciaires de l'État requérant devenu l'État d'accueil. On doit bien savoir cependant que l'extension de l'extradition suppose que l'intéressé soit resté volontairement sur le territoire de l'État requérant ou qu'après en être sorti, il y

1. Commission européenne des droits de l'homme, 16 mars 1989, *Chichlian c/ France*, Série A, n° 162-B, annexe 49 (en cas de requalification en cours d'instance, notamment entre le premier et le second degré, il faut que l'accusé en soit informé avant l'audience ou au plus tard au cours de celle-ci).

2. Rapport explicatif. *Add.* Crim. 19 juill. 1989, *Bull. crim.*, n° 292. Le procès-verbal doit faire apparaître qu'il est établi en vue d'une demande d'extension de l'extradition et doit recueillir les observations de l'intéressé sur ce point.

soit retourné volontairement : en effet, l'article 14-1 vise l'individu qui aurait eu « la possibilité » de quitter le territoire. En application de cette règle, il n'y a pas pour le condamné possibilité effective de quitter le territoire lorsque libéré conditionnellement, il reste astreint à des mesures de contrôle et d'assistance qui le fixent nécessairement sur le territoire de l'État requérant ou de condamnation [1].

En second lieu, il faut tenir compte du consentement du délinquant. On sait qu'en application, non de la Convention européenne d'extradition, mais de la Convention d'application de l'Accord de Schengen (art. 66-1), l'intéressé peut consentir à son extradition par simple procès-verbal [2]. Et selon l'article 66-2, « la personne réclamée qui déclare explicitement renoncer à la protection que lui confère le principe de spécialité ne peut révoquer cette déclaration » [3]. Cette disposition tend à unifier les droits, certains comme celui de la France laissant à l'extradé volontaire le bénéfice du principe de spécialité, alors que d'autres décident que la renonciation aux conditions de l'extradition emporte renonciation à ses avantages pour l'intéressé. Cette règle annonce déjà la Convention de 1996.

2. **Suivant la Convention de 1996**

136 Le principe de spécialité est plein d'inconvénients : d'abord car il entraîne une impunité au profit de l'extradé, qui est scandaleuse ; ensuite car s'il peut certes être écarté, il ne peut l'être que par l'application d'une procédure assez lourde.

C'est pourquoi la Convention de 1996 y porte atteinte. Certes, elle ne le supprime pas complètement à cause de l'idée de contrat sous-jacente (il y a accord entre les deux États sur la remise d'un individu relativement à telle infraction visée dans la demande d'extradition). Aussi la Convention de 1996 se borne-t-elle à écarter dans certains cas seulement, le principe de spécialité. Plus précisément, elle prévoit en son article 10 que « pour des faits commis avant sa remise, autres que ceux qui ont motivé la demande d'extradition, la personne extradée peut, sans qu'il soit nécessaire de recueillir le consentement de l'État membre requis :

— être poursuivie ou jugée lorsque les faits ne sont pas punis d'une peine privative de liberté ou d'une mesure de sûreté privative de liberté ;

— être poursuivie ou jugée dans la mesure où les poursuites pénales ne donnent pas lieu à l'application d'une mesure de restriction de sa liberté individuelle ;

1. Crim. 8 déc. 1987, *Bull. crim.*, n° 449, *D.* 1989, somm. 139, obs. Waquet et Julien-Laferrière.

2. Ce procès-verbal peut même être établi « devant un membre du pouvoir judiciaire », donc avant même saisine du juge ou de la juridiction chargé de statuer sur la demande d'extradition.

3. Principe repris par la Convention relative à la procédure simplifiée d'extradition du 10 mars 1996 (de l'Union européenne), en son article 9.

— être soumise à l'exécution d'une peine ou d'une mesure non privative de liberté, y compris une peine ou une mesure pécuniaire, ou de la mesure qui s'y substitue, même si elle est restrictive de sa liberté individuelle ;

— être poursuivie, jugée, détenue en vue de l'exécution d'une peine ou d'une mesure de sûreté, ou soumise à toute autre restriction de sa liberté individuelle si, après sa remise, elle renonce expressément au bénéfice de la règle de la spécialité pour des faits précis antérieurs à sa remise ».

Dans les trois premiers cas, l'abandon du principe de spécialité est total et cela s'explique par la modicité de la peine encourue. Quant au quatrième cas, sa justification réside dans le consentement du condamné, ce consentement ne devant pas être général, mais donné pour des faits précis. Cette possibilité de briser la règle de spécialité par le consentement de l'intéressé est remarquable. Car la Convention de 1957 ne l'admettait pas [1], sans doute car il y a lieu de se méfier de l'intégrité du consentement. C'est pourquoi la Convention de 1996 prévoit des garanties : la renonciation au bénéfice de la spécialité est donné devant les autorités judiciaires compétentes et consignée dans un procès-verbal (art. 10-2) et chaque État adopte les mesures nécessaires pour assurer que cette renonciation « est recueillie dans des conditions faisant apparaître que la personne l'a exprimée volontairement et en étant pleinement consciente des conséquence qui en résultent » (art. 10-3).

B. Consentement à la réextradition

137 Le terme « réextradition » implique que l'État requérant, après s'être fait remettre le délinquant par l'État requis, le remettra à son tour à un second État requérant, jouant lui-même le rôle de second État requis. La question se pose de savoir si la réextradition est possible. Pour répondre, il faut distinguer deux hypothèses.

Première situation : la demande de réextradition (formée par le deuxième État requérant) se fonde sur des faits postérieurs à la remise de l'intéressé au premier État requérant, il y a alors extradition pure et simple. C'est presque par abus de langage que l'on parle de réextradition. En tous cas, le premier État requérant peut indéniablement décider la réextradition.

Seconde situation : la demande de réextradition se fonde sur des faits antérieurs à la remise par le premier État requis. Comme la décision d'extradition est une marque de confiance de l'État requis envers l'État requérant, ce dernier abuserait de la confiance qui lui a été livré. C'est cet argument qui explique que la Convention de 1957 exige l'assenti-

1. V. la jurisprudence française, Crim. 21 févr. 1988, *Bull. crim.*, n° 88.

ment du premier État requis [1]. C'est donc celui-ci qui est le décideur. Ainsi, le dit l'article 15, sauf à remarquer que la nécessité de cet assentiment disparaît, selon l'article 15, dans le cas de l'article 14-1 b (l'intéressé qui aurait pu quitter le territoire de l'État requérant ne l'a pas fait dans les 45 jours suivant son élargissement définitif).

Cependant, dans le cadre de cette seconde situation, la nécessité du consentement disparaît avec la Convention du 27 septembre 1996 car entre les pays de l'Union européenne, la confiance est de règle. Ainsi l'article 12 de cette Convention décide-t-il que l'article 15 précité « n'est pas applicable aux demandes de réextradition d'un État membre vers un autre État membre » [2].

C. Respect des réserves mises à l'extradition

138 On a déjà indiqué que la Partie requise peut subordonner sa décision d'extradition à la condition d'une réextradition ultérieure à son profit (art. 19-2 de la Convention de 1957) [3].

Différentes sont les réserves intéressant les autorités judiciaires de l'État requérant. Imaginons qu'un État livre un individu à un autre État sous la condition que la peine ne dépasse pas tel chiffre. En France, doctrine et jurisprudence décident unanimement que le juge est libre d'appliquer la peine qu'il croit devoir appliquer. Dès lors, le seul moyen pour l'État requérant de respecter l'acte d'extradition est d'utiliser son droit de grâce, son exercice supposant que cet État ait donné au moment de l'extradition, à la Partie requise, « des assurances jugées suffisantes » par cette dernière (art. 11 de la Convention). Mais une telle promesse peut-elle constituer une telle assurance [4] ?

SECTION 2. L'ENTRAIDE MINEURE

139 ***Vue générale*** ◇ L'entraide répressive, on le sait, n'est pas faite seulement des textes conventionnels sur l'extradition. À côté de l'entraide ayant pour objet l'extradition, il existe une entraide que la doctrine qualifie parfois de « mineure » (ou parfois encore de « petite entraide »). Elle l'est certes en ce sens qu'elle a été imaginée postérieurement à l'extradition. Mais elle ne l'est pas quand on considère ses objets, si l'on songe que par exemple elle porte sur les commissions rogatoires inter-

1. Qui pourra exiger la production de pièces relatives à toute demande d'extradition (art. 15 *in fine* et 12-2 combinés de la Convention de 1957).

2. La confiance a toutefois ses limites car les États membres peuvent émettre une réserve tendant à rendre nécessaire le consentement du premier État requis, à moins que la personne concernée consente à sa réextradition vers un autre État membre (art. 12-2 de la Convention de 1996).

3. Hypothèse différente de celle examinée sous le numéro précédent.

4. A. Huet et R. Koering-Joulin, préc., n° 283, p. 411.

nationales. C'est ainsi qu'il existe une masse considérable de conventions, élaborées dans le cadre du Conseil de l'Europe, dans celui de l'Union européenne, voire dans celui de l'espace Schengen.

140 ***Modalités particulières. Entraide policière. Entraide judiciaire. Eurojust*** ◇ La première pièce de l'entraide mineure est indéniablement — ne fût-ce que d'un point de vue chronologique — la Convention européenne d'entraide judiciaire, signée le 20 avril 1959 [1]. Son importance est considérable. Par la suite, beaucoup d'autres Conventions vont apparaître qui vont compléter, en amont et en aval, ce texte fondamental. Ainsi l'entraide est aujourd'hui non seulement judiciaire, mais aussi policière et pénitentiaire. Ces trois formes de coopération, et plus spécialement les deux premières « concourent ensemble au traitement de ces questions d'intérêt commun » et revêtent donc un véritable caractère de généralité par rapport à cette dernière comme le montre l'exemple de la lutte contre la mafia [2]. Cependant, l'entraide pénitentiaire a déjà été examinée en ce qu'elle constitue une entraide primaire. Il reste donc à étudier l'enquête policière et l'enquête judiciaire.

Comme on le verra, la première est plus avancée que la seconde, véritable parent pauvre de l'entraide. Toutefois, une tendance apparaît actuellement qui tend à combler le retard de la seconde grâce à l'institution d'Eurojust qui associe policiers et magistrats. Eurojust trouve son origine dans la recommandation n° 46 du sommet de Tampere (octobre 1999) [3]. Selon le point n° 46, « afin de renforcer la lutte contre le crime organisé, le Conseil européen a décidé la création d'une unité (Eurojust) composée de procureurs, de magistrats ou d'officiers de police ayant des compétences équivalentes détachés par chaque État membre conformément à son système juridique. Eurojust aura pour mission de contribuer à une bonne coordination entre les autorités nationales chargées des poursuites et d'apporter son concours dans les enquêtes relatives aux affaires de criminalité organisée, notamment sur la base de l'analyse effectuée par Europol ; cette unité devra aussi coopérer étroitement avec le réseau judiciaire européen afin, notamment, de simplifier l'exécution des commissions rogatoires. Le Conseil européen demande au Conseil d'adopter l'instrument juridique nécessaire avant la fin de l'année 2001 ».

Eurojust va plus loin que les magistrats de liaison [4] et que le réseau judiciaire européen [5] qui ont pour finalité le bon déroulement des pro-

1. Et qui sera complétée pour les États membres de l'Union européenne par la Convention du 29 mai 2000 et par le deuxième Protocole additionnel à la Convention européenne de 1959 quand ils entreront en vigueur, v. *supra*, n° 24.

2. A. Potocki, « Coopération policière, coopération judiciaire », in *Quelle politique pénale pour l'Europe*, sous la direction de M. Delmas-Marty, Economica 1993, p. 192.

3. V. *supra*, n° 24.

4. V. *supra*, n° 24.

5. V. *supra*, n° 24 et *infra*, n° 156.

cédures, qui s'inscrivent dans un contexte bilatéral et qui ne sont pas vraiment des structures de coopération. Au contraire, Eurojust est une structure de coopération centralisée, permettant la mise en œuvre d'une politique pénale à l'échelle européenne.

Eurojust associe magistrats et policiers. Pourquoi ? D'abord car l'action policière doit être placée sous supervision judiciaire et cela sera encore plus nécessaire quand Europol, l'organe de coopération policière [1], aura des compétences opérationnelles sur la base de l'article 30, § 2 TUE Amsterdam. Ensuite, car il est hautement souhaitable que des opérations très délicates comme les écoutes téléphoniques ou les livraisons surveillées soient contrôlées, sinon autorisées, par l'autorité judiciaire sous peine de voir des tribunaux annuler des preuves obtenues par ces procédés.

Cela dit, Eurojust est l'objet d'une gestation assez lente. Depuis le 1er mars 2001, il existe une unité provisoire composée de 15 procureurs ou personnels assimilés et en liaison avec des policiers. Il s'agit de coordonner les enquêtes et les poursuites en matière de criminalité organisée dans les États membres. Eurojust est saisi de différentes façons : par un magistrat de liaison, par le réseau judiciaire européen, par des magistrats nationaux (procureurs ou juges d'instruction). Concrètement, Eurojust « débloque » l'exécution de commission rogatoires, organise des opérations simultanées sur le territoire de plusieurs États comme des livraisons surveillées en matière de trafic de drogue. Mais Eurojust n'a pas la personnalité morale et fonctionne sans budget propre. Elle est située à Bruxelles.

L'unité provisoire Eurojust doit être remplacée en 2002 par une unité définitive qui aura la personnalité morale et disposera d'un budget propre. Selon l'article 31 du Traité de Nice de décembre 2000 — non encore en vigueur — Eurojust assurera la coordination entre autorités nationales, interviendra dans les enquêtes relatives aux affaires de criminalité organisée transfrontière, coopérera avec le réseau judiciaire européen pour faciliter l'exécution des commissions rogatoires. Mais — et ceci est capital — Eurojust n'est pas et ne sera pas (sauf changement d'avis des décideurs) un parquet européen : notamment, il n'a pas et n'aura pas autorité sur les parquets nationaux, pouvant seulement leur suggérer de mener des enquêtes dans des affaires concernant au moins deux États [2]. En résumé, Eurojust est le pendant judiciaire d'Europol, ce cœur de l'entraide policière.

1. V. *infra*, n° 151.

2. Les études sur Eurojust sont encore assez rares. V. S. BRAMMERTZ, « Eurojust : parquet européen de la première génération ? », in *Vers un espace judiciaire pénal européen*, sous la direction de G. de Kerchove et A. Weyembergh, Bruxelles, 2000, p. 105 et s., not. p. 112 et s. ; O. DE BAYNAST, « Eurojust, une dernière chance pour la coopération judiciaire en Europe ? », *Rev. pénit.* 2002, n° 1.

SOUS-SECTION 1. L'entraide policière

141 ***Instruments juridiques de l'entraide*** ◇ L'entraide policière européenne apparaît tardivement et progressivement. D'un côté, le Traité de Maastricht, du 7 février 1992, entré en vigueur le 1er novembre 1993, fait de la coopération policière « une question d'intérêt commun » (art. K. 1, 29 TUE Amsterdam). De l'autre, les bases de cette coopération avaient déjà été jetées par l'Accord de Schengen du 14 juin 1985 et par la Convention d'application de cet Accord, en date du 19 juin 1990 et entrée en vigueur le 26 mars 1995 [1].

En juin 1984, le Conseil CE adopte le principe de la suppression des formalités douanières et de police pour la circulation des personnes à l'intérieur du territoire de la Communauté. Le 14 juin 1985 est signé l'Accord de Schengen « entre les gouvernements des États de l'Union économique Benelux, de la République fédérale d'Allemagne et de la République française, relatif à la suppression graduelle des contrôles aux frontières communes ». Il importe d'en rappeler le Préambule : « L'union sans cesse plus étroite des peuples des États membres des Communautés européennes doit trouver son expression dans le libre franchissement des frontières intérieures par tous les ressortissants des États membres et dans la libre circulation des marchandises et des services... ». Cependant — et c'est ce qui nous intéresse — cette liberté ne doit pas affaiblir la lutte contre la criminalité : d'où l'engagement des parties « à lutter énergiquement sur leur territoire contre le trafic illicite de stupéfiants et à coordonner efficacement leurs actions dans ce domaine » (art. 18) ; d'où la règle voisine que « les Parties renforcent la coopération entre les autorités douanières et de police, notamment dans la lutte contre la criminalité, en particulier le trafic illicite de stupéfiants et d'armes, contre l'entrée et le séjour irrégulier des personnes et contre la fraude fiscale et douanière et la contrebande. À cette fin et dans le respect de leurs législations internes, les Parties s'efforcent d'améliorer l'échange d'informations... » (art. 9). À plus long terme, l'Accord de Schengen prévoit que le déficit pour l'ordre public et pour la sécurité doit se traduire par une coopération policière accrue comme l'élaboration d'arrangements sur cette coopération (art. 8) et même une recherche d'harmonisation des législations nationales, notamment en matière de stupé-

1. M. Chocheyres, « La Convention d'application de l'Accord de Schengen », *Annuaire fr. dr. int.*, 1991, p. 807 et s. ; F. Galizi et J. Myard, *Accords de Schengen : bilan et perspectives*, Assemblée nationale, rapport d'informations n° 2095, 21 juin 1995 ; V. Herblay, *La libre circulation des personnes. Les Accords de Schengen, politique d'aujourd'hui*, PUF 1994 ; F. Julien-Laferrière, « L'Europe de Schengen », *ALD* 1992, p. 125 et s. ; M. Massé, « L'Espace Schengen », *Rev. sc. crim.* 1992, p. 373 et s. ; J. Montreuil, « La coopération policière européenne », *Mélanges Levasseur*, Litec et *Gaz. Pal.* 1993, p. 51 et s. ; A. Potocki, préc., p. 187 et s. Signalons enfin que Schengen est une petite localité située au Luxembourg où a été signé l'Accord de Schengen en 1985.

fiants, d'armes et d'explosifs (art. 19) [1]. En somme, la libre circulation des personnes va de pair avec des mécanismes « compensatoires » de coopération entre les États.

Après l'Accord qui ne fait que poser des principes généraux, survient le 19 juin 1990 la Convention d'application de l'Accord de Schengen auquel se joignent l'Italie (27 novembre 1990), l'Espagne et le Portugal (20 juin 1991), ces trois pays n'ayant cependant pour l'instant que le statut « d'observateurs » [2]. Cette Convention — que la France fut le premier État à ratifier — est longue de 142 articles répartis en huit titres. C'est surtout le titre III (« Police et sécurité ») qui nous intéresse (art. 39 à 47) puisqu'il traite de la coopération policière.

Ainsi, le Traité de Maastricht, l'Accord de Schengen et la Convention d'application de cet Accord constituent les sources principales de l'entraide policière européenne. On y trouve la description de certains pouvoirs conférés aux polices nationales et la création de quelques structures policières européennes [3]. L'idée générale est toujours que les polices nationales s'accordent, dans le respect des législations nationales et dans les limites de leur compétence l'assistance nécessaire à la prévention et à la recherche des infractions, sous la réserve évidente du respect des pouvoirs de l'autorité judiciaire.

§ 1. **Pouvoirs confiés aux polices nationales**

142 Traditionnellement, les polices de chaque État n'opéraient que dans le strict cadre du territoire de cet État et n'avaient pas de relations officielles avec les polices des autres États. Or la nécessité d'une amélioration de l'efficacité policière devant la montée de la criminalité (notamment en matière de stupéfiants) a conduit à développer les échanges transfrontaliers et à réduire l'autarcie des polices. En droit pénal européen, il est trois manifestations de cette tendance.

1. Comme cet Accord, simple énoncé de principes, n'est pas susceptible de modifier la loi interne au sens de l'article 53 de la Convention française, le gouvernement français l'a publié au *Journal Officiel* sans organiser la procédure d'autorisation parlementaire de ratification, v. Décret du 30 juillet 1986.

2. Cette Convention a donné lieu en revanche à une loi autorisant son approbation, qui a d'ailleurs été déclarée conforme à la Constitution par le Conseil constitutionnel le 25 juillet 1991, *D.* 1991, 617, note Léo Hamon, v. loi du 30 juillet 1991.

3. Sur l'entraide policière, v. les deux études concernant l'espace Schengen de M. MASSÉ, *Rev. sc. crim.* 1992, p. 373 et s., 800 et s. ainsi que du même auteur la vaste bibliographie, *id.*, p. 807 et 808 ; *add.* articles in *Mélanges Levasseur,* « Droit pénal, Droit européen », Litec, 1993, notamment de J. MONTREUIL, p. 51 et s. et de J. COSTA-LASCOUX, p. 129 et s. ; v. aussi Y. DEWALLOF, « La collaboration policière internationale ou comment résoudre les problèmes résultant de la perméabilité des frontières », *RICPT* 1993, p. 220 et s. ; D. FONTANAUD, « Commentaire de la convention signée à Schengen le 19 juin 1990 », *Gaz. Pal.* 1996, doctr. p. 315 ; P. MASSON, « Les accords de Schengen : du mythe aux réalités », *Les Cahiers de la sécurité intérieure,* n° 19, 1995, p. 105 ; J. SUSINI, « La police et l'Europe », *Rev. sc. crim.* 1993, p. 382.

Outre ces trois manifestations, il existe, prévue par l'article 39 *in fine*, une collaboration régionale : ce texte permet dans les régions frontalières d'organiser une coopération pour des « arrangements » entre ministres compétents ou des « accords bilatéraux » plus complets. Un arrangement de cet ordre a été passé entre les États du Benelux dans la région frontalière de Maastricht en décembre 1993, consistant en échanges d'informations sur la drogue [1].

A. Échange d'informations entre les polices

143 Ces échanges sont réglementés par les articles 39 à 46 de la Convention de 1990. Le principe est donné par l'article 39-1 : « Les Parties contractantes s'engagent à ce que leurs services de police s'accordent dans le respect de leur législation nationale et dans les limites de leur compétence, l'assistance aux fins de la prévention et de la recherche des faits punissables, pour autant que le droit national ne réserve pas la demande aux autorités judiciaire et que la demande ou son exécution n'implique pas l'application de mesures de contrainte par la Partie contractante requise ». Ce texte appelle deux remarques. L'assistance inclut donc la recherche des infractions, ce qui est l'une des missions essentielles de la police. De plus, ce texte rappelle les conditions de cet échange. Voici ces conditions qui, pour plusieurs d'entre elles, traduisent l'idée de souveraineté nationale et de libertés reconnues aux citoyens [2] :

— l'échange doit s'effectuer dans les limites des compétences des autorités nationales ;

— l'objet de la demande ne peut être de la compétence exclusive des autorités judiciaires car s'il en était ainsi, l'échange entre polices ne se concevrait plus ;

— la demande ou son exécution ne saurait impliquer l'application de mesures de contrainte par la Partie contractante requise.

Ces échanges d'informations s'effectuent en principe entre les organes centraux chargés, par chaque État, de l'entraide policière internationale. Chaque organe central reçoit les informations (demandes ou réponses) de l'organe étranger correspondant et les transmet à l'unité locale compétente. Toutefois, selon l'article 39, si la demande ne peut être expédiée suffisamment rapidement par la voie susvisée, elle peut être adressée directement par les autorités de police de la Partie requérante aux autorités compétentes de la Partie requise, celles-ci répondant à leur tour directement.

À côté de cette coopération sur demande, prévue à l'article 39, la Convention prévoit en son article 46 une coopération sans demande. Ainsi les polices nationales peuvent adopter une attitude « pro-active »

1. H.-D. Bosly et G. Renault, préc., p. 357.
2. J. Montreuil, préc. p. 72.

en communiquant, sans y avoir été invitées, des informations qui peuvent servir à celle d'une autre Partie « aux fins de l'assistance pour la répression d'infractions futures, de la prévention d'infractions ou de la prévention de menaces pour l'ordre et la sécurité publics »[1]. En cette hypothèse, la procédure est analogue à celle qui s'applique dans le cas de l'article 39.

B. Observation des délinquants

144 L'article 40 de la Convention de Schengen pose un *principe* important, selon lequel les agents d'une Partie contractante qui « observent dans leur pays une personne présumée avoir participé à un fait punissable pouvant donner lieu à extradition sont autorisés à poursuivre cette observation sur le territoire d'une autre Partie contractante... ». C'est la consécration d'un droit de filature transfrontière, qui permet de déterminer où le délinquant présumé se rend et avec qui il entretient des contacts.

Ce pouvoir de police est cependant soumis à des *conditions* très strictes. Outre qu'il ne peut jouer que pour les infractions susceptibles d'extradition (au sens de la Convention européenne d'extradition), il faut qu'une autorisation préalable d'observation ait été accordée, sur la base d'une demande d'entraide judiciaire, par une autorité de l'État requis[2]. Toutefois, si du fait de l'urgence, l'autorisation préalable ne peut être demandée, les agents observateurs sont autorisés à continuer au-delà de la frontière l'observation d'un délinquant présumé, mais à certains conditions : le franchissement de la frontière est communiqué immédiatement à la Partie contractante et une demande d'entraide judiciaire exposant les motifs justifiant le franchissement de la frontière sans autorisation préalable sera transmise sans délai[3]. Enfin, ultime condition, l'observation ne peut avoir lieu que pour l'un des faits suivants : assassinat, meurtre, viol, incendie volontaire, fausse monnaie, vol et recel aggravés, extorsion, enlèvement et prise d'otage, trafic d'êtres humains, de stupéfiants et substances psychotropes, infractions en matière d'armes et explosifs, destruction par explosif, transport illicite de déchets toxiques et nuisibles.

1. On sait que la recherche policière pro-active a pour objet la détection et la répression d'infractions futures, cette technique de recherche visant par exemple les livraisons surveillées dans le trafic illicite de drogue, v. Ch. de VALKENEER, « Les opérations sous couverture et la recherche pro-active dans les instruments internationaux », in *La justice pénale et l'Europe*, préc., p. 359 et s. ; J. PRADEL, « De l'enquête pénale proactive : suggestions pour un statut légal », *D.* 1998, chron. 57.

2. La demande doit être adressée à une autorité désignée par chacune des Parties contractantes pour accorder l'autorisation. La nécessité de l'autorisation permet de prévoir certaines conditions comme par exemple le fait que l'enquêteur étranger soit accompagné d'un policier de l'État sur le territoire duquel se déroule l'opération.

3. Si l'observation a commencé selon la procédure d'urgence, l'État sur le territoire duquel elle a lieu a une faculté d'opposition immédiate et, en tout état de cause, elle doit cesser cinq heures après le franchissement de la frontière, si l'autorisation n'a pas été donnée par cet État.

De plus, le pouvoir d'observation est soumis à de strictes *limites*. En effet, la frontière une fois franchie, les « agents observateurs » doivent se conformer au droit de la Partie sur le territoire de laquelle ils opèrent, obtempérer aux injonctions des autorités locales, être nantis de l'autorisation ci-dessus évoquée (sauf urgence), être en mesure de justifier de leur qualité. Ils peuvent certes emporter leur arme de service pendant l'observation (sauf décision contraire de la Partie requise), mais ils ne peuvent en user qu'en cas de légitime défense. Plus important encore, ces agents ne peuvent ni entrer dans les domiciles et lieux non accessibles au public ni interpeller ou arrêter la personne observée. Toute opération d'observation fera l'objet d'un rapport aux autorités de la Partie sur le territoire de laquelle elle se sera déroulée et cette Partie peut demander aux « agents observateurs » de collaborer à une enquête que mènent ses propres agents. Enfin, ultime limite, l'observation doit être arrêtée, soit dès que la Partie sur le territoire de laquelle elle se déroule le demande, soit lorsque la demande n'a pas été agréée, cinq heures après le franchissement de la frontière.

En conclusion, les auteurs de la Convention de Schengen ont cherché à établir un équilibre entre une mesure rendue nécessaire (avec la libre circulation des personnes) et le respect de la souveraineté. Toute intrusion d'un policier dans un État autre que le sien suppose en principe l'acceptation de l'autre [1]. Et le Conseil constitutionnel français, saisi de la loi autorisant l'approbation de la Convention de 1990, a considéré qu'il n'y avait pas d'atteinte à la souveraineté nationale puisque l'observation suppose en principe l'acceptation d'une demande préalable d'entraide judiciaire et qu'en cas d'urgence, l'observation doit prendre fin dès que l'État le demande et au plus tard cinq heures après le franchissement de la frontière [2].

C. Droit de poursuite

145 L'Accord de Schengen du 14 juin 1985, au titre des « mesures applicables à long terme » prévoyait que les Parties contractantes « engageront des discussions sur... la recherche des moyens permettant la lutte en commun contre la criminalité, entre autres par l'étude d'un aménagement éventuel d'un droit de poursuite par les policiers... ». C'est ainsi que la Convention de Schengen du 19 juin 1990, en son article 41, a consacré un droit de poursuite transfrontalière, qui est le point extrême de la coopération policière [3]. Ce droit est le résultat d'un consensus dif-

1 Au sein de chaque Partie, est institué un service compétent pour recevoir les demandes de l'État requérant. Pour la France, c'est la Direction centrale de la police judiciaire.

2. Cons. const. 25 juill. 1991, *D.* 1991, 617, note Hamon.

3. C. Joubert et H. Bevers, « La police et l'Europe », *Rev. sc. crim.* 1992, p. 718. On peut d'ailleurs y voir une atteinte à la souveraineté et même historiquement la première en Europe.

ficilement obtenu entre d'une part les propositions minimalistes des Pays-Bas et de la France et d'autre part les propositions maximalistes de l'Allemagne[1]. On doit ajouter que sur ce point il existe pour les États contactants un droit d'option.

1. Définition du droit de poursuite

146 On entend en général par droit de poursuite la faculté offerte aux policiers ayant découvert une infraction de poursuivre le suspect, immédiatement après la découverte d'un état de flagrance, ou après avoir surpris la commission de ce fait punissable, sans qu'il y ait eu interruption de la poursuite, aux fins d'interpeller ou d'arrêter ce suspect[2]. Selon l'article 41 de la Convention, le droit de poursuite est celui « d'interpeller » la personne (§ 2). L'interpellation est le droit d'adresser la parole à quelqu'un ou de l'aborder afin de le retenir sur place, dit-on[3]. C'est un peu plus que cela car l'article 41, § 5 en parlant de la « personne appréhendée », indique qu'elle ne « pourra subir qu'une fouille de sécurité », ajoute que les « menottes ne pourront être utilisées qu'au cours du transfert » de la personne et indique enfin que les objets trouvés en sa possession « pourront être saisis ». La poursuite, sans être l'arrestation au sens procédural habituel, laquelle peut se prolonger par une garde à vue, est bien une mesure de contrainte qui peut déboucher sur une arrestation. Plus précisément, la poursuite, mesure d'urgence, est effectuée par des agents appartenant à un pays autre que celui d'appréhension tandis que l'arrestation est le fait des agents du pays sur le territoire duquel se trouve le délinquant. C'est pourquoi les agents auteurs de la poursuite qui n'agissent pas à l'intérieur de leur État, ne peuvent pas procéder à une arrestation : principe de souveraineté oblige. Et c'est pourquoi également la poursuite est soumise elle-même à de strictes conditions.

2. Conditions du droit de poursuite

147 Dérogatoire au principe de souveraineté, le droit de poursuite est soumis à diverses conditions préalables. Il faut d'abord que la personne soit prise en flagrant délit ou qu'elle se soit évadée alors qu'elle se trouvait en détention provisoire ou purgeait une peine privative de liberté. Ensuite, l'infraction doit être une infraction susceptible de donner lieu à l'extradition ou une infraction énumérée à l'article 41-4 (assassinat, meurtre,

1. H.-D. Bosly et G. Renault, préc., p. 356.
2. Le droit de poursuite avait déjà été consacré par le Traité Benelux relatif à l'extradition et à l'entraide judiciaire en matière pénale du 27 juin 1962, selon des modalités légèrement différentes, v. C. Joubert et H. Bevers, préc., p. 718 et 719.
3. C. Joubert et H. Bevers, préc., p. 719.

viol, incendie volontaire, fausse monnaie, vol et recel aggravés, extorsion, enlèvement et prise d'otage, trafic d'êtres humains, destruction par explosif, trafic illicite de stupéfiant, transport illicite de déchets nuisibles, délit de fuite à la suite d'un accident ayant donné lieu à mort ou à blessures graves...). De plus, si l'autorisation préalable de l'État sur le territoire duquel la poursuite s'effectue n'est pas nécessaire, la poursuite n'est possible que si les autorités de cet État n'ont pu être averties avant l'entrée de la personne poursuivie sur leur sol soit en raison de l'urgence, soit si elles n'ont pu se rendre sur place assez tôt pour assurer elles-mêmes la poursuite.

On ajoutera l'existence de *conditions d'exercice* mises au droit de poursuite. Les agents qui poursuivent doivent, au plus tard au moment du franchissement de la frontière avertir les autorités compétentes de la Partie sur le territoire de laquelle s'effectue la poursuite, celle-ci étant stoppée dès que cette Partie le demande et ses agents appréhenderont la personne poursuivie pour établir son identité et procéder à son arrestation. En outre, le déroulement de la poursuite s'effectue ainsi : elle se fait uniquement par les frontières terrestres et sur le territoire d'un État limitrophe (y compris certes, en utilisant un véhicule) ; l'entrée dans les domiciles et lieu non accessibles au public est prohibée ; les agents auteurs de la poursuite doivent être aisément identifiables (contrairement aux agents d'observation qui conduisent des filatures et qui agissent dans la discrétion) et en mesure de justifier de leur qualité [1]. C'est le droit local qui s'applique. Après chaque opération de police, les agents poursuivants se présentent devant les autorités locales auxquelles ils rendent compte de leur mission ; à la demande de ces autorités, ils doivent rester à disposition jusqu'à ce que les circonstances de leur action aient été suffisamment éclaircies, et ce même si la poursuite n'a débouché sur aucune arrestation. Enfin, la Partie contractante dont les agents poursuivants sont originaires apporte pour la suite de l'enquête son concours à la Partie sur le territoire de laquelle a eu lieu la poursuite, si celle-ci le demande (art. 41-5).

À ces conditions diverses, les Parties peuvent faire des réserves sous la forme d'une *déclaration* sur les modalités du droit de poursuite : en effet, « au moment de la signature de la présente Convention, chaque Partie contractante fait une déclaration dans laquelle elle définit... les modalités d'exercice de la poursuite sur son territoire pour chacune des Parties contractantes avec laquelle elle a frontière commune » (art. 41-9). Ainsi, la France a déclaré qu'elle limitait le rayon d'action des agents espagnols ; au contraire elle n'a pas limité l'action en France des agents belges et allemands. L'Allemagne a autorisé la poursuite sur son territoire sans aucune limite.

1. L'identification se fait par le port d'un uniforme ou d'un trousseau ; le port de la tenue civile combiné à l'usage d'un véhicule « banalisé » est donc interdit, v. J. MONTREUIL, préc., p. 76.

Ce sont ces réserves qui, en France, ont sauvé des foudres du Conseil constitutionnel la loi autorisant l'approbation de la Convention de 1990. Pour le juge constitutionnel en effet, la poursuite en France « n'est ni générale ni discriminatoire » et « elle ne prévoit ni n'implique de dérogation aux dispositions de la législation nationale qui ont pour objet d'assurer la sauvegarde de la liberté individuelle et les droits de la défense, le respect de ces dispositions s'imposant aux agents poursuivant »[1].

§ 2. Création de structures policières européennes

A. Ce qui n'est pas

148 L'idée d'une *police européenne* est ancienne, apparaissant dès 1914[2]. Depuis quelques décennies, le débat est intense. En faveur d'une telle police, l'argument essentiel est évidemment celui de l'efficacité : avec l'internationalisation grandissante de la criminalité qui se joue des frontières, il faut répondre par la constitution d'une police européenne (ou communautaire) qui pourra agir à l'intérieur de l'espace européen, sans être limitée par des frontières[3]. Mais à l'encontre d'une telle police, on invoque l'argument de la souveraineté en indiquant que le droit de punir (et donc d'enquêter) est l'un des attributs essentiels de la souveraineté, avec la politique étrangère. Subsidiairement, les opposants à une police européenne invoquent l'inexistence – au moins pour le moment – d'un ordre public européen qui prévoie un contrôle démoncratique effectif des actes d'une telle police européenne. Comme il a été dit, lors du débat parlementaire en France sur le projet de loi autorisant l'approbation de la Convention d'application de l'Accord de Schengen, « la question d'une police européenne se posera certainement le jour où il y aura un droit pénal européen »[4]. Et c'est pourquoi la tendance majoritaire actuelle n'est pas favorable à la création d'une police européenne, au moins dans les prochaines années.

De plus, l'admission de principe d'une telle police obligerait aussitôt à résoudre des questions nombreuses et délicates. Comment régler les relations entre cette police et les polices nationales ? Pourrait-elle agir d'office ou devrait-elle être appelée par les États ou au moins devrait-elle s'assurer de l'accord de ceux-ci ? Son action serait-elle limitée à certaines infractions (terrorisme, trafic de drogue ou d'œuvres d'art) ? Comment serait-elle recrutée et où aurait-elle son siège ? Comment organiser un contrôle déontologique ?

1. Cons. const. 25 juill. 1991, préc.
2. C. Joubert et H. Bevers, préc., p. 714.
3. Depuis le Conseil européen de Rhodes (1988), l'Allemagne réclame avec vigueur la création d'une police européenne qui serait l'équivalent du FBI américain.
4. M. Pezet, rapporteur pour avis du projet de loi, *JO,* débats, Ass. Nat. 1re séance, 3 juin 1991, p. 2655.

B. Ce qui est

1. Les structures informelles

149 Depuis le début des années 1970, on assiste en Europe à la création de *groupes de travail* composés de représentants de divers pays d'Europe. Est ainsi créé en 1971 le Club de Berne, structure officieuse composée des chefs de service de sécurité des pays de la CE (moins l'Irlande et la Grèce, mais plus la Suisse) : il s'agit de réfléchir sur les problèmes posés par l'espionnage et le terrorisme international. En 1972 est créé le Groupe Pompidou [1], réunissant des ministres et hauts fonctionnaires de sept États européens pour coordonner la lutte contre la criminalité en matière de stupéfiants [2]. Est créé en 1978 le Groupe Quantico [3]. Onze pays occidentaux en font partie. Il organise chaque année des sessions pour responsables de la police.

On doit citer aussi l'existence d'*accords inter-régionaux*, souvent institués sur initiative de dirigeants locaux et concernant des corps de police situés en région frontalière. De tels accords sont assez nombreux au Benelux. Il s'agit essentiellement d'améliorer la coopération en ce qui concerne les infractions graves et les communications transfrontalières. La forme des relations transfrontalières varie selon les régions. Ici les contacts ont lieu chaque année, là plus rarement. Ici, il y a des cours de langues et des journées-thèmes, là sont organisés des programmes allant jusqu'à des patrouilles transfrontalières [4].

2. Les structures formelles

On citera les groupes Trevi, Europol et le Système d'informations Schengen.

a. Les groupes Trevi

150 Du nom de la fontaine célèbre de Rome, le sigle Trevi signifiant « Terrorisme, radicalisme, extrémisme et violence internationale », ces groupes de travail ont une nature formelle puisqu'ils ont été créés en 1975 par le Conseil CE [5]. Celui-ci, sensible à la montée de certaines formes de

1. Du nom du Président de la République française d'alors, qui en était à l'origine.
2. Primitivement, étaient représentés l'Allemagne, la Belgique, la France, la Grande-Bretagne, l'Italie, le Luxembourg et les Pays-Bas. Adhérèrent ensuite le Danemark, l'Irlande, la Suède et la Turquie en 1980, puis la Grèce en 1981, enfin la Norvège en 1983. Cette conférence est sous la responsabilité du Conseil de l'Europe.
3. Du nom de la ville où il a son siège.
4. C. Joubert et H. Bevers, préc., p. 710 et 711.
5. Sur les groupes Trevi, v. not. P. Le Jeune, *La coopération policière européenne contre le terrorisme* ; J. Montreuil, préc., p. 67 et 68 ; C. Joubert et H. Bevers, préc., p. 713 et 714 ; M. Benyon, « Les cahiers de la sécurité intérieure », *Police en Europe*, La Documentation fran-

criminalité à caractère terroriste, décida que les ministres de l'intérieur des divers États de la CEE se rencontreraient à intervalles réguliers pour discuter sécurité intérieure et protection de l'ordre public [1]. En 1986, il fut décidé que seraient constitués plusieurs groupes de travail. Ces groupes tendaient à développer la coopération interétatique dans le domaine de la lutte contre la violence internationale, en améliorant les moyens d'échanger les informations internationales et la coopération entre les divers services policiers des États membres.

Il existait quatre groupes. Trevi I rassemblait des spécialités de la lutte contre le terrorisme [2] ; Trevi II était chargé de différentes missions, veillant notamment à l'échange d'informations relatives au maintien de l'ordre, à l'harmonisation des équipements et à la formation des policiers ; Trevi III encourageait et facilitait la lutte internationale contre le crime organisé. Le trafic illicite de stupéfiants était l'une de ses préoccupations majeures ; ainsi avait-t-il préconisé la mise en œuvre du procédé dit des « livraisons surveillées » et la création d'une unité européenne de renseignement (qui cependant ne conduirait pas d'investigations). Ce troisième groupe mettait aussi en place des « collections » au niveau européen, recensait des renseignements sur les drogues saisies, sur les explosifs et sur les empreintes digitales [3]. Le secrétaire général d'Interpol avait le statut d'observateur dans ce groupe, ce qui assurait une meilleure coopération entre ceux deux ensembles. Enfin, Trevi IV, créé en 1989 après la signature de l'Acte unique européen, étudiait les moyens à mettre en œuvre pour pallier les inconvénients liés au « déficit de sécurité » résultant de l'ouverture des frontières intérieures [4]. Mais aujourd'hui, l'ensemble Trevi n'existe plus, remplacé par Europol.

b. **Europol**

151 On ne peut comprendre l'institution d'Europol (Office européen de police) que par un bref rappel historique. En 1910, s'était tenu à Monaco le premier congrès de police judiciaire, au cours duquel on avait débattu de la constitution d'un fichier central international de police et de l'élaboration d'une collaboration interétatique en matière d'extradition. En 1923, à Vienne, se décida la création de la Commission internationale de police criminelle (CIPC), visant au « perfectionnement de la plus large assistance réciproque entre toutes les autorités de police, selon les lois des divers États » (art. 1er des Statuts). En 1956, la CIPC devient

çaise, n° 7, nov. 1991, janv. 1992, p. 155. L'un des initiateurs du projet Trevi est M. Fontein, directeur général de la police au ministère de l'intérieur des Pays-Bas.

1. Ces ministres sont aidés par des experts qui sont en réalité des chefs de services de police.

2. Sont échangés entre États les premiers officiers de liaison européens qui, sans compétence opérationnelle remplissent des missions d'informations.

3. Avec de graves difficultés car les États utilisent des procédés qui ne sont pas toujours compatibles.

4. Communication de I. Barbot à la *RICPT*, janv./févr. 1990, n° 422.

l'Organisation internationale de police criminelle (OIPC, ou Interpol) : l'institution est désormais dotée d'organismes permanents et actifs, le secrétaire général et les bureaux centraux nationaux[1]. L'OIPC a certes une vocation mondiale — 176 États en font aujourd'hui partie — mais les États d'Europe y occupent une place très importante[2]. Cet aspect est renforcé par le fait que l'OIPC a de longue date préconisé la tenue de conférences régionales, regroupant les adhérents d'une région, et que se tiennent notamment des conférences européennes. Ainsi, lors de la 20e conférence régionale européenne, tenue à Londres en avril 1991, les participants ont évoqué l'opportunité des relations entre Trevi et le secrétariat général européen qui avait été créé en 1986. Peu après, en décembre 1991, le groupe Trevi approuve la création, par étapes successives, d'Europol, figure d'Interpol limitée à l'Europe et distinct d'Interpol. Le Traité de Maastricht du 7 février 1992, réformé par celui d'Amsterdam du 2 octobre 1997[3], va consacrer l'existence d'Europol : en effet ce traité fait de la coopération policière une « question d'intérêt commun » (art. 29 TUE Amsterdam) et prévoit en conséquence la création d'Europol, décidant plus précisément qu'en matière de criminalité organisée cet organisme peut faciliter la mise en œuvre d'enquêtes menées par les États. Désormais Trevi n'existe plus, remplacé par le système bien plus structuré dit Europol, support juridique du Conseil des ministres de l'Union européenne. En application du Traité de Maastricht, une convention Europol a été signée à Bruxelles le 26 juillet 1995 par les États de l'Union européenne[4]. Cette convention est entrée en vigueur le 1er juillet 1999[5].

Dans son principe, Europol est un centre d'échanges d'informations et de renseignements, ses bases de données sont constituées par recoupement d'informations, ce qui constitue sa supériorité sur le SIS de Schengen. Mais Europol n'a rien d'une police fédérale, les agents d'Europol ne procédant à aucune enquête. Ainsi Europol n'est en rien le grand FBI d'une Europe fédérale[6].

1. Sur la nature d'Interpol, v. les discussions pour savoir si elle est une organisation internationale : pour, Ch. Lombois, *Droit pénal international,* n° 500 ; contre, M. Massé, *Rev. sc. crim.* 1989, 377, nier qu'il s'agit d'une organisation internationale se fonde sur le fait qu'Interpol réunit non des États, mais des services de police. À quoi l'on peut répondre que ce sont les gouvernements qui font la demande d'adhésion et qui désignent l'organisme officiel.

2. Sur les preuves de cette affirmation, v. J. Montreuil, préc., p. 65 et 66.

3. Sur les causes de la création d'Europol, v. W. Bruggeman, « Europol et Interpol », in *Vers un espace judiciaire pénal européen,* édité par G. de Kerchove et A. Weyembergh, Institut d'études européennes, Université de Bruxelles, 2000, p. 97.

4. Dans la phrase « préconventionnelle », a été installée le 1er janvier 1994 une Unité Drogue Europol à La Haye, siège du futur Office européen de la police, v. H. Labayle, *Rev. sc. crim.* 1995, p. 60 ; v. aussi *supra,* nos 20 et 23.

5. Le texte de la Convention Europol est publié au *JOCE,* C. 316, 27 nov. 1995 ; Y. Gauthier, « La genèse d'Europol », in *La criminalité organisée,* La Documentation française, 1996, p. 244 et s. ; G. Isaac, « Le nouvel Office européen de police (Europol) », *Petites affiches,* 7 juin 2000, n° 113.

6. V. toutefois l'article 30-2a TUE Amsterdam selon lequel le Conseil « permet à Europol de faciliter et d'appuyer la préparation et d'encourager la coordination et la mise en œuvre

Cela étant dit, il convient d'entrer un peu dans les détails techniques. En 47 articles souvent très longs, la Convention Europol traite de diverses questions, de trois surtout.

1) *Organiquement*, Europol a la personnalité juridique et peut par exemple acquérir ou aliéner des immeubles et ester en justice. Son siège est à La Haye, aux Pays-Bas. Les organes d'Europol sont le conseil d'administration, le directeur (nommé par le Conseil statuant à l'unanimité sur avis du Conseil d'administration), le contrôleur financier et le comité budgétaire. Tous ces personnels sont tenus à une obligation de réserve et de confidentialité. Le personnel est évidemment multinational (art. 26 à 37).

2) Les *compétences* d'Europol sont dominées par le principe de subsidiarité, cet organisme connaissant d'une criminalité qui ne peut être appréhendée correctement par les autorités nationales et les autres institutions de coopération policières internationales.

D'une part, quant à la nature de la criminalité, Europol connaît de la criminalité organisée de dimension internationale. L'article 2 parle de « formes graves de la criminalité internationale, pour autant que des indices concrets révélant l'existence d'une structure ou d'une organisation criminelle et que deux États membres ou plus sont affectés par ces formes de criminalité d'une manière telle que, au vu de l'ampleur, de la gravité et des conséquences des infractions, une action commune des États membres s'impose ». Cette formule laisse une bonne marge d'appréciation.

D'autre part, Europol est compétent pour cinq grands types de criminalité : trafic illicite de stupéfiants, trafic illicite de matières nucléaires et radioactives, filières d'immigration clandestine, traite des êtres humains, trafic de véhicules volés (art. 2-2). On sera étonné de ne pas trouver dans cette liste le terrorisme. C'est qu'il y eut divergence entre les États au moment de l'élaboration, les Britanniques entendant conserver une approche nationale (à propos du terrorisme nord-irlandais) tandis que les Espagnols ne voulaient participer à Europol que si celui-ci recevait une compétence élargie (à cause d'un terrorisme de nature différente). D'où un compromis avec l'article 2-2, alinéa 2, qui se lit ainsi : « Europol traitera également, deux ans plus tard après l'entrée en vigueur de la présente convention, des infractions commises ou susceptibles d'être commises dans le cadre d'activités de terrorisme portant atteinte à la vie, à l'intégrité physique, à la liberté des personnes ainsi qu'aux biens... ». Compromis à deux égards : d'abord, en ce que la définition des actes de terrorisme est assez neutre, purement matérielle, excluant tout mobile précis ; ensuite, en ce que l'intégration du terrorisme ne se fait que deux ans après l'entrée en vigueur de la Convention Europol, cette réserve

d'actions spécifiques d'enquête menées par les autorités compétentes des États membres, y compris des actions opérationnelles d'équipes conjointes, comprenant des représentants d'Europol à titre d'appui ». Mais on sait que cet article introduit par le Traité d'Amsterdam n'est pas encore en vigueur, ce traité ayant seulement été signé le 2 octobre 1997.

n'ayant plus il est vrai d'intérêt puisque l'on se trouve maintenant après le 1er juillet 2001.

Enfin, la compétence d'Europol s'étend à diverses autres infractions. Extension automatique au blanchiment de l'argent lié à la commission des infractions précitées ainsi qu'aux délits connexes (art. 2-3). Extension facultative à diverses infractions graves énumérées à l'annexe visée à l'article 2 (il faut l'unanimité du Conseil), comme l'homicide volontaire, la prise d'otage, les vols organisés, la corruption...

3) Quelles sont enfin les *fonctions* d'Europol selon la Convention ? Europol n'est pas une structure du type américain du FBI, se substituant aux services nationaux d'enquête ou même seulement participant aux enquêtes. Selon l'article 3, Europol a pour fonction de « 1° faciliter l'échange d'informations entre les États membres ; 2° collecter, rassembler et analyser des informations et des renseignements ; 3° par l'intermédiaire des unités nationales définies à l'article 4 [1], communiquer sans délai aux services compétents des États membres les informations qui les concernent et les informer immédiatement des liens constatés entre des faits délictueux ; 4° faciliter les enquêtes dans les États membres en transmettant aux unités nationales toutes les informations pertinentes à ce égard ; 5° gérer des recueils d'informations informatisés contenant des données conformément aux articles 8, 10 et 11... » [2].

Enfin sur le plan des moyens, Europol dispose d'un système informatisé de recueils d'informations qui se compose de trois éléments (art. 6) :

– des fichiers de travail, créées pour des durées variables en vue de l'analyse d'informations circonstanciés. Selon l'article 10, « dans la mesure où cela est nécessaire pour réaliser les objectifs de l'article 2, Europol peut, outre des données à caractère non personnel, stocker, modifier et utiliser dans d'autres fichiers des données relatives aux infractions relevant de sa compétence »... et qui concernent « les personnes soupçonnées d'avoir commis une infraction relevant de la compétence d'Europol, les personnes appelées à témoigner ou qui ont été victimes d'une infraction de la compétence d'Europol, des personnes servant de contacts ou d'accompagnateurs, enfin des personnes pouvant fournir des informations sur les infractions considérées ». Ces fichiers sont créés « dans le but d'appuyer l'enquête criminelle » (art 10-2) ;

– un système d'index qui contient des éléments provenant des fichiers d'analyse qu'on vient d'évoquer ;

1. Chaque État crée une unité nationale, seul organe de liaison entre Europol et polices nationales. Cette unité nationale a pour mission d'alimenter de sa propres initiative Europol en infractions et de répondre aux demandes d'informations présentées par Europol (art. 4). En outre, chaque unité nationale envoie auprès d'Europol au moins un officier de liaison, chargé de représenter son unité (art. 5). Ces officiers sont la cheville ouvrière d'Europol.

2. Lors de la conférence de Tampere en octobre 1999 (v. *supra*, n° 24), le point 45 des conclusions recommande qu'Europol soit habilité à demander aux États membres de mener des enquêtes internes. Il y a là le ferment d'une politique pénale européenne car actuellement, c'est aux parquets nationaux qu'il appartient d'agir.

– enfin et surtout un système d'informations permettant « de repérer rapidement les informations existant dans les États membres et auprès d'Europol ».

Selon l'article 7, « en vue de remplir ses fonctions, Europol crée et gère un système d'informations automatisé. Alimenté directement par les États membres représentés par les unités nationales et les officiers de liaison, dans le respect de leurs procédures nationales, et par Europol pour les données fournies par des États et instances tiers et les données résultant d'analyses, le système d'informations est directement accessible, en consultation, aux unités nationales, aux officiers de liaison, aux directeur et directeurs adjoints ainsi qu'aux agents d'Europol dûment habilités ». Quel est le contenu des données intégrées dans le système ? Selon l'article 8, les données introduites sont relatives : 1° aux personnes soupçonnées d'avoir commis une infraction relevant de la compétence d'Europol ou qui ont été condamnées ; 2° aux personnes pour lesquelles certains faits graves justifient la présomption qu'elles commettent des infractions relevant de la compétence d'Europol[1]. Cependant, par respect pour la vie privée, le même article 8 dispose que les données personnelles sont limitées aux paramètres suivants : nom et prénom, date et lieu de naissance, nationalité, sexe, et « au besoin, d'autres éléments permettant d'établir l'identité, et notamment les signes physiques particuliers, objectifs et inaltérables ». Évidemment, et cette fois sans limites, Europol peut stocker tous renseignements concernant les infractions et faits reprochés avec les dates et lieux, les moyens utilisés ou susceptibles de l'être, les services traitant et la suspicion d'appartenance à une organisation criminelle.

Ce système d'informations Europol n'est pas – au moins sur le plan technique – sans parenté avec le système d'information Schengen.

On ne confondra pas Europol avec les équipes communes d'enquête prévues par l'article 13 de la Convention du 29 mai 2000 relative à l'entraide judiciaire en matière pénale entre les États membres de l'Union européenne. Cet instrument n'est certes pas encore entré en vigueur. Il est cependant utile d'en dire quelques mots. Ces équipes seront créées avec un objectif précis et pour une durée limitée. Elles devraient servir notamment en matière de trafic de drogue, de traite d'êtres humains, de terrorisme. Ce sera l'État sur le territoire duquel l'équipe intervient qui conservera la direction des opérations et celles-ci seront soumises à son droit. La mise en œuvre de ces équipes se fonde sur l'article 32 du Traité d'Amsterdam et elle a été recommandée dans la conclusion n° 43 du Conseil européen de Tampere[2].

1. Ce qui est une reconnaissance de criminalité future ou éventuelle et ce qui consacre l'idée de mesure de sûreté procédurale *ante delictum*.

2. A. Weyembergh, « L'avenir des mécanismes de coopération judiciaire entre les États membres de l'Union européenne », in *Vers un espace judiciaire pénal européen*, Bruxelles, 2000, p. 147 et s.

C. Le système d'information Schengen (SIS)

152 ***Principe et structure du SIS*** ◇ Afin de faciliter la communication des données concernant des personnes et des objets recherchés, les Parties à la Convention de Schengen ont créé un système informatisé d'informations (art. 92 à 119 de la Convention de Schengen). Selon l'article 92, « les Parties contractantes créent et entretiennent un système d'information commun [1] composé d'une partie nationale auprès de chacune des Parties contractantes et d'une fonction de support technique ». Plus précisément, le système informatisé entièrement et interrogeable à distance et en temps réel, comporte deux ensembles : des fichiers nationaux appelés « Parties nationales » (N - SIS) et un fichier central, implanté à Strasbourg dénommé « fonction de support technique » (C - SIS). Chaque fichier national est conçu selon des normes arrêtées en commun et il est alimenté en données par les seules autorités de police de l'État auquel il est rattaché. En pratique, chaque Partie utilisatrice du SIS interroge le fichier central de Strasbourg, lui-même alimenté par les fichiers nationaux. De plus, les données automatisées ne peuvent être échangées entre systèmes nationaux : elles doivent transiter par le système central. Il aurait été plus simple de créer un fichier unique, directement alimenté par des autorités désignées et interrogeables à distance de n'importe quel lieu de l'Espace Schengen [2]. Mais l'idée de la protection de la vie privée des personnes enregistrées y fait obstacle. Enfin on indiquera sur le plan structurel qu'aucune connexion n'est prévue entre les fichiers nationaux SIS et les autres fichiers de police, ni entre le fichier central SIS et les fichiers d'Interpol.

153 ***Objet des informations SIS*** ◇ Les utilisateurs du SIS étant les services de police des douanes et de l'immigration, il faut se demander quel genre d'informations ils peuvent réclamer. Ces informations portent sur « le signalement de personnes et d'objets à l'occasion de contrôles des frontières [3] et vérifications et autres contrôles de police et de douane exercés à l'intérieur du pays conformément au droit national, ainsi que pour la seule catégorie de signalement visée à l'article 96 [4] aux fins de procédure de délivrance de visas, de la délivrance de titres de séjour et de l'administration des étrangers dans le cadre de l'application des dispositions

1. Dénommé Système d'information Schengen ou SIS. Sur le SIS, la littérature est assez abondante, v. not. V. HERBLAY, *La libre circulation des personnes. Les accords de Schengen*, préc., p. 83 et s. ; C. JOUBERT et H. BEVERS, préc., p. 721 et 722 ; M. MASSÉ, *Rev. sc. crim.* 1992, p. 382 et 383 ; J. MONTREUIL, préc., p. 78 ; F. GALIZI et J. MYARD, *Accords de Schengen : bilan et perspectives*, Assemblée nationale française, rapport d'infraction n° 2095, 21 juin 1995, p. 21 à 24 ; Y. GAUTIER, « La coopération policière : les perspectives ouvertes par le traité sur l'Union européenne du 7 février 1992 », *Revue Europe*, avr. 1993, chron. p. 1 et s.
2. M. MASSÉ, *idem*.
3. Il s'agit en principe des contrôles aux frontières extérieures de l'Europe Schengen.
4. Il s'agit des données relatives aux étrangers signalés aux fins de non-admission.

sur la circulation des personnes... » (art. 92, § 1). Ainsi ces données ont-elles un double aspect. Elles concernent d'abord des personnes : celles qui sont disparues ou les étrangers auxquels on a refusé l'entrée dans un pays membre, celles qui font l'objet d'un signalement dans le cadre d'une surveillance discrète ou d'un contrôle spécifique, celles qui sont signalées en vue d'une arrestation et d'une extradition ultérieure, enfin celles qui sont recherchées dans le cadre d'une procédure judiciaire. Ces données concernent ensuite des biens : il s'agit de biens volés, disparus ou recherchés, véhicules automobiles et remorques, armes à feu, documents vierges volés, documents d'identité et billets de banque.

Ce qu'il faut souligner, c'est que, à la différence d'Europol, le but poursuivi par le SIS n'est pas tellement de permettre de procéder à la recherche judiciaire sur un plan précis, mais d'assurer la sécurité sur le plan davantage préventif des États Schengen, en coordonnant les contrôles réalisés dans l'Espace Schengen [1]. En effet, selon l'article 93 de la Convention Schengen, il s'agit « ... de préserver l'ordre et la sécurité publics y compris la sûreté de l'État et l'application des dispositions sur la circulation des personnes de la présente Convention sur les territoires des Parties contractantes à l'aide des informations transmises par ce système ».

154 ***Fonctionnement du SIS*** ◇ C'est le pays d'où sont issus les signalements sur les personnes et les choses qui est responsable du contenu des données. C'est également lui qui est compétent pour modifier ou compléter ces données. Il faut préciser ici que chaque Partie à la Convention de Schengen désigne une autorité indépendante chargée, en conformité avec son droit national, d'exercer tous contrôles sur son fichier national. Dans chaque pays, il y a en effet une commission de contrôle (les SIRENE) qui est responsable de l'exactitude, de l'actualité et de la licéité des signalements introduits dans le SIS par son propre pays [2].

Enfin, toute personne s'estimant victime d'une erreur la concernant peut faire corriger ou effacer les données la concernant et l'État peut être déclaré responsable du dommage causé par cet enregistrement [3].

SOUS-SECTION 2. **L'entraide judiciaire**

155 ***Sources et domaine de l'entraide*** ◇ Si l'on exclut un certain nombre de conventions particulières — comme celles qui sont relatives aux infractions routières, au terrorisme et à l'extradition, examinées par ailleurs —

1. H.-D. Bosly et G. Renault, préc., p. 354.
2. Les articles 95 à 99 de la Convention de Schengen précisent pour chaque catégorie de signalement concernant les personnes les critères des données qui peuvent être intégrées et pour quelles finalités. Quant aux véhicules et autres objets, ces critères sont indiqués aux articles 99 et 100.
3. C. Joubert et H. Bevers, préc., p. 721 et 722 ; M. Massé, préc., p. 382 et 383 ; J. Montreuil, préc., p. 78 et 79.

l'essentiel de l'entraide judiciaire se trouve dans l'importante *Convention européenne d'entraide judiciaire*, ouverte à la signature le 20 avril 1959. On y a vu une sorte de complément à la Convention d'extradition car, élaborée à la suite de cette dernière, elle a permis de vaincre les réticences que certains États mettaient à ratifier le texte extraditionnel. C'est ainsi que la France a ratifié la Convention d'entraide en 1967 alors qu'à cette époque, la Convention d'extradition, signée en 1957, n'était toujours pas ratifiée. À l'heure actuelle, la Convention d'entraide judiciaire a été ratifiée par trente États.

Il ne faut pas oublier cependant que la Convention d'entraide de 1959 est complétée par divers textes plus ou moins importants. On citera la Convention européenne sur la valeur internationale des jugements répressifs du 28 mai 1970 (en vigueur entre 9 États), la Convention européenne sur la transmission des procédures répressives du 15 mai 1972 (en vigueur entre 10 États), ces deux textes émanant du Conseil de l'Europe. Ajoutons, au titre de l'Union européenne cette fois, la Convention du 25 mai 1987 sur le principe *Ne bis in idem* (en vigueur entre 4 États), l'Accord du 6 mars 1990 sur la transmission des procédures répressives (en vigueur entre 2 États et destinée à simplifier celle de 1972) et la Convention du 13 novembre 1991 sur l'exécution des condamnations pénales étrangères (destinée à simplifier la Convention du 28 mai 1970). Enfin il faut citer la convention d'application de l'Accord de Schengen du 14 juin 1985, en date du 19 juin 1990, comportant un chapitre II sur l'entraide judiciaire en matière pénale.

La confrontation de la Convention de base du 20 avril 1959 et des textes postérieurs fait apparaître une extension du domaine d'application de l'entraide. Le texte de 1959 décidait certes que « les Parties contractantes s'engagent à s'accorder mutuellement... l'aide judiciaire la plus large possible dans toute procédure visant des infractions dont la répression est, au moment où l'entraide est demandée, de la compétence des autorités judiciaires de la Partie requérante » (art. 1). Mais deux limites étaient aussitôt prévues : entraide automatiquement exclue pour l'exécution des décisions d'arrestation et des condamnations, et pour les infractions militaires qui ne constituent pas des infractions de droit commun (art. 1-2) ; entraide facultativement exclue, à la discrétion de l'État requis, « a) si la demande se rapporte à des infractions considérées par la Partie requise soit comme des infractions politiques, soit comme des infractions connexes à des infractions politiques, soit comme des infractions fiscales [1] ; b) si la Partie requise estime que l'exécution de la demande est de nature à porter atteinte à la souveraineté, à la sécurité, à l'ordre public ou à d'autres intérêts essentiels de son pays » (art. 2). Or ces restrictions ont été réduites par la suite. Selon le Protocole de 1978, « les Parties... n'exerceront pas le droit... de refuser l'entraide judiciaire pour le seul motif que la demande

1. L'exclusion des infractions fiscales gêne la coopération car les criminalités de droit commun et fiscales sont parfois imbriquées.

se rapporte à une infraction que la Partie requise considérée comme une infraction fiscale » (art. 1). Le même Protocole dispose en outre que « la Convention s'appliquera également : a) à la notification des actes visant l'exécution d'une peine, le recouvrement d'une amende ou le paiement des frais de procédure ; b) aux mesures relatives au sursis, au prononcé d'une peine ou à son exécution, à la libération conditionnelle, au renvoi du début d'exécution de la peine ou à l'interruption de son exécution » (art. 3). De même la Convention d'application de l'Accord de Schengen étend encore l'entraide [1]. Selon son article 49, l'entraide s'étend aux infractions administratives dont la procédure comporte un recours judiciaires, aux procédures d'indemnisation en cas de poursuites ou de condamnations injustifiées, aux procédures de grâce, aux actions civiles jointes aux actions pénales tant que la juridiction répressive n'a pas encore définitivement statué sur l'action pénale, à la notification de communications judiciaires relatives à l'exécution d'une peine ou mesure de sûreté, à la perception d'une amende ou paiement de frais de procédures, aux mesures relatives à la suspension du prononcé de la condamnation ou au sursis à l'exécution d'une peine ou mesure de sûreté, à la mise en libération conditionnelle, à l'ajournement de l'exécution ou à l'interruption de l'exécution d'une peine ou mesure de sûreté. Bref, l'article 49 reprend l'article 3 du Protocole, mais en étend en outre le domaine. De plus, l'article 50 de la Convention de Schengen étend la coopération à certaines infractions fiscales (celles relatives aux impôts directs : accises, TVA, douanes). On peut donc affirmer que désormais l'entraide judiciaire en matière pénale s'exerce dans quatre domaines :

- le cadre de la Convention du 20 avril 1959 ;
- les infractions administratives susceptibles d'un recours judiciaire ;
- les actes de procédure pénale relatifs à l'exécution des peines ;
- les infractions en matière de fiscalité.

Cela dit, l'entraide judiciaire apparaît chronologiquement à trois stades : à l'ouverture du procès, au cours du procès et après la fin du procès.

§ 1. L'appel aux autorités étrangères

A. Les modalités de l'entraide

1. Les commissions rogatoires internationales

156 ***Vue générale*** ◇ 1) Une commission rogatoire est une demande formulée par l'autorité judiciaire d'un État (requérant) à une autorité d'un

1. La coopération judiciaire dans « l'Espace Schengen » a été initiée par l'article 18 de l'Accord de Schengen de 1985 obligeant les États à engager des discussions sur « l'examen des difficultés éventuelles dans l'application des accord d'entraide judiciaire internationale et d'extradition pour dégager les solutions les mieux adaptées en vue d'améliorer la coopération entre les Parties en ces domaines ».

autre État (requis) et tendant à l'accomplissement pour son compte d'une mesure d'instruction comme une expertise, l'audition d'une personne ou la saisie d'une pièce. C'est donc un mandat judiciaire dont l'existence est indispensable puisque, en vertu du principe de souveraineté des États, l'autorité judiciaire mandante ne peut prolonger son action hors de ses frontières et accomplir un acte d'instruction dans un autre État sans son autorisation. L'article 3 de la Convention d'entraide judiciaire en matière pénale (de 1959) vise l'accomplissement « d'actes d'instruction ou la communication de pièces à conviction, de dossiers ou de documents ». Et selon le rapport explicatif[1], « le terme « actes d'instruction » comprend notamment l'audition de témoins, d'experts[2] et de prévenus, le transport sur les lieux ainsi que les perquisitions et saisies ». On peut ajouter, par exemple dans les affaires de corruption, la consultation de données figurant sur un compte bancaire ou la recherche des statuts et des associés composant une société. La question des commissions rogatoires dans leur généralité est traitée aux articles 3 à 6 de la Convention[3].

2) Selon la Convention de 1959, l'entraide vise des procédures relatives à des infractions dont la répression est de la compétence des autorités judiciaires de la Partie requérante (art. 1-1). Cependant, désormais avec la Convention d'application de l'Accord de Schengen (de 1990) — qui régit on le sait les relations entre États du Benelux, Allemagne, France, Espagne, Italie et Portugal — l'entraide judiciaire est également possible dans les cas suivants (art. 49 et 50) :

— dans des procédures pour des faits qui sont punissables selon le droit national d'une des deux Parties contractantes ou des deux Parties contractantes au titre d'infractions aux règlements poursuivies par des autorités administratives dont la décision peut donner lieu à un recours devant une juridiction compétente notamment en matière pénale ;

— dans des procédures d'indemnisation pour des mesures de poursuite ou de condamnations injustifiées ;

— dans les procédures de grâce ;

— dans les actions civiles jointes aux actions pénales, tant que la juridiction répressive n'a pas encore définitivement statué sur l'action pénale ;

1. Rapport explicatif de la Convention européenne d'entraide judiciaire de 1959.

2. Il est admis que le magistrat requérant ne peut pas désigner directement un expert étranger car il y aurait violation de la souveraineté de l'État requis. De là, deux parades : le magistrat invite, par commission rogatoire, son collègue étranger à désigner lui-même l'expert ; ou bien il invite l'expert à venir dans son pays.

3. A. Decocq, « La commission rogatoire internationale (en matière pénale) », *Juris-Classeur dr. inter.*, 1982, fasc. 405-A ; Y. Gauthier, *Les accords de Schengen, idem*, 1996, fasc. 408 ; D. Fontanaud, « La commission rogatoire internationale », *RICPT* 1996, p. 13 et s. ; C. Lombois, *La commission rogatoire pénale*, Encyclopédie Dalloz de droit international, 1998 ; B. Bertossa, « Corruption et entraide internationale : rôle de la Suisse », *Déviance et Société*, 1996, vol. 20, n° 3, p. 291 et s. ; D. Robert, *La justice ou le chaos*, Paris, Stock, 1996, *passim* ; « L'exécution des commissions rogatoires internationales », *Les Annonces de la Seine*, 14 mars 1996, n° 21, p. 5 et s. ; « Vers un espace judiciaire européen pour les enquêtes criminelles : expériences française et italienne », *Les Petites Affiches*, 16 juin 1997, n° 2.

— pour la notification de communications judiciaires relatives à l'exécution d'une peine ou mesure de sûreté, de la perception d'une amende ou du paiement de frais de procédure ;
— pour des mesures relatives à la suspension du prononcé ou au sursis à l'exécution d'une peine ou mesure de sûreté, à la mise en liberté conditionnelle, à l'ajournement de l'exécution ou à l'interruption de l'exécution d'une peine ou mesure de sûreté ;
— pour les infractions en matière d'accises, de taxe à la valeur ajoutée et de douanes.

Il y a là un élargissement évident puisque du droit pénal *stricto sensu* (poursuite d'une infraction et mise en état du dossier), l'entraide judiciaire en arrive à saisir un droit pénal *lato sensu.*

3) Les commissions rogatoires sont indispensables à l'administration de la justice pénale. Mais leur fonctionnement est aléatoire : les commissions orgatoires sont lentes à revenir au magistrat mandant quand elles reviennent. De là des efforts de modernisation ces dernières années avec notamment l'institution du *réseau judiciaire européen* (RJE) institué par une action commune du 29 juin 1998. L'objectif de cet instrument est d'instaurer des contacts directs appropriés entre les autorités judiciaires des pays membres et les autorités responsables de la coopération judiciaire pénale contre les formes graves de la criminalité au sein des États de l'Union européenne. Des points de contact ont été créés dans chaque État en fonction de ses règles internes. Ainsi, en France, un point de contact a été désigné dans chaque cour d'appel et deux autres au sein de l'administration centrale (le chef du service des affaires européennes et internationales, et le directeur des affaires criminelles et des grâces). Le réseau judiciaire européen fonctionne sans interruption, organise des réunions et fournit des informations de base aux organes de la coopération judiciaire ; notamment un atlas judiciaire a été élaboré ainsi qu'un CD-Rom contenant les règles de procédure pénale relatives à la coopération. Le réseau judiciaire est de nature à rendre de grands services aux praticiens. Voici un magistrat instructeur saisi d'un trafic international de drogues, les faits s'étant passés à la fois hors de son ressort (à l'étranger) et à l'intérieur de son ressort. Traditionnellement, ce magistrat adressait des commissions rogatoires identiques dans tous les pays concernés, aux fins de perquisitions et saisies notamment ; mais il ne se préoccupait pas de l'accueil réservé à ses demandes. Avec le réseau, le magistrat aura un interlocuteur pour savoir comment rédiger sa commission rogatoire et la cibler de manière précise en l'adressant à l'autorité étrangère compétente. En outre, le réseau vise à réduire les délais d'exécution, c'est dire que le réseau judiciaire européen complète l'institution des magistrats de liaisons [1] et imprègne toute la matière des commissions rogatoires [2].

1. V. *supra,* n° 24.
2. Sur le réseau judiciaire européen, v. S. BRAMMERTZ, « Eurojust : parquet européen de la première génération », in *Vers un espace judiciaire pénal européen,* Bruxelles, 2000, p. 105 et s.,

Pour l'heure, la matière est régie par la Convention d'entraide judiciaire de 1959 (Conseil de l'Europe) et subsidiairement par la Convention d'application de l'Accord de Schengen de 1990. Elle sera régie en outre par la Convention sur l'entraide judiciaire en matière pénale entre États membres de l'Union européenne adoptée par le Conseil le 29 mai 2000. Mais ce texte n'est pas encore en vigueur [1].

a. Conditions des commissions rogatoires

157 Selon l'article 1 de la Convention, les commissions rogatoires sont émises par « les autorités judiciaires de la partie requérante » : il s'agit des juges, des membres du parquet, de certains membres de la police judiciaire, des tribunaux et du ministère de la justice (selon les déclarations faites par les États au moment de la signature ou de la ratification). Aucune condition générale n'est prévue et, par exemple, la dualité d'incrimination, qui constitue l'un des grands principes dans la Convention européenne d'extradition, n'a pas été retenue ici. La raison réside dans le fait que l'entraide produit des effets moins énergiques que l'extradition [2]. Cependant, une dérogation apparaît à l'article 5-1 de la Convention de 1959 en ce qui concerne les commissions rogatoires aux fins de perquisition ou saisie, toute Partie pouvant prévoir des réserves. Très exactement, l'exécution d'une perquisition ou saisie peut être soumise à l'une des conditions suivantes au gré de la volonté des États :

— l'infraction doit être punissable selon la loi de la Partie requérante et de la Partie requise (réciprocité d'incrimination) [3] ;

— l'infraction doit être susceptible de donner lieu à extradition dans le pays requis ;

— l'exécution de la commission rogatoire doit être compatible avec la loi de la Partie requise [4] ;

Mais ces conditions sont réduites par la Convention d'application des Accords de Schengen du 19 juin 1990 (art. 51). Il n'est plus néces-

not. p. 110 à 113 ; O. de Baynast, « Eurojust : une dernière chance pour la coopération judiciaire en Europe ? », *Rev. pénit.* 2002, n° 1.

1. Sur les améliorations contenues dans cette convention, D. Fontanaud, « La criminalité financière. Le rôle de la justice : coopération, entraide judiciaire », *Annales internationales de criminologie,* 2001, vol. 39, p. 61 et s., not. p. 67.

2. Ce qui peut poser des difficultés quand l'État requis ignore totalement un délit que connaît l'État requérant : ainsi le délit de favoritisme que connaît le droit français n'existe pas dans de nombreux droits étrangers.

3. Selon le Protocole additionnel à la Convention de 1959 (du 17 mars 1978), il y a encore réciprocité d'incrimination même si les deux législations n'ont pas le même type de législation en matière fiscale.

4. Cette condition peut poser des difficultés dans les pays à législation restrictive qui entendent interdire les « parties de pêche » (*fishing parties*). C'est le cas en Angleterre et en Allemagne (§ 102 et 103 CPP). Dès lors, le magistrat mandant doit indiquer dans sa commission rogatoire qu'il a des raisons de penser que chez telle personne se trouve sans doute tel document.

saire qu'il s'agisse d'une infraction extradable. Il suffit désormais que deux conditions soient remplies : il faut d'abord que le fait soit punissable d'une peine privative de liberté d'un maximum d'au moins six mois selon la loi des deux États ou selon la loi de l'un des deux si l'infraction, dans l'autre État, est de type administratif avec recours judiciaire ; il faut ensuite que l'exécution soit compatible avec la loi de l'État requis.

b. Exécution des commissions rogatoires

158 Trois principes gouvernent l'exécution :

1° Tout d'abord, l'exécution est *obligatoire* pour l'État requis ainsi que le précise l'article 3-1 de la Convention de 1959 (« La Partie requise fera exécuter... ») (voir aussi Convention européenne relative au blanchiment des produits du crime, art. 8).

Il est vrai que si l'État requis s'obstine à ne pas exécuter la commission rogatoire, l'État requérant ne dispose d'aucun recours judiciaire. Le seul moyen est la pression diplomatique, ce qui fait alors intervenir les autorités politiques.

Cependant, il existe des cas dans lesquels l'État requis peut se refuser à l'exécution. Ainsi en est-il en matière de perquisition si les conditions indiquées à l'article 5 de la Convention de 1959 ne sont pas remplies ; de même la Convention sur le blanchiment, de 1990, permet-elle à l'État requis de refuser son aide si par exemple l'affaire est de peu d'importance, si elle est d'ordre fiscal ou si manque la réciprocité d'incrimination. Plus généralement, l'article 2 de la Convention de 1959 décide que l'État requis peut refuser son aide « si la demande se rapporte à des infractions considérées par la partie requise soit comme des infractions politiques soit comme des infractions connexes à des infractions politiques, soit comme des infractions fiscales » ou « si la partie requise estime que l'exécution de la demande est de nature à porter atteinte à la souveraineté, à la sécurité, à l'ordre public ou à d'autres intérêts essentiels de son pays ». Ces « intérêts essentiels » doivent être entendus comme ceux de l'État (y compris les intérêts économiques) et non comme ceux des individus. Il en résulte qu'avec cet article 2, l'État requis peut refuser dans bien des cas. On doit cependant noter une réaction pour éviter que les États requis se dérobent trop facilement dans certains secteurs essentiels pour l'État requérant : ainsi le Protocole additionnel à la Convention d'entraide judiciaire (Protocole de 1978) interdit à un État requis de se dérober au motif que la demande vise une infraction fiscale ; la Convention européenne sur le terrorisme (de 1977) indique qu'aucune infraction qu'elle mentionne ne peut être considérée comme « politique ou connexe, ou comme une infraction inspirée par des motifs politiques » (art. 1), disposition qui permet à l'État requérant de ne plus se voir opposer un refus d'exécution pour motif politique lorsque sa commission rogatoire porte sur une affaire de terrorisme. En somme, les motifs de refus sont d'application très restrictive.

Corrélativement à l'obligation d'exécution pesant sur l'État requis, celui-ci est tenu à deux autres obligations (incidentes en quelque sorte). D'une part, il doit assurer l'exécution dans un certain délai raisonnable, même si la Convention d'entraide judiciaire de 1954 ne le dit pas. Il faut admettre que l'exigence du délai raisonnable, exprimée aux articles 5-3 et 6-1 de la Conv. EDH est un principe général dont l'application s'impose notamment en matière de commissions rogatoires internationales (dont l'exécution est souvent très lente). D'ailleurs la Recommandation R (80)-3 du Comité des ministres des États membres du Conseil de l'Europe, concernant l'application pratique de la Convention d'entraide judiciaire, indique que « l'autorité compétente de l'État requis devrait s'inspirer des principes contenus dans l'article 6 de la Convention européenne des droits de l'homme ». Ce qui implique une certaine rapidité. D'autre part, seconde obligation incidente, l'État requis, tenu d'exécuter doit le faire gratuitement, ce qui est conforme à l'idée même de coopération internationale. Il n'en va autrement que lorsque des frais d'expertise sont engagés sur le territoire de l'État requis. Ces frais incombent alors à l'État requérant (art. 20 de la Convention de 1959).

2° Seconde observation : l'exécution se fait *selon les formes prévues par la législation de l'État requis*. Selon l'article 3-1, « La Partie requise fera exécuter, dans les formes prévues par sa législation, les commissions rogatoires... ». C'est l'application du principe *Locus regit actum*. Et cette règle se comprend aisément car l'État requis est plus à l'aise pour appliquer son propre droit plutôt que celui du voisin. Ce principe est cependant loin d'être absolu : en effet, l'article 3-2 de la Convention dispose que « si la Partie requérante désire que les témoins ou les experts déposent sous serment, elle en fera expressément la demande et la Partie requise y donnera suite si la loi de son pays ne s'y oppose pas »[1]. De plus, une autre atteinte à l'adage latin est plus importante encore. « Si la Partie requérante le demande expressément, la Partie requise l'informera de la date et du lieu d'exécution de la commission rogatoire. Les autorités et

1. Certaines législations admettent aussi des dérogations du même ordre. Ainsi l'article 725, § 2 CPP italien indique que les autorités judiciaires italiennes peuvent exécuter les demandes étrangères dans les formes expressément sollicitées dans celles-ci. Toutefois, cette entorse à la territorialité n'a que des effets limités car les formes exigées ne doivent pas être contraires aux principes de l'ordre juridique italien. Il en résulte en particulier que ne pourra être entendu en qualité de témoin, sans la présence d'un avocat, un individu qui, selon le droit italien, pourrait se prévaloir des droits d'une personne sujette à une enquête, v. Circulaire Ministère français de la Justice, mai 1998. *Add.* Convention d'entraide judiciaire en matière pénale de l'Union européenne en date du 29 mai 2000, non encore en vigueur, qui dispose que les États requis s'engagent à respecter toute procédure que l'État leur aura demandé de suivre, sauf si la procédure est contraire aux principes fondamentaux de l'État requis (art. 4, § 1) : *forum regit actum* remplace *locus regit actum*. On applique ainsi sur le sol d'un État le droit d'un autre État, ce qui est une atteinte à la souveraineté.

personnes en cause pourront assister à cette exécution si la Partie requise y consent » (art. 4). Ces « autorités et personnes » sont le plus souvent les juges d'instruction et les policiers, mais il est admis que les magistrats du ministère public, voire les experts et les traducteurs ont la qualité d'autorité. Cependant, l'État requis peut refuser cette demande d'assistance alors même que celle-ci n'est pas contraire à son propre droit. Parmi ces « autorités et personnes », on peut aussi envisager le cas de l'avocat encore que la présence de l'avocat ne soit pas conçue identiquement dans tous les droits et par exemple si l'avocat assiste à l'audition d'un témoin par un juge d'instruction aux Pays-Bas, il n'y assiste pas en droit français (qui cependant ne l'interdit pas expressément).

Cette assistance pose des difficultés car elle doit concilier les nécessités de la recherche des preuves et le principe de souveraineté[1]. Lors de l'élaboration de la Convention, il a été entendu que ce consentement ne pourra être donné que si la loi de la Partie requise ne s'y oppose pas[2]. Et « assister » signifie « être présent »[3], mais pas participer activement : en d'autres termes, le policier ou le juge de la Partie requérante assiste à l'audition, qui est menée par une autorité de la Partie requise, et sans pose de question à la personne entendue ou interrogée. En pratique, c'est souvent différent (sauf si l'État requis s'oppose à la présence des autorités requérantes) : on glisse de la commission rogatoire « à distance » à la commission rogatoire « participative » dans laquelle l'autorité requérante est présente et « souffle » à l'agent de l'autorité requise les questions à poser[4]. Et la Recommandation R (80)-3 du Comité des ministres des États membres du Conseil de l'Europe exhorte les États requis à permettre aux autorités de l'État requérant de collaborer à l'exécution. On ne peut qu'approuver fortement ces idées.

3° Troisièmement, la commission rogatoire exécutée, les procès-verbaux, auxquels elle a donné lieu et les pièces saisies *sont transmis à l'autorité requérante*. Des questions se posent cependant. D'une part, qu'est-ce qui est envoyé exactement à l'autorité requérante ? En principe, ce sont des copies ou photocopies seulement, les originaux n'étant envoyés que si la Partie requérante le demande et si la Partie requise y consent (art. 3, § 3) ; et ces originaux ainsi que les objets communiqués seront renvoyés aussitôt que possible à la Partie requise, sauf si celle-ci y renonce (art. 6, § 2). D'autre part, la Partie requise peut surseoir à la remise des objets et documents s'ils lui sont nécessaires pour une procédure pénale en cours (art. 6, § 1).

1. Pour une application, Crim. 20 août 1992, *Le Monde* 21 nov. 1992, p. 1.
2. Rapport explicatif.
3. Rapport explicatif.
4. M. PISANI, *RID pén.* 1984, n°s 1 et 2, p. 225 et s. Il faut ajouter que le juge mandant, en se rendant à l'étranger, opère sans greffier car il assiste simplement sans exécuter. De plus, il ne rédige pas de procès-verbal à son retour dans son pays ; il peut toutefois rédiger un rapport de mission.

c. Exploitation des commissions rogatoires

159 La question se pose de savoir si l'État requérant pourra disposer librement de ces objets et documents : notamment cet État ne pourra-t-il utiliser ces éléments que pour le jugement de l'infraction à raison de laquelle l'entraide a été demandée en application du *principe de spécialité* ou pourra-t-il au contraire utiliser ces éléments dans d'autres affaires ? La Convention d'entraide ne répond pas à cette question. Dans le principe, la réponse est affirmative : aucune utilisation n'est possible pour une autre procédure. Ainsi l'admet la Convention de Schengen de 1990 en son article 50, § 3, sauf assentiment préalable de la Partie requise [1]. La question de la spécialité se pose essentiellement à propos des infractions dites mixtes comme le faux en écritures constituant également une infraction fiscale. Ce principe de spécialité est invoqué notamment par la Suisse et la Principauté de Monaco. Il entraîne la conséquence que l'État requérant, en ayant visé dans la commission rogatoire le faux, ne pourra pas ensuite lancer des poursuites pour infraction fiscale [2]. Cependant, cette conception traditionnelle ne va pas dans le sens d'une bonne coopération interétatique et d'ailleurs certains États, comme l'Italie, n'exigent pas le respect de la spécialité. C'est pourquoi il n'est pas certain que la spécialité constitue un principe du droit de l'entraide répressive, qu'elle va de soi sans qu'il y ait à la réserver au moment de la ratification d'un traité [3].

Une seconde question se pose, plus délicate, celle de la *preuve irrégulièrement obtenue* (au regard de la loi d'un des deux États ou des deux) par les autorités de l'État requis. Que peuvent faire les juges de l'État requérant à réception des pièces d'exécution de la commission rogatoire ? Doivent-ils appliquer leur droit propre ou celui de l'État requis ? D'emblée, il y a un préjugé en faveur de la loi de l'État requis puisque l'exécution s'effectue selon la loi de l'État requis (en application de l'adage *Locus regit actum*). Mais cet adage doit être combiné avec la distinction entre droits connaissant la théorie de l'annulation (ou exclusion) et droits l'ignorant plus ou moins. Trois cas peuvent être distingués.

1. V. aussi Crim. 13 déc. 1983, *Journal de droit international* (Clunet), 1985, 889 et s., note M. Massé, les documents fournis à un juge d'instruction français en exécution d'une commission rogatoire adressée à la Suisse doivent être exclusivement utilisés pour instruire et juger les infractions à raison desquelles l'entraide a été fournie. Le principe de spécialité est également consacré par la loi fédérale suisse sur l'entraide internationale en matière pénale du 20 mars 1981, art. 67, v. Aubert, « Un plus grande coopération internationale en matière pénale offerte par la Suisse », *RICPT* 1983, p. 78 et s. ; Shouwey, « La nouvelle loi fédérale sur l'entraide internationale en matière pénale », *Rev. sc. crim.* 1981, p. 707 et s. ; Gauthier, « La nouvelle législation suisse sur l'entraide internationale en matière pénale », *RPS* 1984, p. 51 et s.

2. G. Demanet, « Considération sur l'entraide judiciaire en matière pénale », *Rev. dr. pén. et crim.* 1997, p. 816-817.

3. L'idée que la spécialité est un tel principe a été soutenue par M. Massé, note *JDI* (Clunet), 1985, 889.

— Premier cas : la règle existe dans les deux droits et elle a été violée par l'État requis. Le juge de l'État requérant annulera ou pas selon que son droit admet l'annulation ou ne l'admet pas (ce qui est un peu le cas de l'Angleterre).

— Deuxième cas : la règle n'existe que dans le droit de l'État requis. L'État requérant condamne une personne sur la base d'enregistrements téléphoniques effectués conformément à la loi de l'État requis alors que lui, l'État requérant, n'a pas de législation en la matière. La preuve, régulièrement récoltée dans l'État requis, pourra être utilisée par l'État requérant [1].

— Troisième cas enfin : la règle n'existe que dans le droit de l'État requérant. Par exemple, un juge néerlandais adresse à un collègue français une commission rogatoire prescrivant l'interrogatoire d'un suspect. Le droit néerlandais prévoit à l'inverse du droit français, l'avertissement du droit au silence. Cet avertissement n'est pas prodigué par les autorités françaises. Cependant, on peut considérer que le juge néerlandais n'annulera pas la preuve à cause du principe *Locus regit actum.*

La troisième question concerne la propriété des pièces d'exécution. Ces pièces appartiennent à l'État requérant. L'État requis ne peut les utiliser de son propre chef. Tout au plus, en les renvoyant, l'État requis peut signaler qu'il souhaite être saisi des éléments relatifs à des faits commis sur son territoire.

2. La remise d'actes de procédure au sens large

On retrouve le même domaine d'application qu'en cas de commission rogatoire (v. *supra,* n° 156) [2].

a. Les citations

160 L'article 7-1 de la Convention de 1959 parle de la remise « des actes de procédure et des décisions judiciaires », ce qui vise essentiellement les citations à prévenus, à témoins et à experts aux fins d'audition dans le pays requérant. Ces actes doivent être remis aux intéressés et en usant du mot « remis », l'article 7, § 1, vise autant la simple transmission que la signification officielle [3]. Cela dit, quatre règles gouvernent la

1. Comp. pour le droit français, Crim. 30 oct. 1995, *Bull. crim.,* n° 332, les griefs fondés sur une méconnaissance des formes prévues par la loi française, loi de l'État requis, ne relèvent pas que de la loi de l'État requérant, la Suisse en l'espèce. Solution implicite, et note Bouloc au *D.* 1997, 182, sous Crim. 29 oct. 1996 ; Crim. 24 juin 1997, *Droit pénal,* oct. 1997, n° 133, les commissions rogatoires étant exécutées selon les formes prévues par la loi de l'État requis, la régularité de leur exécution peut être contrôlée par les juridictions de cet État.

2. L. Desessard, « Notification et signification des actes (matière pénale) », *Répertoire international,* Dalloz, 2000.

3. Rapport explicatif de la Convention de 1959 qui ajoute qu'il n'est pas nécessaire que le document en question soit remis personnellement à l'intéressé, sauf si la loi de l'État requis l'exige.

matière des citations. Premièrement, la Partie requise a l'obligation de remettre aux personnes en question les actes qui lui auront été adressés par l'autre Partie (« La Partie requise procédera à la remise... » dit l'article 7, § 1). Deuxièmement, la forme de la remise obéit à une distinction : si la Partie requérante ne précise rien, la remise « pourra être effectuée par simple transmission »[1] ; si la Partie requérante le demande expressément, la Partie requise doit signifier les pièces dans une forme prévue par sa législation ou dans une forme spéciale compatible avec cette législation. Troisièmement, s'agissant de la remise et de sa preuve, une alternative est prévue par l'article 7, § 2 : ou bien la remise a été faite, la preuve en est rapportée au moyen d'un récépissé daté et signé par le destinataire ou au moyen d'une déclaration de la Partie requise constatant le fait, la forme et la date de la remise, l'un ou l'autre de ces documents devant être immédiatement transmis à l'autorité requérante ; ou bien la remise n'a pu être faite, sans doute en raison de l'inertie de la Partie requise ou de l'impossibilité pour elle de découvrir l'intéressé, alors la Partie requise en fera connaître aussitôt le motif à la Partie requérante (art. 7, § 2). Enfin quatrièmement, toute Partie peut faire une réserve en demandant que la citation à comparaître destinée à une personne se trouvant sur son territoire, lui soit transmise dans un certain délai avant la date fixée pour la comparution, délai qui ne pourra excéder cinquante jours (art. 7, § 3) ; cette règle tend à réduire les cas de défaut en laissant un certain délai aux autorités requises pour toucher l'intéressé, ce défaut qui dans de nombreux États européens, notamment nordiques, empêche la condamnation[2].

b. **Les extraits de casier judiciaire**

161 Selon l'article 13, § 1 de la Convention de 1959, une Partie peut demander à une autre, sous réserve de réciprocité, les extraits du casier judiciaire et tous renseignements relatifs à un individu poursuivi, pour les besoins d'une affaire pénale. Ces extraits (ou « bulletins ») mentionnent d'ailleurs non seulement les condamnations déjà prononcées, mais aussi les mesures qui leur sont postérieures comme l'amnistie, la grâce

1. Formule souple (« pourra ») qui permet à la Partie requise, soit de remettre sans autre formalité les pièces au destinataire, soit de les remettre selon une forme prévue par sa loi, ce qui laisse un choix. V. rapport explicatif de la Convention de 1959. Cette absence de formalisme est confirmée par la Convention de Schengen de 1990 : son article 52 dispose que certains actes procéduraux (comme les citations à comparaître des témoins ou des experts) peuvent être adressés directement à l'intéressé par la voie postale, à certaines conditions (art. 52, § 2) et avec certains effets (art. 52, § 3) ; ce mode qui n'exclut pas la notification à personne par voie judiciaire (art. 52, § 5), est rapide et peu onéreuse, et il consacre une pratique qui s'était déjà développée entre États limitrophes. V. R. KOERING-JOULIN, *L'entraide judiciaire répressive au sein de l'Union européenne*, préc., p. 184.

2. Rapport explicatif de la Convention de 1959.

et la réhabilitation [1]. On ne confondra pas les extraits avec les avis de condamnation, envoyés à l'État du ressortissant qui vient d'être condamné et qui lui servent à établir le casier judiciaire [2].

Une demande d'extrait de casier judiciaire peut être faite par des autorités non pénales (tribunaux civils, autorités administratives). À une telle demande il sera donné suite dans le cadre de la législation de l'État requis (art. 13, § 2).

Cette fourniture du casier judiciaire ne doit pas être confondue avec l'échange d'avis de condamnation par l'effet duquel « chacune des Parties contractantes donnera à la partie intéressée avis des sentences pénales et des mesures postérieures qui concernent les ressortissants de cette partie et qui ont fait l'objet d'une inscription au casier judiciaire » (art. 22). Alors que le relevé du casier judiciaire est fourni pour une affaire déterminée, l'échange d'avis a lieu automatiquement « au moins une fois par an » (art. 22).

3. L'audition des personnes

162 Au lieu de faire entendre une personne par voie de commission rogatoire, le juge saisi peut préférer le procédé plus direct de l'audition : il pourra alors en effet poser lui-même les questions à la personne et même la confronter avec d'autres. Les règles conventionnelles diffèrent parfois pour le témoin et l'expert d'un côté, la personne poursuivie de l'autre (articles 10 et suivants de la Convention d'entraide judiciaire de 1959).

a. Règles propres aux témoins et experts

163 Le *principe cardinal* est celui que la personne citée par l'État requérant n'est pas tenue de déférer à cette citation (principe dit « du bénévolat »). Cette règle est affirmée par l'article 8 selon lequel le témoin ou l'expert qui n'a pas déféré à la citation « ne pourra être soumis, alors même que cette citation contiendrait des injonctions » [3] « à aucune sanction ou mesure de contrainte... ». Elle découle d'un usage international traditionnel.

La règle de principe donne lieu à une restriction et à une extension. La restriction tient au fait que si le témoin ou l'expert se rend par la suite, de son plein gré, sur le territoire de la Partie requérante et s'il y est régulièrement cité à nouveau, il peut être contraint et même sanctionné s'il est rétif (art. 8 *in fine*). L'extension intéresse le cas où la Partie requérante estime la comparution « particulièrement nécessaire ».

1. J. Pradel, « Le casier judiciaire international », *RID pén.* 1974, p. 534 ; Spielmann, « Le casier judiciaire européen », *Rev. sc. crim.* 1984, p. 633 et s.
2. Art. 22 de la Convention, v. *infra*.
3. Ce qui inclut les amendes. V. rapport explicatif.

Elle en fait alors mention dans la citation et la Partie requise « invitera » l'intéressé à comparaître. Cependant, et c'est ici qu'apparaît l'extension, même dans ce cas, le témoin ou l'expert reste libre de comparaître ou pas : en effet, la Partie requise n'a que deux obligations, celle d'inviter l'intéressé à se déplacer et celle de faire connaître à l'État demandeur la réponse de cet intéressé (art. 10, § 1). Et de surcroît, « l'invitation » faite par l'État requis ne constitue, selon l'avis unanime, qu'une simple recommandation [1].

À *titre complémentaire* et en cas de déplacement, il est prévu que le témoin et l'expert percevront des frais de voyage « qui seront calculés depuis leur lieu de résidence et seront accordés selon des taux au moins égaux à ceux prévus par les tarifs et règlements en vigueur dans le pays où l'audition doit avoir lieu » (art. 9). Cela signifie que les experts et les témoins bénéficient toujours au minimum du montant alloués officiellement dans l'État requérant. Par conséquent, un montant plus élevé pourra leur être attribué par la Partie requérante, mais seulement si elle le veut bien [2].

b. Règles propres aux personnes poursuivies

164 L'article 11 de la Convention traite du « prêt de détenu », c'est-à-dire de ces personnes poursuivies qui sont en détention provisoire dans une prison de l'État requis. Les règles diffèrent un peu de celles qui s'expliquent au témoin et à l'expert. Le principe ici est en effet que le transfert est obligatoire (« la personne... sera transférée... »), sous condition du renvoi de l'intéressé dans l'État requis et dans le délai indiqué par ce dernier. Toutefois, ce principe n'est pas absolu, l'article 11, § 1, après l'avoir indiqué, lui apporte quatre exceptions puisque « le transfèrement pourra être refusé :

— si la personne détenue n'y consent pas ;

— si sa présence est nécessaire dans une procédure pénale en cours sur le territoire de la Partie requise ;

— si son transfèrement est susceptibles de prolonger sa détention ou

— si d'autres considérations impérieuses s'opposent à son transfèrement sur le territoire de la Partie requérant ».

Il est évident que si la présentation de la matière diffère de celle relative aux témoins et experts, le fond des règles n'est pas très dissemblable : le prévenu, tout comme le témoin ou l'expert, peut refuser le transfert. En outre, et c'est la principale différence, l'État requis peut s'opposer au transfèrement en invoquant des « considérations impérieuses », ce qui permet tout ! Il est vrai que, de façon générale, les conventions se gardent bien de rendre automatique le transfèrement

1. Rapport explicatif.
2. Rapport explicatif de la Convention de 1959.

d'un détenu quand il est demandé par un État. La Convention européenne n'est donc nullement originale.

Les demandes de prêt de détenu se transmettent par le canal des ministères de la justice.

L'article 11, § 2, prévoit le cas de transit du détenu par un État tiers. Ce transit sera accordé par demande accompagnée de tous documents utiles et adressée par le ministère de la justice de l'État requérant au ministère de la justice de l'État de transit.

Le prêt de détenu ne doit pas être confondu avec la remise temporaire accordée en matière d'extradition, qui consiste à prêter momentanément à l'État requérant l'extradé qui, objet de poursuites dans l'État requis, doit encore y être jugé ou y purger une peine. Cette remise temporaire est prévue à l'article 19 de la Convention européenne d'exradition. On rappellera que pour obtenir la présence sur son territoire d'une personne en vue de poursuites, un État doit obligatoirement obtenir au préalable son extradition [1].

c. Règles communes aux témoins, experts et personnes poursuivies. L'immunité pénale

165 Toute personne citée, quelle que soit sa qualité (témoin, expert ou prévenu) et quelle que soit sa nationalité, bénéficie d'une immunité pénale : elle ne peut être ni poursuivie, ni détenue, ni soumise à aucune restriction de sa liberté individuelle sur le territoire de l'État requérant pour des faits antérieurs à son départ du territoire de l'État requis. En somme, la citation ou le transfèrement sont propres à l'affaire pour laquelle l'entraide a été sollicitée. Ainsi le veut l'article 12, § 1 (pour les témoins et experts) et 2 (pour les prévenus) de la Convention. On peut y voir une manifestation du principe de spécialité [2] et un écho à ce qui existe dans les droits internes anglo-saxons à propos du privilège de non-incrimination [3].

S'agissant des témoins, l'immunité pénale est précisée par la Recommandation R (38) 12 du Comité des ministres du Conseil de l'Europe, relative au sauf-conduit accordé aux témoins. Ce document recommande notamment aux gouvernements de faire en sorte que « la portée du sauf-conduit visé à l'article 12, § 1 soit clairement indiquée dans le texte même de la citation remise aux témoins à l'étranger et rappelée au moment où on les informe dans l'État requérant de leurs droits et devoirs de témoin ; en particulier, il conviendrait d'insister sur le fait que le sauf-conduit n'empêche pas la poursuite des infractions, notamment celles commises en liaison avec le témoignage, qu'un témoin peut commettre après son départ du territoire de l'État requis ».

1. V. *supra*, n° 129.
2. En ce sens, M. MASSÉ, note au *Journal de droit international* (Clunet), 1985, p. 895.
3. J. PRADEL, *Droit pénal comparé*, Dalloz 1995, n° 339.

L'immunité pénale cesse cependant lorsque le témoin, l'expert ou le prévenu demeure sur le territoire de l'État requérant alors qu'il aurait eu la possibilité de le quitter pendant quinze jours consécutifs, après que sa présence n'y était plus requise par les autorités de cet État (art. 12, § 3).

B. La procédure de l'entraide

1. Dispositions concernant l'État requérant

a. Rédaction de la demande d'entraide

166 Selon l'article 14-1 de la Convention de 1959, toute demande d'entraide doit contenir les indications suivantes :

— l'autorité dont émane la demande ;

— l'objet et le motif de la demande ;

— dans la mesure du possible, l'identité et la nationalité de la personne en cause, et

— le nom et l'adresse du destinataire s'il y a lieu.

Si la demande d'entraide est une commission rogatoire, l'État requis doit en outre, selon l'article 14, § 2, mentionner l'inculpation et contenir un exposé sommaire des faits. Lors de l'élaboration de la Convention, il a été indiqué qu'il serait également utile de joindre une liste des questions qui pourraient être posées aux témoins et aux experts, cette liste ayant un caractère indicatif et non limitatif[1]. Si c'est une perquisition qui est demandée, le juge mandant doit indiquer le lieu où elle sera faite et les objets à saisir (agendas, courriers, relevés de compte bancaire...). Le juge mandant doit aussi parfois prendre en considération le droit de l'État requis. Par exemple, aux Pays-Bas, les écoutes téléphoniques sont ordonnées par le juge d'instruction pour une période d'un mois renouvelable tous les mois ; il est donc essentiel que le juge mandant fasse figurer dans sa demande la période de temps pendant laquelle l'écoute doit avoir lieu. De même, encore aux Pays-Bas, le service des Postes ne conserve l'enregistrement des appels téléphoniques que pendant quatre mois ; d'où l'inutilité pour le juge mandant de demander des relevés téléphoniques datant de plus de quatre mois[2].

Tout cela montre que la demande doit être faite par écrit. Cependant, la télécopie peut être considérée comme un écrit. D'ailleurs la Convention du Conseil de l'Europe relative au blanchiment (de 1990) indique qu'il est « permis de recourir à des moyens modernes de télécommunication tels que la télécopie ».

1. Rapport explicatif.

2. Circulaire du Ministère français de la justice du 20 février 1998 sur la coopération judiciaire avec les Pays-Bas.

b. Langue de la demande d'entraide

167 Le principe, consacré par l'article 16-1 est que la traduction des demandes et des pièces annexes n'est pas obligatoire. Cependant, toute Partie contractante peut exiger que les demandes et pièces annexes lui soient adressées accompagnées, soit d'une traduction dans sa propre langue, soit d'une traduction dans l'une quelconque des langues officielles du Conseil de l'Europe ou dans celle de ces langues qu'elle indiquera (art. 16, § 2), la sanction de la non-traduction étant le retard dans l'exécution, voire la non-exécution. On a considéré cette dérogation comme utile car les autorités locales [1] sont appelées à exécuter les demandes d'entraide et il est possible qu'elles ne connaissent que leur propre langue. Si la Partie requérante éprouve des difficultés à faire traduire dans la langue de la Partie requise les actes à transmettre, elle pourrait toujours demander à celle-ci de se charger de la traduction, tout en s'engageant à en payer les frais [2]. La Convention d'application de l'Accord de Schengen décide que « lorsqu'il y a des raisons de penser que le destinataire ne comprend pas la langue dans laquelle la pièce est rédigée ou au moins des passages importants de celle-ci, elle doit être traduite dans la ou les langues de la Partie requise ». Si l'autorité qui envoie la pièce sait que le destinataire ne connaît qu'une autre langue, la pièce, ou au moins les passages importants de celle-ci, doit être traduite dans cette autre langue (art. 52).

c. Transmission de la demande d'entraide

168 C'est l'article 15 de la Convention de 1959 qui règle la question, et selon des dispositions fondées sur le type d'entraide [3].

S'agissant des *commissions rogatoires*, le principe est qu'elles sont adressées par le ministère de la justice de la Partie requérante au ministère de la justice de la Partie requise et renvoyées par la même voie. Cependant l'Irlande et la Suède imposent l'intervention du ministère des affaires étrangères : il en résulte que le ministère de la justice de la Partie requérante doit impérativement s'adresser au ministère des affaires étrangères de l'Irlande ou de la Suède [4]. En outre et dans le sens inverse d'une plus grande souplesse, les commissions rogatoires, en cas d'urgence, peuvent être adressées directement par les autorités judiciaires de l'État requérant à celles de l'État requis. La règle de la communication directe présente cependant un caractère facultatif (« en cas d'urgence, lesdites commissions rogatoires *pourront* être adressées directement » indique l'ar-

1. Et non les autorités centrales comme en matière d'extradition.
2. Rapport explicatif.
3. Il est admis qu'indépendamment des voies décrites par l'article 15, la voie diplomatique (soit par ministère des affaires étrangères interposé) est toujours possible « en raison de circonstances particulières ». V. rapport explicatif.
4. Rapport explicatif. Mais cette disposition ne se trouve pas à l'article 15.

ticle 15, § 2)[1] ; l'envoi direct peut se faire par Interpol (art. 15, § 5), mais qu'il y ait ou non appel à Interpol, certains États exigent que l'autorité requérante adresse parallèlement une copie de la commission rogatoire au ministère de la justice. De plus après exécution de la commission rogatoire, les pièces seront renvoyées par le ministère de la justice de l'État requis au ministère de la justice de la Partie requérant. C'est donc seulement l'envoi de la commission rogatoire qui donne lieu à simplification.

S'agissant des *demandes d'extrait de casier judiciaire*, le principe est celui de la communication directe entre autorités judiciaires, que ce soit pour l'envoi d'une demande et pour la réponse par l'État requis. Toutefois, la communication directe n'est qu'un procédé facultatif (« les demandes... *pourront* être adressées directement par les autorités judiciaires au service compétent de la Partie requise... » dit l'article 15, § 3).

Quant aux *autres demandes d'entraide judiciaire* — demande d'enquête préliminaire à la poursuite ou de remise d'acte de procédure et de décisions judiciaires notamment — elles peuvent également faire l'objet d'une transmission directe entre autorités judiciaires. Et là encore, ce mode simplifié est facultatif (art. 15, § 4).

Le formalisme prévu par la Convention de 1959 a été simplifié par la Convention de Schengen de 1990. Alors que la Convention de 1959 prévoit pour les commissions rogatoires et audition de témoins détenus, le principe d'une communication entre ministres de la justice et exceptionnellement, s'il y a urgence, la communication entre autorités judiciaires, la Convention de Schengen adopte le principe plus simple de la voie judiciaire (exactement l'envoi direct par la voie postale, art. 52, § 1), tout en prévoyant des exceptions visant la communication entre ministres de la justice ou entre bureaux centraux nationaux d'Interpol (art. 53, § 2). Toutefois, la Convention Schengen prévoit que l'exception redevient le principe dans le cas de demande de transfèrement temporaire ou de transit de personnes qui sont en état d'arrestation provisoire ou de détention ou qui sont l'objet d'une mesure privative de liberté ; c'est pareil pour l'échange de données relatives au casier judiciaire qui également « doivent se faire par l'intermédiaire des ministères de la justice » (art. 53, § 3).

2. **Dispositions concernant l'État requis**

169 Le **retour** des pièces d'exécution se fait comme la transmission qu'on vient d'examiner. Et par exemple, l'article 53, § 1 de la Convention de

1. La notion d'urgence s'apprécie à la fois en fonction du statut des personnes en cause (cas du témoin en danger de mort) et en fonction de l'appréciation concrète de la situation (risque de dépérissement des preuves, notamment dans le cas d'une perquisition qu'il faut toujours mener rapidement). L'autorité requérante a intérêt à motiver l'urgence et à viser expressément l'art. 15-2.

Schengen autorise le retour direct à l'autorité mandante. Ce texte décide en effet : « Les demandes d'entraide judiciaire peuvent être faites directement entre les autorités judiciaires et **renvoyées par la même voie** ». Il en résulte que les pièces d'exécution pourront être retournées soit directement au magistrat requérant lorsque la demande a été transmise en application de l'article 15, § 2 de la Convention d'entraide judiciaire en raison de l'urgence, soit au parquet général qui avait acheminé la demande d'entraide sur le fondement de l'article 53 de la Convention Schengen. Les demandes d'entraide qui viennent d'être décrites peuvent, en ce qui concerne la Partie requise, faire l'objet de **réserve**. Lors de la signature de la Convention d'entraide judiciaire ou lors du dépôt de son instrument de ratification ou d'adhésion, une Partie peut faire savoir que ces demandes peuvent lui être adressés par une voie autre que celle prévue à l'article 15. Elle peut aussi demander que, dans le cadre des commissions rogatoires évoquées à l'une de ses autorités judiciaires, une copie de la commission rogatoire soit communiquée à son ministère de la justice (art. 15, § 6).

Si l'autorité de l'État requis saisie est incompétente pour donner suite à la demande qui lui est faite, elle transmet d'office cette demande à l'autorité compétente de son pays. Et si la demande a été adressée par la voie directe, elle en informe par la même voie la Partie requérante (art. 18). Il n'en est pas de même en revanche lorsque la transmission a été faite par l'intermédiaire des ministères de la justice car, dans ce cas, la Partie requérante n'est pas directement intéressée à la question de savoir quelle est l'autorité locale compétente du pays requis [1].

Enfin selon l'article 19, « tout refus d'entraide sera motivé ». Cette phrase laconique, à propos de laquelle la rapport explicatif dit qu'elle n'appelle aucun caractère particulier, signifie au moins que l'entraide est en principe obligatoire. Il faut bien reconnaître cependant qu'aucune instance n'est prévue pour contrôler la motivation et que si un État n'entend pas jouer le jeu de l'entraide il lui suffit d'invoquer on ne sait quelles nécessités supérieures contre lesquelles l'État requérant ne pourra absolument rien.

§ 2. Le respect des décisions étrangères

170 Les juges prononçant un jugement peuvent tenir compte de sentences précédemment prononcées par les juges d'un autre État européen. Selon l'article 56 de la *Convention européenne sur la valeur internationale des jugements répressifs* signée le 28 mai 1970, « tout État contractant prend les mesures législatives qu'il estime appropriées afin de permettre à ses tribunaux, lors du prononcé d'un jugement, de prendre en considération tout jugement répressif européen contradictoire rendu antérieurement en raison d'une autre infraction, en vue que s'attache à celui-ci

1. Rapport explicatif.

tout ou partie des effets que sa loi prévoit pour les jugements rendus sur son territoire... »[1]. Le texte de mai 1978, qui n'est cependant ratifié que par cinq États, est une invitation faite aux législateurs nationaux de permettre aux juges de prendre en considération, lors du prononcé de la peine, des jugements précédents rendus à l'étranger, à condition qu'ils soient contradictoires. Il s'agit en fait de la récidive et du sursis, un jugement antérieur étranger pouvant conduire les juges d'État à aggraver la peine ou à refuser le sursis. La disposition de l'article 56 est utile car en principe la règle de l'indépendance des souverainetés conduit les juges d'un État à ne pas tenir compte des décisions précédemment rendus par ceux d'un autre État.

En réalité, plusieurs législations contiennent des dispositions permettant au juge de tenir compte de décisions étrangères, sans que soit d'ailleurs spécifié que ces décisions doivent avoir été rendues par un État faisant partie du Conseil de l'Europe. Ainsi l'article 12 du code pénal italien décide qu'une sentence pénale étrangère peut être prise en compte pour établir la récidive ou pour prononcer des incapacités prévues par la loi italienne. En outre, mais en fait cette fois, rient n'interdit au juge de tenir compte d'une condamnation prononcée à l'étranger, en application du principe d'individualisation.

À la conférence de Tampere (octobre 1999), la reconnaissance mutuelle des décisions judiciaires fait l'objet de la recommandation n° 33 ainsi rédigée : « Le renforcement de la reconnaissance mutuelle des décisions judiciaires et des jugements et le rapprochement nécessaire des législations faciliteraient la coopération entre autorités et la protection judiciaire des droits de la personne. Le Conseil européen approuve donc le principe de reconnaissance mutuelle qui, selon lui, devrait devenir la pierre angulaire de la coopération judiciaire en matière tant civile que pénale au sein de l'Union. Le principe devrait s'appliquer tant aux jugements qu'aux autres décisions émanant des autorités judiciaires. » Cette dernière idée est importante : il faudrait par exemple que la décision d'un magistrat instructeur décidant la saisie d'avoirs bancaires situés dans un État autre que le sien puisse s'appliquer vite car les avoirs sont faciles à transférer[2].

1. Dont les règles sont simplifiées par la Convention du 13 novembre 1991 sur l'exécution des condamnations pénales étrangères, instituant entre les États membres des Communautés une procédure de reconnaissance réciproque des jugements répressifs étrangers.

2. A. WEYEMBERGH, « L'avenir des mécanismes de coopération judiciaire pénale entre les États membres de l'Union européenne », in *Vers un espace judiciaire pénal européen*, Institut d'études européennes, Bruxelles, 2000, p. 141 et s., not. p. 164 ; *La reconnaissance mutuelle des décisions judiciaires pénales dans l'Union européenne*, édité par G. de KERCHOVE et A. WEYEMBERGH, Institut d'études européennes, Éditions de l'Université de Bruxelles, 2001.

TITRE 2

LA COOPÉRATION D'APPLICATIONS PARTICULIÈRES

171 L'entraide répressive européenne ne se limite pas à l'établissement de règles générales, c'est-à-dire applicables (du moins en principe) à toutes personnes et à toutes infractions. Les nécessités de la pratique et le particularisme de certaines situations ont conduit à l'élaboration de formes particulières de coopération inter-étatique. Il existe ainsi des conventions propres à certaines infractions et d'autres propres à certaines personnes.

On observera que ce nouveau train de Conventions ont en général été élaborés dans le cadre du Conseil de l'Europe et qu'en pratique elles ont moins d'importance que les Conventions déjà examinées et que l'on peut qualifier de générales. En outre, elles laissent apparaître un mélange d'entraide primaire et d'entraide secondaire.

Attachons-nous à ces Conventions particulières qui sont relatives à certaines infractions (Chapitre 1) ou relatives à certaines personnes (Chapitre 2).

CHAPITRE 1 LES CONVENTIONS RELATIVES À CERTAINES INFRACTIONS

Ces textes donnent à première vue l'impression d'exister en ordre dispersé. Essayons cependant de les classer, étant noté d'emblée que certaines Conventions protègent exclusivement la personne tandis que d'autres ne la protègent que partiellement, d'autres enfin intéressant les biens.

SECTION 1. LES CONVENTIONS PROTÉGEANT EXCLUSIVEMENT LA PERSONNE

Trois séries de Conventions doivent être ici évoquées.

§ 1. Les Conventions européennes relatives aux infractions routières

A. La Convention européenne pour la répression des infractions routières

172 ***Vue générale*** ◇ Devant l'accroissement des accidents corporels routiers, de plus en plus souvent commis par une personne étrangère à l'État où l'accident s'est produit, il a fallu adapter la répression pénale. Celle-ci se heurtait à deux inconvénients qui en pratique la paralysaient. Premièrement, l'extradition, qui doit permettre à l'État d'infraction de se faire remettre le délinquant pour le juger alors qu'après son délit il était retourné dans l'État de résidence, fonctionnait mal pour plusieurs raisons : l'infraction était trop peu grave pour autoriser l'application de cette mesure ; beaucoup d'États de résidence refusaient de livrer leurs nationaux, et restaient donc très sourds à une demande d'extradition. Deuxièmement, la règle de la compétence territoriale — très en vogue dans les divers États européens — interdit à l'État de résidence du délinquant de poursuivre l'auteur d'un délit qui n'a troublé que l'ordre public d'un État voisin. Il y avait donc un vide dans la répression des infractions routières.

Aussi le Comité européen pour les problèmes criminels a-t-il été chargé par le Conseil des ministres du Conseil de l'Europe dès 1959 d'élaborer une Convention qui résoudrait au moins en partie ces difficultés. Il en sortit la Convention européenne pour la répression des infractions routières, ouverte à la signature le 30 novembre 1964 à Strasbourg et entrée en vigueur le 18 juillet 1972 mais seulement dans un petit nombre de pays, faute de ratifications nombreuses [1].

Le principe directeur de la Convention est que l'État de résidence habituelle du délinquant peut connaître d'une infraction commise sur le territoire d'un autre État, qu'il s'agisse de la poursuite ou de l'exécution d'une peine. Il y a donc atteinte au principe de la territorialité de la loi pénale et consécration du principe de l'entraide primaire. Voilà la grande nouveauté et c'est peut-être pour cela que peu de pays ont ratifié cette Convention (Chypre, Danemarck, France, Suède et Roumanie), et encore souvent avec des réserves.

1. Domaine d'application de la Convention

173 À quelles infractions la Convention de 1964 s'applique-t-elle ? La question n'est pas neutre car le concept d'infractions routières n'est pas très précis. C'est pourquoi la Convention est complétée par deux annexes dont la première, la plus importante, est intitulée « Fonds commun d'infractions routières », ces fonds énumérant une longue liste d'infractions considérées comme routières. Sept catégories d'infraction sont visées :

— homicide involontaire et blessures involontaires causés dans le cadre de la circulation routière ;

— délit de fuite ;

— conduite en état d'ivresse ou sous l'influence de l'alcool, ou encore d'un produit stupéfiant, ou en dépit d'une fatigue excessive ;

— conduite sans assurance ;

— refus d'obtempérer aux injonctions d'un agent de l'autorité concernant la circulation routière ; il est admis que cette formulation concerne non seulement les cas où une personne refuse volontairement de s'arrêter au signal donné par un agent de l'autorité, mais aussi tous ceux où une personne ne se conforme pas aux ordres et signes donnés par un agent dans le domaine de la circulation routière [2] ;

1. Legrand, « Réflexions sur les infractions routières », colloque tenu à Lille en mars 1979, *Rev. sc. crim.* 1981, p. 337 et s. ; R. Schmelck, « Vers un droit européen de la sécurité routière », *Mélanges Ancel*, 1975, II, p. 423 et s. ; Viski, « La coopération internationale en matière de répression des infractions à la circulation routière », *RID pén.* 1974, p. 655 et s. ; « Lignes directrices concernant les infractions dans un code européen de la route », *Publications du conseil de l'Europe*, 1979 ; R. Koering-Joulin, « Conventions internationales répressives », *Juris-classeur procédure pénale*, art. 689 à 696, fasc. 2, 1986.

2. Rapport explicatif, annexe I.

— inobservation des règles concernant un certain nombre d'aspects relatifs à la circulation comme la vitesse, la priorité de passage, le stationnement et l'arrêt des véhicules, la signalisation des véhicules, leur charge et leur immatriculation notamment ;

— défaut d'habilitation légale du conducteur.

Deux remarques complémentaire s'imposent.

En premier lieu, la coopération routière pour ces infractions suppose, comme d'habitude, que celles-ci soient incriminées dans le droit de l'État d'infraction et dans celui de l'État de résidence. Ainsi le veut le principe de la réciprocité d'incrimination, que rappelle l'article 2-1 de la Convention. Mais il n'est pas nécessaire que la définition juridique de l'infraction soit exactement la même dans les deux droits. Au vrai, cette condition quant aux infractions ne soulève guère de difficultés : en effet la liste et même l'expression « Fonds communs d'infractions routières » traduit une certaines communauté de vues existant entre les États contractants.

En deuxième lieu cependant, par respect des souverainetés nationales, la liste n'est pas fixée *ne varietur*. Après mise en vigueur de la Convention, a-t-on pensé en 1964, certains États peuvent juger nécessaire de faire entrer de nouvelles infractions dans le champ d'application de cette forme d'entraide tandis que d'autres États peuvent désirer retirer de ce champ certaines infractions. Pour assurer une sorte d'élasticité à la liste, les rédacteurs ont prévu un article 25. Selon ce texte, chaque Partie pourra à tout moment ajouter des infractions, par notification adressée au secrétariat général du Conseil de l'Europe. Par la même procédure, elle pourra retrancher des infractions. En cas d'adjonctions par une Partie, les autres Parties notifieront, s'il y a lieu, leur acceptation au secrétariat général.

2. Mécanisme du fonctionnement de la Convention

a. Principes de fonctionnement

174 Ce sont les articles 1 et 2 de la Convention qui sont les textes-clé. L'article 1 est relatif au *choix offert à l'État d'infraction aux stades de la poursuite et de l'exécution*. Tout d'abord, s'agissant de la poursuite, la règle est celle-ci : quand un individu commet une infraction routière sur le territoire d'un État autre que celui de sa résidence habituelle, l'État d'infraction peut demander à l'État de résidence de poursuivre l'infraction (ou devra le lui demander si sa loi interne le lui impose en application du principe de la légalité de la poursuite) dans deux cas : soit si cet État d'infraction n'engage pas lui-même la poursuite, soit s'il considère comme impossible de conduire cette poursuite jusqu'à son terme. Si le premier cas ne soulève pas de problème d'interprétation, le second vise en pratique l'hypothèse dans laquelle la délinquant regagne son pays d'origine

avant terminaison du procès (art. 1-1). S'agissant ensuite de l'exécution de la décision de condamnation, l'État qui l'aura rendue pourra demander à l'État de résidence de procéder à cette exécution. Cette règle fait d'ailleurs l'objet d'une double précision : dans le sens de l'extension en ce que la Convention vise à la fois un jugement et une décision administrative ; dans le sens restrictif en ce que la Convention requiert que la décision soit exécutoire et que l'auteur de l'infraction ait été en mesure de présenter sa défense (art. 1-2). Ajoutons qui si l'article 1-2 parle de « jugement » et de « décision administrative », c'est l'article 24 de la Convention qui apporte les précisions nécessaires sur ces mots : le « jugement » vise les décisions rendues par les autorités judiciaires, y compris les ordonnances pénales et les amendes de composition[1] ; par « décision administrative », il faut entendre les décisions rendues dans certains États par les autorités administratives habilitées à prononcer les sanctions prévues par la loi pour la répression de certaines infractions routières[2].

Si l'État d'infraction a fait appel à l'État de résidence, ce dernier *est-il tenu de s'exécuter ?* L'article 1-3 répond ainsi à la question : « L'État de résidence donnera suite à la demande de poursuite ou d'exécution dans les conditions fixées ci-après. Toutefois, l'exécution des décisions prises par défaut sera facultative ». Ce texte suggère trois remarques. Tout d'abord, en ce qui concerne la poursuite, la « suite » dont il s'agit dans le texte n'est pas l'exercice de la poursuite, mais l'examen de l'opportunité de la poursuite : en somme l'État de résidence doit simplement examiner la demande et le déclenchement de la poursuite n'aura lieu que s'il l'estime utile à la défense de l'intérêt général, en fait de son intérêt général. Ce qui démontre bien cette liberté de l'État de résidence, c'est non seulement l'emploi de l'expression « l'État de résidence donnera suite à la demande... », et non pas de l'expression « l'État de résidence exécutera la demande », c'est aussi la formule de l'article 4 « Les autorités compétentes de l'État de résidence examinent la demande de poursuite... ». Seconde remarque, l'État de résidence, s'il est saisi d'une demande d'exécution, doit y satisfaire : cette fois, sa liberté d'appréciation disparaît puisque, selon l'article 8, « l'exécution des décisions aura lieu... ». Troisièmement enfin, l'exécution des décisions cesse cependant d'être obligatoire lorsque la condamnation a été rendue par défaut. Même si l'État de résidence connaît le défaut, il conserve sa liberté d'appréciation. Rien ne s'oppose d'ailleurs à ce que, dans ce cas, l'État d'in-

1. On observera que l'ordonnance pénale, d'origine allemande, existe aujourd'hui dans un très grand nombre de pays d'Europe. La technique de l'amende de composition est plus répandue encore.

2. On pense par exemple au droit allemand qui sanctionne d'amendes administratives les infractions dites *Ordnungswidrigkeiten*. Mais n'oublions pas que la décision ainsi rendue par une autorité administrative peut être frappée d'un recours devant l'autorité judiciaire qui rendra alors un jugement.

fraction adresse une demande de poursuite à l'État de résidence si ce dernier a refusé l'exécution [1]. Il faut admettre encore que l'option offerte à l'État de résidence ne concerne que les décisions par défaut devenues exécutoires (art. 14-3) : pas d'exécution possible donc d'une décision par défaut non exécutoire.

L'article 2 de la Convention traite de la *mise en œuvre de la coopération*. Selon l'article 2-1, cette coopération suppose que soit remplie la condition de la double incrimination : le fait doit être incriminé dans les deux États. Comme à l'accoutumé, il s'agit d'une double incrimination *in abstracto* : l'article 2-1 se borne à exiger la seule existence dans les deux États de la prohibition d'un même comportement considéré objectivement par la loi de chacun des deux États comme punissable, et cela indépendamment de toute autre circonstance affectant la responsabilité de l'auteur. Selon l'article 2-2, la mise en œuvre de l'entraide se fait selon la loi de l'État de résidence, étant toutefois entendu que les seules règles de circulation prises en considération sont celles en vigueur au lieu de l'infraction. Une distinction doit ainsi être faite. L'État de résidence, lorsqu'il examine si les éléments matériels de l'infraction sont réunis, doit se référer au droit de l'État d'infraction. Ainsi les autorités de l'État de résidence dont la réglementation impose la conduite à droite considèrent comme punissable une telle conduite si la réglementation de l'État d'infraction impose la conduite à gauche [2]. En revanche, s'agissant des autres conditions de la responsabilité, comme les cause d'atténuation ou d'aggravation de la responsabilité, les autorités de l'État de résidence appliqueront leur propre loi. De même les règles sur la poursuite et l'exécution sont celles de l'État de résidence.

b. Technique de fonctionnement

175 ***Règles communes à toutes les demandes*** ◇ Elles figurent aux articles 15 et 16. Toute demande de poursuite doit être formulée, par écrit, accompagnée de l'original ou d'une copie authentique de tous procès-verbaux et autres documents relatifs à l'infraction. Est jointe une copie des textes applicables en l'espèce dans l'État d'infraction. Le dossier est enfin complété par une copie du casier judiciaire, des textes relatifs à la prescription et à son interruption, des données de fait qui ont pu en l'espèce l'interrompre. Quant à la demande d'exécution, elle est accompagnée de l'original ou d'une copie authentique de la décision

1. Rapport explicatif.

2. Ainsi l'État de résidence applique des dispositions législatives et réglementaires en vigueur dans l'État d'infraction. Ce qui pose des difficultés d'ordre constitutionnel pour les États qui n'admettent pas qu'une Convention soit en elle-même une source du droit interne. Pourtant, la coopération impose en fait l'application des règles de la circulation routière en vigueur dans l'État d'infraction. Ne pas l'admettre reviendrait souvent à paralyser l'application de la Convention.

dont le caractère exécutoire sera certifié selon les règles en vigueur dans le pays d'infraction.

La demande de poursuite ou d'exécution est adressée par le ministère de la justice de l'État d'infraction au ministère de la justice de l'État de résidence. La réponse sera transmise par la même voie. Ce principe de la transmission diplomatique supporte cependant deux limites. D'une part, les communications ultérieures entre les deux États peuvent se faire non seulement par la même voie, mais aussi de façon directe entre autorités concernées. D'autre part, en cas d'urgence, ces communications peuvent être transmises par l'intermédiaire d'Interpol.

176 ***Règles propres aux demandes de poursuite*** ◇ On sait déjà que l'État de résidence est compétent pour poursuivre une infraction routière, commise sur le territoire de l'État d'infraction, à la demande de celui-ci. En le rappelant, l'article 3 permet à un État de voir sa compétence accrue, sans qu'il lui soit nécessaire de modifier sa législation. Cela dit, certaines précisions sont apportées par les articles 5 à 7 de la Convention.

En premier lieu, des dispositions sont prises par l'article 5 pour éviter une double poursuite. Selon l'article 5-1, lorsque l'État d'infraction a saisi l'État de résidence, il perd le pouvoir de lancer des poursuites et d'exécuter une condamnation que ses autorités auraient déjà prononcés [1]. Toutefois, ce principe, parfaitement logique, comporte certaines exceptions qui le sont tout autant. Selon l'article 5-2, l'État d'infraction pourra reprendre la poursuite ou l'exécution dans deux cas. Il le pourra d'abord lorsque l'État de résidence lui aura fait connaître qu'il ne donne pas « suite utile » à la demande. Ce dernier peut en effet avoir classé sans suite la demande : soit pour motif de droit (pas de double incrimination par exemple) soit pour motif de fait (l'affaire est sans intérêt, les preuves sont mal établies, l'auteur est retourné dans l'État d'infraction par exemple). L'État d'infraction pourra également reprendre l'affaire à son compte en cas de survenance d'un fait nouveau porté à sa connaissance postérieurement à l'envoi de la requête. Mais il faut alors qu'il notifie à l'État de résidence le retrait de sa demande avant l'ouverture des débats judiciaires de première instance ou avant le prononcé d'une décision administrative dans l'État de résidence.

En second lieu, il faut s'interroger sur l'incidence de la demande faite par l'État d'infraction sur la prescription de l'action publique. Selon l'article 6-1, la prescription dans l'État d'infraction est interrompue par la demande formulée par les autorités qui, dans cet État, ont qualité pour exercer la poursuite. Et le délai de prescription recommence à courir dans sa totalité dans l'État d'infraction si cet État reprend la procédure

1. Allusion au principe *Non bis in idem.*

dans les cas indiqués à l'article 5-2. Il recommence également à courir, de toute façon, à l'expiration d'un délai de six mois après la demande de poursuite, ce qui permet de ne pas laisser la prescription en suspens dans l'État d'infraction pendant un temps indéterminé [1]. Quant à la situation dans l'État de résidence, elle est traité à l'article 6-2. Le principe est que le délai de prescription ne court qu'à compter de la réception de la demande de poursuite, ce qui revient à dire que jusqu'à cette date la prescription est suspendue. L'article 6-2 ajoute que si, dans cet État, une plainte de la victime est nécessaire à l'exercice de la poursuite, le délai dans lequel cette plainte doit être exprimée, ne commencera à courir qu'à partir de la réception de la demande de poursuite.

En troisième lieu, en application de l'article 7, les documents établis sur le territoire de l'État d'infraction, qu'il s'agisse de pièces probatoires ou de décisions, ont la même valeur juridique que s'ils avaient été établis par les autorités de l'État de résidence, et réciproquement. Par exemple, un procès-verbal de gendarmerie français constatant une infraction routière commise en France par un individu habitant en Suède aura pour les autorités suédoises, la même valeur que s'il avait été établi par la police suédoise. Cette règle découle du principe de confiance qui doit régner dans ce genre de relation internationale.

En marge des articles 5 à 7, on doit ajouter que la procédure terminée, l'État de résidence devra adresser à l'État d'infraction une copie authentique de la décision rendue par ses autorités, une fois qu'elle est définitive (art. 18 *in fine*).

177 ***Règles propres aux demandes d'exécution*** ◇ Trois séries de règles découlent des articles 8 à 13 de la Convention.

Il y a d'abord certains *principes relatifs à l'exécution*. D'une part, à l'instar de l'article 3 pour la poursuite, l'article 8 réaffirme la compétence de l'État de résidence pour assurer l'exécution d'une condamnation prononcée par l'État d'infraction. En conséquence de cette règle, dès acceptation par l'État de résidence, l'État d'infraction ne peut plus procéder à aucune mesure d'exécution, à moins qu'un refus ou une possibilité d'exécution lui ait été notifié par l'État de résidence (art. 13) [2]. Il faut évidemment éviter une double procédure d'exécution. D'autre part, l'exécution aura lieu en application de la loi de l'État de résidence, après vérification de l'authenticité de la demande. il en résulte que c'est tout le droit pénitentiaire de l'État de résidence qui s'applique et c'est bien naturel puisque cet État est État d'exécution alors que le droit pénitentiaire est un droit d'exécution. C'est pourquoi l'article 8 précise que l'État de résidence sera compétent en ce qui concerne la libération condi-

1. Rapport explicatif.

2. Le principe général est bien qu'un État n'exécute que ses propres décisions. L'article 8 de la Convention permet de mettre en échec ce principe pour les infractions routières.

tionnelle. Cet article a pourtant prévu une limite à cette compétence exclusive de l'État de résidence. Il s'agit de la grâce, qui peut être accordée par les deux États [1].

S'agissant ensuite des *modalités de l'exécution*, les articles 10 à 12 apportent des informations. S'il s'agit de l'amende, l'article 11 décide que son recouvrement sera effectué par l'État de résidence selon son propre droit. Quant au montant, deux règles sont prévues. La règle de principe est qu'il ne pourra pas excéder le maximum prévu par la loi de l'État de résidence pour une infraction analogue. La règle exceptionnelle, qui s'applique quand la loi ne prévoit pas de maximum, est que l'État de résidence ne devra pas dépasser le « montant de la sanction habituellement prononcée » par ses autorités pour une même infraction ; cette règle a été posée pour répondre au particularisme des législations danoise, norvégienne et suédoise qui ne prévoient pas de maximum légal [2-3]. Quant aux sanctions autres que l'amende, comme les peines privatives de liberté ou les mesures de sûreté, une difficulté majeure apparaît car elles ne sont pas toujours les mêmes d'un État à l'autre. C'est pourquoi l'article 10-1 autorise une certaine adaptation en accordant à l'État de résidence la possibilité de substituer « s'il y a lieu » à la sanction prononcée par l'État d'infraction une sanction prévue par sa loi pour une infraction analogue. Ainsi, le régime d'incarcération est celui qui est vigueur dans l'État de résidence et il en est ainsi parce que c'est le droit pénitentiaire de cet État qui est applicable. Toutefois, la durée maximale de la sanction ne saurait « excéder le maximum prévu par la loi de l'État de résidence, ni aggraver par sa nature ou par sa durée la sanction prononcée dans l'État d'infraction ». Ces termes généraux de l'article 10-2 permettent d'appliquer la règle à beaucoup de sanctions (emprisonnement, suspension du permis de conduire par exemple).

Enfin, l'article 9 énumère des *cas d'exclusion de l'exécution* dans l'État de résidence. Deux séries de cas sont prévues.

D'une part, l'exécution est formellement exclue dans trois hypothèses : a) si dans l'État de résidence, l'auteur de l'infraction fait l'objet d'une décision définitive pour les mêmes faits (règle *non bis in idem*) ; b) si la prescription de la sanction est acquise selon la loi de l'État d'infraction ou selon celle de l'État de résidence ; c) si l'auteur de l'infraction bénéficie d'une amnistie ou d'une mesure de grâce dans l'un des deux États.

D'autre part, l'exécution peut être paralysée au gré de l'État de résidence dans les trois hypothèses suivantes : a) si les autorités compé-

1. Cela s'explique par le caractère régalien et un peu politique de la grâce. V. dans le même sens l'art. 21 de la Convention de surveillance.

2. On précisera que le montant des amendes sera acquis à l'État de résidence qui en disposera à son gré (art. 21).

3. L'art. 12 précise qu'en cas de non-paiement de l'amende, l'État de résidence appliquera, à la demande de l'État d'infraction, les mesures de contrainte ou de remplacement qui existent dans sa propre législation, sauf à remarquer que la privation de liberté ne pourra s'appliquer que si l'État d'infraction le réclame spécialement.

tentes de cet État ont décidé de ne pas engager de poursuites ou de mettre fin aux poursuites qu'elles ont exercées pour les mêmes faits ; b) si les faits qui motivent la condamnation font l'objet de poursuites dans cet État ; c) si l'exécution, selon l'appréciation de cet État, est de nature à porter atteinte aux principes fondamentaux de son ordre juridique ou si cette exécution est incompatible avec les principes qui président à l'application de son droit pénal, si par exemple, en raison de son âge, l'auteur de l'infraction n'aurait pas pu être condamné dans cet État. Le dernier point constitue une sorte de clause de sauvegarde que l'on trouve dans beaucoup de traités internationaux [1]. Les principes fondamentaux évoquent l'ordre public (par exemple une disposition consacrant des discriminations des individus selon leur race, leur sexe, leur religion...) et les principes pénaux sont par exemple la responsabilité pleine et entière du mineur ou du malade mental, voire l'existence d'une procédure niant les droits de la défense.

B. La Convention sur les effets internationaux de la déchéance du droit de conduire un véhicule à moteur

178 En raison du développement de la circulation, y compris et surtout dans un contexte international, le Comité des ministres du Conseil de l'Europe pris le 15 octobre 1971 la Résolution (71) 28 par laquelle était recommandé aux gouvernements des États membres du Conseil de l'Europe, de mettre en œuvre un système de déchéance du droit de conduire. Cette Résolution allait aboutir à la Convention européenne sur les effets internationaux de la déchéance du droit de conduire un véhicule à moteur, ouverte à la signature le 3 juin 1976. Il s'agissait de parer à une lacune de la prévention et de la répression ; en effet la déchéance du droit de conduire un véhicule, prononcée contre un individu par les juges de l'État d'infraction, était sans portée si cet individu se rendait dans un État étranger.

C'est ainsi que la Convention de 1976 a instauré une coopération étroite entre États membres du Conseil de l'Europe.

Le principe est le suivant. Selon l'article 2, « la Partie contractante qui a prononcé la déchéance en avise sans délai la Partie contractante qui a délivré le permis de conduire ainsi que celle sur le territoire de laquelle l'auteur de l'infraction réside habituellement ». Et l'article 3 complète cette règle en décidant que la Partie qui a été avisée d'une telle décision « peut prononcer dans le cadre de sa législation la déchéance qu'elle aurait estimé utile de prononcer si les faits ayant motivé l'intervention de l'autre Partie... avaient eu lieu sur son propre territoire » ;

1. Comme la Convention européenne d'entraide judiciaire, art. 2 b.

de la sorte la Partie avisée garde sa pleine liberté d'action et ne voit donc pas sa souveraineté remise en cause. Cette entraide est d'ailleurs largement conçue. Selon l'article 1, l'expression « déchéance du droit de conduire » désigne « toute mesure définitive qui a pour but de restreindre le droit de conduire d'un conducteur qui a commis une infraction routière », cette mesure consistant soit en une peine principale soit en une peine accessoire, soit en une mesure de sûreté, et pouvant avoir été prise par une autorité judiciaire ou administrative.

En pratique cependant, cette Convention est de peu d'intérêt. Elle n'a en effet été ratifiée que par un très petit nombre d'États. Il faudrait que chaque conducteur ne puisse avoir qu'un seul permis national et que le permis international soit présenté en même temps que le permis national. Il faudrait même aller plus loin et créer un « Bureau central » où la délivrance de tous les permis de conduites serait enregistrée, ainsi que toutes les décisions prononçant des restrictives du droit de conduire[1]. Tant que ces deux conditions n'auront pas été remplies, la ratification sera illusoire.

§ 2. **Les Conventions européennes relatives aux actes bafouant les droits fondamentaux de la personne**

Devant le développement d'actes odieux frappant la personne, le Conseil de l'Europe a élaboré deux Conventions sur des points particuliers et spécialement sensibles.

A. **La Convention sur l'imprescriptibilité des crimes contre l'humanité et des crimes de guerre**

179 ***Vue générale*** ◇ Ouverte à la signature le 25 janvier 1974, cette Convention est sans doute l'une des plus brèves de toutes. Elle a été prise en écho aux atrocités commises en Europe notamment, au cours du second conflit mondial, à l'occasion duquel la dignité de l'homme a été horriblement atteinte. D'ailleurs, le préambule de cette Convention indique « la nécessité de sauvegarder la dignité humaine en temps de guerre comme en temps de paix » et constate que « les crimes contre l'humanité et les violations les plus graves des lois et coutumes de la guerre constituent une atteinte sérieuse à cette dignité ». Cependant, cette Convention a assez peu intérêt car là peu d'États l'ont ratifiée[2].

1. Rapport explicatif de la Convention, n° 15.
2. Les Pays-Bas l'ont ratifiée le 25 nov. 1981.

1. Domaine de la Convention

180 Le domaine de la Convention est indiqué à l'article 1er. Il s'agit d'abord des crimes contre l'humanité, tels que prévus par la Convention pour la prévention et la répression du génocide, adoptée le 9 décembre 1948 par l'Assemblée générale de l'ONU. Il s'agit ensuite de certains crimes visés par la Convention de Genève de 1949 : ceux relatifs à l'amélioration du sort des blessés et malades dans les forces armées en campagne (art. 50) et sur mer (art. 51) ; ceux relatifs au traitement des prisonniers de guerre (art. 130) ; ceux relatifs à la protection des personnes civiles en temps de guerre (art. 147). Il s'agit encore de toutes violations analogues des lois de la guerre et des coutumes de la guerre, en vigueur lors de l'entrée en application de la Convention de 1974 et non prévues par les deux Conventions de Genève susvisées [1], mais à la condition que l'infraction revête « une particulière gravité, soit en raison de ses éléments matériels et intentionnels, soit en raison de l'étendue de ses conséquences prévisibles » : les auteurs de la Convention de 1974 ont entendu donner une grande ampleur à leur texte, sans toutefois le voir appliquer de façon trop large, tout en retenant des critères bien flous, qu'ils se fondent sur les éléments ou sur les conséquences de l'infraction. Il s'agit enfin de toutes autres infractions aux lois et coutumes de droit international tel qu'il sera établi à l'avenir, considérées par l'État contractant intéressé comme étant de nature analogue aux précédentes : aux violations des lois de la guerre déjà en vigueur sont donc assimilées les violations qui feront l'objet d'une consécration après mise en application de la Convention de 1974.

Tout État peut, à tout moment, étendre l'application de la Convention aux infractions prévues par l'article 1-3, c'est-à-dire aux infractions apparues après mise en application de la Convention (art. 6-1).

2. Effet de la Convention

181 L'effet de la Convention est clair : pour les infractions ci-dessus énumérées, tout État contractant s'engage à prendre des dispositions pour rendre inapplicable la prescription de l'action publique ainsi que celle de l'application de la peine prononcée (art. 1 *in limine*). Cet effet ne se produit cependant que si les faits sont punissables dans la législation de l'État contractant. Seconde précision apportée par l'article 2 :

1. Conventions auxquelles il faut ajouter les deux Protocoles de 1977, à savoir le Protocole additionnel aux Conventions de Genève du 12 août 1949 et relatif à la protection des victimes des conflits armés internationaux et le Protocole additionnel aux Conventions de Genève du 12 août 1949 et relatif à la protection des victimes des conflits armés non-internationaux.

le principe de l'imprescribilité affirmée par la Convention s'applique aux infractions commises après son entrée en vigueur dans l'État contractant et il s'applique aussi aux infractions commises avant cette entrée en vigueur dès lors que le délai de prescription n'est pas encore expiré.

B. La Convention pour la prévention de la torture et des peines ou traitements inhumains ou dégradants

182 ***Raisons de cette Convention et historique de son élaboration*** ◇ La Convention européenne des droits de l'homme, du 4 novembre 1950 [1], contient un article 3 ainsi rédigé : « Nul ne peut être soumis à la torture ni à des peines ou traitements inhumains ou dégradants » [2]. Est ainsi institué un mécanisme répressif, *a posteriori*, fondé sur des plaintes émanant d'individus ou d'État invoquant des violations effectives des droits de l'homme concernant peines et/ou traitements. Cependant, il a paru utile de compléter ce mécanisme répressif par un mécanisme préventif, *a priori*, visant à examiner la condition des personnes privées de liberté, pour s'assurer qu'elles ne font pas l'objet de tortures ou traitements inhumains. En somme à côté d'un dispositif judiciaire, il a paru nécessaire d'instaurer un dispositif non judiciaire non concurrent, mais complémentaire. C'est ainsi qu'est née la Convention pour la prévention de la torture dont le principe est de créer un Comité pouvant effectuer des visites dans tout lieu où se trouvent des personnes privées de liberté. Cette volonté de compléter l'article 3 de la Conv. EDH par une Convention anti-torture découle d'une double constatation, plus précisément : les obstacles rencontrés par les personnes désireuses d'invoquer l'article 3 et les limites inhérentes à la procédure instituée par la Conv. EDH [3].

L'élaboration de cette Convention s'est faite ainsi. En janvier 1981, l'Assemblée consultative du Conseil de l'Europe adopta la Recommandation 909 (1981) relative à la Convention internationale contre la torture : en se référant aux travaux accomplis au nom des Nations-Unies, l'Assemblée y recommanda au Comité des ministres d'inviter les gouvernements des États membres à hâter l'adoption et la mise en vigueur du projet de convention contre la torture élaboré par la Commission des droits de l'homme des Nations-Unies. Ce projet est d'ailleurs devenu

1. La plus importante des Conventions européennes, et qui sera étudiée en 2e partie.

2. Selon L. Pettiti, cet article est « le noyau dur » de la Conv. EDH, visant à exorciser les horreurs de la seconde guerre mondiale, *Revue Actes*, n° 47, 1984, p. 49. Sur l'article 3 Conv. EDH, voir *infra*, nos 278 et s.

3. J. Callewaert, *L'article 3 de la Convention européenne : une norme relativement absolue ou absolument relative, Liber amicorum*, Marc-André Eisen, Bruylant et LGDJ 1995, p. 31.

la Convention contre la torture et autres peines ou traitements cruels, inhumains ou dégradants : adoptée par l'Assemblée générale des Nations-Unies le 10 décembre 1984, elle a ensuite été ouverte à la signature. Elle inspira plus d'une fois les rédacteurs de la Convention européenne.

Entre temps, le 28 septembre 1983, l'Assemblée consultative du Conseil de l'Europe avait adopté la Recommandation 971 (1983) relative à la protection des personnes privées de liberté contre la torture et les traitements ou peines cruels, inhumains ou dégradants. Dans ce texte, l'Assemblée consultative invitait le Comité des ministres en particulier à adopter le projet de Convention européenne sur la protection des personnes privées de liberté, annexé à cette Recommandation.

À la suite de l'adoption de la Recommandation 971, le Comité des ministres a confié au Comité directeur pour les droits de l'homme le soin de l'examiner, ce qu'a fait un Comité d'experts dépendant de ce Comité. Au cours de ses travaux, le Comité d'experts a consulté la Commission et la Cour européenne des droits de l'homme ; il a aussi organisé une audition avec des représentants de la Commission internationale de juristes, du Comité suisse contre la torture et du Comité international de la Croix-Rouge ; il a encore entendu des experts en psychiatrie.

Enfin, après avoir consulté l'Assemblée, le Comité des ministres a adopté le texte de la Convention le 26 juin 1987. Celle-ci a été ouverte à la signature des États membres du Conseil de l'Europe le 26 novembre 1987 [1]. La Convention est complétée par deux Protocoles en date du 4 novembre 1993. Au 15 août 2000, les 41 États membres composant alors le Conseil de l'Europe avaient ratifié cette Convention [2].

1. Existence d'un Comité européen pour la prévention de la torture (CPT)

Selon l'article 1er de la Convention, « il est institué en Comité européen pour la prévention de la torture et des peines ou traitements inhumains ou dégradant ».

1. Sur cet historique, v. le rapport explicatif de la Convention. *Add.* H. Fourteau, *L'application de l'article 3 de la Convention européenne des droits de l'homme dans le droit interne des États membres,* préface N. Belloubet-Frier, LGDJ, Paris, 1996, not. p. 296 et s. ; M. Anstett, « La Convention européenne pour la prévention de la torture : succès et incertitudes », *Rev. pénit.* 1997, n° 3 ; E. Decaux, « La Convention européenne pour la prévention de la torture et des peines ou traitements inhumains ou dégradants », *AFDI,* 1988, p. 623 et s. ; A. Cassese, « Une nouvelle approche des droits de l'homme : la Convention européenne pour la prévention de la torture », *RGDI publ.* 1989, p. 5 et s. ; G. Cohen-Jonathan, « Le Comité européen pour la prévention de la torture et la déclaration publique relative à la Turquie », *RGDI publ.* 1993-2, p. 419 et s.

2. Presque tous les États avaient à la date du 15 août 2000 ratifié les deux Protocoles. On rappellera qu'il y a aujourd'hui 43 membres au Conseil de l'Europe.

183 Organe destiné à assurer préventivement la lutte contre la torture, le Comité est formé de personnalités dont le nombre est égal à celui des États parties à la Convention. Ces personnalités, au nombre d'une quarantaine, siègent à titre individuel. Pour assurer leur impartialité et l'apolitisme de leur activité, elles sont élues pour une durée de quatre ans renouvelable une seule fois, par le Comité du Conseil des ministres du Conseil de l'Europe.

Ces personnes sont choisies parmi des « personnalités de haute moralité, connues pour leur compétence en matière de droits de l'homme ou ayant une expérience professionnelle dans les domaines dont traite la présente Convention » (art. 4-3). Ce ne sont donc pas forcément des juristes. Des médecins ou des fonctionnaires de l'administration pénitentiaires peuvent par exemple être choisis. Ce qui est demandé avant tout aux membres du Comité, c'est une grande disponibilité comme l'indique expressément l'article 4-4 et des qualités humaines certaines. Comme l'a indiqué R. Dumas, il s'agit de « constituer un corps nouveau et spécial, qui pourrait ressembler à quelque chose comme les casques bleus des droits de l'homme »[1].

2. **Rôle du Comité européen pour la prévention de la torture (CPT)**

a. **Principe**

Selon l'article 1er de la Convention : « ... Par le moyen de visites, le Comité examine le traitement des personnes privées de liberté en vue de renforcer, le cas échéant, leur protection contre la torture et les peines ou traitements inhumains ou dégradants. »

184 Par des déplacements dans des lieux de détention — des « visites » dit le texte — le Comité s'assure donc que les personnes qui s'y trouvent ne sont pas l'objet de sévices[2]. On peut aussitôt se demander si la Convention de 1987 ne va pas alors entrer en concours avec la célèbre Conv. EDH, constituant une sorte de doublon de cette dernière. Or, il faut montrer qu'il n'en est rien, et cela d'une triple façon.

En premier lieu, on pourrait craindre qu'un individu ne puisse recourir à la Convention européenne et plus précisément à la Cour européenne des droits de l'homme du fait d'un premier examen, par le Comité. On pourrait en effet imaginer que la décision du Comité, par l'effet de l'autorité de la chose jugée, paralyserait la saisine de la Cour.

1. *JO* Déb. Assemblée nationale française, 1er déc. 1988, p. 2956.
2. Ce qui consacre un droit d'ingérence au plan européen comme l'indique H. FOURTEAU, préc., p. 269.

Mais c'est oublier l'article 17-2 de la Convention de 1987 selon lequel « aucune disposition de la présente Convention ne peut être interprétée comme une limite ou une dérogation aux compétences des organes de la Convention européenne des droits de l'homme ou aux obligations assurées par les Parties en vertu de cette Convention ». Le rapport explicatif apporte ici d'intéressantes précisions : il n'appartient pas, dit-il, au Comité d'assurer des fonctions judiciaires, il n'a pas à se prononcer sur la violation éventuelles des instruments internationaux pertinents [1], sa tâche est purement préventive, consistant à effectuer des missions d'enquête [2], d'où il résulte que malgré enquête par le Comité, l'individu concerné conserve son droit de recours individuel consacré par l'article 34 Conv. EDH [3].

En second lieu, on peut observer que l'article 38 du Protocole n° 11 portant sur la restructuration du mécanisme de contrôle établi par la Conv. EDH accorde à la Cour européenne un pouvoir d'enquête en sorte que celui du Comité ferait double emploi avec lui. Erreur encore car s'il est exact que le Comité peut mener une enquête, la Cour ne peut exercer son propre pouvoir d'enquête que si un recours a été déposé devant elle et que si ce recours a été déclaré recevable par elle.

En troisième lieu enfin, alors que la Cour européenne condamne des États par des décisions ayant force juridique [4], le Comité ne fait qu'émettre des recommandations en prenant bien soin de ne pas condamner des États [5]. Il cherche uniquement à purger une situation avec la collaboration des États et à éviter des récidives. Le Comité est une sorte d'inspection générale qui, après examen, fait des rapports contenant des propositions.

Dans la pratique, le rôle du CPT n'est pas négligeable. Par ses visites répétées dans les divers États (au nombre d'une quinzaine par an), il contribue à l'amélioration des conditions de détention, les rapports subséquents faisant apparaître des progrès [6].

b. Application

185 ***Des visites en quels lieux ?*** ◇ Les lieux de visite sont déterminés en fonction d'informations relatant de mauvais traitements et fournies le

1. Rapport explicatif, n° 17.
2. *Idem*, n° 25.
3. *Idem*, n° 92. Précisions que selon l'article 35-2 b, toute requête saisissant la Cour est déclarée irrecevable par elle notamment si elle a déjà été soumise à une autre instance internationale et si elle ne contient pas de faits nouveaux.
4. Même si elles sont simplement déclaratoires, v. *infra*.
5. Rapport explicatif, n° 33.
6. V. par exemple le Rapport au Gouvernement de la République française relatif à la visite effectuée par le Comité européen pour la prévention de la torture en France du 6 au 18 octobre 1996, Conseil de l'Europe, 14 mai 1998, p. 76 et 78. Pour une vue générale, M. ANSTETT, « La Convention européenne pour la prévention de la torture : succès et incertitude », *Rev. pénit.* 1997, p. 195.

plus souvent par des organisations non gouvernementales ou par la presse, voir par des plaintes ou pétitions.

Cela dit, le Comité peut dans le territoire de chaque Partie visiter « tout lieu relevant de la juridiction où des personnes sont privées de liberté par une autorité publique » (art. 2). L'État concerné doit faciliter le travail du Comité en lui fournissant « tous renseignements sur les lieux où se trouvent » ces personnes (art. 8-2 b). Peuvent être visitées les personnes détenues pour quelque motif que ce soit. Mais ne peuvent être visitées que les personnes dont la privation de liberté résulte de l'action d'une autorité publique, sans qu'une décision formelle n'ait été obligatoirement prise à leur sujet. Le Comité peut donc agir à l'occasion de détention de fait aussi bien que de droit, sans qu'aucune réserve puisse être émise par un État pour refuser l'accès d'un lieu (art. 21). En pratique, le Comité peut visiter des locaux de garde à vue, des prisons pour détenus provisoires ou pour condamnés, voire des lieux de détention administrative (comme les centres français de rétention administrative pour ressortissants étrangers) ou militaire, et même des lieux d'internement pour malades (comme les unités pour malades difficiles en France ou les établissements de défense sociale en Belgique), à l'exception des malades internés volontairement [1].

186 ***Des visites pour quel objet ?*** ◇ Les membres du Comité effectuent des visites pour détecter des cas de « torture » ou de « peines ou traitements inhumains ou dégradants ». Mais comment entendre ces expressions ? Rien n'étant dit dans la Convention de 1987, l'interprète est tenté de consulter la Conv. EDH dont l'article 3 utilise les mêmes expressions. Mais là encore, aucune définition n'est donnée.

Ce qui est sûr, c'est que le Comité n'a pas à créer une jurisprudence en interprétant l'article 3 de la Conv. EDH. Comme le précise le rapport explicatif, « il n'appartient pas au Comité d'assurer des fonctions judiciaires... il devra aussi s'abstenir d'exprimer un avis concernant l'interprétation » de l'article 3 « que ce soit de manière abstraite ou en rapport avec des cas concrets » [2]. Ce qui est sûr également, c'est que le Comité doit s'appuyer sur la jurisprudence de la Convention européenne et de la Cour européenne : cette jurisprudence est un « guide » pour le Comité [3]. El l'on admettra que le Comité ne peut descendre au-dessous du seuil minimum de protection établi par ces deux juridictions. Rien n'interdit d'ailleurs au Comité de se référer aussi à d'autres instruments que la Conv. EDH, comme le Pacte international des droits civils et poli-

1. La Convention contre la torture de 1984, émanant des Nations-Unies, prévoit aussi la possibilité de visites de la part des membres d'un organisme créé par cette Convention, le Comité contre la torture (art. 17 et 20).
2. Rapport explicatif, n° 17.
3. *Idem*, n° 27.

tiques de 1966, la Convention de l'ONU contre la torture de 1984, la Convention américaine sur les droits de l'homme de 1969 et la jurisprudence établie par les organes créés par ces instruments.

Dans l'application, les constatations du Comité sont souvent dans le droit fil de la jurisprudence européenne. Des rapports du Comité ont naguère dénoncé la suspension par les pieds, des chocs électriques appliqués sur les parties sensibles du corps, des coups de poing, des gifles, des coups donnés sur la tête à l'aide d'un annuaire téléphonique, des pressions psychologiques, des injures, des privations de nourriture et de médicaments, des tympans percés ou bras cassés... [1]. On le voit, apparaissent tantôt des tortures, tantôt des mauvais traitements.

Plus précisément, les tortures véritables sont rarissimes, la Turquie étant le seul pays pour lequel le Comité en a signalé. En revanche, s'agissant des mauvais traitements, le Comité a classé les États en trois catégories : ceux où il y a peu de risques (Allemagne, Pays-Bas, Luxembourg) ; ceux où le risque est non négligeable (France, Belgique, Suisse) ; ceux enfin où il y a des risques sérieux (Autriche, Portugal) [2]. Mais cette classification est ancienne et il apparaît qu'elle n'est heureusement plus guère exacte aujourd'hui.

Cependant le CPT va plus loin : il prend en compte les condition de vie des détenus, notamment le surpeuplement, le manque d'installations sanitaires ou le régime de détention inapproprié. Car « les fondements sur lesquels repose tout comportement civilisé font éprouver de la répulsion pour les mauvais traitements, *même sous des formes modérées* » [3]. Le CPT va au-delà des normes de la Conv. EDH.

187 ***Des visites selon quelle procédure ?*** ◇ La Convention de 1987 décrit scrupuleusement la procédure à suivre.

En premier lieu, toute visite doit être précédée d'une formalité, la notification par le Comité à l'État concerné de son intention de faire une visite (art. 8-1). L'article 8-1, en posant cette règle, n'indique pas le délai qui doit s'écouler entre la notification et le moment de la visite. Mais en pratique, sauf situations exceptionnelles dans lesquelles la visite a lieu sitôt après la notification, le Comité doit laisser à l'État concerné le temps nécessaire pour qu'il puisse rendre la visite aussi efficace que possible : ainsi l'impose le principe de coopération entre États et Comité, exprimé à l'article 3 de la Convention de 1987 [4].

1. B. Aubert, « La détention par la police des personnes suspectées d'avoir commis une infraction pénale. Analyse des premiers rapports du Comité pour la prévention de la torture et des peines ou traitements inhumains ou dégradants », *APC* n° 17, 1995, p. 51 et s., note p. 57-58.
2. *Idem*, p. 57.
3. H. Fourteau, préc., p. 277.
4. Rapport explicatif, n° 56.

En second lieu, la réalisation des visites se fait simplement. Un groupe de quatre ou cinq personnes se rend dans le pays concerné [1] et peut visiter tous locaux à sa convenance. Ces personnes sont tenues au secret professionnel, y compris après l'expiration de leur mandat (art. 13). Cela dit, il existe trois sortes de visites : des *visites périodiques* qui s'effectuent systématiquement dans chaque État [2], mais qui ne peuvent évidemment être effectuées dans tous les lieux de détention pour des raisons matérielles et du fait de la priorité donnée à un second type d'inspection ; des *visites ad hoc* qui correspondent justement à ce second type et qui sont « exigées par les circonstances » (art. 7-1), le Comité jouissant d'un pouvoir discrétionnaire pour apprécier le moment de telles visites ; enfin des *visites de suivi* qui s'effectuent dans des lieux déjà inspectés, afin de s'assurer de l'évolution de la situation des personnes privées de liberté depuis la première inspection du Comité (art. 33 de son règlement intérieur). Dans tous les cas, le Comité peut s'entretenir sans témoin avec les détenus et entrer en contact avec toutes personnes susceptibles de lui fournir des informations utiles (art. 8).

En troisième lieu, la visite faite, quelques diligences vont suivre. Le Comité établit un *rapport de visite* où il consigne toutes les observations qu'il a pu faire et les recommandations qu'il estime devoir présenter pour améliorer la situation des personnes détenues (art. 10-1). À lire les rapports, on constate que les recommandations sont très variées, touchant à la condition pénitentiaire (conditions matérielles notamment) et même à la procédure pénale, surtout dans sa phase policière. Le Comité transmet ce rapport à l'État intéressé en lui demandant en retour deux documents : un *rapport intermédiaire* à lui remettre dans les six mois de la visite et relatant toutes mesures prises ou envisagées sur la base de ses recommandations [3] et un *rapport de suivi* qui doit lui être remis dans l'année suivant la visite, mentionnant les actions entreprises depuis. Enfin, chaque année le Comité établit un *rapport général* sur ses activités, qu'il soumet au Comité des ministres et qui est ensuite communiqué à l'Assemblée consultative, et qui est enfin rendu public (art. 12) [4]. L'activité du Comité, et donc la parution des divers rapports, a commencé en 1990. La doctrine souligne en général et avec certaines nuances les bienfaits de l'action du CPT [5].

1. Selon l'article 7-2, les visites sont effectuées « en règle générale par au moins deux membres du Comité. Ce dernier peut, s'il l'estime nécessaire, être assisté par des experts et des interprètes ».

2. Selon le rapport explicatif, le Comité doit veiller à visiter les divers États « de manière équitable », n° 48.

3. Les États invoquent souvent qu'ils sont en train de modifier leur législation. Ils invoquent quelquefois des difficultés financières.

4. V. le dernier rapport général d'activité du CPT couvrant la période du 1er janvier au 31 décembre 1996, Strasbourg, 22 août 1997.

5. H. FOURTEAU, préc., p. 279 et s. ; M. ANSTTET, préc.

Ces rapports sont confidentiels (art. 11-1) [1]. Cette confidentialité favorise la coopération des détenus et des personnes non détenues. D'ailleurs, il n'y a pas de tierce personne présente lors des entretiens avec les détenus, ce qui facilite les déclarations de ces derniers (art. 8-3). La confidentialité permet aussi une meilleure coopération entre États en ce qu'elle instaure un climat de confiance. Toutefois, la confidentialité comporte une limite : c'est la « déclaration publique » des informations recueillies par le CPT. L'article 10-2 de la Convention de 1987 indique : « Si la Partie ne coopère pas ou refuse d'améliorer la situation à la lumière des recommandations du Comité, celui-ci peut décider, à la majorité des deux tiers de ses membres, après que la Partie aura eu la possibilité de s'expliquer, de faire une déclaration publique à ce sujet ». Ce texte appelle une double remarque. D'abord, en ce qui concerne les conditions de la déclaration publique, l'article 10-2 en indique deux (refus de coopération, absence d'amélioration malgré les recommandations du CPT), mais ne dit rien du degré de passivité administrative de l'État inspecté. On admettra que le refus d'amélioration de la situation doit être bien caractérisé et en pratique l'arme de la déclaration publique reste exceptionnelle [2]. Ensuite, en ce qui concerne le contenu de la déclaration publique, l'article 10-2 n'indique pas ce qui doit être rendu public. On en déduira que le CPT dispose d'une grande liberté de choix. Mais le rapport explicatif précise que ne seront publiées ni les informations obtenues confidentiellement ni celles qui sont relatives à des enquêtes en cours [3]. Dans les rares déclarations publiques qu'il a déjà faites, le CPT reste prudent, insistant sur les progrès réalisés par l'État visité et ne publiant pas d'extraits de ses rapports précédents, ne procédant que par allusion. Le CPT, en fait, se borne à souligner les problèmes urgents ayant motivé la déclaration. Ce qui conduit à penser que le CPT entend non seulement remédier aux problèmes pendants, mais aussi en appeler à l'opinion publique internationale.

Il advient aussi qu'un gouvernement demande la publication du rapport qui lui est adressé par le CPT ainsi que sa propre réponse [4] ou qu'il donne son accord à de telles publications [5].

C. **Limites**

188 La première est la clause de sauvegarde. Dans le souci du respect de souveraineté, l'article 9 de la Convention autorise un État à faire connaître

1. Sauf à noter que le rapport général annuel est rendu public après avoir été soumis au Comité des ministres, puis à l'Assemblée parlementaire (art. 12).

2. La Turquie a fait l'objet de deux déclarations à ce jour (12 déc. 1992 et 6 déc. 1996).

3. § 75 du rapport explicatif relatif à l'art. 10-2 de la Convention ; *add.* H. FOURTEAU, *L'application de l'article 3 de la Convention européenne des droits de l'homme dans le droit interne des États membres*, préc., p. 287.

4. Par exemple, le Royaume-Uni en mai 2001 et l'Autriche en juin 2001.

5. Par exemple, la France en juillet 2001.

au CPT ses objections à la visite au moment et/ou au lieu envisagés. Mais il faut qu'il y ait des « circonstances exceptionnelles » et ces circonstances doivent tenir à des motifs limitativement énumérés : impératifs de défense nationale ou de sûreté publique ; existence de troubles graves dans les lieux où des personnes sont privées de liberté ; raisons tenant à l'état de santé d'une personne ou encore nécessité d'un interrogatoire urgent dans une enquête en cours, en relation avec une infraction pénale grave. Il faut bien convenir que si, dans l'esprit des rédacteurs, les motifs de refus sont strictement entendus, les expressions utilisées restent assez vagues. Mais cela n'a-t-il pas été voulu justement par les auteurs du texte, à moins qu'ils aient pensé ne pas pouvoir faire autrement ? Il fallait bien en effet concilier des impératifs contraires : la nécessité pour le Comité d'accomplir sa mission et la volonté des États d'assurer la sécurité de leurs nationaux en tenant pas exemple secret les lieux de détention d'individus particulièrement dangereux pour l'État.

Une fois que l'État concerné a fait valoir son objection, il se concerte avec le Comité « afin de clarifier la situation et pour parvenir à un accord sur des dispositions permettant au comité d'exercer ses fonctions aussi rapidement que possible. Ces dispositions peuvent comprendre le transfert dans un autre endroit de toute personne que le Comité a l'intention de visiter. En attendant que la visite puisse avoir lieu, la Partie fournit au Comité des informations sur toute personnes concernée » (art. 9-2). On retrouve toujours ce souci de conciliation entre droits du Comité et respect des souverainetés.

Une seconde limite tient à l'existence du Comité international de la Croix-Rouge (CICR) qui a compétence exclusive dans la visite des lieux de détention visés par les Conventions de Genève de 1949 et les Protocoles additionnels de 1977 (art. 17-3). Il faut éviter les chevauchements entre les deux organismes. Cependant, le CPT recouvre son droit de visite dans les lieux non contrôlés « effectivement » « régulièrement » par le CICR, même en temps de guerre[1].

SECTION 2. LES CONVENTIONS PROTÉGEANT PARTIELLEMENT LA PERSONNE

189 Nous allons aborder maintenant des Conventions « mixtes », c'est-à-dire, des instruments internationaux tendant à assurer une double protection, celle de la personne certes, mais aussi celle d'une autre valeur, sans qu'il soit aisé de distinguer l'objet prioritaire. Sous cette rubrique de Conventions « mixtes », on en visera deux : la Convention sur les armes à feu et la Convention sur les produits du crime.

1. § 93 du rapport explicatif à propos de l'article 17-3 de la Convention.

La Convention contre le dopage des sportifs, ouverte à la signature le 16 novembre 1989, prend elle aussi en considération à la fois la santé des sportifs et l'avenir du sport (v. Préambule). Mais ses dispositions sont uniquement préventives (réglementation des produits dopants, création de laboratoires, mesures disciplinaires, contrôles...) et ne touchent pas la justice pénale. Elle ne nous intéresse donc pas.

§ 1. La Convention européenne sur l'acquisition et la détention des armes à feu

A. Élaboration

190 En octobre 1971, dix membres de l'Assemblée parlementaire du Conseil de l'Europe ont déposé une proposition de recommandation relative à la lutte contre la violence criminelle, en suggérant notamment l'élaboration d'une Convention permettant une harmonisation des législations sur les armes à feu et en faisant remarquer que les conditions d'acquisition de ces armes variaient beaucoup d'un État à l'autre. En janvier 1972, l'Assemblée du Conseil de l'Europe adoptait la Recommandation 655 (1972) relative au contrôle de la vente et de la détention d'armes à feu en vue de lutter contre la violence : il s'agissait de créer une harmonisation des législations européennes et de réglementer les flux d'armes entre États européens. Un Comité fut créé et siégea d'octobre à mars 1977. Il rédigea un projet de Convention. En mars 1978, le Comité des ministres ouvrait le texte à la signature, cette décision prenant effet au 28 juin de la même année.

Cette Convention n'est cependant pas encore ratifiée par un très grand nombre d'États, ce qui lui ôte une partie de son intérêt[1].

On peut considérer cette Convention comme « mixte » car elle tend à protéger les personnes en même temps qu'elle entend réglementer et moraliser le commerce des armes à feu.

B. Contenu

191 La Convention s'inspire du texte de la Convention Benelux en matière d'armes et de munitions, signée à Bruxelles le 9 décembre 1970. Cette dernière a pour origine le fait que la suppression des contrôles aux frontières des Pays-Bas, de la Belgique et du Luxembourg entraînerait la disparition de tout contrôle des armes à feu dans ces États.

Cela dit, on se limitera à quelques observations.

1. V. rapport explicatif, n°s 1 à 10.

Premièrement, devant la difficulté de donner une définition assez brève de l'expression « arme à feu », l'article 1 de la Convention renvoie à son Annexe I où figure une très longue énumération.

Deuxièmement, selon l'article 2, « les Parties contractantes s'engagent à se prêter mutuellement assistance par l'intermédiaire des autorités administratives appropriées, pour la répression des trafics illicites d'armes à feu et pour la recherche et la découverte des armes à feu transférées du territoire d'un État dans le territoire d'un autre ». Ce principe d'assistance mutuelle ne va pas jusqu'à priver les États de leur liberté de légiférer en la matière (art. 3). Ce principe se traduit essentiellement en une notification : tout État contractant sur le territoire duquel une arme est vendue, transférée ou cédée doit notifier l'opération à l'autre État contractant où l'acquéreur a sa résidence habituelle. La notification intervient donc à l'occasion d'un changement de possesseur. Elle indique notamment l'identité, le numéro du passeport ou de la carte d'identité et l'adresse de l'acquéreur de l'arme ainsi que le type, la marque et les caractéristiques de l'arme en question (art. 5 et s.). Ce que l'on veut contrôler, ce sont les déplacements d'armes à feu d'un pays à l'autre. Il est évident que de tels contrôles sont très difficiles à organiser et c'est pourquoi peu d'États ont à ce jour ratifié cette Convention.

Troisièmement enfin, la Convention établit un autre système de contrôle international, celui de la double autorisation (art. 10). Le principe est que « chaque Partie contractante prend les mesures propres à garantir qu'aucune arme à feu se trouvant sur son territoire ne sera vendue, transférée ou cédée à quelque titre que ce soit à une personne n'y étant pas résidente qui n'a pas obtenu au préalable l'autorisation des autorités compétentes de ladite Partie contractantes. Cette autorisation n'est accordée que si les autorités compétentes susmentionnées se sont d'abord assurées qu'une autorisation concernant la transaction en question a été accordée à ladite personne par les autorités compétentes de la Partie contractante où elle a sa résidence ». Ce texte peut être illustré par l'exemple suivant. Un personne résidant en Allemagne veut acquérir une arme à feu aux Pays-Bas. Elle demande au préalable une autorisation aux autorités allemandes. Bénéficiaire de cette autorisation, la personne en question peut s'adresser aux autorités néerlandaise qui peuvent lui accorder sur la base de l'autorisation allemande une autorisation néerlandaise qui permet le transfert de l'arme d'une personne vivant aux Pays-Bas à la personne résidant en Allemagne [1]. Ce système de la double autorisation est dans le principe excellent car il permet bien de suivre les armes à feu lors de leur changement de propriétaire. Mais en pratique, il est lourd : il entrave les échanges commerciaux, entraîne des frais administratifs, expose les gouvernements aux pres-

1. Rapport explicatif, sous art. 10.

sions politiques de certaines lobbies et peut susciter des difficultés d'ordre linguistiques [1].

§ 2. La Convention relative au blanchiment, au dépistage, à la saisie et à la confiscation des produits du crime

192 *Vue générale* ◇ L'intitulé de cette Convention laisse à penser qu'elle intéresse tous les crimes. À la vérité, elle ne concerne que les infractions donnant lieu à un profit, comme le trafic de drogue, la criminalité organisée ou violente, l'extorsion de fonds, les enlèvements de personnes... bref des infractions de profit au sens large au premier rang desquelles figure le trafic de drogue.

À ce propos, il paraît intéressant de noter que cette Convention, ouverte à la signature le 8 novembre 1990 a été précédée d'un ensemble de conventions anti-drogue très intéressantes quoique non européennes. On citera, toutes à l'échelle mondiale même si elles ne réunissent pas tous les États, les Conventions de Shangaï (1909), de La Haye (1912), de Genève (1925, 1931, 1936) et de Bangkok (1931), les Protocoles de Lake-Success (1946), de Paris (1948) et de New-York (1953). Plus importants sont la Convention Unique sur les stupéfiants [2], le Protocole de Genève de 1972 et la Convention de Vienne sur les psychotropes de 1971 [3]. On évoquera enfin la Convention des Nations-Unies conclue à Vienne en 1988 qui a inspiré la Convention européenne ainsi que le deuxième Protocole à la Convention PIF qui concerne la responsabilité des personnes morales et le blanchiment [4].

Revenons à la Convention européenne précisément. Deux circonstances se trouvent à son origine : d'une part, les travaux réalisés par le Groupe Pompidou, notamment lors de deux conférences techniques *ad hoc* tenues à Strasbourg en novembre 1983 et en mars 1985 ; d'autre part, à la suite d'une conférence des ministres européens de la justice (Oslo, juin 1986) sur les aspects pénaux de l'abus et du trafic des stupéfiants, une Résolution dans laquelle ces ministres ont recommandé que le CDPC examine « la formulation, compte tenu des travaux des Nations-Unies en la matière, de normes et critères internationaux pour garantir une coopération internationale efficace entre autorités judiciaires (et éventuelle-

1. *Idem.*
2. C'est à vrai dire de toutes les Conventions internationales la plus importante. Ratifiée par plus d'une centaine d'États, elle comporte surtout des dispositions administratives, instituant pour tous les stupéfiants classés « un régime d'économie dirigée » qui s'applique de la production à la consommation, v. BETTATI, « Le contrôle international des stupéfiants », *Rev. gén. dr. intern. public* 1974, p. 1.
3. Sur toutes ces Conventions, v. F. CABALLERO et Y. BISIOU, *Droit de la drogue*, Dalloz, 2e éd., 2000, nos 32 et s.
4. V. *infra*, nos 455 et s.

ment policières) concernant le dépistage, le gel et la confiscation des produits du trafic illicite des drogues ». Ainsi fut créé un Comité d'experts sur la coopération internationale en ce qui concerne le dépistage, la saisie et la confiscation des produits du crime, en 1987. Le projet de Convention fut élaboré par ce Comité entre octobre et avril 1990. En septembre 1990, le Comité des ministres approuvait le texte de la Convention et celle-ci était ouverte à la signature le 8 novembre 1990 [1].

Quelles sont les intentions des rédacteurs de la Convention ? Ils ont entendu avant tout faciliter la coopération internationale en ce qui concerne l'investigation, la saisie et la confiscation des produits de tout type de criminalité, de trafic, en pratique avant tout de la criminalité liée à la drogue [2]. Ils ont voulu aussi compléter les instruments déjà existants dans le cadre du Conseil de l'Europe. Par exemple, l'article 3-1 de la Convention européenne d'entraide judiciaire traite de l'exécution des commissions rogatoires en matière pénale et rappelle qu'elles « ont pour objet d'accomplir des actes d'instruction ou de communiquer des pièces à conviction ». Il en résulte que cette Convention ne s'applique pas au dépistage et à la saisie de biens en vue de leur confiscation ultérieure. Or, l'article 8 de la Convention sur les produits du crime n'exclut pas l'entraide portant sur des investigations visant à localiser les avoirs obtenus illégalement. Les rédacteurs ont eu une troisième intention : créer un instrument obligeant les États à introduire dans leur droit interne des mesures efficaces pour combattre la criminalité grave et priver les criminels du produit de leurs activités illicites. Ainsi en est-il de la confiscation en valeur qui n'est pas prévue par tous les droits nationaux.

On a observé que cette Convention quoiqu'élaborée au sein du Conseil de l'Europe ne contient pas dans son intitulé l'adjectif « européen », contrairement aux autres Conventions. La raison en est que cet instrument devrait d'emblée être ouvert à des États qui, quoique non européens, partagent les mêmes idées que les États du Conseil de l'Europe. D'ailleurs, l'Australie, les États-Unis et le Canada étaient représentés au Comité qui a élaboré le texte et y ont même été associés activement [3].

Entrons dans le détail de la Convention qui comporte deux groupes de mesures [4].

1. Sur cet historique, rapport explicatif de la Convention, n°s 1 à 7.

2. La confiscation est l'idée maîtresse de la Convention. V. le préambule qui rappelle qu'il faut lutter contre la criminalité grave et qu'à cette fin « une des méthodes consiste à priver le délinquant des produits du crime ».

3. Rapport explicatif, n° 18.

4. Cette convention sera complétée par la décision-cadre du 26 juin 2001 concernant le blanchiment d'argent, l'identification, le dépistage, le gel ou la saisie et confiscation des instruments et des produits du crime. Elle généralise le délit de blanchiment au sein de l'Union et, surtout, instaure une harmonisation minimale des sanctions en ce domaine : une peine d'au moins 4 ans d'emprisonnement devra être prévue pour les principaux cas de blanchiment. En outre, cette décision-cadre étend l'obligation de prévoir la confiscation des produits de délit et limite les motifs de refus de coopération de dépistage, de gel et saisie des produits de l'infraction. Elle est entrée en vigueur le 5 juillet 2001 et les États membres ont jusqu'au

A. Mesures à prendre par les États dans leur droit interne

93 Une lutte efficace contre la criminalité de trafic et spécialement contre le trafic de drogue suppose que chaque État adopte dans sa propre législation certaines mesures. Ces mesures sont indiquées au chapitre 2. Elles sont au nombre de trois et sont l'indice de l'idée que l'harmonisation des législations internes peut aller de pair avec la coopération.

1. Incrimination du blanchiment

94 Cette incrimination figure à l'article 6 qui s'inspire de la Convention des Nations-Unies de 1988.

Selon l'article 6-1, toute Partie doit incriminer certains agissements de blanchiment, à savoir la conversion ou le transfert de biens dont celui qui s'y livre sait que ces biens constituent des produits d'infractions et cela pour en dissimuler l'origine illicite ainsi que la dissimulation ou le déguisement de la nature de biens dont l'auteur sait que ces biens sont les produits d'une infraction. En outre, et cette fois en fonction de ses principes constitutionnels et de ses principes fondamentaux, toute Partie incrimine l'acquisition, la détention ou l'utilisation de biens dont celui qui les acquiert, les détient ou les utilise, soit quand il les reçoit, qu'ils constituent des produits.

Selon l'article 6-3, les Parties n'ont pas l'obligation d'adopter l'une ou la totalité des infractions décrites à l'article 6-1. L'article 6-3 propose une criminalisation de celui qui a un comportement négligeant (« l'auteur devait présumer que le bien constituait un produit »), de celui qui a agi dans un but lucratif ou qui tend à faciliter la continuation d'une activité criminelle. Un libre choix est donc laissé à la discrétion des États [1].

2. Pouvoirs d'investigation

95 Selon l'article 4-1, chaque Partie prévoit toutes dispositions, législatives ou non, permettant à ses autorités d'obtenir « la communication ou la saisie de dossiers bancaires, financiers ou commerciaux... Une Partie ne saurait invoquer le secret bancaire pour refuser de donner effet aux dispositions du présent article ».

En outre, selon l'article 4-2, chaque Partie peut adopter des « techniques spéciales d'investigation facilitant l'identification et la recherche

31 décembre 2002 pour adopter les mesures nécessaires. V. FONTANAUD, « La criminalité financière. Le rôle de la justice : coopération, entraide judiciaire », *Annales internationales de criminologie,* 2001, vol. 39.

1. La France a retenu une qualification très large : comme le recel, le blanchiment est constitué par des opérations frauduleuses tendant à la justification mensongère du produit de toute infraction pénale, art. 324-1 C. pén. L. du 13 mai 1996.

du produit ainsi que la réunion de preuves y afférentes ». Et parmi ces techniques, le texte donne l'exemple des ordonnances de surveillance de comptes bancaires, l'observation [1], l'interception des communications téléphoniques et les ordonnances de production de documents. Cette liste n'est évidemment pas limitative : « parmi ces mesures, on peut citer... » dit le texte. Toutefois les États n'ont pas l'obligation d'adopter ces mesures, mais seulement celle d'envisager de les prendre.

3. Mesures diverses

196 Il y a des mesures provisoires et des mesures définitives.

Les plus importantes sont les mesures définitives, celles qui se traduisent par la confiscation. Selon l'article 2-1, chaque Partie adopte « les mesures législatives et autres qui se révèlent nécessaires pour lui permettre de confisquer des instruments et des produits ou des biens dont la valeur correspond à ces produits ». Une possibilité de confiscation est une condition de la coopération entre États, d'où son caractère obligatoire (« chaque Partie adopte... »). L'expression « biens dont la valeur correspond à ce produit » évoque l'obligation d'adopter des mesures permettant aux Parties d'exécuter des décisions de confiscation de la valeur en faisant droit aux revendications des tiers qui ont pu acquérir légalement le bien. Pour que joue une confiscation de la valeur, il faut évidemment que soit estimée la valeur du produit illégalement acquis.

L'article 3 traite des mesures d'investigation et des mesures provisoires, celles qui sont « nécessaires pour... identifier et rechercher les biens soumis à confiscation » et pour « prévenir toute opération, tout transfert ou toute aliénation relativement à ces biens ». Les mesures d'investigation ne sont pas les techniques spéciales d'investigation visées à l'article 4-1 déjà évoquées ; il s'agit des mesures ordinaires d'audition ou de perquisition. Quant aux mesures provisoires, il peut s'agir d'une saisie, voire d'une mise en détention provisoire. Il faut admettre que tout État ayant ratifié cette Convention à l'obligation d'adopter les mesures législatives nécessaires [2].

Enfin, les États doivent adopter les mesures nécessaires pour que les personnes affectées par les mesures indiquées aux articles 2 et 3 puissent exercer des recours afin de préserver leurs droits (art. 5). Ces personnes sont l'accusé ou les tiers.

B. Mesures à prendre par les États dans le cadre de leur coopération internationale

197 ***Principe*** ◇ Deux textes donnent le ton. C'est d'abord celui de l'article 7 selon lequel « les Parties coopèrent dans la mesure la plus large

1. L'observation est une technique d'investigation consistant à suivre secrètement les déplacements de certaines personnes, sans les arrêter ni les interroger (livraisons surveillées).
2. Rapport explicatif, n° 28.

possible les unes avec les autres aux fins d'investigations et de procédures visant à la confiscation des instruments et des produits »[1]. C'est ensuite celui de l'article 8 qui diffère du précédent en ce qu'il prévoit une demande d'entraide. Selon l'article 8, « les Parties s'accordent, sur demande, l'entraide la plus large possible pour identifier et dépister les instruments, les produits et les autres biens susceptibles de confiscation... ». On aura noté que l'expression « la plus large possible » apparaît dans les deux textes. Ce qui ne veut pas dire malgré tout que l'entraide est automatique. Si la Convention prévoit — et même en détail — une procédure de coopération, elle réglemente aussi un possible refus de coopération.

1. La procédure de coopération

198 La coopération peut avoir lieu *sans demande*. C'est là une nouveauté en matière d'entraide pénale. Selon l'article 10, une Partie « peut, sans demande préalable, transmettre à une autre Partie des informations sur les instruments et les produits lorsqu'elle estime que la communication de ces informations pourrait aider la Partie destinataire à engager ou mener à bien des investigations ou des procédures, ou lorsque ces informations pourraient aboutir à une demande formulée par cette Partie... ». Bien sûr, de telles informations ne doivent pas être communiquées si elles peuvent gêner les investigations sur le territoire de la Partie expéditrice[2].

Ordinairement cependant, la coopération se manifestera par une *demande* de l'État requérant à l'État requis qui devra avoir une *réaction*.

a. La demande de la Partie requérante

199 La *forme* de la demande appelle peu de commentaires. Toute demande est faite par écrit, indique l'article 25. Ce texte ajoute toutefois que les Parties peuvent recourir à des « moyens modernes de télécommunication, tels que la télécopie ». Ce terme « télécommunication » doit être interprété largement. En cas d'urgence, l'usage du téléphone est possible, mais il faut une confirmation par écrit. L'écrit pose cependant un problème de discrétion et de sécurité, puisque ce sont des réseaux publics qui sont utilisés.

Le *contenu* de la demande est très longuement décrit par l'article 27. Ce texte est intentionnellement précis, à défaut de quoi la coopération

1. D'où la conséquence, également inscrite à l'article 7, que chaque Partie aménagera son droit interne pour pouvoir répondre correctement à l'impératif de coopération : par exemple, si un État ne connaît que le système de la confiscation en valeur, il devra modifier sa législation pour permettre de faire droit à la demande d'un État qui applique le système de la confiscation du bien lui-même, v. rapport explicatif, n° 35.

2. Rapport explicatif, n° 38.

serait rendue aléatoire. Toute demande de coopération doit mentionner l'autorité dont elle émane et l'autorité chargée de mettre en œuvre les investigations ou les procédures, l'objet et le motif de la demande et surtout le rappel des faits, des détails sur les personnes concernées et les biens à propos desquels la coopération est réclamée (leur emplacement, leur lien avec telle personne ou telle infraction...) [1]. En outre, si la demande concerne des mesures provisoires préalables à des confiscations en valeur, elle doit indiquer la somme maximale à recouvrer. Enfin lorsque la demande tend à une confiscation et plus précisément à l'exécution d'une décision judiciaire ayant ordonné une confiscation et des informations concernant la mesure dans laquelle cette décision devait être exécutée [2], la demande doit comporter une copie certifiée conforme de la décision de confiscation rendue par le tribunal de la Partie requérante (art. 27-3 a).

Si la demande n'est pas conforme à ces exigences, ou si les informations ne sont pas suffisantes, la Partie requise peut réclamer de la Partie poursuivante la rédaction d'une nouvelle demande ou la fourniture d'autres informations. Elle peut fixer un délai. Mais dans l'attente, elle peut prendre des mesures provisoires (art. 28).

Dans sa demande, la Partie requérante peut exiger de la Partie requise qu'elle fasse preuve de la plus grande confidentialité, sauf dans la mesure nécessaire pour y faire droit (art. 33-1). Il ne faudrait pas par exemple que des institutions financières puissent avertir leurs clients que des investigations sont en cours. Cette « confidentialité » dont parle l'article 33 peut évidemment varier selon les États.

Quelle est enfin l'*autorité destinataire* de la demande ? Selon l'article 23, les Parties désignent une autorité centrale ou, au besoin, plusieurs autorités, dont la mission est d'envoyer les demandes. L'article 24 ajoute que les autorités centrales communiquent entre elles, mais qu'en cas d'urgence, les autorités judiciaires de la Partie requérante (ministère public, juges) peuvent s'adresser directement aux autorités correspondantes de l'État requis.

b. La réaction de la Partie requise

200 ***Droit applicable*** ◇ Conformément à un principe connu, qui s'applique par exemple en matière d'extradition, l'exécution se fait selon le droit de l'État requis. Cependant, la Partie requérante peut, dans sa demande, solliciter la mise en œuvre de procédures particulières. Il pourra par exemple s'agir de notifications spéciales à des tiers pour préserver la mise en sûreté des pièces à conviction saisies ou de l'autorisation donnée à un policier ou à un magistrat de la Partie requérante d'assis-

1. Ainsi, pour les banques, il faut indiquer de façon détaillée la succursale en question. Il faut en effet éviter les « expéditions de pêche » ou investigations générales menées parfois en l'absence de soupçon, v. rapport explicatif, n°s 35 et 85.

2. Les informations ont de l'intérêt en cas de décision de confiscation en valeur ayant déjà fait l'objet d'une exécution partielle, v. rapport explicatif, n° 85.

ter à l'opération [1]. Mais il faut que ces règles particulières soient compatibles avec le droit interne de l'État requis, cette question étant évidemment appréciée par la Partie requise en fonction de son propre droit. Ainsi l'article 9 de la Convention pose-t-il un principe et des atténuations qui ne sont pas des exceptions car il faut toujours appliquer un droit interne ou ne pas le méconnaître de front.

201 ***Mesures provisoires*** ◇ La Partie requise peut être conduite à appliquer des mesures provisoires réclamées par la Partie requérante. Deux articles sont consacrés à cette question. C'est d'abord l'article 11 relatif à l'obligation d'ordonner des mesures provisoires. Selon cet article, « une Partie prend à la demande d'une autre Partie qui a engagé une procédure pénale ou une action en confiscation, les mesures provisoires qui s'imposent, telles que le gel ou la saisie, pour prévenir toute opération, tout transfert ou toute aliénation... » : est évoqué le cas où une décision de confiscation n'est pas encore rendue par la Partie requérante, mais où une procédure est déjà engagée et où par conséquent des mesures conservatoires, comme la saisie, s'imposent. L'article 11 traite aussi du cas où la Partie requise a déjà reçu une demande de confiscation ; elle doit alors prendre les mesures provisoires qui s'imposent pour que la demande puisse s'exécuter.

Le second texte concerné est l'article 12 relatif à l'exécution des mesures provisoires. Il y est dit que l'exécution des mesures provisoires se fait conformément au droit interne de l'État requis, sauf — là encore — à noter que l'État requérant pourrait demander l'application de règles particulières, l'État requis les prenant en compte si elles ne sont pas contraires à son droit propre. L'article 12 règle aussi la question de la levée des mesures provisoires. La date de mainlevée est évidemment déterminée par le droit interne de la Partie requise. Mais cette Partie doit inviter la Partie requérante à faire connaître ses raisons en faveur de la mesure provisoire. On doit admettre que l'État requérant peut faire valoir ses raisons, soit par une notification par les voies applicables, soit directement par la procédure *amicus curiae*. Il faut également enseigner que tant que la Partie requérante n'a pas fait valoir ses motifs, la mesure ne saurait être levée, sauf s'il existe des raisons particulières : ainsi en est-il lorsque le bien provient d'une faillite, de sorte qu'il est sous la garde d'un syndic, c'est-à-dire sous la garde d'une personne fiable.

202 ***Confiscation. Obligation d'y procéder*** ◇ Cette obligation est traitée à l'article 13.

Selon son paragraphe 1, l'État requis a l'obligation d'exécuter la décision émanant d'un tribunal de l'État requérant ou de présenter la demande

1. Rapport explicatif, n° 37.

à ses autorités compétentes pour obtenir une décision de condamnation et ensuite l'exécuter. L'obligation de coopérer est satisfaite dès lors que la Partie requise agit selon au moins l'une des deux méthodes indiquées à l'instant. Si un État fait une demande de coopération sur la base de l'une de ces deux méthodes, rien n'empêche l'État requis d'accorder sa coopération en appliquant l'autre méthode. La Partie requise bénéficie d'un choix de la forme de coopération.

Une question se pose, suscitée par l'article 18 qui énumère des motifs de refus de toute coopération (v. *infra*). Selon l'article 13-1 b, l'État requis est tenu de soumettre la demande à ses autorités compétentes. Lorsque cet État entend invoquer l'article 18, doit-il néanmoins saisir ses propres autorités ? Selon l'intention des experts ayant préparé le texte de la Convention, l'obligation de soumettre la demande aux autorités ne doit exister que si la Partie requise estime, après un examen succinct, qu'il n'y a pas d'obstacles immédiats à l'admission de la demande. Rien n'interdit évidemment à cette Partie, si elle découvre ultérieurement des obstacles, de décider de ne pas poursuivre l'affaire [1].

Selon l'article 13-2, l'État requis peut très bien engager une procédure de confiscation en vertu de son droit interne. Les dispositions de l'article 13-1 sont alors superflues.

Tout ce qui est dit au paragraphe 1 de l'article 13, et qui concerne la confiscation en nature, s'applique aussi à la confiscation en valeur qui, on le sait, consiste dans l'obligation de verser une somme d'argent à l'État et correspondant à la valeur du produit. Tel est l'objet de l'article 13-3 qui ajoute que la Partie requise, « en procédant à la confiscation,..., à défaut de paiement, fait recouvrer sa créance sur tout bien disponible à cette fin... ». Ainsi, la Partie requise, à défaut de confiscation en nature réclame une somme d'argent équivalente et si ce versement n'a pas lieu, fait saisir tout bien de valeur équivalente à la somme d'argent. L'expression « tout bien disponible » montre que l'État requis peut saisir n'importe quel bien, qu'il ait été acquis légalement ou non, y compris dans les cas où une action paulienne pourrait être invoquée.

L'article 13-3 montre ainsi que la confiscation est conçue à la fois comme étant en nature et comme étant en valeur. La Convention suppose donc que les droits ignorant cette dernière la consacrent, ce que prévoit d'ailleurs l'article 7-2 a. Réciproquement, et toujours en application de cet article 7-2 a, les pays qui ne connaissent que la confiscation en valeur doivent introduire dans leur droit le système de la confiscation en nature.

203 ***Confiscation. Exécution*** ◇ L'exécution de la confiscation fait l'objet des articles 14 et 15.

Le droit applicable est celui de l'État requis (*lex fori*). En l'affirmant, l'article 14-1 est conforme à la tradition internationale. La loi de l'État

1. Rapport explicatif, n° 45.

requis s'applique donc à la procédure applicable devant le tribunal saisi, aux types de procédure de confiscation, aux questions de preuve et de prescription. Toutefois, en ce qui concerne les demandes de révision de la décision portant confiscation, seule la Partie requérante peut statuer (art. 14-5).

En outre, la Partie requise est liée par la *constatation des faits* dans la mesure où ceux-ci sont exposés dans une décision judiciaire de la Partie requérante (art. 14-2). Une telle disposition, fondée sur l'idée de confiance, est conforme à la coopération pénale internationale. C'est pourquoi elle se retrouve dans d'autres Conventions [1]. Cependant, dans l'application, cette règle appelle des précisions.

Premièrement, l'État requis n'est lié par la constatation des faits qu'en cas de décision de confiscation déjà rendue par l'État requérant (au sens de l'article 13-1 a) [2].

Deuxièmement, si après décision de la Partie requérante, des faits nouveaux apparaissent, les autorités de la Partie requise sont libres de se prononcer sur ces faits.

Troisièmement, si l'État requis est lié par la « constatation des faits », il est parfois difficile de distinguer entre les faits et les conséquences juridiques de ces faits. Or la distinction est importante car on doit admettre que ces conséquences de droit ne s'imposent pas à l'État requis. Si par exemple, la déficience mentale n'interdit pas la confiscation dans l'État requérant, l'État requis peut néanmoins examiner la décision de confiscation et tenir compte de l'état mental. L'État requis peut même rechercher si les faits relatifs à la déficience mentale, tels qu'exposés dans la décision de l'État requérant, équivalent à une déficience mentale dans son propre droit [3].

La question de la *liquidation de la somme*, dans le cas d'une confiscation en valeur, est traitée à l'article 14-4 : la Partie requérante convertit le montant fixé en devises de son pays au taux de change en vigueur au moment où est prise la décision d'exécuter la confiscation.

Reste enfin à déterminer *ce que deviennent les biens confisqués*. Selon l'article 15, « la Partie requise dispose selon son droit interne de tous les biens confisqués par elle, sauf s'il en est convenu autrement par les Parties concernées ». Rien n'interdit en effet les États de conclure des accords *ad hoc* relatifs à l'aliénation des biens en question.

204 ***Notification des mesures provisoires et de la confiscation et protection des droits des tiers*** ◇ L'article 21 dispose que les Parties s'ac-

1. Convention européenne sur la valeur internationale des jugements répressifs, art. 42-2 ; Convention sur le transfèrement des personnes condamnées, art. 11-1 a.

2. Et, peut-on ajouter, au titre de l'article 13-1 b s'il y a une décision de confiscation alors que pourtant l'État requis décide d'engager sa propre procédure en saisissant ses propres autorités compétentes.

3. Rapport explicatif, n° 52.

cordent l'entraide la plus large pour la notification des actes judiciaires aux personnes intéressées par les mesures provisoires et de confiscation. Il s'agit en réalité de protéger les tiers. Parmi les notifications qui peuvent être requises, selon le droit interne, on peut citer les décisions judiciaires de saisir un bien, l'exécution de ces décisions, et même la saisie de biens sur lesquels des tiers ont acquis des droits. Les notifications peuvent être faites par voie postale directement à des personnes se trouvant à l'étranger ou par l'entremise d'officiers ministériels ou autres personnes compétentes.

Les droits des tiers sont surtout protégés par l'article 22. Il faut partir du fait que les délinquants utilisent souvent des prête-noms, parents, amis ou voisins qui « achètent » un bien qui en réalité leur appartient. Il se peut cependant que les tiers acheteurs soient de bonne foie et aient un droit légitime sur un bien qui vient de faire l'objet d'une décision de confiscation ou de saisie. Ces tiers là méritent protection [1]. Si les droits de ces tiers n'ont pas été examinés dans l'État requérant, ces tiers peuvent faire valoir leurs droits dans l'État requis conformément à la législation de celui-ci.

2. Le refus de coopération

a. Refus définitif

205 ***Principe*** ◇ La coopération n'est pas systématique. L'article 18 traite longuement des motifs de refus. Ce texte présente deux aspects : d'un côté, l'État requis peut toujours prétendre qu'il y a un motif de refus et l'État requérant ne pourra que s'incliner ; de l'autre l'État requis ne peut pas faire valoir d'autres motifs de refus que ceux énoncés à ce texte. Évidemment, un État requis n'est jamais tenu d'invoquer un motif de refus, même s'il peut le faire. Plusieurs types de refus sont prévus par l'article 18.

206 ***Cas de refus s'appliquant à tous types de coopération*** ◇ Ces cas sont énumérés à l'article 18-1 :

— « La mesure sollicitée serait contraire aux principes fondamentaux de l'ordre juridique de la Partie requise ». Tout État requis doit avant tout veiller au respect de ces principes [2]. Lors des travaux préparatoires, le Comité d'experts a donné quelques exemples : la procédure sur laquelle la demande est fondée est contraire à la Convention européenne des droits de l'homme, notamment à ses articles 5 et 6 ; il y a de sérieuses

1. Comme le rappelle l'article 5 de la Convention.
2. Notion si importante qu'on la retrouve dans la Convention européenne sur la transmission des procédures répressives, art. 11, § j.

raisons de penser que la vie d'une personne serait mise en danger ; la Partie requérante revendique une compétence exorbitante... [1] ;

— « L'exécution de la demande risque de porter atteinte à la souveraineté, à la sécurité, à l'ordre public ou à d'autres intérêts essentiels de la Partie requise » [2]. Ces « intérêts essentiels » sont ceux de l'État et non ceux des particuliers. La formule, un peu floue, peut englober des intérêts économiques ;

— « La Partie requise estime que l'importance de l'affaire sur laquelle porte la demande ne justifie pas que soit prise la mesure sollicitée ». Sous cette expression, plusieurs cas sont envisagés : il existe une certaine disproportion entre la mesure sollicitée et l'infraction à laquelle elle se rapporte (principe de proportionnalité) ; la demande porte sur des sommes très faibles ; la demande concerne des infractions mineures par nature ;

— « L'infraction sur laquelle porte la demande est une infraction politique ou fiscale ». Les experts ont admis qu'aucune infraction concernant les stupéfiants ne pourra être considérée comme telle ;

— « La Partie requise considère que la mesure sollicitée irait à l'encontre du principe *ne bis in idem* ». Ce principe joue donc aussi bien en droit international qu'en droit interne ;

— « L'infraction à laquelle se rapporte la demande ne serait pas une infraction au regard du droit de la Partie requise si elle était commise sur le territoire relevant de sa juridiction ». Cette clause évoque la règle de la double incrimination [3]. Toutefois, ajoute le texte, ce motif de refus ne s'applique aux investigations que si l'entraide sollicitée en ce domaine implique des mesures coercitives.

207 ***Cas de refus propres à certains types de coopération*** ◇ Ils sont traités à l'article 18 en ses § 2 et suivants.

Le refus peut d'abord concerner certaines mesures coercitives et provisoires. Selon l'article 18, § 2, l'entraide aux fins d'investigation, si elle suppose des mesures coercitives, et l'entraide aux fins de mesures provisoires peuvent être refusées par la Partie requise dans les cas où les actes sollicités ne pourraient pas être pris en vertu du droit interne de cette Partie s'il s'agissait d'une affaire interne analogue. En outre, selon l'article 18, § 3, lorsque le droit de la Partie requise l'exige, la coopération aux fins d'investigation, si elle implique des mesures coercitives, et celle aux fins de mesures provisoires peuvent également être refusées

1. Rapport explicatif, n° 60.
2. V. dans le même sens l'article 2 b de la Convention européenne d'entraide judiciaire en matière pénale.
3. Ce qui s'interprète comme d'habitude en droit international : il n'est pas nécessaire que le *nomen juris* soit identique, la Partie requise devant procéder à une appréciation *in concreto*, v. rapport explicatif n° 65.

lorsque les mesures réclamées ne seraient pas autorisées par le droit de la Partie requérante ou, en ce qui concerne les autorités de celle-ci, lorsque la demande n'est autorisée ni par un juge ni par un magistrat du ministère public.

D'autres cas sont propres à la *confiscation*. Ils sont énumérés par l'article 18-4 :

— « La législation de la Partie requise ne prévoit pas la confiscation pour le type d'infraction sur lequel porte la demande ». L'exécution d'une confiscation serait donc contraire à l'ordre public de l'État requis.

— Sans préjudice de la confiscation en valeur, la coopération « irait à l'encontre des principes du droit interne de la Partie requise en ce qui concerne les possibilités de confiscation relativement aux liens entre une infraction et : i) un avantage économique qui pourrait être assimilé à son produit ; ii) des biens qui pourraient être assimilés à ses instruments ». Cette disposition fait référence aux lois autres que celles qui se rapportent aux principes fondamentaux du système juridique. Il y a en effet des lois — dans certains pays — qui peuvent limiter les possibilités de confiscation. Ces limitations se fondent sur la relation entre l'infraction et l'avantage économique qui en découle : ainsi la confiscation peut être exclue sur la base de notions telles que celles de « produit direct-indirect », « bien de substitution » pour les instruments ou les produits, « fruits d'activités licites financées par un produit illicite » etc. Quand une demande de confiscation se rapporte à un cas de ce genre, excluant la mesure dans le droit du pays requis, celui-ci peut refuser la coopération [1].

— « En vertu de la législation de la Partie requise, la décision de confiscation ne peut plus être prononcée ou exécutée pour cause de prescription ». Même s'il s'agit d'exécuter une décision de confiscation étrangère, la Partie requise doit raisonner comme si la confiscation avait été ordonnée par ses propres autorités.

— « La demande ne porte pas sur une condamnation antérieure, ni sur une décision de caractère judiciaire, ni sur une déclaration figurant dans une telle décision, déclaration selon laquelle une ou plusieurs infractions ont été commises, et qui est à l'origine de la décision ou de la demande de confiscation ». Cette formulation fait écho à des législations qui autorisent des confiscations en l'absence d'une condamnation formelle du délinquant (s'il est en fuite ou décédé notamment), ou qui autorisent à prendre en compte, lors de la confiscation, des infractions autre que celles ayant donné lieu à une mise en accusation formelle [2].

— « La confiscation n'est pas exécutoire dans la Partie requérante ou elle est encore susceptible de voies de recours ordinaires », c'est-à-dire qu'elle est non définitive.

1. Rapport explicatif, n° 71.
2. Législations de certains États sur les stupéfiants.

— « La demande se rapporte à une décision de confiscation rendue en l'absence de la personne visée par la décision et, selon la Partie requise, la procédure engagée par la Partie requérante et qui a conduit à cette décision n'a pas satisfait aux droits minima de la défense reconnus à toute personne accusée d'une infraction ». Ceci évoque les procédures par défaut[1]. Toutefois, l'article 18-5, faisant de l'interprétation authentique, décide qu'une décision n'est pas réputée avoir été rendue en l'absence de l'accusé si elle a été confirmée après opposition de l'intéressé ou si elle a été rendue en appel, à condition que l'appel ait été formé par l'intéressé. De plus, l'article 18-6 invite la Partie requise à tenir compte du fait que « l'intéressé a délibérément cherché à se soustraire à la justice » ou qu'ayant eu la possibilité d'introduire un recours contre une décision rendue par défaut, il a choisi de ne pas le faire. Comme on le voit, les paragraphes 5 et 6 de l'article 18 tendent à limiter les possibilités pour les criminels de se soustraire à la justice, d'éviter une confiscation, en refusant de déférer aux citations en justice. Évidemment, c'est en fonction de son propre droit que l'État requis appréciera s'il y a défaut.

En marge de ces cas, l'article 18-7 précise qu'une Partie ne saurait invoquer le secret bancaire pour refuser toute coopération[2]. tout au plus, une Partie ne peut exiger que la levée du secret bancaire soit autorisée par un juge ou par le ministère public, si son droit interne le prévoit.

b. **Refus partiel**

208 Il est rapidement envisagé par la Convention. D'une part, la Partie requise peut surseoir à l'exécution des mesures réclamées dans une demande si elles risquent de nuire à des investigations ou procédures menées par ses autorités (art. 19)[3]. D'autre part, avant de refuser ou de différer sa coopération, la Partie requise examine, le cas échéant après avoir consulté la Partie requérante, s'il peut y être fait droit partiellement ou sous réserve des conditions qu'elle juge nécessaire (art. 20). Ces conditions peuvent concerner par exemple les droits des tiers.

SECTION 3. **LES CONVENTIONS PROTÉGEANT CERTAINS BIENS**

209 On en citera deux, la Convention sur les opérations financières des initiés et la Convention sur les infractions contre les biens culturels. Il n'y

1. Les rédacteurs avaient ici à l'esprit la Résolution (75) 11 sur les critères à suivre dans la procédure de jugement en l'absence du prévenu, ainsi que l'article 6 de la CESDH.

2. La Convention des Nations-Unies contre le trafic illicite de stupéfiants (Vienne, 1988) dispose que le secret bancaire ne peut jamais être invoqué pour refuser de coopérer en ce qui concerne le produit d'infractions en matière de stupéfiants ou de blanchiment.

3. Cette décision d'ajournement est normalement prise en concertation avec la Partie requérante.

a pas lieu en revanche d'examiner ici la Convention du 26 juillet 1995 relative à la protection des intérêts financiers des Communautés européennes, dite Convention PIF (à laquelle s'ajoutent d'ailleurs trois Protocoles des 26 juillet 1995, 27 septembre 1996 et 19 juin 1997). L'ensemble PIF sera examiné dans la troisième partie de l'ouvrage, dans le cadre des normes de droit communautaire [1] ainsi que la Convention relative à la lutte contre la corruption impliquant des fonctionnaires des Communautés européennes ou des fonctionnaires des États membres de l'Union européenne [2].

§ 1. La Convention sur les opérations financières des initiés

210 Les divers législateurs nationaux ont certes incriminé le fait de profiter indûment d'une information privilégiée pour agir sur le marché boursier et pour s'enrichir irrégulièrement : c'est le délit des initiés. Cependant, il apparaît que la lutte contre de tels comportements doit aussi être menée sur le plan international, notamment européen. De là, la Convention sur les opérations financières des initiés qui a été ouverte à la signature le 20 avril 1989 [3]. Il faut malgré tout observer que l'intérêt de cette Convention est réduit. En effet, selon l'article 16 *bis*, inséré par voie de protocole, « dans leurs relations mutuelles, les Parties qui sont membres de la Communauté économique européenne appliquent les règles de la Communauté et n'appliquent donc celles découlant de la présente Convention que dans la mesure où il n'existe aucune règle communautaire régissant le sujet particulier concerné », ce qui souligne le caractère subsidiaire de la Convention.

Selon l'article 14 de cette Convention, celle-ci n'entrera en vigueur que tois mois après la ratification par un troisième État. Comme elle a déjà été ratifiée par huit États, elle est donc entrée en vigueur.

Le *but* de cette Convention est clair : elle n'a pas pour objet la surveillance internationale des marchés, mais la fourniture d'informations permettant aux États membres de connaître les opérations boursières irrégulières, afin de punir leurs auteurs. En somme, la Convention a pour objet d'instaurer une coopération entre Parties contractantes pour déceler les individus qui, en matière de bourse, utilisent sciemment une information non encore rendue publique. L'article 2 de cette Convention dispose en effet que les Parties « s'engagent à s'accorder mutuellement l'assistance la plus large dans la communication des informations

1. V. *infra*, n°s 432 et s.
2. V. *infra*, n° 454.
3. Sur cette Convention, v. Ch. Ligneul, « Les opérations d'initiés et la Convention européenne », *Mélanges Levasseur*, 1992, p. 449 et s.

relatives aux éléments établissant ou laissant supposer que des opérations irrégulières ont été effectuées par un initié ».

Sur le plan de l'*application*, la Convention organise un mécanisme dont les traits essentiels sont ceux-ci.

Premièrement, elle oblige chaque Partie à désigner une ou plusieurs autorités compétentes pour formuler ou recevoir et instruire les demandes d'assistance (art. 4-1) [1].

Deuxièmement, la demande de renseignements doit être motivée, comporter l'exposé des faits établissant ou laissant supposer l'existence d'opérations irrégulières, et indiquer les informations recherchées, les personnes susceptibles de les détenir et les lieux où elles seraient disponibles (art. 4-5) [2].

Troisièmement, s'agissant de la réponse, l'État requis peut refuser son concours pour divers motifs : demande non conforme aux dispositions de la Convention, souci de préserver sa souveraineté, ses intérêts essentiels, sa sécurité, son ordre public, prescription de l'action ou de la sanction selon la loi de l'un des deux États (art. 5-8). Si l'État requis accepte de coopérer, des témoignages pourront être recueillis, étant noté que « les sanctions prévues pour violation du secret professionnel ne sont pas applicables pour les informations dont la communication ne peut être refusée au cours des enquêtes » (art. 6-2) : il y a là un fait justificatif fondé sur l'ordre de la Convention, en quelque sorte. D'un autre côté cependant, la Convention rappelle le principe du « respect des droits de la défense » (art. 6-3), ce qui posera des difficultés.

§ 2. La Convention sur les infractions contre des biens culturels

211 *Vue générale* ◇ L'Europe est d'une extraordinaire richesse sur le plan archéologique, architectural et artistique, plus généralement culturel. Or, ses églises, collections publiques et privées, ses sites archéologiques sont pillés depuis de longues années. Le butin est ensuite commercialisé par l'intermédiaire de circuits clandestins. Ainsi une tapisserie française se retrouve en Italie ou une fresque espagnole en Suisse. C'est tout le patrimoine culturel de l'Europe qui est menacé : sa trace est perdue quand les objets ne sont pas mutilés ou défigurés.

Aussi en 1975, le Comité européen pour les problèmes criminels a-t-il chargé le professeur B. de Schutter (Belgique) d'élaborer un rapport

1. Plusieurs pays disposent déjà d'organismes permettant, à l'échelon national, de remplir cette fonction : la COB en France, le SIB au Royaume-Uni, l'Office fédéral de surveillance bancaire en Allemagne, la Commission nationale des Valores en Espagne, la CONSOB en Italie, le Comité de marché des capitaux aux Pays-Bas...

2. En application du principe de spécialité, l'autorité requérante ne saurait utiliser cette procédure à d'autres fins (fiscales, douanières...) sans l'accord de la Partie requise (art. 7).

sur les lacunes de la coopération internationale pour la répression des vols d'œuvres d'art et des atteintes analogues au patrimoine culturel. Après dépôt du rapport, le Comité, en 1977, a décidé de constituer un Comité restreint d'experts sur la coopération internationale en matière d'infractions visant les œuvres d'art. Très exactement, le mandat des experts était le suivant : définir les différentes infractions contre le patrimoine artistique ; prévoir l'adoption du principe de l'universalité du droit de punir, qui confère au juge du lieu de découverte du délinquant compétence pour statuer, quelle que soit la nationalité de l'auteur et de la victime. Le Comité d'experts a élaboré un projet de convention qui bientôt était approuvé par le Comité européen pour les problèmes criminels, puis adopté par le Conseil des ministres. Le 23 juin 1985, à Delphes (lieu prédestiné), la Convention était ouverte à la signature [1].

La Convention de 1985 sur les biens culturels a cependant peu d'intérêt. Son article 21 décide en effet qu'elle ne peut entrer en vigueur que si elle est ratifiée par trois États. Or, à ce jour, aucun État ne l'a ratifiée. On se contentera donc ici d'en brosser à grands traits les principes directeurs.

212 ***Principes directeurs*** ◇ La Convention a pour objet de préserver les biens culturels du principal danger qui les menace, la criminalité. C'est d'autant plus nécessaire que toutes ces œuvres font partie du patrimoine culturel commun de l'Europe. Techniquement, trois séries de règles doivent être invoquées.

Premièrement, au titre de la *poursuite*, chaque Partie s'engage à modifier sa législation sur la compétence pour poursuivre toute infraction ayant pour objet des biens culturels : l'article 13 de la Convention consacre quasiment le principe de l'universalité du droit de punir.

Deuxièmement, des *commission rogatoires* peuvent être adressées par un État à un autre. Ces actes ont pour objet l'accomplissement d'actes d'instruction ou la communication des pièces à conviction, de dossiers ou documents. Ces commissions rogatoires sont exécutées par l'État requis dans les formes prévues par son droit (art. 8-1).

Troisièmement enfin — et c'est peut-être le plus important — les Parties s'engagent à coopérer en vue de la restitution des biens culturels découverts sur leur territoire après avoir été enlevés du territoire d'une autre Partie à la suite d'une infraction (art. 6).

1. Rapport explicatif, n°s 1 à 4.

CHAPITRE 2
LES CONVENTIONS RELATIVES À CERTAINES PERSONNES

213 Deux Conventions, très éloignées l'une de l'autre, consacrent l'entraide concernant des personnes. Il s'agit de la Convention de 1983 sur le dédommagement des victimes d'infractions violentes et de la Convention de 1970 sur le rapatriement des mineurs.

SECTION 1. LA CONVENTION SUR LE DÉDOMMAGEMENT DES VICTIMES

214 ***Vue générale*** ◇ L'attention au sort des victimes d'infractions ne cesse de s'affirmer depuis les années 1950. Leur dédommagement devrait être normalement assuré par le délinquant, mais comme très souvent, celui-ci n'est pas découvert, est insolvable ou a disparu, divers États ont imaginé de créer des régimes de dédommagement de la victime par des fonds publics lorsque l'indemnisation ne peut pas être assurée d'une autre façon.

C'est dans ce contexte que le Comité européen pour les problèmes criminels décida en 1970 de s'occuper de cette question [1]. Peu après, en 1974, l'Association internationale de droit pénal emboîta le pas lors de son XIe congrès international tenu à Budapest [2]. En septembre 1977, le Comité des ministres du Conseil de l'Europe adopta la Résolution (77) 27 sur le dédommagement des victimes d'infractions pénales et le 13 mars 1981, le Parlement européen lui-même prit une Résolution sur ce sujet, en insistant sur l'urgence à rédiger une Convention [3].

Tous ces efforts aboutirent à l'élaboration de la Convention européenne relative au dédommagement des victimes d'infractions violentes, ouverte à la signature le 24 novembre 1983 [4]. Un grand nombre de pays

1. J.-M. Guth, « Le dédommagement des victimes d'infractions violentes et la Convention européenne du 24 novembre 1983 », *Mélanges Levasseur*, 1992, p. 421 et s., not. p. 428 et s.
2. *RID pén.* 1974, p. 684 et s.
3. Il faut préciser en effet que la Résolution (77) 27 ne revêtait aucun caractère contraignant pour les États. En outre, les législations internes ignoraient parfois une indemnisation étatique ou la concevaient restrictivement, v. M. Delmas-Marty, « Des victimes : repères pour une approche comparative », *Rev. sc. crim.* 1984, p. 209, et Lombard, *Les différents systèmes d'indemnisation des victimes d'actes de violence et leurs enjeux, id.*, 1984, p. 277.
4. Sur la genèse de cette élaboration, v. rapport explicatif, n°s 3 à 5.

signèrent le texte, mais bien peu le ratifièrent [1]. Cette lacune enlève une partie de son intérêt à cette Convention. Il convient cependant d'en résumer les principes, le plus important étant que l'obligation de l'État à réparation n'est pas fondée sur l'idée de responsabilité, pour négligence de ce dernier, mais sur l'idée de solidarité sociale et d'équité [2].

§ 1. Le domaine de la protection

A. Quant aux infractions

215 La première question qui se pose est celle de la détermination des infractions pour lesquelles l'État sera tenu d'assurer la réparation. La Convention entend étroitement cette notion d'infractions. Selon son article 2-1, l'État contribue au dédommagement « de ceux qui ont subi de graves atteintes au corps ou à la santé, résultant directement d'une infraction intentionnelle de violence ». Il est admis que le terme santé peut couvrir aussi bien la santé mentale que la santé physique. Mais l'atteinte doit être grave et résulter directement de l'acte criminel, ce qui implique une relation de causalité clairement établie. Le viol, l'empoisonnement et l'incendie volontaire sont assimilés aux infractions intentionnelles de violence [3]. Il faudrait étendre la protection aux infractions d'imprudence [4].

Seconde question, l'indemnisation suppose-t-elle que l'auteur de l'infraction ait été effectivement poursuivi ? L'article 2-2 répond nettement par la négative : le dédommagement sera accordé « même si l'auteur ne peut pas être poursuivi ou puni », par exemple pour cause de démence ou de minorité.

B. Quant aux victimes

216 La lecture de l'article 2 de la Convention laisse apparaître l'existence de deux sortes de victimes : il y a d'abord les victimes directes ou personnes ayant reçu elles-mêmes l'impact de l'infraction (« ceux qui ont subi de graves atteintes... ») et il y a ensuite « ceux qui étaient à la charge de la personne décédée à la suite » de l'infraction, c'est-à-dire

1. Seulement le Luxembourg, les Pays-Bas et la France. Cette bouderie s'explique soit parce que certains États ont déjà adopté une loi satisfaisante à leurs yeux, soit par peur de devoir s'engager.

2. V. expressément le second considérant du préambule de la Convention.

3. Rapport explicatif n° 19.

4. D'autant plus qu'il y a de plus en plus de victimes de nationalités différentes à l'occasion de grandes catastrophes. H. MAGLIANO, *Vers un statut européen des victimes,* Eurojustice 1999, La Documentation française, 2000, p. 243. V. aussi dans le même volume, C.-G. ROIG, p. 227 et s.

les victimes indirectes ou par ricochet comme le conjoint, le concubin ou les enfants [1].

La victime peut être de nationalité étrangère aussi bien que nationale : en effet l'article 3 prévoit que l'État d'infraction assure une indemnisation non seulement à ses ressortissants, mais aussi aux « ressortissants de tous les États membres du Conseil de l'Europe qui résident en permanence dans l'État sur le territoire duquel l'infraction a été commise ».

C. Quant au préjudice

217 Quel préjudice est réparable ? Selon l'article 4 de la Convention, « le dédommagement couvrira au moins, selon le cas, les éléments suivants du préjudice : perte de revenus, frais médicaux et d'hospitalisation, frais funéraires et, en ce qui concerne les personnes à charge, perte d'aliments ». Il s'agit là, on le voit, de la réparation minimale. D'autres facteurs peuvent également être pris en compte comme le *pretium doloris* la diminution des espérances de vie et l'augmentation des charges pour cause d'invalidité consécutive à l'infraction.

§ 2. Le régime de la protection

A. Règles de fond

218 Deux règles de fond sont affirmées dans la Convention.

Premièrement, l'État compétent pour allouer une réparation à la victime de l'infraction est celui sur le territoire duquel celle-ci a eu lieu (principe de territorialité). On peut admettre que l'État reste compétent si une partie seulement de l'infraction a été commise sur son territoire.

Deuxièmement, l'État débiteur de la réparation peut fixer des limites au régime du dédommagement. Selon l'article 5, la loi interne « peut fixer au besoin, pour l'ensemble ou pour les éléments de l'indemnité, une limite supérieure au-dessus de laquelle et un seuil minimum au-dessous duquel aucun dédommagement ne sera versé ». Il faut en somme à la fois ne pas trop alourdir la charge devant peser sur le Trésor public et ne pas prendre en compte des préjudices minima en application de la règle *de minimis non curat praetor* [2]. La Convention consacre ainsi ce qu'on pourrait appeler le *principe d'une réparation moyenne*. Ce principe

1. Il appartient à chaque État de préciser la notion d'ayant droit au sens de sa législation propre, v. R. KOERING-JOULIN, *Jurisclasseur droit pénal international, procédure pénale,* Conventions internationales répressives, mars 1986, mise à jour mars 1989, n° 39. V. dans le même sens, rapport explicatif n° 2.

2. Cette limite basse tend aussi à ne pas trop peser sur les finances publiques car des préjudices trop minimes, par leur répétition, peuvent finir par peser beaucoup.

subit d'ailleurs des aménagements dans le sens d'une réduction ou d'une suppression de l'indemnité en application des articles 7 à 9 qui énumèrent cinq cas :

– « situation financière du requérant » (art. 7), ce qui montre bien que la réparation est « un acte de solidarité sociale » et ce qui conduit chaque État à fixer des barrières chiffrées. On observera qu'il s'agit là d'une simple faculté pour les États (« le dédommagement peut être réduit... ») car le législateur national peut toujours préférer adopter le principe de la réparation intégrale ;

– « comportement de la victime ou du requérant avant, pendant ou après l'infraction, ou en relation avec le dommage causé » (art. 8-1), ce qui permet de tenir compte de la provocation de la victime, de sa participation à l'infraction, de son refus de la dénoncer à la police ou même de son refus de se faire soigner, ce qui va aggraver son état et donc son préjudice ;

– « victime ou requérant impliqué dans la criminalité organisée ou appartenant une organisation qui se livre à des infractions de violence » (art. 8-2), ce qui est assez proche du cas précédent tout en individualisant, sans le dire expressément, le trafic de stupéfiants et les actes de terrorisme ;

– « réparation totale ou partielle qui serait contraire au sens de la justice ou à l'ordre public » (art. 8-3), ce qui laisse aux États une marge de manœuvre pour refuser toute indemnisation dans des cas où celle-ci serait particulièrement choquante et le rapport explicatif donne l'exemple du criminel notoire qui serait victime d'une infraction violente non liée à ses activités criminelles [1]. Et la règle vise évidemment aussi bien la victime même de l'infraction que ses ayants droit ;

– possibilité pour l'État « afin d'éviter un double dédommagement... d'imputer sur le dédommagement accordé ou de réclamer à la personne indemnisée toute somme relative au préjudice, reçue du délinquant, de la sécurité sociale, d'une assurance ou provenant de toute autre source » (art. 9).

B. Règles de forme

219 Elles sont beaucoup moins développées dans la Convention dont les auteurs ont voulu s'attacher principalement aux règles de fond.

Il faut évidemment que la victime ou ses ayants droit fassent une demande à une autorité publique désignée par les textes nationaux. L'article 6 parle en effet des « requêtes en dédommagement ». Et à ce sujet, rien n'interdit à l'État de fixer un délai dans lequel la requête peut être formée (art. 6). C'est très raisonnable car au bout d'un certain délai, la détermination du préjudice s'avère plus délicate.

1. Rapport explicatif, n° 36.

En outre, les États « s'engagent à prendre les mesures appropriées afin que des informations concernant le régime de dédommagement soient à la disposition des requérants potentiels » (art. 11). On a noté en effet que dans de nombreux États, les victimes ignorent l'essentiel des règles relatives à leur indemnisation. Ainsi l'article 11 pousse à la mise en œuvre de campagnes d'information et de sensibilisation [1]. Plus techniquement, une décision-cadre du 15 mai 2001 relative au statut des victimes dans le cadre de la procédure pénale tend à harmoniser le droit procédural des États membres afin d'améliorer l'assistance et la protection des victimes dans le cadre des procès pénaux en l'absence de tout effet frontière et de tout élément d'extranéité [2].

Enfin, les Parties « doivent s'accorder mutuellement, sur demande, la plus large assistance publique » en matière d'indemnisation. À cet effet, chaque État « désignera une autorité centrale chargée de recevoir les demandes d'assistance et d'y donner suite... » (art. 12).

SECTION 2. LA CONVENTION SUR LE RAPATRIEMENT DES MINEURS

220 ***Principe*** ◇ En octobre 1965, lors de sa XIVe session plénière, le Comité européen pour les problèmes criminels a proposé au Comité des ministres du Conseil de l'Europe d'élaborer une Convention européenne sur le rapatriement des mineurs dans leur pays d'origine. Un sous-comité du Comité européen a bientôt été saisi à cette fin. La procédure d'élaboration a abouti à la création d'une Convention qui fut ouverte à la signature le 28 mai 1970 à La Haye. Cependant, cette Convention n'a pas un très gros intérêt pratique car, à ce jour, seules la Turquie et l'Italie l'ont ratifiée. En outre, elle est loin d'intéresser seulement le droit pénal. Le rapport explicatif indique en effet que si les transfèrements de personnes d'un État à l'autre intéressent à la fois les majeurs et les mineurs, le fondement du transfèrement n'est pas toujours le même : alors que pour les majeurs, le transfèrement ne se pose guère que dans le cadre du droit pénal, cette nécessité appliquée aux mineurs ne se limite pas aux cas des mineurs délinquants [3]. Déjà avant la seconde guerre mondiale, certains États avaient conclu des conventions prévoyant la possibilité d'un transfèrement forcé d'un mineur qui s'était soustrait à l'autorité parentale ou tutélaire [4].

1. V. par ex. pour la France, J. Bernat de Célis, « L'expérience du service d'accueil des témoins et victimes du tribunal de Paris », *Rev. sc. crim.* 1981, p. 625.

2. Droit pour la victime d'être entendue au cours de la procédure, d'avoir accès aux informations pertinentes, de participer à la procédure...

3. Rapport explicatif, n° 14.

4. Convention entre Belgique et Pays-Bas (en date du 21 juill. 1913), entre Belgique et France (en date du 17 juill. 1925), entre Belgique et Italie (en date du 7 févr. 1934), etc.

221 *Technique* ◇ On se limitera aux aspects essentiels de la Convention.

1° La Convention n'intéresse que les mineurs, c'est-à-dire des personnes qui n'ont pas encore atteint leur majorité — selon la loi applicable en vertu des règles du droit international privé de l'État requérant — et qui n'ont pas la capacité de fixer seuls leur résidence (art. 1). C'est cette incapacité qui justifie le régime spécial du transfèrement des mineurs par voie d'autorité.

2° Les motifs de la demande de rapatriement sont indiqués à l'article 2 qui distingue deux cas.

Dans le premier cas, il s'agit d'un mineur qui se trouve sur le territoire d'un État alors qu'il devrait se trouver sur celui d'un autre, l'État requérant étant celui qui réclame le transfèrement du mineur sur son territoire et l'État requis étant celui sur le territoire duquel se trouve le mineur. En ce cas, la demande de transfèrement est possible : a) si le mineur est soustrait à ceux qu'exercent à son égard l'autorité parentale[1] ; b) si le mineur doit se trouver soumis à une mesure de protection ou de rééducation ; c) si le mineur doit se trouver sur le territoire de l'État requérant en raison d'une procédure visant à prendre à son égard des mesures de protection ou de rééducation.

Dans le second cas, l'État contractant sur le territoire duquel se trouve le mineur juge cette présence incompatible soit avec ses propres intérêts, soit avec ceux du mineur et il veut en conséquence provoquer son rapatriement vers son pays d'origine. L'État requérant est alors celui vers lequel le transfèrement doit avoir lieu. En pratique, un État juge la présence du mineur indésirable lorsqu'il a par exemple commis une infraction ou troublé l'ordre public[2]. Toutefois, dans ce second cas, pour qu'une requête aux fins de rapatriement puisse être présentée, il faut non seulement que l'État requérant juge la présence du mineur contraire à ses intérêts et à ceux du mineur, il faut aussi que sa législation lui permette d'éloigner ce mineur de son territoire (art. 2-2 *in fine*).

3° Y a-t-il pour l'État requis une obligation de donner suite à la demande d'entraide ? Il faut distinguer.

Dans l'hypothèse de rapatriement à la demande de l'État de résidence du mineur, l'État requis reste libre : l'article 15-1 indique en effet « si l'État requis accepte de recevoir le mineur... ».

Dans l'hypothèse de rapatriement à la demande d'un État autre que celui de résidence, l'État requis doit donner suite à la demande (art. 6). Toutefois, l'article 7 indique divers cas où l'État requis peut rejeter la requête : par exemple il peut en être ainsi lorsque cet État considère que le rapatriement est contraire à son ordre public (ce qui est bien vague).

1. Par exemple, un enfant de parents italiens qui vivent en Allemagne se trouve aux Pays-Bas, l'Allemagne en qualité d'État requérant introduit une requête aux fins de rapatriement, v. rapport explicatif, n° 22.

2. Il est alors de l'intérêt du mineur que son infraction soit poursuivie non pas dans l'État requérant (pourtant sur le territoire duquel les faits ont eu lieu), mais dans son État de résidence.

4° Quelles sont les relations entre rapatriement des mineurs et extradition ? Il faut d'emblée dire que les buts des deux procédures sont différentes. L'extradition vise à mettre le condamné ou la personne poursuivie entre les mains de la justice d'un État tiers. Elle est donc conçue dans l'intérêt de la société et elle est par conséquent entourée d'un certain nombre de garanties (double incrimination, spécialité, souvent non-extradition des nationaux...). Ces garanties doivent évidemment jouer aussi bien pour l'extradition des mineurs que pour celle des majeurs. En revanche, le but visé par le rapatriement est autre : il a toujours lieu dans l'intérêt du mineur.

Quelles conséquences découlent de cette différence de but ? Il faut distinguer. Dans le cas où l'État requérant est l'État de résidence qui veut se débarrasser du mineur, rapatriement et extradition n'entrent pas en conflit puisque le rapatriement est à l'initiative de l'État de résidence. C'est pourquoi le Titre IV, relatif à ce cas ne contient pas de garanties contre les poursuites pénales [1]. Dans le cas où, au contraire, l'État requérant n'est pas l'État de résidence, c'est différent : en effet le rapatriement, tout comme l'extradition, consiste dans la remise par voie d'autorité d'une personne à un autre État à la demande de celui-ci. Il serait théoriquement possible, en éludant les garanties de l'extradition d'utiliser le rapatriement à des fins d'extradition alors que les garanties de l'extradition doivent s'appliquer aussi bien au mineur extradé qu'au majeur extradé comme on l'a déjà dit. C'est pourquoi l'article 13-1 décide : « Lorsqu'une personne est rapatriée conformément aux dispositions du présent titre (relatif au cas où l'État requérant n'est pas celui de la résidence du mineur), aucune poursuite pénale ne peut être engagée ni continuée à son encontre dans l'État requérant pour des faits commis avant son rapatriement, à moins que l'État requis n'y consente expressément. Ce consentement est également requis pour l'exécution d'une condamnation à une sanction pénale privative de liberté ou à une peine plus grave, prononcée dans l'État requérant avant le rapatriement » [2].

1. Sauf à noter que selon l'article 15-2, l'État requérant peut assortir sa requête de toutes les conditions qu'il estimerait opportunes et auxquelles il subordonnerait la remise du mineur. Ces conditions pourront notamment être relatives aux garanties concernant des poursuites pénales dirigées contre le mineur dans l'État d'accueil, v. rapport explicatif, n° 58.

2. Sur la question de la combinaison du rapatriement et de l'entraide, v. rapport explicatif, n°s 53 à 65.

DEUXIÈME PARTIE

LE DROIT PÉNAL ET LA CONVENTION EUROPÉENNE DES DROITS DE L'HOMME (Conseil de l'Europe)

222 Avec le concept de droits de l'homme et plus spécialement avec la Conv. EDH, l'on se trouve au cœur historique du droit européen, et notamment du droit pénal européen. Nous disons bien notamment car la Conv. EDH ne traite pas que du droit pénal et de la procédure pénale. Il n'en reste pas moins que les règles contenues dans la Conv. EDH intéressent en priorité le droit pénal *lato sensu*.

Or ces règles sont si importantes qu'il a été décidé par les pères fondateurs de l'Europe d'organiser une protection juridictionnelle des droits contenus dans la Conv. EDH : des agents ont donc été prévus qui s'assurent que les États respectent bien ces droits essentiels.

De là l'étude des juridictions des droits de l'homme (Titre 1) et du contenu des droits de l'homme (Titre 2).

En marge de la Convention européenne [1] et comme en prolongement de celle-ci, on donnera ici l'énumération des principales *sources documentaires* officielles de la matière :

– Décisions de la Comm. EDH, paraissant dans une publication périodique intitulée « Commission européenne des droits de l'homme. Décisions et rapports », disparue en raison de la suppression de la Comm. EDH elle-même le 31 octobre 1998.

– Arrêts de la CEDH, paraissant dans le « Recueil des arrêts de la CEDH », publié périodiquement jusqu'à décembre 1995, les arrêts étant répertoriés selon le système série A, n° ... Après cette date, ils sont répertoriés ainsi : *Rec.* année... n° ...

– Annuaire de la CEDH, paraissant une fois par an depuis 1955. On y trouve des informations d'ordre général, relatives à l'activité de la Conv. EDH (notamment décisions sélectionnées) et de la CEDH (résumé des arrêts). Il faut ajouter des renseignements sur les activités du Conseil de l'Europe concernant la Conv. EDH, les résolutions adoptées par le Comité des ministres, les avis, recommandations, résolutions et directives de l'Assemblée parlementaire, le travail des comités d'experts dans le domaine des droits de l'homme, les colloques, enfin des développements sur la Conv. EDH dans l'ordre interne des États membres du Conseil de l'Europe (Conv. EDH devant les Parlements nationaux et décisions des juridictions internes se référant à la Conv. EDH).

– Note d'information sur la jurisprudence de la Cour, paraissant mensuellement depuis novembre 1998 et contenant un résumé des principales affaires, en fait et en droit (en forme ronéo).

À ces sources documentaires, il faut ajouter des *sources doctrinales* résultant d'initiatives d'auteurs qui reprennent les décisions des organes de Strasbourg – en fait les arrêts de la CEDH – en les classant soit dogmatiquement [2], soit chronologiquement [3].

1. La Conv. EDH signée le 4 novembre 1950 a été plusieurs fois amendée, notamment par l'adjonction de Protocoles. La dernière version est entrée en vigueur le 11 novembre 1998 et le texte en a paru en priorité au *Bull. d'inf.* n° 41, juill.-août 1997. Les nouveautés de cette dernière version résultent de l'amendement voulu par le Protocole n° 11 : nouvelle organisation des organes de Strasbourg et attribution d'un intitulé à chaque titre et à chaque article (comme cela existe déjà dans beaucoup de codes nationaux).

2. V. BERGER, *Jurisprudence de la Cour européenne des droits de l'homme,* 7e éd., Sirey, 2000.

3. F. SUDRE, *Les grands arrêts de la Cour européenne des droits de l'homme*, PUF, 1997.

TITRE 1

LES JURIDICTIONS DES DROITS DE L'HOMME ÉTUDE DE LA COUR EUROPÉENNE DES DROITS DE L'HOMME

223 ***Vue générale*** ◇ La protection des droits fondamentaux est assurée par plusieurs instances juridictionnelles [1].

À titre subsidiaire, on peut citer la Cour de justice des Communautés européennes et le Tribunal de première instance dont la mission principale n'est certes pas d'assurer le respect des droits de l'homme, mais qui à l'occasion d'un litige de droit communautaire peuvent affirmer l'existence de ces droits [2].

À titre principal, c'est le mécanisme imaginé par la Conv. EDH qu'il faut examiner. Dans sa version primitive, la Conv. EDH avait prévu une Commission européenne des droits de l'homme (Comm. EDH) et, au second degré en quelque sorte, une Cour européenne des droits de l'homme (CEDH). Avec le Protocole 11, signé le 11 mai 1994, la Commission disparaît et ne subsiste plus que la CEDH quelque peu modifiée d'ailleurs. D'où l'étude de ce mouvement vers la nouvelle Cour européenne et du statut de celle-ci. S'agissant dans le cadre de cet ouvrage du seul droit pénal européen des droits de l'homme, les développements

1. J. Rideau et J.-F. Renucci, « Dualité de la protection juridictionnelle européenne des droits fondamentaux : atout ou faiblesse de la sauvegarde des droits de l'homme », *Justices*, n° 6, avr.-juin 1997, p. 95 et s.

2. V. *supra*, n° 17 et *infra*, n° 392.

qui suivent seront assez rapides sur la théorie générale des organes de Strasbourg qui, faut-il le rappeler, ne connaissent pas que des affaires pénales [1].

Les intérêts de saisir les organes de Strasbourg aux fins d'obtention d'une décision sont multiples : rappel de certains principes importants ; exercice d'un pourvoi en cassation dans l'intérêt de la loi (qui permet une fois le délai de pourvoi en cassation expiré d'inviter la Cour de cassation à affirmer une règle de droit, là où cette voie de recours existe) ; versement de dommages-intérêts par l'État condamné à Strasbourg ; élaboration de réformes législatives, ce qui conduit à l'harmonisation entre les droits des États. Cette harmonisation invite à faire un rapprochement entre la CEDH et la Cour suprême des États-Unis. Le rapprochement ne doit pas cependant être poussé trop loin : aux USA, il n'y a qu'un seul droit, le common law, alors qu'en Europe s'affrontent le common law et le système romano-germanique, de sorte que l'harmonisation est plus discrète en Europe qu'en Amérique. De plus, aux USA, les arrêts ont un effet exécutoire, pas ceux de la CEDH [2].

SECTION 1. LA SITUATION ANCIENNE

Les auteurs de la Conv. EDH avaient créé deux organismes comme il a déjà été dit, la Commission et la Cour (art. 19 ancien, Conv. EDH) [3].

§ 1. La Commission européenne des droits de l'homme

224 Il faut évidemment conjuguer à l'imparfait cette juridiction qui a disparu le 1er novembre 1998. Il est cependant indispensable d'en évoquer au moins brièvement l'existence.

Le titre III de la Conv. EDH était tout entier consacré à la Commission (art. 20 à 37, certains de ces articles ayant été modifiés par le protocole 3 du 6 mai 1963, le protocole 5 du 20 janvier 1966 et le protocole 8 du 19 mars 1985).

1. Pour une vue générale, v. M.-A. EISSEN, « La Cour européenne des droits de l'homme », *RD publ.* 1986, p. 1539 à 1598, 1773 à 1783 ; G. COHEN-JONATHAN, *La Convention européenne des droits de l'homme*, Economica et PUF, 1989, p. 31 et s. ; F. SUDRE, *Droit international et européen des droits de l'homme*, 3e éd., PUF, « Droit fondamental », 1997, n°s 196 et s. ; J.-P. MARGUÉNAUD, *La Cour européenne des droits de l'homme*, Dalloz, « Connaissance du droit » 1997, p. 29.

2. V. *infra*, n° 256.

3. Pour une description détaillée de l'ancien système, F. SUDRE, *Droit international et européen des droits de l'homme*, préc.

Dans la pratique, la Comm. EDH jouait un rôle considérable à titre de filtrage du contentieux dévolu à la CEDH. Les membres de la Comm. EDH siégeaient en sessions de deux semaines quasiment chaque mois, traitant environ à chaque session, les dernières années, 700 requêtes et saisissant la CEDH moins de 10 fois [1].

A. Composition de la Commission

225 Elle comprenait un nombre de membres égal à celui des Hautes Parties contractantes et elle ne pouvait avoir en son sein plus d'un seul ressortissant du même État. Tous ses membres étaient élus par le Comité des ministres à la majorité absolue des voix. Sur une liste de noms dressée par le Bureau de l'Assemblée consultative, chaque groupe de représentants des Hautes Parties contractantes à l'Assemblée consultative présentait trois candidats dont deux au moins étant de sa nationalité. Les membres de la Commission étaient élus pour six ans et rééligibles (art. 20 à 23 Conv. EDH).

B. Formations de la Commission

226 Trois formations étaient prévues.

Dans le principe, la Commission siégeait en séance plénière, donc à 40 membres les dernières années [2]. Toutefois, deux fonctions plus restreintes existaient depuis le protocole 8 du 19 mars 1985. D'abord, la Commission se voyait reconnaître le pouvoir de constituer en son sein des chambres de sept membres. Ces chambres pouvaient examiner les requêtes introduites en application de l'article 25 Conv. EDH (requêtes individuelles) à condition qu'elles n'aient soulevé aucune question grave relative à l'interprétation ou à l'application de la Conv. EDH. Ensuite, la Commission pouvait constituer en son sein des Comités composés de trois membres : ces formations restreintes pouvaient à l'unanimité de leurs membres déclarer irrecevable une requête ou la rayer du rôle à condition qu'il s'agisse d'une requête individuelle. Cette formation restreinte, à trois membres, était en fait la plus importante à cause du très grand nombre de requêtes : elle éliminait beaucoup de requêtes individuelles [3].

1. Voir les notes d'information publiées à la suite de chaque session par la Comm. EDH.

2. Elle pouvait ainsi siéger pour toutes affaires et elle était seule compétente dans trois cas : requêtes présentées par les États ; saisine de la CEDH ; établissement de son règlement intérieur (art. 20.5. Conv. EDH).

3. Pour parvenir à davantage de rejets de requêtes non motivées, on devait aussi souligner le rôle important du secrétariat de la Commission, qui éliminait déjà plus de la moitié des demandes.

C. Fonctionnement de la Commission

La procédure devant la Commission se déroulait en trois temps [1].

1. Saisine de la Commission

227 La Commission était saisie : *soit* par les États (« Toute Partie contractante peut saisir la Commission », art. 24 Conv. EDH) dès lors que ceux-ci considèrent qu'il y a eu de la part de leurs autorités une violation de la Convention ; *soit* par une autorité non étatique, l'article 25 Conv. EDH visant « toute personne physique, toute organisation non gouvernementale ou tout groupe de particuliers qui se prétend victime de violation par l'une des Hautes Parties contractantes des droits reconnus dans la présente Convention... » (recours individuel) (art. 25 Conv. EDH) [2].

2. Tâche de la Commission

228 Une fois saisie, la Commission devait statuer sur la recevabilité de la requête. Elle était tenue en effet de rejeter les requêtes individuelles (de l'article 25 Conv. EDH) dans quatre cas : elles étaient anonymes ; elles étaient identiques à une requête déjà examinée par la Commission et ne contenant pas de faits nouveaux ; elles étaient incompatibles avec les dispositions de la Conv. EDH, manifestement mal fondées ou abusives ; les voies de recours internes n'étaient pas épuisées (art. 27 Conv. EDH).

Si au contraire, elle décidait de retenir l'affaire, deux possibilités s'ouvraient, témoignant de la souplesse du système et des gros pouvoirs reconnus à la Commission [3] :

– En premier lieu, elle pouvait décider d'arrêter la procédure sans statuer au fond. D'abord, s'agissant de la requête individuelle, la Commission pouvait, à la majorité des deux tiers de ses membres, la rejeter si, en cours d'examen, elle découvrait l'un des motifs d'irrecevabilité, prévus à l'article 27. Ensuite, s'agissant de toute requête, individuelle ou étatique, la Commission pouvait à tout moment de la procédure, décider de la rayer du rôle si le requérant n'entendait plus la maintenir ou

1. G. COHEN-JONATHAN, *La Convention européenne des droits de l'homme*, Economica et PUF, 1989, p. 31 et s. ; F. SUDRE, *Droit international et européen des droits de l'homme*, préc., n°s 198 et s. ; *L'introduction d'une requête auprès de la Commission européenne des droits de l'homme, Questions et réponses*, Conseil de l'Europe, 1994.

2. Ce droit de recours individuel pour pouvoir être exercé supposait que l'État mis en cause ait reconnu la compétence de la Commission. Presque tous les États l'avaient fait, plus ou moins rapidement.

3. Après avoir procédé à un examen contradictoire de la requête avec les représentants des parties et, le cas échéant, à une enquête.

si le litige avait été résolu, ou encore si pour tout autre motif, la poursuite de la procédure ne se justifiait plus ; en cas de radiation, la Commission dressait un rapport comprenant un exposé des faits et les motifs de la radiation, et étant transmis aux parties.

— En second lieu, elle s'efforçait d'obtenir un règlement amiable de l'affaire « qui s'inspirait du respect des droits de l'homme... » (art. 28-1 B Conv. EDH). En cas d'obtention de ce règlement amiable, elle dressait un rapport qui était transmis aux États intéressés, au Comité des ministres et au secrétaire général du Conseil de l'Europe aux fins de publication, ce rapport se limitant à un bref exposé des faits et à une proposition de la solution à adopter. Si en revanche, l'examen de la requête n'avait abouti ni à un règlement amiable, ni à un rejet pour cause de non-recevabilité, ni à une radiation du rôle, la Commission rédigeait un rapport dans lequel elle constatait les faits et formulait un avis sur le point de savoir si l'État intéressé avait violé une des obligations contenues dans la Conv. EDH. Si des membres de la Commission exprimaient un avis divergent, leur avis pouvait être exprimé dans le rapport. Le rapport était transmis au Comité des ministres ainsi qu'aux États intéressés, la Commission pouvant à l'occasion formuler des propositions (art. 31 Conv. EDH).

3. Dessaisissement de la Commission

229 Quelle suite était donnée à ce rapport de règlement ? Selon l'article 32, s'ouvrait un délai de trois mois à compter de la transmission au Comité des ministres. Au cours de ce délai, l'affaire pouvait être déférée à la CEDH (par la Commission elle-même ou par un État au sens de l'article 48 Conv. EDH). Sinon, c'est le Comité des ministres qui réglait l'affaire en décidant, par un vote à la majorité des deux tiers des représentants, s'il y avait eu ou non une violation de la Conv. EDH. Si le Comité des ministres considérait que l'État défendeur avait violé la Conv. EDH, il lui fixait un délai pour prendre toutes mesures et si l'État n'avait pas pris ces mesures dans ce délai, « il donnait à sa décision initiale... les suites qu'elle comportait et publiait le rapport » (art. 32 Conv. EDH). À vrai dire, l'exécution était facilitée par le fait que « les Hautes Parties contractantes s'engageaient à considérer comme obligatoire pour elles toute décision que le Comité des ministres pouvait prendre en application des paragraphes précédents » (art. 32, § 4 Conv. EDH).

Ainsi donc la Commission disposait de pouvoirs importants. Mais il fallait aussi tenir compte des pouvoirs du Comité des ministres à la fin de la procédure devant elle. Ce Comité se trouvait donc intercalé entre Commission et CEDH.

§ 2. La Cour européenne des droits de l'homme

230 Son statut et son fonctionnement étaient décrits dans le titre IV de la Conv. EDH (art. 38 à 56). On reprendra presque la même présentation que précédemment, tout en étant plus bref car désormais n'existe plus que la CEDH à laquelle sera réservée toute la Section 3.

Dans la pratique, l'activité de la CEDH n'a cessé de se développer au fil des années, comme celle de la Comm. EDH. Entrée en fonction le 20 avril 1959, la CEDH rendait le 14 novembre 1960 son premier arrêt dans l'affaire *Lawless*, sous le présidence de René Cassin. Entre 1960 et 1983, la CEDH n'a rendu que 76 arrêts. En 1988, elle en avait rendu 180 [1]. Et dans la seule année 1997, elle en a rendu 89 !

A. Composition de la Cour

231 Comme la Commission, la CEDH se composait d'un nombre de juges égal à celui des membres du Conseil de l'Europe (40 membres). Ils étaient élus par l'Assemblée consultative à la majorité des voix exprimées sur une liste de personnes présentées par les membres du Conseil de l'Europe, chacun de ceux-ci devant présenter trois candidats, dont deux au moins de sa nationalité. Les membres de la CEDH étaient élus pour neuf ans et étaient rééligibles. La Cour élisait son président et un ou deux vice-présidents pour une durée de trois ans, et ils étaient rééligibles (art. 38 à 41 Conv. EDH).

B. Fonctionnement de la Cour

232 La CEDH était saisie soit par la Commission, soit par un État dont la victime était le ressortissant, soit par un État ayant saisi la Commission, soit enfin par un État ayant été mis en cause (art. 48 Conv. EDH) [2]. À titre complémentaire, l'article 44 disposait que seuls les États et la Commission pouvaient se présenter devant la CEDH : ainsi existait une liaison entre les autorités pouvant saisir la CEDH et celles pouvant se présenter devant elle.

1. 8e colloque international sur la Conv. EDH, tenu à Budapest en septembre 1995, Conseil de l'Europe 1995, 38 A, p. 223 et s.

2. Sauf à observer que l'article 48 a été modifié par le protocole 9, entré en vigueur le 1er octobre 1994. Selon cette réforme, un requérant individuel pouvait désormais saisir la CEDH, mais à deux conditions. Il fallait d'abord que l'État défendeur ait ratifié le protocole 9. Ensuite les individus n'avaient pas un droit de saisine aussi étendu que les États et la Commission puisque leur requête n'était examinée qu'après qu'un Comité composé de trois membres de la CEDH ait donné un avis favorable. Il y avait donc un filtrage et, en pratique, l'avis de ce Comité était négatif si la question posée ne posait pas de problème de principe.

L'affaire n'était déférée à la CEDH qu'après la constatation par la Commission de l'échec du règlement amiable (qu'elle avait essayé d'obtenir) et dans le délai de trois mois prévu à l'article 32 comme il a été dit.

Pour l'examen de chaque affaire portée devant elle, la CEDH était constituée en une formation de neuf membres. Règle importante, faisait nécessairement partie de cette formation le juge appartenant à l'État intéressé. Le nom des autres juges était tiré au sort, avant le début de l'instruction de l'affaire, par le président (art. 43 Conv. EDH).

Après avoir entendu les Parties intéressées et après avoir procédé à un double examen (sur la recevabilité et sur le fond), la CEDH prenait une décision. S'il lui apparaissait que la mesure ou décision prise par l'État concerné se trouvait, partiellement ou totalement, en opposition avec les principes de la Conv. EDH et si le droit interne de cet État ne permettait pas d'effacer les conséquences de cette mesure ou décision, elle pouvait accorder à la partie lésée « une satisfaction équitable » (art. 50 Conv. EDH). Cette satisfaction consistait en pratique en une somme d'argent que l'État condamné devait verser à la partie lésée.

Formellement, l'arrêt était motivé et les opinions dissidentes étaient formulées [1]. L'arrêt était transmis au Comité des Ministres chargé d'en surveiller l'exécution.

Les États s'engageaient à se conformer aux décisions de la CEDH.

SECTION 2. LES RAISONS DE LA RÉFORME

233 Tel qu'il était, le système imaginé par les auteurs de la Conv. EDH, même aménagé par divers protocoles, présentait bien des inconvénients. Ceux-ci d'ailleurs ne dérivaient pas tous directement du système.

L'inconvénient majeur était l'accroissement considérable du nombre des requêtes en quelques années : d'abord en raison de l'apparition de nouveaux membres (40 États aujourd'hui) et ensuite en raison d'un certain engouement en faveur de la justice européenne que les plaideurs — États ou particuliers — hésitaient de moins en moins à saisir une fois que les voies de recours internes étaient épuisées. Donnons quelques chiffres. En 1993, la Commission avait terminé l'examen de 1 760 requêtes tandis que 2 746 autres restaient encore en souffrance [2]. Plus récemment, dans sa session de janvier 1998, la Commission a traité 797 requêtes et ce chiffre est redescendu très légèrement à 715 dans sa session de mars [3], ce qui par voie d'extrapolation conduit à envisager que

1. J. Vailhe, « L'apport des opinions individuelles des juges dans l'analyse de la jurisprudence de la Cour européenne », *Rev. sc. crim.* 1998, p. 83 et s.

2. G. Cohen-Jonathan, « Le protocole 11 et la réforme du mécanisme international de contrôle de la Convention européenne des droits de l'homme », *Europe*, nov. 1994, p. 2, 1er vol.

3. « Commission européenne des droits de l'homme », *Notes d'information,* n° 147 (janv. 1998) et n° 148 (mars 1998).

la Commission aura traité en 1998 plus de 4 000 affaires ! L'inflation est la même en ce qui concerne la CEDH : elle a rendu 11 arrêts en 1985, 60 en 1993 et 89 en 1997. On ajoutera que les juges de la Commission et de la CEDH ne siégeaient pas en permanence et qu'ils avaient pour la plupart une autre fonction comme celle de juge national, professeur de droit ou avocat [1].

La conséquence de cet état de fait était que les procédures duraient très longtemps : en moyenne cinq ans et demi dont une bonne année devant la CEDH [2]. C'était d'autant plus regrettable que l'on se trouvait en matière de droits de l'homme et que plus précisément un grand nombre d'affaires portaient sur une violation... du délai raisonnable par les autorités nationales alors que, doit-on le rappeler, le principe du délai raisonnable est l'une des exigences les plus importantes de la Conv. EDH [3]. Le défaut était d'autant plus saillant que les recours formés devant les instances de Strasbourg n'étaient pas suspensifs.

Deux autres inconvénients, résultant ceux-là, directement du système de la Conv. EDH, mais qui n'étaient pas sans rapport avec le défaut de lenteur, doivent être cités. Rappelons brièvement l'existence de ces inconvénients subsidiaires.

Le premier inconvénient tenait à la volonté de la CEDH de revoir la question de recevabilité. La Comm. EDH avait toujours considéré que cette question était de son domaine exclusif, en application de l'article 27. Or la CEDH s'est acharné, en dépit des revendications constantes de la Comm. EDH, à réexaminer le problème de la recevabilité alors que la Comm. EDH avait déjà déclaré la requête recevable [4]. Cette attitude de la CEDH a été très attaquée par la doctrine [5] et même par des juges dissidents de la Cour : les juges Martens et Morenilla ont très nettement considéré que le double contrôle alourdissait la procédure et entraînait une grave inégalité au détriment de la victime : en effet lorsque la Comm. EDH avait déclaré la requête recevable, l'État avait une deuxième chance de faire prononcer l'irrecevabilité alors que dans le cas où la

1. À l'inverse de ceux de la CJCE (de Luxembourg) qui sont affectés à plein temps.

2. Sauf urgence particulière dont bénéficient de rares affaires, v. J. Callewert, *RTDH* 1994, n° 19, p. 391.

3. W. Peukert, « La célérité dans le procès pénal et la jurisprudence de la CEDH », in *La célérité de la procédure pénale*, séminaire organisé à Syracuse en septembre 1995 sous la direction de J. Pradel, *RID pén.* 1995, p. 673.

4. La jurisprudence de la CEDH était constante, inaugurée avec l'arrêt de *Wilde, Ooms et Versyp c/ Belgique*, 18 juin 1971, série A, n° 12 ; v. aussi CEDH 6 sept. 1978, *Klass c/ Allemagne*, série A, n° 28 ; 6 nov. 1980, *Van Oosterwijck c/ Belgique*, série A, n° 40 ; 19 mars 1991, *Cardot c/ France*, série A, n° 200 et 25 mars 1992 ; *B. c/ France*, série A, n° 232 C. Dans ces affaires, la CEDH indiquait que dès lors qu'elle est « régulièrement saisie, elle jouit de la plénitude de juridiction et peut connaître de toutes les questions de fait ou de droit pouvant surgir lors de l'examen d'une affaire y compris celles qui ont pu être soulevées devant la Commission au titre de la recevabilité ».

5. G. Cohen-Jonathan, *La Convention européenne des droits de l'homme*, Economica, Paris 1989, p. 178 et s.

Comm. EDH avait déclaré la requête irrecevable, le requérant individuel n'avait plus aucun espoir de faire déclarer sa requête recevable[1].

Le second inconvénient subsidiaire tenait à la présence du Conseil des ministres. Cet organisme présentait un caractère un peu politique et l'on avait remarqué qu'il était à l'origine de dénis de justice flagrants[2]. En outre la procédure devant cette autorité était totalement secrète et non contradictoire.

Ce sont tous ces inconvénients, centrés on l'a vu principalement sur l'idée de lenteur, qui ont conduit à des réformes importantes. La première résulte du protocole 9, entré en application le 1er octobre 1994, qui vint permettre aux demandeurs autres qu'un État d'être partie devant la CEDH lorsque leur affaire est soumise à celle-ci et qui autorise même ces demandeurs à saisir eux-mêmes la CEDH[3]. Beaucoup plus important est le protocole 11 « portant restructuration du mécanisme de contrôle établi par la Convention », signé à Strasbourg le 11 mai 1994. Cet instrument prévoit (art. 4) qu'il entrera en vigueur le premier jour du mois qui suivra l'expiration d'une période d'un an après la date à laquelle toute les Parties à la Conv. EDH l'auront ratifié. Les ratifications sont toutes intervenues assez rapidement et ce protocole est entré en vigueur le 1er novembre 1998. La genèse du protocole a pourtant été assez lente. C'est en novembre 1991 que le Comité des ministres et c'est en 1992 que l'Assemblée parlementaire du Conseil de l'Europe ont indiqué qu'une réforme s'imposait. Le 28 mai 1993, le Comité directeur pour les droits de l'homme recevait du Comité des ministres la mission de préparer un projet de protocole. Le 9 octobre 1993 à Vienne, les chefs d'État et de gouvernement du Conseil de l'Europe donnaient à la réforme la priorité. Le 11 mai 1994, le protocole était achevé et signé à l'occasion de la 94e réunion du Comité des ministres du Conseil de l'Europe[4].

1. J.-P. MARGUÉNAUD, *La Cour européenne des droits de l'homme*, Dalloz 1997, p. 15.
2. G. COHEN-JONATHAN, préc., p. 223 et s.
3. V. *supra*, n° 232.
4. Sur les divers projets de réforme et sur le protocole en sa version définitive, la littérature est considérable. V. not. O. JACOT-GUILLARMOD, *Fusion de la Commission et de la Cour européenne des droits de l'homme*, N.-P. Engel 1987 ; « Conseil de l'Europe, réforme du système de contrôle de la CEDH », document H (2) 14, *RUDH* 1992, p. 503 ; PETZOLD et SHARPE, « Profile of the future European Court of Human Rights », in *Mélanges Wiarda*, Carl Heymans Verlag, 1988, p. 471 ; *Le cahier spécial de la RUDH*, 29 juill. 1994, avec une introduction d'A. Drzemczewski et J. Meyer-Ladewig ; H.-G. SCHERMERS, in *European law review* 1994, vol. 19, n° 4, p. 367 ; G. JANSSEN-PEVTSCHIN, « Le protocole n° 11 à la CEDH », *RTDH*, n° 20, oct. 1994, p. 483 ; F. SUDRE, « La réforme du mécanisme de contrôle de la Conv. EDH : le Protocole 11 additionnel à la Convention », *JCP* 1995-I, 3849 ; L.-E. PETTITI, « Le protocole 11, son historique et son avenir », *Justices*, n° 6, avr.-juin 1997, p. 71 ; J.-A. CARILLO SALCEDO, « Vers la réforme du système juridictionnel de garantie et contrôle institué par la Convention européenne des droits de l'homme », in *Mélanges J. Campinos*, Publications de la Faculté de droit de Poitiers, PUF, 1996, p. 175 ; du même, « Quels juges pour la nouvelle CEDH », *RUDH* 1997, vol. 9, n° 1-4, p. 1 ; N. VALTICOS, « Quels juges pour la prochaine CEDH », *Liber amicorum*, M.-A. Eissen, p. 115 ; F. TULKENS, « La nouvelle Cour européenne des droits de l'homme », *Rev. sc. crim.* 2000, p. 895 et s.

Pour simplifier à l'extrême, on dira pour l'instant que la Comm. EDH et le Conseil des ministres en tant qu'organe lié à la Conv. EDH disparaissent, remplacés par une nouvelle CEDH. Et cette dernière peut rejeter la requête en formation restreinte et à l'unanimité (comité). Sinon, une chambre plus étoffée statue sur cette requête : ainsi apparaît-il que le « Protocole 11 est le résultat d'un compromis entre les gouvernements qui étaient en faveur d'une Cour unique et d'une minorité, conduite par le Royaume-Uni qui défendit un système à deux niveaux, composé d'un tribunal de première instance et d'une cour d'appel » [1].

La doctrine n'a pour l'instant pas manifesté un grand enthousiasme pour la réforme [2]. Est-on bien certain en effet que la procédure sera accélérée quand on pense au travail considérable que faisait la Comm. EDH en tant qu'organe de tri ? On aurait peut-être pu accroître les moyens en personnel et en matériel de la Comm. EDH quand on songe qu'elle met en moyenne quatre ans pour établir un rapport. Il aurait été excellent en outre que la CEDH soit conçue à la manière des Cours suprêmes nord-américaines, composées d'un petit nombre de juges et ne rendant que quelques dizaines d'arrêts par an, des arrêts de principe. « On a déplacé la difficulté tenant à l'encombrement des affaires plus qu'on ne l'a résolue » (M.-A. Eissen).

SECTION 3. LA COUR EUROPÉENNE DES DROITS DE L'HOMME (LA NOUVELLE COUR)

234 Cette nouvelle Cour résulte donc du Protocole 11 que l'exposé des motifs appelle « nouvelle Cour permanente », mais que ses dispositions proprement dites dénomment « Cour européenne des droits de l'homme » [3]. L'article 1 de ce Protocole annule les Titres II à IV de la Conv. EDH (consacrés respectivement à la Commission et à la CEDH) et les remplace par un nouveau Titre II sur la Cour européenne des droits de l'homme. Quant au Titre V de la Conv. EDH, il devient le Titre III, ainsi

1. Lord Lester, rapport général au 8e colloque international sur la Conv. EDH tenu à Budapest en septembre 1995, Conseil de l'Europe, 1995, 38 A, p. 223 et s.

2. V. par ex. G. COHEN-JONATHAN, « Le protocole n° 11 et la réforme du mécanisme international de contrôle de la Convention européenne des droits de l'homme », *Europe*, nov. 1994, chron. 8 (étude modérément critique) ; M.-A. EISSEN, « L'aspect institutionnel du protocole n° 11 à la Convention », *Bulletin des droits de l'homme*, n° 4, juill. 1995, publié par l'Institut Luxembourgeois des Droits de l'Homme ; intervention au colloque « Quelle Europe pour les droits de l'homme ? » tenu à Rouen en mai 1995, publié chez Bruylant, Bruxelles, 1996, p. 214 et s. (deux études particulièrement critiques).

3. L'appellation n'a donc pas changé.

que le précise l'article 2 du Protocole. Dès lors, la Conv. EDH comporte désormais trois titres (et non plus cinq), à savoir :

– Titre I : « Droits et libertés » ;
– Titre II : « Cour européenne des droits de l'homme » ;
– Titre III : « Dispositions diverses ».

On considérera ici seulement la CEDH comme organe juridictionnel de garantie des droits de l'homme tels qu'ils sont inscrits dans la Conv. EDH (art. 19 à 51 Conv. EDH modifiée par la Protocole 11) [1].

Le nouveau système s'applique depuis le 1er novembre 1998.

§ 1. Principes directeurs

235 Les travaux préparatoires du Protocole 11 furent longs et difficiles. Dans un premier temps, une proposition émanant des Pays-Bas et de la Suède rallia beaucoup de suffrages. Le dualisme juridictionnel était maintenu et plus précisément la Commission agissait comme un tribunal de première instance rendant des décisions qui auraient été susceptibles d'appel de la part des individus et des États. L'appel était filtré par un comité restreint de juges et il était porté devant la CEDH en cas d'admission. En revanche, s'il n'y avait pas appel ou si celui-ci était rejeté par le comité des juges, la décision de la Commission devenait définitive. En somme, cette proposition maintenait le principe du double examen [2].

Pourtant ce système ne fut pas retenu par le Comité des ministres. Le Protocole 11 adopta le principe d'une Cour unique. Selon l'article 19 Conv. EDH modifiée, « afin d'assurer le respect des engagements résultant pour les Hautes Parties contractantes de la présente Convention et de ses protocoles, il est institué une Cour européenne des droits de l'homme, ci-dessous dénommée "la Cour". Elle fonctionne de façon permanente ». Tel est le principe directeur essentiel.

Un autre principe doit être évoqué : ce n'est pas seulement la Commission qui disparaît, c'est aussi le Comité des ministres au titre de l'article 32 Conv. EDH [3]. Cet organe ne joue plus du rôle si ce n'est la surveillance de l'exécution des arrêts de la CEDH (art. 46-2 nouveau Conv. EDH).

1. Chaque article est désormais précédé d'un intitulé, ce qui n'avait pas été prévu dans le texte primitif de la Conv. EDH.

2. G. COHEN-JONATHAN faisait remarquer en faveur de ce principe que dans près de 25 % des cas, la CEDH ancienne a adopté une position différente de celle de la Commission. Voir le protocole 11 et la réforme du mécanisme international de contrôle de la Conv. EDH, préc., p. 2, 2e col.

3. L'article 32 dispose que dans les trois mois de la transmission du rapport de la Commission au Comité des ministres, celui-ci – sauf si la CEDH est saisie – décide s'il y a eu ou non violation de la Conv. EDH.

§ 2. Régime technique

La matière est traitée aux articles 20 à 51 nouveaux Conv. EDH, complétés par le Règlement de la CEDH (en date du 4 novembre 1998) [1]. La CEDH siège à Strasbourg.

A. Personnel de la Cour

236 La CEDH est composée de juges, elle dispose d'un greffe [2] et elle est assistée de référendaires (art. 25). On aura observé que les référendaires sont attachés à la CEDH elle-même et non à un juge déterminé comme il advient souvent dans les Cours suprêmes de certains États. Attardons-nous sur les juges, qui sont en nombre égal à celui des Hautes Parties contractantes (selon l'article 20) [3].

Le *recrutement* des juges s'opère par voie d'élection [4]. Exactement, ils sont élus par l'Assemblée parlementaire à la majorité des voix exprimées sur une liste, chaque État lui présentant une liste de trois noms [5] ; et cette procédure est également suivie pour compléter la CEDH en cas d'adhésion de nouveaux États ou de remplacement d'un siège devenu vacant (art. 22).

Le *statut* des juges appelle trois séries d'observations.

En premier lieu, ces juges « doivent jouir de la plus haute considération morale » (art. 21, § 1) et pendant toute la durée de leur mandat, ils « ne peuvent exercer aucune activité incompatible avec les exigences d'indépendance, d'impartialité ou de disponibilité requise par une activité exercée à plein temps... » (art. 21, § 3). De la sorte, les fonctions

1. Commenté par M. Paul Mahoney (greffier adjoint de la Cour) à la RUDH, 1998, 358.

2. Selon les articles 15 à 18 du Règlement de la Cour, le greffier est élu par la Cour plénière, les candidats devant « jouir de la plus haute considération morale et posséder les connaissances juridiques, administratives et linguistiques ainsi que l'expérience requise pour l'exercice des fonctions » (art. 15, § 1). Le greffier est élu au scrutin secret pour 5 ans et il est rééligible. Avant d'entrer en fonction, il prête serment ou fait la déclaration solennelle « d'exercer en toute loyauté, discrétion et conscience les fonctions qui lui ont été confiées en qualité de greffier de la Cour européenne des droits de l'homme » (art. 15, § 4). Il peut être révoqué si les juges, réunis en session plénière, le décident à la majorité des deux tiers. Deux greffiers adjoints sont également élus et soumis au même régime.

3. Dans le système ancien, c'était différent car la CEDH se composait d'un nombre de juges égal à celui des États membres du Conseil de l'Europe.

4. H.-C. Krüger, « Procédure de sélection des juges de la nouvelle Cour européenne des droits de l'homme », in *La Convention européenne des droits de l'homme : développements récents et nouveaux défis, Droit et Justice*, Bruylant, Bruxelles 1997, p. 45 et s., étude publiée aussi à la *RUDH* 1996, p. 113 et s ; J.-F. Floss, « Radioscopie de l'élection de la nouvelle Cour européenne des droits de l'homme », *RTDH* 1998, p. 435 et s.

5. Ce qui fait apparaître un caractère un peu politique au stade de la confection de la liste par chaque État. Cette remarque est cependant tempérée par le fait que les candidats à ces fonctions doivent être aptes à les exercer ou être des jurisconsultes possédant une compétence notoire (art. 21, § 1).

de juge à la CEDH deviennent des fonctions permanentes, insusceptibles d'être partagées avec une autre [1].

En second lieu, les juges sont élus pour six ans et sont même rééligibles. Toutefois, au bout de trois ans, les mandats de la moitié des juges prendront fin, la détermination de ces juges à mandat réduit se faisant par tirage au sort effectué par le Secrétariat Général du Conseil de l'Europe immédiatement après leur élection. Pour faciliter le renouvellement des mandats d'une moitié des juges tous les trois ans, l'Assemblée parlementaire peut, avant de procéder à une élection ultérieure, décider que les mandats des juges à élire auront une durée autre que celle de six ans, sans toutefois pouvoir dépasser neuf ans ou être inférieure à trois ans. Le juge élu en remplacement d'un juge dont le mandat n'est pas encore expiré achève le mandat de celui-ci. Le mandat des juges s'achève dès qu'ils ont atteint 70 ans. Enfin tout juge reste en fonction jusqu'à son remplacement et il continue par ailleurs de connaître des affaires dont il était déjà saisi (art. 23). À ces dispositions conventionnelles, l'article 2 du Règlement ajoute des précisions : la durée du mandat d'un juge élu se compte à partir de l'élection, sauf à observer que si un juge est réélu à l'expiration de son mandat ou élu en remplacement d'un juge dont le mandat est expiré, la durée de son mandat a pour point de départ cette expiration. Et l'article 3 dudit Règlement précise qu'avant d'entrer en fonction, tout juge élu doit prêter le serment ou faire la déclaration solennelle que voici : « Je jure — ou je déclare solennellement — que j'exercerai mes fonctions de juger avec honneur, indépendance et impartialité, et que j'observerai le secret des délibérations » ; il en est dressé procès-verbal. Enfin il est une exception au principe de l'élection des juges : selon l'article 29 du Règlement de la Cour, si le juge élu au titre d'une Partie contractante concernée se trouve empêché ou se déporte, le président de la chambre invite ladite Partie à lui faire savoir dans les 30 jours si elle entend désigner pour siéger soit un juge élu, soit une autre personne en qualité de juge *ad hoc*.

En troisième lieu, la révocation d'un juge est possible, mais elle est soumise à une procédure originale : il faut que les autres juges décident à la majorité des deux tiers qu'il a cessé de répondre aux conditions requises (art. 24 Conv. EDH et 7 Règlement de la Cour). Cette majorité des deux tiers est celle des juges « réunis en session plénière (art. 7), d'où il se déduit qu'il s'agit des juges présents » [2]. L'article 7 dispose encore que tout juge peut mettre en mouvement la procédure de révocation.

1. Ce qui était différent avec l'ancienne CEDH. L'incompatibilité qui existe désormais entre les fonctions de juge et telle autre fonction est également affirmée par l'article 4 du Règlement de la Cour qui ajoute que « chaque juge déclare au président de la Cour toute activité supplémentaire » et « qu'en cas de désaccord entre ce dernier et l'intéressé, toute question soulevée est tranchée par la Cour plénière ».

2. Selon l'article 7 du Règlement, la révocation est possible si le juge « a cessé de répondre aux conditions requises », ce qui renvoie aux conditions prévues à l'article 21, § 1 et 3 Conv. EDH sus-indiqué.

B. Formations de la Cour

237 La CEDH comporte quatre formations : l'Assemblée plénière (ou Cour plénière) qui n'a pas de fonctions juridictionnelles, les Comités de juges, les Chambres et la Grande Chambre qui au contraire remplissent tous les trois des fonctions juridictionnelles.

1) L'*Assemblée plénière* est composée de tous les juges (41 actuellement). Elle exerce uniquement des fonctions administratives et réglementaires. L'article 26 énumère ces fonctions de l'Assemblée plénière :

– élection pour une durée de trois ans de son président[1], de son ou de ses deux vice-présidents (qui sont tous rééligibles) ;

– constitution des Chambres pour une période déterminée (ces formations étant appelées « sections » par le Règlement de la Cour, article 1 d, et étant constituées pour une période de trois ans, article 25, § 1 dudit Règlement) ;

– élection des présidents des Chambres (qui sont rééligibles) ;

– adoption du règlement de la Cour ;

– élection du greffier et d'un ou de plusieurs greffiers adjoints.

2) La seconde formation est celle des *Comités de juges*. Ces Comités sont composés de trois juges et ils sont constitués par les Chambres pour une période déterminée (art. 27, § 1), en fait pour 12 mois, par rotation parmi les membres de chaque section (art. 27, § 2 du Règlement de la Cour). Ils exercent une fonction de filtrage comme l'ancienne Commission selon le Protocole 8. Selon l'article 28, un Comité peut, par vote unanime, déclarer irrecevable ou rayer du rôle une requête individuelle (émanant de toute personne physique, organisation non gouvernementale ou groupe de particuliers au sens de l'article 34) « lorsqu'une telle décision peut être prise sans examen complémentaire ». La décision est insusceptible de recours. Le but recherché est très clair : il s'agit d'éviter à la formation compétente, Chambre ou Grande Chambre, de perdre du temps à l'occasion d'une affaire qui de façon évidente ne peut conduire qu'à une décision d'irrecevabilité.

3) La troisième formation est celle des *Chambres*, composées de sept juges (art. 27, § 1). Un juge peut appartenir simultanément à plusieurs Chambres. Le juge élu au titre d'un État partie au litige est membre de droit de la Chambre connaissant de ce litige ; et si ce juge n'est pas en mesure de siéger, cet État partie désigne une personne qui siège en qualité de juge (art. 27, § 2). Les Chambres ont pour mission – si une décision d'irrecevabilité n'a pas été prise par un Comité de juges – de

1. Selon l'article 9 du Règlement de la Cour, le président de la Cour dirige les travaux et les services de la Cour. Il assure les relations entre Cour et Conseil de l'Europe. Il préside les séances plénières, les séances de la Grande Chambre et celles du collège de cinq juges qui, on va le voir, est une formation particulière de la Grande Chambre (art. 43, § 2 Conv. EDH). Enfin, il ne participe pas à l'examen des affaires traitées par les chambres, sauf s'il est le juge élu au titre d'une Partie contractante concernée. L'actuel président de la Cour est M. Luzius Wildhaber, de nationalité suisse.

se prononcer sur la recevabilité et sur le fond des requêtes individuelles ; elles se prononcent également sur la recevabilité et sur le fond des requêtes étatiques (art. 29).

4) Enfin il existe une dernière formation, la *Grande Chambre*, composée de 17 juges (art. 27, § 1). Selon l'article 24 du Règlement de la Cour, la Grande Chambre comporte aussi trois juges suppléants. Elle est constituée pour trois ans. En font partie le président et les vice-présidents de la Cour ainsi que les présidents des sections (art. 27, § 3 Conv. EDH). Parmi ces juges, il y a — comme pour les Chambres — le juge de l'État concerné par le litige (art. 27, § 2). La Grande Chambre a deux attributions (art. 31) :

— En premier lieu, la Grande Chambre se prononce sur les requêtes étatiques (art. 33) et individuelles (art. 34) qui lui ont été différées en application des articles 30 et 43.

Selon l'article 30, si l'affaire pendante devant une Chambre soulève une question grave relative à l'interprétation de la Conv. EDH ou si la solution d'une question peut conduire à une contradiction avec un arrêt rendu auparavant, la Chambre peut se dessaisir au profit de la Grande Chambre tant qu'elle n'a pas rendu son arrêt. Ainsi la Grande Chambre est alimentée par la Chambre. Il faut bien reconnaître que la décision de dessaisissement sera difficile à prendre car l'actuelle Chambre, à l'inverse de l'ancienne CEDH, ne dispose pas du rapport, toujours substantiel, de la Commission. Elle va donc perdre du temps à prendre sa décision sur le principe du dessaisissement. Une autre difficulté tient à la règle essentielle que la Chambre ne peut se dessaisir que si l'une des parties ne s'y oppose pas (art. 30 *in fine*). Est ainsi reconnu un droit de blocage au profit des parties qui est d'autant plus étrange que dans le système précédent, le dessaisissement était automatique dès lors qu'il y avait un risque de contrariété de jurisprudence.

Selon l'article 43, qui constitue un cas plus complexe, une fois que la Chambre a rendu son arrêt, une partie à l'affaire peut dans les trois mois et « dans des cas exceptionnels » demander le renvoi de l'affaire devant la Grande Chambre. Les auteurs du Protocole 11 ont ainsi et assez curieusement institué une sorte d'appel au sein d'une même autorité. Il faut voir dans cette construction juridique une sorte de synthèse entre le principe nouveau de la Cour unique et le concept de voie de recours. Cette sorte d'appel est cependant si curieuse que les rédacteurs de l'article 43 l'ont assortie de deux restrictions : il doit d'abord s'agir de « cas exceptionnels » (qu'est-ce que cela veut dire ?) et surtout un filtrage est prévu, assuré par un collège de cinq juges de la Grande Chambre[1] et c'est seulement si ce collège reçoit la demande que la

1. Selon l'article 24, § 6 du Règlement de la Cour, ce collège se compose du président de la Cour, des présidents des sections autres que celle à partir de laquelle a été constituée la chambre ayant eu à connaître de l'affaire dont le renvoi à la Grande Chambre est demandé, enfin d'un juge supplémentaire désigné par rotation parmi les juges autres que ceux ayant eu à connaître de l'affaire dans la chambre.

Grande Chambre se prononcera sur l'affaire (art. 43, § 2 et 3). Apparaît ici une nouvelle étrangeté : les juges chargés du filtrage se retrouveront au sein de la Grande Chambre ! Heureusement que, au moins, l'article 27, § 3 dispose qu'aucun juge de la Chambre ayant statué sur l'affaire ne peut siéger à la Grande Chambre pour la même affaire [1]. En dépit de cette ultime réserve, le principe d'impartialité objective est bien malmené [2].

— En second lieu, la Grande Chambre examine les demandes d'avis consultatifs introduites par le Comité des ministres [3]. Celui-ci peut en effet la consulter « sur des questions juridiques concernant l'interprétation de la Convention et de ses Protocoles » (art. 47, § 1). Cependant, le contenu de ces avis est entendu strictement : ces avis ne peuvent en effet porter ni sur les questions relatives aux droits et libertés, définis au titre I de la Conv. EDH, ni sur les autres questions dont la Cour ou le Comité des ministres pourraient avoir à connaître suite à l'introduction d'un recours. C'est par un vote à la majorité que le Comité des ministres décide de saisir la Grande Chambre de la CEDH (art. 47, § 2 et 3).

La CEDH décide si cette demande d'avis consultatif relève bien de sa compétence. Son avis est motivé et s'il y a des juges d'un avis contraire à la majorité, ils peuvent joindre à l'avis leur opinion séparée. L'avis est enfin transmis au Comité des ministres (art. 49).

C. Fonctionnement de la Cour

238 Le fonctionnement de la CEDH est sommairement décrit aux articles 33 et suivants Conv. EDH. On se contentera de rappeler ces dispositions (et d'évoquer la jurisprudence rendue avant l'application de la réforme, qui dans l'ensemble vaut encore). Certaines précisions sont ajoutées par les articles 19 et suivants, 31 et suivants du Règlement de la Cour. Précisons dès maintenant que les langues officielles de la Cour sont le français et l'anglais (art. 34, § 1).

1. Saisine de la Cour

Elle est assurée par voie de requête émanant d'un demandeur et soumise à des conditions de fond et de forme.

1. Sauf il est vrai le président de la Chambre et le juge ayant siégé au titre de l'État intéressé, art. 27-3 *in fine*.

2. G. Janssen-Pevtschin, « Le Protocole n° 11 à la Conv. EDH », *RTDH*, n° 20, oct. 1994, p. 496.

3. Cette deuxième fonction a été attribuée à la CEDH par le protocole 2, de 1970. Elle n'est quasiment pas appliquée.

a. Auteurs de la requête

239 Deux catégories de demandeurs sont prévues par la Conv. EDH. Ce sont d'abord les États eux-mêmes qui peuvent saisir la CEDH en se plaignant d'un manquement à une disposition de la Conv. EDH imputé à un autre État (art. 33). Ce sont ensuite des personnes autres que les États : l'article 34 vise « toute personne physique, toute organisation non gouvernementale ou tout groupe de particuliers qui se prétend victime d'une violation par l'une des Hautes Parties contractantes des droits reconnus dans la Convention ou ses protocoles ». Ce droit individuel de saisine de la CEDH avait été institué, sous l'empire de l'ancienne CEDH, par le protocole 9 (entré en vigueur le 1er octobre 1994) qui permettait désormais au requérant individuel de saisir la CEDH, du moins si l'État défendeur avait ratifié ce protocole [1]. En conclusion, il existe donc deux sortes de saisines, soit par requête étatique (art. 33), soit par requête individuelle (art. 34).

L'article 34 *in fine* Conv. EDH disposant que « les Hautes Parties contractantes s'engagent à n'entraver par aucune mesure l'exercice efficace » du droit de requête individuelle, la CEDH a été conduite à vérifier si les autorités nationales n'ont pas entravé l'exercice du droit de saisir les autorités de Strasbourg. Deux affaires concernant la Turquie sont à cet égard assez caractéristiques. Dans la première, le requérant avait été interrogé sur sa requête pendant sa détention et torturé ; les juges de Strasbourg considèrent que les pressions de l'article 34 « incluent non seulement la coercition et les actes flagrants d'intimidation, mais aussi des actes malséants ou indirects, ou des contacts visant à dissuader ou à décourager les requérants à poursuivre un remède de la Conv. EDH » [2]. Dans la seconde, les gendarmes avaient conduit le requérant dans un local de gendarmerie pour l'interroger au sujet de sa requête aux autorités judiciaires de Strasbourg, la CEDH ayant utilisé la même formule [3].

b. Conditions de fond de la requête

• Les conditions communes aux deux sortes de requêtes : l'épuisement des voies de recours interne et l'établissement de la demande dans les six mois à partir de la décision interne définitive

240 ***Principes*** ◇ Selon l'article 35, § 1 (qui reprend exactement l'ancien article 26), « la Cour ne peut être saisie qu'après l'épuisement des voies

1. J.-P. Marguénaud, *La Cour européenne des droits de l'homme,* Dalloz 1997, p. 22 et s.
2. CEDH, 10 octobre 2000, *Akkoç c/ Turquie,* § 124.
3. CEDH, 16 novembre 2000, *Bilgin c/ Turquie,* § 133, où il n'y a pas eu de violences physiques comme dans le cas précédent, mais destruction de biens et incendie volontaire de la maison du requérant.

de recours internes, tel qu'il est entendu selon les principes de droit international généralement reconnus, et dans un délai de six mois à partir de la date de la décision interne définitive ». Sous une apparente simplicité, cette disposition est en fait assez complexe car elle est double et aussi car elle a donné lieu à beaucoup de jurisprudence et d'études doctrinales [1].

Quel est le fondement de la règle de l'épuisement des voies de recours ? La raison fondamentale est celle de souveraineté : on a voulu sauvegarder la susceptibilité des États en leur permettant de régler eux-mêmes les violations des droits de l'homme [2]. Une seconde raison peut être découverte : la Conv. EDH a été conçue pour s'appliquer en priorité au sein de chaque État et plus précisément dans les relations entre un État et ses ressortissants ; et c'est seulement si un État méconnaît ses obligations concernant les droits de l'homme que l'on peut concevoir une sanction supranationale par un organe européen. Ces deux raisons font que le recours devant la CEDH (comme hier devant la Commission) présente un caractère subsidiaire, ce que confirme l'article 13 Conv. EDH qui ouvre à toute personne dont les droits ont été violés « un recours effectif devant une juridiction nationale, alors même que la violation aurait été commise par des personnes agissant dans l'exercice de leurs fonctions officielles ». Ainsi peut-on dire que le fondement du principe de l'épuisement des voies de recours réside dans le principe de subsidiarité que consacre aussi le droit international auquel se réfère l'article 35. Un auteur a parlé même « d'une application judicieuse du principe de subsidiarité » [3].

Quant à la règle imposant au demandeur d'agir devant l'organe de Strasbourg dans les six mois à partir de la décision interne définitive, elle se fonde sur la nécessité de limiter dans le temps la possibilité de saisir une juridiction. Il y a là une question de bonne administration de la justice. Mais on peut discerner une autre justification plus profonde : c'est que le temps joue comme facteur de légitimation des situations non contestées de sorte qu'avec le temps les violations commises tendent peu à peu à s'estomper [4].

1. L. Mikaelsen, *European protection of Human Rights : the practice and procedure of the European Commission of human rights on the admissibility of applications from individuals and States,* Martinus, La Haye, Nijhoff, 1980 ; M. Melchior et autres, *Introduire un recours à Strasbourg ? Een zaak aanhangig maken te Straatsburg ?,* Bruxelles, éd. Nemesis, coll. Droits et Justice, n° 2, 1986 ; J.-P. Marguénaud, préc., p. 6 et s. ; P. Legros et P. Coenraets, « La règle de l'épuisement des voies de recours internes et l'accès effectif à une juridiction dans la jurisprudence de la Cour européenne des droits de l'homme », *RTDH* 1998, p. 27 et s.

2. A.-A. Cancado Trindale, *The application of the rule of exhaustion of local remedies in international law,* Cambridge University Press, 1983, XIII. V. aussi CEDH 28 septembre 1999, *Civet c/ France,* « la finalité de l'article 35 est de ménager aux États contractants l'occasion de prévenir ou redresser les violations alléguées contre eux, avant que ces allégations ne soient soumises à la CEDH », § 41, et obs. F. Massias, *Rev. sc. crim.* 2000, p. 239 et s.

3. R. Ergec, *Introduction au droit public,* Story-Scientia, Bruxelles 1995, II, p. 18, n° 674.

4. L.-E. Pettiti, E. Decaux et P.-H. Imbert (sous la direction de), *La Convention européenne des droits de l'homme,* Economica 1999, art. 26 par E. Picard.

241 ***La règle de l'épuisement des voies de recours internes*** ◇ Comment comprendre les mots « voies de recours » et « épuisement » tels qu'ils apparaissent à l'article 35, § 1 ? Il s'agit là de « notions autonomes », qui n'ont donc pas le sens technique que leur donnent les droits internes [1]. Par voie de recours, il faut entendre toute voie de droit susceptible d'aboutir à un résultat satisfaisant au regard de la violation alléguée [2] ce qui inclut toutes sortes de recours institués dans le droit de l'État concerné quels que soient leur nature ou leur objet [3]. Quant au mot « épuisement », on pourrait croire qu'il signifie que tous les recours permettant à l'État défendeur de neutraliser la violation doivent avoir été exercé. En réalité, il n'a pas ce sens. Il n'est pas nécessaire, disent les juges de Strasbourg, que toutes les voies de recours internes aient été exercées. Mais d'un autre côté, « l'épuisement » suppose que le requérant ait fait valoir devant les autorités nationales le grief qu'il veut ensuite invoquer devant les juges de Strasbourg. Développons ces deux règles, la première étant procédurale et la seconde substantielle.

1° Il n'est pas nécessaire que le requérant ait exercé sur le plan interne tous les recours possibles. Il ne s'agit pas en effet pour les juges de Strasbourg de déclarer irrecevable toute requête au motif que tous les recours n'ont pas été exercés par le plan interne. On ne peut obliger tout requérant à exercer tous les recours prévus dans son propre droit, ce qui restreindrait trop les possibilités de saisir la CEDH. En clair, la requête adressée à la CEDH est recevable dans certains cas où la règle de l'épuisement des voies de recours internes n'a pas lieu d'être. Plus précisément, dans certaines hypothèses, la requête est recevable alors que pourtant toutes ces voies de recours n'ont pas été épuisées. Ces hypothèses sont au nombre de quatre :

— *Inexistence d'une voie de recours adéquate,* c'est-à-dire d'une voie qui tend non seulement à réduire les effets d'une violation des droits de l'homme, mais aussi à en supprimer la cause. Un bon exemple est fourni par la procédure française de la contumace, étant rappelé que cette procédure concerne des accusés jugés en leur absence (en fait en fuite) et que ceux-ci ne peuvent être rejugés qu'en comparaissant par voie d'arrestation ou en se constituant prisonnier, c'est-à-dire en « purgeant » la contumace, la décision étant alors anéantie. Dans une affaire connue, un certain *Kronbach,* condamné par contumace, avait saisi la CEDH (parce que n'ayant pas eu d'avocat ainsi que le prévoit la loi française, il n'avait pu se défendre, disait-il) avant de purger la contumace. Le gouvernemant français avait opposé l'exception préliminaire de non-épuisement des voies de recours internes. Tel n'est pas l'avis des juges

1. V. *infra,* n° 262 sur le concept des « notions autonomes ».
2. Comm. EDH, 30 août 1958, Annuaire 2, p. 309 ; n° 9-022-80 du 13 juill. 1983, DR 33, p. 21.
3. Avec exclusion toutefois de certains recours « extraordinaires », tout à fait particuliers ou exceptionnels comme le recours en grâce, Comm. EDH, 29 mars 1960, Annuaire 3, p. 223.

européens pour lesquels « la purge de la contumace ne peut être assimilée à une voie de recours au sens ordinaire de ce terme ». En effet, précise la CEDH, de deux choses l'une : ou bien la purge découle de l'arrestation qui n'est pas un acte volontaire alors que l'exercice d'une voie de recours suppose l'exercice de la volonté ; ou bien la purge résulte de la comparution volontaire de l'intéressé, la tenue d'un second procès n'est pas de nature à remédier aux griefs dont il se plaint alors que l'obligation d'épuisement préalable ne vise que l'introduction de recours susceptible de remédier à la situation dont l'intéressé se plaint. Enfin, ultime argument de la CEDH, la mise en œuvre de la purge n'est soumise à aucune condition et peut se révéler purement hypothétique si l'accusé n'est pas arrêté ou s'il ne se constitue pas prisonnier avant prescription de la peine [1].

— *Impossibilité pour le requérant d'exercer des voies de droit adéquates* car il ne suffit pas qu'une voie existe, encore faut-il que le requérant ait pu, en droit ou en fait, l'exercer [2]. Il appartient en effet à l'État d'organiser l'accès aux voies de recours s'il entend éviter le dépôt d'une requête auprès de la CEDH. Pour qu'un recours soit considéré comme accessible, il faut que l'intéressé puisse l'exercer lui-même ou qu'il dépende de sa seule volonté qu'il puisse être exercé. Dans le doute, c'est à l'État défendeur de soulever l'exception préliminaire selon laquelle le recours était accessible au requérant [3]. Dans la pratique, la jurisprudence strasbourgeoise raisonne en fait, en tenant compte des possibilités qu'avait le requérant d'exercer un recours interne, ce qui la conduit à considérer la situation économique du requérant et les règles sur l'assistance judiciaire [4]. Un arrêt a retenu notamment : 1° une situation troublée par l'application de la loi martiale et le terrorisme, qui rend ardu le bon fonctionnement de la justice, notamment dans sa recherche des preuves ; 2° le risque de représailles à l'égard des requérants et de leurs avocats [5]. Le critère est ainsi celui des recherches sérieuses : sont rejetées les requêtes qui n'ont pas été précédées de recherches sérieuses.

— *Inutilité évidente du recours*, le recours inutile étant celui qui aurait dû être porté devant une juridiction interne, mais dont la jurisprudence est telle que les chances de succès sont à peu près nulles. Ainsi, le requérant ne saurait se voir opposer la règle du non-épuisement des voies de

1. CEDH 13 févr. 2001, *Krombach c/ France, Rev. sc. crim.* 2001, p. 441 et s., et obs. F. Massias, *Rev. pén.* 2001, n° 4 et obs. X. Samuel.

2. Comm. EDH n° 8-950-80 du 16 mai 1984, DR 37, p. 5.

3. CEDH 27 févr. 1980, *Deweer c/ Belgique*, série A, n° 35.

4. CEDH 9 oct. 1979, *Airey c/ Irlande*, série A, n° 23, dans une affaire de séparation de corps il est vrai, mais la solution est identique en matière pénale.

5. CEDH, 16 sept. 1996, *Akdivar c/ Turquie, Rec.* 1996, IV, p. 1210 et s. ; § 66, 67 et 69, où il est dit que « la Cour doit tenir compte de manière réaliste non seulement des recours prévus en théorie dans le système juridique de la Partie... concernée, mais également du contexte juridique et politique dans lequel ils se situent ainsi que de la situation personnelle des requérants ».

recours internes s'il a négligé de se pourvoir en cassation alors que la Cour de cassation a déjà décidé à plusieurs reprises et de façon fort nette que la solution donnée par le juge du fond est bonne. On peut donner un exemple de cette notion d'inutilité du recours. Voici un contribuable danois frappé d'une peine d'emprisonnement pour fraude fiscale et qui avait introduit une requête devant la Commission européenne en se plaignant de ne pas avoir bénéficié d'un procès équitable au motif que certains des juges l'ayant condamné avaient participé auparavant à sa mise en détention provisoire ; l'État danois soutenait que sa requête était irrecevable puisqu'il n'avait pas cherché à obtenir la récusation de ces juges ; mais la CEDH a rejeté cette exception car au vu de l'application concrète de la loi danoise, tout le monde pouvait considérer que cette demande de récusation aurait échoué [1]. De même, le recours interne est inutile quand le juge national se contente d'un contrôle très restreint alors que, en l'espèce, la CEDH procède à un plein contrôle sur la violation alléguée [2]. De façon générale, la jurisprudence européenne exige que les recours internes à exercer existent « à un degré suffisant de certitude, en pratique comme en théorie » [3]. En réalité, l'application des chances de succès d'un recours interne est bien délicate car une jurisprudence ou une pratique peuvent toujours changer, et aussi car les juges de Strasbourg doivent procéder à des investigations au sein d'un système national.

— *« Pratiques administratives » dont la nature exclut en fait tout recours*, ce qui évoque des comportements manifestement contraires à la Conv. EDH, mais qui ne se matérialisent pas par un texte ou une décision de sorte qu'un recours est très difficilement concevable. Il faut donc bien admettre que l'intéressé puisse s'adresser directement aux autorités européennes. C'est ce qu'a admis la Commission à l'occasion de faits commis en Grèce à l'époque de la dictature et constituant des mauvais traitements au sens de l'article 3 Conv. EDH [4]. Cependant les « pratiques administratives » autorisant ce recours direct aux autorités de Strasbourg doivent présenter certains caractères : gravité des agissements, répétition de ces agissements et tolérance de la part des autorités de l'État défendeur, ce qui fait bien apparaître l'impérieuse nécessité d'une intervention des organes de Strasbourg.

Se pose un problème de preuve dans ces quatre cas. Le principe est que c'est au gouvernement qui excipe du non-épuisement des voies de recours qu'incombe la charge de prouver que le requérant n'a pas épuisé ces voies nationales et que plus précisément de tels recours efficaces et

1. CEDH 24 mai 1989, *Hauschildt c/ Danemark*, série A, n° 154.
2. Comm. EDH, 6 juill. 1984, *Farragut c/ France*, DR 39, p. 186.
3. CEDH, 20 févr. 1991, *Vernillo c/ France*, série A, n° 198, § 27.
4. Comm. EDH, 5 nov. 1969, *Danemark, Norvège, Suède et Pays-Bas c/ Grèce*, Annuaire 12, I, p. 13.

adéquats existaient[1]. Évidemment, cela fait, le requérant peut, à son tour, pour justifier sa requête au point de vue procédural, établir la preuve contraire : il devra alors démontrer l'existence de l'un des quatre cas précités.

2° Il est indispensable que le requérant ait soulevé devant les autorités nationales le grief qu'il fait valoir devant la CEDH. Cette seconde condition, qui celle-là est substantielle, s'explique aisément : pour qu'un État puisse se voir reprocher une violation de la Conv. EDH, il faut bien que ses juges aient pu s'expliquer sur cette question à l'occasion de l'exercice de voies de recours. Cela est simple.

Ce qui est plus difficile à savoir, c'est l'étendue de l'identité de données entre les recours internes et la requête. Doit-on imposer au requérant qu'il ait expressément invoqué devant les juges nationaux la Conv. EDH, voire tel article de celle-ci ? Il se peut que le requérant ait été mal conseillé, son avocat pouvant mal connaître la Conv. EDH dans ses détails. C'est pourquoi la Commission a admis que, devant le juge national, le requérant n'ait pas invoqué la Conv. EDH elle-même, à la condition au moins qu'il ait invoqué la « substance » des droits inscrits dans cet instrument international. C'est ce qu'on appelle « l'invocation en substance ». En clair, le requérant peut donc parfaitement n'avoir invoqué que des règles internes, équivalentes à celles de la Conv. EDH[2]. Peu après la CEDH devait confirmer cette attitude, qui paraît très raisonnable[3]. Bien évidemment, si le requérant n'avait pas, devant les juridictions nationales, invoqué même en substance les griefs qu'il a ultérieurement invoqué devant la Commission, les voies de recours internes sont censées n'avoir pas été complètement épuisées[4].

La pratique a révélé l'existence du problème suivant : peut-on admettre « l'invocation en substance implicite » ou « par ricochet » ? Dans l'affaire *Cardot c/ France*, le requérant se plaignait devant la Commission d'une violation de l'article 6-3 d Conv. EDH, ses coïnculpés qui le chargeaient dans une affaire de trafic de drogues n'ayant été entendus qu'à l'instruction. Au cours de la procédure interne, il n'avait pas soulevé la question de la régularité de l'administration de la preuve recueillie contre lui. Tout au plus, avait-il critiqué devant la Cour de cassation la motivation l'ayant condamné, ce qui n'était qu'une invocation très indirecte de l'article 6-3 d. Pour la CEDH, l'allusion à la « substance » du grief était trop vague et la requête fut déclarée irrecevable[5].

1. V. l'affaire *Vernillo* préc.
2. Comm. EDH n° 7-629-76 du 14 juill. 1977, DR 9, 175.
3. CEDH, 6 nov. 1980, *Guzzardi c/ Italie*, série A, n° 39 ; 16 déc. 1992, *Geouffre de la Pradelle c/ France*, série A, n° 235 B, § 26 ; G. COHEN-JONATHAN, « Cour européenne des droits de l'homme, chronique de jurisprudence 1980-1981 », *CDE* 1982, p. 188 et s.
4. CEDH, 6 nov. 1980, *Van Oosterwijck c/ Belgique*, série A, n° 40.
5. CEDH 19 mars 1991, *Cardot c/ France*, série A, n° 200, *D.* 1992, 177, note Flauss.

En conclusion, la personne qui entend ou envisage de saisir un jour la CEDH doit, lorsqu'elle se trouve encore au stade interne de la procédure, invoquer expressément la Conv. EDH ou au moins des dispositions internes équivalentes. Et elle doit y penser avant même de formuler un pourvoi en cassation car en n'y songeant qu'à ce stade, elle s'expose à voir son pourvoi rejeté pour cause d'irrecevabilité tenant à l'interdiction d'un moyen nouveau présenté pour la première fois devant la Cour de cassation [1].

242 ***La règle du délai de six mois*** ◇ Il faut, comme on l'a dit, que le requérant agisse devant la CEDH « dans un délai de six mois à partir de la date de la décision interne définitive » (art. 35, § 1). Cette règle conduit à déterminer deux dates.

1° Le délai court à compter de la connaissance acquise du contenu de la dernière décision interne. Cette connaissance acquise peut être le jour du prononcé de cette décision si celle-ci a été rendue en audience publique et en présence du requérant ou de son représentant, à condition bien sûr que le requérant ait été conscient que cette décision ultime n'avait pas corrigé la violation d'un principe de la Conv. EDH [2]. Si au contraire le requérant ne connaissait pas d'emblée la décision et s'il ne l'a connue que par la signification qui lui en a été faite, c'est alors la date de cet acte qui fait démarrer le délai de six mois [3].

Une difficulté apparaît en cas de pluralité de griefs, étant rappelé que le requérant doit avoir dénoncé dans ses recours nationaux les griefs fondés sur la violation de la Conv. EDH. Imaginons qu'une décision interne n'ait statué que sur un grief A, le délai commencera à courir en ce qui le concerne à partir de cette décision. Si un grief B n'est traité que dans une seule décision interne, la requête concernant cet autre grief sera soumise à un délai ne courant qu'à compter de cette seconde décision [4]. Il peut alors arriver que le délai concernant le grief A soit expiré avant survenance de la seconde décision. Le requérant est donc conduit à introduire deux requêtes : il doit introduire la première requête (relative au grief A) sans attendre au-delà de six mois la survenance de la seconde décision (relative au grief B), et ce sous peine de forclusion. La CEDH peut évidemment attendre que les deux décisions nationales aient été rendues et que les deux requêtes aient été déposées, après quoi elle pourra statuer sur la recevabilité de ces requêtes [5].

2° Il faut en second lieu déterminer la date du dépôt de la requête saisissant la CEDH. Naguère, on appliquait le règlement intérieur de

1. J.-P. Marguénaud, préc., p. 10 et 11.
2. Comm. EDH, 20 mai 1976, *X c/ Autriche*, DR 6, p. 15.
3. Comm. EDH, 4 mai 1983, DR 32, p. 266.
4. Comm. EDH, 10 mai 1979, DR 16, p. 121.
5. E. Picard, *in* L.-E. Pettiti et autres, préc., p. 611.

l'ancienne commission dont l'article 38, § 3 disposait que « en règle générale, la requête est réputée introduite à la date de la première communication du requérant exposant, même sommairement, l'objet de la requête. La Commission, si elle l'estime justifiée, peut retenir une autre date ». Il en résultait que le délai de six mois cessait de courir par l'envoi à la juridiction d'une première lettre, sans attendre l'enregistrement formel de la requête qui n'intervient qu'après réponse à un formulaire adressé au requérant par la CEDH. Cette solution peut être considérée comme maintenue : il n'y a pas de raison de changer d'interprétation.

243 ***La combinaison des deux règles*** ◇ L'existence des deux règles (épuisement des recours internes et délai de six mois) peut conduire à deux difficultés. D'abord si l'intéressé, avant de saisir la CEDH, exerce un ultime recours interne qui apparaîtra inutile au regard de la règle de l'épuisement des recours, le délai aura commencé à courir dès le dernier recours utile, donc plus tôt que prévu par le délinquant ; de la sorte le délai pourra être expiré avant introduction de la requête devant la CEDH et celle-ci rejettera cette requête comme tardive. Ensuite et à l'inverse, second cas de figure, si le requérant après avoir lancé une dernière voie de recours interne y renonce, en considérant qu'elle est vouée à l'échec et se précipite vers les instances de Strasbourg dans les six mois de la dernière décision interne utile, la CEDH risque de lui opposer le non épuisement des voies de droit interne. Comment résoudre la difficulté lorsque la requête est tantôt tardive, tantôt prématurée ?

La réponse est celle-ci. La jurisprudence de la Commission avait admis qu'une requête peut être introduite avant établissement de la dernière décision définitive interne à condition que la juridiction l'ayant rendue ait été saisie avant présentation de cette requête ; et la recevabilité de cette requête ne sera appréciée par les autorités de Strasbourg qu'après prononcé de cette ultime décision interne [1]. De plus, dans le second cas de figure, il est possible d'introduire une deuxième requête après exercice de recours internes efficaces mais non couronnés de succès ou lorsqu'il aura été démontré que ces recours n'étaient pas efficaces [2]. Comme l'indique la doctrine, « la solution la plus sûre consiste ainsi à introduire la requête dans le délai de six mois suivant la décision rendue sur le dernier recours interne qui paraissait le plus apte à atteindre la fin poursuivie ; et s'il reste encore tel ou tel recours qui pourrait à la rigueur être exploré à toutes fins éventuellement utiles, ne pas attendre son issue pour faire enregistrer la requête devant la Commission » [3], nous disons aujourd'hui devant la CEDH.

1. Comm. EDH, 9 mars 1978, DR 12, p. 39 ; CEDH, 16 juill. 1971, *Ringeisen c/ Autriche*, série A, n° 13.

2. Comm. EDH, 30 août 1959, Annuaire II, p. 407 ; J. VELU et R. ERGEC, *La Convention européenne des droits de l'homme*, Bruxelles, Bruylant, 1990, p. 848, § 978.

3. E. PICARD, *in* L. PETTITI et autres, préc., p. 595.

• **Les conditions propres aux saisines fondées sur une requête individuelle**

244 ***Principe*** ◇ Ces conditions sont indiquées aux paragraphes 2 et 3 de l'article 35. À vrai dire, cette disposition indique les cas de non-recevabilité des requêtes individuelles. Celles-ci doivent être ni anonymes, ni essentiellement identiques à une requête déjà examinée par la CEDH ou par une autre instance internationale à moins qu'elle ne contienne des faits nouveaux, elles ne doivent être ni incompatibles avec la Conv. EDH ni manifestement mal fondées ou abusives. Reprenons ces diverses conditions qui ont donné lieu elles aussi à une jurisprudence abondante de la Commission et qui est aisément transposable à la nouvelle CEDH.

245 ***Exclusion des requêtes anonymes*** ◇ Une requête est anonyme s'il est impossible de savoir avec certitude l'identité de son auteur. Jadis, la Comm. EDH avait déclaré irrecevable une requête signée « lover of tranquillity » [1]. Une décision plus récente a cependant admis la requête d'une association dénommée qui agissait pour ses membres non identifiés [2].

Cependant et ceci est tout différent, le requérant peut demander à garder l'anonymat [3].

246 ***Exclusion des requêtes déjà examinées*** ◇ Selon l'article 35, § 2 b, est exclue la requête qui « est essentiellement la même qu'une requête précédemment examinée par la Cour ou déjà soumise à une autre instance internationale d'enquête ou de règlement et si elle ne contient pas de faits nouveaux ». Se trouve ainsi consacré le principe bien connu *Ne bis in idem*, et cela d'une double façon.

1° La première hypothèse d'exclusion intéresse des requêtes déjà examinées par la CEDH.

Le terme « examinée » s'entend d'une requête qui a déjà été déclarée irrecevable par les organes de Strasbourg ou qui a déjà été traitée au fond.

Quant au terme « même », il signifie que la seconde requête sera rejetée lorsqu'il y a identité de parties, d'objet et de cause avec la première. On retrouve donc la règle de la triple identité des droits internes concernant l'autorité de la chose jugée.

— L'identité de parties s'apprécie quant au demandeur et au défendeur. S'agissant du demandeur (requérant), il y a identité lorsque la requête est présentée par une personne au nom de la victime, puis par

1. « Amateur en tranquillité », Comm. EDH n° 361-58 du 1er sept. 1958, Digest V, p. 334 et s.

2. Comm. EDH req. n° 7-805-77 du 5 mai 1979, DR 16, p. 68.

3. D'ailleurs la requête est faite selon un modèle imprimé *in fine* duquel figure la mention « Je désire/je ne désire pas garder l'anonymat à l'égard du public », l'intéressé étant invité à biffer la mention de son choix, J.-C. Soyer et M. de Salvia, *Le recours individuel supranational, Mode d'emploi,* Paris, LGDJ 1992, p. 265.

la victime elle-même [1]. Toutefois, il n'y a pas identité si plusieurs personnes se présentent successivement en invoquant la même violation [2]. Quant au défendeur, c'est l'État : il y a identité si c'est le même État qui apparaît dans les deux requêtes.

– L'identité d'objet, c'est le grief invoqué, c'est l'atteinte particulière à une disposition de la Conv. EDH. Une première requête soulève une violation du principe du procès équitable (art. 6 Conv. EDH) et une seconde une violation du principe du respect de la vie privée (art. 8 Conv. EDH). Il n'y a pas identité d'objet de sorte que la seconde requête est recevable. On observera d'ailleurs que les organes de Strasbourg ne se sentent pas liés par la qualification du grief telle qu'elle a été faite par le requérant. Ils appliquent le principe *Jura novit curia* (la Cour connaît le droit) [3]. Par exemple, dans une affaire où le requérant avait invoqué l'article 6 Conv. EDH (sur le droit au silence), la Comm. EDH avait considéré que le problème se posait dans le cadre de l'article 10 Conv. EDH (sur la liberté d'expression) [4].

– Enfin l'identité de cause intéresse les faits matériels visés dans la requête et à partir desquels le requérant tire la possibilité d'une violation de la Conv. EDH. Il est évident que si les faits sont les mêmes dans la deuxième requête, celle-ci est irrecevable. C'est pourquoi l'article 35, § 2 b Conv. EDH rappelle qu'il n'y a pas identité si la deuxième requête contient des faits nouveaux. On admettra qu'il y a faits nouveaux en cas de répétition de violations de même nature. Mais bien évidemment, des arguments juridiques nouveaux ne sont pas des faits nouveaux. Enfin aux faits matériels, il faut assimiler les faits procéduraux ayant une incidence sur la recevabilité de la requête : ainsi une requête ayant été rejetée pour non épuisement des voies de recours nationales n'est plus la même après épuisement de sorte qu'elle peut cette fois être examinée favorablement [5].

2° La seconde hypothèse d'exclusion est celle dans laquelle la requête a déjà été soumise à une autre instance internationale. Les auteurs de l'article 35, § 2 b *in fine* ont donc voulu exclure un cumul de procédures internationales, mangeur de temps et, sait-on jamais, générateur de solutions différentes selon la juridiction considérée d'autant qu'il n'y a aucune hiérarchie entre elles. Le problème pourrait se poser pratiquement à propos du Pacte international relatif aux droits civils et politiques signé à New-York le 19 décembre 1966. Or ce Pacte contient des

1. J. Frowein et W. Peukert, *Europaïsche MenschenRechtsKonvention, Emrk Kommentar,* 2ᵉ ed. Engel, Strasbourg, Arlington 1996, p. 410, note 9.
2. Comm. EDH req. n° 499-59 du 28 août 1959, Annuaire 2, p. 399.
3. Sur ce principe et ses limites, H. Rolland et L. Boyer, *Adages du droit français*, Litec, 3ᵉ éd. 1992, p. 369 et s.
4. Comm. EDH, 18 févr.r 1992, affaire ensuite transmise à la CEDH, *K. c/ Autriche*, 2 juin 1993, série A, n° 255 B.
5. Comm. EDH, 30 août 1959, Annuaire 2, p. 407 ; 5 juillet 1979, DR 117, p. 59 et s.

dispositions souvent très proches de celles de la Conv. EDH et – ceci est essentiel – un organe de contrôle, le Comité des droits de l'homme des Nations Unies (dit Comité de Genève) qui peut lui aussi être saisi par communication étatique ou, à la suite d'un protocole (accepté par beaucoup de pays), par un particulier s'estimant victime d'une violation d'un des droits garantis par le Pacte. On peut donc imaginer une victime saisissant d'abord le Comité de Genève et voulant ensuite saisir la CEDH. L'article 35, § 2 b *in fine* y fait obstacle[1].

Il est évident que la CEDH devra, en statuant sur la recevabilité de la requête, comparer les deux textes, la Conv. EDH et le Pacte international. En réalité, aux yeux des juges européens, il n'est pas nécessaire qu'il y ait coïncidence exacte entre les deux textes et il suffit que l'esprit – la substance serions-nous tentés de dire – des deux instruments internationaux soit le même. Voici une personne qui invoque devant le Comité des droits de l'homme des Nations Unies une violation de l'article 14, § 3 b du Pacte (droit à communiquer avec le conseil de son choix) et qui ensuite saisit la CEDH en visant l'article 6 Conv. EDH sur le procès équitable, qui ne vise pas expressément le droit de communiquer avec un avocat. Les deux requêtes sont cependant « essentiellement » les mêmes[2] : il s'agit toujours de bonne justice, d'équité, de droits de la défense au sens large. En conséquence, la requête déposée devant les organes de Strasbourg a été rejetée[3]. On aura observé que l'article 35, § 2 b *in fine* applique non seulement le principe *Ne bis in idem*, mais également tend à éviter des cas de litispendance[4].

247 ***Exclusion des requêtes incompatibles avec la Conv. EDH*** ◇ Selon l'article 35, § 3, « la Cour déclare irrecevable toute requête individuelle introduite en application de l'article 34 lorsqu'elle estime la requête incompatible avec les dispositions de la Convention ou de ses protocoles... ».

Comment entendre cette expression ? Au sens large, les incompatibilités sont divisées en quatre catégories, concernant l'incompétence de la CEDH *ratione, personae, tempora, loci* et *materiae*[5]. En réalité, seule la compétence matérielle doit retenir l'attention. L'expression veut dire alors que le droit invoqué par le requérant doit être un droit garanti par la

1. En revanche, le protocole additionnel au Pacte autorise l'inverse : après procédure engagée devant les instances de Strasbourg, la victime prétendue peut encore saisir le Comité des droits de l'homme des Nations Unies.

2. Bien que l'adverbe « essentiellement » n'ait été employé dans l'article 35 qu'à propos de la requête déjà examinée par la CEDH.

3. Par la CEDH d'ailleurs (celle-ci se réservant le droit d'apprécier la question de recevabilité alors pourtant que la Comm. EDH l'a déjà fait), arrêt du 28 nov. 1991, *S. c/ Suisse*, série A, n° 220.

4. La même affaire étant soumise simultanément à deux juridictions.

5. S. Trechsel, art. 27, in Le Pettiti, E. Decaux et P.-H. Imbert (sous la direction de), *La Convention européenne des droits de l'homme*, 2e éd., 1999, Economica, p. 630 et s.

Conv. EDH. Il faut donc qu'il y ait coïncidence entre le contenu de la requête et le contenu de la Conv. EDH. Dès lors la CEDH est conduite à procéder à un examen préalable portant sur le fond de la requête, cette identité étant nécessaire. Sous l'empire de l'ancienne procédure, avant novembre 1998, la Conv. EDH avait évolué vers une conception de plus en plus bienveillante envers les requérants [1]. Elle s'était mise à considérer les implications lointaines d'une situation qui à première vue est étrangère aux droits contenus dans la Conv. EDH Ainsi alors que la Conv. EDH ne consacre pas un droit de séjour au profit d'un individu ne possédant pas la nationalité de l'État sur le territoire duquel il se trouve [2], la Comm. EDH avait admis que l'étranger dans certains cas pouvait avoir le droit de rester sur le territoire de cet État, par exemple si son expulsion l'exposait à subir dans un pays d'accueil des traitements inhumains ou dégradants au sens de l'article 3 Conv. EDH [3].

L'incompatibilité est parfois très difficile à affirmer. C'est pourquoi dans certaines hypothèses, notamment celles ressortissant à l'article 6 Conv. EDH sur le procès équitable, la Comm. EDH se refusait à porter une appréciation au fond et renvoyait l'affaire à l'autorité chargée de statuer au fond [4].

248 ***Exclusion des requêtes manifestement mal fondées ou abusives*** ◇ Ces deux notions sont associées dans l'article 35, § 3 *in fine*. Il convient pourtant de les distinguer.

1° La requête manque manifestement de fondement si le requérant ne présente aucun commencement de preuve à l'appui des faits qu'il invoque ou si ces faits ne font pas apparaître la moindre apparence de violation de la Conv. EDH. C'est dire que le manque de fondement intéresse à la fois la preuve et le droit.

Les plus grosses difficultés concernent la preuve et spécialement dans le cas d'une prétendue violation de l'article 3 Conv. EDH qui interdit la torture et les peines ou traitements inhumains ou dégradants, le requérant invoquant un risque de tels traitements dans le pays vers lequel il sera expulsé. Dans de telles requêtes, le demandeur en général n'allègue

1. S. Trechsel, *in* L.-E. Pettiti et autres, préc., p. 631 où sont donnés des exemples de formules stéréotypées du genre « le droit à l'accès aux fonctions publiques ne figure pas parmi lesdits droits et libertés », « la Commission fait observer que la Convention ne garantit pas en tant que tel le droit à une assistance de l'État ».

2. Cette question ne relève en effet ni de la matière civile, ni de la matière pénale, Comm. EDH 11 mars 1989, *Whitehead c/ Italie*, DR 60, p. 272. Comp. *a contrario* l'art. 3 du protocole 4 de 1963, « nul ne peut être expulsé, par voie de mesure individuelle ou collective, du territoire de l'État dont il est le ressortissant ».

3. Comm. EDH, 30 sept. 1974, *X c/ RFA*, DR 1, p. 73. Mais la simple éventualité de mauvais traitements ne suffit pas, CEDH 29 avr. 1997, *HLR c/ France, D.* 1997, somm. 358, obs. J.-F. Renucci.

4. À partir de l'affaire *Ringeisen*, CEDH 16 juill. 1971, série A, n° 13, § 94 et s.

pas le moindre commencement de preuve. À l'occasion de telles affaires, la Comm. EDH a été amenée à faire une balance entre l'intérêt du requérant et le risque pour l'État d'accueil de devoir faire face à un grand nombre de personnes sollicitant leur entrée.

Dans l'article 35, § 3 *in fine*, un mot important est l'adverbe « manifestement ». L'existence de ce vocable s'explique par le souci des rédacteurs de voir adopter par les autorités de Strasbourg une politique assez libérale dans l'accueil des requêtes. Et pourtant la Comm. EDH avait pratiqué une politique plutôt restrictive [1]. On peut penser que cette attitude va s'estomper puisque dans le nouveau système, l'organe de filtre est constitué par un comité de trois juges qui ne peut prendre de décision d'irrecevabilité que par vote unanime (art. 28). On rappellera en effet que dans l'ancien système, la décision était prise à la majorité.

2° La notion de requête abusive est plus difficile à cerner. Les auteurs de la Conv. EDH ont introduit cette idée par peur de voir des recours utilisés à des fins politiques. Pourtant cette crainte ne s'est pas avérée fondée et si parfois la requête avait un arrière fond politique, les autorités de Strasbourg n'en ont pas profité pour la rejeter [2].

Concrètement, l'abus peut résulter de diverses circonstances :

— Le requérant s'avère provocateur et insultant [3].

— Le requérant poursuit un but autre que celui de la Conv. EDH comme il est apparu dans le cas de cette femme condamnée pour crime contre l'humanité commis dans le camp de concentration de Buchenwald, et qui agissait uniquement pour échapper aux conséquences de sa condamnation [4]. Il y avait en somme « abus de droit ».

— Le requérant crée de lui-même une situation dégradante et s'en plaint ensuite. Dans le cadre d'une campagne de protestation, des terroristes en détention avaient grossièrement sali leurs cellules pour invoquer ensuite, au titre de l'article 3 Conv. EDH, que leurs conditions de détention étaient inhumaines [5].

— Le requérant se montre chicanier ou frivole. La Comm. EDH a indiqué que sa tâche « ne peut être de s'occuper d'une suite de plaintes, mal fondées et abusives qui créent un travail inutile incompatible avec ses fonctions et qui l'empêchent ainsi de les remplir » [6], ce qui souligne sans le dire l'attitude chicanière du demandeur. Un exemple de frivolité, souvent cité, est celui de l'individu condamné pour non-respect d'un feu rouge et qui estimait contraire à la dignité humaine et dégradant au sens de l'article 3 Conv. EDH de contraindre des personnes humaines

1. S. TRECHSEL, *in* L.-E. PETTITI et autres, préc., p. 635 et 636.
2. Comm. EDH, 30 août 1958, *Lawless c/ Irlande*, Annuaire 2, p. 309.
3. Comm. EDH, 24 mai 1966, *Rafael c/ Autriche*, Annuaire 9, p. 427.
4. Comm. EDH, 8 mars 1962, *Ilse Koch c/ Allemagne Fédérale*, Annuaire 5, p. 127.
5. Comm. EDH, 15 mai 1980, *Mc Feeley et autres c/ Royaume-Uni*, DR 20, p. 44.
6. Comm. EDH, 15 oct. 1987, *M. c/ Royaume-Uni*, DR 54, p. 214.

a obéir aveuglément à ces choses inanimées que sont les feux de circulation routière ! [1].

C. Formalisme de la requête

249 Avant novembre 1998, le plaignant saisissait la Comm. EDH par voie de requête, la seule condition de forme étant son caractère écrit. La pratique se satisfaisait de ce système compte tenu du fait que beaucoup de requérants sont en prison et/ou de culture juridique faible souvent. Des auteurs ont noté que des requêtes, terminées par un arrêt de la CEDH constatant une violation de la Conv. EDH, étaient écrites sur une carte postale rédigée à la main [2].

Dès réception de la plainte, le secrétariat de la Comm. EDH ouvrait un dossier provisoire et demandait au requérant, le plus souvent, des renseignements complémentaires [3]. Lorsque les informations nécessaires étaient remises, le secrétariat faisait parvenir au plaignant un formulaire officiel appelé « requête » [4]. La « requête » remplie par le demandeur et renvoyée par lui au secrétariat, celui-ci procédait à son enregistrement. Cet enregistrement était notifié au requérant.

Aujourd'hui, depuis novembre 1998, la matière est beaucoup plus réglementée avec les articles 45 à 47 du Règlement de la Cour. Règle générale : la requête est présentée à la Cour (exactement au greffe), par écrit et signée par le requérant ou son représentant (art. 45). Cela dit, le Règlement distingue selon que la requête émane d'un État (art 46) ou d'un individu (art. 47). Dans le premier cas, la requête doit contenir le nom de la Partie contractante, un exposé des faits, un exposé de la violation alléguée de la Conv. EDH et des arguments pertinents, un exposé sur les critères de recevabilité (épuisement des voies de recours internes et respect du délai de 6 mois), l'objet de la requête et les grandes lignes de la demande de satisfaction équitable, enfin le nom des personnes désignées comme agents et la copie de tous documents pertinents comme les décisions judiciaires concernant l'objet de la requête (art. 46). Quant à la requête individuelle, ses particularités par rapport à la précédente sont les suivantes : doivent figurer le nom du requérant, la Partie contre laquelle la requête est dirigée, l'indication par le requérant relative à l'éventuelle saisine d'une autre instance internationale ; en outre le requérant qui entend dissimuler son identité doit en indiquer les raisons, le président pouvant autoriser l'anonymat dans des cas exceptionnels et justifiés (art. 47).

1. Comm. EDH, 30 sept. 1968, X. *c/ Allemagne Fédérale*, rec. 27, p. 117.
2. S. Trechsel, *in* L.-E. Pettiti et autres, préc., p. 641.
3. Par ex. sur l'épuisement des voies de recours internes. Cette mini-instruction était dissuasive et 2 requérants sur 3 retiraient leur demande.
4. La formule de la « requête » est reproduite dans J.-C. Soyer et M. de Salvia, préc., p. 258.

2. Instruction par la Cour

250 Elle se déroule en plusieurs phases.

1) La requête est transmise par le secrétariat au comité des trois juges qui statue sur la recevabilité (comité de filtrage). Un rapporteur est désigné en son sein et l'on peut se demander d'ailleurs si le rapporteur peut être le juge national. On sait que par un vote unanime, la requête peut être rejetée. S'il n'en est pas ainsi, le comité des juges saisit une Chambre (composée de sept juges).

Devant cette chambre, où la procédure oppose l'État défendeur et le demandeur (requérant), chacun des deux est représenté : l'État « par des agents qui peuvent se faire assister par des conseils ou conseillers », le demandeur par un « conseil habilité à exercer dans l'une quelconque des Parties contractantes »... (art. 35 et 36 du Règlement de la Cour).

2) Cette Chambre, sur la base de rapports des juges rapporteurs (art. 48 et 49 du Règlement), va statuer sur la recevabilité et sur le fond (art. 29). En effet, entre le comité de filtrage et la chambre, peuvent apparaître des divergences sur ce qui concerne la recevabilité, comme naguère il y en avait entre la Comm. EDH et la CEDH. Si elle déclare la requête recevable, la Chambre procède à l'examen au fond en assurant une sorte de mise en état. Très précisément, elle procède à l'examen contradictoire de l'affaire avec les représentants des parties ; elle peut même mener une enquête pour l'efficacité de laquelle « les États intéressés fournissent toutes facilités nécessaires » (art. 38, § 1 a). Parallèlement, en vue d'aider la CEDH à prendre une bonne décision et si elle est saisie par requête individuelle, l'État dont l'auteur de cette requête est ressortissant peut présenter des observations écrites et prendre part aux audiences (art. 36, § 1). Et dans l'intérêt d'une bonne administration de la justice, le président de la Cour peut inviter tout État qui n'est pas partie à l'instance ou toute autre personne que le requérant à présenter des observations écrites ou à prendre part aux audiences (art. 36, § 2). On ne confondra pas les deux dispositions de l'article 36 : la première traduit une initiative spontanée d'un État qui n'est pas partie à la procédure alors que la seconde accorde un pouvoir d'initiative à la CEDH à travers son président. L'article 36, § 2 est complété par le Règlement de la Cour qui, en son article 42, accorde un véritable pouvoir d'investigation à la Cour (et non à son président) : la chambre peut, même d'office, « se procurer tous les éléments de preuve qu'elle estime aptes à l'éclairer sur les faits de la cause », par exemple en réclamant aux parties la production de preuves écrites [1] ou en entendant des témoins ou experts, voire en priant l'un de ses membres de se rendre sur les lieux.

1. Ce qui rappelle l'action *ad exhibendum* par laquelle en matière civile le juge, dans certains droits, peut obliger les parties à lui remettre certains documents.

3) La Cour peut-elle prendre des mesures provisoires avant de statuer ? Avant le 1er novembre 1998, date d'application du Protocole n° 11 instituant la nouvelle CEDH, la Comm. EDH n'hésitait pas à intervenir auprès de l'État défendeur pour qu'il prenne une mesure provisoire (ou conservatoire) consistant en fait à lui demander de surseoir à l'exécution de la décision litigieuse dont les effets seraient irréversibles (comme une expulsion, une extradition, une condamnation à mort). Les États obéissaient en général et il faut bien dire que le refus de la part de l'État aurait fragilisé le respect des droits de l'homme. Et pourtant, la CEDH ne suivait pas la Comm. EDH en considérant que « le pouvoir d'ordonner des mesures provisoires ne pouvait se déduire ni de l'article 25, § 1 *in fine* » (selon lequel les Hautes Parties contractantes s'engagent à n'entraver par aucune mesure l'exercice efficace « du droit de saisir la Commission) » ni d'autres sources [1]. Aujourd'hui, avec la nouvelle CEDH, l'article 39 du Règlement de la Cour décide que « la chambre ou, le cas échéant, son président peut, soit à la demande d'une partie ou de toute autre personne intéressée, soit d'office, indiquer aux parties toute mesure provisoire qu'il estime devoir être adoptée dans l'intérêt des parties ou du bon déroulement de la procédure » ; le texte ajoute que le Comité des ministres est informé et que la chambre peut inviter les parties à l'informer de la mise en œuvre des mesures recommandées. La grande question est de savoir si les États auxquels il est demandé d'exécuter une mesure conservatoire sont tenus d'y déférer. À l'encontre du caractère obligatoire, on invoquera le fait que l'article 39 se trouve dans le Règlement de la Cour, et pas dans la Conv. EDH [2]. Pourtant la thèse du caractère obligatoire est la meilleure : 1° car une recommandation du 27 juin 1980 du Comité des ministres invite les États à respecter ces demandes ; 2° car l'article 34, *in fine,* Conv. EDH indique que « les Hautes Parties contractantes s'engagent à n'entraver par aucune mesure l'exercice efficace » du droit de saisir la CEDH alors que l'absence de mesures conservatoires risquerait parfois de neutraliser l'existence d'un droit conventionnel [3]. Le même problème se pose avec la Cour internationale de justice [4].

4) Si la Partie contractante ou le requérant forme une demande de satisfaction équitable au titre de l'article 41 Conv. EDH, il doit agir par

1. CEDH 20 mars 1991, *Cruz Varas et autres c/ Suède,* série A, n° 201, § 101.

2. M.-A. EISSEN, « Les mesures provisoires dans la Conv. EDH », *Rev. dr. homme,* 1969, p. 252 et s. ; E.-G. de ENTERIA, « De la légitimité des mesures provisoires », *RTDH* 1992, p. 251 et s.

3. En ce sens, J.-F. RENUCCI, *Droit européen des droits de l'homme,* 2e éd., 2001, LGDJ, n° 380.

4. On peut faire le parallèle en effet avec l'article 41 du Statut de la Cour internationale de justice, V. CIJ, ord. 3 mars 1999, affaire *Legrand,* où un ressortissant allemand devant être exécuté aux USA après avoir été condamné à mort sans avoir été avisé de ses droits comme l'exige l'article 36, § 1 de la Convention de Vienne sur les relations consulaires, la CIJ s'est estimée compétente pour demander aux USA de ne pas exécuter l'intéressé tant que la décision définitive au fond n'aura pas été rendue, *RUDH* 1999, 136.

écrit et fixer l'étendue de la somme réclamée (avec ventilation par rubriques et justifications) (art. 60 du Règlement de la Cour).

5) Quand la requête a été retenue, le greffier, sur instructions de la chambre ou de son président entre en rapport avec les parties en vue de parvenir à un Règlement amiable conformément à l'article 38, § 1 b) Conv. EDH. Les négociations menées en vue de parvenir à un tel Règlement sont confidentielles et aucun élément de ces négociations ne peut être évoqué dans la procédure contentieuse, précise l'article 62 du Règlement de la Cour [1]. On se trouve en face d'une « modalité particulière de la conciliation internationale » [2].

6) Puis survient l'audience. Elle se déroule en public sauf si la Cour en décide autrement en raison de « circonstances exceptionnelles » (art. 40-1 Conv. EDH) ; les documents déposés au greffe sont accessibles au public sauf décision contraire du président (art. 40). Les détails du déroulement de l'audience sont déterminés par le Règlement en ses articles 63 et suivants. C'est le président de la chambre qui dirige les débats et détermine l'ordre dans lequel parleront les agents, conseils et conseillers des parties. Le greffier convoque, sur l'ordre du président, les témoins, experts et autres personnes dont la déposition est utile. Tout témoin, dès vérification de son identité, prête serment ; il en est de même des experts. Les juges peuvent poser des questions aux agents, conseils, requérant, témoins et experts, tandis que, d'un autre côté, ces témoins et experts peuvent être interrogés par les agents et conseils [3]. La chambre peut décider qu'un compte-rendu d'une audience sera établi par les soins du greffier.

L'assistance judiciaire peut jouer. Selon les articles 91 et suivants du Règlement de la Cour, elle est accordée par le président de la chambre à deux conditions : il faut que l'octroi de cette assistance soit nécessaire à la bonne conduite de l'affaire et que le requérant ne dispose pas de moyens financiers suffisants. Le président peut agir à la demande du requérant (individuel au sens de l'article 34 Conv. EDH) ou même d'office.

1. Ce qui évoque le *plea bargaining* américain : selon la règle fédérale de la preuve 410, il est interdit d'utiliser au procès les paroles de l'accusé prononcées pendant une négociation avec le procureur dans le but d'admettre sa culpabilité, v. L. Cavise, Rapport américain au séminaire organisé par l'Institut supérieur international de sciences criminelles de Syracuse en septembre 1991, sous la direction de J. Pradel, sur le thème « La preuve en procédure pénale comparée, *RID pén.* 1992, 172.

2. F. Sudre, *Droit international et européen des droits de l'homme*, 5e éd., 2001, PUF, p. 436. Toutefois, cette transaction ne peut porter que sur la réparation du dommage subi, non sur les droits conventionnels puisque le règlement amiable doit « s'inspirer du respect des droits de l'homme tel que les reconnaissent la Convention et ses protocoles » (art. 38, § 1 b Conv. EDH).

3. En posant cette règle, l'article 68 du Règlement de la Cour consacre une véritable contradiction dans la procédure.

3. Décision de la Cour

La Cour prend sa décision à la suite d'une délibération en chambre du conseil, c'est-à-dire en secret, le greffier étant présent. La décision est prise à la majorité (art. 22 et 23 du Règlement de la Cour).

a. Sens de la décision

251 La CEDH peut d'abord prendre une *décision de radiation* dans certains cas énumérés à l'article 37 : le requérant se désiste ; le litige a été résolu ; la CEDH constate « qu'il ne se justifie plus de poursuivre l'examen de la requête », formule assez vague et laissant donc un gros pouvoir d'appréciation aux juges. L'article 37, § 2 précise d'ailleurs que la CEDH peut décider la réinscription au rôle d'une requête si elle estime que les circonstances le justifient.

Elle peut aussi rendre une *décision de règlement amiable.* Cette voie, qui à l'inverse de la précédente touche au fond, est souhaitée par les auteurs du protocole 11 puisque l'article 38 décide que si la CEDH déclare la requête recevable, « elle se met à la disposition des intéressés en vue de parvenir à un règlement amiable de l'affaire s'inspirant du respect des droits de l'homme tels que les reconnaissent la Convention et ses protocoles » (art. 38, § 1 b), cette procédure étant d'ailleurs confidentielle (art. 38, § 2). Si la CEDH parvient à un règlement amiable, elle raye l'affaire du rôle par une décision qui comporte un bref exposé des faits et de la solution adoptée (art. 39).

La CEDH peut prononcer encore une *décision de condamnation.* Elle constate alors qu'il y a eu une violation de la Conv. EDH ou de l'un de ses protocoles [1]. Et si le droit interne de l'État condamné ne permet pas d'effacer totalement les conséquences de cette violation, la CEDH peut accorder à la partie lésée une « satisfaction équitable » (art. 41, anciennement art. 50). Cette « satisfaction équitable » ne peut consister qu'en l'allocation d'une somme d'argent. Dans la célèbre affaire *Bozano*, du 18 décembre 1986 [2], la CEDH a rejeté d'autres formes de satisfaction que réclamait la victime : les juges ont refusé de recommander au gouvernement français d'effectuer auprès des autorités italiennes une démarche diplomatique — étrangère à l'objet du litige — tendant soit à une mesure de grâce présidentielle, soit à la révision du procès, la France ayant irrégulièrement livré un accusé à l'Italie.

1. Statistiquement, au 31 décembre 1995, dans 320 affaires, au moins une seule violation de la Conv. EDH a été constatée alors que dans 119 autres, nulle violation n'a été relevée, v. V. BERGER, *Jurisprudence de la Cour européenne des droits de l'homme,* 5e éd. 1996, Sirey, p. 576.

2. CEDH, 18 déc. 1986, *Bozano c/ France*, série A, n° 111, J. COHEN-JONATHAN, « La France et la Conv. EDH. L'arrêt *Bozano c/ France* », *RTD eur.* 1987, p. 255 et s. ; F. SUDRE, « La première affaire française devant la CEDH : l'arrêt *Bozano* du 18 décembre 1986 », *RGDI publ.* 1986, p. 533 et s.

La CEDH accorde presque toujours un délai à l'État condamné pour verser la somme d'argent qu'elle a fixée. Ce délai est en général de trois mois. Le montant de la somme est très variable, se limitant parfois aux frais engagés par la victime, atteignant d'autres fois des sommes astronomiques. La tendance actuelle est à la fixation de sommes très importantes [1].

La décision de condamnation est rendue normalement par une Chambre (sept juges). Mais elle peut être rendue le cas échéant par la Grande Chambre (dix-sept juges) [2].

Enfin la pratique a révélé l'existence d'un dernier type de décision de la part de la CEDH qui doit faire face à l'encombrement de son rôle [3]. Il s'agit de décisions – rares en fait – que l'on peut qualifier de *décisions « intermédiaires »*, n'étant ni de règlement amiable, le requérant l'ayant refusé bien que l'État ait reconnu une violation de la Conv. EDH, ni un arrêt sur le fond. Selon la formule de l'arrêt *Caballero c/ Royaume-Uni,* du 8 février 2000, « la Cour accepte la concession du gouvernement selon laquelle il y a eu violation de l'article... de la Conv. EDH, ce qui l'habilite à octroyer une satisfaction équitable au requérant en vertu de l'article 41, mais elle ne juge pas nécessaire, eu égard aux circonstances de la cause, d'examiner les questions d'interprétation de l'article... que soulève le grief du requérant » [4]. En somme, l'État évite la condamnation au fond, mais verse une somme d'argent au requérant. Et la CEDH gagne du temps en évitant de rendre un arrêt au fond ! Pourtant cette pratique est doublement contestable : le requérant est en droit d'obtenir un arrêt motivé sur le fond (art. 45 Conv. EDH) d'une part et, d'autre part, l'octroi d'une satisfaction équitable est subordonné à un constat préalable de violation de la Conv. EDH selon son article 41 [5] alors qu'en l'espèce cette violation n'est pas constatée, si ce n'est par « la concession du gouvernement » reproduite dans l'arrêt.

1. V. par exemple CEDH, 10 févr. 1995, *Allenet de Ribemont c/ France,* série A, n° 308, où les juges ont accordé à la fois 100 000 FF plus la taxe sur la valeur ajoutée pour les frais et dépens d'une part et d'autre part 2 000 000 FF au titre de la réparation du dommage matériel ! *add.* J.-F. Renucci, « Droit européen des droits de l'homme », *D.* 1996, somm. p. 196.

2. V. *supra,* n° 237.

3. Près de 16 000 requêtes étaient pendantes au 1er juillet 2001 ! On notera d'ailleurs que ces requêtes ne se répartissent pas également selon les États. France, Royaume-Uni, Turquie, Grèce et Autriche ont un contentieux important alors que les Pays-Bas et le Portugal ont un contentieux modéré et que quelques autres comme l'Espagne et l'Allemagne notamment ont un contentieux faible. Les pays à faible contentieux sont souvent ceux qui possèdent une Cour constitutionnelle qui peut être saisie en cours de procès et qui exerce une sorte de filtrage (Allemagne, Italie, pays pour lequel l'importance du contentieux strasbourgeois s'explique par les manquements au principe du délai raisonnable), v. *La France face aux exigences de la Convention européenne des droits de l'homme,* Ministère de la Justice, La Documentation française, 2001.

4. CEDH, note d'information n° 15 sur la jurisprudence de la Cour, févr. 2000, p. 28.

5. F. Sudre, *Droit international et européen des droits de l'homme,* 5e éd., 2001, PUF, p. 439.

Quelques chiffres enfin : entre janvier et mai 2001, 3 radiations ont été prononcées, 68 règlements amiables et 285 arrêts sur le fond ont été rendus [1].

b. Forme de la décision

252 Tout arrêt de la CEDH, ainsi d'ailleurs que toute décision déclarant les requêtes recevables ou irrecevable, est motivé (à l'exception des décisions « intermédiaires »). Si parmi les juges, certains ne se rallient pas à la majorité, ils peuvent joindre à l'arrêt leur opinion séparée (art. 45).

Telles sont les deux règles essentielles. Cependant, le Règlement de la Cour ajoute quelques détails en ses articles 74 et suivants. L'article 74 énumère tous les renseignements que doit contenir l'arrêt : nom du président et des autres juges ainsi que du greffier, date de son adoption et de son prononcé, indication des parties, nom des agents, conseils et conseillers des parties, exposé de la procédure, faits de la cause, résumé des conclusions des parties, motifs de droit, dispositif, indication du nombre de juges ayant constitué la majorité, indication s'il y a lieu de celui des textes qui fait foi ; en outre, tout juge ayant pris part à l'examen de l'affaire peut joindre à l'arrêt son opinion séparée [2]. De plus, l'arrêt, s'il constate une violation de la Conv. EDH, statue sur la demande de satisfaction équitable prévue par l'article 41. Enfin l'arrêt est signé par le président de la chambre et par le greffier. Il peut être lu en audience publique et il est transmis au Comité des ministres tandis que le greffier en communique copie aux parties et au Secrétaire général du Conseil de l'Europe.

c. Suite de la décision

• Moment où la décision devient définitive

253 Pour que l'on puisse parler de suites, il faut d'abord que la décision soit devenue *définitive*. C'est l'article 44 qui définit les conditions du caractère définitif d'un arrêt : l'arrêt de la Grande Chambre est définitif de lui-même, en raison évidemment du fait qu'un recours n'est possible contre lui ; l'arrêt d'une Chambre n'est pas automatiquement définitif en revanche, mais il le devient soit lorsque les parties déclarent renoncer à leur droit de saisir la Grande Chambre, soit trois mois après la date de l'arrêt si le renvoi en Grande Chambre n'a pas été demandé,

1. CEDH, note d'information précitée, p. 3.
2. On retrouve là certains traits de la pratique anglo-américaine comme la double date (adoption et prononcé de l'arrêt), l'indication du nombre des juges majoritaires, la présence d'opinions dissidentes.

soit enfin lorsque le collège des cinq juges de la Grande Chambre (organe de filtrage) rejette la demande de renvoi.

- **Effets du caractère définitif de la décision**

254 Une fois que la décision de la CEDH est définitive, elle est *publiée* (art. 44, § 3) et *transmise* au Comité des ministres qui en surveille l'exécution (art. 46, § 2). Mais quelle est au juste sa portée ? Le problème se dédouble.

255 ***Recours européens contre la décision*** ◇ Malgré le silence de la Conv. EDH et des protocoles, le règlement intérieur de la CEDH ancienne avait organisé des procédures de révision et d'interprétation. La demande en révision émanait d'un État partie au procès ou à la Convention et ayant eu connaissance d'un fait pouvant exercer une influence décisive sur la décision et inconnu de tout le monde au moment où cette décision avait été prise. Le demandeur en révision pouvait agir dans les six mois à partir de la découverte du fait. Quant à la demande en interprétation, elle ne visait qu'à une meilleure compréhension de l'arrêt et plus précisément de son dispositif ; elle était recevable dans les trois ans suivant le prononcé de l'arrêt.

Selon le Règlement de la Cour, la matière est reprise et très finement décrite. Tout d'abord son article 79 apporte plusieurs précisions concernant les demandes en interprétation d'un arrêt : toute partie peut agir en interprétation à condition d'agir dans l'année suivant son prononcé ; la demande est déposée au greffe et elle indique avec précision les points du dispositif de l'arrêt dont l'interprétation est demandée ; si la chambre n'écarte pas la demande, le greffier communique celle-ci aux autres parties en les invitant à présenter toutes observations écrites et dans le délai déterminé par le président de la chambre ; enfin la chambre statue par arrêt. Quant aux demandes en révision d'un arrêt, l'article 80 du Règlement en dépeint le régime. Une telle demande peut être formée « en cas de découverte d'un fait qui, par sa nature, aurait pu exercer une influence décisive sur l'issue d'une affaire déjà tranchée et qui, à l'époque de l'arrêt, était inconnu de la Cour et ne pouvait raisonnablement être connu d'une partie » (art. 80 § 1). La partie doit agir dans les six mois à partir du moment où elle a eu connaissance du fait nouveau. Elle agit en saisissant la Cour par une demande qui contient les indications nécessaires avec le cas échéant copie de toute pièce à l'appui. La chambre saisie dispose d'un choix : elle peut décider d'office d'écarter la demande, faute de raison valable ; dans le cas contraire, son greffier communique la demande aux autres parties en les invitant à présenter toutes observations écrites dans le délai déterminé par le président de la chambre ; enfin celle-ci statue par arrêt.

Pour terminer, il importe de signaler que le Règlement a créé, à côté des procédures de révision et d'interprétation, une procédure purement matérielle : selon l'article 81, une partie peut solliciter de la Cour la rectification « d'erreurs de plume ou de calcul » et des « inexactitudes évidentes ». Le demandeur doit agir dans le délai d'un mois à compter du prononcé de la décision. La Cour peut d'ailleurs agir d'office.

256 ***Portée réelle de la décision*** ◇ La question, délicate, a donné lieu à beaucoup de doctrine [1]. Cette doctrine, émise sous l'empire de l'ancienne CEDH reste valable puisque la substance des dispositions de la Conv. EDH n'est pas modifiée. Cette portée des arrêts de la Cour de Strasbourg peut être synthétisée en trois propositions :

Première proposition : les arrêts de la CEDH ont « l'autorité de la chose interprétée », qui est « l'autorité propre de la jurisprudence de la Cour en tant que celle-ci interprète les dispositions de la Convention » (J. Velu) [2]. Cette autorité se fonde sur l'article 32 Conv. EDH selon lequel « la compétence de la Cour s'étend à toutes les questions concernant l'interprétation et l'application de la Convention et de ses protocoles qui lui seront soumises... ». En clair, les arrêts de la Cour constituent l'interprétation officielle de la Conv. EDH, ce qui à soi seul souligne déjà leur importance. Autorité de la chose interprétée signifie ainsi autorité jurisprudentielle des arrêts de la CEDH.

Cette « autorité de la chose interprétée » entraîne procéduralement deux conséquences. D'une part, si une affaire déférée à une chambre (art. 29 Conv. EDH) « soulève une question grave relative à l'interprétation de la Convention ou de ses protocoles, ou si la solution d'une question peut conduire à une contradiction avec un arrêt antérieurement rendu par la Cour, la Chambre peut... se dessaisir au profit de la Grande Chambre » (art. 30 Conv. EDH) : il s'agit d'éviter les contrariétés de jurisprudence. D'autre part, si une notion a déjà été interprétée par des arrêts précédents, l'arrêt dont il s'agit fera référence à cette jurisprudence ancienne en la visant expressément : il s'agit d'affirmer une continuité de jurisprudence. De toutes les façons, le principe de

1. Cette question débordant le domaine pénal, on se bornera à citer quelques travaux majeurs : A. DRZEMCZEWSKI, « L'exécution interne des décisions des institutions de Strasbourg », *Mélanges Wiarda,* Carl Heymanns, Verlag, 1988, p. 149 ; G. COHEN-JONATHAN, « Quelques considérations sur l'autorité des arrêts de la Cour européenne des droits de l'homme », *Mélanges M.-A. Eissen,* Bruylant, 1995, p. 39 ; J. ROBERT, « Protection constitutionnelle et protection internationale des droits de l'homme : concurrence ou complémentarité ? », *RUDH* 1995, p. 256 ; F. SUDRE, *Droit international et européen des droits de l'homme,* préc., n°s 263 et s. ; T. BARKHUYSEN, M. L. VAN EMMERIK, P. H. P. H. M. C. VAN KEMPEN, *The execution of Strasbourg and Geneva Human Rights Decisions in the National Legal Order,* La Haye, Nijhoff, 1999.

2. J. VELU, « Responsabilités incombant aux États parties à la Convention européenne », in *Conseil de l'Europe,* 6e colloque international sur la CEDH, Séville, 1985, ronéo, p. 50.

« l'autorité de la chose interprétée » assure l'importance et la cohérence de la jurisprudence de la CEDH.

Deuxième proposition : la victime d'une violation d'un droit de l'homme peut obtenir de la CEDH une « satisfaction équitable » (art. 41) (ancien article 50) que l'État condamné est tenu de lui verser puisque selon l'article 46, les États « s'engagent à se conformer aux arrêts définitifs de la Cour dans les litiges auxquels elles sont parties ».

Troisième proposition : les décisions de la CEDH sont obligatoires, mais pas exécutoires. Obligatoires puisque, selon l'article 46 Conv. EDH qu'on vient de citer, les États s'engagent à respecter les « arrêts définitifs de la Cour dans les litiges auxquels ils sont parties », ce qui fait d'ailleurs apparaître que ces arrêts ont une autorité relative de la chose jugée puisqu'ils n'obligent que les parties au litige et pour le seul cas tranché. Mais aussi non exécutoires : les arrêts n'annulent ni ne modifient les actes (lois ou décisions de justice) de l'État fautif. Seule est exécutoire la condamnation à la « satisfaction équitable » évoquée ci-dessus. Pour le reste, l'acte de l'État condamné subsiste intact car les arrêts de la CEDH sont seulement déclaratoires, se bornant à dire, au cas par cas, s'il y a eu une violation de la Conv. EDH. La CEDH apparaît comme une Cour de correction procédurale. Si par exemple, un État est condamné au motif qu'un accusé s'est vu frapper d'une peine privative de liberté à la suite d'une procédure non équitable, cet individu recevra peut-être une indemnité, mais il sera maintenu en prison [1]. L'État reste libre du choix des moyens à utiliser pour s'acquitter des obligations lui incombant au titre de l'article 41 Conv. EDH, comme le répète régulièrement la CEDH [2]. On se gardera de confondre autorité de chose jugée et autorité de chose interprétée [3].

1. C'est ainsi que la Cour de cassation française, en sa chambre criminelle, a décidé nettement – mais le dirait-elle encore aujourd'hui ? – que les décisions de la CEDH « sont sans incidence sur la validité des procédures relevant du droit interne » (Crim. 3 févr. 1993, *Bull. crim.*, n° 109, *D.* 1993, 515, note Renucci) ou sont « sans incidence directe en droit interne sur les décisions des juridictions nationales » (Crim. 4 mai 1994, *D.* 1995, 80, note Renucci, somm. 139, obs. Pradel). V. aussi R. de Gouttes, *Le juge judiciaire français et la Conv. EDH : avancées et réticences, Quelle Europe pour les droits de l'homme ?,* sous la direction de P. Tavernier, Bruylant, 1996, p. 231-232.

2. CEDH, 13 juin 1979, *Marckx c/ Belgique,* série A, n° 31, § 58 ; 26 mai 1988, *Pauwels c/ Belgique,* série A, n° 135, § 41. Ces arrêts visaient l'article 50 dont la teneur se trouve aujourd'hui à l'art. 41.

3. V. not. C. Deffigier et A. Sauviat, « L'autorité interprétative des arrêts de la Cour européenne des droits de l'homme », in *CEDH et droit privé d'influence de la jurisprudence de la Cour européenne des droits de l'homme sur le droit privé français,* sous la direction de J.-P. Marguénaud, La Documentation française, 2001, p. 14 et s. Les auteurs y précisent notamment que l'autorité de chose jugée joue *a posteriori* puisqu'elle s'attache à un arrêt strasbourgeois déjà rendu (pour ne disparaître qu'en cas de survenance d'une procédure nationale de réouverture, v. *infra,* sous le même numéro). Au contraire, l'autorité de la chose interprétée joue *a priori* concernant tous les États (et pas seulement celui qui a été condamné) pour leurs décisions à venir, et cela du seul fait de leur adhésion à la Conv. EDH ; on a parlé à cet égard de « docilité préventive ».

Comment s'explique le caractère non exécutoire des arrêts de la CEDH ? La première raison tient à l'idée de souveraineté pénale : chaque État est maître chez lui et « il n'est pas concevable qu'un État membre du Conseil de l'Europe soit contraint par une force armée européenne à exécuter un arrêt prononcé contre lui par les juges de Strasbourg »[1]. La seconde raison est moins politique et plus technique : comme les juges européens n'interviennent qu'après épuisement des voies de recours nationales, ils opèrent sur des décisions déjà définitives et donc revêtues de l'autorité de la chose jugée.

Conséquences des diverses propositions : du fait de l'autorité de la chose interprétée, du fait des condamnations prononcées au titre de l'article 41 et comme pour compenser le caractère non exécutoire des arrêts, les États sont amenés à modifier leur législation (ou leur jurisprudence) pour se conformer au droit de Strasbourg, à ce qu'on appelle l'ordre public européen. On a même vu des États modifier leur législation pendant le déroulement de la procédure à Strasbourg pour obtenir une décision de règlement amiable et donc éviter une condamnation. Le plus souvent, c'est après condamnation que les États en viennent à modifier leur droit interne. Les exemples sont innombrables[2]. Dans certains pays, comme le Danemark, la Norvège, la Pologne, la Hongrie, l'Allemagne, l'Autriche, les Cours constitutionnelles font de plus en plus souvent expressément allusion aux arrêts de Strasbourg[3]. Un arrêt de la Cour constitutionnelle espagnole indique que la jurisprudence de la CEDH « doit constituer un critère d'interprétation des normes constitutionnelles qui protègent les droits fondamentaux »[4]. On a même vu des juridictions internes aller au-delà des arrêts de Strasbourg en appliquant une règle à des situations autres que celles traitées par ces derniers arrêts[5].

1. J.-P. MARGUÉNAUD, *La Cour européenne des droits de l'homme,* préc.

2. P. ESTOUP, « La Conv. EDH et le juge français », *Gaz. Pal.* 1990.I, doctr. 110, ; J. PRADEL, « Vers des principes communs aux diverses procédures pénales européennes », in *Mélanges Levasseur,* Droit pénal, Droit européen, *Gaz. Pal.* et Litec, 1992, p. 459 et s. ; R. DE GOUTTES, « Le juge français et la Conv. EDH », *RIDH* 1995, p. 605 et s. ; du même auteur, « Le juge judiciaire français et la Convention européenne des droits de l'homme : avancées et réticences », in P. TAVERNIER (dir.), *Quelle Europe pour les droits de l'homme ?,* Bruylant, Bruxelles, 1996, p. 217 et s. ; J.-F. BURGELIN et A. LALARDRIE, « L'application de la Convention par le juge judiciaire français », *Mélanges Pettiti,* Bruylant, 1998, p. 145 et s.

3. A. DRZEMCZEWSKI, « L'exécution des décisions dans le cadre de la CEDH », in *La protection des droits de l'homme dans le cadre international,* Strasbourg, 24-31 mai 1997, p. 42 et s.

4. Cour const. n° 303/93, 25 oct. 1993, Rés. DH (95) 93.

5. Alors que l'arrêt *de Cubber* (série A, n° 86) s'était borné à interdire à un juge d'instruction de participer à la décision de condamnation, la jurisprudence belge applique cette interprétation à d'autres cumuls juridictionnels, v. par ex. Cour Cass. 23 janv. 1985, RG 4033, *Bull. et Pas.* 1985, n° 302 qui exclut un juge de la présidence d'un tribunal correctionnel au

Faut-il aller plus loin en obligeant les États condamnés à reprendre la décision dont les juges ont méconnu la Conv. EDH lorsque l'allocation d'une satisfaction équitable au sens de l'article 41 ne couvre pas tout le préjudice ? Faut-il par exemple créer au profit de la partie lésée un recours national spécial qui lui permettrait de saisir une juridiction nationale aux fins d'anéantissement de la décision ?

L'examen de quelques droits internes d'Europe fait apparaître une diversité évidente. À côté de droits excluant tout recours « dans l'intérêt des droits de l'homme », un plus grand nombre admet ce recours, mais selon deux modalités [1].

Parfois, à défaut de *lex specialis,* ce sont les juges nationaux qui admettent le recours en utilisant les dispositions sur la révision des erreurs judiciaires. C'est le cas notamment en Belgique [2], en Espagne [3], au Danemark, en Suède...

Dans d'autres pays, il existe au contraire une *lex specialis.* C'est le cas en Allemagne, en Grèce, en Norvège [4], en Suisse [5], en Autriche [6], au

motif qu'en qualité de juge d'instruction, il avait fait rapport en la même cause à la chambre du Conseil, ce qui était pourtant bien peu.

1. E. Lambert-Abdelgawad, « Le réexamen de certaines affaires suite à des arrêts de la CEDH », *RTDH* 2001, p. 715 et s.

2. R. Ergec, « La Conv. EDH et la jurisprudence belge », in *Quelle Europe pour les droits de l'homme ?,* sous la direction de P. Tavernier, Bruylant, Bruxelles, 1996, p. 289 et s.

3. À l'occasion de la fameuse affaire *Barbera, Messegué* et *Jabardo c/ Espagne* où la CEDH avait condamné cette dernière pour violation de l'article 6, § 1, série A, n° 146 (la justice espagnole avait condamné trois accusés à de lourdes peines d'emprisonnement sans discussion suffisante des éléments de preuve) et où, ensuite, le Tribunal constitutionnel espagnol rendit un arrêt important en date du 15 décembre 1991, qui ordonna la réouverture du procès devant l'*Audiencia Nacional* qui... prononça des acquittements. Enfin dans un second arrêt, la CEDH rendit hommage à la justice espagnole, tout en accordant une « satisfaction équitable » aux trois individus au motif que leur acquittement ne pouvait constituer en soi une *restitutio in integrum,* arrêt du 13 juin 1994, série A, n° 285 C ; v. l'abondante bibliographie sur cette affaire, in V. Berger, *Jurisprudence de la Cour européenne des droits de l'homme,* 7e éd., 2000, p. 233, Sirey.

4. F. Sundberg, « La question de l'effet direct. La situation dans les pays scandinaves », in *Quelle Europe pour les droits de l'homme ?,* préc., p. 120 et s. V. art. 391 CPP norvégien.

5. Selon l'article 1139 de la loi fédérale d'organisation judiciaire, « la demande de révision d'un arrêt du tribunal fédéral ou d'une décision d'une autorité inférieure est recevable lorsque la Cour européenne des droits de l'homme... a admis le bien-fondé d'une requête individuelle pour violation de la Convention... et qu'une réparation ne peut être obtenue que par la voie de la révision ».

6. Art. 363 a CPP autrichien : « Si la CEDH constate par un arrêt l'existence d'une violation de la Convention ou de l'un de ses protocoles résultant d'une décision d'une juridiction pénale, la procédure en cause doit être réouverte dans la mesure où l'on ne peut exclure qu'une violation pourrait avoir une incidence négative sur la décision prise par la juridiction pénale pour la personne concernée. »

Luxembourg [1], en Pologne [2], en France [3]... Ce sera bientôt le cas des Pays-Bas [4].

Il faut approuver l'existence d'une procédure spéciale de révision. Il convient en effet d'harmoniser les droits nationaux alors que la CEDH elle-même a admis que le caractère obligatoire des arrêts qu'elle rend – caractère affirmé par l'article 46 Conv. EDH – ne va pas jusqu'à lui permettre d'imposer l'ouverture d'un nouveau procès [5]. On ne peut de plus permettre aux États de violer la Conv. EDH en se contentant d'en payer chaque fois le prix en versant une « satisfaction équitable ». On ne saurait oublier enfin qu'il n'existe pas en droit des droits de l'homme le procédé de la question préjudicielle cher au droit communautaire : en effet, l'article 177 du Traité de Rome (aujourd'hui article 234 CE) a créé un système de renvoi préjudiciel par l'effet duquel toute juridiction nationale peut poser à la CJCE toute question relative à l'interprétation des textes communautaires dont dépend la solution du litige, cette juridiction sursoyant à statuer jusqu'à la réponse de la CJCE ; dès lors, en droit des droits de l'homme, la réouverture de la procédure apparaît comme un indispensable substitut à l'article 234 CE [6]. Faut-il ajouter enfin que la révision pour erreur judiciaire ne peut jouer que s'il y a eu erreur de fait ?

1. Art. 443, § 5 CPP luxembourgeois : « Une demande de révision d'un jugement prononcé par une juridiction quelconque peut être introduit par toute personne condamnée pour un acte criminel par une décision exécutoire rendue en première instance ou en dernière instance... lorsqu'une décision du Comité des ministres du Conseil de l'Europe ou un arrêt de la CEDH rendu conformément à la Conv. EDH établit qu'une condamnation dans une procédure pénale a été prononcée dans des conditions contraires à la Conv. EDH. »

2. Art. 540, § 3 CPP polonais : « Le procès est repris à l'avantage de l'accusé si cela est rendu nécessaire par l'existence d'une décision émanant d'une juridiction internationale fonctionnant en application d'une Convention internationale ratifiée par la République de Pologne. » Le texte est très large.

3. Art. 626-1 CPP français (loi du 15 juin 2000) : « Le réexamen d'une décision pénale définitive peut être demandé au bénéfice de toute personne reconnue coupable d'une infraction lorsqu'il résulte d'un arrêt rendu par la CEDH que la condamnation a été prononcée en violation des dispositions de la Conv. EDH... dès lors que par sa nature et sa gravité, la violation constatée entraîne pour le condamné des conséquences dommageables auxquelles la "satisfaction équitable"... ne pourrait mettre un terme. » *Add.* Ch. Pettiti, « Le réexamen d'une décision pénale française après un arrêt de la CEDH : la loi française du 15 juin 2000 », *RTDH* 2001, p. 6 et s. ; F. Massias, « Le réexamen des décisions définitives intervenues en violation de la Conv. EDH », *Rev. sc. crim.* 2001, p. 123 et s. ; J.-F. Renucci, « Le réexamen d'une décision de justice dans l'intérêt des droits de l'homme », *D.* 2000, chron. p. 655 et s.

4. Projet de loi 27.726, v. *Nederlands Juristenblad*, 2001, p. 1291.

5. CEDH, 20 sept. 1993, *Saïdi c/ France*, série A, n° 261 C, § 47.

6. J.-P. Marguénaud, « L'instauration d'une procédure de révision des décisions définitives déclarées contraires à la Conv. EDH par la CEDH », in *CEDH et droit privé*, préc. p. 208 et s.

TITRE 2

LE CONTENU DES DROITS DE L'HOMME

257 Les articles 2 et suivants de la Conv. EDH énumèrent un ensemble de droits, appelés droits de l'homme. Ces prérogatives accordées aux personnes, pour être seulement de nature classique – il n'y a pas d'évocation des droits sociaux et économiques – sont très nombreux, comme si les rédacteurs du texte conventionnel avaient entendu donner une liste exhaustive. On est donc conduit à classer ces divers droits. Or la classification qui vient d'emblée à l'esprit est celle qui oppose les droits « ordinaires », extérieurs à une instance judiciaire, comme le droit à la vie, à ceux qui sont liés à un tel accident comme le droit de se défendre. Les premiers sont en somme les droits matériels ou mieux primordiaux (Chapitre 1) et les seconds sont les droits procéduraux (Chapitre 2).

Les uns et les autres seront évidemment examinés tour à tour. Leur étendue doit cependant être précédée du rappel de quelques notions qui leur sont communes. D'où la présentation d'une première idée de la matière (Section Préliminaire).

SECTION PRÉLIMINAIRE. UNE PREMIÈRE IDÉE DE LA MATIÈRE

258 Tous les droits de l'homme au sens de la Conv. EDH résultent du texte même de celle-ci encore que la jurisprudence européenne ait apporté beaucoup.

§ 1. Le texte même de la Conv. EDH

259 Une première observation peut être faite à la lecture des articles 2 et suivants de la Conv. EDH, qui est relative au caractère absolu ou relatif des droits. Entendons-nous : à côté de la distinction entre droits primordiaux et droits procéduraux, il en est une autre qui oppose *droits intangibles* et *droits conditionnels*. Les droits intangibles sont ceux qui s'appliquent toujours et partout, en ce qu'ils ne sont susceptibles ni de restrictions ni de dérogations. Selon l'article 15, § 2 Conv. EDH, ces droits sont au nombre de cinq : le droit à la vie (art. 2), le droit de ne subir ni tortures, ni traitements inhumains ou dégradants (art. 3), le droit de ne pas être placé en esclavage ou de ne pas être astreint à un travail forcé (art. 4), le droit de ne pas se voir appliquer une loi pénale rétroactive (art. 7) et enfin le droit de ne pas être jugé deux fois pour le même fait (règle *non bis in idem*) (art. 4 du protocole 7). Ces droits, qui sont tous des droits primordiaux sont le « noyau dur » des droits de l'homme. Et par exemple, la CEDH, dans l'affaire *Tomasini* où la France fut condamné pour brutalités policières commises sur un individu placé en garde à vue, a précisé que « les nécessités de l'enquête et les indéniables difficultés de la lutte contre la criminalité, notamment en matière de terrorisme, ne sauraient conduire à limiter la protection due à l'intégrité physique de la personne » [1]. En revanche, tous les droits autres que les cinq ci-dessus indiqués sont des droits conditionnels, relatifs en quelque sorte, la Conv. EDH prévoyant à leur égard une possibilité de paralysie qui se présente sous deux formes, la dérogation et la restriction. La dérogation est une non-application totale, mais temporaire (art. 15, § 1 Conv. EDH) : ainsi en est-il du principe du procès équitable, à l'exception de son aspect concernant la publicité des débats (art. 6 Conv. EDH) [2]. La restriction, quant à elle, est une simple réduction du domaine du droit : tantôt la restriction fait l'objet de limitations particulières et c'est le cas pour le droit à la liberté et à la sûreté qui peut être atteint dans six cas qui sont autant d'hypothèses dans lesquelles il peut être porté atteinte à la liberté (art. 5, § 2 Conv. EDH) [3] ; tantôt la restriction fait l'objet d'une clause générale et c'est ainsi que le droit au respect de la vie privée et familiale peut être réduit par le jeu d'une clause d'ordre public concernant les atteintes « prévues par la loi et qui sont nécessaires dans une société démocratique à la protection de l'ordre public » (art. 8, § 2 Conv. EDH), ce qui permet aux États de bénéficier d'une certaine marge d'appréciation [4].

1. CEDH, 27 avr. 1992, *Tomasini c/ France*, série A, n° 241, § 115 ; *add.* obs. F. SUDRE à la *Rev. sc. crim.* 1993, p. 33.
2. J.-C. SOYER et M. DE SALVIA, *in* L.-E. PETTITI et autres, préc., p. 266.
3. La liste est exhaustive, rappelle la CEDH, dans son arrêt du 8 juin 1976, *Engel c/ Allemagne*, série A, n° 22.
4. Notion que développe la jurisprudence de la CEDH, v. *infra*, n° 269.

La distinction des droits intangibles et des droits conditionnels évoque la notion d'ordre public européen dont on parle beaucoup aujourd'hui en doctrine [1] et qui a même été évoquée par la CEDH [2]. Bien que l'ordre public soit une notion vague et variable, il évoque l'idée de règles juridiques impératives. L'intérêt de la notion d'ordre public réside par exemple dans l'inopposabilité de la clause de réciprocité, un État ne pouvant se retrancher derrière la non réciprocité des engagements. Cependant, il est difficile de déterminer le contenu de l'ordre public européen. Le pénaliste serait tenté de considérer que ce sont les règles et institutions pénales (ou de procédure pénale) qui sont d'ordre public — comme l'exclusion de la torture ou le caractère exceptionnel de la détention provisoire — et non celles des droits autres. Pourtant les « généralistes » des droits de l'homme ne raisonnent pas ainsi, les uns procédant à une énumération qui ne correspond pas au domaine pénal [3] tandis que d'autres, plus réticents devant le principe de la « liste », estimant qu'il « est plus simple de considérer que l'ordre public européen est composé au minimum des quatorze libertés consacrées dans la Convention de base... » [4].

La seconde observation est d'ordre sémantique, même si elle va très loin : les rédacteurs de la Conv. EDH ont usé très souvent d'*expressions larges, vagues, indéterminées* [5]. Il est question par exemple de « traitements inhumains ou dégradants » (art. 3), de « délai raisonnable » (art. 5, § 3 et 6, § 1), de « procès équitable » (art. 6, § 1), « d'accusation » *(id.)*, d'opérations « nécessaires dans une société démocratique » (art. 8, § 2)... On a le sentiment que les auteurs du texte conventionnel ont entendu laisser une certaine liberté aux juges nationaux et plus encore au juge de Strasbourg. Effectivement, le texte de la Conv. EDH a sécrété et continue de sécréter une jurisprudence considérable de la part de la CEDH.

§ 2. La jurisprudence européenne sur la Conv. EDH

260 ***Vue générale*** ◇ Cette jurisprudence est très importante car c'est essentiellement à l'occasion des décisions des juges de Strasbourg que sont

1. V. not. F. SUDRE, « Existe-t-il un ordre public européen ? », in *Quelle Europe pour les droits de l'homme ? La Cour de Strasbourg et la réalisation d'une « Union plus étroite » (35 années de jurisprudence : 1959-1994)*, sous la direction de P. Tavernier, Bruylant, Bruxelles, 1996.

2. CEDH, 23 mars 1995, *Loizidou c/ Turquie*, série A, n° 310, arrêt qualifiant la Conv. EDH « d'instrument constitutionnel de l'ordre public européen », § 75.

3. Par ex. F. SUDRE qui indique la liberté d'expression, la liberté de pensée, de conscience et de religion, le droit à l'intégrité physique, le droit à la liberté et à la sûreté, le droit à un procès équitable, le droit à des élections libres, le droit des parents au respect de leurs convictions en matière d'éducation, préc., p. 54 et s.

4. G. COHEN-JONATHAN, in *Quelle Europe pour les droits de l'homme ?* préc., p. 481.

5. M. MELCHIOR, « Notions vagues ou « indéterminées » et « lacunes » dans la Convention européenne des droits de l'homme », *Mélanges G. Wiarda*, Carl Heymanns Verlag, 1988, p. 411.

affirmés les droits de l'homme, si l'on excepte les Résolutions et Recommandations [1] qui ne sont à la vérité qu'une sorte « d'infra-droit ». Voilà pourquoi les décisions de la justice européenne ont suscité une abondante doctrine [2]. Au point de vue *technique*, on doit dire que la CEDH fait œuvre d'interprétation de la Conv. EDH en s'appuyant notamment sur les articles 31 à 33 de la Convention de Vienne du 23 mai 1969 concernant les traités [3]. Dans son arrêt *Golder*, la CEDH rappelle que « les articles 31 à 33 énoncent pour l'essentiel des règles du droit international communément admises... (qui) entrent en ligne de compte pour l'interprétation de la Convention européenne » (§ 29) [4]. Par exemple, la CEDH est fidèle à l'article 32 de la Convention de Vienne qui stipule que les travaux préparatoires ne constituent qu'un moyen subsidiaire d'interprétation et précisément elle s'y réfère très rarement. De même, dans son arrêt *Loizidou*, la Cour de Strasbourg rappelle que « la Conv. EDH doit s'interpréter à la lumière des règles d'interprétation énoncées dans la Convention de Vienne du 23 mai 1969 sur le droit des traités, dont l'article 31, § 3 c) précise qu'entre en ligne de compte « toute règle pertinente de droit international applicable aux relations entre les parties » [5]. Pourtant, la CEDH ne fait pas de la fidélité au texte viennois un dogme intangible. On rappellera en effet que l'article 31, § 1 de la Convention de Vienne accorde la priorité à l'interprétation textuelle et au « sens ordinaire » des mots sur l'interprétation téléologique : en effet, décide-t-il, « un traité doit être interprété de bonne foi suivant le sens ordinaire à attribuer aux termes du traité dans leur contexte et à la lumière de son objet et de son but », d'où la doctrine déduit que si la Convention de Vienne fait référence à la fois à l'interprétation textuelle et à l'interprétation téléologique, elle place en première ligne l'interprétation textuelle [6]. Or, comme on le verra bientôt, les juges européens donnent la priorité à l'objet et au but de la Conv. EDH, ce qui les conduit à s'attacher au Préambule de celle-ci [7], un préambule étant le lieu où l'on trouve des indications sur l'objet et le but du

1. Par exemple la Recommandation n° R (87) 3 du 12 févr. 1987 sur « les règles pénitentiaires européennes ».

2. On lira avec profit les actes d'un colloque organisé par P. Tavernier en mai 1995 à la Faculté de droit de Rouen sur le thème *Quelle Europe pour les droits de l'homme ? La Cour de Strasbourg et la réalisation d'une « Union plus étroite » (35 années de jurisprudence : 1959-1994)*, éd. Bruylant, Bruxelles, 1996.

3. La Convention de Vienne a pourtant une valeur surtout déclarative en ce qu'elle est avant tout une codification du droit international coutumier existant. *Add.* P. Tavernier, « La Cour européenne applique-t-elle le droit international ou un droit de type interne », in *Quelle Europe pour les droits de l'homme ?*, préc., p. 17 et s.

4. CEDH, 21 févr. 1975, *Golder*, série A, n° 18.

5. CEDH, 18 déc. 1996, *Loizidou c/ Turquie*, *RTDH* 1998, p. 77 et s., obs. J.-P. Cot.

6. P.-M. Dupuy, *Droit international public*, Dalloz, 3e éd., 1995, n° 302.

7. Encore que le Préambule soit relativement pauvre, mais pouvait-il en être autrement ? Il indique notamment que l'un des moyens d'atteindre le but du Conseil de l'Europe est « la sauvegarde et le développement des droits de l'homme et des libertés fondamentales » (al. 3).

texte qui suit[1]. Fidélité donc au texte viennois, mais aussi, et au moins autant, distance à son égard de la part des juges de Strasbourg qui privilégient une interprétation finaliste ou téléologique de la Conv. EDH.

Cela dit, le technicien du droit a beaucoup de mal à synthétiser les idées maîtresses de l'interprétation de la Conv. EDH : d'abord parce que les arrêts de Strasbourg sont très nombreux et même le deviennent de plus en plus au fil des années ; ensuite parce que les idées évoluent en raison de la diversité des espèces qui se présentent et en raison aussi de l'inévitable remplacement des juges[2]. C'est pour cela que la doctrine parle volontiers « d'interprétation évolutive »[3]. Par exemple, dans l'affaire *Tyrer*, relative à des peines corporelles encore pratiquées alors dans certaines écoles britanniques et pouvant tomber sous le coup de l'article 3 Conv. EDH sur les traitements inhumains et dégradants, la CEDH a rappelé que la Conv. EDH est un instrument vivant qui doit être interprété dans un sens tel que le comprend la société d'aujourd'hui[4]. Indéniablement nécessaire à l'application de la Conv. EDH, la méthode évolutive porte cependant en elle ses limites et « elle doit être appliquée avec beaucoup de circonspection »[5].

Reste la grande question, d'ordre non plus technique, mais *idéologique* : quelles sont les grandes idées que défendent les juges de Strasbourg lorsqu'ils interprètent le texte de la Conv. EDH ? L'idée maîtresse est certainement celle de développement des droits de l'homme afin que ceux-ci parviennent à une sorte de plénitude. Cependant, de façon pragmatique et raisonnable, la CEDH entend maintenir l'idée de nation, en respectant dans une certaine mesure les droits nationaux.

A. Plénitude des droits de l'homme

261 Les juges de Strasbourg adoptent une politique dynamique, liée à l'adoption d'une interprétation téléologique. On a même parlé d'un « dyna-

1. Selon l'article 31, § 2 de la Convention de Vienne, le préambule d'un traité forme partie intégrante de son caractère et doit donc être pris en considération lors de son interprétation.

2. Ainsi en est-il particulièrement du problème de la séparation des fonctions, v. *infra*, n° 348.

3. F. MATSCHER, *Les contraintes de l'interprétation juridictionnelle, Les méthodes d'interprétation de la Convention européenne,* rapport au colloque sur l'interprétation de la Convention européenne des droits de l'homme, organisé par l'Institut de droit européen des droits de l'homme, Montpellier, mars 1998, Bruylant, Bruxelles, 1998, p. 15 et s.

4. CEDH, 25 avr. 1978, *Tyrer c/ Royaume-Uni.*, série A, n° 26. V. aussi CEDH, 13 juin 1979, *Marckx c/ Belgique,* série A, n° 31 où il est dit que la Conv. EDH qui date de 1950 « doit s'interpréter à la lumière des conditions d'aujourd'hui », § 41.

5. F. MATSCHER, préc. Cet auteur considère que parfois la CEDH a dépassé les limites de l'interprétation, « en s'aventurant dans un terrain qui n'est plus celui de l'interprétation d'un traité, mais celui de la politique législative, qui n'appartient pas à une Cour de justice, mais qui est du domaine du législateur... des États contractants », p. 25.

misme constructif »[1]. Sans doute, le caractère assez vague et militant de l'expression « droits de l'homme » pousse-t-il à une telle attitude. Mais le fait est là : les juges de Strasbourg font preuve de dynamisme et dans cette optique, ils font appel à trois concepts :

1. L'existence des « notions autonomes »

a. Notion

262 Pour comprendre cette expression de « notions autonomes » – que l'on trouve dans les arrêts de la CEDH – il faut partir de la situation à l'occasion de laquelle elle est apparue[2]. Lors d'un litige où un État est défendeur, celui-ci oppose sa définition interne du concept en cause pour en déduire que le droit en question n'a pas à s'appliquer tandis que la CEDH entend à sa façon, de façon « autonome » le concept pour en tirer la conséquence que le droit en question s'applique et qu'il a été méconnu par l'État défendeur. Donnons des exemples. L'article 6, § 1 Conv. EDH soumet le droit de tout citoyen à un procès équitable à l'existence d'une « accusation » : en somme tant que celle-ci n'est pas intervenue, les règles du procès équitable n'ont pas à s'appliquer. D'où la nécessité impérieuse de définir « l'accusation ». Dans l'affaire *Deweer*, le gouvernement belge soutenait que « selon la terminologie du droit interne belge, le requérant n'avait pas la qualité d'accusé », celle-ci découlant de l'inculpation par un juge d'instruction ou de l'acte traduisant la personne poursuivie devant la juridiction de jugement. Point du tout répondit la CEDH, l'accusation étant une notion matérielle et pas formelle et consistant dans tout acte qui, au début de la procédure, transforme réellement la situation de l'intéressé : très exactement, « l'accusation, dit la CEDH, peut se définir comme la notification officielle émanant de l'autorité compétente du reproche d'avoir accompli une infraction pénale. Elle peut aussi dans certains cas revêtir la forme d'autres mesures impliquant un tel reproche et entraînant elle aussi des répercussions importantes sur la situation du suspect »[3]. De la sorte, le sieur *Deweer*, en l'espèce, était déjà un « accusé » et il devait bénéficier des normes sur le procès équitable. « L'accusation » est ainsi une « notion autonome »[4]. Second exemple : le droit néerlandais donne une définition précise du témoin de telle sorte que l'auteur d'une déclaration lue à l'audience n'est pas un témoin et malgré cela la CEDH dans le fameux

1. P. Rolland, « L'interprétation de la Convention européenne », in *Le juge administratif français et la Convention européenne, RUDH* 1991, p. 283 et s., spéc. p. 286.
2. Pour une présentation générale, v. J. Velu et R. Ergec, *La Convention européenne des droits de l'homme*, Bruylant, Bruxelles, 1990, n° 410.
3. CEDH, 27 févr. 1980, *Deweer c/ Belgique*, série A, n° 35, § 42. V. *infra*, n° 339.
4. V. aussi J.-A. Frowein et W. Peukert, préc., p. 6.

arrêt *Kostovski*, concernant une affaire de témoignage anonyme, considère cet auteur comme un témoin de sorte qu'est violé le principe du procès équitable qui veut que l'accusé puisse interroger les témoins à charge, en application de l'article 6, § 3 d Conv. EDH [1]. Voici un autre exemple : alors que l'article 6, § 3 d Conv. EDH décide que l'accusé peut faire interroger des « témoins », ce terme a, en droit européen, un sens autonome, incluant par exemple le coinculpé [2]. Encore un dernier exemple : la CEDH s'oppose au gouvernement français qui dans l'affaire *Jamil* plaidait que la contrainte par corps, prévue à l'article 749 c. pr. pén., n'est pas une « peine » [3], d'où il résulte pour les juges européens que l'on se trouve en pleine « matière pénale » au sens de l'article 6 Conv. EDH et que s'applique donc le concept du procès équitable.

On pourrait multiplier les exemples. On se bornera à rappeler que selon une excellente doctrine, les notions autonomes sont globalement au nombre de sept : arrestation, droits et obligations de caractère civil, matière pénale, témoins, accusation, peine et biens, ce qui fait pour ce qui concerne le droit pénal européen cinq notions, à savoir l'arrestation, la matière pénale, les témoins, l'accusation et la peine [4].

b. **Signification**

263 Quelle est la signification de cette jurisprudence « autonomiste » ? Trois remarques aideront à répondre à la question.

Premièrement, que fait au juste la Cour de Strasbourg ? Elle fait œuvre d'interprétation des concepts de la Conv. EDH lorsque ceux-ci sont flous, susceptibles de plusieurs sens. Et cette œuvre d'interprétation, elle la réalise en résolvant un problème de qualification, par exemple en décidant que l'auteur d'une déclaration lue à l'audience est un témoin comme il vient d'être dit. Évidemment dans ce travail d'interprétation, le juge européen dispose d'une grande liberté, d'un évident pouvoir discrétionnaire. Il faut reconnaître cependant que la liberté dont jouit la CEDH n'est pas totale : tout en se séparant des droits internes, elle n'hésite pas à s'appuyer sur eux, à faire appel à eux. Quand la CEDH a dégagé les critères de la « matière pénale » dans l'affaire *Engel*, elle invoque la qualification nationale et « les traditions des États contractants » [5] ; et dans l'affaire *Ozturk*, relative à une contravention routière dépénalisée, elle précise « qu'un manquement du genre de celui de M. Ozturk continue à ressortir au droit pénal dans une large majorité des États contrac-

1. CEDH, 20 nov. 1989, *Kostovki c/ Pays-Bas*, série A, n° 166, § 40.
2. CEDH, 22 avr. 1992, *Vidal c/ Belgique*, série A, n° 235 B, § 33 ; 27 févr. 2001, *Lucà c/ Italie*, § 41.
3. CEDH, 8 juin 1995, *Jamil c/ France*, série A, n° 317 B.
4. F. SUDRE, *Le recours aux notions autonomes*, rapport au colloque de Montpellier, mars 1998, préc., p. 93 et s.
5. CEDH, 18 juin 1976, *Engel c/ Allemagne*, série A, n° 22, § 82, v. *Infra*, n° 339.

tants »[1]. On a pu écrire à juste titre que le recours aux notions autonomes revêt un caractère consensuel[2] : en effet la CEDH s'appuie volontiers sur le Préambule de la Conv. EDH qui vise l'idée de valeurs communes (« conception commune et commun respect des droits de l'homme ») et qui tout à la fois indique l'intention des Parties et prend appui sur l'esprit général des droits internes.

Deuxièmement, que visent les juges de Strasbourg ? Ils entendent conférer l'amplitude maximale aux droits énumérés dans la Conv. EDH. Les « notions autonomes » apparaissent comme l'instrument (ou l'un des instruments) que le juge européen s'est créé pour réduire les zones de non-application de la Conv. EDH et corrélativement pour accroître sa compétence *ratione materiae* et développer le principe de la prééminence du droit dont le Préambule rappelle qu'il est « l'un des éléments du patrimoine commun spirituel commun aux États membres du Conseil de l'Europe »[3]. On peut ajouter encore que grâce aux « notions autonomes », la CEDH entend éviter toute « fraude à la Convention » en empêchant les États d'éviter de remplir leurs obligations en s'abritant derrière les définitions de leur propre droit[4].

Troisièmement enfin, quel est le résultat des efforts de la CEDH ? De façon indéniable, les droits de l'homme prennent leur plein sens. Le domaine d'application des dispositions des articles 2 et suivants s'entend substantiellement. On a parlé d'une « extension de l'ordre conventionnel »[5]. Le résultat est atteint. Et ce résultat en entraîne à son tour un autre : cette extension procédant d'une juridiction européenne dont les juges nationaux reprennent les interprétations — ils y sont tenus au moins en fait, sinon en droit — c'est une harmonisation des droits qui se développe. Un « droit commun » apparaît[6], un droit commun à tous les États composant l'Europe dont les législations se rapprochent[7].

1. CEDH, 21 févr. 1984, *Ozturk c/ Allemagne*, série A, n° 73, § 53.

2. P. ROLLAND, « Le contrôle de l'opportunité par la Cour européenne des droits de l'homme », in ROUSSEAU et SUDRE, « Conseil constitutionnel et Cour européenne des droits de l'homme », *STH* 1990, p. 47 et s., spéc. p. 68.

3. CEDH, 21 févr. 1975, *Wemhoff c/ Allemagne*, série A, n° 7, § 34.

4. F. OST, « Originalité des méthodes d'interprétation de la Conv. EDH », in *Raisonner la raison d'État*, sous la direction de M. Delmas-Marty, PUF, 1989, p. 405 et s., spéc. p. 461.

5. M. LEVINET, in *Cahiers de l'Institut de droit européen des droits de l'homme,* Montpellier n° 7, 1997, p. 78.

6. Selon l'expression de W.-J. GANSHOF VAN DER MEERSCH, « La référence au droit interne des États contractants dans la jurisprudence de la Cour européenne des droits de l'homme », *RID comp.* 1980, p. 316. V. aussi M. DE SALVIA, « L'élaboration d'un *ius commune* des droits de l'homme dans la perspective de l'unité européenne : l'œuvre accomplie par la Commission et la Cour européenne », in *Mélanges Wiarda,* Cologne, Carl Heymanns, 1988, p. 555 et s.

7. J. PRADEL, « Vers des principes directeurs communs aux diverses procédures pénales eurpéennes », in *Mélanges Levasseur* intitulés Droit pénal, Droit européen, *Gaz. Pal.* et Litec, 1992, p. 459 et s. ; A. BERNARDI, « Les principes de droit international et leur contribution à l'harmonisation des systèmes punitifs nationaux », *Rev. sc. crim.* 1994, p. 255 et s.

2. L'affirmation que les droits sont concrets et effectifs

264 Les droits tels que mentionnés dans la Conv. EDH ne sauraient être dénués d'intérêt. Ils doivent au contraire permettre à leurs titulaires de bénéficier des standards voulus par les auteurs du texte conventionnel. Exactement, la CEDH rappelle sa volonté de « protéger des droits non pas théoriques ou illusoires, mais concrets et effectifs »[1]. Les droits énumérés ne doivent donc pas être des coquilles vides. Elle précise encore sa pensée en indiquant que ces droits ont « des prolongements d'ordre économiques et social » et que « nulle cloison étanche » ne sépare la Conv. EDH des droits économiques et sociaux. En somme, bien que le texte de la Conv. EDH n'énumère que des droits « classiques », la CEDH n'hésite pas à évoquer sinon l'existence de droits économiques et sociaux[2], du moins des « prolongements » de cet ordre afin que soient mieux assurés les droits classiques.

L'intérêt de cette orientation est d'obliger les États à adopter des « mesures positives », qui en fait sont d'ordre socio-économique. Ainsi les États doivent organiser un système d'assistance judiciaire gratuite[3] ou un service de traduction pour les étrangers[4]. Il ne sert en effet à rien de proclamer le droit de toute personne à un procès équitable (art. 6 Conv. EDH) si cette personne ne dispose pas des moyens matériels nécessaires à l'exercice de ces droits.

3. La découverte de droits « par ricochet »

265 À côté des droits énumérés par la Conv. EDH, les juges de Strasbourg en créent d'autres, à la condition toutefois que ces droits créés soient liés à ceux qui figurent dans le texte. Ainsi la CEDH étend la protection conventionnelle à des droits qui ne sont pas visés *expressis verbis* dans la Conv. EDH et qui n'apparaissent donc que « par ricochet »[5]. Par là, la CEDH comble certaines lacunes criantes de la Conv. EDH.

Les exemples sont à vrai dire peu nombreux. Ils n'intéressent guère que les étrangers et les détenus, ces catégories de personnes particulièrement vulnérables. Mais ils sont révélateurs des intentions du juge euro-

1. CEDH, 9 oct. 1979, *Airey c/ Irlande*, série A, n° 32, § 26, commentaire de G. Cohen-Jonathan, *Cah. dr. eur.* 1980, p. 470 et s.
2. La Convention américaine sur les droits de l'homme (Pacte de San José de Costa Rica) de 1969 réserve à côté des droits « classiques » (civils et politiques) un chapitre sur les droits économiques sociaux et culturels.
3. CEDH, 13 mai 1980, *Artico c/ Italie*, série A, n° 37.
4. CEDH, 21 févr. 1984, *Ozturk c/ Allemagne*, série A, n° 73.
5. Sur la protection « par ricochet », v. G. Cohen-Jonathan, *La Conv. EDH*, Economica, 1989, p. 84 ; F. Sudre, *Droit international et européen des droits de l'homme*, 5e éd., 2001, PUF, nos 96 et s.

péen. En voici une illustration relative à l'extradition et à l'expulsion d'étrangers non européens, la Conv. EDH ne contenant aucune disposition sur ce sujet [1]. On sait que la Conv. EDH ne garantit pas un droit à la non-extradition aux individus poursuivis par la justice d'un autre État que celui dans le territoire duquel ils résident. Et pourtant, la CEDH a institué ce droit supplémentaire dans le cas où la livraison de l'individu à l'État requérant pourrait être la cause d'une violation du droit à ne pas subir de traitements inhumains ou dégradants, droit expressément inscrit dans la Conv. EDH à son article 3 [2]. De façon plus générale et bien en avance sur la CEDH, la Com. EDH avait, dans une décision du 30 septembre 1974, rappelé que « si la matière de l'extradition, de l'expulsion et du droit d'asile ne compte point, par elle-même, au nombre de celles que régit la Convention, les États contractants n'en ont pas moins accepté de restreindre le libre exercice des pouvoirs que leur confère le droit international général, y compris celui de contrôler l'entrée et la sortie des étrangers, dans la mesure et la limite des obligations qu'ils ont assumées en vertu de ladite Convention » [3]. La CEDH a été ainsi conduite à rendre un certain nombre d'arrêts dans lesquels elle a conclu à une violation des articles 3 Conv. EDH (sur les traitements inhumains ou dégradants) et 8 du même texte (sur le respect de la vie privée et familiale). Plus récemment, d'une combinaison des articles 3 Conv. EDH (interdisant la torture) et 1 Conv. EDH (accordant à toute personne de jouir des droits et libertés énumérés à ce texte), la CEDH a déduit, dans une affaire de sévices policiers, que les fonctionnaires de police avaient une obligation d'identifier les auteurs des faits à défaut de quoi l'article 3 serait de peu d'intérêt [4]. En utilisant la technique du « ricochet » — qui n'est rien d'autre en réalité que l'interprétation analogique — les juges de Strasbourg comblent une lacune de la Conv. EDH, en faveur de personnes vulnérables comme les étrangers auxquels ce texte ne garantit ni le droit de ne pas être expulsé ou extradé [5].

Cette théorie du « ricochet » ne doit cependant pas être surestimée quant à son importance. D'abord beaucoup de ses manifestations ne

1. Les protocoles 4 et 7 ne traitent que de l'expulsion et seulement sur des points particuliers, et ils n'ont pas été ratifiés par tous les États.

2. CEDH, 7 juill. 1989, *Soering c/ Royaume-Uni*, série A, n° 161, § 85, à propos d'une demande d'extradition formulée par les États-Unis aux autorités anglaises à propos d'un jeune allemand poursuivi en Virginie pour un double assassinat passible de la peine de mort, les juges européens ayant considéré que la longue période à passer dans le trop fameux couloir de la mort (*death row*) constituerait un traitement inhumain et entraînant en quelque sorte l'apparition d'une sorte de droit à la non-extradition. Sur l'arrêt *Soering*, v. *supra*, n° 112 et *infra*, n° 288-290.

3. Req. n° 6315/73, *X. c/ République fédérale d'Allemagne*, DRI, p. 73 ; *add.* sur l'ensemble, F. Massiais, « Police des étrangers », in *Vers une Europe des droits de l'homme*, sous la direction de M. Delmas-Marty, PUF, 1989, p. 51 et s.

4. CEDH, 28 oct. 1998, *Assenov c/ Bulgarie*.

5. F. Sudre, *Droit international et européen des droits de l'homme*, 3e éd. PUF, 1997, n° 179.

touchent pas au droit pénal[1]. Ensuite, les juges européens eux-mêmes ont fixé une limite à leur théorie prétorienne : si l'expulsion ou l'extradition doit s'effectuer vers un État partie à la Conv. EDH, ils rejettent la requête en présumant que cet État respecte les garanties contenues dans la Conv. EDH[2] ; il est vrai que cette jurisprudence perd aujourd'hui de sa force puisqu'il est maintenant jugé que l'État qui expulse une personne vers un État partie à ladite Conv. EDH doit s'assurer que le requérant ne risque pas de subir du fait de l'expulsion des traitements contraires à l'article 3 Conv. EDH dans le pays tiers[3].

B. Respect des droits nationaux

266 Le système européen des droits de l'homme n'a pas été conçu comme une espèce de rouleau compresseur qui écraserait, voire supprimerait les droits nationaux. Ceux-ci subsistent et de ce phénomène, il existe trois manifestations.

1. Le principe de subsidiarité

267 En adoptant ce principe, le droit européen entend que la protection des droits de l'homme soit avant tout une affaire nationale. Cette protection incombe au premier chef aux autorités nationales (législateur et juge). Le système européen ne joue qu'un rôle supplétif, n'intervenant que si les autorités nationales ont manqué à leur tâche.

1) Sans parler expressément de subsidiarité, la Conv. EDH consacre bien le principe au moins deux fois sur le *plan procédural* : à l'article 13 (droit à un recours effectif devant une instance nationale) et à l'article 35-1 (épuisement des voies de recours internes comme condition de recevabilité de la saisine des autorités de Strasbourg). Et la CEDH tient la main au respect de ces règles en pratiquant une sorte de *judicial self-restraint*[4]. Il suffit pour s'en convaincre de lire les arrêts de la CEDH.

Il convient de s'attarder un peu sur l'article 13 Conv. EDH qui se lit ainsi : « Toute personne, dont les droits et libertés reconnus dans la présente Convention ont été violés, a droit à l'octroi d'un recours effectif devant une instance nationale, alors même que la violation aurait été commise par des personnes agissant dans l'exercice de leurs fonctions

1. V. l'analyse systématique de P. Lambert, in « Extradition et expulsion d'étrangers dans la jurisprudence de la CEDH », rapport au XIe congrès de l'Union des avocats européens, Palma de Majorque, mai 1997, *Les Annonces de la Seine*, 6 août 1998, n° 55.

2. Comm. EDH, 2 déc. 1986, *K et F c/ Pays-Bas*, *DR*, p. 272.

3. CEDH, 7 mars 2000, *TI c/ Royaume-Uni*, renvoi par le Royaume-Uni d'un demandeur d'asile srilankais vers l'Allemagne, où l'asile lui avait été naguère refusé.

4. F. Matscher, préc., p. 38.

officielles. » Ce texte évoque un peu la procédure hispanique d'*amparo* (protection, en espagnol) qui est une procédure judiciaire de contrôle de la constitutionnalité des lois et des actes de toute autorité et qui est ainsi une technique plus large que celle de l'*habeas corpus*, limitée on le sait à la protection de l'individu contre les arrestations arbitraires.

On aura compis que l'article 13 n'a pas d'existence indépendante : il est nécessairement lié à un article de la Conv. EDH dont la violation est invoquée. Cela dit, il n'est pas nécessaire que le requérant saisissant une juridiction interne soit en mesure d'établir une violation de la Conv. EDH pour user de l'article 13, il suffit qu'il s'estime lésé pour pouvoir agir sur la base de l'article 13. Car on ne peut établir devant une juridiction interne une violation de la Conv. EDH que si l'on est à même d'abord de la saisir [1].

Cela dit, une question importante s'est posée à la CEDH à propos d'une violation de l'article 6, § 1 Conv. EDH posant le principe que la procédure ne doit pas dépasser un « délai raisonnable » [2]. Si elle constate une violation de ce texte pour dépassement du délai raisonnable, la CEDH doit-elle en outre se prononcer sur l'article 13 si ce texte est également invoqué. Dans un premier temps, la CEDH n'a pas jugé nécessaire de se prononcer sur l'article 13, l'article 6, § 1 passant pour une *lex specialis* par rapport à l'article 13 et l'intérêt étant nul à réexaminer la même question sous l'angle des exigences moins strictes de l'article 13 : l'article 13 est « absorbé » par l'article 6 [3]. Mais ultérieurement, la CEDH a changé d'avis à cause de la multiplication des requêtes fondées sur l'excessive durée des procédures : elle en est venue à décider qu'il n'y a pas absorption, la violation de l'article 6 sur la durée de la procédure étant une question distincte de celle de la disponibilité d'un recours effectif pour dénoncer le caractère excessif de cette durée [4]. Dès lors, la CEDH « perçoit la nécessité d'examiner le grief fondé par le requérant sur l'article 13 considéré isolément nonobstant le fait qu'elle a déjà conclu à la violation de l'article 6, § 1 pour manquement à l'obligation d'assurer à l'intéressé un procès dans un délai raisonnable » [5]. Et pourtant, on s'est demandé si l'on ne pourrait pas envisager d'abroger l'article 13 [6].

2) C'est également sur le *plan du fond* que la CEDH adopte une attitude s'appuyant sur l'idée de subsidiarité. Toutes les fois qu'elle consi-

1. CEDH, 6 sept. 1978, *Klass c/ Allemagne*, série A, n° 28, résumé du § 64 ; 25 mai 1983, *Silver c/ Royaume-Uni*, série A, n° 61.
2. V. *infra*, n°s 363 et s.
3. Par ex. CEDH, 23 sept. 1982, *Sporrong et Lönnroth c/ Suède*, série A, n° 52 ; 19 déc. 1997, *Brualla Gómez de la Torre c/ Espagne*, *Recueil* 1997, VIII, p. 2956.
4. CEDH, 26 oct. 2000, *Kudla c/ Pologne*, arrêt rendu en grande chambre.
5. *Id.* § 156.
6. M. Hottelier, « La Conv. EDH après cinquante ans : bilan et perspectives », *Revue suisse de droit international et de droit européen*, 2/2001, 197. Il est vrai que ce point de vue était soutenu à une époque où l'art. 13 était absorbé par l'article 6, donc avant l'arrêt *Kudla*.

dère que les autorités nationales n'ont pas méconnu les dispositions conventionnelles, elle déboute le demandeur. C'est seulement dans le cas où elle estime que les États ont failli à leurs devoirs qu'elle entre en condamnation pour assurer le respect des droits de l'homme. Il en est ainsi quand par exemple les autorités nationales ont refusé d'ouvrir une enquête sur des faits éventuellement criminels [1].

2. Les qualifications nationales

268 Il advient que pour prendre sa décision, la CEDH s'appuie sur les qualifications nationales. Par exemple, pour déterminer si l'infraction et la sanction qui s'y attache font partie de la « matière pénale » (une réponse affirmative entraînant l'application des règles sur le procès équitable, formulée à l'article 6 Conv. EDH), les juges européens retiennent comme premier critère la qualification adoptée par le droit interne [2]. Mais il est vrai aussi que, selon les juges de Strasbourg, les indications du droit national n'ont qu'une valeur relative [3].

3. La marge nationale d'appréciation

a. Le principe

269 La CEDH fait souvent appel à ce qu'elle dénomme parfois « la marge nationale d'appréciation » [4]. De ce concept, une bonne définition est donnée par les juges de Strasbourg dans la formule suivante : « La Cour n'a pas pour tâche de se substituer aux juridictions internes, seules compétentes pour interpréter la législation interne et ses dispositions transitoires, ni d'apprécier l'opportunité des choix de politique jurisprudentielle opérés par les juridictions internes : son rôle se limite à vérifier la conformité à la Convention européenne des droits de l'homme, des conséquences qui en découlent » [5]. Proche est la formule suivante : « La Cour rappelle que c'est d'abord aux autorités nationales et spécialement aux cours et tribunaux qu'il incombe d'interpréter le droit interne et qu'elle ne substituera pas sa propre appréciation du droit à la leur en

1. CEDH, 19 févr. 1988, *Kaya c/ Turquie*, à la suite de la mort d'un individu lors d'une opération militaire, sa famille évoqua la probabilité d'un homicide illégal commis par les forces de l'ordre, mais les autorités se refusèrent à procéder à des investigations approfondies, ce qui paralysait le droit à un recours effectif ; *add.* dans le même esprit, d'autres affaires recensées par R. Koering-Joulin, in *Rev. sc. crim.* 1999, p. 406 et s.

2. V. *infra*, n° 339.

3. CEDH, 21 févr. 1984, *Ozturk c/ Allemagne*, série A, n° 73, § 52.

4. J. Velu et R. Ergec, *La Convention européenne des droits de l'homme*, Bruylant, Bruxelles, 1990, n°s 59 et s.

5. CEDH, 19 déc. 1997, *Brualla Gomez de la Torre c/ Espagne*, *D.* 1998, somm. 210, obs. N. Fricero (affaire relative à la procédure civile, mais valant à titre général).

l'absence d'arbitraire. C'est particulièrement vrai s'agissant de l'interprétation par les tribunaux des règles de nature procédurale... »[1].

L'expression de « marge nationale d'appréciation » évoque l'idée de souveraineté et, à première vue, paraît s'opposer aux « notions autonomes » sous-tendues par une logique européenne, donc supra nationale. Et pourtant, il ne faut pas opposer ces deux notions car elles n'opèrent pas sur le même plan : en effet si l'interprétation autonome gouverne l'applicabilité d'un droit et est une technique de définition, « la marge nationale régit les conditions d'exercice de ce droit... La première détermine la mise en jeu du contrôle, la seconde délimite son étendue... Répondant à des vocations spécifiques, « autonomisation » et marge nationale d'appréciation ne sont jamais en relation »[2]. En d'autres termes, une fois qu'il est décidé que la Conv. EDH s'applique à une situation, applicabilité fondée sur des notions autonomes, rien n'empêche les États d'organiser à leur guise la réglementation conformément au principe de la marge d'appréciation. Par exemple, les États doivent assurer le respect du principe du procès équitable. Mais cela dit, ils peuvent adopter une procédure plutôt accusatoire ou plutôt inquisitoire : cela fait partie de leur zone de liberté et c'est pourquoi la CEDH n'a jamais dit (et ne pourra jamais dire) que l'une des deux procédures est supérieure à l'autre, même si l'examen des droits positifs actuels laisse apparaître dans les législations inquisitoriales une tendance plus ou moins marquée vers l'accusation. Beaucoup d'arrêts de la CEDH consacrent cette « marge nationale d'appréciation », par exemple en ce qui concerne les sources du droit qui peuvent être jurisprudentielles (système anglo-saxon) aussi bien qu'écrites (système romano-germanique) ou en ce qui concerne le fond du droit : un législateur national peut prévoir l'emprisonnement perpétuel, l'intervention préalable d'autorités administratives ou disciplinaires avant la décision du juge ordinaire dans certaines affaires particulières, douanières ou fiscales par exemple, un régime propre de discipline militaire[3], des atteintes à l'intimité de la vie privée selon l'article 8, § 2 Conv. EDH ou l'appréciation du caractère obscène d'œuvres picturales[4]...[5]. N'oublions pas non plus l'article 15 Conv. EDH qui permet aux États, « en cas de guerre ou d'un autre danger public mena-

1. CEDH, 16 déc. 1997, *Tejedor Garcia c/ Espagne*.

2. F. SUDRE, préc., v. aussi dans le même sens C. PICHERAL, « Concepts autonomes et autonomie nationale », *Cahiers de l'IDEDH*, Montpellier 1997, n° 6, p. 115 et s. Pourtant certains auteurs opposent comme à plaisir « notions autonomes » et « marge nationale d'appréciation », v. par ex. E. KASTANAS, *Unité et diversité : notions autonomes et marge d'appréciation des États dans la jurisprudence de la Cour européenne des droits de l'homme*, Bruylant, Bruxelles 1996, p. 225.

3. CEDH, 8 juin 1976, *Engel c/ Pays-Bas*, série A, n° 22.

4. CEDH, 24 mai 1988, *Muller c/ Suisse*, série A, n° 135, § 36.

5. Un inventaire complet est difficile. Il inclurait aussi bien des aspects de droit non pénal (discriminations au sens de l'article 14 Conv. EDH par exemple) que des aspects de droit pénal.

çant la vie de la nation » de suspendre temporairement certains droits garantis par la Conv. EDH « dans la stricte mesure où la situation l'exige »[1]. Or, dans des affaires où le pénal et le politique se mêlent, les gouvernements ont tendance à invoquer la marge d'appréciation. Ainsi dans l'affaire *Irlande c/ Royaume-Uni*, où le gouvernement irlandais affirmait que celui du Royaume-Uni aurait fait un usage arbitraire de son droit de suspendre certaines dispositions de la Conv. EDH, les juges de Strasbourg ont répondu : « En contact direct et constant avec les réalités pressantes du moment, les autorités nationales se trouvent en principe mieux placées que le juge européen pour se prononcer sur la présence de pareils dangers comme sur la nature et l'étendue de dérogations nécessaires pour le conjurer. L'article 15, § 1 leur laisse en la matière une large marge d'appréciation »[2].

Il existe encore un autre domaine où le droit européen laisse une grande marge de manœuvre aux États : c'est celui de la preuve. La Convention, précise la Comm. EDH, laisse à chaque État contractant le soin de régler l'admissibilité, la force probante et la charge de la preuve[3]. Plus précisément, les juges européens n'ont pas à déterminer si le juge national a apprécié bien ou mal les moyens de preuve car leur tâche unique « est d'établir si les moyens de preuve produits pour ou contre l'accusé ont été présentés de manière à garantir un procès équitable et de s'assurer que ce dernier a été conduit de façon à obtenir ce même résultat »[4]. Et même si les preuves ont été obtenues illégalement au regard du droit interne, on ne saurait forcément en déduire une violation de l'article 6 Conv. EDH[5].

Cette notion de « marge nationale d'appréciation » entraîne évidemment une certaine imprécision, un certain impressionnisme, pourrait-on dire. C'est un concept « aussi fuyant et glissant qu'une anguille »[6]. Car l'étendue de cette marge varie d'une situation à l'autre et risque de varier davantage encore dans le cadre d'un Conseil de l'Europe élargi. On peut dire tout au plus que la marge est plus restreinte lorsqu'une question a déjà trouvé sa solution dans le droit interne des États contractants tandis qu'elle est plus large lorsqu'une telle uniformité de vue n'existe pas[7]. Ce qu'il faut éviter dans l'application de la « marge », c'est d'admettre des « marges » différentes dans des situations comparables.

1. V. *supra*, n° 259.
2. CEDH, 18 janv. 1978, *Irlande c/ Royaume-Uni*, série A, n° 25, § 207.
3. Comm. EDH 16 déc. 1980, DR, vol. 23, p. 233.
4. CEDH, 12 juill. 1998, *Schenk c/ Suisse*, série A, n° 140, § 46.
5. CEDH, 12 juill. 1988, précité, pas d'atteinte à l'article 6 de la part du tribunal qui fonde la culpabilité du prévenu non seulement sur un enregistrement illicite, mais aussi sur d'autres éléments de preuve, § 48.
6. Lord Lester, rapport de clôture au 8e colloque international sur la Conv. EDH, Budapest, sept. 1995, *Conseil de l'Europe* 1995, 38 A, p. 233.
7. Selon F. MATSCHER, préc., cet auteur raisonnant d'ailleurs à titre général et non pas en tant que pénaliste.

De toutes façons, la reconnaissance d'une certaine marge de liberté est indispensable. La CEDH est bien obligée de respecter, au moins en partie, la variété culturelle et idéologique des divers systèmes juridiques européens [1]. Dans un esprit un peu moins national, un auteur en arrive à la même conclusion : « Quant à la méthode de la marge d'appréciation des États, qui est très largement utilisée par la Cour de Strasbourg – et qui l'est aussi par la Cour de Luxembourg – elle est tout à fait caractéristique d'une structure intégrée, qui s'insère dans un schéma fédéral ou pré-fédéral. Elle permet de respecter l'autonomie des éléments composants, c'est à dire des États, tout en assurant l'unité de l'ensemble au niveau supérieur... » [2]. Effectivement, la « marge nationale d'appréciation » permet de prendre en compte les susceptibilités nationales sans supprimer pour autant le nécessaire contrôle européen. En ayant créé cette notion de « marge nationale d'appréciation », les juges européens font preuve d'opportunité : la CEDH agit « par le souci de ne pas choquer, de rendre son rôle acceptable, non par l'objectivité de sa mission, mais par la timidité politique de ses interventions » [3].

On se gardera de confondre la marge nationale d'interprétation avec la liberté d'appréciation du juge national dans l'évaluation des preuves [4].

b. Le correctif : le principe de proportionnalité

270 Ce principe est une notion à la mode dans tous les droits internes en droit civil (par exemple avec la fixation de la pension alimentaire après divorce suivant les besoins du créancier et les possibilités du débiteur) et en droit pénal *lato sensu* : rappelons seulement que la proportionnalité se glisse de manière évidente dans la légitime défense (qui doit être proportionnelle à la gravité de l'agression), dans la peine (qui doit être proportionnelle à la gravité du délit et à la faute du délinquant), dans la détention provisoire (qui dans son principe et sa durée doit être en

1. La procédure pénale fait évidemment partie de cette variété si l'on songe à la diversité des droits nationaux. Cette diversité est plus nette encore qu'en droit pénal de fond. Sur la diversité des États composant l'Europe, v. M. Delmas-Marty, « Pluralisme et traditions nationales (revendication des droits individuels) », in *Quelle Europe pour les droits de l'homme ?*, préc., p. 81 et s.

2. P. Tavenier, « La Cour européenne des droits de l'homme applique-t-elle le droit international ou un droit de type interne ? », in *Quelle Europe pour les droits de l'homme ?*, préc., p. 31.

3. O. de Schutter, « L'interprétation de la Convention européenne des droits de l'homme, un essai de démolition », *Revue de droit international des sciences diplomatiques et politiques*, Genève, 1992, p. 83.

4. Par exemple, les déclarations des repentis (*pentiti* du droit italien) ne sont pas exclues car elles sont indispensables en matière de criminalité mafieuse. Mais la CEDH indique que les juges doivent faire preuve « d'une grande prudence » (CEDH, 24 août 1998, *Contrada c/ Italie*, § 64) car de telles déclarations posent certains problèmes, pouvant « être le résultat de manipulations, poursuivant uniquement le but d'obtenir des bénéfices que la loi italienne accorde aux repentis ou encore visant des vengeances personnelles... » (CEDH, 6 avr. 2000, *Labita c/ Italie*, § 157).

rapport avec la gravité de l'infraction et les nécessités de l'instruction). Le principe de proportionnalité apparaît aussi dans le droit européen des droits de l'homme [1]. Certes le terme de proportionnalité n'apparaît pas dans le texte de la Conv. EDH. Mais l'idée est dégagée par la CEDH, parfois d'ailleurs sur la base de certains articles de la Conv. EDH qui évoquent le concept implicitement.

Qu'est ce que – de façon générale – la proportionnalité en droit européen des droits de l'homme ? À la lecture des arrêts de la CEDH qui, il est vrai, ne donnent pas vraiment de définition, on peut considérer la proportionnalité comme la mise en œuvre de moyens n'allant pas au-delà de ce qui est nécessaire en fonction des circonstances. C'est seulement s'il y a dépassement des moyens utilisés que l'action des agents et le but qu'ils poursuivent sont disproportionnés. La proportionnalité est donc une notion évoquant le raisonnable selon les données de fait de l'espèce. Il apparaît alors que la proportionnalité est en rapport avec la « marge nationale d'appréciation » en ce qu'elle est un correctif de cette dernière : dans leurs ingérences dans la vie des citoyens, les autorités nationales ne bénéficient d'une certaine marge de manœuvre que dans la mesure de ce qui est nécessaire au but poursuivi par elles, car il faut « rechercher si un juste équilibre a été maintenu entre les exigences de l'intérêt général et les impératifs de sauvegarde des droits de l'individu » [2].

À partir de là, on peut donner des exemples tirés des arrêts de la CEDH. Deux séries de décisions peuvent être recensés [3].

Les unes sont relatives à des affaires dans lesquelles existe un texte de la Conv. EDH qui implicitement suggère l'idée de proportionnalité : on peut citer une jurisprudence fondée sur l'article 15 qui autorise les États à déroger aux droits de l'homme dans certaines circonstances (comme la guerre) « dans la stricte mesure où la situation l'exige », cette jurisprudence n'ayant vu aucun dépassement de cette mesure imposée par la situation [4] ; on peut également évoquer la jurisprudence sur les articles 8 à 11 relatifs au respect de la vie privée et des libertés d'expression et d'association, la CEDH considérant cette fois, tantôt que le principe de proportionnalité a été violé [5], tantôt qu'il ne l'a pas été [6].

1. M.-A. EISSEN, *Le principe de proportionnalité dans la jurisprudence de la Cour européenne des droits de l'homme,* Études et documents du Conseil d'État de France, 1989, n° 40 ; F. MATSCHER, préc.

2. CEDH. 7 août 1996, *Zubani c/ Italie,* § 50 (relatif à une affaire d'expropriation, mais la formule vaut dans tous les cas).

3. Classification due à M.-A. EISSEN, préc.

4. CEDH, 1er juill. 1961, *Lawless c/ Royaume-Uni,* série A, § 22 et 31 à 38 ; 18 janv. 1978, *Irlande c/ Royaume-Uni,* précité, § 207.

5. CEDH, 22 oct. 1961, *Dudgeon c/ Royaume-Uni,* série A, n° 45 (condamnation à cause d'une législation pénale prohibant certaines formes d'homosexualité masculine même en privé et même entre adultes) ; 8 juill. 1986, *Lingens c/ Autriche,* série A, n° 103, § 40 (condamnation de l'Autriche suite à condamnation d'un journaliste en Autriche pour diffamation du chancelier fédéral).

6. CEDH, 7 déc. 1976, *Handyside c/ Royaume-Uni,* série A, n° 24, § 53 à 59 (non condamnation du Royaume-Uni suite à condamnation, saisie et confiscation prononcée en applica-

Il existe une seconde série de décisions où le texte de la Conv. EDH ne fait nulle allusion, même implicite, à l'idée de proportionnalité. On sait par exemple que la détention provisoire ne peut être décidée et maintenue que si les « raisons plausibles de soupçonner » l'intéressé d'avoir commis une infraction ne s'évanouissent pas en cours de route [1]. Or, à supposer même que ces raisons ne s'évanouissent pas, le maintien en détention peut se heurter à l'exigence du délai raisonnable de l'article 5, § 3 si le laps de temps « écoulé... avant le jugement... a dépassé à un moment donné les limites... du sacrifice qui, dans les circonstances de la cause, pouvait raisonnablement être infligé à une personne présumée innocente » ; il appartient à la Cour de Strasbourg d'apprécier si les motifs « invoqués... par les juridictions nationales compétentes sont pertinents et suffisants et si les garanties de recomparution auxquelles les autorités avaient subordonné l'élargissement de l'intéressé » (art. 5, § 3, seconde phase) n'allaient pas au-delà des nécessités de l'administration de la justice [2]. À propos de l'article 6, § 1 Conv. EDH, la jurisprudence décide qu'il consacre non seulement le droit à un procès équitable, mais aussi le droit à un tribunal tout en reconnaissant que ce droit comporte des limitations, mais en posant la règle — et apparaît ici la proportionnalité — que ces limitations « ne se concilient avec l'article 6, § 1 que si elles poursuivent un but légitime et s'il existe un rapport raisonnable de proportionnalité entre les moyens employés et le but visé » [3]. On peut évidemment encore rappeler le célèbre arrêt *Soering* où la CEDH a considéré qu'en raison du temps trop long passé dans le couloir de la mort, entre condamnation et exécution, « une extradition vers les États-Unis eut exposé (l'intéressé) à un risque réel de traitement dépassant le seuil de tolérance de l'article 3 » [4].

tion d'une loi anglaise sur les publications obscènes) ; 6 sept. 1978, *Klass c/ Allemagne*, série A, n° 28, § 50 à 60 (non condamnation de l'Allemagne dans un cas de surveillance secrète de la correspondance et des télécommunications, autorisée sous certaines conditions par la loi allemande) ; 24 mai 1988, *Muller c/ Suisse*, série A, n° 133, § 35 à 37 et 40 à 44 (non condamnation de la Suisse en cas de condamnation à des amendes et à la confiscation de toiles jugées obscènes qui avaient été exposées).

1. CEDH, 10 nov. 1969, *Stögmuller c/ Autriche*, série A, n° 9, § 4.

2. CEDH, 27 juin 1968, *Wemhoff c/ Autriche*, série A, n° 7 ; 27 juin 1968, *Neumeister c/ Autriche*, série A, n° 8 ; 10 nov.1969, *Stogmüller c/ Autriche*, série A, n° 9 ; 10 nov. 1969, *Matznetter c/ Autriche*, série A, n° 10 ; 16 juill. 1971, *Ringeissen c/ Autriche*, série A, n° 13 ; 26 juin 1991, *Letellier c/ France*, série A, n° 207.

3. CEDH, 28 mai 1985, *Ashingdane c/ Royaume-Uni* série A, n° 93, § 57 à 60. Très net est l'arrêt de la CEDH en date du 14 juin 2001, *Medenica c/ Suisse,* où à propos d'un individu condamné en son absence, les juges lui refusèrent le droit de faire opposition : en effet, lors de son procès *in absentia*, il avait été défendu par deux avocats et n'avait pas fourni d'excuse valable à son absence, condition nécessaire selon la loi locale pour pouvoir faire opposition de sorte que le refus des juges d'accueillir son opposition ne s'analysait pas en une sanction disproportionnée.

4. CEDH, 7 juill. 1989, *Soering c/ Royaume-Uni*, série A, n° 161, § 89, 100, 104 à 111.

Une autre hypothèse d'application de la proportionnalité en cas de mutisme de la Conv. EDH est fournie par l'article 10 de celle-ci. Ce texte affirme le principe de la liberté d'expression (§ 1), tout en prévoyant certaines conditions et restrictions, notamment pour assurer la défense de l'ordre, la prévention du crime et la protection de la réputation ou encore pour empêcher la divulgation d'informations confidentielles (§ 2). On voit aussitôt que le juge européen doit procéder à une pesée de deux intérêts antagonistes, celui de la restriction de cette liberté dans l'intérêt de l'État et celui d'une expression libre, revendiqué par le requérant. Nous sommes donc au cœur du principe de proportionnalité. Mais il faut reconnaître d'emblée que, lorsqu'il s'agit de la presse, l'intérêt de la libre expression a la faveur de la CEDH qui, de longue date, a qualifié la presse de « chien de garde de la société démocratique »[1]. Trois affaires concernant toutes la France vont nous convaincre, même si l'idée de proportionnalité n'est jamais absente[2] :

– dans l'afffaire *Lehideux,* un individu avait écrit un article élogieux à la mémoire du maréchal Pétain et fut condamné pour apologie de crime de collaboration. Mais la Cour européenne, après avoir pesé les intérêts en concours, condamna la France, assurant le primat de la liberté au motif que « la liberté d'expression vaut non seulement pour les idées accueillies avec faveur... mais aussi pour celles qui heurtent, choquent ou inquiètent »[3] ;

– dans l'affaire *Fressoz et Roire,* deux journalistes avaient publié dans un journal, *Le Canard enchaîné,* une photocopie d'un extrait d'avis d'imposition du directeur de l'entreprise Peugeot. Ils furent condamnés par la justice française pour recel de violation de secret professionnel. Mais la CEDH, considérant que l'article 10, § 2 Conv. EDH ne pouvait sauver la France, la condamna : l'intérêt d'informer le public l'emporte sur « les devoirs et responsabilités » au sens du § 2 pesant sur les requérants en raison de l'origine douteuse des documents fiscaux qu'il avaient obtenus[4] ;

– dans l'affaire *Du Roy et Malaurie,* les circonstances étaient un peu différentes. Une loi de 1931 interdisant sous sanction pénale la publication d'une plainte avec constitution de partie civile, pour parer au risque de chantage, un journaliste et le directeur du journal où il écrivait furent condamnés en France pour avoir publié une telle plainte[5]. La CEDH au contraire condamne la France en considérant que la condam-

1. CEDH, 25 juin 1992, *Thorgeir Thorgeirson,* série A, n° 239, § 63. *Add.* 23 avr. 1993, *Castells,* série A, n° 236, où la Cour indique que la presse tient « un rôle éminent dans un État de droit », § 43.

2. Sur la méthode de la CEDH pour apprécier la proportionnalité, v. Rigaux, obs. à la *RTDH* 1995, p. 412 et s., et F. Massias, obs. à la *Rev. sc. crim.* 1999, p. 153 et s., 633 et s.

3. CEDH, 23 sept. 1998, *Lehideux, Recueil* 1998, VII.

4. CEDH, 21 janv. 1999, *Fressoz et Roire, JCP* 1999.II.10.120, note E. Derieux.

5. Crim. 14 juin 2000, *Bull. crim.* n° 223, *D.* 2001, somm. 515, J. Pradel.

nation des journalistes n'est pas « raisonnablement proportionnée à la poursuite des buts légitimes visés compte tenu de l'intérêt de la société démocratique à assurer et à maintenir la liberté de la presse » [1]. Et la CEDH s'étonne que pour garantir l'autorité de la justice et protéger la réputation d'autrui, la loi de 1931 n'ait concerné que les plaintes avec partie civile, pas les plaintes simples qui lui paraissent proches. C'est oublier que la plainte avec partie civile est plus dangereuse que la plainte simple pour la réputation des personnes visées [2]. Et pourtant, peu après l'affaire *Du Roy et Malaurie,* la Cour de cassation devait se rallier à la CEDH [3].

À l'inverse, quand la liberté de la presse n'est pas en cause, l'application du principe de proportionnalité se fait plus égale : le § 2 de l'article 10 reprend de l'importance et la CEDH se borne à vérifier si l'appréciation des autorités nationales quant à la nécessité des restrictions est raisonnable [4].

De tout cela, il résulte que, notamment sur ce dernier aspect, proportionnalité et « marge nationale d'appréciation » se marient. Et sur tous les points, on entre dans une casuistique très subtile.

1. CEDH, 3 oct. 2000, *Du Roy et Malaurie.*
2. V. obs. J. Pradel, préc.
3. Crim. 16 janv. 2001, *Bull. crim.,* n° 10.
4. F. Sudre, *Droit international et européen des droits de l'homme,* 5e éd., PUF, 2001, p. 305.

CHAPITRE 1
LES DROITS PRIMORDIAUX

Ces droits primordiaux (ou matériels) existent en dehors de tout procès. Ils appartiennent à tout individu en tant que tel. Il s'agit, selon la Convention européenne des droits de l'homme, du droit à la vie, du droit à l'intégrité physique et du droit à une activité libre.

SECTION 1. LE DROIT À LA VIE

Art. 2 Conv. EDH.

1. Le droit de toute personne à la vie est protégé par la loi. La mort ne peut être infligée à quiconque intentionnellement, sauf en exécution d'une sentence capitale prononcée par un tribunal au cas où le délit est puni par cette peine par la loi.

2. La mort n'est pas considérée comme infligée en violation de cet article dans les cas où elle résulterait d'un recours à la force rendu absolument nécessaire :

a) pour assurer la défense de toute personne contre la violence illégale ;

b) pour effectuer une arrestation régulière ou pour empêcher l'évasion d'une personne régulièrement détenue ;

c) pour réprimer, conformément à la loi, une émeute ou une insurrection.

271 ***Introduction*** ◇ Divers aspects de cet article revêtent de l'importance pour la justice pénale. Les États doivent protéger la vie humaine pour autant que cette exigence a besoin d'être précisée dans des incriminations pénales, comme celles sur le génocide, le meurtre, les atteintes involontaires à la vie humaine et l'euthanasie. Ensuite les États ont l'obligation de protéger la vie des personnes qui sont détenues.

Il importe aussi de mentionner l'exception de la peine capitale et le Protocole 6.

Enfin le second paragraphe de l'article prévoit d'autres exceptions au principe exprimé dans le premier paragraphe.

Ni en cas de guerre ni en cas d'autre danger public menaçant la vie de la nation, des mesures dérogeant à l'article 2 ne sauraient être prises sauf, comme le rappelle l'article 15, pour le cas de décès résultant d'actes licites de guerre. Cette exception doit être interprétée à la lumière des Conventions de La Haye et Genève[1].

1. V. Pettiti, préc., p. 153 ; il s'agit des sept Conventions de La Haye, résultant de la Conférence de paix de 1899 et des quatre conventions de Genève de 1949, dites Conventions Croix-Rouge. Le Règlement sur le droit et les coutumes de la guerre terrestre est un annexe de la quatrième Convention de La Haye.

§ 1. Le principe du droit à la vie

A. La protection de la vie des détenus et des disparus

271-a Dans les dernières années la Cour a maintes fois été appelée à se prononcer sur le devoir des États de protéger la vie des détenus et des personnes disparues. Le devoir de protéger la vie de ceux qui sont mis sous son contrôle incombe à l'État [1]. Donc, s'il s'agit d'un détenu, l'État doit s'efforcer de faire tout ce qu'on peut attendre de lui pour empêcher que la vie du détenu soit mise en danger. L'État est même tenu responsable de la mort d'un détenu, s'il n'a fourni aucune explication sur la disparition d'une personne arrêtée. Les autorités doivent se « rendre compte des individus placés sous leur contrôle ». Donc dans une telle hypothèse il peut y avoir violation de l'article 2 [2]. Dans une pareille affaire la Cour a considéré que « le point de savoir si l'absence d'explication plausible de la part des autorités relativement au sort d'un détenu, en l'absence du corps, peut également soulever des questions au regard de l'article 2 de la Convention dépend de l'ensemble des circonstances de l'affaire, et notamment de l'existence de preuves circonstancielles suffisantes, fondées sur des éléments matériels, permettant de conclure au niveau de preuve requis que le détenu doit être présumé mort pendant sa détention ». Ensuite elle prenait en compte que « le laps de temps écoulé depuis le placement en détention de l'intéressé, bien que non déterminant en soi, est un facteur à prendre en compte » pour conclure que M. Timurtas « doit être présumé mort à la suite d'une détention non reconnue, opérée par les forces de l'ordre. Ce décès engage donc la responsabilité de l'État défendeur. Les autorités n'ayant fourni aucune explication sur ce qui s'est passé après l'arrestation de l'intéressé et n'ayant invoqué aucun motif de nature à justifier un quelconque recours de ses agents à la force meurtrière, il s'ensuit que la responsabilité de ce décès est imputable au gouvernement défendeur » [3].

L'article peut même être violé s'il n'y a pas de décès. La Cour n'a pas exclu la possibilité que dans des circonstances exceptionnelles « des sévices corporels infligés par des agents de l'État peuvent s'analyser en une violation de l'article 2 de la Convention lorsqu'il n'y a pas décès de la victime » [4].

1. V. par ex., CEDH 18 mai 2000, *Velikova c/ Bulgarie,* et CEDH 27 juin 2000, *Salman c/ Turquie.*
2. CEDH 9 mai 2000, *Ertak c/ Turquie,* § 132-133.
3. CEDH 13 juin 2000, *Timurtas c/ Turquie,* & 83-86 ; v. aussi CEDH 14 nov. 2000, *Tas c/ Turquie* et CEDH 27 févr. 2001, *Ciçek c/ Turquie.*
4. CEDH 27 juin 2000, *Ilhan c/ Turquie,* § 76 et CEDH 1er mars 2001, *Berktay c/ Turquie.*

B. L'obligation procédurale découlant de l'article 2

71-b L'obligation de protéger la vie humaine, combiné avec le devoir général incombant à l'État en vertu de l'article 1, entraîne aussi l'obligation de « mener une forme d'enquête efficace lorsque le recours à la force, notamment par des agents de l'État, a entraîné mort d'homme » [1]. « Cette obligation ne vaut pas seulement pour les cas où il a été établi que la mort avait été provoquée par un agent de l'État » [2]. Donc, le droit à la vie peut être négligé en raison de l'absence d'enquête adéquate et efficace. Pour cette raison la Cour a plusieurs fois dû constater que la Turquie a négligé ses obligations découlant de l'art. 2 [3].

C. L'existence d'incriminations et de mesures protégeant la vie

272 La jurisprudence des organes de Strasbourg n'apporte pas de réponses précises au point de savoir si les États ont une obligation de protéger la vie humaine par l'introduction d'incriminations pénales [4]. C'est cependant une question académique, parce que tous les États connaissent ces incriminations, même si les textes peuvent varier.

Il est plus important de savoir si les États ont l'obligation de poursuivre pénalement tout comportement qui va à l'encontre du droit à la vie. On peut imaginer qu'une espèce d'homicide involontaire commis par un médecin, ne fasse l'objet que d'une procédure disciplinaire. Une telle décision peut être proportionnée aux circonstances du cas. Or, la répression par la voie pénale d'une atteinte au droit à la vie n'est pas toujours requise, quoiqu'une poursuite pénale d'un homicide volontaire semble l'être en général.

Ensuite, l'article 2 fait peser sur l'État « une obligation positive de prendre préventivement des mesures d'ordre pratique pour protéger l'individu dont la vie est menacée par les agissements criminels d'autrui ». Les autorités doivent prendre des mesures concrètes pour prévenir la matérialisation d'un risque certain et immédiat pour la vie [5]. Ceci ne

1. CEDH 27 sept. 1995, *McCann c/ Royaume-Uni*, § 161 ; CEDH 28 juill. 1998, *Ergi c/ Turquie*, § 82.
2. *Ibidem.*
3. V. CEDH 2 sept. 1998, *Yasa c/ Turquie, Recueil* 1998-VI, p. 2411, CEDH 9 juill. 1999, *Çakiçi c/ Turquie, Recueil...*, CEDH 9 juill. 1999, *Tanrikulu c/ Turquie*, CEDH 9 mai *Ertak c/ Turquie*, § 135, CEDH 16 mai 2000, *Velikova c/ Bulgarie*, CEDH 20 mai 1999, *Ogur c/ Turquie, Recueil* 1999-III, p. 577, CEDH 27 juin 2000, *Salman c/ Turquie*, CEDH 13 juin 2000, *Timurtas c/ Turquie*, § 89-90, CEDH 10 oct. 2000, *Akkoç c/ Turquie*, CEDH 21 nov. 2000, *Demiray c/ Turquie*, CEDH 14 nov. 2000, *Tas c/ Turquie*, CEDH 14 déc. 2000, *Gül c/ Turquie* et CEDH 10 avr. 2001, *Tanli c/ Turquie*.
4. V. Comm. EDH 12 juill. 1978, 7 154/75, DR 14, p. 31 : la première phrase de l'article 2 oblige les États « de prendre les mesures nécessaires à la protection de la vie ».
5. CEDH 28 oct. 1998, *Osman c/ Royaume-Uni, Recueil* 1998-VIII, p. 3124, § 115.

veut pas dire que l'article 2 impose « aux autorités un fardeau insupportable ou excessif. Dès lors, toute menace présumée contre la vie n'oblige pas les autorités, au regard de la Convention, à prendre des mesures concrètes pour en prévenir la réalisation. Pour qu'il y ait une obligation positive, il doit être établi que les autorités savaient ou auraient dû savoir sur le moment qu'un ou plusieurs individus étaient menacés de manière réelle et immédiate dans leur vie du fait des actes criminels d'un tiers, et qu'elles n'ont pas pris, dans le cadre de leurs pouvoirs, les mesures qui, d'un point de vue raisonnable, auraient sans doute pallié ce risque » [1].

L'article 2 invite à se demander s'il oblige les États à incriminer l'interruption de grossesse et l'euthanasie. La CEDH ne s'est pas prononcée sur ces questions. En revanche, la Comm. EDH a tranché la question de savoir si l'expression « la vie » inclut la vie d'un être non encore né, la vie à naître. La Comm. EDH a admis l'avortement thérapeutique opéré dans les premiers mois de la grossesse. De cette manière, elle a réfuté la thèse que le fœtus a un droit absolu à la vie, même si la vie de la mère est mise en danger par la continuation de la grossesse. D'autre part elle n'a pas explicitement reconnu que le fœtus a un droit à la vie assorti de certaines limitations implicites ni décidé que l'article 2 ne concerne pas du tout le fœtus [2]. Quant à l'euthanasie, pour la Comm. EDH, l'article 2 n'exige pas la pénalisation de l'euthanasie passive. Elle ne s'est pas prononcée sur l'euthanasie active [3]. Certains auteurs soutiennent la thèse que le droit à la vie est un droit inaliénable. Donc l'individu ne pourrait pas y renoncer [4].

§ 2. **Les exceptions au droit à la vie**

A. **L'exception de la peine capitale**

273 La Convention n'abolit pas la peine capitale au cas où elle a été prononcée par un tribunal en vertu d'une disposition légale. Mais alors, les États qui n'ont pas aboli la peine capitale, doivent respecter ces deux conditions, qu'on retrouve d'ailleurs déjà dans les articles 6 et 7 de la Convention. En outre, l'imposition et l'exécution de la peine capitale peuvent porter atteinte à d'autres droits reconnus dans la Convention, comme ceux des articles 3, 6 et 9. Ce sont donc divers articles de la Conv. EDH qui peuvent faire obstacle à la peine de mort.

1. CEDH 28 mars 2000, *Kiliç c/ Turquie*, § 63 et CEDH 28 mars 2000, *Kaya c/ Turquie*.
2. V. Pettiti, préc., p. 146, Van Dijk et Van Hoof, préc., p. 300-303, Harris, O'Boyle, Warbrick, préc., p. 42.
3. V. Harris, O'Boyle, Warbrick, préc., p. 38.
4. V. F. G. Jacobs et R. C. A. White, *The European Convention on Human Rights*, Clarendon Press, Oxford 1996, p. 44.

Le premier article du Protocole n° 6 dispose que « La peine de mort est abolie. Nul ne peut être condamné à une telle peine ni exécuté ». Ce protocole est entré en vigueur le premier mars 1985, après ratification par cinq États. Par la suite, la grande majorité des États de la Convention l'a ratifié [1].

L'article 2 du Protocole règle la possibilité d'une exception en formulant qu'un État peut prévoir dans sa législation la peine de mort pour des actes commis en temps de guerre ou de danger imminent de guerre. Mais, de nouveau, comme dans l'article 2-1 de la Convention, il est fait référence au principe de la légalité : « une telle peine ne sera appliquée que dans les cas prévus par cette législation et conformément à ses dispositions ». Le rapport explicatif du Conseil de l'Europe mentionne expressément la possibilité pour un État de modifier sa législation après la ratification du Protocole [2].

L'article 3 du Protocole dispose qu'aucune dérogation n'est autorisée aux dispositions du Protocole au titre de l'article 15 de la Convention. Or, un État qui est en guerre ou subit un danger imminent de guerre et qui a ratifié le Protocole sans avoir utilisé la faculté de l'article 2 de celui-ci prévoyant la peine de mort pour des actes commis en temps de guerre ou de danger imminent de guerre, est obligé de respecter l'abolition de la peine de mort. On peut se demander si cet État peut, en temps de guerre ou de danger imminent de guerre, réintroduire pour ces actes cette peine avec rétroactivité, mais tout en respectant les conditions de l'article 2, § 1 de la Convention auquel une dérogation, selon l'article 15 de la Convention, n'est pas admise. D'une part, il serait remarquable que la possibilité de réintroduire la peine capitale soit restreinte au temps de paix, dans lequel la nécessité de la réintroduction n'est pas évidente. D'autre part, l'article 3 du Protocole n'autorise aucune dérogation au titre de l'article 15 de la Convention [3]. Ce dernier article vise les cas de guerre. Une réponse affirmative à la question priverait l'article 3 du Protocole de son contenu pour autant que cet article a égard au cas de guerre. De la sorte la réponse à la question est négative.

L'extradition par un État qui a ratifié le Protocole, vers un État où la personne requise encourt le risque d'être condamnée à la peine de mort, va à l'encontre de ce Protocole [4]. C'est l'effet indirect de cet article.

B. Les autres exceptions

274 La peine capitale mise à part, l'article 2-2 de la Convention reconnaît encore trois autres situations dans lesquelles une atteinte au droit à la

1. L'Arménie, l'Azerbaïdjan et la Russie ont signé, mais pas (encore) ratifié. La Belgique n'a ni signé ni ratifié.
2. V. Rapport explicatif p. 6.
3. V. Van Dijk et Van Hoof, préc., p. 681.
4. C. Van Dijk et Van Hoof, préc., p. 325, note 161.

vie peut être justifiée. Elle pose la condition générale que le recours à la force doit être absolument nécessaire. Ainsi elle consacre les principes de la subsidiarité et de la proportionnalité [1] : une autre voie moins défavorable n'étant pas ouverte, le recours à la force devient nécessaire, si cette voie est proportionnée aux fins légitimement recherchées. Il faut tenir compte « de la nature du but recherché, du danger pour les vies humaines et l'intégrité corporelle inhérentes à la situation, et de l'ampleur du risque que la force employée fasse des victimes » [2]. Il en découle qu'il est par exemple interdit à la police de tirer avec un fusil sur une personne connue d'elle, parce que cette personne, ayant commis un délit de moindre importance, se soustrait à son arrestation. Les mots « absolument nécessaire » obligent à appliquer un critère de nécessité encore plus strict et plus impérieux que celui qu'on retrouve dans les paragraphes 2 des articles 8-11 Conv. EDH [3].

1. La défense contre une violence illégale

275 La première exception vise la légitime défense qui, on le rappellera, tend a assurer la défense de toute personne contre la violence illégale. Cependant, il est certain que l'article 2 ne s'étend pas à la défense des biens [4]. Est douteux en revanche le point de savoir si cette exception vise seulement la légitime défense des autorités publiques ou si elle peut s'étendre également aux individus [5]. Le caractère du traité s'oppose à la seconde opinion. Ce sont en effet les droits nationaux qui justifient la légitime défense des individus dans leur relations mutuelles. On pourrait imaginer qu'un État accepte trop facilement la légitime défense et qu'un individu ou sa famille se plaigne auprès des organes de Strasbourg du non-respect de la part de l'État concerné de son obligation de sauvegarder le droit à la vie. Ainsi la CEDH, dans le contexte de l'article 8 de la Convention, a statué dans une affaire où la législation néerlandaise ne donnait pas une protection suffisante à une mineure qui souffrait d'une maladie mentale et qui était victime d'un délit sexuel [6]. Dans l'espèce il s'agissait d'un délit sexuel commis contre une fille de 16 ans, handicapée

1. V. CEDH 14 déc. 2000, *Gül c/ Turquie* et CEDH 20 mai 1999, *Ogur c/ Turquie,* Recueil 1999-III, p. 577.
2. Comm. EDH 6 oct. 1986, 11 257/84, DR 49, p. 213.
3. CEDH 27 sept. 1995, *McCann c/ Royaume-Uni,* série A, n° 324 ; CEDH 9 oct. 1997, *X et autre c/ Chypre, European Law Review, Human Rights Survey,* 1998, p. 120 ; CEDH 27 juill. 1998, *Güleç c/ Turquie,* § 69-73 et CEDH 27 juin 2000, *Ilhan c/ Turquie,* § 74.
4. Comp. Pettiti, préc., p. 152, Harris, O'Boyle, Warbrick, préc., p. 48.
5. V. Pettiti, préc., p. 152.
6. CEDH 26 mars 1985, *X et Y c/ les Pays-Bas,* série A, n° 91 ; R. A. Lawson et H. G. Schermers, *Leading Cases of the European Court of Human Rights,* Ars Aequi Libri, Maklu, Nomos, Schulthess, Nijmegen-Antwerpen-Baden-Baden, Zürich, 1997, p. 156, annotated by the editors.

mentale. Ce délit ne pouvait être poursuivi que sur plainte de la victime. Le ministère public avait décidé de ne pas poursuivre à condition que le suspect ne répétât l'infraction dans le délai de deux ans. La mère de la victime n'était pas d'accord. Elle se plaignait auprès de la Cour d'appel du classement de l'affaire. Cette cour ne pouvait que constater une lacune dans la loi pénale néerlandaise. Celle-ci ne prévoyait pas la possibilité de faire déposer une plainte par un représentant d'une personne âgée de 16 ou 17 ans, la victime elle-même, par sa situation mentale, n'ayant pas déposé une plainte. Dès lors, la Cour de Strasbourg constatait que le code pénal n'assurait pas à la victime une protection concrète et effective et concluait à la violation de l'article 8 [1].

2. **L'arrestation régulière et la prévention de l'évasion d'une personne régulièrement détenue**

276 La seconde exception vise les situations de l'arrestation régulière et de l'évasion d'une personne régulièrement détenue. Il est logique que dans ces situations, la mort ne puisse être qu'une conséquence involontaire de l'utilisation de la force. L'intention de tuer serait opposée aux fins recherchées : l'arrestation et la continuation d'une détention [2]. L'article 2 ne reconnaît pas comme exception la prévention de crimes. L'article 5 admet l'arrestation et la détention pour de simples raisons de prévention s'il y a un risque immédiat que la personne concernée commette une infraction ; mais, répétons-le, une telle arrestation ou détention ne peut pas être effectuée en tuant cette personne.

C'est seulement dans le cas où la prévention d'un crime va de pair avec une exception admise comme la légitime défense (art. 2-2, point a) que la police est autorisée à tuer intentionnellement.

L'arrestation, comme la détention doit être régulière, c'est-à-dire qu'elle doit être en conformité avec les exigences de la Convention et du droit national.

3. **La répression d'une émeute ou d'une insurrection**

277 La répression d'une émeute ou d'une insurrection peut justifier l'utilisation d'une force mortelle : c'est la troisième exception. L'article 2-2 c exige une disposition de la loi nationale pour qu'elle puisse s'appliquer.

1. CEDH 26 mars 1985, *X et Y c/ Pays-Bas*, série A, n° 91, § 30, *Leading Cases*, préc., p. 156.

2. Comp. J. FROWEIN et W. PEUCKERT, *Europäische Menschenrechtskonvention*, 2e éd., Engel, Kehl, Strasbourg, Arlington 1996, p. 36 et HARRIS, O'BOYLE, WARBRICK, préc., p. 52.

SECTION 2. LE DROIT À L'INTÉGRITÉ PHYSIQUE[1]

Art. 3 Conv. EDH.

« Nul ne peut être soumis à la torture ni à des peines ou traitements inhumains ou dégradants ».

278 ***Introduction*** ◇ Deux observations préalables s'imposent. Premièrement cet article consacre, comme l'article 2, « l'une des valeurs fondamentales des sociétés démocratiques qui forment le Conseil de l'Europe » [2]. Alors que l'article 2 protège la vie humaine elle-même, l'article 3 traite de la dignité humaine. Les cinq éléments qu'il évoque, à savoir les tortures, les peines inhumaines, les peines dégradantes, les traitements inhumains et les traitements dégradants seront précisés ci-dessous. À vrai dire, la torture heureusement n'étant pas un phénomène très répandu dans les États de la Convention [3], la jurisprudence s'est concentrée sur les peines et les traitements inhumains ou dégradants. Comme dans la jurisprudence sur l'article 2, l'Irlande du Nord apparaît souvent dans les décisions et les arrêts sur l'article 3. Il est compréhensible que ces articles soient plus fréquemment appliqués dans un État qui est confronté à des actes de terrorisme que dans un État où ce phénomène ne se produit pas. Néanmoins la dignité humaine exige que l'interdiction de l'article 3 soit respectée. C'est la raison pour laquelle même en cas de guerre ou en cas d'autre danger public menaçant la vie de la nation, l'article 15-2 n'autorise aucune dérogation à l'article 3 [4]. Ce texte consacre un droit absolu [5].

Deuxièmement l'art. 3 Conv. EDH doit être rapproché de la Convention européenne pour la prévention de la torture et des peines ou trai-

1. V. H. Fourteau, *L'application de l'article 3 de la Convention européenne des droits de l'homme dans le droit interne des États membres. L'impact des garanties européens contre la torture et les traitements inhumains ou dégradants,* préface N. Belloubet-Frier, LGDJ, Paris 1996 ; L. Doswald-Beck, « What does the prohibition of 'torture or inhuman treatment or punishment' mean ? », The interpretation of the European Commission and Court of human rights, *Netherlands international law review* 1978, p. 24 et s.

2. CEDH 7 juill. 1989, *Soering c/ Royaume-Uni,* série A, n° 161, § 88, *Leading Cases,* préc., p. 306.

3. Il faut signaler les arrêts CEDH 18 déc. 1996, *Aksoy c/ Turquie, Leading Cases,* préc., p. 654, European Law Review, Human Rights Survey, 1997 p. 118 et CEDH 25 sept. 1997, *Aydin c/ Turquie,* § 80-88, *European Law Review,* Human Rights Survey, 1998 p. 121.

4. CEDH 18 janv. 1978, *Irlande c/ Royaume-Uni,* série A, n° 25, § 163 ; v. aussi P.-M. Martin, à propos de l'art. 3 de la Conv. CEDH : l'arrêt de la Cour européenne des droits de l'homme dans l'affaire *Irlande c/ Royaume-Uni, RGDI publ.* 1979, p. 104 et R. Pelloux, « L'arrêt *Irlande c/ Royaume-Uni* », *Annuaire français de droit international* 1978, p. 379.

5. V. Pettiti, préc., p. 155. Un auteur parle « d'une norme de premier rang dans la hiérarchie des droits fondamentaux », H. Fourteau, préc., p. 31.

tements inhumains ou dégradants du 26 novembre 1987[1]. Cependant, cette dernière ne connaît pas de mécanisme judiciaire. Elle instaure simplement un système de visites périodiques ou *ad hoc* des locaux de détention dans les États parties à cette Convention. Des décisions ou arrêts de la Commission ou la Cour peuvent d'ailleurs être à l'origine d'une pareille visite *ad hoc*. Un Comité spécial se rend sur place et rédige des rapports qui peuvent aboutir à des recommandations à l'État visité[2].

§ 1. **Les notions de l'article 3**

279 ***Généralités*** ◇ Le texte vise, on le sait, la torture, les peines ou traitements inhumains ou dégradants[3]. Toute souffrance infligée intentionnellement n'entre pas dans le champ d'application de l'article 3. Il faut qu'il y ait un certain minimum de gravité. « Ce qui est en deçà du seuil minimum, telles les « brutalités » — condamnables moralement mais n'atteignant pas le degré de rigueur requis —, est exclu du champ d'application de l'article 3 » [4]. Par souffrance on n'entend pas seulement la souffrance corporelle, mais également la souffrance mentale[5].

Au-delà du minimum, il y a une graduation de gravité qui va du traitement ou de la peine dégradante par l'intermédiaire du traitement ou de la peine inhumaine jusqu'à la torture[6], ce qui est, d'ailleurs, l'ordre de la terminologie de l'article 3. La distinction entre les divers éléments est très fragile. Il y a « une différence dans l'intensité des souffrances infligées » [7]. Cette distinction n'entraîne pas de conséquences juridiques directes. Mais la qualification de torture peut, mis à part la compensation au sens de l'article 41, nuire gravement à l'image de l'État concerné[8].

La Cour a développé une interprétation évolutive de la notion de torture. Elle a considéré que « compte tenu de ce que la Convention est un « instrument vivant à interpréter à la lumière des conditions de vie actuelles » [...] la Cour estime que certains actes autrefois qualifiés de « traitements inhumains et dégradants », et non de « torture », pourraient recevoir une qualification différente à l'avenir. La Cour estime en

1. European Treaty Series 126, déjà étudiée aux n°s 182 et s.
2. V. *supra*, n°s 182 et s.
3. Pour une étude générale v. F. Sudre, « La notion de peines et traitements inhumains ou dégradants dans la jurisprudence de la Commission et de la Cour européennes des droits de l'homme », *RGDI publ.* 1984, p. 819 et s.
4. V. Pettiti, préc., p. 158.
5. V. CEDH 18 janv. 1978, série A, n° 25, § 162 (effets mentaux) et 167 (souffrances morales), *Irlande c/ Royaume-Uni*, Comm. EDH 5 nov. 1969, Annuaire XII (1969) p. 461, *Grèce*, et Comm. EDH 5 juill. 1983, série A, n° 91, p. 22-23, *X et Y c/ les Pays-Bas*.
6. V. CEDH 25 avr. 1978, *Tyrer c/ Royaume-Uni*, série A, n° 26, § 29.
7. CEDH 18 janv. 1978, *Irlande c/ Royaume-Uni*, série A, n° 25, § 167, *Leading Cases*, préc., p. 43.
8. V. Harris, O'Boyle, Warbrick, préc., p. 56-57.

effet que le niveau d'exigence croissant en matière de protection des droits de l'homme et des libertés fondamentales implique, parallèlement et inéluctablement, une plus grande fermeté dans l'appréciation des atteintes aux valeurs fondamentales des sociétés démocratiques » [1].

Les notions de torture et de peines et traitements inhumains et dégradants sont trop vagues pour être en mesure de qualifier un comportement directement comme interdit par l'article 3. Donc, la Cour a considéré que le mauvais traitement doit atteindre un seuil minimum de gravité et que l'appréciation de ce seuil est relative. La Cour tient compte de « l'ensemble des données de la cause, notamment de la durée du traitement et de ses effets physiques ou mentaux ainsi que, parfois, du sexe, de l'âge, de l'état de santé de la victime, etc. » [2]. De cette manière, une certaine relativité est nécessairement introduite. Mais cette relativité ne doit pas faire perdre de vue la protection due à l'intégrité de la personne.

Dans l'affaire *Tomasi*, concernant des brutalités policières pendant la garde à vue d'une personne suspectée d'avoir participé à un acte de terrorisme en Corse, la Cour a estimé que « Les nécessités de l'enquête et les indéniables difficultés de la lutte contre la criminalité, notamment en matière de terrorisme, ne sauraient conduire à limiter la protection due à l'intégrité physique de la personne » [3]. Ainsi elle a renoncé à l'application du principe de la proportionnalité pour se demander si le seuil minimum est transgressé [4]. Il faut remarquer que la Cour ne parle que de l'intégrité physique de la personne. Or, il n'est pas exclu que la Cour soit d'avis que le principe de la proportionnalité joue un rôle quand il s'agit de l'intégrité psychique de la personne. De la sorte, il n'y a pas d'opposition entre ce point de vue et celui de la Commission, exprimé dans son rapport à l'occasion de l'affaire *Kröcher et Möller* qui concernait l'intégrité psychique de la personne. La Commission se posait la question de savoir « si l'équilibre entre les impératifs de sécurité et les droits fondamentaux de l'individu n'a pas été rompu au détriment de ceux-ci » [5].

Lorsqu'une mesure n'est pas suffisamment grave pour être interdite par l'article 3, il reste la possibilité d'invoquer l'article 8 de la Convention, étant donné, comme nous le verrons ci-dessous, que la notion de vie privée recouvre non seulement l'intégrité morale de la personne, mais aussi son intégrité physique [6]. À l'inverse, si la mesure contestée ne porte

1. CEDH 28 juill. 1999, *Selmouni c/ France, Recueil* 1999-V, p. 203, § 101.
2. CEDH 18 janv. 1978, *Irlande c/ Royaume-Uni,* série A, n° 25, § 162.
3. CEDH 27 août 1992, *Tomasi c/ France,* série A, n° 241-A, § 115. V. F. SUDRE, « L'arrêt de la Cour du 27 août 1992, *Tomasi c/ France* : Mauvais traitements et délai raisonnable », *Rev. sc. crim. 1993*, p. 33 et s.
4. V. F. SUDRE, *in* PETTITI, préc., p. 161.
5. Comm. EDH 9 juill. 1981, 8463/78, 34 DR (1983), p. 34, *Kröcher et Möller c/ Suisse.*
6. Comm. EDH 8 oct. 1991, *Costello-Roberts c/ Royaume-Uni,* série A, n° 247-C, § 49, *Leading Cases*, préc., p. 484.

pas atteinte à l'article 8, il est invraisemblable qu'elle entre dans le champ de protection de l'article 3 [1].

A. La torture

280 La Cour définit la torture comme « des traitements inhumains délibérés provoquant de fort graves et cruelles souffrances ». La Cour fait allusion à l'élément du but de la souffrance en disant « Or quoique les cinq techniques, utilisées cumulativement, aient présenté sans nul doute le caractère d'un traitement inhumain et dégradant, aient eu *pour but d'arracher des aveux, dénonciations ou renseignements*, et aient été appliquées de manière systématique, elles n'ont pas causé des souffrances de l'intensité et de la cruauté particulières qu'implique le mot torture ainsi entendu » [2]. La Commission l'a fait en disant : (la souffrance) « ayant pour but, par exemple, d'obtenir des informations ou des aveux ou d'infliger une peine » [3].

Dès lors, on distingue trois éléments : souffrance d'une certaine intensité, provoquée délibérément, avec un but précis. En absence d'un tel but précis il ne pourrait pas être question de torture. D'autre part, la présence d'un tel but, ne rend pas tout comportement qui dépasse le seuil minimum de l'article 3 (celui du traitement dégradant) qualifiable de torture.

Le but mis à part, la torture se distingue du traitement inhumain par sa gravité [4]. La Cour, dans l'arrêt précité rendu dans l'affaire inter-étatique *Irlande c/ Royaume-Uni*, a même estimé que la distinction entre la notion de torture et celle de traitements inhumains ou dégradants « procède principalement d'une différence dans l'intensité des souffrances infligées » [5]. En faisant référence à la définition du premier article de la Convention des Nations Unies contre la torture et autres peines ou traitements cruels, inhumains ou dégradants, entrée en vigueur le 26 juin 1987, la Cour souligne le caractère aigu des douleurs et souffrances subies par le détenu pour les qualifier ensuite de torture.

Le facteur de gravité revêt beaucoup plus d'importance que celui du but. Partant de l'hypothèse qu'il y a une graduation de gravité qui va du traitement ou de la peine dégradante par l'intermédiaire du traitement ou de la peine inhumaine jusqu'à la torture, il serait étonnant qu'un comportement qui selon sa gravité doit être attribué à la catégorie la plus lourde, en fin de compte ne soit pas qualifié de torture en raison d'absence de but. Pour cette raison l'élément du but pourrait être

1. C. Harris, O'Boyle, Warbrick, préc., p. 58.
2. CEDH 18 janv. 1978, *Irlande c/ Royaume-Uni*, série A, n° 25, § 167.
3. Comm. EDH 5 nov. 1969, *Grèce*, Annuaire XII (1969), p. 186.
4. Ainsi Comm. EDH 5 nov. 1969, *Grèce*, Annuaire XII (1969) p. 186.
5. CEDH 18 janv. 1978, *Irlande c/ Royaume-Uni*, série A, n° 25, § 167.

supprimé. De surcroît, étant donné que même le sadisme pur peut être considéré comme but, ce troisième élément, en pratique, n'a guère de valeur [1].

B. Les peines inhumaines ou dégradantes

281 La notion de peine comprend un élément de réprobation sociale. En infligeant une peine, le juge prononce d'une manière formelle et au nom de la société la désapprobation du comportement constaté. Or, la peine est par sa nature dégradante et humiliante. Mais la mesure de dégradation ou l'humiliation peut atteindre un stade d'inadmissibilité. « Aux yeux de la Cour, pour qu'une peine soit « dégradante » et enfreigne l'article 3, l'humiliation ou l'avilissement dont elle s'accompagne doivent se situer à un niveau particulier et différer en tout cas de l'élément habituel d'humiliation mentionné à l'alinéa précédent (c'est-à-dire l'aspect humiliant que présente toute peine d'ordinaire) ». L'appréciation est « nécessairement relative : elle dépend de l'ensemble des circonstances de la cause, et notamment de la nature et du contexte de la peine ainsi que de ses modalités d'exécution » [2].

La souffrance subie par la peine doit atteindre un certain niveau pour que cette peine puisse être qualifié d'inhumaine au sens de l'article 3 : ainsi en a décidé la Cour dans son arrêt rendu dans l'affaire *Tyrer* où il s'agissait de châtiments judiciaires corporels imposés à des mineurs de l'Île de Man par des individus reconnus coupables de violences [3]. Ces châtiments furent considérés comme des traitements dégradants.

C. Les traitements inhumains ou dégradants

282 La Commission a défini la notion de traitement dégradant comme : « Treatment or punishment of an individual may be said to be degrading if it grossly humiliates him before others or drives him to act against his will or conscience » [4]. De nouveau, comme au regard des peines, il y a une différence graduelle entre traitement inhumain et traitement dégradant.

1. Ainsi Harris, O'Boyle, Warbrick, préc., p. 60.
2. CEDH 25 avr. 1978, *Tyrer c/ Royaume-Uni*, série A, n° 26, § 30, *Leading Cases*, préc., p. 43. V. R. Pelloux, « L'affaire irlandaise et l'affaire Tyrer devant la Cour européenne des droits de l'homme », *Annuaire fr. dr. int.* 1978, p. 400 et s.
3. CEDH 25 avr. 1978, *Tyrer c/ Royaume-Uni*, série A, n° 26, § 32, 33 et 35, *Leading Cases*, préc., p. 43 ; J. Cohen-Jonathan, « Cour européenne des droits de l'homme-chronique de jurisprudence », *Cah. dr. eur.* 1979, p. 471 et s.
4. Rapport de la Comm. EDH du 5 nov. 1969, *Grèce*, Annuaire XII (1969), p. 186. Ce rapport a été rédigé seulement en anglais.

L'exécution d'une peine peut présenter le caractère d'un traitement inhumain ou dégradant, quoique la peine elle-même ne soit pas du tout inhumaine ou dégradante.

Une violation des règles minima pour le traitement des prisonniers, révisées en 1987 [1], ne constitue pas nécessairement une violation de l'article 3 : « En tout état de cause, des conditions de détention qui, sous certains aspects, seraient en retrait par rapport aux « règles minima » ne constitueraient pas, de ce seul fait, un traitement inhumaine ou dégradant » [2]. Le niveau de ces règles est beaucoup plus élevé que celui de l'article 3 qui ne protège que contre des atteintes à la dignité humaine.

Un châtiment corporel, infligé par un parent à son enfant, peut entrer dans le champ d'application de l'article 3, même si un tel comportement est admis selon la loi nationale [3].

283 L'isolement cellulaire total a fait l'objet d'un rapport très strict de la part de la Commission. « Sans doute un isolement sensoriel doublé d'un isolement social absolu peut-il aboutir à une destruction de la personnalité ; il constitue ainsi une forme de traitement inhumain que ne sauraient justifier les exigences de sécurité, l'interdiction de torture ou de traitement inhumain inscrit à l'article 3 de la Convention ayant un caractère absolu » [4]. D'autre part cependant, la Commission ne semble pas être tentée de conclure très vite à la présence d'un tel isolement total [5]. Dans une espèce où une situation qualifiée d'isolement quasi-total s'était présentée la Commission ne concluait pas à la violation de l'article 3, estimant que des raisons de sécurité justifiaient l'isolement [6].

Les conditions de détention auxquelles des prisonniers en Grèce furent assujettis, comme la surpopulation, le chauffage inadéquat, etc. furent considérées de traitement inhumains [7]. La Cour était d'opinion que la détention préventive d'un suspect dans un bâtiment détérioré et malsain situé dans une partie restreinte d'une île isolée à une distance d'une heure en bateau de la Sardaigne ne constituait pas pour autant un traitement inhumain. Dans cette espèce « le niveau de gravité au-delà duquel un traitement tombe sous le coup de l'article 3 » ne fut pas atteint [8].

1. Collection des recommandations, résolutions et décisions du Comité des Ministres portant sur les droits de l'homme, 1949-1987, p. 161.
2. V. Comm. EDH 11 déc. 1976, *Eggs c/ Suisse*, 7341/76, DR 6, p. 170, 176.
3. CEDH 23 sept. 1998, *A. c/ Royaume-Uni*, *Recueil* 1998-VI, p. 2692, § 19 et s.
4. Comm. EDH 8 juill. 1976, *Ensslin, Baader et Raspe c/ Allemagne*, 7572/76, DR 14, p. 64, 85.
5. V. F. SUDRE, *in* PETTITI, préc., p. 172.
6. Comm. EDH 9 juill. 1981, *Kröcher et Möller c/ Suisse*, 8463/78, 34 DR (1983), p. 35-40.
7. Comm. EDH, 5 nov. 1969, *Grèce*, Annuaire 12 (1969), p. 495 et 505 ; v. aussi CEDH 6 mars 2001, *Dougoz c/ Grèce* et CEDH 19 avr. 2001, *Peers c/ Grèce*.
8. CEDH 6 nov. 1980, *Guzzardi c/ Italie*, série A, n° 39, § 107 et 23-42.

Même la durée de la détention peut soulever un problème au vu de l'article 3. Dans l'affaire *Kotälla,* il s'agissait d'un criminel de guerre qui était condamné à mort. La peine fut ultérieurement commuée par voie de grâce en une peine d'emprisonnement à vie. Il se trouvait dans un mauvais état de santé. La Commission était d'avis que la peine d'emprisonnement à vie qui a remplacé la peine de mort ne constitue pas une violation de l'article 3. Elle faisait sienne l'observation des juges néerlandais que la détérioration physique et psychologique était un phénomène pouvant frapper tout être humain vieillissant et n'était donc pas exceptionnelle [1].

Dans la fameuse affaire des deux britanniques, âgés de dix ans, qui avaient tué un garçon de deux ans, la Cour a fait allusion à la possibilité qu'une peine d'emprisonnement aille à l'encontre de l'article 3. La Cour se référait d'abord « à l'article 37 de la Convention des Nations Unies qui interdit de prononcer l'emprisonnement à vie sans possibilité de libération pour les infractions commises par des personnes âgées de moins de dix-huit ans et dispose que la détention d'un enfant « doit n'être qu'une mesure de dernier ressort, et être d'une durée aussi brève que possible », et à l'article 17 § 1 b) des règles de Beijing, qui recommande de limiter au minimum les restrictions à la liberté personnelle du mineur » [2]. La Cour ne s'est pas opposé à l'imposition d'une peine de durée indéterminée. D'autre part elle a observé « que l'on ne saurait exclure, en particulier dans le cas d'un enfant aussi jeune que l'était le requérant au moment de sa condamnation, que l'absence prolongée et injustifiable de décision sur la période punitive, qui laisse le détenu dans l'incertitude pendant de nombreuses années quant à son avenir, puisse également soulever un problème au regard de l'article 3 » [3].

284 Le détenu a droit à un traitement médical adéquat. L'État qui le refuse se rend coupable de traitement inhumain [4]. Le détenu peut être soumis à un traitement médical et à une alimentation forcée, si, en l'absence de ceux-ci, une situation d'urgence se présenterait mettant en danger sa vie. La Cour ne s'est pas prononcé sur la situation des prisonniers qui sont en grève de la faim. On peut penser que dans un tel cas il y a un conflit entre l'article 3 et l'article 2. Alors le droit à la vie l'emporte sur le droit de l'article 3. Dans l'affaire *Herczegfalvy,* il s'agissait de quelqu'un qui était placé dans un hôpital psychiatrique et qui était extrêmement affaiblie. Le directeur de l'établissement ordonna son alimen-

1. Comm. EDH 6 mai 1978, *Kotälla c/ Pays-Bas,* n° 7994/77, DR 14, p. 238, 244-245.
2. CEDH 16 déc. 1999, *T. c/ Royaume-Uni,* § 96.
3. CEDH 16 déc. 1999, *T. c/ Royaume-Uni,* § 99.
4. Comm. EDH 8 juill. 1993, *Hurtado c/ Suisse,* série A, n° 280-A, § 79-80 et Comm. EDH 5 déc. 1979, *Bonnechaux c/ Suisse,* 8224/78, DR 18, p. 100, 124 ; Comm. EDH 8 déc. 1982, *Chartier c/ Italie,* 9044/80, DR 33, p. 41, 48-49 ; Comm. EDH 6 mai 1978, *Kotälla c/ Pays-Bas,* 7944/77, DR 14, p. 238, 245 ; CEDH 21 déc. 2000, *Büyükdag c/ Turquie.*

tation forcée et on lui administra contré son gré des sédatifs. Dans ce cas d'une personne incapable d'autodétermination la Cour a considéré que « les conceptions médicales établies sont en principe décisives en pareil cas : ne saurait, en général, passer pour inhumaine ou dégradante une mesure dictée par une nécessité thérapeutique » [1].

285 L'usage de violence, soit occasionnelle, soit délibérée, contre un détenu peut porter atteinte au droit de l'article 3. Dans l'affaire *Grèce* il avait été question notamment de « falanga » et d'extraction de cheveux de la tête [2]. La Cour a pu se prononcer sur des traitements inhumains dans l'affaire *Tomasi*. La Cour reconnaît que les brutalités policières employées en l'espèce devraient être qualifiées de traitement inhumain et dégradant. La Cour n'exigeait pas que soit établi l'identité de la personne ayant occasionné les blessures constatées. Le fait que le gouvernement défendeur n'avait pas suggéré d'explication alternative des symptômes qui étaient identifiés comme occasionnés durant la période de détention, suffisait à engager la responsabilité de l'État concerné. La Cour estimait que « les indéniables difficultés de la lutte contre la criminalité, notamment en matière de terrorisme, ne sauraient conduire à limiter la protection due à l'intégrité physique de la personne » [3]. On peut aussi citer l'affaire *Tekin*, dans laquelle le requérant avait été détenu dans une cellule sombre et froide, avait eu les yeux bandés et avait été traité, au cours de l'interrogatoire, d'une manière qui avait laissé sur son corps des traces de blessures et des ecchymoses : d'où la Cour avait conclu à l'existence d'un traitement inhumain et dégradant [4].

La Cour a souligné « que les personnes en garde à vue sont en situation de vulnérabilité et que les autorités ont le devoir de les protéger. Un État est moralement responsable de toute personne en détention, car cette dernière est entièrement aux mains des fonctionnaires de police » [5].

Il est à noter que, pour ce qui est de la charge de la preuve, l'affaire *Tomasi* concernait une personne détenue. Cette situation mérite d'être distinguée de celle d'une personne qui prétend être la victime de violences policières infligées durant l'arrestation [6]. Dans l'arrêt *Tomasi,* la Cour a adopté une présomption de causalité selon laquelle les lésions

1. CEDH 24 sept. 1992, *Herczegfalvy c/ Autriche,* série A, n° 244, § 82.

2. FALANGA : « It is the beating of the feet with a wooden or metal stick or bar which, if skilfully done, breaks no bones, makes no skin lesions, and leaves no permanent and recognisables marks, but causes intense pain and swelling of the feet », Comm. EDH 5 nov. 1969, *Grèce*, Ann. 12 (1969), p. 499-500.

3. CEDH 27 août 1992, *Tomasi c/ France*, série A, n° 241-A, § 115.

4. CEDH 9 juin 1998, *Tekin c/ Turquie,* § 53 ; v. aussi CEDH 4 déc. 1995, *Ribitsch c/ Autriche,* série A, n° 336, *Leading Cases*, préc., p. 619.

5. CEDH 1er mars 2001, *Berktay c/ Turquie,* § 167.

6. V. CEDH 22 sept. 1993, *Klaas c/ Allemagne*, série A, n° 269, § 30.

résultent de la détention en l'absence d'une preuve contraire présentée par l'État. Dans son arrêt rendu dans l'affaire *Aydin c/ Turquie,* la Cour a, dans une accusation de tortures commises pendant la garde à vue, considéré qu'il y avait une « preuve au-delà de tout doute raisonnable » [1]. On a dit que ceci paraissait impliquer un revirement de jurisprudence sur ce point [2]. Cependant, dans un arrêt ultérieur la Cour a répété sa jurisprudence précédente en considérant « que lorsqu'un individu est placé en garde à vue alors qu'il se trouve en bonne santé et que l'on constate qu'il est blessé au moment de sa libération, il incombe à l'État de fournir une explication plausible sur l'origine des blessures, à défaut de quoi l'article 3 de la Convention trouve manifestement à s'appliquer » [3]. Donc, d'abord il y a la question de savoir si la tâche de fournir une explication incombe à l'État. Si, après réponse affirmative, ce dernier ne fournit d'explication, on se trouve dans le champ d'application de l'art. 3. Ensuite c'est la question de preuve qui se pose. La Cour considère être « convaincue, au vu des éléments de preuve examinés par elle, que la Commission pouvait à juste titre conclure que les allégations du requérant étaient prouvées au-delà de tout doute raisonnable, sachant qu'une telle preuve peut résulter d'un faisceau d'indices suffisamment graves, précis et concordants [...]. L'existence de plusieurs certificats médicaux contenant des informations précises et concordantes, ainsi que l'absence d'explication plausible sur l'origine des blessures, justifiaient la conclusion de la Commission » [4].

Dans son arrêt *Assenov c/ Bulgarie,* la Cour a posé le principe que, lorsqu'un individu affirme de manière défendable avoir subi, aux mains de la police ou d'autres services comparables de l'État, de graves sévices illicites et contraires à l'article 3, cet article combiné avec l'article 1 de la Convention requiert, par implication, qu'il y ait une enquête officielle effective [5]. La Cour a précisé cette jurisprudence dans son arrêt *Ilhan c. Turquie,* rendue en grande chambre. Elle a estimé « que l'exigence découlant de l'article 13 de la Convention et en vertu de laquelle toute personne ayant un grief défendable de violation de l'article 3 doit disposer d'un recours effectif fournit généralement au requérant un redressement et les garanties procédurales nécessaires contre les abus pouvant être commis par des agents de l'État. Il ressort de la jurisprudence de la Cour que la notion de recours effectif dans ce contexte inclut l'obligation de mener une enquête approfondie et effective propre à conduire à l'identification et à la puni-

1. CEDH 25 sept. 1997, *Aydin c/ Turquie,* § 70-73.
2. V. J-F. Renucci, *Droit européen des droits de l'homme,* Dalloz, 1998, somm. commentés, p. 206.
3. CEDH 28 juill. 1999, *Selmouni c/ France, Recueil* 1999-III, p. 203, § 87.
4. CEDH 28 juill. 1999, *Selmouni c/ France, Recueil* 1999-III, p. 203, § 88 ; v. aussi CEDH 27 juin 2000, *Salman c/ Turquie,* § 100 : pour un individu tué au cours d'une garde à vue, les juges ayant là aussi utilisé la théorie de faisceau d'indices.
5. CEDH 28 oct. 1998, *Assenov c/ Bulgarie,* § 102, CEDH 6 avr. 2000, *Labita c/ Italie.*

tion des responsables et comportant un accès effectif du plaignant à la procédure d'enquête [...]. Dès lors, la question de savoir s'il est approprié ou nécessaire, dans une affaire donnée, de constater une violation procédurale de l'article 3 dépendra des circonstances particulières de l'espèce » [1]. Donc, dans le contexte de l'article 3, à la différence de celui de l'article 2, en général il n'est pas nécessaire que la Cour procède à l'examen d'une plainte sur l'inefficacité ou même l'absence d'une enquête sur le plan national. Néanmoins, dans des circonstances particulières, il n'est pas exclu qu'elle constate une violation procédurale de l'article 3.

286 Certaines techniques qui sont d'ordre mental plutôt que d'ordre physique impliquent un traitement inhumain (ou dégradant ?). La Cour, dans l'affaire *Irlande c/ Royaume-Uni*, qualifiait de traitement inhumain les techniques suivantes, employées cumulativement, avec préméditation et durant de longues heures : station debout contre un mur dans une posture de tension, encapuchonnement, bruit, privation de sommeil et privation de nourriture solide et liquide [2].

La Cour a reconnu que la mère d'un fils disparu après qu'il avait été appréhendé, était elle-même victime de la passivité des autorités devant son angoisse et sa détresse et dès lors victime d'un traitement inhumain et dégradant [3].

Même des mesures contre des biens peuvent constituer un traitement inhumain ou dégradant : la Cour a qualifié les actes de gendarmes qui incendiaient et détruisaient la maison du requérant de traitement inhumain [4]. Pareilles mesures peuvent également révéler une ingérence au respect de la vie privée, de la vie familiale et du domicile au sens de l'article 8 [5].

§ 2. **Les effets de l'article 3**

Deux effets peuvent résulter d'une violation de l'article 3.

A. **Un effet direct : la responsabilité de l'État**

287 L'État est responsable de ses fonctionnaires dont le comportement va à l'encontre de l'article 3, même si les autorités compétentes n'en sont pas au courant : « elles assument au regard de la Convention la responsabilité objective de la conduite de leurs subordonnés ; elles ont le devoir de leur imposer leur volonté et ne sauraient se retrancher der-

1. CEDH 27 juin 2000, *Ilhan c/ Turquie*, § 92.
2. CEDH 18 janv. 1978, *Irlande c/ Royaume-Uni*, série A, n° 25, § 96 et 167.
3. CEDH 25 mai 1998, *Kurt c/ Turquie*, § 130-134 et CEDH 27 févr. 2001, *Ciçek c/ Turquie*.
4. CEDH 24 avr. 1998, *Selçuk et Asker*, § 72-80.
5. CEDH 28 nov. 1997, *Mentes et autres c/ Turquie*, § 73.

rière leur impuissance à la faire respecter » [1]. L'État doit s'abstenir lui-même de comportements mentionnés à l'article 3. Mais est-ce qu'il est également obligé de prendre des mesures afin que des personnes ou organisations privées qui relèvent de sa juridiction s'en abstiennent ? Est-ce que l'article 3 impose une telle obligation positive qui entraînerait la responsabilité de l'État concerné dans le cas où il a négligé de faire respecter cette obligation ? La Comm. EDH a donné une réponse affirmative : « les États contractants sont effectivement tenus, en vertu de l'article 1 de la Convention, de veiller à ce que les enfants relevant de leur juridiction ne soient pas soumis à la torture, à des traitements ou des châtiments inhumains ou dégradants, en violation de l'article 3 de la Convention » [2]. La CEDH qui, dans son arrêt rendu dans l'affaire *X et Y c/ Pays-Bas* [3], s'est aussi prononcée en faveur d'une pareille argumentation dans le cadre de l'article 8, a soutenu cette thèse. Dans son arrêt rendu dans l'affaire *A c/ Royaume-Uni,* relative à des châtiments corporels infligés à un enfant par son beau-père, elle a jugé que l'article 1er de la Convention oblige l'État à prendre les mesures propres à empêcher que les personnes placées sous sa juridiction ne soient soumises à des traitements contraires à l'article 3, même administrés par les particuliers [4]. La Cour s'était aussi déjà prononcée sur la question en relation avec l'article 2 du Premier Protocole [5].

Le caractère absolu de l'article 3 et la dignité humaine qui est directement mise en cause par toute atteinte au droit qui y est reconnu commandent d'interpréter l'article 3 comme imposant une telle obligation positive. Cette obligation positive peut impliquer la répression par la voie de la justice pénale, mais également des mesures au plan structurel.

Par ailleurs, la Cour a décidé que l'article 3, comme l'article 2 [6], impose aussi un devoir positif : « lorsqu'un individu affirme de manière défendable avoir subi, aux mains de la police ou d'autres services comparables de l'État, des traitements contraires à l'article 3, cette disposition, combinée avec le devoir général imposé à l'État par l'article 1 de la Convention de « reconnaître à toute personne relevant de [sa] juridiction, les droits et libertés définis [...] [dans la] Convention », requiert, par implication, qu'il y ait une enquête officielle effective. Cette enquête, à l'instar de celle résultant de l'article 2, doit pouvoir mener à l'identification et à la punition des responsables ». La Cour a même remarqué que, « s'il n'en allait pas ainsi, nonobstant son importance fondamentale [...], l'interdiction légale générale de la torture et des peines ou traitements inhumains ou dégradants serait inefficace en pratique, et il serait

1. CEDH 18 janv. 1978, *Irlande c/ Royaume-Uni*, série A, n° 25, § 159.
2. V. Comm. EDH 8 oct. 1991, *Costello-Roberts*, puis CEDH 25 mars 1993, série A, n° 247-C, § 37, *Leading Cases*, préc., p. 484, pour des châtiments corporels dans une école anglaise.
3. CEDH 25 mars 1985, *X et Y c/ Pays-Bas*, série A, n° 91, § 27 ; v. *infra* n° 366.
4. CEDH 23 sept. 1998, *A c/ Royaume-Uni, Recueil* 1998-VI, p. 2692, § 22.
5. CEDH 25 mars 1993, *Costello-Roberts c/ Royaume-Uni*, série A, n° 247-C, § 25-28, *Leading Cases*, préc., p. 484. V. Harris, O'Boyle, Warbrick, préc., p. 57-58.
6. V. *supra* n° 272.

possible dans certains cas à des agents de l'État de fouler aux pieds, en jouissant d'une quasi-impunité, les droits de ceux soumis à leur contrôle » [1].

B. Un effet indirect : le problème de l'extradition

288 La Convention ne comporte aucune disposition sur l'extradition et ne connaît pas d'obligation implicite de ne pas extrader dans certaines circonstances. Ceci n'exclut pas que l'extradition est affectée par la Convention, étant donné que les États contractants se sont engagés à reconnaître les droits de la Convention à toute personne qui relève de leurs juridictions (article 1). Le droit de toute personne de ne pas subir de torture ou de peines ou traitements inhumains ou dégradants est mis en danger si elle peut redouter un tel comportement dans l'État qui requiert son extradition. Ainsi l'extradition d'une personne gravement malade peut entraîner un traitement inhumain [2].

Dès lors, les organes de Strasbourg ont considéré que l'article 3 oblige à protéger les personnes dont l'extradition est requise, contre un comportement de l'État requérant qui risque sérieusement d'aller à l'encontre de l'article 3. C'est la protection indirecte ou « par ricochet » [3] qui est déduite de l'article 3. Quant à la torture, ce point de vue est en accord avec l'article 3-1 de la Convention des Nations Unies contre la torture [4], qui dispose : « Aucun État partie n'expulsera, ne refoulera, ni n'extradera une personne vers un autre État où il y a des motifs sérieux de croire qu'elle risque d'être soumise à la torture ».

289 Dans ce contexte, le célèbre arrêt rendu dans l'affaire *Soering* doit être relevé [5]. Il s'agissait d'un Allemand résidant dans le Royaume-Uni dont les États-Unis demandaient l'extradition afin de le poursuivre pour meurtre commis aux États-Unis. L'intéressé encourait la peine de mort. Mais ce seul fait ne revêtait pas d'importance, parce que l'article 2 de la Convention admet la peine de mort et le Royaume-Uni n'avait pas ratifié le Sixième Protocole (l'excluant). Néanmoins les circonstances dans lesquelles la personne requise se trouve peuvent être telles que l'extradition porte atteinte à l'article 3. La Cour relevait comme circonstances la manière dont la peine de mort « est prononcée ou appliquée, la personnalité du

1. CEDH 6 avr. 2000, *Labita c/ Italie,* § 131.
2. C. Harris, O'Boyle, Warbrick, préc., p. 73.
3. Ainsi F. Sudre, *in* Pettiti, préc., p. 169 ; v. aussi *supra,* n° 265.
4. V. *supra,* n° 182.
5. CEDH 7 juill. 1989, *Soering c/ Royaume-Uni,* série A, n° 161, *Leading Cases,* préc., p. 306 ; v. par ex. Chr. van den Wyngaert, *Applying the European Convention on Human Rights to Extradition : Opening Pandora's Box ?,* 39 ICLQ (1990), p. 757 et s. ; H. G. van der Wilt, « Après Soering : The relationship between extradition and human rights in the legal practice of Germany, the Netherlands and the United States », *Netherlands International Law Review* 1995, p. 53-80 et F. Sudre, « Extradition et peine de mort : arrêt Soering de la Cour européenne des droits de l'homme du 7 juillet 1989 », *RGDI publ.* 1990-I, p. 107 et s.

condamné, la disproportion par rapport à la gravité de l'infraction, ainsi que les conditions de la détention vécue dans l'attente de l'exécution, (faits qui) figurent parmi les éléments de nature à faire tomber sous le coup de l'article 3 le traitement ou la peine subis par l'intéressé » [1]. De cette manière la Cour faisait notamment référence au « death row phenomenon », le « syndrome du couloir du mort » : la personne condamnée à la peine de mort dans l'État de Virginie attend son exécution en moyenne six à huit ans sous un régime de sécurité stricte.

Il faut remarquer que l'arrêt *Soering* a été rendu dans une affaire où il s'agissait de l'extradition vers les États-Unis qui ne sont pas partie à la Convention. Il est logique de distinguer entre les États qui sont parties à la Convention et qui ont reconnu le droit de se plaindre auprès des organes de Strasbourg et les autres États. Dans la première hypothèse, la personne requise qui craint de la part de l'État requérant une atteinte à un droit de la Convention, peut, si une pareille atteinte s'est réalisée, saisir les organes de Strasbourg en raison de la violation de la Convention. Le dommage pourra en général, dans un certain sens, être réparé. Dans la seconde hypothèse, si l'atteinte s'est réalisée, la personne extradée doit subir le risque qu'on redoutait. Or, il est logique que la Cour, comme la Commission le fait [2], n'applique pas automatiquement le raisonnement de l'arrêt rendu dans l'affaire *Soering* au cas où il s'agit d'une extradition à un État partie à la Convention qui a reconnu le recours individuel de l'article 25.

Le raisonnement de la Cour dans l'affaire *Soering* pourrait s'appliquer également dans d'autres affaires où il y a le risque grave que la personne requise soit soumise à des mesures qui portent atteinte à d'autres droits de la Convention. Soulignant la place éminente qu'occupe le droit à un procès équitable (art. 6 Conv. EDH), la Cour n'excluait pas « qu'une décision d'extradition puisse exceptionnellement soulever un problème sur le terrain de ce texte au cas où le fugitif aurait subi ou risquerait de subir un déni de justice flagrant » [3]. Il convient de remarquer que la Cour distingue entre d'une part la violation présumée de l'art. 3 et d'autre part la violation flagrante de l'art. 6. Dans ce contexte il faut remarquer que l'article 3 est qualifié de noyau dur de la Convention ; il s'agit d'un droit intangible [4].

D'ailleurs il importe d'ajouter qu'un État qui a ratifié le Sixième Protocole sur la peine de mort violerait l'article 2 de ce protocole en extradant une personne relevant de sa juridiction à un État qui connaît la peine capitale sans avoir obtenu la garantie de non-exécution de celle-ci.

1. CEDH 7 juill. 1989, *Soering*, série A, n° 161, § 104, *Leading Cases*, préc., p. 306.
2. V. F. Sudre, *in* Pettiti, préc., p. 174.
3. CEDH 7 juill. 1989, *Soering*, série A, n° 161, § 113, *Leading Cases*, préc., p. 306.
4. F. Sudre, *in* Pettiti, p. 155 ; v. aussi *supra*, n° 259.

290 Enfin il faut dire que la Commission, quant à l'effet indirect de l'article 3 distingue entre l'extradition vers le territoire d'un État tiers et vers celui d'un État partie à la Convention qui a reconnu le recours individuel de l'article 25. Elle a attaché « une importance » á cette dernière situation [1].

SECTION 3. LE DROIT À UNE ACTIVITÉ LIBRE

Art. 4 Conv. EDH

1. Nul ne peut être tenu en esclavage ni en servitude.

2. Nul ne peut être astreint à accomplir un travail forcé obligatoire.

3. N'est pas considéré comme « travail forcé ou obligatoire » au sens du présent article :

a) tout travail requis normalement d'une personne soumise à la détention dans les conditions prévues par l'article 5 de la présente Convention ou durant sa mise en liberté conditionnelle ;

b) tout service de caractère militaire ou, dans le cas d'objecteurs de conscience dans les pays où l'objection de conscience est reconnue comme légitime, un autre service à la place du service militaire obligatoire ;

c) tout service requis dans le cas de crises ou de calamités qui menacent la vie ou le bien-être de la communauté ;

d) tout travail ou service formant partie des obligations civiques normales.

291 ***Introduction*** ◇ Quelques éléments de l'article sont pertinents dans le contexte de la justice pénale. Mentionnons le travail d'intérêt général et le travail requis du détenu et de la personne mise en liberté conditionnelle.

L'article 15 interdit la dérogation au premier paragraphe. La dérogation au deuxième paragraphe est permise en cas de guerre et en cas d'autre danger public menaçant la vie de la nation, les autres conditions de l'article 15, § 1 et 3 étant remplies.

§ 1. Le travail d'intérêt général

292 Le principe du travail d'intérêt général est que le condamné, avec son consentement exprès ou tacite, est astreint à effectuer gratuitement un nombre d'heures de travail au profit de la communauté. Cette peine a

1. Comm. EDH 2 déc. 1986, *K. et F. c/ Pays-Bas*, n° 12543/86, DR 51, p. 272, 281, DR 51, p. 272.

une signification précise : l'activité ainsi réalisée par le délinquant est censée profiter à la communauté en réparation du tort causé par lui et en même temps assurer sa réintégration dans la société en évitant les coûts de l'emprisonnement [1]. Elle peut apparaître sous la forme de peine autonome ou de modalité de sursis ou de libération conditionnelle ou même de condition de grâce.

L'application de cette peine suppose l'accord de la personne suspectée. En absence d'un tel accord, l'article 4, § 2 serait violé. Bien sûr, si le juge suggère l'imposition de la peine du travail d'intérêt général au lieu de la peine d'emprisonnement ou une autre sanction de la même gravité, le prévenu est plus ou moins contraint au consentement, l'alternative n'étant pas attrayante. Or, l'exigence du libre consentement est relative.

§ 2. **Le travail requis durant l'exécution de la sanction pénale**

293 Il est jugé régulier qu'un détenu qui se trouve à titre de condamné dans une institution pénitentiaire soit forcé à travailler. On peut admettre que, mis à part la privation de sa liberté, sa situation ne devrait pas être meilleure que celle de la personne qui n'a pas été condamné pénalement et qui, normalement, est contraint à gagner sa vie par son travail. Ainsi l'article 4-3 a dispose que tout travail requis normalement d'une personne soumise à la détention n'est pas considéré comme travail forcé ou obligatoire dans le sens de l'article 4. Il n'en est pas moins vrai qu'un tel travail pour autant qu'il est extrêmement dur ou pénible peut franchir le seuil d'un traitement inhumain ou dégradant au sens de l'article 3 et dès lors être prohibé.

Un pareil travail n'est pas non plus défendu comme servitude dans le sens du premier paragraphe. Dans un cas où le requérant était mis à la disposition du gouvernement sur la base d'une loi belge de défense sociale, la Commission a jugé qu'il n'y avait pas de servitude. Certes, le requérant était forcé au travail et n'était pas autorisé à s'y soustraire sans l'accord du ministre de la justice. Mais la Commission a considéré qu'il s'agissait « d'une mesure limitée dans le temps et révisable qui résulte d'une décision judiciaire prise à l'issue d'un procès pénal ». La Cour s'est ralliée au jugement de la Commission [2].

La Commission a accepté que les détenus accomplissent un travail qui résulte d'un accord entre l'administration pénitentiaire et une entreprise privée. Les mots « requis normalement » ne s'opposent pas à cette interprétation, indique la Commission [3].

1. J. PRADEL, *Droit pénal comparé*, Dalloz, Paris 1995, p. 595.
2. CEDH 24 juin 1982, *Van Droogenbroeck c/ Belgique*, série A, n° 50, § 58.
3. Comm. EDH 6 avr. 1968, *Vingt et un détenus c/ Allemagne*, 3134/67 et 3172/67 et 3188 à 3206/67, Annuaire p. 529, 553-558.

Le paragraphe 3 ne distingue pas entre les diverses modalités de détention. Pour ce qui est de la justice pénale l'article 5, dont les conditions selon ce paragraphe 3 doivent être remplies, mentionne la détention après la condamnation et la détention préventive. Or, dans une interprétation stricte, la personne qui est détenue provisoirement, pourrait être forcée au travail. On peut se demander si une telle interprétation est conforme à l'article 6-2 de la Convention indiquant que toute personne accusée d'une infraction est présumée innocente jusqu'à ce que sa culpabilité ait été légalement établie. Cette présomption d'innocence n'est pas conciliable avec l'imposition d'une mesure qui n'est pas nécessaire en vue de la réalisation des objectifs de la détention provisoire [1].

L'article 4-3 a exige, comme mentionné ci-dessus, que les conditions prévues par l'article 5 de la Convention soient remplies. Le paragraphe 4 de ce dernier article attribue le droit d'introduire un recours devant un tribunal. La non-obéissance d'une justice pénale nationale à cette exigence, aurait elle pour conséquence de rendre le travail imposé durant la détention contraire à la Convention ?

La Cour, à l'inverse de la Commission, n'a pas tiré cette conclusion [2]. Cet arrêt a suscité une critique bien fondée : partant de l'hypothèse qu'il est essentiel de pouvoir contester devant un juge la régularité d'une détention imposée par l'administration, la base régulière du travail obligatoire, c'est-à-dire une détention qui obéit à les conditions essentielles de l'article 5, manque [3].

SECTION 4 LE DROIT DE NE PAS ÊTRE PUNI POUR DES FAITS NON RÉPRÉHENSIBLES

Art. 7 Conv. EDH

1. Nul ne peut être condamné pour une action ou une omission qui, au moment où elle a été commise, ne constituait pas une infraction d'après le droit national ou international. De même il n'est infligé aucune peine plus forte que celle qui était applicable au moment où l'infraction a été commise.

2. Le présent article ne portera pas atteinte au jugement et à la punition d'une personne coupable d'une action ou d'une omission qui, au moment où elle a été commise, était criminelle d'après les principes généraux de droits reconnus par les nations civilisées.

294 ***Introduction*** ◇ L'article 7-1 consacre les règles « *nullum crimen sine lege (praevia)* » et « *nulla poena sine lege (praevia)* ». Il s'agit de prin-

1. V. pour des opinions divergentes G. MALINVERNI, *in* PETTITI, préc., p. 185, note 1.
2. CEDH 18 juin 1971, *De Wilde, Ooms et Versyp c/ Belgique*, série A, n° 12, § 89 et CEDH 24 juin 1982, *Van Droogenbroeck*, série A, n° 50, § 57-59.
3. C. VAN DIJK et VAN HOOF, préc., p. 341 et G. MALINVERNI, *in* PETTITI, préc., p. 185.

cipes fondamentaux de droit pénal qui sont reconnus par beaucoup de pays. La prééminence de l'article est soulignée par le fait que l'article 15-2 interdit de déroger à l'article 7. Nous verrons comment cette interdiction se rapporte au deuxième paragraphe de l'article 7.

Les principes fondamentaux auxquels l'article 7-1 fait allusion sont les suivants : la légalité des infractions (*nullum crimen sine lege*), la non-rétroactivité des infractions (*nullum crimen sine lege praevia*), la légalité des peines (*nulla poena sine lege*), la non-rétroactivité des peines (*nulla poena sine lege praevia*).

Ces principes s'inspirent de l'idée de sécurité juridique des citoyens : ce qui est punissable et les sanctions qui y sont attachées doivent être prévisibles.

Afin de donner au citoyen une protection adéquate, il faut interpréter les termes infraction et peine de l'article 7 de manière autonome. Quant au terme infraction, la Cour l'a conçu dans son célèbre arrêt, rendu dans l'affaire *Engel*, de la façon suivante : « Si les États contractants pouvaient à leur guise qualifier une infraction de disciplinaire plutôt que de pénale, ou poursuivre l'auteur d'une infraction « mixte » sur le plan disciplinaire de préférence à la voie pénale, le jeu des clauses fondamentales des articles 6 et 7 se trouverait subordonné à leur volonté souveraine » [1]. Ajoutons, comme il sera posé ci-dessous [2], que la Cour tient compte des facteurs suivants : la classification nationale de l'infraction, la nature même de l'infraction et le degré de sévérité de la sanction que risque subir l'intéressé [3].

295 En ce qui concerne le terme peine, les arrêts rendus par la Cour dans les affaires *Welch et Jamil* revêtent de l'importance [4]. Dans l'affaire anglaise *Welch* il s'agissait de la prise de bénéfices retirés du trafic de stupéfiants et de la détermination d'une période d'emprisonnement à défaut de paiement. Ces sanctions, prononcées dans une ordonnance de confiscation, furent imposées avec rétroactivité à la suite d'une condamnation pour des infractions à la législation sur les stupéfiants commises avant l'entrée en vigueur de la loi qui les avait introduites. Le caractère rétroactif de l'ordonnance en question n'étant pas contesté, la Cour devait résoudre la question à savoir si cette ordonnance constituait une peine au sens de l'article 7-1. La Cour considérait que la notion de peine, comme celle d'accusation en matière pénale possède une portée autonome. Pour apprécier l'existence d'une peine, elle a eu égard aux facteurs suivants : le lien avec une infraction (la mesure en question,

1. Voir par ex. CEDH 8 juin 1976, *Engel*, série A, n° 22, § 81 ; v. *infra*, n° 339.
2. N°s 339 et 463.
3. CEDH 8 juin 1976, *Engel*, série A, n° 22, § 72.
4. CEDH 9 févr. 1995, *Welch*, série A, n° 307-A et CEDH 8 juin 1995, *Jamil*, série A, n° 320.

est-elle imposée à la suite d'une condamnation pour une « infraction » ?), la nature et le but de la mesure en cause (est-ce qu'il s'agit seulement des objectifs de prévention et de réparation ou existe-t-il également le but de punir le délinquant ?), sa qualification en droit interne, les procédures associées à son adoption et à son exécution, ainsi que sa gravité [1]. La Cour concluait que la mesure en question constituait une peine au sens de l'article 7 Conv. EDH.

Dans l'affaire *Jamil*, il s'agissait d'un individu qui avait été condamné en 1988 par un cour d'appel française pour trafic de drogue commis en 1986. La cour d'appel l'avait condamné à une amende douanière et ordonné la contrainte par corps jusqu'au paiement complet de cette peine. La cour avait précisé que la contrainte par corps s'exécuterait selon les nouvelles règles contenues dans une loi du 31 décembre 1987, qui en augmentait la durée de quatre mois à deux ans. La chambre criminelle de la Cour de cassation voyait dans la contrainte par corps une voie d'exécution et non une peine. Le gouvernement français soulignait que la contrainte par corps était un moyen d'exécution sur la personne du débiteur de l'État et ne constituait pas un emprisonnement subsidiaire, l'exécution de la contrainte par corps ne dispensant pas de l'obligation de payer. Répétant les critères de son arrêt rendu dans l'affaire *Welch*, la Cour concluait que la contrainte par corps en question constituait bien une peine au sens de l'article 7-1.

§ 1. **La légalité des infractions**

A. **Base juridique**

296 La justification politique du principe est fondée sur l'idée que l'individu doit être protégé contre l'arbitraire du juge. Le principe est clair : il n'y a pas d'infraction sans base juridique. Le principe contraint le juge à ne jamais se fonder sur l'usage ou la coutume pour créer une incrimination. Dans les pays appartenant au système romano-germanique, la punissabilité d'un certain comportement doit résider dans la loi. Par contre, dans les pays du système de common law, le juge est autorisé à appliquer des incriminations qu'il avait jadis créées [2]. Aujourd'hui les deux systèmes ont en commun que le juge n'est plus libre à créer des incriminations. Néanmoins les juges du système de common law ont plus de liberté quant à l'interprétation des incriminations [3].

L'essentiel est que le citoyen puisse facilement être au courant des normes qui sont applicables et qu'il puisse tenir compte de ces normes : le droit doit être accessible et prévisible.

1. *Welch*, § 28-35.
2. V. J. Pradel, *Droit pénal comparé*, n° 71.
3. V. J. Pradel, préc., n° 71.

Il est évident que l'abrogation d'une incrimination produit ses effets pour les faits qui sont postérieurs à l'abrogation. Cependant la désuétude d'une loi n'équivaut pas à son abrogation, comme la Cour l'a souligné dans son arrêt rendu dans l'affaire *Norris* : même non utilisée pendant longtemps dans une suite de cas, une loi non abrogée peut s'y appliquer à nouveau à tout moment, par exemple à l'occasion d'un changement de politique [1].

B. *Lex certa*

297 La sécurité juridique exige que le citoyen sache quel comportement fait l'objet d'une incrimination. Cette exigence est mise en danger si l'incrimination n'est pas claire. D'autre part, il faut admettre que le législateur moderne qui a tendance à se soucier de beaucoup de problèmes afin d'améliorer le bien-être de ses citoyens, est confronté à des questions très compliquées. La prolifération du droit pénal et la complexité des textes en sont les conséquences. Le législateur doit manœuvrer entre le Scylla de textes pénaux vagues — permettant ainsi toutes libertés au juge — qui recouvrent la plupart des situations visées (procédé dit des « types ouverts » [2]) et le Charybde de textes pénaux plus précis qui posent le risque de créer des lacunes. Dans ce contexte, la Commission a considéré « qu'il est satisfait à cette exigence lorsqu'il est possible de définir, à partir de la disposition légale pertinente quels actes ou omissions engagent la responsabilité pénale, même si cette définition est donnée par les tribunaux qui interprètent la disposition en cause » [3]. La Cour l'a formulé ainsi : « en raison même du principe de généralité des lois, le libellé de celles-ci ne peut présenter une précision absolue. L'une des techniques types de réglementation consiste à recourir à des catégories générales plutôt qu'à des listes exhaustives. Aussi de nombreuses lois se servent-elles par la force des choses de formules plus ou moins floues, afin d'éviter une rigidité excessive et de pouvoir s'adapter aux changements de situation. L'interprétation et l'application de pareils textes dépendent de la pratique » [4]. Néanmoins on peut se demander si la notion de prosélytisme [5] telle qu'élaborée par la loi grecque était suffisamment précise pour répondre aux exigences de l'article 7 [6].

On peut exiger de celui qui exerce une activité professionnelle, par exemple dans le cadre d'une entreprise, de s'informer sur la législation

1. CEDH 26 oct. 1988, *Norris,* série A, n° 142, § 33 ; le libellé concernait la notion de victime de l'article 25-1.
2. V. J. Pradel, *Droit pénal général,* 11e éd., Cujas, Paris 1996, n° 143.
3. Comm. EDH 4 avr. 1974, *Handyside c/ Royaume-Uni,* 5493/72, Annuaire 17 (1974), p. 228, 292-293, *Leading Cases,* préc., p. 28.
4. CEDH 26 nov. 1996, *Cantoni c/ France, Rec.* 1996-V, p. 1614, § 31.
5. Le zèle déployé pour répandre la foi.
6. Comp. l'opinion dissidente du juge Martens et aussi Frowein et Peukert, préc., p. 325.

en question avant de commencer et de continuer cette activité. À cet égard, la Cour a considéré que la « prévisibilité de la loi ne s'oppose pas à ce que la personne concernée soit amenée à recourir à des conseils éclairés pour évaluer, à un degré raisonnable dans les circonstances de la cause, les conséquences pouvant résulter d'un acte déterminé [...]. Il en va spécialement ainsi des professionnels, habitués à devoir faire preuve d'une grande prudence dans l'exercice de leur métier. Aussi peut-on attendre d'eux qu'ils mettent un soin particulier à évaluer les risques qu'il comporte » [1].

C. Interdiction d'interprétation par analogie

298 Le principe de la légalité des infractions comporte l'exigence d'une interprétation pas trop extensive des infractions. On peut soutenir la thèse que ce principe exclut l'interprétation par analogie. Malgré une approche un peu divergente, la Cour l'a confirmé. La Cour distingue trois principes faisant parties de l'article 7 : la non-rétroactivité de la loi pénale, le principe *nullum crimen, nulla poena sine lege* et le principe « qui commande de ne pas appliquer la loi pénale de manière extensive au détriment de l'accusé, notamment par analogie. Il en résulte qu'une infraction doit être clairement définie par la loi. Cette condition se trouve remplie lorsque l'individu peut savoir, à partir du libellé de la clause pertinente et, au besoin, à l'aide de son interprétation par les tribunaux, quels actes et omissions engagent sa responsabilité pénale » [2]. En admettant la nécessité de l'interprétation judiciaire, elle reconnaît que l'article 7 ne doit pas être considéré comme interdisant la clarification graduelle des règles de responsabilité de droit pénal par le biais de l'interprétation espèce par espèce, pourvu que le résultat corresponde à l'essentiel de l'infraction et soit raisonnablement prévisible [3]. L'essentiel est que le juge ne pratique pas une interprétation déraisonnable.

Il existe deux sortes d'analogies : l'analogie légale et l'analogie juridique. La première consiste en ceci « qu'aucun texte de la partie spéciale du code ne réprime tel acte, mais qu'un texte prévoit un fait proche en sorte que le fait non prévu pourra être puni grâce au texte prévoyant le fait proche » [4]. « Bien plus grave encore pour les libertés est l'analogie juridique (*analogia juris, Rechtsanalogie*) parce que au lieu de s'appuyer sur le voisinage complaisant d'un texte, elle se fonde sur l'esprit général du système répressif, sur le contexte politique, économique, social,

1. CEDH 26 nov. 1996, *Cantoni c/ France, Rec.* 1996-V, p. 164, § 35.
2. CEDH 25 mai 1993, *Kokkinakis*, série A, n° 260-A, § 52, *Leading Cases*, préc., p. 528 et CEDH 22 nov. 1995, *S.W. v. Royaume-Uni*, série A, n° 335-B, § 35 et CEDH 15 nov. 1996, *Cantoni c/ France, Rec.* 1996-V, p. 1614, § 29.
3. *S.W. v. Royaume-Uni*, § 36.
4. J. Pradel, *Droit pénal comparé*, préc., n° 72.

moral et religieux » [1]. Ainsi, la Commission a considéré que l'article 7-1 « interdit, en particulier, l'application extensive de la loi pénale *in malam parte* par voie d'analogie » [2].

La transition de l'interprétation extensive des éléments constitutifs d'une infraction vers l'interprétation par voie d'analogie peut être très subtile. La protection de la victime exige parfois une interprétation plus ou moins extensive de la loi pénale, de la sorte qu'une situation moderne qui n'est pas prévue par le législateur est recouverte par cette loi. Ainsi le vrai sens de la loi est le sens que — par voie d'hypothèse — le législateur actuel aurait exprimé s'il avait aujourd'hui rédigé le texte.

§ 2. La non-rétroactivité des infractions (*nullum crimen sine lege praevia*)

299 L'article 7-1 pose le principe de la non-rétroactivité de la loi pénale au profit de la personne concernée. Son comportement doit constituer une infraction au moment où il a été commis. Non seulement le législateur, mais aussi le juge peut porter atteinte à ce principe. Le juge le fait s'il modifie la jurisprudence par une interprétation qui rend la loi pénale applicable à un acte dont on n'aurait jamais prévu qu'il serait punissable sous ce texte. S'agissant de revirement de jurisprudence formé sur la base d'une incrimination existante, peut apparaître une incertitude qui est contraire à l'article 7-1, si ce revirement a lieu après le moment où l'infraction a été commise [3]. Dans les cas où cette modification conduirait à une trop grande incertitude, le juge pourrait éviter l'incompatibilité avec l'article 7-1 en décidant que cette interprétation ne vaut que pour le futur : *prospective overruling* [4].

L'article 7-1 apporte une nuance en ajoutant qu'il peut être question d'une infraction d'après le droit international. Un acte qui a été déclaré punissable selon une convention internationale antérieure au comportement en question, mais qui au moment où il a été commis n'était pas ou pas encore une infraction selon la loi pénale nationale, peut faire l'objet d'une condamnation par le juge pénal national, les conditions du droit pénal national étant remplies. Si ces conditions contiennent l'exigence de la transposition du droit international en droit national (système dualiste) et si cette transposition n'a pas été effectuée, il n'y

1. J. PRADEL, préc., n° 73.

2. Comm. EDH 22 avr. 1965, *X c/ Autriche*, 1852/63, Annuaire 8 (1965), p. 191-199 ; CEDH 25 mai 1993, *Kokkinakis*, série A, n° 260-A, § 52, *Leading Cases*, préc., p. 528 ; CEDH 22 nov. 1995, *S.W. v. Royaume-Uni*, série A, n° 335-B, § 35 ; CEDH 22 nov. 1995, *C.R. v. Royaume-Uni*, série A, n° 335-C, § 33 et CEDH 8 juill. 1999, *Baskaya et Okçuoglu c/ Turquie, Recueil* 1999-IV, p. 307.

3. V. Comm. EDH 12 mars 1981, *X v. Autriche*, DR 22, p. 140, 146 et Comm. EDH 22 juill. 1970, *X v. Autriche*, Annuaire 13, p. 799, 807.

4. V. HARRIS, O'BOYLE, WARBRICK, préc., p. 279.

aura pas de punissabilité. Harris, O'Boyle et Warbrick poussent plus loin ce point de vue en écrivant qu'une condamnation qui résulte de l'application rétroactive d'une loi pénale nationale n'est pas contraire à l'article 7-1 si le comportement incriminé constitue une infraction d'après le droit international [1]. De cette manière, même dans un système dualiste, le droit international qui est antérieur au comportement en question peut être appliqué au délinquant par une loi nationale postérieure.

Le principe *nullum crimen sine lege* a posé un problème à propos de la poursuite de quelques dirigeants de l'ancienne République Démocratique Allemande. Ils étaient condamnés comme les auteurs intellectuels notamment d'homicides volontaires de personnes tentant de franchir la frontière entre les deux Allemagnes. Selon eux-mêmes ces actions ne constituaient pas des infractions d'après le droit pénal de la RDA : « l'interprétation *a posteriori* du droit pénal de la RDA par les juridictions de l'Allemagne réunifiée ne reposerait sur aucune jurisprudence des tribunaux de la RDA et aurait été impossible à prévoir pour les requérants au moment des faits » [2]. Donc, nonobstant que le droit pénal de la RDA comprenait comme crime l'homicide et reconnaissait la punissabilité de l'incitation, ces homicides de fugitifs ne furent pas qualifiées punissables, mais justifiées en vertu d'une disposition légale. La Cour Européenne a considéré que ces justifications légales étaient contraires aux « principes énoncés par la Constitution et les textes légaux de la RDA elle-même » [3] et au Pacte international relatif aux droits civils et politiques, ratifié par la RDA et reconnaissant expressément le droit à la vie et à la liberté de circulation [4]. La Cour invoquait aussi « l'article 95 du code pénal de la RDA, qui prévoyait déjà dans sa version de 1968, reprise en 1977, que celui qui agit en violant les droits de l'homme et les droits fondamentaux [...] ne peut se prévaloir de la loi, d'un ordre ou d'une directive ; il est pénalement responsable » [5]. La Cour y ajoutait encore, dans le contexte de la prévisibilité de la loi pénale, « qu'il est légitime pour un État de droit d'engager des poursuites pénales à l'encontre de personnes qui se sont rendues coupables de crimes sous un régime antérieur ; de même, on ne saurait reprocher aux juridictions d'un tel État, qui ont succédé à celles existant antérieurement, d'appliquer et d'interpréter les dispositions légales existantes à l'époque des faits à la lumière des principes régissant un État de droit » [6].

1. Harris, O'Boyle, Warbrick, préc., p. 277.
2. CEDH 22 mars 2001, *Streletz, Kessler et Krenz,* § 47 ; v. aussi J. A. W. Lensing et Th. Mertens, « Het Europese Hof voor de rechten van de mens en de "muurschutters" », *Nederlands Juristenblad* 2001, p. 1699-1706, traduit en allemand : *Der Europäische Gerichtshof für Menschenrechte und die « Mauerschützen »*, Jahrbuch der Juristischen Zeitgeschichte ; Werle et Rau, *Neue Juristische Wochenschrift* 2001, p. 3001-3013.
3. *Ibidem,* § 72.
4. *Ibidem,* § 73.
5. *Ibidem,* § 75.
6. *Ibidem,* § 81.

§ 3. La légalité des peines *(nulla poena sine lege)*

300 La peine encourue doit avoir une base juridique. Dans les pays appartenant au système romano-germanique, la peine est prévue par la loi. Le juge n'est pas compétent pour créer lui-même des peines. La création de peines par le juge serait contraire à l'idée que dans un État de droit le juge n'a pas de pouvoir arbitraire. La légalité des peines comme celle des infractions est la condition fondamentale de la sécurité et de la liberté individuelle [1]. Donc le législateur est tenu de fixer les sanctions de manière précise. Il peut le faire en déterminant des minima et maxima pour chaque infraction ou chaque catégorie d'infractions (système allemand) ou en prévoyant seulement des maxima (système français) ou encore en statuant dans une disposition générale les minima généraux et ensuite, délit par délit ou catégorie par catégorie, les maxima spéciaux (système néerlandais).

Le juge ne peut davantage dépasser le maximum prévu par la loi.

§ 4. La non-rétroactivité des peines *(nulla poena sine lege praevia)*

301 La non-rétroactivité des peines a fait l'objet des arrêts *Welch et Jamil* de la Cour [2], déjà mentionnés ci-dessus [3]. Dans ces deux affaires la Cour, à défaut de contestation sur ce point, n'avait pas à résoudre la question de savoir si les sanctions en l'espèce revêtaient un caractère rétroactif. Il était évident que les sanctions imposées étaient fondées sur des lois postérieures. Ainsi il y avait incompatibilité avec l'article 7-1.

La Cour n'admettait pas l'application *ex post facto* d'une peine plus lourde dans un cas où, selon le gouvernement turc, cette peine était imposée pour des faits commis dans une période pendant laquelle la nouvelle loi était déjà en vigueur. La Cour fondait son opinion sur la circonstance que ces faits n'avaient pas fait partie de l'acte d'accusation et que ceux-ci n'étaient pas à la base de la condamnation par le tribunal national [4].

§ 5. L'exception : la rétroactivité fondée sur les principes généraux du droit reconnus par les nations civilisées

302 Le deuxième paragraphe de l'article 7 prévoit la condamnation sur la base de principes généraux du droit reconnus par les nations civilisées.

1. J. Pradel, *Droit pénal général*, préc., n° 135.
2. CEDH 9 févr. 1995, *Welch*, série A, n° 307-A et CEDH 8 juin 1995, *Jamil*, série A, n° 320.
3. N° 295.
4. CEDH 27 févr. 2001, *Ecer et Zeyrek c/ Turquie*.

C'est l'exception à la règle du premier paragraphe. L'exception n'intéresse pas la situation où un certain comportement est au moment de sa commission déjà jugé punissable selon le droit international ; cette situation est régie par l'article 7-1 [1]. L'exception a pour objet la situation où au moment de sa commission le comportement en question n'est pas punissable selon le droit international, mais est seulement considéré criminel d'après les principes généraux de droit reconnus par les nations civilisées. Or, bien que, au moment de la commission des actes contraires à ces principes, ces derniers n'étaient pas encore traduits en règles de droit, le droit national ou international peut, avec rétroactivité, rendre ces actes criminels. Les incriminations auront donc un caractère rétroactif. Ainsi explique-t-on que la légitimité des jugements prononcés à l'issue de la deuxième guerre mondiale par les tribunaux de Nuremberg et de Tokyo est ainsi confirmée [2].

1. V. n° 299.
2. V. aussi P. Rolland, *in* Pettiti, préc., p. 299-301.

CHAPITRE 2
LES DROITS PROCÉDURAUX

SECTION 1. LE DROIT À LA LIBERTÉ PHYSIQUE

Art. 5 Conv. EDH

1. Toute personne a droit à la liberté et à la sûreté. Nul ne peut être privé de sa liberté, sauf dans les cas suivants et selon les voies légales :

a) s'il est détenu régulièrement après condamnation par un tribunal compétent ;

b) s'il a fait l'objet d'une arrestation ou d'une détention régulières pour insoumission à une ordonnance rendue, conformément à la loi, par un tribunal ou en vue de garantir l'exécution d'une obligation prescrite par la loi ;

c) s'il a été arrêté et détenu en vue d'être conduit devant l'autorité judiciaire compétente, lorsqu'il y a des raisons plausibles de soupçonner qu'il a commis une infraction ou qu'il y a des motifs raisonnables de croire à la nécessité de l'empêcher de commettre une infraction ou de s'enfuir après l'accomplissement de celle-ci ;

d) s'il s'agit de la détention régulière d'un mineur, décidée pour son éducation surveillée ou de la détention régulière, afin de le traduire devant l'autorité compétente ;

e) s'il s'agit de la détention régulière d'une personne susceptible de propager une maladie contagieuse, d'un aliéné, d'un alcoolique, d'un toxicomane ou d'un vagabond ;

f) s'il s'agit de l'arrestation ou de la détention régulières d'une personne pour l'empêcher de pénétrer irrégulièrement dans le territoire, ou contre laquelle une procédure d'expulsion ou d'extradition est en cours.

2. Toute personne arrêtée doit être informée, dans le plus court délai et dans une langue qu'elle comprend, des raisons de son arrestation et de toute accusation portée contre elle.

3. Toute personne arrêtée ou détenue, dans les conditions prévues au paragraphe 1 c) du présent article, doit être aussitôt traduite devant un juge ou un autre magistrat habilité par la loi à exercer des fonctions judiciaires et a le droit d'être jugée dans un délai raisonnable, ou libérée pendant la procédure. La mise en liberté peut être subordonnée à une garantie assurant la comparution de l'intéressé à l'audience.

4. Toute personne privée de sa liberté par son arrestation ou détention a le droit d'introduire un recours devant un tribunal, afin qu'il statue à bref délai sur la légalité de sa détention et ordonne sa libération si la détention est illégale.

5. Toute personne victime d'une arrestation ou d'une détention dans des conditions contraires aux dispositions de cet article a droit à réparation.

303 ***Introduction*** ◇ L'article 5 revêt beaucoup d'importance pour la justice pénale. Son objet est la liberté physique de l'individu. Il exige que la sanction pénale privative de liberté soit prononcée par un tribunal, il pose des limites aux raisons pour lesquelles la détention préventive peut être imposée, il reconnaît le droit de la personne arrêtée ou détenue d'être informée, il impose l'intervention du juge en cas de détention préventive et l'obligation de juger la personne en cause dans un délai raisonnable, il proclame le droit de la personne arrêtée ou détenue de s'adresser au juge et, enfin, il confère un droit à réparation à celui qui est la victime d'une arrestation ou détention contraire à l'article 5. Nous examinerons ci-dessous d'abord la notion de privation de la liberté (§ 1) et le rôle de la légalité quant à la privation de liberté (§ 2), ensuite les modalités de la privation de liberté relevant de la justice pénale (§ 3), et enfin le droit à réparation (§ 4) [1].

Le premier paragraphe proclame le droit à la liberté et à la *sûreté*. Ce dernier terme ne semble pas correspondre à une notion autonome. Selon le juge de la CEDH Jan de Meyer, « il pourrait signifier tout simplement que nul ne doit avoir à craindre de faire l'objet d'atteintes arbitraires à sa liberté » [2]. Cette opinion se retrouve dans le point de vue de la Commission selon laquelle l'expression « liberté et sécurité » doit dans cette disposition être lue comme formant un tout et, vu son contexte, comme ne visant que la liberté physique et la sécurité physique. Aussi dans l'article 5-1 les mots « liberté de la personne » signifient donc absence d'arrestation et de détention et « sécurité de la personne » signifie protection contre toute ingérence arbitraire dans cette liberté [3]. De cette manière la notion de sécurité va de pair avec celle des « voies légales », comme le précise la jurisprudence [4].

On peut dégager de l'article une obligation positive de l'État de protéger l'individu relevant de sa juridiction contre des atteintes à sa liberté physique et à sa sécurité. L'importance du droit à la liberté et à la sécurité l'impose. Dans le cas de la disparition d'un homme après sa détention, la Cour a considéré que l'article 5 fait obligation aux autorités « de

1. La doctrine est importante sur l'article 5 Conv. EDH. Voir notamment « Les conditions d'application et d'exécution de la détention préventive à la lumière des droits fondamentaux/Police apprehension and remand detention in the light of guarantees of fundamental rights », Actes des Journées de la Fondation internationale pénale et pénitentiaire, Macao oct. 1994, publication de la FIPP en 1995, not. études S. Trechsel et F. Casorla.

2. J. De Meyer, *in* Pettiti, préc., p. 190.

3. Comm. EDH 16 juill. 1976, *Adler et Bivas c/ Allemagne*, 5573/72 et 5670/72, Annuaire 20 (1977), p. 103, 147 et Comm. EDH 9 oct. 1984, *Dyer v. Royaume-Uni*, 10475/83, DR 39, p. 246, 266.

4. C. Frowein et Peukert, préc., p. 73-74.

prendre des mesures effectives pour pallier le risque d'une disparition et mener une enquête rapide et efficace dans l'hypothèse d'une plainte plausible selon laquelle une personne a été appréhendée et n'a pas été revue depuis ». La Cour qualifiait la détention non reconnue d'un individu de « totale négation » des garanties de l'article 5 et de « violation extrêmement grave » de cet article [1]. Elle considérait aussi : « Vu l'obligation pour les autorités de rendre compte des individus placés sous leur contrôle, l'article 5 leur enjoint de prendre des mesures effectives pour pallier le risque d'une disparition et mener une enquête rapide et efficace dans l'hypothèse d'une allégation plausible selon laquelle une personne a été appréhendée et n'a pas été revue depuis » [2].

L'État est aussi obligé de prendre d'autres mesures comme, le cas échéant, la libération de la victime d'enlèvement ou de séquestration. De même l'État ne saurait se soustraire à ses obligations par la privatisation des établissements pénitentiaires [3].

La protection de l'article 5 n'est pas inopérante lorsque l'individu lui-même se présente à la police : « le droit à la liberté revêt une trop grande importance dans une « société démocratique », au sens de la Convention, pour qu'une personne perde le bénéfice de la protection de celle-ci du seul fait qu'elle se constitue prisonnière. Une détention pourrait enfreindre l'article 5 quand bien même l'individu dont il s'agit l'aurait acceptée » [4].

L'article 5 ne figure pas parmi les clauses intangibles énumérées au paragraphe 2 de l'article 15. Les États contractants sont donc autorisés à prendre des mesures dérogeant aux obligations prévues par l'article 5 en cas de guerre ou en cas d'autre danger public menaçant la vie de la nation. Le Royaume-Uni a eu au moins deux fois raison d'appliquer en Irlande du Nord de pareilles mesures pour vaincre l'état insurrectionnel [5]. La Turquie a invoqué sa déclaration de dérogation à l'article 5 en ce qui concerne la situation dans le Sud-Est de la Turquie [6]. Un pareil appel ne conduit pas automatiquement à l'acceptation par la Cour de toute mesure contraire à l'article 5. La Cour estime « qu'il incombe à chaque État contractant, responsable de « la vie de [sa] nation », de déterminer si un « danger public » la menace et, dans l'affirmative, jusqu'où il faut aller pour essayer de le dissiper. En contact direct et constant

1. CEDH 25 mai 1998, *Kurt c/ Turquie*, § 124.
2. CEDH 8 juill. 1999, *Çakiçi c/ Turquie, Recueil* 1999-IV, p. 657, § 104.
3. C. Harris, O'Boyle, Warbrick, préc., p. 102.
4. CEDH 18 juin 1971, *De Wilde, Ooms et Versyp c/ Belgique*, série A, n° 12, § 65.
5. V. CEDH 26 mai 1993, *Brannigan et McBride c/ Royaume-Uni*, série A, n° 258-B, § 39 et s., *Leading Cases*, préc., p. 515 ; v. également CEDH 18 janv. 1978, *Irlande c/ Royaume-Uni*, série A, n° 25, § 202 et s. et CEDH 1er juill. 1961, *Lawless c/ Irlande*, série A, n° 3, § 20 et s., *Leading Cases*, préc., p. 1.
6. CEDH 18 déc. 1996, *Aksoy c/. Turquie, Recueil* 1996-VI, p. 2282, § 78 et CEDH 23 sept. 1998, *Demir et autres c/ Turquie, Recueil* 1998-VI, p. 264, § 1.

avec les réalités pressantes du moment, les autorités nationales se trouvent en principe mieux placées que le juge international pour se prononcer sur la présence de pareil danger, comme sur la nature et l'étendue des dérogations nécessaires pour le conjurer. Partant, on doit leur laisser en la matière une large marge d'appréciation. Les États ne jouissent pas pour autant d'un pouvoir illimité en ce domaine. La Cour a compétence pour décider, notamment, s'ils ont excédé la « stricte mesure » des exigences de la crise. La marge nationale d'appréciation s'accompagne donc d'un contrôle européen. Quand elle exerce celui-ci, la Cour doit en même temps attacher le poids qui convient à des facteurs pertinents tels que la nature des droits touchés par la dérogation, la durée de l'état d'urgence et les circonstances qui l'ont créé » [1].

§ 1. La notion de privation de liberté

304 Il est difficile de marquer la limite entre la véritable privation de liberté et la simple restriction de la liberté de mouvement, assurée par l'article 2 du Quatrième Protocole. Sans doute, l'incarcération pendant les 24 heures de la journée dans une maison de détention est-elle une véritable privation de liberté. Mais comment faut-il qualifier par exemple le travail d'intérêt général et le placement dans un hôpital psychiatrique en tant que condition à l'application d'un sursis ? Est-ce que ces mesures relèvent de l'article 5 ou seulement de l'article 2 du Quatrième Protocole ?

La Cour a estimé que « entre privation et restriction de liberté, il n'y a pourtant qu'une différence de degré ou d'intensité, non de nature ou d'essence » [2]. « Il faut partir de la situation concrète et prendre en compte un ensemble de critères comme le genre, la durée, les effets et les modalités d'exécution de la mesure considérée » [3].

Le séjour forcé d'un membre de la mafia dans un territoire de 2,5 kilomètres carrés d'une île presque inhabitée pour une période de 16 mois, quoique accompagné de son épouse et de ses enfants [4] fut considéré comme une privation de liberté au sens de l'article 5. L'ordre judiciaire qui était à la base de ce séjour forcé n'était pas justifié par l'article 5-1.

D'autre part, le contrôle policier n'entre pas dans le champ de protection de l'article. Les simples restrictions à la liberté obéissent à l'article 2 du Protocole n° 4 [5].

1. CEDH 26 mai 1993, *Brannigan et McBride c/ Royaume-Uni*, série A, n° 258-B, pp. 49-50, § 43, CEDH 18 déc. 1996, *Aksoy c/ Turquie, Recueil* 1996-VI, p. 2280, § 68 et CEDH 23 sept. 1998, *Demir et autres c/ Turquie, Recueil* 1998-VI, p. 264, § 43.
2. CEDH 6 nov. 1980, *Guzzardi*, série A, n° 39, § 93.
3. CEDH 28 mai 1985, *Ashingdane*, série A, n° 93, § 41.
4. CEDH 6 nov. 1980, *Guzzardi*, série A, n° 39, § 91.
5. CEDH 22 févr. 1994, *Raimondo c/ Italie*, série A, n° 281-A, § 39.

Dans l'affaire *Engel*, où il s'agissait de sanctions disciplinaires imposées à des militaires néerlandais, la Cour considéra que l'article 5 ne vise pas les « limitations assez amples à la liberté de mouvement des membres des forces armées ». Pour savoir si une sanction ou mesure disciplinaire échappait à l'article 5, la Cour fit référence, comme elle le répéta dans l'arrêt *Ashingdane* précité, à « un ensemble d'éléments tels que la nature, la durée, les effets et les modalités d'exécution de la sanction ou mesure considérée ». Or, les arrêts aggravés qui furent, en dehors des heures de service, subis dans un local spécialement fixé que les soldats ne pouvaient quitter pour se rendre à la cantine, au cinéma ou aux salles de loisirs, n'entraient pas dans le champ d'application de l'article 5. Par contre, les arrêts de rigueur, entraînant un enfermement de jour et de nuit dans une cellule sans accomplissement du service militaire normal, ont, selon la Cour, un caractère privatif de liberté [1].

§ 2. La légalité de la privation de liberté

305 La légalité prend une place éminente dans l'article 5. Premièrement l'article 5-1 dispose qu'il ne peut y avoir de privation de liberté que « dans les cas suivants ». La formule implique que l'énumération des cas dans le premier paragraphe points a-f est limitative [2]. De surcroît, la liste appelle une interprétation étroite [3].

Deuxièmement la privation de liberté doit avoir lieu « selon les voies légales ». Le texte anglais utilise les mots : « *in accordance with a procedure prescribed by law* ». Donc la procédure selon laquelle la privation de liberté a été imposée doit être régulière, c'est-à-dire en conformité avec le droit procédural national qui est applicable. La Cour exige de surcroît que ce droit procédural national « se conforme lui-même à la Convention, y compris aux principes généraux énoncés et impliqués par elle. À la base du membre de phrase précité (selon les voies légales) se trouve la notion de procédure équitable et adéquate, l'idée que toute mesure privative de liberté doit émaner d'une autorité qualifiée, être exécutée par une telle autorité et ne pas revêtir un caractère arbitraire » [4]. Troisièmement l'article 5 dispose que la privation elle-même doit être régulière [5], c'est-à-dire que le droit national et international de fond et de procédure doit être respecté. Avec une telle interprétation, il y a une

1. CEDH 23 juin 1976, *Engel c/ Pays-Bas*, série A, n° 22, § 59.
2. V. par ex. CEDH 1er oct. 1975, *Engel c/ Pays-Bas*, série A, n° 22, § 57.
3. CEDH 19 oct. 2000, *Wloch c/ Pologne*, § 108.
4. CEDH 24 oct. 1979, *Winterwerp c/ Pays-Bas*, série A, n° 33, § 45, *Leading Cases*, préc., p. 95.
5. On ne retrouve pas cette exigence dans le point c de l'article 5-1 du texte français ; le texte anglais utilise dans chaque point, y inclus point c, le mot « lawful ». Il semble qu'il y ait là une simple inadvertance, comp. J. DE MEYER, *in* PETTITI, préc., p. 191.

certaine répétition car le droit de procédure fait également l'objet de la clause « selon les voies légales » [1]. Un des éléments de la régularité est la prévisibilité des conséquences du comportement du citoyen. Donc, il doit être prévisible qu'un certain comportement peut entraîner une détention [2]. Un autre élément de la régularité de la détention est celui de l'enregistrement des détenus. Selon la Cour, il est absolument nécessaire « d'enregistrer avec précision pour chaque détenu la date, l'heure et le lieu de la mise en détention, les motifs la justifiant et le nom des personnes qui en sont responsables ». La Cour estimait « inadmissible le fait de ne pas tenir des registres permettant de localiser un détenu à un moment donné » [3].

La circonstance que l'article 5 fait référence au droit national a pour conséquence que la Cour elle-même est autorisée et obligée à contrôler la conformité au droit national [4]. Néanmoins elle le fait avec une certaine réserve : « S'il ne lui appartient pas d'ordinaire de vérifier le respect du droit interne par les autorités nationales [...], il en va autrement dans les matières où la Convention renvoie directement à ce droit, comme ici : en ces matières, la méconnaissance du droit interne entraîne celle de la Convention, de sorte que la Cour peut et doit exercer un certain contrôle » [5]. Donc si les autorités nationales, notamment les tribunaux sont d'avis que le droit national de fond ou de procédure est respecté ou n'est pas respecté, la Cour ne sera pas tentée de rejeter ce point de vue [6].

§ 3. Les modalités de la privation de liberté

L'article 5-1 énumère les cas dans lesquels une privation de liberté est autorisée. Nous ne traiterons que ceux qui revêtent de l'importance pour la justice pénale, c'est-à-dire la détention après condamnation (A), l'arrestation et la détention préventive (B) et la privation de liberté de la personne contre laquelle une procédure d'extradition est en cours (C).

A. La détention après condamnation

306 La première justification de la privation de liberté est la condamnation prononcée par un tribunal compétent. Une cour militaire, quoique ses

1. CEDH 24 oct. 1979, *Winterwerp*, série A, n° 33, § 39, *Leading Cases*, préc., p. 95.
2. V. CEDH 23 sept. 1998, *Steel et autres c/ Royaume-Uni, Recueil* 1998-VII, p. 2719, § 54.
3. CEDH 8 juill. 1999, *Çakiçi c/ Turquie*, et CEDH 27 févr. 2001, *Ciçek c/ Turquie*.
4. V. par ex. CEDH 27 nov. 1997, *K.-F. c/ Allemagne*, § 56-73.
5. CEDH 24 oct. 1979, *Winterwerp*, série A, n° 33, § 46 et 40, *Leading Cases*, préc., p. 95.
6. V. Harris, O'Boyle, Warbrick, préc., p 104-105.

quatre membres militaires [1] n'étaient pas inamovibles en droit, était considérée comme un « tribunal » du point de vue organique. Selon la Cour, ses membres jouissaient de l'indépendance et cette cour militaire offrait des garanties adéquates au regard de l'article 5-1 a Conv. EDH. La Cour soulignait qu'il s'agit d'une « disposition autonome dont les exigences ne coïncident pas toujours avec celles de l'article 6 » [2]. Ceci entraîne que certaines conditions, comme par exemple l'indépendance, mais pas nécessairement l'égalité des armes, doivent être remplies [3].

Ce tribunal n'est pas nécessairement un tribunal de l'État de l'exécution de l'emprisonnement. La coopération dans le domaine de l'exécution des peines entraîne la possibilité d'exécuter l'emprisonnement dans un autre État que celui où la condamnation a été prononcée [4]. Or, une telle condamnation prononcée à l'étranger peut justifier une détention. Dans l'affaire *Drozd et Janousek* il s'agissait de l'exécution en France d'une peine d'emprisonnement prononcée par un tribunal de l'Andorrem, qui – à l'époque – n'était pas partie à la Convention. La Cour raisonnait ainsi : « La Convention n'obligeant pas les Parties contractantes à imposer ses règles aux États ou territoires tiers, il n'incombait pas à la France de rechercher si la procédure qui déboucha sur cette condamnation remplissait chacune des conditions de l'article 6. Exiger un tel contrôle de la manière dont une juridiction non liée par la Convention applique les principes se dégageant de ce texte contrecarrerait aussi la tendance actuelle au renforcement de l'entraide internationale dans le domaine judiciaire, tendance normalement favorable aux intéressés. Les États contractants doivent toutefois se garder d'apporter leur concours s'il apparaît que la condamnation résulte d'un déni de justice flagrant » [5].

La détention doit être régulière, c'est-à-dire — comme nous l'avons constaté ci-dessus [6] — en conformité avec le droit national et international de fond et de procédure. Néanmoins la Cour n'est pas amenée à exercer un contrôle très strict quant aux modalités d'exécution d'une peine privative de liberté. Elle a décidé qu'il faut « un certain lien entre, d'une part, le motif invoqué pour la privation de liberté autorisée et, de l'autre, le lieu et le régime de la détention » [7]. Certes, s'il s'agit d'une exécution qui va à l'encontre de l'article 3, la Cour interviendra [8].

1. Il s'agissait de la Haute Cour militaire néerlandaise, abolie il y a quelques années, et qui était composée de deux membres civils et de quatre militaires.
2. CEDH 8 juin 1976, *Engel c/ Pays-Bas*, série A, n° 22, § 68.
3. CEDH 18 juin 1971, *De Wilde, Ooms et Versyp c/ Belgique*, série A, n° 12, § 78.
4. V. ci-dessus n°s 67 et s.
5. CEDH 26 juin 1992, *Drozd et Janousek c/ France et Espagne*, série A, n° 240, § 110.
6. V. n° 305.
7. CEDH 28 mai 1985, *Ashingdane c/ Royaume-Uni*, série A, n° 93, § 44 (concernant la détention d'un aliéné) et CEDH 15 nov. 1996, *Bizzotto c/ Grèce*, *Rec.* 1996-V, p. 1724, § 31 (concernant une détention au titre de l'article 5-1 a).
8. CEDH 15 nov. 1996, *Bizzotto c/ Grèce*, *Rec.* 1996-V, p. 1724, § 34.

Le mot « après » n'indique pas seulement que la détention soit postérieure à la condamnation. Il faut en dégager également l'exigence que la détention soit justifiée par la condamnation, qu'il y ait « un lien de causalité en plus d'un ordre de succession dans le temps ; elle sert à désigner une « détention » qui se produit « par suite », et non pas simplement « à la suite », de la décision du juge pénal » [1]. Ce lien existe si le prisonnier a joui d'une libération conditionnelle et a été réincarcéré en raison de son comportement [2]. Or, la cessation provisoire ou l'interruption de l'exécution de la sanction privative de liberté ne fait pas obstacle à la réincarcération, à condition que cette dernière ne soit pas arbitraire [3]. La révocation du sursis à l'exécution d'une sanction privative de liberté justifie l'exécution de cette sanction, — de nouveau — à la condition que la révocation ne soit pas arbitraire.

307 La condamnation qui n'est pas encore définitive est néanmoins qualifiée de condamnation au sens de l'article 5-1 a à partir du moment où la personne qui se trouve en détention préventive est condamnée pour le fait qui est à la base de cette détention préventive. La continuation de sa détention est justifiée par le motif de l'article 5-1 a [4].

308 La détention n'est pas nécessairement une détention à titre d'emprisonnement. La mise à la disposition du gouvernement et le placement dans un hôpital pour malades mentaux, mesures que dans certains États le juge pénal peut imposer, sont également qualifiables de sanctions entraînant la détention [5] et doit répondre aux exigences de l'article 5 [6]. Une telle détention relève non seulement du point a de l'article 5-1, mais aussi du point e [7]. Il en résulte que les autorités nationales ne sont pas libres d'exécuter une telle mesure de caractère non punitif dans un établissement destiné à l'exécution des peines. « En principe, la détention d'une personne comme malade mental ne sera régulière au regard de l'alinéa e) du paragraphe 1 que si elle se déroule dans un hôpital, une clinique ou un autre établissement approprié et habilité » [8].

1. CEDH 18 déc. 1986, *Bozano c/ France,* série A, n° 111, § 53 ; v. également J. DE MEYER, *in* PETTITI, préc., p. 192.

2. CEDH 24 juin 1982, *Van Droogenbroeck c/ Belgique,* série A, n° 50, § 40 et CEDH 2 mars 1987, *Weeks c/ Royaume-Uni,* série A, n° 114, § 51.

3. *Van Droogenbroeck,* § 40, *Weeks,* § 49.

4. CEDH 27 juin 1968, *Wemhoff c/ Allemagne,* série A, n° 7, § 9 et CEDH 28 mars 1990, *B. v. Autriche,* série A, n° 175, § 36.

5. Comp. FROWEIN et PEUKERT, préc., p. 98-99.

6. CEDH 2 sept. 1998, *Erkalo c/ Pays-Bas, Recueil* 1998-VI, p. 2464, § 52.

7. CEDH 29 août 1990, *E. c/ Norvège,* série A, n° 181-A, § 53 ; CEDH 5 nov. 1981, *X. c/ Royaume-Uni,* série A, n° 46, § 39, et CEDH 2 sept. 1998, *Erkalo c/ Pays-Bas, Recueil* 1998-VI, p. 2464, § 50.

8. CEDH 28 mai 1985, *Ashingdane c/ Royaume-Uni,* série A, n° 93, § 44.

B. La détention préventive (ou provisoire)

309 ***Introduction*** ◇ La détention préventive est une mesure très grave. D'un côté, elle répond à des exigences sociales. Des facteurs comme la fuite du délinquant, la continuation de ses activités délictueuses et la destruction d'indices de l'infraction s'imposent. Parfois la détention peut utilement protéger le délinquant contre certaines réactions de vengeance et faciliter l'application d'un traitement médical. D'un autre côté cependant, elle pose des problèmes de nature juridique, psychologique et social. Elle fait peser sur l'individu une véritable présomption de culpabilité qui n'est que difficilement conciliable avec la présomption d'innocence de l'article 6-2. Elle occasionne une rupture brusque dans la vie sociale de l'individu. Elle peut facilement inciter le juge de l'audience à prononcer une peine au moins égale à la durée de la détention préventive. Au vu de ces facteurs, il est compréhensible, même évident, que l'article 5-1 c énumère les motifs de la détention préventive (1), que l'article 5-2 décide que la personne arrêtée a le droit d'être informée des raisons de son arrestation et de toute accusation porté contre elle (2) et que selon l'article 5-3 la personne détenue à titre de détention préventive a le droit d'être traduite aussitôt devant un juge et d'être jugé dans un délai raisonnable ou libérée pendant la procédure (3).

1. Les motifs de l'arrestation et de la détention préventive

310 ***Généralités*** ◇ Quels sont les motifs qui sont admis ? L'article 5-1 c n'énumère que trois motifs : des raisons plausibles de soupçonner que la personne concernée a commis une infraction (a), des motifs raisonnables de croire à la nécessité d'empêcher la personne concernée de commettre une infraction (b) et des motifs raisonnables de croire à la nécessité d'empêcher la personne concernée de s'enfuir après l'accomplissement de l'infraction (c). À ce stade, quatre remarques générales s'imposent. Premièrement chacun de ces trois motifs suffit pour ordonner la mesure privative de liberté [1]. Bien sûr, ceci n'empêche pas que les droits nationaux sont plus exigeants en formulant des conditions beaucoup plus strictes. Deuxièmement ces motifs ont en commun leur caractère pénal. Pour cette raison la Cour a souligné que « l'alinéa c) permet exclusivement des privations de liberté ordonnées dans le cadre d'une procédure pénale » [2]. Nous y reviendrons ci-dessous dans le cadre du deuxième motif. Troisièmement la Cour a rappelé que la liste limitative du paragraphe 1 appelle une interprétation restrictive [3] et

1. CEDH 22 mai 1984, *De Jong, Baljet et Van den Brink c/ Pays-Bas*, série A, n° 77, § 44.
2. CEDH 22 févr. 1989, *Ciulla c/ Italie*, série A, n° 148, § 38.
3. CEDH 29 févr. 1988, *Bouamar c/ Belgique*, série A, n° 129, § 43.

étroite[1]. C'est logique, car il s'agit d'ingérences à un droit qui peut être qualifié de noyau dur de la liberté humaine. Quatrièmement il faut signaler que l'adjectif « régulier » — contrairement aux points a, b, d, e et f — ne figure pas dans le texte français de l'alinéa c/ Néanmoins il faut l'entendre comme si cet adjectif faisait partie du texte français, étant donné que l'équivalent « lawful » figure dans la version anglaise[2].

a. Le premier motif : le soupçon de commission d'une infraction (la condition classique de l'arrestation et de la détention préventive)

311 Ce premier motif reflète une condition classique de l'arrestation et de la détention répressive. Ceci ne veut pas dire qu'une telle mesure peut être prolongée indéfinitivement : le troisième paragraphe de l'article 5 l'interdit en imposant « l'élargissement du moment où la détention cesse d'être raisonnable » [3]. Les raisons doivent être plausibles. Donc, d'une part il n'est pas nécessaire qu'il y ait des éléments de preuve dont on aura besoin au stade de jugement[4]. D'autre part l'exigence de soupçons plausibles « présuppose (l'existence) de faits ou renseignements propres à persuader un observateur objectif que l'individu en cause peut avoir accompli l'infraction » [5]. La Cour a apporté une nuance en reconnaissant que « la criminalité terroriste entre dans une catégorie spéciale. Devant le risque de souffrances et de pertes de vies humaines dont elle s'accompagne, la police est forcée d'agir avec la plus grande célérité pour exploiter ses informations, y compris celles qui émanent de sources secrètes ». Elle a même considéré que « les difficultés inhérentes à la recherche et à la poursuite des infractions liées au terrorisme en Irlande du Nord, empêchent d'apprécier toujours d'après les mêmes critères que pour les infractions de type classique la « plausibilité » des soupçons motivant de telles arrestations. Néanmoins, la nécessité de combattre la criminalité terroriste ne saurait justifier que l'on étende la notion de « plausibilité » jusqu'à porter atteinte à la substance de la garantie apportée par l'article 5, § 1 c » [6].

Non seulement les aspects factuels des soupçons doivent être plausibles. « L'existence de "raisons plausibles de soupçonner" au sens de l'article 5 § 1 c) exige que les faits invoqués puissent raisonnablement passer pour relever de l'une des sections du code pénal traitant du com-

1. CEDH 22 févr. 1989, *Ciulla c/ Italie,* série A, n° 148, § 41.
2. V. CEDH 6 nov. 1980, *Guzzardi c/ Italie,* série A, n° 39, § 102.
3. CEDH 22 mai 1984, *De Jong, Baljet et Van den Brink c/ Pays-Bas,* série A, n° 77, § 44.
4. CEDH 29 nov. 1988, *Brogan c/ Royaume-Uni,* série A, n° 145-B, § 53, *Leading Cases,* préc., p. 282.
5. CEDH 30 août 1990, *Fox, Campbell et Hartley c/ Royaume-Uni,* série A, n° 182, § 32.
6. CEDH 30 août 1990, *Fox, Campbell et Hartley c/ Royaume-Uni,* série A, n° 182, § 32.

portement criminel. Ainsi, il ne peut à l'évidence pas y avoir de soupçons raisonnables si les actes ou faits retenus contre un détenu ne constituaient pas un crime au moment où ils se sont produits » [1].

b. **Le deuxième motif : la prévention**

312 Le deuxième motif énuméré par l'article 5-1 c est celui de la prévention d'infractions pénales. La Cour, dans l'arrêt *Guzzardi*, n'a pas accepté l'interprétation du membre de la phrase sur la prévention, qui conduirait « à une politique de prévention générale dirigée contre une personne ou catégorie de personnes qui, à l'instar des *mafiosi* se révèlent dangereuses par leur propension permanente à la délinquance ; il se borne à ménager aux États contractants le moyen d'empêcher une infraction concrète et déterminée. Cela ressort à la fois de l'emploi du singulier (« une infraction », « celle-ci »...) et du but de l'article 5, assurer que nul ne soit arbitrairement dépouillé de sa liberté » [2].

Par la suite, dans l'arrêt *Ciulla*, la Cour a souligné que « l'alinéa c) permet exclusivement des privations de liberté ordonnées dans le cadre d'une procédure pénale » [3]. Étant donné que toute procédure pénale a pour objet la commission (présumée) d'une infraction, ce deuxième motif, selon cette interprétation, n'a pas trait à des mesures purement préventives. Ainsi la Cour a exclu la détention préventive qui est ordonnée pour des raisons purement préventives, donc sans qu'il y ait un rapport avec la commission d'une infraction concrète et déterminée, abstraction fait de sa gravité.

Bien que cette interprétation ait le mérite d'être soutenue, elle prive le membre de la phrase d'un sens autonome [4]. Si la commission d'une infraction est la condition nécessaire de chaque arrestation, cette dernière relève du premier membre de phrase.

Certains auteurs ont essayé d'interpréter la clause sur la prévention un peu moins strictement. Frowein et Peukert sont d'avis que la prévention d'une infraction spécifique et concrète présente un motif suffisant pour l'imposition d'une détention ; il faut interpréter l'arrêt *Guzzardi a contrario* : cette jurisprudence interdit la prise de mesures tendant à la prévention d'infractions en général ; elle n'interdit pas la détention afin de prévenir une infraction concrète et spécifique [5]. Van Dijk et Van Hoof interprètent la clause de sorte qu'elle justifie la détention afin de prévenir une infraction que la personne concernée est sur le point de commettre ou qu'elle est en train de commettre [6].

1. CEDH 19 oct. 2000, *Wloch c/ Pologne,* § 109.
2. CEDH 6 nov. 1980, *Guzzardi c/ Italie,* série A, n° 39, § 102.
3. CEDH 22 févr. 1989, *Ciulla c/ Italie,* série A, n° 148, § 38.
4. V. Harris, O'Boyle et Warwick, préc., p. 117.
5. Frowein et Peukert, préc., p. 111-112.
6. Van Dijk et Van Hoof, préc., p. 355.

La prévention peut aussi entrer en ligne de compte s'il s'agit d'un crime qui a suscité beaucoup d'émotions. Dans un tel cas la libération du suspect peut entraîner des émeutes. Par conséquent la détention du suspect peut contribuer au redressement de l'ordre. Dans son arrêt rendu dans l'affaire Letellier la Cour a considéré comme suit : « 51. La Cour admet que par leur gravité particulière et par la réaction du public à leur accomplissement, certaines infractions peuvent susciter un trouble social de nature à justifier une détention provisoire, au moins pendant un temps. Dans des circonstances exceptionnelles, cet élément peut donc entrer en ligne de compte au regard de la Convention, en tout cas dans la mesure où le droit interne reconnaît — tel l'article 144 du code de procédure pénale — la notion de trouble à l'ordre public provoqué par une infraction. Cependant, on ne saurait l'estimer pertinent et suffisant que s'il repose sur des faits de nature à montrer que l'élargissement du détenu troublerait réellement l'ordre public. En outre, la détention ne demeure légitime que si l'ordre public reste effectivement menacé ; sa continuation ne saurait servir à anticiper sur une peine privative de liberté »[1].

c. Le troisième motif : le danger de fuite

313 Ce troisième motif ne pose pas beaucoup de problèmes. Le membre de phrase sur le danger de fuite est rédigé de telle façon qu'il répète le premier motif : « après l'accomplissement de celle-ci », c'est-à-dire après l'accomplissement de l'infraction. Dès lors il n'a pas, comme le deuxième motif, de sens autonome[2]. Le texte rappelle en termes généraux le danger de fuite. Il ne permet pas de savoir s'il doit s'agir du danger que la personne concernée ne comparaîtra pas à l'audience ou si elle se soustraira, le cas échéant, à la peine. Dans les États qui ne connaissent pas la possibilité de jugement par défaut, la présence du premier danger suffira pour ordonner la détention préventive. Par contre, dans les États où la condamnation par défaut est admise, le seul danger que l'inculpé ne comparaîtra pas à l'audience, ne peut pas être considéré comme un motif valable pour ordonner sa détention préventive. Cependant, il en va autrement si dans un tel État le juge de l'audience est compétent pour ordonner la présence de l'inculpé et s'il y a des raisons pour croire que le juge se servira de cette compétence. En outre, dans un tel État le seul danger que la personne concernée se soustraira à la peine, peut suffire pour ordonner la détention préventive.

1. CEDH 26 juin 1991, *Letellier c/ France*, série A, n° 207, § 51.
2. C. Harris, O'Boyle et Warwick, préc., p. 118 ; Frowein et Peukert, préc., p. 107.

2. Le droit d'être traduit aussitôt devant un juge

314 *Généralités*. Le paragraphe 3 indique formellement que toute personne arrêtée ou détenue dans les conditions prévues au paragraphe 1 point c de l'article 5 doit être aussitôt traduite devant un juge. Deux remarques générales s'imposent. Premièrement, cette exigence de conduite devant un juge se réfère à chacun des cas d'arrestation ou de détention visé à ce point c [1]. La Cour a fondé cette conclusion sur une analyse grammaticale de l'article 5-1 c et son rapport avec le paragraphe 3 de l'article 5 et a constaté que cette analyse est en « parfaite harmonie avec le but de la Convention qui est de protéger la liberté et la sûreté de la personne contre des arrestations et détentions arbitraires ; qu'il y a lieu, à cet égard, de faire observer que si la signification attribuée par la Cour aux dispositions susmentionnées n'est pas exacte, toute personne soupçonnée d'avoir l'intention de commettre une infraction pourrait être arrêtée ou détenue sur la base d'une seule décision administrative pour une période illimité sans qu'une telle arrestation ou détention puisse être considérée comme une violation de la Convention ; qu'une telle hypothèse, avec tout l'arbitraire qu'elle implique, conduirait à des résultats contraires aux principes fondamentaux de la Convention ».

Deuxièmement, la traduction devant un juge doit toujours avoir lieu, abstraction faite de la volonté (présumée) de la personne concernée. Le contrôle judiciaire doit être automatique et inconditionnel [2]. Le droit à la liberté revêt trop d'importance pour que puisse être éludée cette exigence de traduction devant un juge au cas où le détenu y renoncerait.

a. « Un autre magistrat »

315 La personne arrêtée ou détenue ne doit pas nécessairement être conduite devant un juge. L'article 5-3 mentionne la possibilité de conduite devant « un autre magistrat habilité par la loi à exercer des fonctions judiciaires ». Dans son arrêt *Schiesser*, la Cour indiquait que ce terme « englobe les magistrats du parquet comme ceux du siège » [3]. Mais elle a ajouté que ce magistrat doit présenter des garanties d'indépendance à l'égard de l'exécutif et des parties, et que lui incombe l'obligation d'entendre personnellement la personne traduite devant lui et d'examiner « les circonstances qui militent pour ou contre la détention » [4]. Bien que le magistrat suisse en question faisait partie de la hiérarchie du

1. CEDH 1er juill. 1961, *Lawless*, série A, n° 3, § 14, *Leading Cases*, préc., p. 1.
2. C. M. Picard et P. Titiun, *in* L.-E. Pettiti, E. Decaux et P.-H. Imbert (dir.), préc., p. 212 ; v. aussi CEDH 22 mai 1984, *De Jong, Baljet et Van den Brink*, série A, n° 77, § 51 ; CEDH 29 avr. 1999, *Aquilina c/ Malte et T.W. c/ Malte, Recueil* 1999-III, p. 257 et CEDH 15 juin 2000, *Sabeur Ben Ali c/ Malte.*
3. CEDH 4 déc. 1979, *Schiesser c/ Suisse*, série A, n° 34, § 28.
4. *Schiesser*, § 31.

ministère public, fonctionnant sous l'autorité du ministre de la justice, il ne recevait jamais d'instructions [1]. La Cour soulignait que ce magistrat n'avait agi qu'en qualité d'organe d'instruction et pas en qualité de partie poursuivante devant l'instance de jugement [2]. En plus, il n'était pas compétent pour poursuivre le délit en question [3]. La Cour, dans son arrêt *Huber*, faisait expressément référence à sa jurisprudence sur la notion d'impartialité de l'article 6-1 Conv. EDH [4]. Cette jurisprudence exige d'apprécier l'impartialité non seulement selon une démarche subjective, mais aussi selon une démarche objective amenant à s'assurer que le juge offre des garanties suffisantes pour exclure tout doute légitime [5]. La Cour a considéré, en accord avec cette jurisprudence, que la seule possibilité que le magistrat du parquet devant lequel la personne intéressée est conduite, soit par la suite partie poursuivante, peut jeter un doute sur son impartialité [6]. La Cour n'a pas tiré argument de la circonstance que le magistrat du parquet est placé dans la hiérarchie du ministère public, qui à son tour dans certains États comme la France et les Pays-Bas est subordonné au ministre de la justice.

« L'autre magistrat » doit avoir le pouvoir autonome de prescrire l'élargissement du détenu. Un pouvoir consultatif, même si les avis sont toujours suivis, ne suffit pas [7].

b. L'exigence de célérité de la traduction devant le juge

316 L'article 5-3 veut que la personne intéressée soit aussitôt traduite devant le juge ou l'autre magistrat. Cette exigence dont le but est de « réduire au minimum le risque d'arbitraire » [8] souligne l'importance du droit à la liberté. La Cour, dans son arrêt *Brogan*, a interprété la clause « aussitôt » [9]. Elle a décidé qu'une garde à vue de quatre jours et six heures sans présentation à un juge va au-delà des strictes limites de temps permises par la notion de promptitude visé à l'article 5-3, alors pourtant que l'affaire concernée se déroulait dans le contexte du terrorisme en Irlande du Nord et alors même que le mot anglais « promptly » est plus large que le mot français « aussitôt » qui, littéralement, signifie immédiatement. On peut conclure de cet arrêt que même dans des cas qui pré-

1. *Schiesser*, § 35.
2. *Schiesser*, § 34.
3. *Schiesser*, § 11.
4. CEDH 23 oct. 1990, *Huber*, série A, n° 188, § 43.
5. V. ci-dessous n° 348.
6. V. aussi CEDH 26 nov. 1992, *Brincat c/ Italie*, série A, n° 249-A, § 21.
7. CEDH 29 avr. 1976, *Irlande c/ Royaume-Uni*, série A, n° 25, § 199 et 84.
8. CEDH 29 nov. 1988, *Brogan c/ Royaume-Uni*, série A, n° 145-B, § 58, *Leading Cases*, préc., p. 282 ; v. aussi Egbert MYJER, « The plain meaning of the word "promptly" », in: Paul MAHONEY e.a. (éd.), « Protection des droits de l'homme : la perspective européenne », *Mélanges Ryssdal*, Carl Heymanns Verlag, Köln-Berlin-Bonn-München, p. 975-992.
9. CEDH 29 nov. 1988, *Brogan c/ Royaume-Uni*, série A, n° 145-B, *Leading Cases*, préc., p. 282.

sentent un caractère exceptionnel (comme l'affaire *Brogan*), la durée de la détention avant la traduction devant un juge ne saurait dépasser les quatre jours [1].

L'exigence de célérité s'oppose à l'imposition de l'obligation de la traduction devant un juge au cas où « l'élargissement de la personne arrêtée a lieu « aussitôt » avant qu'un contrôle judiciaire de la détention ait pu se réaliser » [2] : la traduction devant un juge produirait une prolongation inutile de la privation de liberté.

3. Le droit d'être jugé dans un délai raisonnable ou libéré pendant la procédure

317 ***Généralités*** ◇ La détention qui précède le jugement ne doit pas durer trop longtemps. Elle présente de graves inconvénients au détenu : il ne se trouve plus dans son milieu habituel et ne peut pas exercer ses activités professionnelles. En plus, la privation de liberté est fondée sur le soupçon d'avoir commis une infraction. Quoique contrôlé par un juge, la base sur laquelle repose la privation de liberté n'est pas encore déterminée définitivement par un jugement. Donc il y a une certaine tension entre la détention préventive et le principe de la présomption d'innocence.

Dès lors, il n'est pas étonnant que la Convention proclame qu'il y a un droit à un jugement rapide, ce qui implique une détention provisoire de brève durée. Il n'est pas non plus pour surprendre que la Cour, dans un de ses premiers arrêts, a fait allusion à ce principe en considérant « que les tribunaux nationaux, et éventuellement après eux la Cour européenne, doivent apprécier si le délai écoulé, pour quelque cause que ce soit, avant le jugement de l'accusé a dépassé à un moment donné les limites raisonnables, c'est-à-dire celles du sacrifice qui, dans les circonstances de la cause, pouvait raisonnablement être infligé à une personne présumée innocente » [3].

Dans une interprétation grammaticale, le droit d'être jugé dans un délai raisonnable pourrait être échangé contre la libération du détenu pendant la procédure. Une telle interprétation méconnaîtrait l'existence de l'article 6-1 qui proclame en termes généraux l'existence d'un droit d'être jugé dans un délai raisonnable [4].

1. C. M. Picard, P. Titiun, *in* L.-E. Pettiti, E. Decaux et P.-H. Imbert (dir.), préc., p. 214 ; Harris, O'Boyle et Warwick, préc., p. 136, plaident en faveur d'une durée de moins que quatre jours.
2. CEDH 22 mai 1984, *De Jong, Baljet et Van den Brink c/ Pays-Bas*, série A, n° 77, § 52.
3. CEDH 27 juin 1968, *Wemhoff c/ Allemagne*, série A, n° 7, § 5.
4. CEDH 27 juin 1968, *Wemhoff c/ Allemagne*, série A, n° 7, § 4 et 5 ; C. Harris, O'Boyle et Warwick, préc., p. 136, Frowein et Peukert, préc., p. 125, Van Dijk et Van Hoof, préc., p. 374.

a. *Dies a quo*

318 La détermination du début de la période à apprécier ne pose pas de problèmes. Elle commence à partir de la mise en détention. Normalement l'arrestation par la police sera le point de départ.

b. *Dies ad quem*

319 Plus compliqué est le point de savoir à quel moment la période à apprécier se termine. On peut défendre la thèse que le terme final de cette période est le jour où est devenu définitif le jugement. D'autre part on peut concevoir comme terme final le jour de la comparution de la personne détenu devant le tribunal de première instance. La Cour a pris une position intermédiaire. Elle a constaté des divergences entre les textes anglais et français de la Convention. Selon le texte anglais on est « entitled to trial within a reasonable time », tandis que le texte français utilise les mots « le droit d'être jugée dans un délai raisonnable ». Le mot « trial » désigne le procès, le mot « jugé » renvoie au jugement, c'est-à-dire à l'issue du procès. Confrontée à ces divergences la Cour a recherché « quelle est l'interprétation la plus propre à atteindre le but et réaliser l'objet de ce traité et non celle qui donnerait l'étendue la plus limitée aux engagements des Parties. Or on ne concevrait pas pourquoi la protection que l'article 5 de la Convention cherche à assurer aux personnes soupçonnées d'infractions contre des détentions préventives prolongées à l'excès ne se continuerait pas jusqu'au jour du prononcé du jugement et s'arrêterait au moment de l'ouverture du procès ». La position intermédiaire de la Cour réside dans la circonstance qu'elle entend par jugement celui en premier ressort. Elle a décidé que la personne condamnée en première instance se trouve dans le cas prévu par l'article 5-1 a : elle est détenue après condamnation. Dans ce contexte, elle a fait référence à la pratique — qui est courante dans de nombreux États contractants — d'arrêter à l'audience les personnes condamnées ayant comparus en liberté. Une telle pratique ne peut être fondée que sur l'article 5-1 a Conv. EDH. Celle-ci est justifiée par la culpabilité du condamné ayant été établie pendant une procédure qui répond aux exigences de l'article 6. La Cour mentionne la possibilité d'invoquer la clause du délai raisonnable de l'article 6-1 auprès des cours qui sont appelés à statuer sur l'affaire après le premier ressort[1].

1. CEDH 27 juin 1968, *Wemhoff c/ Allemagne*, série A, n° 7, § 6-9, la prise de position en ce qui concerne le rapport entre l'article 5-1 a et l'article 5-3 a été confirmé dans l'arrêt CEDH 28 mars 1990, *B. c/ Autriche*, série A, n° 175.

C. L'appréciation de la durée de la période à prendre en considération

1. Rapport entre les clauses de délai raisonnable de l'article 5-3 et de l'article 6-1

320 Une fois déterminés le début et la fin de la période à considérer, le problème subsiste d'apprécier si cette période est raisonnable. La jurisprudence ne se contente pas de la constatation qu'il y a un motif au sens de l'article 5-1 c Conv. EDH. Un tel motif n'est qu'une condition *sine qua non* de la régularité de la détention. Au bout d'un certain temps cette condition ne suffit plus [1]. Heureusement la Cour est plus exigeante. Elle se fonde d'une part sur les motifs qui sont apportés par les autorités nationales pour justifier la détention préventive et d'autre part sur les trois critères qu'on retrouve dans la jurisprudence sur la clause analogue de l'article 6-1 [2]. Néanmoins il ne faut pas confondre ces deux clauses. L'une, celle de l'article 5-1 c, se rapporte à la situation des personnes privées de leur liberté dans le cadre d'une détention préventive, tandis que l'autre, celle de l'article 6-1, a rapport aux personnes qui sont dans l'incertitude sur l'issue de la procédure pénale dirigée contre elles. Certes, les premières sont également dans l'incertitude quant à l'issue de la procédure, mais de surcroît elles sont incarcérées ce qui rend leur position encore plus difficile. Dès lors il est logique d'interpréter la première clause d'une manière plus stricte que la seconde [3]. Comme la Cour l'a indiqué : « L'article 5, paragraphe 3, lui, se rapporte aux seuls prévenus détenus. Il implique qu'une diligence particulière doit être apportée à la poursuite de la procédure les concernant » [4]. Il en découle que la situation du détenu condamné en première instance, qui selon l'arrêt précité *Wemhoff* ne relève pas de l'article 5-3 mais de l'article 6-1, est appréciée avec la même diligence particulière [5].

2. Appréciation des motifs apportés par les autorités nationales

321 Quant aux motifs qui sont apportés par les autorités nationales pour justifier la détention préventive et aux faits non controuvés indiqués par le requérant, la Cour les examine d'une manière intensive à la lumière de la législation nationale. Elle ne se contente pas d'un contrôle superficiel et *in abstracto*. Elle apprécie les motifs *in concreto* [6]. Prenons comme

1. CEDH 10 nov. 1969, *Stögmüller*, série A, n° 9, § 4.
2. V. ci-dessous n° 364.
3. C. M. Picard et P. Titiun, *in* Pettiti, préc., p. 221.
4. CEDH 10 nov. 1969, *Stögmüller c/ Autriche*, série A, n° 9, § 5.
5. CEDH 25 nov. 1992, *Abdoella c/ Pays-Bas*, série A, n° 248-A, § 24 et CEDH 21 déc. 2000, *Jablonski c/ Pologne*.
6. V. par ex. CEDH 27 juin 1968, *Neumeister c/ Autriche*, série A, n° 8, CEDH 10 nov. 1969, *Stögmüller c/ Autriche*, série A, n° 9, CEDH 26 juin 1991, *Letellier c/ France*, série A, n° 207, *Leading Cases*, préc., p. 402, CEDH 27 nov. 1991, *Kemmache c/ France*, série A, n° 218, *D.* 1992, somm. 329 et obs. J.-F. Renucci.

exemple l'arrêt *Letellier*. La détention préventive de la requérante, accusée d'avoir provoqué le meurtre de son mari, reposait, parmi d'autres facteurs, sur la nécessité de préserver l'ordre public du trouble causé par l'infraction, motif prévu par l'article 144 CPP français. Ayant rejeté les autres motifs de la détention préventive, apportées par les autorités nationales, la Cour considérait :

« La Cour admet que par leur gravité particulière et par la réaction du public à leur accomplissement, certaines infractions peuvent susciter un trouble social de nature à justifier une détention provisoire, au moins pendant un temps. Dans des circonstances exceptionnelles, cet élément peut entrer en ligne de compte au regard de la Convention, en tout cas dans la mesure où le droit interne le reconnaît — tel l'article 144 du code de procédure pénale — la notion de trouble à l'ordre public provoqué par une infraction.

Cependant on ne saurait l'estimer pertinent et suffisant que s'il repose sur des faits de nature à montrer que l'élargissement du détenu troublerait réellement l'ordre public. En outre, la détention ne demeure légitime que si l'ordre public reste effectivement menacé ; sa continuation ne saurait servir à anticiper sur une peine privative de liberté.

Or, en l'espèce ces conditions ne se trouvent pas remplies. Les chambres d'accusation examinèrent de manière purement abstraite la nécessité de prolonger la privation de liberté, se bornant à constater la gravité de l'infraction. La requérante avait pourtant souligné [...] que la mère et la sœur de la victime n'avaient formulé aucune observation au moment où elle déposa ses demandes d'élargissement, tandis qu'elles avaient combattu avec vigueur celles de M. Moysan (l'auteur du coup de feu, C/P) ; les juridictions françaises ne l'ont point contesté » [1].

De la même manière la Cour apprécie *in concreto* d'autres motifs comme le danger de répétition des infractions [2], le danger de suppression de preuves [3], le risque de pression sur les témoins [4] et le danger de fuite [5]. Quant au dernier motif, la Cour a souligné la réduction du danger de fuite au cours du temps :

« En ce qui concerne le danger de fuite, la Cour estime que si la gravité de la peine à laquelle l'accusé peut s'attendre en cas de condamnation peut être légitimement retenue comme de nature à l'inciter à fuir, encore que l'effet de cette crainte diminue au fur et à mesure que la détention provisoire se prolonge et que diminue par suite le solde de

1. CEDH 26 juin 1991, *Letellier c/ France*, A 207, § 51, *Leading Cases*, préc., p. 402, *D.* 1992, Somm. 328 et obs. J.-F. Renucci.

2. CEDH 10 nov. 1969, *Matznetter c/ Autriche*, série A, n° 10, § 9.

3. CEDH 27 juin 1968, *Wemhoff c/ Allemagne*, série A, n° 7, § 14.

4. CEDH 26 juin 1991, *Letellier c/ France*, série A, n° 207, § 37-39, *Leading Cases*, préc., p. 402.

5. CEDH 27 juin 1968, *Neumeister c/ Autriche*, série A, n° 7, § 10.

la peine que l'accusé peut s'attendre à devoir subir, l'éventualité d'une condamnation sévère ne suffit pas à cet égard » [1].

3. Les autres critères : complexité de l'affaire, activité des autorités nationales, comportement du requérant

322 À côté du contrôle minutieux des motifs apportés par les autorités nationales et fondés dans leur droit national, la Cour examine également la durée de la procédure au vu de la complexité de l'affaire, les activités des autorités nationales et le comportement du requérant [2]. Donc, même si un motif spécifique et concret se présente pour justifier la détention préventive, sa durée peut être injustifiée pour les raisons qu'elle est disproportionnée à la complexité de l'affaire, que l'inactivité des autorités nationales pendant certaines périodes de la détention est à la base de la longueur de la détention ou que le comportement du requérant lui-même est à l'origine de la durée de la détention [3].

Quant à la complexité de l'affaire, la Cour a expliqué que l'intérêt du détenu que sa cause soit traité avec célérité, doit être concilié avec l'exigence de traiter les affaires consciencieusement : « On ne peut perdre de vue que si un accusé détenu a droit à ce que son cas soit traité par priorité avec une célérité particulière, celle-ci doit ne pas nuire aux efforts poursuivis par les magistrats afin de faire pleinement la lumière sur les faits dénoncés, de fournir tant à la défense qu'à l'accusation toutes facilités pour produire leurs preuves et pour présenter leurs explications, et de ne se prononcer qu'après mûre réflexion sur l'existence des infractions et sur la peine » [4].

L'arrêt *Tomasi* est un exemple d'une affaire dans laquelle les autorités nationales n'ont pas agi avec la promptitude nécessaire. La Cour concluait que « la longueur de la détention incriminée n'apparaît imputable, pour l'essentiel, ni à la complexité de l'affaire ni au comportement du requérant » [5]. Comme dans sa jurisprudence sur la clause du délai raisonnable au sens de l'article 6-1 [6], la Cour n'attribue pas une importance déterminante à la surcharge de la justice pénale nationale [7].

Comme dans l'arrêt *Tomasi*, la Cour relevait dans son arrêt *W. c/ Suisse* [8] le comportement du requérant comme un critère d'appréciation. Certes,

1. CEDH 27 juin 1968, *Wemhoff c/ Allemagne*, série A, n° 7, § 14 ; v. aussi CEDH 9 nov. 1999, *Debboud alias Husseini Ali c/ France*, durée de la détention préventive de 4 ans, 2 mois et 10 jours.
2. C. Frowein et Peukert, préc., p. 131 et Van Dijk et Van Hoof, préc., p. 379.
3. V. par exemple CEDH 12 déc. 1991, *Toth c/ Autriche*, série A, n° 224.
4. CEDH 27 juin 1968, *Wemhoff c/ Allemagne*, série A, n° 7, § 17, v. aussi CEDH 28 mars 1990, *B. c/ Autriche*, série A, n° 175, § 45.
5. CEDH 27 août 1992, *Tomasi c/ France*, série A, n° 241-A, § 102 ; v. aussi CEDH 12 déc. 1991, *Toth c/ Autriche*, série A, n° 224, § 77.
6. V. *supra*, n° 364.
7. CEDH 10 nov. 1969, *Stögmüller c/ Autriche*, série A, n° 9, § 5 ; C. Frowein et Peukert, préc., p. 133.
8. CEDH 26 janv. 1993, *W. c/ Suisse*, série A, n° 224, § 42.

un détenu a le droit d'utiliser tous les recours et tous les moyens que la loi lui confère. Il n'a pas « l'obligation de coopérer avec les autorités, mais il doit supporter les conséquences que son attitude a pu entraîner dans la marche de l'instruction » [1]. Une de ces conséquences peut être la perte de temps. Celle-ci ne saurait pas dès lors être imputée à l'État concerné [2].

d. La possibilité de mise en liberté sous des conditions garantissant la comparution de l'intéressé à l'audience

323 Il y a accord entre le principe de la proportionnalité et l'article 5-3 qui mentionne la possibilité de libérer l'intéressé sous des conditions qui assurent sa comparution à l'audience. Pourquoi continuer la détention préventive si le but de celle-ci peut aussi être atteinte par une mesure moins grave ? Par sa nature cette clause ne peut s'appliquer que dans la situation où la détention préventive est seulement motivée par le danger de fuite : « lorsque le maintien en détention n'est plus motivé que par la crainte de voir l'accusé se soustraire par la fuite à sa comparution ultérieure devant la juridiction de jugement, la libération provisoire de l'accusé doit être ordonnée s'il est possible d'obtenir de lui des garanties assurant cette comparution » [3]. Étant donné qu'il s'agit de l'application d'un principe de droit, c'est-à-dire celui de la proportionnalité, il n'est pas étonnant que la Cour traduise la possibilité que l'article 5-3 mentionne en termes impératifs. Quant au montant de la garantie, la Cour a considéré que l'importance de celle-ci doit être « apprécié principalement par rapport à l'intéressé, à ses ressources, à ses liens avec les personnes appelées à servir de cautions et pour tout dire à la confiance qu'on peut avoir que la perspective de perte du cautionnement ou de l'exécution de cautions en cas de non-comparution à l'audience agira sur lui comme un frein suffisant pour écarter toute velléité de fuite » [4].

C. L'arrestation et la détention de la personne contre laquelle une procédure d'extradition est en cours

324 Selon l'article 5-1 f, l'arrestation et la détention d'une personne contre laquelle une procédure d'extradition est en cours sont permises. Dans l'affaire *Bozano,* il s'agissait d'un avis négatif de la Cour d'appel de

1. *W. c/ Suisse,* § 42.
2. C. Frowein et Peukert, préc., p. 132.
3. CEDH 27 juin 1968, *Wemhoff c/ Allemagne,* série A, n° 7, § 15.
4. CEDH 27 juin 1968, *Neumeister c/ Autriche,* série A, n° 8, § 14.

Limoges quant à la demande italienne de l'extradition d'un italien, résidant en France et condamné en Italie pour meurtre. La raison était qu'il avait été condamné par contumace. Par la suite la France l'avait arrêté et expulsé vers la Suisse, d'où il fut finalement extradé vers l'Italie. Saisi ensuite, le tribunal administratif de Limoges qualifiait l'arrêté d'expulsion de détournement de pouvoir. La CEDH concluait à l'irrégularité de la détention au sens de l'article 5-1 f ; il s'agissait en réalité d'une mesure d'extradition déguisée, destinée à tourner l'avis négatif de la Cour d'appel de Limoges [1].

§ 4. **Le droit de la personne arrêtée d'être informée des raisons de son arrestation et de toute accusation portée contre elle**

325 ***Généralités*** ◇ Ce droit a trait à toute personne qui a été privée de sa liberté ; n'importe quelle catégorie de l'article 5-1 est concernée [2]. Pour la raison que nous ne traitons dans cet ouvrage que de la première, de la troisième et de la sixième catégorie et que la première ne pose pas des difficultés, le droit d'information de l'article 5-2 est discuté dans le cadre de l'arrestation et de la détention préventive au sens du paragraphe c et dans le cadre de la demande d'extradition.

Ce droit d'information revêt beaucoup d'importance. Le citoyen qui est confronté à une mesure privative de liberté, a le droit « naturel » à connaître les raisons de son arrestation. La privation d'un droit primordial comme celui de la liberté physique suppose non seulement la présence d'un motif valable, mais aussi l'absence de tout Kafkaïsme. Bien sûr, le droit d'information ne doit pas nécessairement toujours aller de pair avec une obligation de l'informer sur les raisons de son arrestation et son accusation. Par exemple si cette personne est arrêtée sur place, l'arme à feu dans la main, le corps de la victime présent, et prête à admettre le meurtre, il ne serait pas raisonnable d'exiger de la police qu'elle l'informe dans des termes plus ou moins sacramentales de la cause de son arrestation et de la nature de son accusation [3]. Un tel cas de grande clarté mis à part, il est hautement raisonnable d'exiger de la police qu'elle explique pourquoi elle a procédé à l'arrestation. « Toute personne arrêtée doit savoir pourquoi » elle a été arrêtée [4]. En outre, il y a un rapport entre cette obligation et le droit pour l'intéressé d'introduire un recours devant un tribunal afin de faire vérifier

1. CEDH 18 déc. 1986, *Bozano c/ France*, série A, n° 111, § 18, 35 et 60.
2. Comm. EDH 16 juill. 1980, *X c/ Royaume-Uni*, série B, n° 41, § 102-108, ; C. R. de Gouttes, *in* Pettiti (dir.), p. 205.
3. C. Harris, O'Boyle et Warwick, préc., p. 129.
4. CEDH 30 août 1990, *Fox, Campbell et Hartley*, série A, n° 182, § 40.

la légalité de la détention (§ 4). Comment introduire efficacement un tel recours si on ne révèle pas à la personne arrêtée dans un langage simple, accessible pour elle et dans le plus court délai, et à un degré suffisant de précisions, « les raisons juridiques et factuelles de sa privation de liberté, afin qu'elle puisse en discuter la légalité devant un tribunal en vertu du paragraphe 4 » ? [1]. Ce problème s'impose d'autant plus que l'arrestation n'est pas suivie automatiquement d'une traduction devant un juge comme dans le cas d'une détention à la suite d'une demande d'extradition.

A. Le contenu de l'information requise

326 L'article 5-2 distingue entre l'information d'une part des raisons d'arrestation et d'autre part de l'accusation. Cette dernière clause ne s'appliquera que s'il y a déjà une accusation. Dans la plupart des cas, l'accusation sera dressée plus tard.

L'information doit s'étendre aux faits et au droit. Il faut signaler les raisons factuelles et les raisons juridiques[2]. Or, la police doit indiquer quels sont les faits dont la personne arrêtée est présumée auteur.

L'information doit être donnée dans une langue qui soit comprise par la personne arrêtée. Ceci nécessitera le cas échéant l'intervention d'un interprète. La Cour a interprété cette obligation extensivement en exigeant que l'information soit donnée « dans un langage simple, accessible pour la personne arrêtée » [3].

Quant aux demandes d'extradition, il va sans dire qu'une arrestation fondée sur une telle demande doit également s'accompagner de la communication d'informations suffisantes à la personne arrêtée en vue d'extradition.

B. La célérité de la communication des raisons de l'arrestation et de l'accusation

327 Les autorités sont obligées de donner l'information dans le plus court délai. Ceci ne fait pas obstacle à une certaine répartition des tâches. La police qui arrête quelqu'un sur le champ l'informe provisoirement, tandis qu'au bureau de police on va plus en détail[4].

1. CEDH 30 août 1990, *Fox, Campbell et Hartley*, série A, n° 182, § 40 ; v. aussi CEDH 5 nov. 1981, *X c/ Royaume-Uni*, série A, n° 46, § 66 et CEDH 21 févr. 1990, *Van der Leer c/ Pays-Bas*, série A, n° 170-A, § 28.
2. CEDH 30 août 1990, *Fox, Campbell et Hartley c/ Royaume-Uni*, série A, n° 185, § 40.
3. *Fox, Campbell et Hartley*, § 40.
4. *Fox, Campbell et Hartley*, § 41.

§ 5. Le droit de la personne arrêtée ou détenue d'introduire un recours devant un tribunal

328 ***Généralités*** ◇ L'article 5-4 formule le droit de chacun qui est privé de sa liberté de s'adresser à un tribunal afin de faire contrôler la légalité de sa détention. Ce droit s'applique à toutes les situations de détention visées par l'article 5-1. Son application n'est pas restreinte aux cas où, selon le requérant, l'article 5-1 a été violé. L'article 5-4 oblige les États contractants de faire apprécier la légalité de la détention même lorsque les conditions de l'article 5-1 sont remplies. La Cour, elle-même, procède à la vérification de l'existence d'une violation du paragraphe 4, même lorsque la détention s'avère conforme à ces conditions [1]. Nous n'examinerons que les situations qui relèvent de la justice pénale, c'est-à-dire celles des points a, c et f de l'article 5-1.

A. Rapport entre l'article 5-4 et les détentions imposées ou déjà contrôlées par un juge : la doctrine du contrôle incorporé

329 Il s'agit de savoir si le détenu a le droit de s'adresser à un juge quand il est détenu au titre du point a de l'article 5-1 tandis que sa détention préventive a été suivie d'un contrôle judiciaire au sens de l'article 5-3. Dans ce contexte la doctrine du contrôle incorporé a été imaginée. Cette doctrine implique pour l'essentiel qu'un contrôle au sens de l'article 5-4 n'est plus exigé si la détention a déjà été apprécié par un juge. Il est question d'une telle situation en cas d'une détention après condamnation (art. 5-1 a) et d'une détention préventive suivie d'une traduction devant un juge (art. 5-3). Dans ces hypothèses le contrôle est incorporé à l'appréciation judiciaire précédente [2]. Cependant, des circonstances nouvelles peuvent frapper ces formes de privation de liberté et nécessiter un nouveau contrôle judiciaire. Également la longue durée de la privation de liberté — si la loi ne s'oppose pas à la cessation de celle-ci — peut nécessiter un contrôle ultérieur, ainsi que la réincarcération après une période de liberté. S'il s'agit d'une (partie d'une) peine de durée indéterminée, la personne condamnée doit pouvoir « faire examiner

1. CEDH 18 juin 1971, *De Wilde, Ooms et Versyp c/ Belgique*, série A, n° 12, § 73 et CEDH 24 oct. 1979, *Winterwerp c/ Pays-Bas*, série A, n° 33, § 53, *Leading Cases*, préc., p. 95.

2. CEDH 18 juin 1971, *De Wilde, Ooms et Versyp*, série A, n° 12, § 76 ; v. par exemple G. VAN EIKEMA HOMMES, « L'incidence de la jurisprudence de la Cour européenne des droits de l'homme sur la protection des libertés, notamment sur l'internement forcé des malades mentaux », in *Les incidences des jurisprudences internationales sur les droits néerlandais et français notamment sur les droits de l'homme,* Actes du colloque organisé à Poitiers les 13-14-15 mai 1991 par les Facultés de Droit de Nimègue et de Poitiers, PUF, Paris 1992, p. 207-225, p. 222.

périodiquement la légalité de son maintien en détention, le seul motif de celui-ci étant la dangerosité, facteur susceptible d'évoluer avec le temps »[1].

Celui qui a été condamné à perpétuité doit pouvoir s'adresser à un juge afin de faire apprécier la légalité de la continuation de l'exécution de la peine, si — une certaine partie de la peine étant exécutée — le droit interne prévoit la possibilité d'ordonner sa libération[2]. Mais s'il s'agit d'une peine d'emprisonnement à perpétuité qui ne présente pas de caractère discrétionnaire, qui est donc obligatoire, la garantie de l'article 5-4 est incorporée dans celle de l'article 5-1 a. Dans un tel cas le condamné n'a pas le droit de s'adresser au juge[3].

Dans le cadre de la détention d'un aliéné la Cour a décidé qu'un internement pour une période indéfinie ne relève pas de la doctrine du contrôle incorporé. Elle a décidé : « Les motifs justifiant à l'origine pareil internement [...] peuvent cesser d'exister [...]. Partant, on méconnaîtrait le but et l'objet de l'article 5 [...] si l'on interprétait le paragraphe 4, lu dans son contexte, comme exemptant en l'occurrence la détention de tout contrôle ultérieur de légalité pour peu qu'un tribunal ait pris la décision initiale. Par nature, la privation de liberté dont il s'agit paraît appeler la possibilité d'un semblable contrôle, à exercer à des intervalles raisonnables »[4]. Les décisions sur de telles requêtes de libération doivent se suivre à un rythme raisonnable. Une période dépassant un an a été jugée contraire à cette exigence, étant donné que la législation autrichienne applicable décidait que le tribunal examine d'office, au moins une fois par an, la nécessité de maintenir le placement dans un établissement pour délinquants aliénés[5].

Quant à la détention préventive de longue durée, il paraît nécessaire que le détenu, si le droit national ne prévoit pas un contrôle *ex officio* périodique, puisse s'adresser au juge dans des intervalles d'un mois par exemple. En accord avec cette idée, la législation de certains pays, comme les Pays-Bas, prescrit le contrôle judiciaire périodique et automatique de la détention préventive.

B. La notion de « tribunal » au sens de l'article 5-4

330 Il va sans dire que le contrôle sur la légalité de la détention doit être exercé par un organe qui remplit les conditions d'indépendance et d'im-

1. CEDH 16 déc. 1999, *T. c/ Royaume-Uni*, § 118.
2. C. Harris, O'Boyle et Warwick, préc., p. 152 ; CEDH 2 mars 1987, *Weeks c/ Royaume-Uni*, série A, n° 114, § 56 ; CEDH 25 oct. 1990, *Thynne, Wilson et Gunnell c/ Royaume-Uni*, série A, n° 190-A, § 70-76.
3. CEDH 18 juill. 1994, *Wynne c/ Royaume-Uni*, série A, n° 294-A, § 36.
4. CEDH 24 oct. 1979, *Winterwerp c/ Pays-Bas*, série A, n° 33, § 55, *Leading Cases*, préc., p. 95 ; CEDH 24 juin 1982, *Van Droogenbroeck c/ Belgique*, série A, n. 50, § 45.
5. CEDH 24 sept. 1992, *Herczegfalvy c/ Autriche*, série A n° 244, § 46 et 77.

partialité[1]. Un tel organe n'est pas « nécessairement une juridiction de type classique, intégrée aux structures judiciaires ordinaires du pays ». Il faut des organes « présentant non seulement des traits fondamentaux communs, au premier rang desquels se placent l'indépendance par rapport à l'exécutif et aux parties [...], mais encore les garanties adaptées à la nature de la privation de liberté dont il s'agit, d'une procédure judiciaire dont les modalités peuvent varier d'un domaine à l'autre »[2]. D'autre part, un organe qui n'est compétent que pour émettre un avis, n'est pas un tribunal au sens de l'article 5-4[3]. En outre, pour être un tribunal au sens de l'article 5-4, l'organe doit avoir le pouvoir d'ordonner la libération de la personne détenu[4].

C. Les garanties de procédure

331 Le tribunal doit offrir des garanties suffisantes en ce qui concerne la procédure. Ceci n'exclut pas qu'on tienne compte de la nature particulière des circonstances dans lesquelles la procédure se déroule[5]. Mais si une privation de liberté de longue durée se produit, la procédure doit présenter des garanties qui ne sont pas essentiellement inférieures à celles que les tribunaux des États membres du Conseil de l'Europe offrent en matière pénale au sens de l'article 6-1[6]. Par contre, s'il s'agit d'une privation de liberté de courte durée et dans un cas d'urgence, les garanties procédurales n'imposent pas des obligations très strictes[7].

Dans une affaire de détention d'une personne contre laquelle une procédure d'extradition était en cours, la Cour était d'avis qu'une procédure orale n'était pas absolument exigée. Une procédure écrite dans laquelle l'assistance d'un avocat était requise, fut jugée suffisante, le caractère réellement contradictoire de la procédure étant assuré de cette manière[8].

Dans le cas d'une détention sur la base de l'article 5-1 c la Cour exige que le juge ou le magistrat au sens de l'article 5-3 lui-même entende le requérant[9].

Il doit y avoir une égalité des armes, comme le requiert aussi l'article 6-1[10]. Le procureur étant présent, le requérant doit également avoir le droit d'être là[11]. Faute pour les autorités belges d'avoir garanti l'éga-

1. CEDH 2 mars 1987, *Weeks c/ Royaume-Uni*, série A, n° 114, § 61.
2. CEDH 5 nov. 1981, *X c/ Royaume-Uni*, série A, n° 46, § 53.
3. CEDH 5 nov. 1981, *X c/ Royaume-Uni*, série A, n° 46, § 61.
4. CEDH 24 juin 1982, *Van Droogenbroeck c/ Belgique*, série A, n° 50, § 50.
5. CEDH 18 juin 1971, *De Wilde, Ooms et Versyp c/ Belgique*, série A, n° 12, § 78.
6. CEDH 18 juin 1971, *De Wilde, Ooms et Versyp*, série A, n° 12, § 79.
7. CEDH 27 sept. 1990, *Wassink c/ Pays-Bas*, série A, n° 184, § 33-34.
8. CEDH 21 oct. 1986, *Sanchez-Reisse c/ Suisse*, série A, n° 107, § 51.
9. CEDH 4 déc. 1979, *Schiesser c/ Suisse*, série A, n° 34, § 30-31.
10. CEDH 25 mars 1999, *Nikolova c/ Bulgarie*.
11. CEDH 12 déc. 1991, *Toth c/ Autriche*, série A, n° 224, § 83-84.

lité des armes, la Cour juge que la procédure n'est pas réellement contradictoire dans un cas de détention préventive où le procureur du Roi a eu connaissance de l'ensemble du dossier, tandis que le conseil du détenu, pendant les trente premiers jours de la détention, n'était pas autorisée à prendre connaissance des éléments du dossier [1]. Le détenu doit pouvoir disposer du temps et des facilités nécessaires à la préparation de son affaire [2].

En résumant les garanties procédurales, comme la Cour l'a formulé dans son arrêt *Weeks*, « une participation adéquate de l'individu frappé par la décision litigieuse » doit être assurée [3].

Si le droit national comprend un droit d'appel, la procédure en appel doit offrir des garanties procédurales suffisantes [4].

D. La célérité du contrôle judiciaire

332 Le tribunal appelé à contrôler la légalité de la détention doit statuer à bref délai, à compter de la réception de la demande par l'autorité compétente, peu important qu'il y ait eu un stade administratif précédant la procédure judiciaire [5]. Cette exigence n'étonne pas. Quoique dans le cas où une personne est détenue sur ordre d'une autorité administrative, le besoin de faire contrôler la détention par un tribunal est plus contraignant que dans celui du détenu déjà condamné par un juge, il faut réaliser que dans les deux cas un droit de valeur fondamental est en jeu. Certes, son application peut différer selon la base sur laquelle la détention est fondée. Il est raisonnable qu'une demande de libération d'une détention au titre de condamnation à une peine d'emprisonnement à perpétuité soit traitée dans un délai moins bref que celle d'une personne mise en détention préventive. Ainsi, la Cour a considéré que la notion de bref délai ne peut pas être interprétée d'une manière abstraite ; elle doit s'apprécier « à la lumière des circonstances de chaque affaire » [6]. Des délais de 31 et 46 jours pour statuer sur des demandes d'élargissement d'un détenu contre lequel une procédure d'extradition était en cours, étaient jugés comme déraisonnables au sens de l'article 5-4 [7]. La Cour concluait à une violation de l'article 5-4 dans des

1. CEDH 30 mars 1989, *Lamy c/ Belgique*, série A, n° 151, § 29 ; v. aussi CEDH 13 févr. 2001, *Garcia Alva c/ Allemagne* ; CEDH 13 févr. 2001, *Schöps c/ Allemagne*.
2. V. Harris, O'Boyle et Warbrick, préc., p. 150-151.
3. CEDH 2 mars 1987, *Weeks c/ Royaume-Uni*, série A, n° 114, § 66.
4. CEDH 10 oct. 2000, *Grauzinis c/ Lithuanie*, Recueil..., §...
5. CEDH 21 oct. 1986, *Sanchez-Reisse c/ Suisse*, série A, n° 107, § 54.
6. CEDH 21 oct. 1986, *Sanchez-Reisse c/ Suisse*, série A, n° 107, § 55.
7. CEDH 21 oct. 1986, *Sanchez-Reisse c/ Suisse*, série A, n° 107, § 59-60 ; v. aussi CEDH 28 mars 2000, *Baranowski c/ Pologne* et CEDH 11 juill. 2000, *Trzaska c/ Pologne*.

affaires où les demandes de cessation de la détention préventive n'aboutirent à une décision que dans 23, 32 et 34 jours [1].

E. Le caractère du contrôle judiciaire

333 Au tribunal incombe la tâche de contrôler la légalité de la détention et, le cas échéant, d'ordonner la libération si la détention est illégale. La légalité d'une arrestation ou détention s'apprécie « sous l'angle non du seul droit interne, mais aussi du texte de la Convention, des principes généraux qu'elle consacre et du but des restrictions qu'autorise l'article 5-1 [...]. En vertu du paragraphe 4 de l'article 5, les personnes arrêtées ou détenues ont droit à un examen du respect des exigences de procédure et de fond nécessaires à la « légalité », au sens de la Convention, de leur privation de liberté. Par conséquent, les requérants devaient disposer d'un recours qui permît au tribunal compétent de vérifier à la fois l'observation des règles de procédure (nationales) et le caractère raisonnable des soupçons motivant l'arrestation, ainsi que la légitimité du but poursuivi par celle-ci, puis par la garde à vue » [2]. Cette exigence implique l'absence de tout élément d'arbitraire [3]. Donc, les tribunaux nationaux et, le cas échéant ultérieurement la Cour, sont appelés à contrôler la conformité de la détention au droit national et à la Convention.

§ 6. Le droit à réparation de toute personne victime d'une arrestation ou d'une détention dans des conditions contraires aux dispositions de l'article 5

334 *Généralités* ◇ Ce droit à réparation s'applique non seulement si un droit directement attribué par la Convention comme celui d'être aussitôt traduit devant un juge a été violé [4], mais également dans le cas où le droit national auquel la Convention fait référence n'est pas respecté [5]. Le droit de l'article 5-5 ne s'applique que dans la situation de violation du droit national ou conventionnel. Il en découle que la possibilité de réparation comme prévue par exemple par les législations française et

1. CEDH 28 nov. 2000, *Rehbock c/ Slovénie*, et CEDH 30 nov. 2000, *G.B. c/ Suisse et M.B. c/ Suisse*.
2. CEDH 29 nov. 1988, *Brogan c/ Royaume-Uni*, série a, n° 145-B, § 65, *Leading Cases*, préc., p. 282.
3. CEDH 24 juin 1982, *Van Droogenbroeck c/ Belgique*, série A, n° 50, § 48.
4. CEDH 29 nov. 1988, *Brogan c/ Royaume-Uni*, série A, n° 145-B, § 67, *Leading Cases*, préc., p. 282.
5. CEDH 29 févr. 1988, *Bouamar c/ Belgique*, série A, n° 129, § 47 ; C. Frowein et Peukert, préc., p. 146.

néerlandaise en cas d'acquittement sans qu'une telle violation se soit présentée, n'est pas régie par l'article 5-5 [1].

A. Rapport entre le droit à réparation et la satisfaction équitable de l'article 41

335 Deux observations s'imposent. Premièrement il faut bien distinguer ce droit à réparation de la satisfaction équitable au sens de l'article 41 de la Convention qui peut être imposée par la Cour elle-même. Le premier s'exerce au plan national, tandis que cette dernière mesure s'applique au plan international. Ainsi, la Cour peut au titre de l'article 41 ordonner de verser une somme d'argent au requérant pour violation du droit à réparation au sens de l'article 5-5 [2] ! Mais il n'est pas exclu qu'elle constate une violation de ce dernier droit, que, par la suite, elle considère que la violation sous-jacente, par exemple le non-respect du bref délai au sens de l'article 5-4, ne revêt pas beaucoup d'importance, et qu'elle conclue que la seule constatation de la violation par la Cour présente une satisfaction équitable au sens de l'article 41.

Deuxièmement l'article 5-5 confère un droit à réparation. Voilà une autre différence avec l'article 41 de la Convention qui ne proclame que la possibilité d'accorder à la partie lésée une satisfaction équitable.

B. Épuisement des voies de recours internes

336 Comme expliqué ci-dessus [3], les organes de Strasbourg ne peuvent être saisis qu'après épuisement des voies de recours internes (art. 35-1). Il en résulte que la plainte sur la non-réparation du préjudice résultant de la violation d'un des paragraphes de l'article 5, précédant le paragraphe 5, ne sera reçue que si le requérant a épuisé les voies de recours pour obtenir cette réparation. Mais si pareille violation ne peut donner lieu à aucune demande d'indemnité devant les juridictions nationales, il y a méconnaissance du paragraphe 5 et dès lors une satisfaction équitable au titre de l'article 41 peut être accordée [4]. Il en est de même s'il est incertain que selon le droit national une réparation puisse être accordée [5].

1. CEDH 28 sept. 1995, *Masson et Van Zon*, série A, n. 327, § 49, art. 149 et s. CPP français et art. 89 et s. CPP néerlandais.
2. CEDH 7 mai 1984, *Neumeister c/ Autriche*, série A, n° 17, § 30 et CEDH 29 nov. 1988, *Brogan c/ Royaume-Uni*, série A, n° 145-B, § 67, *Leading Cases*, préc., p. 282.
3. N° 241.
4. CEDH 29 nov. 1988, *Brogan c/ Royaume-Uni*, série A, n° 145-B, § 67, *Leading Cases*, préc., p. 282.
5. CEDH 22 févr. 1989, *Ciulla c/ Italie*, série A, n° 148, § 44 ; C. HARRIS, O'BOYLE et WARBRICK, préc., p. 159-160 et VAN DIJK et VAN HOOF, préc., p. 389-390.

C. La nature du dommage et de la réparation

337 Il va sans dire que l'article 5-5 n'accorde un droit à réparation que sous la condition que le préjudice subi par le détenu ait été engendré par la violation constatée ; il doit y avoir un lien de causalité entre la violation et les dommages [1].

Le préjudice subi par le détenu peut consister en un dommage moral ou en un dommage matériel [2]. Une arrestation peut entraîner une dégradation sociale. Mais elle peut aussi produire la perte du salaire. En l'absence de préjudice il n'est pas question de réparation [3].

La réparation visée par l'article 5-5 consistera normalement dans le paiement d'une somme d'argent. La Commission a décidé qu'il ne faut pas entendre par réparation au sens de l'article 5-5 l'élargissement de la personne détenue illégalement, parce que cette réaction est déjà prescrite par l'article 5-4 [4].

SECTION 2. LE DROIT À L'ÉQUITÉ DANS LE PROCÈS

Art. 6 Conv. EDH

1. Toute personne a droit à ce que sa cause soit entendue équitablement, publiquement et dans un délai raisonnable, par un tribunal indépendant et impartial, établi par la loi, qui décidera, soit des contestations sur ses droits et obligations de caractère civil, soit du bien-fondé de toute accusation en matière pénale dirigée contre elle. Le jugement doit être rendu publiquement, mais l'accès de la salle d'audience peut être interdit à la presse et au public pendant la totalité ou une partie du procès dans l'intérêt de la moralité, de l'ordre public ou de la sécurité nationale dans une société démocratique, lorsque les intérêts des mineurs ou la protection de la vie privée des parties au procès l'exigent, ou dans la mesure jugée strictement nécessaire par le tribunal, lorsque dans des circonstances spéciales la publicité serait de nature à porter atteinte aux intérêts de la justice.

2. Toute personne accusée d'une infraction est présumée innocente jusqu'à ce que sa culpabilité ait été légalement établie.

3. Tout accusé a droit notamment :

a) être informé, dans le plus court délai, dans une langue qu'il comprend et d'une manière détaillée, de la nature et de la cause de l'accusation portée contre lui ;

1. CEDH 7 mai 1974, *Neumeister c/ Autriche*, série a, n° 17, § 40.
2. Implicitement CEDH 27 sept. 1990, *Wassink c/ Pays-Bas*, série A, n° 184, § 38.
3. *Wassink c/ Pays-Bas*, § 38.
4. Comm. EDH 15 mai 1984, *Bozano c/ France*, n° 9990/82, DR 39 (1984), p. 119, 131 ; C. Harris, O'Boyle et Warbrick, préc., p. 159.

b) disposer du temps et des facilités nécessaires à la préparation de sa défense ;

c) se défendre lui-même ou avoir l'assistance d'un défenseur de son choix et, s'il n'a pas les moyens de rémunérer un défenseur, pouvoir être assisté gratuitement par un avocat d'office, lorsque les intérêts de la justice l'exigent ;

d) interroger ou faire interroger les témoins à charge et obtenir la convocation et l'interrogation des témoins à décharge dans les mêmes conditions que les témoins à charge ;

e) se faire assister gratuitement d'un interprète, s'il ne comprend pas ou ne parle pas la langue employée à l'audience.

338 ***Définition du principe d'équité***[1] ◇ On présente classiquement l'art. 6 Conv. EDH comme l'expression du principe d'équité dans la procédure (*fair trial*). Or il est bien malaisé de définir ce concept. Les dictionnaires, au *verbo* équité, renvoient à justice ou évoquent le devoir de ne pas faire de mal à autrui. Littré voit dans l'équité « la disposition à faire à chacun part égale, à reconnaître impartialement le droit de chacun »[2]. En dépit d'un certain flou, ces renvois et définitions laissent immédiatement apparaître que l'équité intéresse les juristes et plus spécialement ceux de procédure pénale ; l'équité évoque le *due process of law* américain, presque intraduisible, mais qui sans le moindre doute concerne la procédure pénale : par exemple, la jurisprudence américaine estime que les méthodes de preuve brutales ou dangereuses pour la santé violent cette *due process clause* et c'est ainsi que des juges ont considéré comme inconstitutionnelles l'administration forcée d'un vomitif[3] et l'émission d'un mandat de perquisition en vue d'extraire une balle du corps d'une personne par le moyen d'une intervention chirurgicale de longue durée et effectuée sous anesthésie générale[4]. Les rédacteurs de la Charte canadienne des droits et libertés de 1982 ont retenu l'expression voisine de

1. La doctrine est importante, v. par exemple M.-A. Eissen, « Jurisprudence relative à l'article 6 », *Conseil de l'Europe*, Strasbourg 1985 ; S. Sravros, « The guarantees for accused persons under article 6 of the European Convention of Human Rights », Martinus Nijhoff, *Dordrecht* 1992 ; A. Grotrian, « Article 6 of the European Convention on Human Rights ; the Right to a Fair Trial », Doc. H (92) 3, *Conseil de l'Europe*, Strasbourg 1992 (traduit en français en 1994) ; « Mise en œuvre du droit à un procès équitable garanti par l'article 6-1 de la Convention européenne et des dispositions incluses dans l'article 6-3 dans les procédures particulières : réponses des gouvernants à une enquête du secrétaire général en vertu de l'article 57 de la Convention européenne », Doc. H SG (93) 1, *Conseil de l'Europe*, Strasbourg 1993 ; J. Pradel, « La notion de procès équitable en droit pénal européen », *Revue générale de droit* (Faculté de droit d'Ottawa, section de droit civil), déc. 1996, p. 504 et s. ; *Les nouveaux développements du procès équitable au sens de la Convention européenne*, Actes du colloque organisé par la Cour de cassation et l'Université Robert Schuman le 22 mars 1996, Bruylant, Bruxelles, 1996.

2. E. Littré, *Dictionnaire de la langue française*, v° *Équité*, Gallimard-Hachette 1966.

3. Affaire *Rochin c/ California*, 342 US 165, 72 SCt 205 (1952), Cour Suprême.

4. Affaire *Winston c/ Lee*, 470 US 753, 105 SCt 1611 (1985), Cour Suprême.

« principes de justice fondamentale » (art. 7). Mais là encore, on chercherait en vain une définition de ces « principes » et il faut consulter les arrêts de la Cour Suprême du Canada pour comprendre que l'article 7 vise un idéal de justice vraie, respectueuse de l'homme, reflet de notre civilisation [1].

De son côté, l'article 6 Conv. EDH contient une longue énumération de droits procéduraux accordés à toute personne impliquée dans un procès au sens large : droit à un procès public, achevé dans un délai raisonnable et mené par un tribunal indépendant et impartial ; droit à la présomption d'innocence, etc. Et le texte commence en affirmant que « toute personne a droit à ce que sa cause soit entendue équitablement », expression générale qui semble recouvrir tous les droits particuliers indiqués à cet article. Mais là encore, point de définition. À lire l'article 6, l'une des plus longues dispositions de la Conv. EDH, on peut envisager deux définitions de l'équité. Dans son *sens étroit*, l'équité implique « que chacune des parties au procès puisse soutenir sa cause... dans des conditions qui ne la désavantage pas substantiellement, au total du procès, par rapport à la partie adverse » [2]. On peut rappeler alors que le mot équité vient du latin *aequus* qui veut dire égal, équilibré, d'où l'on peut déduire que l'équité englobe les droits de la défense, l'égalité des armes « qui sont des éléments de la notion, plus large, du procès équitable » [3]. Très exactement, la formule utilisée par la CEDH dans ses derniers arrêts est celle-ci : « selon le principe de l'égalité des armes, l'un des éléments de la notion plus large de procès équitable, chaque partie doit se voir offrir une possibilité raisonnable de présenter sa cause dans des conditions qui ne la placent pas dans une situation de désavantage par rapport à son adversaire » [4]. Dans le passé, une formule moins égalitaire avait été imaginée par la Comm. EDH [5] et par la CEDH [6].

1. P. Béliveau, *Les garanties juridiques dans les Chartes des droits,* éd. Thémis, Montréal 1991, p. 283-284 ; P. Béliveau et M. Vauclair, *Traité général de preuve et de procédure pénales, 7e* éd. 2000, Thémis, Montréal, nos 51 à 54 ; J. Pradel, *Droit pénal comparé,* Dalloz, Paris, 1995, n° 132.

2. J.-C. Soyer et M. de Salvia, in L.-E. Pettiti et autres, *La Convention européenne des droits de l'homme,* Economica, Paris 1995, p. 265.

3. CEDH, 30 oct. 1991, *Borgers c/ Belgique,* série A, n° 214 B, § 25, *Leading Cases,* préc., p. 421. La CEDH précise d'ailleurs que « l'égalité des armes » ou « juste équilibre des parties » vaut même dans les procès intéressant des intérêts privés, 23 oct. 1996, *Ankerl c/ Suisse,* § 38.

4. CEDH 22 févr. 1996, *Bulut c/ Autriche,* § 47, *Leading Cases,* préc., p. 554, *RTDH* 1996, p. 627, obs. P. Martens ; 18 mars 1997, *Foucher c/ France, D.* 1997, somm. 360 et obs. J.-F. Renucci. Cette égalité des armes est en réalité le principe du contradictoire, comme le rappelle la CEDH dans son arrêt du 30 mars 1989, *Lamy c/ Belgique.*

5. Comm. EDH 30 juin 1959, Annuaire II, p. 35, affirmant que « le droit à un procès équitable garanti par l'article 6, § 1 Conv. EDH paraît impliquer que toute partie à une action civile (et *a fortiori* en matière pénale) doit avoir une possibilité raisonnable d'exposer sa cause au tribunal dans des conditions qui ne les désavantagent pas d'une manière appréciable par rapport à la partie adverse ». C'est la première fois qu'un organe européen définit l'égalité des armes.

6. CEDH 27 oct. 1993, *Dombo Beheer BV c/ Pays-Bas,* série A, n° 274, avec la formule voisine que « l'obligation d'offrir à chaque partie une possibilité raisonnable de présenter sa

De façon voisine, la CEDH évoque souvent la notion de contradiction : tout justiciable a un « droit à une procédure contradictoire, celui-ci implique en principe la faculté pour les parties à un procès, pénal ou civil, de prendre connaissance de toute pièce ou observation présentée au juge... en vue d'influencer sa décision et même de la discuter » [1]. Il faut considérer comme extrêmement proches les notions de procès équitable, d'égalité des armes [2] et de principe du contradictoire. Au *sens large*, l'équité est synonyme de bonne justice [3] et elle recouvre un certain nombre de droits distincts comme le droit d'être jugé par un tribunal impartial au terme d'une procédure contradictoire, publique et tenue dans un délai raisonnable [4]. On pourrait y ajouter la présomption d'innocence à défaut de laquelle il n'y a pas de vrai procès et donc pas de procès équitable. D'ailleurs, à travers certain de ses arrêts, la CEDH adopte elle aussi cette conception large, notamment quand elle indique que « le paragraphe 1 de l'article 6 est la norme de base dont les paragraphes 2 et 3 représentent des applications particulières » [5] ou quand elle précise, ce qui est presque la même chose, que les exigences du paragraphe 3 « s'analysent en aspects particuliers du droit à un procès équitable garanti par le paragraphe 1 » [6]. Or, rappelons-le, le paragraphe 1 énonce que toute cause doit être « entendue équitablement ». De tout cela — sens étroit et sens large selon la doctrine et la jurisprudence — il résulte que le procès équitable implique à la fois des magistrats impartiaux et des règles de procédure respectant une sorte de code moral. Le procès équitable, c'est le *fair play*, le *fair trial* des anglo-saxons.

339 ***Domaine du principe d'équité*** ◇ Il importe d'ajouter que l'article 6 Conv. EDH a un domaine général en ce qu'il s'applique à la fois aux instances civiles et à « toute accusation en matière pénale ».

1° Si l'on doit évidemment éliminer les instances civiles dans le cadre de cet ouvrage, il convient de déterminer le sens de l'expression « *matière pénale* » : est-ce que cette expression correspond seulement à la procédure pénale *stricto sensu*, c'est à dire au processus juridique destiné à sanctionner l'auteur d'une infraction pénale ou bien est-ce que, plus largement, cette expression englobe aussi les auteurs de manquements qui, sans être strictement des infractions pénales, ont néanmoins un

cause — y compris ses preuves — dans les conditions qui ne le placent pas dans une situation de net désavantage par rapport à son adversaire », § 33.

1. Par exemple CEDH, 20 févr. 1996, *Vermeulen c/ Belgique*, *Rec.* 1996, 224.
2. Cette égalité est vue comme un « principe fondamental du procès équitable », J. Velu et R. Ergec, *La Convention européenne des droits de l'homme*, Bruylant, Bruxelles, 1960, n° 469.
3. J.-Cl. Soyer et M. de Salvia, préc., p. 240.
4. *Id.* p. 244.
5. CEDH, 25 août 1987, *Lutz c/ Allemagne*, série A, n° 123, § 52.
6. *Id.* 19 févr. 1991, *Isgro c/ Italie*, série A, n° 194 A, § 31-34.

caractère répressif, ce qui évoque les comportements punis de sanctions disciplinaires ou économiques, dites souvent « para-pénales » [1] ? C'est la conception large de la « matière pénale » qui est retenue par la CEDH car « si les États contractants pouvaient à leur guise qualifier une infraction de disciplinaire plutôt que de pénale... le jeu des clauses fondamentales des articles 6 et 7 se trouverait subordonné à leur volonté souveraine. Une latitude aussi étendue risquerait de conduire à des résultats incompatibles avec le but et l'objet de la Convention... » [2]. Cependant, toute sanction disciplinaire n'est pas automatiquement pénale. Elle ne l'est, selon la CEDH, qu'en fonction de trois critères qui sont relatifs aux indications du droit national [3], à la nature du fait ou du comportement [4], au but et à la sévérité de la sanction [5]. Selon la CEDH, « afin de déterminer l'existence d'une « accusation en matière pénale », la Cour a égard à trois critères : la qualification juridique de l'infraction litigieuse en droit national, la nature même de celle-ci, et la nature et le degré de sévérité de la sanction » [6]. Il doit être précisé que ces critères sont bien alternatifs et non cumulatifs [7]. Ces critères ont été dégagés à partir de 1976 dans le domaine disciplinaire [8] et ils ont été ensuite étendus aux matières ressortissant à l'économie [9], à la circulation rou-

1. « La "matière pénale" au sens de la Conv. EDH, flou du droit pénal », étude menée par le groupe de recherche Droits de l'homme et logiques juridiques, dirigé par M. Delmas-Marty, *Rev. sc. crim.* 1987, p. 819.

2. CEDH, 8 juin 1976, *Engel et autres c/ Pays-Bas*, série A, n° 22, § 81. C'est l'arrêt de principe : en l'espèce, un militaire des forces néerlandaises, à la suite de manquement à la discipline militaire, s'était vu infliger des sanctions privatives de liberté. Or la CEDH ne s'est pas considérée comme liée par le droit des Pays-Bas qui rangeait la procédure incriminée dans le droit disciplinaire, non dans le droit pénal.

3. Si le droit national classe la sanction dans son droit pénal, on est évidemment en matière pénale. Sinon, on ne peut en tirer aucune conclusion et il faut alors se rabattre sur les deux autres critères. À noter que selon la CEDH, les indications du droit interne n'ont qu'une valeur relative, arrêt du 21 févr. 1984, *Ozturk c/ Allemagne*, série A, n° 73, § 52, *Leading Cases*, préc., p. 145.

4. Si le fait ne constitue qu'un manquement professionnel, on penchera en faveur de la qualification disciplinaire et l'on se trouvera donc en dehors de la « matière pénale ».

5. Si la sanction est simplement réparatrice, on exclura la qualification pénale. C'est l'inverse si la sanction est dissuasive et l'on est alors dans le domaine de la matière pénale, CEDH, 21 févr. 1984, *Ozturk c/ Allemagne*, série A, n° 73, § 53, *Leading Cases*, préc., p. 145.

6. V. par ex. CEDH 24 sept. 1997, *Aebe c/ Grèce*, *Rec.* 1997, v. p. 1830, § 32 ; 21 oct. 1997, *Bloch c/ France*, *Rec.* 1997, v. p. 2224, § 53.

7. CEDH, 22 févr. 1996, *Putz c/ Autriche*, *Rev. sc. crim.* 1997, p. 468 et obs. R. Koering-Joulin, *RTDH* 1997, p. 493 et obs. F. Massias ; 29 août 1997, *E.L, R.L. et J.O.L. c/ Suisse* ; 24 sept. 1997, *Garyfallou Aebe c/ Grèce*, préc. Toutefois, la Cour ne s'interdit pas, lorsque l'appel à chacun des critères ne permet pas d'aboutir à une conclusion claire, de procéder à une « approche cumulative » ; CEDH, 24 févr. 1994, *Bendenoun c/ France*, série A, n° 284 ; obs. F. Sudre au *JCP* 1995-I-3823, n° 16.

8. CEDH, affaire *Engel et autres*, v. *supra*.

9. CEDH, 27 févr. 1980, *Deweer c/ Belgique*, série A, n° 35 ; *Stemuit c/ France*, 27 févr. 1992, série A, n° 232 A.

tière[1] et au droit pénitentiaire[2]. L'application des trois critères donne lieu cependant à une jurisprudence nuancée et parfois critiquée. Par exemple, la CEDH considère que ne fait pas partie de la matière pénale, la condamnation par un tribunal autrichien d'une personne coupable d'un délit d'audience à des amendes convertibles en emprisonnement pour le cas de non-paiement. Or dans son avis dissident, le juge de Meyer a indiqué qu'il faudrait intégrer le droit disciplinaire à la matière pénale « quitte à tenir dûment compte des caractéristiques spécifiques des situations régies par ces autres systèmes de sanction » [3].

2° La portée de l'article 6 Conv. EDH se mesure aussi à l'aune de l'*accusation*. La CEDH ne s'attache pas aux définitions nationales de l'accusation, mais adopte une définition autonome. Pour les juges de Strasbourg, l'accusation résulte de la notification officielle, émanant de l'autorité nationale compétente, du reproche d'avoir commis une infraction appartenant à la matière pénale. Très exactement, pour la CEDH, « l'accusation peut se définir comme la notification officielle émanant de l'autorité compétente du reproche d'avoir accompli une infraction pénale. Elle peut aussi dans certains cas revêtir la forme d'autres mesures impliquant un tel reproche et entraînant elles aussi des répercussions importantes sur la situation du suspect » [4]. En somme, les juges de Strasbourg adoptent une conception matérielle et non formelle de « l'accusation », rejetant les apparences procédurales et s'en tenant aux réalités. En application de cette définition générale, on admet qu'à partir de la citation directe lancée par le parquet (ou par la partie civile dans les droits qui l'admettent) ou de la mise en examen (ou inculpation) signifiée par le juge d'instruction (là où il existe), il y a accusation au sens de l'article 6 Conv. EDH. Même une assignation à comparaître comme témoin peut s'analyser en une « accusation » [5]. L'hésitation est en revanche permise en ce qui concerne les actes de l'enquête policière. On ne doit pas admettre cependant qu'un placement en garde à vue vaille accusation car beaucoup de personnes placées en garde à vue ne seront plus jamais inquiétées par la suite[6]. De toutes façons, c'est l'accusation qui

1. CEDH, affaire *Ozturk c/ Allemagne*, préc. ; 23 sept. 1998, *Malige c/ France*, la sanction administrative du retrait de points du permis de conduire fait partie de la matière pénale, s'agissant pour la CEDH d'une « peine accessoire », § 39, *Rev. sc. crim.* 1999, p. 145 et s., obs. F. Massias.

2. CEDH, 28 juin 1984, *Campbell et Fell c/ Royaume Uni*, série A, n° 80.

3. CEDH, 22 févr. 1996, *Putz c/ Autriche*, préc.

4. CEDH, 27 févr. 1980, *Deweer c/ Belgique*, série A, n° 35, § 42 ; 26 mars 1982, *Adolf c/ Autriche*, série A, n° 49 ; 15 juill. 1982, *Eckle c/ Allemagne*, série A, n° 50, § 73 ; 10 déc. 1982, *Foti c/ Italie*, série A, n° 56 et 69, § 52 ; 22 mai 1998, *Hozee c/ Pays-Bas*, § 43.

5. CEDH, 20 oct. 1997, *Serves c/ France*, § 42, pour une affaire où le témoin était si largement compromis qu'il sera peu après inculpé.

6. Solution inverse cependant dans une affaire où la garde à vue se situait dans le cadre d'une instruction judiciaire et donc après poursuite, et fut d'ailleurs suivie d'une inculpation ; CEDH, 31 mars 1998, *Reinhardt et Slimane Kaïd c/ France*, § 13 et 93.

fait démarrer l'application de l'article 6, en sorte que ce texte, loin de se limiter à la phase de jugement englobe également une bonne partie de la phase préparatoire. En outre, l'article 6 Conv. EDH s'applique à l'exécution des décisions de justice. Tel est l'apport de l'arrêt *Hornsby* [1]. La CEDH affirme « qu'en s'abstenant pendant plus de cinq ans de prendre les mesures nécessaires pour se conformer à une décision judiciaire définitive et exécutoire, les autorités nationales ont, en l'occurrence, privé les dispositions de l'article 6-1 de tout effet utile ». Sans doute l'espèce ne portait-elle pas sur une affaire pénale, mais l'arrêt prend soin de préciser que « l'exécution d'un jugement ou arrêt, de quelque juridiction que ce soit, doit... être considéré comme faisant partie intégrante du procès au sens de l'article 6 » (§ 40). En conclusion, tout ce qui suit l'accusation, qu'il s'agisse de la procédure pénale proprement dite ou de l'exécution de la décision pénale, est régi par l'article 6 Conv. EDH.

340 ***Importance du principe d'équité*** ◇ Le principe dans les affaires pénales est l'un des plus importants de la Conv. EDH. On a noté que, avec ses 298 mots, l'article 6 est le plus considérable de la Conv. EDH [2]. Cette Convention étant fondée sur la « prééminence du droit », comme l'indique son préambule, les droits proceduraux énumérés à l'article 6, et par conséquent le principe du procès équitable, sont essentiels puisqu'ils sont l'expression judiciaire de cette prééminence du droit. C'est pourquoi la CEDH souligne « la place éminente que le droit à un procès équitable occupe dans une société démocratique » [3].

Cette importance du principe se manifeste à deux égards. D'abord, c'est que l'article 6 Conv. EDH laisse aux États une liberté assez réduite. Contrairement à d'autres dispositions, comme les articles 8 et 12, l'article 6 ne permet guère de tenir compte de manière importante des données nationales [4]. On a parlé de la « rigidité » de l'article 6 [5]. Ensuite, il apparaît que le concept d'équité imprègne toute la procédure pénale au sens large : non seulement son « noyau dur » constitué par les règles de fonctionnement de la justice du début à la fin de la procédure [6], mais

1. CEDH, 19 mars 1997, *Hornsby c/ Grèce* ; O. Dugrip et F. Sudre, « Droit à un procès équitable et exécution des décisions de justice », *JCP* 1997, II, 22949.

2. J.-C. Soyer et M. de Salvia, préc., note 6, p. 240. Ces auteurs reconnaissent certes que l'article 5 en comporte 371, mais ajoutent qu'il est très hétérogène, traitant de plusieurs questions se rattachant à la liberté individuelle.

3. CEDH, 9 oct. 1979, *Airey c/ Irlande*, série A, n° 32, § 24, *Leading Cases*, préc., p. 85 ; CEDH 13 mai 1980, *Artico c/ Italie*, série A, n° 37, § 33.

4. Sauf à réserver l'article 15 Conv. EDH concernant « le cas de guerre ou autre danger public menaçant la vie de la nation ».

5. J.-C. Soyer et M. de Salvia, préc., note 6, p. 245.

6. En effet l'article 6 ne se limite pas à la phase décisoire du procès car le droit à un procès équitable « occupe une place si éminente dans une société démocratique qu'une interprétation restrictive... ne se justifie pas », CEDH 23 oct. 1990, *Moreira de Azevedo c/ Portugal*,

également tout ce qui touche à la structure de l'administration de la justice. C'est dire que l'étude de l'article 6 Conv. EDH doit conduire à envisager l'équité dans l'organisation judiciaire et l'équité dans les règles de procédure.

§ 1. L'équité dans l'organisation judiciaire

341 L'équité se développe d'abord par une organisation judiciaire. Selon l'article 6-1 Conv. EDH, « toute personne a droit à ce que sa cause soit entendue... par un tribunal indépendant et impartial établi par la loi... ». Ainsi est consacré le droit à un tribunal et, par voie de conséquence, le droit à un tribunal indépendant et impartial, c'est à dire qualifié ou adéquat.

A. Le droit à un tribunal

342 ***Principe et limites*** ◇ Ce droit à un tribunal est affirmé à l'état de principe, mais comporte certaines limites [1].

Le *principe* est bien que toute personne a le droit de saisir un tribunal comme l'ont illustré les célèbres affaires *Golder* [2] et *Deweer*. Dans l'affaire *Golder* qui a donné lieu au premier arrêt de principe, le nommé Golder, détenu dans une prison anglaise, entendait poursuivre en justice un gardien de prison pour diffamation à son encontre. En application du règlement pénitentiaire, il avait demandé au ministre de l'intérieur l'autorisation de consulter un avocat et le ministre avait refusé. Se posait donc le problème de savoir si l'article 6 Conv. EDH assure simplement le droit à un procès équitable dans une procédure déjà engagée ou si, de manière plus large, il offre aussi à toute personne victime d'une violation de ses droits et obligations le pouvoir de saisir un juge : l'article 6 consacre-t-il un droit au juge ? Il est vrai que la Conv. EDH n'exprime pas expressément ce droit. Mais la CEDH l'a dégagé en se fondant sur l'objet et le but de la Conv. EDH qui, faut-il le rappeler, tend à la « sauvegarde » (le terme est dans l'intitulé du texte) des droits de l'homme. C'est ainsi que dans l'affaire *Golder*, les juges de Strasbourg indiquent « qu'on ne comprendrait pas que l'article 6, § 1 décrive en

série A, n° 189, § 66 ; 27 févr. 1980, *Deweer c/ Belgique*, série A, n° 35, § 44 ; 17 janv. 1970, *Delcourt*, série A, n° 11, § 25. Ainsi donc, le principe d'équité s'applique aussi pendant la phase d'instruction, pouvant d'ailleurs aussi se fonder sur le droit à la sûreté de l'article 5 Conv. EDH, CEDH 30 mars 1989, *Lamy c/ Belgique*, série A, n° 151. Il s'applique même à la phase de l'exécution des décisions de justice, CEDH 19 mars 1997, *Hornsby*, *JCP* 1997, II, 22949, note O. Dugrip et F. Sudre, *D.* 1998, somm. 74, note N. Fricero.

1. *Le droit au juge dans l'Union européenne*, actes d'un colloque organisé à Nice en avr. 1998 sous la direction de J. Rideau, LGDJ 1998, v. not. rapport J.-F. Renucci, p. 131 et s.

2. CEDH, 21 févr. 1975, *Golder c/ Royaume-Uni*, série A, n° 18, *Leading Cases*, préc., p. 18.

détail les garanties de procédure accordées aux parties à une action civile en cours et qu'il ne protège pas d'abord ce qui seul permet d'en bénéficier en réalité : accès au juge, équité, publicité et célérité du procès n'offrent point d'intérêt en l'absence de procès » (§ 31-36) [1]. Dans l'affaire *Deweer* [2], un citoyen belge avait méconnu un arrêté-loi du 22 janvier 1945 sur les prix. Selon ce texte, le procureur du Roi, s'il ne voulait pas requérir une peine d'emprisonnement, pouvait offrir au contrevenant le paiement d'une amende et ensuite classer sans suite. Toutefois, cette offre de transaction s'accompagnait d'une fermeture provisoire d'établissement en cas de refus de paiement de l'amende, ledit refus entraînant aussi des poursuites. La CEDH a considéré qu'une telle transaction avait été conclue sous l'emprise de la contrainte puisque l'intéressé risquait la fermeture de son établissement. Il y a avait « accusation en matière pénale » et la transaction, qui était illégitime, privait l'intéressé du droit de voir sa cause appréciée par un tribunal [3].

Plus récemment, le droit de saisir un tribunal a été confirmé par les arrêts *Poitrimol* (28 nov. 1993) *Guérin* (29 juill. 1998) et *Omar (id.)* : le droit français décidant qu'un pourvoi en cassation ne peut pas être formé par une personne qui n'a pas déféré à un mandat d'arrêt décerné contre elle, la CEDH considère qu'il y a entrave excessive à son droit d'accès à un tribunal selon l'article 6, § 1 Conv. EDH ; en effet, selon l'arrêt *Guérin*, cette irrecevabilité du pourvoi « contraint l'intéressé à s'infliger d'ores et déjà à lui-même la privation de liberté résultant de la décision attaquée », alors que cette décision ne peut être considérée comme définition aussi longtemps qu'il n'a pas été statué sur le pourvoi ou que le délai de recours ne s'est pas écoulé. On porte ainsi atteinte à la substance même du droit de recours... (§ 43 de l'arrêt *Guérin* ; § 40 de l'arrêt *Omar*). On retrouvera cette jurisprudence à l'occasion de l'étude de l'article 6-3 b Conv. EDH sur le droit de bénéficier de certaines facilités [4].

Puisque tout individu a le droit de saisir un tribunal, il en résulte un triple devoir pour l'État. Premièrement, celui-ci doit instituer des tribunaux investis d'une compétence de pleine juridiction leur permettant d'examiner l'affaire au fond, à la fois en droit et en fait : l'article 6-1 Conv. EDH parle d'un tribunal « qui décidera... », qui par conséquent tranchera la contestation. Deuxièmement, l'État est tenu d'accorder aux citoyens toutes facilités pour qu'ils puissent accéder à un tribunal : la Conv. EDH « tend à une protection réelle et concrète de l'individu » alors « qu'un obstacle de fait peut enfreindre la Convention à l'égard d'un obstacle juridique » de sorte que les États doivent assurer « un droit effectif d'accès

1. Pour une bonne analyse de l'arrêt *Golder*, v. G. COHEN-JONATHAN, *La Convention européenne des droits de l'homme*, Economica 1989, p. 410-411.
2. CEDH 27 févr. 1980, précité.
3. CEDH, 27 févr. 1980, précité.
4. V. *infra*, n° 357.

à la justice » [1]. On peut citer par exemple la création d'un système d'aide judiciaire ou la simplification de la procédure [2]. Troisièmement enfin, l'État est tenu de prévoir des juridictions de recours. Rien de tel n'est certes prévu par l'article 6 Conv. EDH Mais le protocole additionnel 7 dispose en son article 2 que «... toute personne déclarée coupable d'une infraction pénale par un tribunal a le droit de faire examiner par une juridiction supérieure la déclaration de culpabilité ou la condamnation... ». Ainsi est établi le principe du double degré de juridiction [3].

Le droit au juge comporte cependant certaines *limites*. Point d'appel tout d'abord dans trois cas énumérés à l'article 2-2 du protocole 7 : pour les infractions mineures [4] ; lorsque la personne a été jugée en première instance par la plus haute juridiction [5] ; enfin lorsque la personne a été déclarée coupable et condamnée à la suite d'un recours contre son acquittement, en application de la règle « appel sur appel ne vaut ! » Ensuite la CEDH a dégagé certaines limites à partir d'une interprétation de l'article 6 lui-même. Ainsi l'obligation pour le justiciable de passer par le ministère d'un avocat pour saisir un tribunal est licite [6]. Les conditions édictées par le droit national en matière d'exercice d'un recours, si elles sont raisonnables, sont compatibles aux articles 6 [7]. Et les législations, qui pour éviter les recours dilatoires et trop nombreux prévoient une autorisation d'appel ou la condamnation à des dommages — intérêts en cas d'action téméraire, ne sont pas contraires à l'article 6 [8].

B. Le droit à un tribunal adéquat

343 Selon l'article 6-1 Conv. EDH, toute personne a droit à un tribunal « indépendant, impartial, établi par la loi ». À vrai dire, cette triple exi-

1. CEDH, 9 oct. 1979, *Airey c/ Irlande*, préc.
2. *Idem*. V. aussi CEDH 28 oct. 1998, *Ait-Mouhoub c/ France*, pour un individu qui, se constituant partie civile devant un juge d'instruction, ne peut acquitter le montant de la consignation fixé à 80 000 F, somme jugée disproportionnée par la CEDH puisque l'intéressé était sans ressources et n'avait pas obtenu l'aide juridictionnelle.
3. Qui est également affirmé dans le Pacte international relatif aux droits civils et politiques de 1966, art. 14-5.
4. Un bon critère de l'infraction mineure est le fait que la loi n'a pas prévu l'emprisonnement, v. rapport explicatif n° 21.
5. Dans certains droits, certaines personnes sont jugées par une juridiction suprême. Ainsi en France, c'est la Haute Cour de justice qui juge le chef de l'État. Aux Pays-Bas, c'est la Cour suprême qui juge les ministres et certains hauts fonctionnaires pour les délits commis en leur qualité officielle.
6. CEDH 24 nov. 1986, *Gillow c/ Royaume-Uni*, série A, n° 109, § 69. Cette affaire, à vrai dire, n'est pas pénale, mais on peut étendre la règle à la « matière pénale ».
7. Com. EDH 6 oct. 1982, D.R. n° 31, p. 223.
8. CEDH, 28 mai 1985, *Ashingdane c/ Royaume-Uni*, série A, n° 93, § 58-59. Cette affaire n'est pas pénale, mais là encore on peut étendre la règle à la « matière pénale ». Principe confirmé par CEDH 29 juill. 1998, *Guérin c/ France*, affaire pénale celle-là et où la Cour rappelle que si le droit à un tribunal n'est pas absolu et se prête à des limitations, « celles-ci ne pouvant toutefois pas en restreindre l'exercice d'une manière ou à un point tel qu'il se trouve atteint dans sa substance même », § 37.

gence se réduit à une double exigence. Seules posent problème l'indépendance et surtout l'impartialité[1].

1. L'indépendance du tribunal (vis-à-vis de l'exécutif)

344 L'indépendance doit exister « à la fois à l'égard de l'exécutif et à l'égard des parties en cause » [2]. Pour savoir si le tribunal est indépendant vis-à-vis de l'exécutif, il faut « prendre en compte notamment le mode de désignation et la durée du mandat de ses membres, l'existence d'une protection contre les pressions extérieures et le point de savoir s'il y a ou non apparence d'indépendance » [3]. Car selon un adage connu « *justice must not only be done, it must also be seen to be done* » [4].

Cependant, les juges de Strasbourg font preuve de réalisme. Le fait que les juges seraient désignés par décision ou sur recommandation du pouvoir exécutif ou du Parlement ne saurait permettre d'induire un manque d'indépendance[5]. La présence même majoritaire de fonctionnaires ou de représentants des diverses couches socio-professionnelles ne viole pas la garantie d'indépendance[6]. Et une nomination à vie n'est pas nécessaire, une inamovibilité pendant la durée du mandat étant suffisante[7]. D'un autre côté cependant, les Cours de sûreté de l'État, en droit turc, ne satisfont pas à l'exigence d'indépendance : en effet elles comportent à côté de deux juges civils un juge militaire qui continue à appartenir à l'armée, laquelle dépend du pouvoir exécutif[8]. De même, un bureau chargé d'exercer l'administration locale, sous le contrôle du gouvernement et dont les directeurs sont désignés par l'exécutif compétent pour prononcer des amendes en matière de contraventions, n'est pas indépendant vis-à-vis de l'exécutif[9].

Quant à l'indépendance à l'égard des parties, elle se confond avec l'impartialité.

1. L'exigence que le tribunal soit établi par la loi vise très vraisemblablement cette hypothèse d'école que sont les juridictions de fait.
2. CEDH, 23 juin 1981, *Le Compte, Van Leuven et de Meyere c/ Belgique*, série A, n° 43, § 55 ; 2 mai 1998, *Vasilescu c/ Roumanie*, le procureur général étant soumis au contrôle du ministre de la justice, n'est pas un « tribunal » et à plus forte raison un tribunal indépendant.
3. CEDH, 22 juin 1989, *Langhorger c/ Suède*, série A, n° 155, § 32.
4. CEDH, 28 juin 1984, *Campbell et Fell c/ Royaume-Uni*, série A, n° 80, § 77.
5. CEDH, 22 oct. 1984, *Stramek c/ Autriche*, série A, n° 84, § 38. Affaire non pénale, mais transposition possible à la « matière pénale ».
6. CEDH, 1er oct. 1982, *Piersack c/ Belgique*, série A, n° 53, § 27.
7. CEDH, *Le Compte et autres*, précité, § 57, *Campbell et Fell*, précité § 80.
8. CEDH, 9 juin 1998, *Incal c/ Turquie*, § 68, *Rev. sc. crim.* 1999, p. 402, obs. R. Koering-Joulin, et CEDH 28 oct. 1998, *Çiraklar c/ Turquie*, § 37-39.
9. CEDH, 2 sept. 1998, *Lanko et Kadubek c/ Slovaquie*.

2. L'impartialité du tribunal (vis-à-vis des parties)

345 *Vue générale* ◇ C'est le fait pour le juge de considérer la cause de façon objective, sans faire intervenir ses propres préjugés : le juge doit s'effacer en tant qu'individu avec ses passions ou ses convictions et il doit être une « machine à juger ». La question de l'impartialité a donné lieu à un grand nombre de décisions de la CEDH et à beaucoup de doctrine [1].

Quand se pose le problème de l'impartialité ? Négativement, il faut d'abord évoquer un cas où il ne se pose pas : c'est celui dans lequel les juges, après avoir statué par défaut, statuent à nouveau, mais cette fois en présence de l'accusé. Il n'y a évidemment pas violation du principe d'impartialité puisque les juges reprennent le dossier à zéro sans être liés par leur première décision : « les juges, rappelle la CEDH, ne sont en aucune manière liés par leur première décision : ils reprennent à son point de départ l'ensemble de l'affaire, toutes les questions soulevées par celle-ci restant ouvertes et faisant cette fois l'objet d'un débat contradictoire à la lumière de l'information plus complète que peut leur fournir la comparution personnelle de l'accusé » [2]. En revanche, le problème se pose au moins dans trois cas : d'abord lorsqu'un juge ou plus généralement une personne ayant connu l'affaire, avant décision, donne son point de vue de façon négative sur le système de défense du prévenu ; ensuite, lorsqu'il y a un risque de pression sur un organe de jugement ; enfin et surtout lorsque le même magistrat occupe successivement dans la même affaire deux fonctions (poursuite et jugement, instruction et jugement) de sorte qu'il y a alors confusion des fonctions.

a. Appréciation négative d'une personne ayant connu de l'affaire

346 Voici un *président de juridiction* qui, avant délibéré, avait qualifié le système de défense du prévenu « d'invraisemblable, de scandaleux, de mensonger, d'ignoble et de répugnant ». La Commission européenne déclara la requête irrecevable, mais intervint un règlement amiable [3].

Cette affaire est à rapprocher de celle dans laquelle un *juré* faisant partie d'une cour d'assises jugeant un accusé d'origine maghrébine, aurait

1. V. note R. Koering-Joulin, « La notion européenne de "tribunal indépendant et impartial" au sens de l'article 6-1 de la Convention européenne », *Rev. sc. crim.* 1990, p. 765 et s. ; D. Roets, *Impartialité et justice pénale,* Travaux de l'Institut de sciences criminelles de Poitiers, 1997, vol. 17, Cujas ; J. Van Compernolle, « Évolution et assouplissement de la notion d'impartialité objective », *RTDH* 1994, p. 437 et s.

2. CEDH 10 juin 1996, *Thomann c/ Suisse,* § 35 et 36, *Rev. sc. crim.* 1997, p. 472 et obs. Koering-Joulin.

3. Com. EDH 29 oct. 1963, *Boeckmans,* Recueil n° 12. *Add.* F. Tulkens et H. Bosly, « La notion européenne de tribunal indépendant et impartial. La situation de la Belgique », *Rev. sc. crim.* 1990, p. 687.

déclaré « en plus, je suis raciste ». Ce fait a été considéré par la CEDH comme une violation du principe d'impartialité[1].

L'appréciation mauvaise d'un *expert* à l'audience n'est pas forcément non plus une manifestation de partialité : ainsi dans le cas où un psychiatre a déclaré devant la cour d'assises que l'accusé « est dangereux du fait des faits » *(sic)*, la CEDH considère qu'il s'est borné à exposer le résultat de sa mission par rapport aux faits ; point d'atteinte au principe d'impartialité donc, d'autant plus que la procédure dans son ensemble a revêtu un caractère équitable[2].

Les articles des *journalistes* posent un problème délicat. D'un côté, on considère que le public a le droit d'être informé des procès qui constituent des nouvelles comme les autres. Mais de l'autre, la passion animant les auteurs de certains articles de journaux peut porter atteinte à la sérénité des débats et à l'impartialité des magistrats et jurés (et surtout des jurés), et par voie de conséquence à la présomption d'innocence comme on le verra bientôt. Pour concilier ces deux idées, il paraît « raisonnable de ne considérer comme affectant l'équité de la procédure que les campagnes de presse violentes qui auraient eu pour effet d'amener le tribunal à avoir un préjugé défavorable à l'égard du prévenu »[3].

b. **Risque de pression sur un organe de jugement**

347 Il peut advenir qu'un justiciable redoute l'impartialité d'un magistrat ou juré à raison du fait que sa position puisse donner lieu à des risques de pression. Une telle situation se pose certes rarement. En voici cependant deux applications.

Dans une espèce, un individu poursuivi pour corruption passive s'était plaint que l'un des jurés était l'employé d'un témoin à charge au moment des faits. La Cour n'admit pas cependant que le juré pouvait faire preuve de partialité notamment en invoquant le fait qu'ayant reçu son préavis de licenciement à la veille du procès, il ne pouvait être soupçonné d'être plus porté à croire son employeur qu'un témoin de la défense et en ajoutant que le juré en question n'était que l'un des quinze jurés, tous choisis au hasard[4]. C'était reconnaître qu'il n'y avait pas d'éléments suffisants pour jeter un doute sérieux sur l'impartialité du tribunal.

1. CEDH, 23 avr. 1996, *Remli c/ France, Rev. sc. crim.* 1996, p. 930 et obs. L.-E. Pettiti, 1997, p. 473 et obs. R. Koering-Joulin.

2. CEDH, 23 avr. 1998, *Bernard c/ France*, § 37 et 39.

3. Comm. EDH, 25 mai 1971, Rec. n° 39, p. 44 ; 9 oct. 1986, *Eu GRZ*, 1987, p. 356 ; J. Velu et R. Ergec, *La Convention européenne des droits de l'homme*, préc., n° 499 ; *add. infra*, n° 353.

4. CEDH, 10 juin 1996, *Pullar c/ Royaume-Uni, Rev. sc. crim.* 1997, p. 483 et obs. R. Koering-Joulin.

Un autre cas de risque de pression peut résulter de la présence du ministère public dans la chambre où se déroule le délibéré entre les juges. Dans l'affaire *Borgers*, la CEDH a décidé qu'il y avait atteinte au principe du procès équitable au sens de l'article 6-1 [1].

c. Séparation des fonctions judiciaires

348 Deux situations doivent être envisagées.

1° La première hypothèse, de loin la plus importante, est celle où le même magistrat occupe successivement dans la même affaire deux fonctions différentes (poursuite et jugement, ou instruction et jugement).

Nous sommes ici au cœur du problème de l'impartialité, notion que la CEDH a de longue date cerné comme suit : « si l'impartialité se définit d'ordinaire par l'absence de préjugé... elle peut s'apprécier de diverses manières. On peut distinguer... entre une démarche subjective, essayant de déterminer ce que tel juge pensait dans son for intérieur en telle circonstance, et une démarche objective amenant à rechercher s'il offrait des garanties suffisantes pour exclure à cet égard tout doute légitime » [2]. À lire cette phrase, on pourrait penser que la CEDH allait choisir entre l'une des deux conceptions. C'est certes ce qu'elle a fait. Cependant, elle a évolué d'une façon assez nette et qui n'a pas échappé à la doctrine [3].

Dans une première période, la CEDH s'est montrée très objectiviste : dès qu'apparaissait un risque de partialité, fondé sur des considérations de nature fonctionnelle ou organique, l'article 6 était censé avoir été violé. Car même les simples apparences doivent être prises en considération, comme y invite l'adage anglais précité *justice must not only be done...* Tout magistrat ayant déjà occupé une fonction dans l'affaire, ayant par exemple mis l'action publique en mouvement, ayant décidé l'incarcération provisoire du suspect, ayant réuni des preuves, doit se récuser pour la suite de la procédure concernant cette affaire car « il y va de la confiance que les tribunaux, dans une société démocratique, doivent aux justiciables, à commencer au pénal, aux prévenus » [4].

Cette conception rigoureuse éclate à la lecture de l'arrêt *Piersack contre Belgique*, déjà cité [5]. Un magistrat avait occupé au parquet une fonction

1. CEDH, 30 oct. 1991, *Borgers c/ Belgique*, série A, n° 214-A *Leading Cases*, préc., p. 421 ; *RTDH* 1992, p. 204 et obs. J. Callewaert ; S. Marcus-Helmons, « La présence du ministère public aux délibérations de la Cour de cassation ou l'affaire Borgers », in *Présence du droit public et des droits de l'homme, Mélanges Velu*, Bruylant, Bruxelles, 1992, tome III, p. 1379.

2. CEDH, 1er oct. 1982, *Piersack c/ Belgique*, série A, n° 53.

3. J. Van Compernolle, préc. ; D. Roets, *Impartialité et justice pénale*, préc., p. 128 et s. ; G. J. M. Corstens, « De orpartijdige strafrechter, in Begrensde Vrijheid », *Mélanges Scheltens*, W. E. J. Tjeenk Willink, Zwolle, 1989, p. 77 et s.

4. CEDH, 26 oct. 1984, *Cubber c/ Belgique*, série A, n° 86, § 24 ; 7 août 1996, *Ferrantelli c/ Italie*, § 56.

5. CEDH, 1er oct. 1982, préc.

qui l'avait conduit à s'intéresser à une affaire. Après quoi, il avait présidé la cour d'assises connaissant de cette affaire. Les juges de Strasbourg condamnèrent la Belgique car l'impartialité de ce magistrat « pouvait paraître sujette à caution » (§ 31 *in fine*). Peu après dans l'affaire de *Cubber*, encore contre la Belgique, la CEDH adopta la même position [1]. Il s'agissait cette fois d'un magistrat qui avait occupé successivement les fonctions de juge d'instruction et de juge au fond dans une affaire déterminée. À l'occasion de cette affaire, la CEDH précise « qu'une interprétation restrictive de l'article 6-1, notamment quant au respect du principe fondamental de l'impartialité du juge, ne cadrerait pas avec l'objet et le but de cette disposition, vu la place évidente que le droit à un procès équitable occupe dans une société démocratique au sens de la Convention » (§ 30 *in fine*). En somme, la CEDH adopte au cours de cette première phase « une définition stricte de l'impartialité objective appliquée au procès pénal » [2]. Et comme cette conception de l'impartialité était appliquée à la question de la séparation des fonctions de justice répressive, une doctrine parla « d'impartialité fonctionnelle » [3]. Cependant, à partir de l'arrêt *Hauschildt* de 1989, la CEDH va se montrer moins rigoureuse.

Aujourd'hui, et c'est la seconde période, la CEDH n'entend plus présumer à partir d'une situation objective un risque de partialité. Le principe séparatiste perd de sa rigueur. L'idée s'est peu à peu développé qu'en privilégiant trop les apparences d'une bonne administration de la justice, on rend plus difficile le fonctionnement de celle-ci. L'application de cette préoccupation va se faire avec l'arrêt *Hauschildt* du 24 mai 1989. En l'espèce, la juridiction de jugement avait eu auparavant à se prononcer sur la détention provisoire de l'accusé au cours de la phase préparatoire du procès. Or dit la CEDH pour se prononcer sur l'existence d'un défaut d'impartialité d'un juge, « l'élément déterminant consiste à savoir si les appréhensions de l'intéressé peuvent passer pour objectivement justifiées » [4]. La brèche était ouverte en faveur d'une conception moins dure de l'impartialité. Peu après la CEDH va reconnaître qu'un magistrat membre de la chambre d'accusation ayant statué sur la détention provisoire peut néanmoins faire partie ultérieurement de la chambre des appels correctionnels [5]. La CEDH va s'enhardir et aller bientôt encore plus loin : n'est pas contraire à l'article 6 Conv. EDH la procédure au cours de laquelle un magistrat, après avoir effectué des investigations lors de la phase préparatoire du procès et notamment après

1. CEDH, 26 oct. 1984, préc.
2. R. Koering-Joulin, « La phase préparatoire du procès pénal : grandes lignes de la jurisprudence européenne », in *Procès pénal et droits de l'homme*, sous la direction de M. Delmas-Marty, PUF, 1992, p. 51.
3. F. Tulkens et H. Bosly, préc., p. 682.
4. CEDH, 24 mai 1989, *Hauschildt c/ Danemark*, série A, n° 154, § 50.
5. CEDH, 7 déc. 1992, *Sainte Marie c/ France*, série A, n° 253.

avoir entendu la victime, en vient à faire partie de la formation de jugement [1]. De façon voisine, la CEDH admet qu'un magistrat peut interroger un prévenu, porter atteinte à sa liberté avant procès et ensuite le citer à comparaître devant lui [2]. Dans un arrêt très remarqué, la CEDH a même admis qu'un juge des enfants ayant d'abord agi comme juge d'instruction, ayant notamment statué sur la détention provisoire de l'intéressé, peut ultérieurement statuer au fond [3] : plus précisément, dans cette affaire, la CEDH a déclaré que « les inquiétudes subjectives d'un suspect quant à l'impartialité du juge du fond, pour compréhensibles qu'elles puissent être, ne constituent pas l'élément déterminant ; il faut avant tout essayer d'établir si elles peuvent passer pour objectivement justifiées en l'occurrence ».

À l'heure actuelle, il faut vraiment que l'accusé puisse nourrir des doutes objectivement fondés, manifestement tels, pour qu'il y ait atteinte au principe d'impartialité. L'affaire *Findlay* en constitue un bon exemple. Un individu, militaire britannique, avait été condamné à deux ans d'emprisonnement par une cour martiale. Mais les magistrats composant cette juridiction se trouvaient littéralement dominés par un « officier convocateur », officier commandant la formation militaire à laquelle appartenait le prévenu et ayant le triple pouvoir de décider de la formulation des accusations dont il devait répondre, de nommer les membres de la cour martiale (et le cas échéant de dissoudre cette juridiction avant ou au cours du procès), enfin de ratifier la sentence, formalité qui lui permettait de la modifier et qui était indispensable à son exécution ! Il y a peu d'exemples en législation de tels cumuls de fonctions. La CEDH a évidemment admis que les appréhensions du prévenu, quant à l'indépendance et à l'impartialité du tribunal étaient objectivement justifiées. L'article 6-1 Conv. EDH avait donc été méconnu [4].

Ainsi cette dernière hypothèse mise à part, et à raisonner de façon générale, la simple apparence ou possibilité d'un risque de partialité ne suffit plus à condamner le cumul des fonctions. On doit s'attacher avant tout à l'attitude concrète du magistrat. La CEDH est passé du stade des abstractions à celui des réalités concrètes, ce qui l'amène à s'attacher aux données de fait de l'affaire. Certains s'en réjouissent [5], à juste titre

1. CEDH, 24 févr. 1993, *Fey c/ Autriche*, série A, n° 255, § 31 à 33. *Add.* dans un sens très proche, 22 févr. 1996, *Bulut c/ Autriche*, *Leading Cases*, préc., p. 554, un juge d'instruction ayant entendu deux témoins peut juger au fond car, dit la CEDH, si ce fait « peut incontestablement... susciter chez le prévenu des doutes sur l'impartialité du juge... ces doutes ne sont objectivement justifiés qu'en fonction des circonstances de la cause » (§ 33), *RTDH* 1996, p. 640 et obs. P. Martens, *Rev. sc. crim.* 1997, p. 473 et obs. R. Koering-Joulin.

2. CEDH, 26 févr. 1993, *Padovani c/ Italie*, série A, n° 257 B, § 28.

3. CEDH, 24 août 1993, *Nortier c/ Pays-Bas*, série A, n° 267, § 33 ; *add.* J. VAN COMPERNOLLE, « Évolution et assouplissement de la notion d'impartialité objective, note sous l'arrêt Nortier », *RTDH* 1994, p. 429 et s.

4. CEDH, 25 févr. 1997, *Findlay c/ Royaume-Uni*, *Rev. sc. crim.* 1997, p. 889 et obs. L.-E. Pettit. Notons qu'une loi britannique de 1996 a supprimé la notion d'officier convocateur.

5. J. VAN COMPERNOLLE, préc., p. 44.

semble-t-il. Mais et c'est le revers de la médaille, la CEDH entre dans une casuistique très complexe, génératrice d'une certaine insécurité juridique. Cette casuistique apparaît aussi à propos des règles de procédure.

2° Voici maintenant la seconde hypothèse, infiniment plus rare, qui est celle où un magistrat occupe la même fonction à l'égard de plusieurs suspects coauteurs : plus précisément, après avoir condamné l'un des auteurs dans le cadre d'un premier procès, il juge lors d'un second procès un coauteur [1]. Est-ce possible ? Le problème s'est posé dans l'affaire *Ferrantelli et Santangelo c/ Italie* en 1996. Un magistrat jugeant les requérants avait condamné auparavant un coauteur en faisant dans la décision concernant ce dernier « de nombreuses références aux requérants et à leurs rôles respectifs pendant l'action criminelle » (§ 59); et l'arrêt condamnant les requérants, signé par le même magistrat citait souvent des passages de la décision précédente. La CEDH, dans cette affaire, ne suspecte pas l'impartialité subjective du magistrat agissant dans la seconde affaire, mais son impartialité objective dans l'appréciation de laquelle « les apparences peuvent revêtir de l'importance » (§ 58).

§ 2. **L'équité dans les règles de procédure**

349 ***Les divers aspects de l'équité procédurale*** ◇ L'article 6 Conv. EDH n'est pas seulement un guide d'organisation judiciaire. Il est aussi — sinon davantage — une véritable charte procédurale des droits de l'homme. Plus exactement, l'article 6 entend que la procédure soit publique et rapide ; l'article 6-2 pose le principe de la présomption d'innocence ; l'article 6-3 énumère des prérogatives accordées à la défense, comme le droit d'interroger des témoins. De la sorte, ce texte capital traite à la fois de la recherche de la preuve et du déroulement de l'instance.

Un aspect particulier de l'équité procédurale apparaît avec *l'obligation pour le juge national de motiver ses décisions*. Cette obligation est une conséquence de l'impartialité, mais du fait qu'elle est procédurale *stricto sensu*, elle doit être envisagée ici. Il n'y a pas lieu cependant de s'y attacher longuement car les arrêts de la CEDH consacrant l'obligation de motivation sont peu nombreux, peu stricts et en outre n'ont pas toujours été rendus à l'occasion d'affaires pénales. Mais évidemment, cette jurisprudence s'applique aussi *mutatis mutandis* aux affaires pénales. Un premier arrêt avait décidé que « l'article 6, § 1 oblige les tribunaux à motiver leurs décisions, mais il ne peut se comprendre comme exigeant une réponse détaillée à chaque argument » [2]. Peu après, la CEDH s'est

1. CEDH 7 août 1996, *Ferrantelli et Santangelo c/ Italie*, *Rev. sc. crim.* 1997, p. 482 et s., obs. R. Koering-Joulin.

2. CEDH, 19 avr. 1994, *Van de Hurk c/ Pays-Bas*, série A, n° 228, *Leading Cases*, préc., p. 554.

montrée encore plus libérale en indiquant que compte tenu de la diversité des moyens qu'un plaideur peut soulever et des différences entre États, le devoir de motiver « peut varier selon la nature de la décision et doit s'analyser à la lumière des circonstances de chaque espèce » [1]. Quelques arrêts plus récents ont encore été rendus [2].

A. La recherche de la preuve

350 La recherche de la preuve est gouvernée par deux principes : d'abord celui de la présomption d'innocence qui dispense l'accusé de toute initiative probatoire, la partie poursuivante devant supporter seule le fardeau de la preuve ; ensuite celui que, néanmoins, la personne poursuivie bénéficie de certaines prérogatives qui lui permettent, pour défendre la présomption qui lui sert de bouclier, de contribuer à la recherche de cette preuve. La présomption d'innocence est traitée à l'article 6-2 et les prérogatives accordées à la défense ont leur siège à l'article 6-3.

1. La présomption d'innocence

351 Selon l'article 6-2 Conv. EDH, « toute personne accusée d'une infraction est présumée innocente jusqu'à ce que sa culpabilité ait été légalement établie » [3]. Il apparaît aussitôt que cette présomption, qui a été affirmée par la Déclaration des droits de l'homme et du citoyen de 1989 est très imbriquée avec le principe du procès équitable. Elle implique un état d'esprit du juge appelé à connaître d'une affaire, l'aptitude de celui-ci à se débarrasser de tout préjugé.

a. Domaine de la présomption

352 D'abord, la présomption suppose une accusation en matière pénale, c'est-à-dire qu'il faut « une notification officielle, émanant de l'autorité compétente, du reproche d'avoir accompli une infraction » [4]. Mais la CEDH

1. CEDH, 9 déc. 1994, *Ruiz Torija c/ Espagne*, série A, n° 303 A ; 9 déc. 1994, *Hiro Balani c/ Espagne*, série A, n° 303 B.

2. CEDH, 19 févr. 1998, *Higgins c/ France*, *D.* 1998, Somm. 369, obs. N. Fricero ; 7 déc. 2000, *Zoon c/ Pays-Bas*, où le requérant se plaignait de n'avoir obtenu qu'une version abrégée de la décision le condamnant, ce qui l'avait gêné pour savoir s'il devait faire appel, et où la CEDH se refuse cependant à condamner les Pays-Bas du fait qu'un jugement abrégé était à la disposition du requérant dans les 48 heures du prononcé, *Rev. pén.* 2001, n° 4, obs. Porteron. V. sur l'ensemble J. Leroy, « La force du principe de motivation », in *La motivation*, Journées nationales de l'Association Henri Capitant, Limoges, 1998 ; J.-P. Marguénaud, obs., *RTD civ.* 1998, p. 516.

3. Ce principe est également inscrit dans le Pacte sur les droits civils et politiques de 1966, dans de nombreuses constitutions et même dans certains codes de procédure pénale.

4. CEDH, 27 févr. 1980, *Deweer c/ Belgique*, série A, n° 35, § 42 ; 10 déc. 1982, *Corigliano c/ Italie*, série A, n° 57, § 34.

admet comme équivalent un critère plus sociologique, fondé sur les répercussions importantes qu'entraîne l'accusation sur la situation du suspect [1] (mise en examen, ouverture d'une enquête...).

Ensuite, la présomption dure pendant tout le cours du processus pénal à partir de l'accusation. Ainsi la présomption englobe non seulement la phase de l'audience, mais aussi celle de l'instruction. Selon la Comm. EDH, « l'article 6-2 garantit à tout individu que les représentants de l'État ne pourrait pas le traiter comme coupable d'une infraction avant qu'un tribunal compétent ne l'ait établi selon la loi » [2]. Évidemment, après condamnation, la présomption perdure pendant l'exercice des voies de recours. Elle ne cessera qu'au moment où la décision de condamnation est devenue définitive, que les voies de recours aient été exercées ou que, non exercées, les délais pour les exercer aient été expiré.

Le jeu de la présomption supposant une accusation pénale, l'article 6-2 est étranger aux procédures civiles, administratives ou disciplinaires.

b. Conséquences de la présomption

353 Deux sortes de conséquences principales existent : les unes consistent en obligations pour les « organes » impliqués à un titre ou à un autre dans la procédure ; les autres intéressent l'accusé et consistent en droits pour lui. On ajoutera une troisième conséquence, qui intéresse les héritiers du délinquant.

1° En premier lieu, les « organes » du procès sont tenus à certaines obligations : en effet, selon la CEDH, « la présomption exige, entre autres, qu'en remplissant leurs fonctions, les membres du tribunal ne partent pas de l'idée préconçue que le prévenu a commis l'acte incriminé ; la charge de la preuve pèse sur l'accusation et le doute profite à l'accusé. En outre, il incombe à celle-là... d'offrir des preuves suffisantes pour fonder une déclaration de culpabilité » [3]. Ces principes sont évidemment liés aux devoirs pour les juges de faire preuve d'impartialité et de sauvegarder les droits de la défense. C'est ainsi que le président d'une cour d'assises doit être particulièrement prudent et, dans les législations connaissant le résumé du président à l'issue de l'instruction d'audience, se montrer objectif à l'égard des arguments de l'accusation et de la défense. Rien n'interdit toutefois de lire à l'audience un arrêt de condamnation rendu par une autre juridiction contre le même accusé, à condition que le juge fonde sa conviction non pas sur ce jugement

1. CEDH, 27 févr. 1980, *Deweer c/ Belgique*, préc., § 43 et s.
2. Com. EDH décision du 8 oct. 1985, DR 44, p. 242.
3. CEDH, 6 déc. 1988, *Barbera, Messegué et Jabardo c/ Espagne*, série A, n° 146, § 77 ; 20 mars 2001, *Telfner c/ Autriche*, en demandant à l'accusé de s'expliquer alors qu'ils n'avaient pu fournir un commencement de preuve convaincant contre lui, les juges ont transféré la preuve de l'accusation à la défense, § 18, *in fine*.

antérieur, mais seulement sur son appréciation propre et indépendantes des éléments qui lui avaient été soumis [1] ; de même peut-on communiquer au tribunal des informations sur les antécédents judiciaires de l'accusé [2]. Cependant, la Comm. EDH a précisé que « le droit à la présomption d'innocence trouve à s'appliquer chaque fois que l'intéressé fait l'objet de déclarations qui reflètent le sentiment qu'il est coupable » [3], ce qui n'est d'ailleurs que contradictoire avec ce qui vient d'être dit.

Très importante et très protectrice de la présomption est la fameuse décision rendue par la CEDH le 10 février 1995 [4]. À la suite de l'assassinat d'un ancien ministre français, le ministre de l'intérieur de l'époque tint une conférence de presse dans laquelle il cita le nom de M. de Ribemont en le présentant comme complice du crime. Celui-ci fut bientôt inculpé et placé en détention provisoire. Il obtint un non-lieu après trois ans de procédure. Il saisit alors la Comm. EDH. Puis la CEDH saisie à son tour rappela que « le champ d'application de l'article 6-2 ne se limite pas à la seule hypothèse d'une atteinte à la présomption d'innocence provenant d'une autorité judiciaire, mais également aux atteintes émanant d'autres autorités publiques » (§ 36). Il faut cependant lire complètement cet arrêt et l'on découvre alors qu'il est assez nuancé : en effet, il admet que l'article 6-2 « ne saurait empêcher les autorités de renseigner le public sur les enquêtes pénales en cours, mais il requiert qu'elles le fassent avec toute la discrétion et toutes les réserves que commande le respect de la présomption d'innocence » (§ 38) [5].

Cet arrêt *Ribemont* pose indirectement la question de savoir si le principe de la présomption d'innocence oblige aussi la presse. Le problème se pose car les campagnes de presse, par leur diffusion et leur insistance, peuvent parfois nuire à la sérénité de la justice, atteignant ainsi à la fois la présomption d'innocence et le principe d'impartialité comme il a été dit plus haut. Selon la doctrine, « dans certaines circonstances, une campagne de presse dirigée contre une personne poursuivie peut violer l'article 6-2... Il semble qu'un manquement de la presse à ce principe pourrait entraîner la responsabilité de l'État... si les autorités n'ont pas pris les mesures appropriées pour prévenir ou réprimer de tels manquements » [6]. Mais la mise en œuvre d'une telle affirmation est malaisée.

2° En second lieu, la présomption d'innocence entraîne pour l'accusé le droit d'apporter ses propres preuves comme on le verra bientôt, mais

1. Com. EDH, 13 déc. 1983, DR n° 39, p. 43.
2. Com. EDH, 1er avr. 1966, Ann. CEDH, vol. IX, p. 551.
3. Com. EDH, rapport 3, en date du 4 mai 1993.
4. CEDH, 10 févr. 1995, *Allenet de Ribemont c/ France*, *RTDH* 1995, p. 657 et obs. D. Spielmann.
5. D. Spielmann, « Procès équitable et présomption d'innocence », *RTDH* 1995, p. 657 et s., avec une analyse de la jurisprudence de la CEDH qui admet que le parquet donne des informations, mais à la condition de ne rien dire qui puisse donner à penser que la personne impliquée est coupable.
6. J. Velu et R. Ergec, *La Convention européenne des droits de l'homme*, préc., n° 578.

aussi celui de ne pas témoigner contre lui-même. On répondra que ce droit n'est pas inscrit à l'article 6-2 [1]. Et pourtant, la CEDH consacre ce droit, qu'on appelle souvent le principe *Nemo tenetur* [2]. Dans l'affaire *Funke c/ France*, des fonctionnaires des douanes « avaient tenté de convaincre le requérant à fournir lui-même la preuve d'infractions qu'il avait commises. Les particularités du droit douanier ne sauraient justifier une telle attitude en raison du droit pour tout accusé, au sens que l'article 6 attribue à ce terme, de se taire et de ne point contribuer à sa propre accusation » [3]. Plus récemment, la CEDH a considéré que l'article 52 d'une loi anglaise de 1939 réprimant le fait de ne pas répondre aux questions des policiers dans les affaires d'atteinte à la sûreté de l'État « porte atteinte à la substance même du droit de ne pas s'auto-incriminer et du droit de garder le silence » [4].

Un relatif infléchissement de cette jurisprudence très favorable au droit de ne pas s'auto-incriminer était apparu avec l'affaire *Murray* [5]. La CEDH commence certes par rappeler « qu'il ne fait aucun doute que, même si l'article 6 ne les mentionne pas expressément, le droit de se taire lors d'un interrogatoire policier et le droit de ne pas contribuer à sa propre incrimination sont des normes internationales généralement reconnues qui sont au cœur de la notion de procès équitable consacrée par l'article 6 » (§ 45). Mais la Cour ne s'oppose pas à ce que le juge tire du silence de l'accusé des conséquences défavorables. À cet égard, « il faut tenir compte de l'ensemble des circonstances, eu égard en particulier aux cas où l'on peut procéder à des déductions, au poids que les juridictions nationales leur ont accordé en appréciant les éléments de preuve et le degré de coercition inhérent à la situation » (§ 47 *in fine*). En, l'espèce, les charges étaient écrasantes et malgré le silence de l'accusé, le juge le condamna. La CEDH admet que le fait de tirer des conséquences du silence n'était pas déraisonnable. De la sorte, le droit au silence n'est pas absolu, ce qui est d'ailleurs en accord avec le *Criminal justice and Public Order 1994* qui restreint le droit au silence. Et la rela-

1. Il figure en revanche à l'article 14-3 g du Pacte international sur les droits civils et politiques, « toute personne accusée d'une infraction ayant le droit à ne pas être forcée de témoigner contre elle-même ou de s'avouer coupable ».

2. A. WASEK, « Le principe *Nemo se ipsum accusare tenetur* dans la procédure pénale et le droit pénal polonais », in *Protection of human rights in Poland and European communities*, Leszek Leszczynski (editor), Lublin 1995, p. 199 et s.

3. CEDH, 25 févr. 1993, *Funke c/ France*, série A, n° 256-A, § 28, *Leading Cases*, préc., p. 500. V. dans le même sens, CEDH 3 mai 2001, *J.B. c/ Suisse*, avec cette expression que « même si l'article 6 Conv. EDH ne le mentionne pas expressément, le droit de garder le silence et le droit de ne pas contribuer à sa propre incrimination sont des normes internationales généralement reconnues et qui sont au cœur de la notion de procès équitable », § 64 ; il s'agissait d'un individu soupçonné de fraude fiscale qui, sollicité à plusieurs reprises de remettre des documents au fisc, avait été condamné à des amendes.

4. CEDH 21 déc. 2000, *Heaney et Mc Guinneu c/ Irlande*, § 55, ; du même jour, *Quinn c/ Irlande*, § 56.

5. CEDH, 8 févr. 1996, *Murray c/ Royaume-Uni*, *Rev. sc. crim.* 1997, p. 476 et obs. R. Koering-Joulin.

tivité de ce droit doit être mis en rapport avec un objectif de l'article 6 Conv. EDH, celui de la prévention des erreurs judiciaires (§ 45 *in fine*).

En revanche, avec l'affaire *Saunders*, la CEDH revient à une plus grande orthodoxie [1]. Elle affirme encore que « le droit de ne pas s'incriminer soi-même est au cœur de la notion de procès équitable... et il tend principalement au respect de la volonté d'un accusé de garder le silence » (§ 68). Mais elle constate aussitôt que le requérant s'est trouvé juridiquement contraint de faire des déclarations devant les inspecteurs et que l'accusation, à l'audience, a fait un large usage de ces dépositions, d'où elle déduit qu'il y a eu atteinte au droit de ne pas s'incriminer, ce qui montre que le champ d'application du droit de ne pas s'incriminer est étendu au stade précédant l'accusation au pénal. Or il est impossible, précise la CEDH, de sacrifier l'un des principes du procès équitable au motif que l'affaire est complexe et que l'intérêt public est en jeu : le droit de ne pas contribuer à sa propre incrimination s'applique « aux procédures pénales concernant tous les types d'infraction criminelle, de la plus simple à la plus complexe » (§ 72).

3° Enfin, la CEDH a été amené à rappeler que les héritiers n'ont pas à payer une amende qui leur est infligée suite à une fraude fiscale commise par le *de cujus*. Elle rappelle que « c'est une règle fondamentale du droit pénal que la responsabilité pénale ne survit pas à l'auteur de l'acte délictueux... que l'amende tombe si le condamné vient à décéder... et que cette règle est aussi requise par la présomption d'innocence » [2].

C. Limites à la présomption

354 Contrairement à ce que l'on pourrait croire à la lecture des arrêts qui viennent d'être cités, la présomption n'est pas absolue. On sait que dans beaucoup de droits, existent des présomptions de droit ou de fait qui viennent, dans des situations particulières, aider le ministère public en le dispensant d'avoir à rapporter la preuve de tel acte ou de l'intention. Ces présomptions sont parfois contestées en doctrine en ce qu'elles portent, c'est vrai, une atteinte à la présomption, même si elles ne sont jamais absolues puisque le défendeur peut toujours administrer la preuve contraire [3].

1. CEDH, 17 déc. 1996, *Saunders c/ Royaume-Uni, idem. Add.* dans le même sens, CEDH, 2 mai 2000, *Condron c/ Royaume-Uni,* qui après avoir rappelé la jurisprudence *Murray,* ajoute que les institutions du juge — indiquant au jury qu'il avait la faculté de tirer des conséquences défavorables du silence du requérant devant les policiers — ne pouvaient être données que si le jury pouvait avoir la conviction que ce silence s'expliquait seulement par l'absence de réponses à fournir aux policiers ou par le fait que ce silence ne résisterait pas à un contre-interrogatoire, § 61 ; sur cet arrêt, v. obs. X. Samuel, à la *Rev. pén.* 2000, p. 629.

2. CEDH, 29 août 1997, *AP, MP et TP c/ Suisse* ; *EL, RL et JOL c/ Suisse* (2 arrêts), *Recueil* 1997, p. 1509.

3. La preuve pénale en droit comparé, séminaire organisé au sein de l'Institut supérieur international de sciences criminelles sous la direction de J. PRADEL en sept. 1992, *RID pén.* 1992, n°s 1-2 ; J. PRADEL, *Droit pénal comparé*, Dalloz 1995, n°s 274 et s.

La question de la conformité de ces présomptions à l'article 6-2 Conv. EDH devait évidemment se poser à la CEDH. Or celle-ci ne s'est pas montrée absolutiste : elle a en effet décidé dans l'affaire *Salabiaku*, que « tout système juridique connaît des présomptions de fait ou de droit, que la Convention n'y met pas obstacle en principe, mais oblige en matière pénale les États contractants à ne pas dépasser des limites raisonnables, prenant en compte la gravité de l'enjeu et préservant les droits de la défense » [1]. Dans cette affaire, la Comm. EDH avait été si embarrassée qu'elle avait considéré que la solution devait relever d'un examen au fond par la CEDH, encore qu'elle n'avait relevé aucune violation de la Conv. EDH [2].

En outre, dans le cas où la poursuite n'aboutit pas à une condamnation, la CEDH n'admet pas que la personne qui avait été poursuivie puisse se faire rembourser ses frais de justice car, dit-elle, « nul ne conteste que l'article 6-2 ne confère pas à l'accusé un droit au remboursement de ses frais de justice dans l'hypothèse d'une clôture des poursuites dirigées contre lui » [3].

Se pose encore la question de savoir si le juge ou le ministère public peuvent communiquer aux jurés (ou si le ministère public peut communiquer au juge) des renseignements sur les antécédents judiciaires de l'accusé. Beaucoup de droits internes l'admettent, mais pas tous. Une telle pratique n'est pas contraire à l'article 6, § 2 Conv. EDH [4]. De même a-t-il été admis que l'article 6, § 2 n'interdit pas que soit lu à l'audience un arrêt de condamnation rendu par une autre juridiction contre le même accusé, à la condition que le second juge fonde sa conviction sur des preuves extérieures à celles figurant dans cet arrêt [5].

2. Les prérogatives accordées à la défense

355 ***Énumération non limitative des prérogatives*** ◇ L'article 6-3 Conv. EDH énumère diverses prérogatives qui sont accordées à la défense (droits de la défense). Cette énumération doit être regardée comme des applications particulières du principe général du procès équitable formulé à l'article 6-1 : ces droits spéciaux ne sauraient donc être coupés du « tronc

1. CEDH, 7 oct. 1988, *Salabiaku c/ France*, série A, n° 141-A, § 28. V. dans le même sens, CEDH, 25 sept. 1992, *Pham Hoang c/ France*, série A, n° 243, § 33. Noter que la formule des juges de Strasbourg sera reprise par la Cour de cassation française, qui, toutefois, utilise la formule de présomptions admissibles dès lors « qu'il est possible d'apporter la preuve contraire et que les droits de la défense sont assurés ». Crim. 10 févr. 1992, *Bull. crim.* n° 62 ; 16 mars 1993, *ibid.*, n° 115.

2. G. Cohen-Jonathan, *La Convention européenne des droits de l'homme,* Economica, 1989, p. 438.

3. CEDH, 25 août 1987, *Lutz c/ Allemagne*, série A, n° 123 A ; 26 mars 1996, *Leutscher c/ Pays-Bas*, § 29, *Rev. sc. crim.* 1997, p. 470 et obs. R. Koering-Joulin.

4. Comm. EDH, 1er avr. 1966, Ann. Conv. vol. IX, p. 551.

5. Comm. EDH, 13 déc. 1983, DR, vol. 39, p. 43.

commun auquel ils se rattachent » [1]. Il en découle que le texte essentiel est l'article 6-1 et que les prérogatives figurant à l'article 6-3 ne sont que des exemples : bref, les droits énumérés à l'article 6-3 ne sont pas limitatifs, la liste n'est pas exhaustive comme le laisse d'ailleurs entendre le début de l'article 6-3 (« tout accusé a droit notamment... »). On peut par exemple inclure dans les prérogatives accordées à « l'accusé », malgré le silence de l'article 6 Conv. EDH le droit de *prendre connaissance du dossier* comme on va le voir sous le prochain numéro.

La question de la *provocation policière* pose également une difficulté, l'article 6, § 3 n'en parlant pas alors que dans tous les pays ou presque les policiers utilisent, dans les affaires de trafic de drogue notamment, des procédures allant jusqu'à inciter un individu à commettre une infraction, cette incitation leur paraissant être le seul moyen de preuve. Très souvent les droits nationaux distinguent entre l'action du policier tendant seulement à faire apparaître l'infraction alors que l'agent a déjà délinqué (ce qui est licite) et l'action du policier tendant par provocation à créer une infraction (ce qui n'est pas licite) [2]. La CEDH a nettement pris parti dans un arrêt du 9 juin 1998, en opposant le simple agent infiltré et celui qui joue les agents provocateurs. Plus précisément, elle admet l'intervention d'indicateurs occultes au cours de l'instruction « lorsque la nature de l'infraction peut le justifier », mais ajoute que « l'intérêt public ne saurait justifier l'utilisation d'éléments recueillis suite à une provocation policière » [3]. Ainsi la jurisprudence européenne rejoint les droits internes (législatifs ou jurisprudentiels) : dès que les policiers « exercent une influence de nature à inciter le prévenu à commettre l'infraction », au lieu de « se limiter à examiner d'une manière purement passive son activité délictueuse » [4], ils méconnaissent le principe du procès équitable « qui s'applique aux procédures concernant tous les types d'infraction criminelle, de la plus simple à la plus complexe » [5].

a. **Le droit d'être informé de l'accusation (art. 6, § 3 a)**

356 Tout accusé a droit « d'être informé dans le plus court délai dans une langue qu'il comprend et d'une manière détaillée, de la nature et de la

1. CEDH, 13 mai 1980, *Artico c/ Italie*, série A, n° 37, § 37 ; 12 févr. 1985, *Colozza c/ Italie*, série A, n° 89, § 26 ; 12 oct. 1992, *T. c/ Italie*, série A, n° 245-C, § 25. Ce « tronc commun » évoque le principe du contradictoire « qui implique en principe la faculté pour les parties à un procès pénal ou civil de prendre connaissance de toute pièce ou observation présentée au juge... en vue d'influencer sa décision et de la discuter », v. par ex. CEDH, 20 févr. 1996, *Vermeulen c/ Belgique* et *Lobo Machado c/ Portugal*.

2. J. PRADEL, *Droit pénal comparé*, n°s 327 et 328.

3. CEDH, 9 juin 1998, *Teixeira de Castro c/ Portugal*. Observons que l'arrêt commence en rappelant cette règle classique que la recevabilité des preuves relève au premier chef du droit interne.

4. Même arrêt.

5. Même arrêt.

cause de l'accusation portée contre lui ». Cette formule pose un principe dont il faut mesurer l'étendue à la lumière de la pratique.

1° Il est bien évident qu'une défense ne peut être efficace que lorsque la personne poursuivie sait ce dont elle est accusée. Encore faut-il bien déterminer ce à quoi correspond cette disposition. L'accusation, on le sait, est « la notification officielle, émanant de l'autorité compétente, du reproche d'avoir accompli une infraction ». La nature de l'accusation, c'est la qualification juridique donnée aux faits dans l'acte d'accusation. La cause de l'accusation, ce sont les faits matériels reprochés à la personne poursuivie [1]. Quant aux exigences du délai, de la langue compréhensible pour l'accusé et du caractère détaillé de l'accusé, il s'agit là de données qui donnent lieu à une interprétation au cas par cas. Par exemple, la CEDH n'exige pas que toutes les pièces de la procédure soient traduites, mais seulement l'acte d'accusation lui-même. Le critère, c'est celui d'une bonne défense comme l'a montré l'arrêt *Kamasinski* précité, qui s'est prononcé de façon nuancée.

2° Il peut advenir que la partie poursuivante, en rédigeant l'acte de poursuite saisissant la juridiction de jugement, commette une erreur : par exemple en visant la qualification d'escroquerie, elle n'indique pas le bon texte. Le problème s'est posé dans une espèce espagnole où l'ordonnance de renvoi du juge d'instruction concernant un employé de banque suspect d'escroquerie visait notamment, au titre des circonstances aggravantes l'article 529, § 1 du code pénal (circonstance visant par exemple la nature de biens de première nécessité) alors qu'il eut fallu viser l'article 529, § 7 du même code (circonstance relative à l'importance du préjudice, qui était énorme en l'espèce). La CEDH s'est montrée indifférente à cette erreur qui était purement matérielle : les constatations de fait exposées dans l'ordonnance de renvoi du juge d'instruction était si claires que le requérant « ne pouvait se prévaloir d'un manque d'information sur tous les éléments de l'accusation » [2].

La pratique a révélé une autre difficulté à propos du pouvoir du juge de requalifier les faits. Selon la CEDH, il ne s'agit pas d'interdire aux juges nationaux d'opérer une requalification lorsqu'à l'issue d'une phase de la procédure, par exemple à l'issue de l'audience, il apparaît que la qualification retenue jusqu'alors n'est pas bonne et qu'une autre serait mieux adaptée. Mais ce que veulent les juges de Strasbourg, c'est que le requérant — en application du principe du contradictoire — ait pu être informé de cet éventuel changement et qu'il ait pu s'expliquer. Dans une affaire, deux individus poursuivis pour banqueroute n'avaient appris

1. CEDH, 19 déc. 1989, *Kamasinski c/ Autriche*, série A, n° 168, § 79 où il est indiqué que « l'accusé doit être avisé... de la base juridique et factuelle des reproches formulés contre lui » ; *RTDH* 1991, p. 217 et obs. J. Callewaert.

2. CEDH, 10 févr. 1995 *Gea Catalàn c/ Espagne*, *D.* 1996, somm. 198 et obs. H. Colona d'Istria.

leur condamnation pour complicité de banqueroute qu'en lisant l'arrêt. Il eut fallu, indique la CEDH, soit renvoyer l'affaire pour rouvrir les débats, soit demander aux requérants de déposer une note pendant le délibéré et ce ne sont là que des exemples dans son esprit. Dans cette affaire, la France a été condamnée, ce qui a entraîné un abandon de la pratique antérieure [1].

b. **Le droit de bénéficier de certaines facilités (art. 6, § 3 b)**

357 Tout accusé a droit à « disposer du temps et des facilités nécessaires à la préparation de sa défense ». Voilà bien une expression un peu vague. Mais on peut estimer que les rédacteurs du texte ont voulu qu'il en soit ainsi pour donner plus d'ampleur à l'idée de procès équitable. C'est bien ainsi que les juges de Strasbourg l'ont compris. De là une grande multiplicité d'application.

1° L'accusé, ou du moins son avocat, peut consulter le dossier. Déjà en droits internes, cette consultation est presque toujours prévue [2]. On observera toutefois que la Conv. EDH ne prévoit pas expressément cette communication. Mais la CEDH la consacre, mais selon certaines nuances et distinctions que l'on peut synthétiser en deux propositions.

Premièrement, dans le sens restrictif du droit à la consultation du dossier, la CEDH distingue, quand la procédure le permet, entre la phase administrative et la phase judiciaire, le droit de communication ne jouant que dans le cadre de la seconde. Dans l'affaire *Miaihle 2*, la Cour rappelle que le fait que l'intéressé n'ait pu avoir connaissance des documents à charge qu'au cours de la deuxième phase n'empêche pas la procédure d'être équitable car sa mission est de « s'assurer que la procédure a revêtu dans son ensemble un caractère équitable eu égard aux irrégularités éventuellement intervenues avant le renvoi de l'affaire devant les juges du fond, en vérifiant en pareil cas s'il a pu y être porté remède devant eux » (§ 43) [3]. Cette décision peut être rapprochée de celle rendue dans l'affaire *Saunders* où la CEDH avait encore distingué entre phase administrative et phase judiciaire [4].

Deuxièmement, dans le sens extensif du droit à la consultation du dossier, la CEDH a reconnu que le défendeur, s'il n'a pas d'avocat, peut prendre connaissance lui-même du dossier. Certes elle avait décidé en 1993 que n'était pas incompatible avec les droits de la défense le fait

1. CEDH, 25 mars 1999, *Pélissier et Sassi c/ France, D.* 2000, 357, note D. Roets, *RTDH* 2000, 281, obs. G. Flécheux et Th. Massis.
2. J. Pradel, *Droit pénal comparé*, n°s 303 et s.
3. CEDH, 26 sept. 1996, *Miaihle n° 2 c/ France, Rev. sc. crim.* 1997, p. 475 et obs. R. Koering-Joulin.
4. CEDH, 17 déc. 1996, *Saunders c/ Royaume-Uni, Rev. sc. crim.* 1997, p. 478 et obs. R. Koering-Joulin.

de réserver à l'avocat seul l'accès au dossier [1]. Mais, on l'a remarqué, en cette espèce, il y avait un avocat. Or s'il n'y a pas d'avocat, la CEDH, plus récemment, a posé en termes nets que « l'accusé » peut avoir connaissance du dossier. Dans l'affaire *Foucher* [2] — où le prévenu qui n'avait pas d'avocat et qui était renvoyé en jugement s'était vu refuser par le parquet et le juge national français le droit de voir le dossier — la CEDH commence par rappeler que « selon le principe de l'égalité des armes, l'un des éléments de la notion plus large de procès équitable, chaque partie doit se voir offrir une possibilité raisonnable de présenter sa cause dans des conditions qui ne la placent pas dans une situation de désavantage par rapport à son adversaire » [3]. Or le parquet a connaissance du dossier et, note-t-elle, le défendeur n'avait pas d'avocat alors que le droit de se défendre seul lui est formellement reconnu par l'article 6-3 c Conv. EDH comme on le précisera bientôt. La CEDH en déduit en termes forts « qu'il était important pour le requérant d'avoir accès à son dossier et d'obtenir la communication des pièces le composant, afin d'être en mesure de contester le procès-verbal établi à son encontre » (§ 36). Comme le défendeur n'a pu accéder au dossier, la procédure menée à son encontre a violé « le principe de l'égalité des armes contrairement aux exigences de l'article 6-1 combiné avec l'article 6-3 » (§ 36) [4]. Observons enfin que peu auparavant, la Cour de cassation française avait changé sa jurisprudence [5].

2° Un problème particulier a été posé par les originalités procédurales concernant la Cour de cassation dans certains pays. Ainsi en Belgique, l'avocat général prenait des conclusions à l'audience, sans que l'accusé en ait eu connaissance et ait pu y répondre, et, de plus ce magistrat participait au délibéré. La CEDH, dans l'affaire *Borgers*, considère que même s'il n'existe aucun doute sur l'objectivité du parquet, son opinion ne saurait passer pour neutre ; et comme en l'espèce les conclusions étaient défavorables au prévenu, il y avait violation de l'article 6, § 1 [6]. À la suite de l'arrêt *Borgers*, la pratique belge changea, ainsi d'ailleurs

1. CEDH, 21 sept. 1993, *Kamasinski c/ Autriche*, série A, n° 168-B, § 52. V. aussi CEDH, 30 mars 1989, *Lamy c/ Belgique*, série A, n° 151, *Annuaire fr. dr. int.* 1991, p. 581, obs. Coussirat-Coustère.

2. CEDH, 18 mars 1997, *Foucher c/ France*, *Rev. sc. crim.* 1997, p. 891 et obs. L.-E. Pettiti.

3. V. déjà dans le même sens, CEDH, 22 févr. 1996, *Bulut c/ Autriche*, § 47, *Leading Cases*, préc., p. 632.

4. On notera que la CEDH rattache le droit d'accès au dossier non pas spécialement à l'article 6-3 a, mais à l'ensemble de l'article 6-3 et même à l'article 6-1.

5. Crim. 12 juin 1996, *Bull. crim.* n° 248 (2 arrêts) et 2 oct. 1996, *Bull. crim.*, n° 343, *D.* 1997, Somm. 149, obs. Pradel, indiquant que « tout accusé ou prévenu peut obtenir en vertu de l'article 6-3, non pas la communication directe des pièces de la procédure, mais la délivrance à ses frais... de la copie des pièces du dossier... ». Dans l'arrêt *Foucher*, la CEDH note d'ailleurs que la Cour de cassation française venait avec cet arrêt du 12 juin 1996, de renverser son ancienne jurisprudence.

6. CEDH, *Borgers c/ Belgique*, 30 oct. 1991, série A, n° 214, *Leading Cases*, préc., p. 421.

qu'aux Pays-Bas : désormais, dans ces pays, l'intéressé peut connaître et commenter les conclusions du parquet avant que l'arrêt soit rendu.

En France, avant l'audience de la chambre criminelle, le rapport (comportant un exposé des faits et un avis sur le mérite du pourvoi) et le projet d'arrêt du conseiller rapporteur sont communiqués à l'avocat général, mais pas aux parties privées. Grâce à cette communication, l'avocat général peut veiller à ce que la loi soit appliquée correctement et « conseiller » les juges quant à la solution à adopter dans un sens favorable ou défavorable à la thèse des demandeurs. Or, estime la CEDH, « étant donné l'importance du rapport du conseiller rapporteur... le rôle de l'avocat général et les conséquences de l'issue de la procédure pour Mme Reinhardt et M. Slimane-Kaïd, le déséquilibre ainsi créé, faute d'une communication identique du rapport aux conseils des requérants, ne s'accorde pas avec les exigences du procès équitable » [1]. L'argument invoqué par les juges de Strasbourg paraît à première vue convaincant. Mais on peut lui opposer le rôle particulier du ministère public devant la Cour de cassation, au moins en France : il n'est pas vraiment une partie comme il l'a été au cours de la procédure antérieure ; il est en vérité une sorte de « conseiller juridique » dont le rôle est de dire le droit et rien d'autre.

Le droit d'accès au dossier lorsque la procédure a atteint le stade de la Cour de cassation va également très loin dans le cas où, comme en France, le monopole de la représentation des parties est assuré par des avocats à la Cour de cassation. En France, une pratique veut que l'avocat général près la Cour de cassation informe, avant le jour de l'audience les avocats à la Cour du sens de ses conclusions, pour leur permettre de répliquer. Or cette pratique ne profite qu'à ces avocats, non aux demandeurs d'un pourvoi, désireux de se défendre seuls. La CEDH décide alors que l'intéressé n'ayant pu avoir accès auxdites conclusions s'est trouvé dans l'impossibilité de répondre à celles-ci avant la décision. Le principe du contradictoire a donc été méconnu car le fait de renoncer à la représentation par un avocat spécialisé n'entraîne pas renonciation au bénéfice de la contradiction [2].

3° La lecture des arrêts révèle encore une série de manifestations de l'idée de « facilités » au sens de l'article 6, § 3 b. Voici une personne qui n'ayant pas d'avocat s'en voit désigner un par le tribunal, cet avocat étant toutefois déjà celui d'un coaccusé, ce qui nuit à la défense de cette personne à cause d'éventuels conflits d'intérêts [3].

1. CEDH, 31 mars 1998, *Reinhardt et Slimane-Kaïd c/ France*, § 105 ; commentaire J.-P. Marguénaud à la *RTD civ.* 1998, p. 511 et L.-E. Pettiti à la *Rev. sc. crim.* 1998, p. 599. V. dans le même sens, CEDH, 21 janv. 2000, *Slimane-Kaïd c/ France,* où les juges constatent qu'aucune évolution ne semblant être intervenue dans la procédure suivie par la chambre criminelle, il n'y a pas de motifs de s'écarter des conclusions adoptées dans l'arrêt précité du 31 mars 1998.

2. CEDH, 8 févr. 2000, *Voisine c/ France,* l'arrêt vise seulement l'art. 6, § 1.

3. CEDH, 9 juin 1998, *Twalib c/ Grèce.*

Il a également été jugé que l'interception de la lettre par laquelle un détenu indique à son avocat les motifs d'un pourvoi en cassation a porté atteinte aux droits de la défense : en effet, l'avocat n'a pu déposer ces motifs dans le délai légal de dix jours en raison de l'arrivée tardive de cette lettre à son cabinet [1].

Dans certains cas pourtant, la CEDH se refuse à condamner un État si la défense n'a pas souffert. Par exemple, imaginons un accusé qui se voit refuser une investigation qu'il réclamait. En cas de refus, il n'y a pas de violation de l'article 6-3 b dès lors que les juridictions internes pouvaient raisonnablement croire qu'une telle investigation, en l'espèce une expertise financière, n'aurait pas conduit à des résultats probants [2].

C. Le droit de se défendre fût-ce avec l'assistance d'un conseil (art. 6, § 3 c)

358 Tout accusé a droit de « se défendre lui-même ou d'avoir l'assistance d'un défenseur de son choix et, s'il n'a pas les moyens de rémunérer son défendeur, de pouvoir être assisté gratuitement par un avocat d'office, lorsque les intérêts de la justice l'exigent ».

L'accusé dispose donc d'un choix et il apparaît ainsi que le principe de la défense importe plus que ses modalités.

1° L'intéressé peut d'abord *se défendre lui-même*. Il faut alors qu'il ait accès au dossier [3] et que les actes importants de la procédure lui soient signifiés. Il peut aussi exiger d'assister à l'audience et de s'exprimer, le rejet de cette demande par le tribunal constituant une atteinte au principe du procès équitable [4]. C'est qu'en effet la présence de l'accusé ne tend pas seulement à la manifestation de la vérité, elle tend aussi à la sauvegarde de sa défense. Mais si le juge national craint que la défense de l'accusé risque d'être illusoire, par exemple par défaut d'expérience, il doit lui imposer un avocat [5].

Le droit de se défendre soi-même pose problème dans le cadre de la garde à vue : en clair, « l'accusé » peut-il, au regard de l'article 6 Conv. EDH, se défendre seul ou doit-il ou encore peut-il être assisté d'un avocat ? La jurisprudence de la CEDH est nuancée encore qu'elle ne proclame pas en faveur de « l'accusé » un droit automatique et général à la présence d'un avocat. Quatre décisions peuvent être cités. Dans la première (*Barberà et autres*), la Cour se contente d'indiquer que les

1. CEDH, 15 nov. 1996, *Domenichini c/ Italie*.
2. CEDH, 7 juill. 1989, *Bricmont c/ Belgique*, série A, n° 158, § 90.
3. CEDH, 18 mars 1997, *Foucher c/ France*, *D.* 1997, somm. 360 et obs. J.-F. Renucci ; v. *supra*, n° 357.
4. CEDH, 25 mars 1998, *Belziuk c/ Pologne*, où la Cour relève que l'enjeu pour l'intéressé était important car il avait été condamné en première instance à trois ans d'emprisonnement, ce qui interdisait à la cour d'appel de bien juger en l'absence de l'intéressé.
5. CEDH, 25 avr. 1983, *Poleki c/ Allemagne*, série A, n° 64, § 38.

garanties de l'article 6 Conv. EDH couvrent la phase antérieure au jugement et elle émet des « réserves » à propos d'aveux obtenus par la police hors la présence d'un avocat, durant « une longue garde à vue subie au secret » (§ 87) [1]. Dans l'affaire *Quaranta*, la Cour relève que les garanties de la défense relèvent du droit national des États et elle se borne à rechercher, espèce par espèce, « si la voie suivie par eux en ce domaine aboutit à des résultats... qui cadrent avec les exigences de la Convention » [2]. C'est ce principe assez flou qui se trouve appliqué dans l'affaire *Imbrioscia* : le fait pour un individu d'avoir été interrogé, sans la présence d'un avocat, à deux reprises par un policier et une fois par un procureur de district n'est pas contraire à l'article 6-3 c Conv. EDH car « d'un examen global de la procédure », il résultat que la procédure avait été conduite de façon équitable [3]. Dans l'affaire *John Murray*, en revanche, la Cour note que « la notion d'équité, consacrée par l'article 6, exige que l'accusé ait le bénéfice de l'assistance d'un avocat dès les premiers stades de l'interrogatoire de police. Dénier cet accès pendant les quarante huit premières heures de celui-ci, alors que les droits de la défense peuvent fort bien subir une atteinte irréparable est – quelle qu'en soit la justification – incompatible avec les droits que l'article 6 reconnaît à l'accusé » [4]. Mais il faut lire tout l'arrêt. La règle que l'on vient d'énoncer commence à vrai dire par les mots « dans ces conditions » et cette expression doit être reliée au système – examiné juste avant – prévu par une ordonnance de 1988 [5] qui pose à l'individu un dilemme en ce qui concerne sa défense : la CEDH note en effet que « si l'intéressé choisit de garder le silence, les dispositions de l'ordonnance autorise à tirer des conclusions en sa défaveur. En revanche, s'il choisit de le rompre au cours de son interrogatoire, il s'expose à compromettre sa défense... » (§ 65). C'est pourquoi la Cour dispose – et ceci est le plus important – que « l'article 6 exige normalement que le prévenu puisse bénéficier de l'assistance d'un avocat dès les premiers stades des interrogatoires de police et que ce droit, que la Convention n'énonce pas expressément, peut toutefois être soumis à des restrictions pour des raisons valables » (§ 63). La CEDH préfère ainsi la souplesse au dogmatisme.

Cependant, un arrêt plus récent considère que l'intéressé doit se voir accorder l'assistance d'un avocat dès les stades initiaux des interrogatoires policiers. Mais cette règle s'explique du fait qu'il est possible de tirer des conséquences défavorables du silence de l'accusé, comme c'est le cas au Royaume-Uni [6].

1. CEDH, 6 déc. 1988, *Barberà, Messegué et Jabardo c/ Espagne*, série A, n° 146.
2. CEDH, 24 mai 1991, *Quaranta c/ Suisse*, série A, n° 205, § 30.
3. CEDH, 24 nov. 1993, *Imbrioscia c/ Suisse*, série A, n° 275, § 44.
4. CEDH, 8 févr. 1996, *John Murray c/ Royaume-Uni*, § 66 *in fine*.
5. Ordonnance de 1988 sur les preuves en matière pénale en Irlande du Nord selon laquelle du silence opposé par la personne suspectée le tribunal « peut tirer les conclusions qui semblent légitimes ».
6. CEDH, 6 juin 2000, *Averill c/ Royaume-Uni*, § 59.

2° Si, en revanche, l'intéressé *réclame un avocat*, plusieurs problèmes se présentent qui tous ont été résolus dans un sens maximaliste de l'idée de procédure équitable.

• Premièrement, le droit à l'avocat est un principe général et qui est rappelé notamment lorsque, dans certaines circonstances procédurales, la présence de l'avocat est facultative ou exclue par des législations internes. Divers arrêts importants le rappellent. Une décision, l'une des premières, pose que dans une affaire grave (trafic de stupéfiants) et complexe, le fait que l'accusé n'ait eu d'avocat ni devant le juge d'instruction, ni devant le tribunal correctionnel constitue une violation de l'article 6, § 3 a ; en effet, l'intéressé n'a pu « plaider sa cause de manière adéquate »[1]. Plus importante encore est la fameuse affaire *Poitrimol c/ France* où se posait le point de savoir si un accusé qui évite délibérément de comparaître reste en droit d'avoir l'assistance d'un défendeur. La CEDH répond que « quoique non absolu, le droit de tout accusé à être effectivement défendu par un avocat, au besoin commis d'office, figure parmi les éléments fondamentaux du procès équitable. Un accusé n'en perd pas le bénéfice du seul fait de son absence aux débats » ; et l'arrêt ajoute que s'il faut certes décourager les abstentions injustifiées, les sanctionner en dérogeant au droit à l'assistance d'un défendeur « se révèle disproportionné dans les circonstances de la cause »[2]. Peu après, la CEDH, dans ses arrêts *Lala c/ Pays-Bas* et *Pelladoach c/ Pays-Bas*, a précisé « qu'il est d'une importance cruciale pour l'équité du système pénal que l'accusé soit adéquatement défendu tant en première instance qu'en appel, *a fortiori* lorsque, comme c'est le cas en droit néerlandais, les décisions rendues en appel ne sont pas susceptibles d'opposition »[3]. Les formules précitées de ces trois derniers arrêts sont reprises dans l'affaire *Van Geyseghem c/ Belgique* où la requérante se plaignait là encore que le juge national ait statué sans entendre son avocat qui aurait voulu notamment déposer des conclusions relatives à la prescription[4]. Elles sont encore reproduites dans l'arrêt *Van Pelt c/ France*[5] : en l'espèce, l'accusé n'avait pas déféré à diverses convocations, faisant remettre des certificats médicaux par l'intermédiaire de ses avocats qui demandaient à plaider en son absence et les juges s'y étant refusé sur la base d'une jurisprudence qui exclut la présence de l'avocat lorsque son client avisé de la date de l'audience ne se présente pas tout en invoquant une excuse

1. CEDH, 24 mai 1991, *Quaranta c/ Suisse*, préc., § 32.

2. CEDH, 23 nov. 1993, *Poitrimol c/ France*, § 34 et 35, série A, n° 277 A, *RTDH* 1995, p. 615, obs. F. Roggen. Cette affaire est remarquable et elle a été critiquée en France. Si l'on rappelle que le sieur Poitrimol, un citoyen turc, était poursuivi pour avoir, après divorce, enlevé les enfants issus de son mariage et caché en Turquie et pour avoir systématiquement omis de déférer à toute convocation.

3. CEDH, 22 sept. 1994, *Lala c/ Pays-Bas*, § 33, série A, n° 297 A ; du même jour, *Pelladoah c/ Pays-Bas*, § 42, série A, n° 297 B.

4. CEDH, 21 janv. 1999, *Van Geyseghem c/ Belgique*.

5. CEDH, 23 mai 2000, *Van Pelt c/ France*, *Rev. sc. crim.* 2001, 429, obs. F. Massias.

non reconnue valable [1]. Enfin l'arrêt *Krombach c/ France* est de la même veine : l'intéressé avait été condamné par contumace, son avocat n'ayant pas été entendu en raison de l'article 630 CPP français selon lequel « aucun avocat... ne peut se présenter pour l'accusé contumax ». La CEDH condamne la France car la Cour d'assises aurait dû laisser parler l'avocat d'autant plus que celui-ci entendait développer un point de droit [2]. Ainsi, dans toutes ces espèces, à partir de l'arrêt *Poitrimol,* il s'agissait d'individus qui n'avaient pas voulu déférer à leur convocation et cependant la CEDH affirme leur droit à envoyer leur avocat. Cette position est certes conforme à l'esprit de l'article 6, § 1 et 3 c. Mais elle risque de développer les abstentions fautives et donc de gêner les juges pour apprécier les faits et la personnalité de l'individu.

• Deuxièmement, et comme à titre de conséquences du droit à l'assistance d'un avocat, la CEDH a posé plusieurs règles. Par exemple, l'accusé doit se voir reconnaître le droit de communiquer avec son avocat hors de portée d'ouïe d'un tiers, a-t-il été décidé dans une espèce où le danger de collusion, s'il mérite en général examen, n'était pas justifié en l'occurrence [3]. Par exemple, encore, le législateur doit prévoir un système de défense gratuite pour l'accusé incapable de rémunérer son avocat du moins « quand les intérêts de la justice l'exigent » [4]. Pour déterminer cet intérêt, les juges européens prennent en considération l'ensemble de l'affaire [5], essentiellement sa complexité et l'importance de la peine qui a été prononcée en première instance [6], ainsi que la gravité

1. Sous l'influence de la jurisprudence européenne, notamment de l'arrêt *Van Pelt,* la France a modifié sa jurisprudence : désormais, l'avocat du prévenu cité à personne régulièrement et qui n'a pas fourni d'excuse valable, doit être entendu à l'audience, s'il est présent et s'il a été mandaté par son client à cet effet, Ass. plén. 2 mars 2001, *Bull. crim.*, n° 56, *D.* 2001, 1899, note J. Pradel.

2. CEDH, 13 févr. 2001, *Krombach c/ France, Rev. sc. crim.* 2001, p. 429 et s., obs. F. Massias, *Dr. pén.*, nov. 2001, n° 41, par C. Ginestet, *D.* 2001, Jurisprudence, 3302, note J.-P. Marguénaud, *Rev. pén.* 2001, n° 4, obs. X. Samuel. *Add.* CJCE 28 mars 2000, *Krombach et Bamberski,* aff. C-7/98, où les juges de Luxembourg déduisent du « droit de se faire défendre sans comparaître personnellement » — déjà affirmé dans l'arrêt *Poitrinol* — que le juge d'un État contractant peut se prévaloir de la clause d'ordre public de l'article 27, § 1 de la Convention de Bruxelles du 27 septembre 1968 sur la compétence judiciaire et l'exécution des décisions de justice en matière civile et commerciale, pour ne pas reconnaître une décision judiciaire d'un autre État contractant rendu en violation de ce droit de défense sans comparution, v. M.-L. Niboyet, « La confirmation par la CJCE de l'intégration des droits fondamentaux au système de la Convention de Bruxelles du 27 septembre 1968. À propos de la condamnation de la procédure française de contumace au nom du droit au procès équitable : CJCE 28 mars 2000 », *Gaz. Pal.* 1-3 oct. 2000.

3. CEDH, 28 nov. 1991, *S. c/ Suisse*, série A, n° 220, § 48, où il est dit que « le droit pour l'accusé de communiquer avec son avocat hors de portée d'ouïe d'un tiers figure parmi les exigences élémentaires du procès équitable », v. le commentaire de C. Lombardini et A. Cambi de cet arrêt à la *RTDH* 1993, p. 295 et s.

4. CEDH, 13 mai 1980, *Artico c/ Italie,* série A, n° 37.

5. CEDH, 28 mars 1990, *Granger c/ Royaume-Uni*, série A, n° 174, § 44-48.

6. CEDH, 28 oct. 1994, *Maxwell c/ Royaume-Uni*, série A, n° 300-C, pour une espèce où l'intéressé condamné à une lourde peine d'emprisonnement et ayant fait appel s'était vu refu-

de l'infraction [1]. Par exemple enfin, la CEDH impose aux États d'assurer une bonne défense et ici ce sont trois arrêts qui peuvent être cités. Dans l'arrêt *Artico*, la CEDH rappelle que « le but de la Convention consiste à protéger des droits non pas théoriques ou illusoires, mais concrets et effectif... La nomination n'assure pas à elle seule l'effectivité de l'assistance car l'avocat d'office peut mourir, tomber malade, avoir un empêchement durable ou se dérober à ses devoirs. Si on les en avertit, les autorités doivent le remplacer ou l'amener à s'acquitter de sa tâche » [2]. Dans l'affaire *Kamasinski,* la Cour oblige les États à intervenir « si la carence de l'avocat d'office apparaît manifeste » et que leurs autorités en sont informées [3]. Enfin, dans l'affaire *Dand,* où le requérant s'était plaint d'une assistance juridique inadéquate, la Cour de Strasbourg considère « que le tribunal aurait dû se renseigner sur la manière dont le Conseil exerçait son ministère et éventuellement pourvoir plus tôt à son remplacement : en l'espèce, un avocat avait été désigné d'office en mars 1992 pour assurer la défense du requérant et cet avocat n'avait encore rien fait le 15 décembre 1992, date à laquelle l'individu poursuivi demandait au tribunal une entrevue avec cet avocat [4].

3° Le droit de défense implique encore — que le justiciable ait ou non un avocat pour l'assister — le droit d'exercer des *voies de recours.* Ce qui rendent vaines les barrières procédurales posées par les législations internes. On peut en donner quelques exemples, tous tirés du droit français.

• La jurisprudence française a longtemps affirmé sur la base « d'un principe général du Code de procédure pénale » l'irrecevabilité d'un pourvoi en cassation formé par l'avocat d'un condamné se dérobant à l'exécution d'un mandat d'arrêt [5]. La CEDH a jugé cette attitude contraire à l'article 6 Conv. EDH, entravant de façon disproportionnée le droit d'accès au tribunal [6]. La chambre criminelle de la Cour de cassation s'est finalement inclinée [7].

• Second exemple, l'article 583 CPP français obligeait les individus condamnés à une peine privative de liberté à se mettre en état, c'est-à-dire à se constituer prisonnier la veille du jour où le pourvoi sera exa-

ser l'aide judiciaire et se trouvait donc réduit à se défendre seul. Comp. CEDH, 10 juin 1996, *Benham c/ Royaume-Uni, Rec.*, 1996-III, nécessité de principe d'accorder à l'accusé l'assistance d'un avocat dès lors qu'une privation de liberté se trouve en jeu, même si l'affaire était à l'origine de nature fiscale (personne assujettie à l'impôt, refusant de le payer et faisant alors l'objet d'une incarcération par un juge).

1. CEDH, 24 mai 1991, *Guaranta c/ Suisse,* préc., § 33 et 34.
2. CEDH, 13 mai 1980, *Artico c/ Italie,* préc., § 33.
3. CEDH, 19 déc. 1989, *Kamasinski c/ Autriche, RTDH* 1991, p. 217 et s., obs. J. Callewaert.
4. CEDH, 21 avr. 1998, *Daud c/ Portugal* ; v. aussi J. Velu et R. Ergec, *La Convention européenne des droits de l'homme,* Bruylant, 1990, n° 498.
5. Crim., 19 janv. 1994, *Guérin, Bull. crim.*, n° 27 ; 15 févr. 1994, *Bull. crim.*, n° 66.
6. CEDH, 23 nov. 1993, *Poitrimol c/ France,* préc., § 38.
7. Crim., 30 juin 1999, *Rebboah, Bull. crim.*, n° 167. Même jurisprudence pour l'appel, Crim., 24 nov. 1999, *Zutter, JCP* 2000.I.207, obs. A. Maron.

miné par la Cour de cassation. On voulait qu'en cas de rejet du pourvoi, le condamné se trouve à la disposition de la justice pour qu'il puisse exécuter sa condamnation. La CEDH a considéré que cette disposition était attentatoire à la présomption d'innocence et à l'effet suspensif du pourvoi [1]. On peut dire aussi bien qu'elle pouvait entraver la liberté d'exercer un recours. Du coup, une loi du 15 juin 2000 a abrogé l'article 583.

• Le troisième exemple intéresse la procédure de contumace. Selon l'article 636 CPP français, le pourvoi en cassation n'est pas ouvert au contumax. La CEDH y voit une disposition contraire à l'article 2 du Protocole n° 7 qui décide que « toute personne déclarée coupable d'une infraction par un tribunal a le droit de faire examiner par une juridiction supérieure la déclaration de culpabilité ou la condamnation... ». En l'espèce, le requérant, absent des débats d'assises et condamné par contumace entendait former un pourvoi pour faire contrôler par la Cour de cassation la légalité du refus par la Cour d'assises de laisser plaider son avocat [2]. L'article 6 Conv. EDH n'est pas évoqué, le requérant ayant visé seulement le Protocole. Toutefois, l'article 6, § 1 et 3 Conv. EDH est sous-jacent [3].

d. **Le droit de participer à la recherche de la preuve (art. 6, § 3 d)**

359 Tout accusé peut « interroger ou faire interroger les témoins à charge et obtenir la convocation de l'interrogation des témoins à décharge dans les mêmes conditions que les témoins à charge ». Le but de cette disposition est évidemment de placer la personne poursuivie, en ce qui concerne l'audition des témoins, sur un pied d'égalité avec le ministère public.

Il faut avant tout rappeler que le mot « témoin » est interprété par la CEDH de façon autonome. Il ne s'agit donc pas nécessairement des témoins au sens des droits internes, c'est-à-dire des personnes qui relatent devant la police ou la justice ce qu'elles ont vu des faits ou ce qu'elles en savent. Aux yeux de la CEDH, le « témoin » peut être également le témoin infiltré dans une structure de trafiquants de drogue [4], l'expert [5], la partie civile même [6], voire un coinculpé [7].

Cela dit, le respect des droits de la défense (et plus spécialement du contradictoire) implique que l'accusé puisse appeler des témoins à décharge

1. CEDH, 14 déc. 1999, *Khalfaoui c/ France, D.* 2000, Somm. 180, obs. Renucci, *Procédures* 2000, comm. 41, obs. J. Buisson, *Rev. sc. crim.* 2000, p. 455, obs. F. Massias.
2. CEDH, 13 févr. 2001, *Krombach c/ France.*
3. CEDH, 15 juin 1992, *Ludi c/ Suisse,* série A, n° 238, § 44.
4.
5. CEDH, 6 mai 1985, *Bönisch c/ Autriche,* série A, n° 92, § 32.
6. CEDH, 7 juill. 1989, *Bricmont c/ Belgique,* § 44-45.
7. CEDH, 27 févr. 2001, *Lucà c/ Italie.*

(en sa faveur) et interroger ou faire interroger les témoins à charge (en sa défaveur) [1]. Dans l'application, la CEDH distingue entre plusieurs situations.

1° La première concerne les *témoins « ordinaires »*, ayant constaté les faits et acceptant de déposer à visage découvert. Ces témoins seront convoqués à l'audience et interrogés normalement. La convocation et l'interrogatoire sont très importants car, selon la CEDH, le juge national ne saurait, en cas de doute, se fonder sur des témoignages antérieurs à l'audience et déclarer l'accusé coupable sans entendre ses témoins [2]. Et dans une espèce où « ni le requérant ni son conseil n'eurent jamais une occasion suffisante d'interroger des témoins dont les déclarations, recueillies en leur absence et rapportées plus tard par un fonctionnaire de police... furent prises en compte par le juge du fond d'une manière déterminante, le dossier ne contenant aucun autre indice », il y avait eu violation de l'article 6, § 3 d [3]. Cette première situation ne pose pas de difficulté de principe. De façon générale, les témoins doivent déposer à l'audience, à défaut de quoi l'accusé doit au moins avoir eu l'occasion d'interroger ou de faire interroger les témoins lors de l'enquête ou, lorsqu'elle existe, pendant l'instruction [4]. Ces règles sont complétées par celle selon laquelle l'interrogatoire hors audience présente moins de problèmes s'il existe d'autres preuves [5].

2° Beaucoup plus délicate est la seconde hypothèse, celle dans laquelle le témoin entend déposer uniquement à la condition de ne pas dévoiler son identité : c'est le problème du *témoignage anonyme*, qui se pose surtout dans les affaires de grand banditisme, d'homicide volontaire et de trafic de drogue. Les personnes au courant des faits sont en pratique des familiers des criminels, des indicateurs ou informateurs (qui sont parfois des policiers infiltrés dans les réseaux criminels). Ces témoins sont placés devant une alternative : déposer à découvert, mais risquer des représailles ; déposer sous le sceau de l'anonymat, ce qui les sauve (plus ou moins) des risques de représailles, mais ce qui gêne la défense puisque le principe du contradictoire est quelque peu malmené. Bien que l'article 6 Conv. EDH ne traite pas expressément du problème du témoin anonyme, il y a un préjugé en défaveur de cette pratique qui,

1. Pour une affirmation générale dans une espèce où les juges nationaux avaient fondé la condamnation sur les déclarations d'un seul individu que l'accusé n'avait pu interroger, v. CEDH, 27 févr. 2001, *Lucà c/ Italie.*

2. CEDH, 24 nov. 1986, *Unterpertinger c/ Italie,* série A, n° 110, § 33.

3. CEDH, 19 déc. 1990, *Delta c/ France,* série A, n° 190, § 37.

4. CEDH, 24 nov. 1986, *Unterpertinger c/ Autriche,* série A, n° 110, violation de l'art. 6 § 1 et 3 d Conv. EDH si l'accusé est condamné seulement sur la base de la lecture des dépositions des plaignants à la gendarmerie, sans qu'il ait eu à aucun moment l'occasion de les questionner.

5. CEDH, 19 févr. 1991, *Isgro c/ Italie,* série A, n° 194-A, condamnation pénale fondée en partie sur les déclarations faites par un témoin devant le juge d'instruction et lues à l'audience, ledit témoin étant, après l'instruction, devenu « introuvable ».

quoique très utile à la justice, interdit à la défense de contre-interroger les témoins de l'accusation. Ainsi s'opposent un fait sociologique, le témoin qui ne consent à déposer qu'anonymement par peur de représailles, et une donnée juridique, le principe du contradictoire énoncé à l'article 6, § 1 et surtout à l'article 6, § 3 d Conv. EDH. Ne nous étonnons donc pas que la littérature et la jurisprudence européennes soient considérables, d'autant plus que la grande criminalité, la criminalité organisée, prend une importance toujours croissante et suscite un contentieux également en développement [1].

La CEDH adopte une position assez souple, mais très casuistique. En voici les principales décisions.

Le premier arrêt, considéré à juste titre comme l'arrêt de principe — au double sens chronologique et juridique — est celui rendu dans l'affaire *Kostovski* en 1989. Selon cet arrêt, « les éléments de preuve doivent normalement être produits devant l'accusé en audience publique, en vue d'un débat contradictoire. Il n'en résulte pas pour autant que la déclaration d'un témoin doive toujours se faire dans le prétoire ou en public pour servir de preuve, en particulier, cela peut se révéler impossible dans certains cas... En règle générale, l'article 6 commande d'accorder à l'accusé une occasion adéquate et suffisante de contester un témoignage à charge et d'en interroger l'auteur, au moment de la déposition ou plus tard » [2]. Ainsi la CEDH n'exprime aucune condamnation de principe contre le témoignage fait par une personne dont l'identité est secrète. En revanche, dans l'application, elle se montre très respectueuse de l'esprit du procès équitable : il faut qu'à un moment ou à un autre, l'accusé ait, sauf cas exceptionnels, la possibilité d'interroger le témoin.

1. En doctrine, on peut citer au titre des études générales consacrées essentiellement au phénomène du témoignage anonyme, G. Corstens, « Anonymi in het strafproces », *Delikt en Delinkwent* (revue néerlandaise), 1987, p. 339 et s. ; J. Callewaert, « Témoignages anonymes et droits de la défense », *RTDH* 1990, p. 270 et s. ; M. Bourmanne, « L'audition des témoins lors du procès pénal dans la jurisprudence des organes de la Conv. EDH », *RTDH* 1995, p. 41 et s. ; J.-F. Renucci, « Les témoins anonymes et la Conv. EDH », *Rev. pén.*, 1998, n°s 1-2 ; B. de Smet, « La défense face aux témoins anonymes et les exigences d'un procès équitable dans la jurisprudence de la CEDH », *RID pén.* 1998.

Au titre des études générales consacrant des passages au témoignage anonyme, B. Bouloc, « L'audition des témoins dans la procédure pénale en droit français et en droit européen après les derniers arrêts de la Cour européenne », *La vie judiciaire,* 31 déc. 1990/6 janv. 1991, p. 5 ; M. Van de Kerchove, « La preuve en matière pénale dans la jurisprudence de la Cour et de la Commission européennes des droits de l'homme », *Rev. sc. crim.* 1992, p. 1 et s., note p. 21 ; H. Leclerc, « Les limites de la liberté de la preuve », *Rev. sc. crim.* 1992, p. 15 et s., note p. 21 ; G. Corstens et J. F. Nijboer, « Reform movements in criminal procedure and the protection of human rights in the Netherlands », *RID pén.* 1993, p. 1170 ; B. de Smet, « Le juge d'instruction : obstructionniste ou acteur indispensable dans le procès pénal », *RID pén.* 1996, p. 417 et s., note 460.

2. CEDH, 20 nov. 1989, *Kostovski c/ Pays-Bas*, série A, n° 166, § 41, *Leading Cases,* préc., p. 329, obs. L.-E. Pettiti à la *Rev. sc. crim.* 1990, p. 388 ; obs. Coussirat-Coustère à l'*Ann. fr. dr. internat.*, 1991, p. 602 ; obs. P. Rolland et P. Tavernier au *Journ. dr. internat.* 1990, p. 738.

Avec l'arrêt *Ludi*, rendu en 1992, la CEDH aborde le problème des agents infiltrés [1]. Les juges européens concluent certes à la violation de l'article 6 Conv. EDH, mais ne condamnent pas en soi la pratique de l'infiltration, qui est indispensable dans la lutte contre la drogue [2]. Si les juges ont sanctionné les autorités suisses, c'est parce qu'en l'espèce, il aurait été possible d'organiser une confrontation de telle manière que soit préservé l'anonymat des policiers. Mais dans le principe, l'infiltration et sa conséquence qui est l'anonymat ne sont pas contestés.

En 1993, la CEDH rend l'arrêt *Saïdi* [3]. Reconnu comme fournisseur d'héroïne par trois toxicomanes avec lesquels il avait été confronté à travers une glace sans tain, l'intéressé est condamné par la justice française alors qu'il avait demandé une véritable confrontation. Comme le note la CEDH, la condamnation était fondée uniquement sur ces témoignages. Par conséquent, la procédure n'a pas été équitable, même si « la Cour ne méconnaît pas les indéniables difficultés de la lutte contre le trafic de stupéfiants – notamment en matière de recherche et d'administration des preuves – non plus que les ravages provoqués par celui-ci dans la société » (§ 44). En somme, les juges de Strasbourg font prévaloir le principe du contradictoire sur la protection des témoins.

Moins sec et donc plus important est l'arrêt *Doorson*, de 1996 [4]. Cet arrêt fixe avec netteté les conditions d'utilisation du témoignage anonyme dont, rappelons-le, la limite de principe est confirmée : il faut que lors de l'interrogatoire du témoin anonyme un juge intervienne ; il faut que ce magistrat se fasse une idée de la crédibilité du témoin, il faut enfin qu'il y ait à côté de la preuve par témoignage anonyme d'autres preuves. Comme ces conditions étaient remplies en l'espèce, la CEDH ne condamne pas les Pays-Bas.

Il en va différemment dans la dernière affaire, l'affaire *Van Mechelen*, de 1997 [5]. L'espèce est digne des plus beaux romans policiers. Une dizaine de policiers à bord de véhicules, poursuivent des bandits eux-mêmes en automobile, et à un moment donné, le coffre arrière de celle-ci s'ouvre de l'intérieur et des malfaiteurs postés dans cet habitacle exigu tirent sur les agents des forces de l'ordre. Après une course poursuite, les malfaiteurs sont arrêtés. Seulement lors de la procédure, les policiers refu-

1. CEDH, 15 juin 1992, *Ludi c/ Suisse*, série A, n° 238 ; obs. Coussirat-Caustère, *Annuaire fr. dr. int.* 1992, p. 629 ; obs. E. Decaux et P. Tavernier au *JDI* 1993, p. 733 ; obs. F. Sudre à la *RUDH* 1993, p. 167 ; obs. C. de Valkeneer à la *RTDH* 1993, p. 313 et s.

2. Cette pratique est d'ailleurs consacrée par la Convention d'application des accords de Schengen du 14 juin 1985 et par la Convention des Nations Unies contre le trafic des stupéfiants, adoptée à Vienne le 19 décembre 1988.

3. CEDH, 20 sept. 1993, *Saïdi c/ France*, série A, n° 261 C ; chronique F. Sudre au *JCP* 1994.I.3742 n° 25 ; note P. Chambon au *JCP* 1994.II.22215.

4. CEDH, 26 mars 1996, *Doorson c/ Pays-Bas*, *D.* 1997, somm. p. 207 et obs. J.-F. Renucci ; *Rev. sc. crim.* 1997, p. 484 et obs. R. Koering-Joulin ; *Justices* 1997, p. 205 et obs. G. Cohen-Jonathan et J.-F. Flauss.

5. CEDH, 23 avr. 1997, *Van Mechelen c/ Pays-Bas*, *D.* 1997, somm. 359 et obs. J.-F. Renucci, *D.* 1998, somm. 174 et obs. J. Pradel, *RTDH* 1998, p. 145 et s., obs. J. de Codt.

sent de déposer à découvert. Pourtant, des garanties avaient été prises pour assurer l'authenticité de leur témoignage : le juge d'instruction, le greffier et les témoins entendus se trouvaient dans une pièce, tandis que les accusés, leurs conseils et l'avocat général étaient dans une autre, tout en pouvant entendre toutes les questions posées aux témoins ainsi que les réponses apportées par ces derniers grâce à une connexion sonore ; enfin, les déclarations des témoins étaient répétées par le juge au greffier qui les consignait. Les policiers anonymes, au nombre de 11, étaient identifiés seulement par des numéros (001, etc.). La CEDH rappelle encore que « l'utilisation de dépositions anonymes pour asseoir une condamnation n'est pas en toute circonstance incompatible avec la Conv. EDH ». Elle indique aussi que l'admission de témoignages anonymes dépend de trois conditions : il faut qu'il y ait d'autres preuves ; il faut qu'un juge intervienne pour vérifier la crédibilité des témoins ; il faut que la défense puisse mettre en doute les déclarations de ces témoins, ce qui implique qu'elle puisse les interroger. Or la CEDH considère qu'en l'espèce, ces conditions ne sont pas toutes remplies : il n'y avait pas d'autres preuves déterminantes [1] et la défense n'avait pu interroger les témoins en leur présence, cet obstacle n'étant pas compensé suffisamment par la procédure. La CEDH souligne en outre, que ces témoins particuliers que sont les policiers « ont un devoir général d'obéissance envers les autorités exécutives et qu'il ne faut les utiliser comme témoins anonymes que dans des circonstances exceptionnelles » (§ 56), ce qui est un argument nouveau.

Cette décision *Van Mechelen* est embarrassante même si elle n'exclut pas la possibilité de cacher à l'accusé l'identité d'un témoin. On a le sentiment que la CEDH change de jurisprudence car les données de fait étaient proches de celles de l'affaire *Doorson* où, rappelons-le, les Pays-Bas n'ont pas été condamnés [2]. On a l'impression que la CEDH pratique la navigation à vue [3]. Pourtant, l'appel au témoignage anonyme est indispensable dans certaines affaires et il est bien délicat de distinguer entre témoins non policiers et témoins policiers car, après tout, ce sont toutes les personnes, policiers ou pas, qui peuvent subir des représailles sur leur être, leur famille et leurs biens. Le double risque de la jurisprudence *Van Mechelen* est d'amener les fonctionnaires de police à fermer les yeux sur la criminalité organisée par crainte des représailles et à faire appel à des repentis (pentiti) à la moralité douteuse [4]. La seule justification de l'arrêt *Van Mechelen* pour les juges réside dans le fait qu'ils ont considéré que, mis à part les déclarations des témoins anonymes, il n'y avait pas d'autres preuves sérieuses.

1. § 63, ce qui est inexact car il y avait aussi les déclarations de témoins identifiés et l'enregistrement d'une conversation téléphonique.
2. V. en ce sens l'opinion dissidente du juge Van Dijk.
3. G. COHEN-JONATHAN et J.-F. FLAUSS, in *Justice* 1997, p. 206.
4. B. DE SMET, *La défense face aux témoins anonymes*... préc., *in fine*.

On retiendra cependant de la jurisprudence strasbourgeoise considérée dans son ensemble que l'appel à la technique du témoignage anonyme est licite sous réserve du respect de certaines conditions qui ont été fort bien énumérées dans l'arrêt *Doorson* [1]. Il faut s'en féliciter pour des raisons pratiques. Mais il faut aussi garder présent à l'esprit les problèmes juridiques posés par cette situation de fait. Le premier, déjà évoqué, est relatif au principe du contradictoire : il faut que l'accusé ait pu, d'une façon ou d'une autre, interroger à un moment donné les témoins à charge et, par exemple dans certains pays, est prévu un interrogatoire indirect, les questions étant posées soit oralement soit par écrit avec un système transformant les voix [2]. Un autre problème juridique peut être évoqué, relatif au respect de la vie privée dans les hypothèses de « témoins infiltrés ». Dans l'affaire *Lüdi*, la violation de l'article 8 Conv. EDH avait justement été invoquée (conjointement avec celle de l'article 6 Conv. EDH). Certes, les juges de Strasbourg avaient-ils rejeté l'argument tiré de l'article 8. L'objection doit cependant être envisagé car les stratégies « undercover » sont très variées et certaines peuvent précisément porter atteinte à l'article 8 [3]. À la vérité, il ne semble pas que l'on puisse contester la validité de ces techniques d'infiltration car il ne faut pas oublier que c'est très souvent que la mise en œuvre des moyens de recherche de la preuve conduit à violer l'intimité de la vie privée. En outre l'article 8 admet lui-même que des atteintes peuvent être faites à l'intimité à condition notamment qu'une loi interne le prévoie et qu'il s'agisse de défendre l'ordre public. C'est bien le cas [4].

On ne confondra pas le problème posé par les témoins anonymes avec celui des témoins qui, tout en déposant normalement, à découvert, refusent d'indiquer leurs sources. De cette hypothèse, la pratique a révélé deux applications.

La première intéresse les policiers qui se refusent à déclarer le nom de leurs indicateurs ou informateurs. Dans les divers droits, la loi ou la jurisprudence admet que ces policiers peuvent opposer le secret professionnel au juge. Les besoins de la lutte contre le crime impose la solution [5].

La seconde application concerne les journalistes qui entendent ne pas dévoiler leurs sources, même s'ils en sont requis par la justice. L'arrêt

1. Et qui sont reprises dans CEDH, 4 juill. 2000, *Kok c/ Pays-Bas,* avec un développement sur la procédure originale utilisée par le juge d'instruction pour apprécier la fiabilité du témoin anonyme.

2. Avec l'inconvénient que certaines questions ne peuvent être posées sous réserve de lever l'anonymat du témoin.

3. C. de Valkeneer, préc., p. 332 ; J.-F. Renucci, *Les témoins anonymes et la Conv. EDH,* préc., *in fine.*

4. J.-F. Renucci, préc.

5. La jurisprudence de la CEDH semble très pauvre sur les indicateurs. Voir l'arrêt *Kostovski* du 20 nov. 1989, préc., où les juges distinguent brièvement l'emploi de déclarations anonymes et des sources telles que des indicateurs occultes.

Goodwin est à cet égard intéressant [1]. Un journaliste avait fait un article sur la santé économique d'une entreprise. Celle-ci inquiète des répercussions éventuelles de cet article, avait saisi le juge aux fins de sommer ce journaliste de révéler l'identité de sa source. Le juge accéda à la requête et devant le refus du journaliste, il le condamna à une amende pour *contempt of court*. La Cour de Strasbourg condamne le Royaume-Uni pour violation de l'article 10 Conv. EDH qui défend le principe de la liberté d'expression. Elle estima que « l'ordonnance de divulgation ne représentait pas un moyen raisonnablement proportionné à la poursuite du but légitime visé par l'article 10 Conv. EDH » [2].

3° Il faut enfin évoquer le cas des *témoins cachés par le poursuivant*. On rappellera que dans certaines législations, comme celle du Royaume-Uni, le devoir général de divulgation de la preuve à la défense peut faire l'objet d'exceptions de la part de l'accusation pour cause d'intérêt général *(public interest immunity)* [3]. Par exemple, dans les affaires intéressant la défense nationale ou d'autres secteurs sensibles, le poursuivant peut cacher l'identité des enquêteurs, sauf son devoir de saisir le juge qui appréciera s'il y a lieu ou non à divulgation. Or dans une affaire de trafic de drogue, la CEDH a condamné le Royaume-Uni au motif que le poursuivant n'avait pas produit les éléments litigieux devant le juge pour le voir statuer sur la question de divulgation, ce juge devant être le juge de première instance et non la cour d'appel car le juge de première instance est le mieux placé pour trancher [4].

e. **Le droit de se faire assister d'un interprète (art. 6, § 3 e)**

360 Enfin, tout accusé a le droit de « se faire assister gratuitement d'un interprète, s'il ne comprend pas ou ne parle pas la langue employée à l'audience ».

Ce texte pose pour l'essentiel deux problèmes.

Tout d'abord, si la procédure s'achève par une condamnation, est-ce que les frais d'interprète peuvent être recouvrés sur l'ex-accusé désormais condamné ? À vrai dire, le problème n'a plus beaucoup d'intérêt car dans beaucoup de législations aujourd'hui, il est dit que l'État assure tous les frais de justice. Cependant, pour les États qui prévoient encore la possibilité d'un recours sur les biens du condamné, il faut bien connaître la position de la CEDH. Or celle-ci exclut le recours sur ces biens car si l'on maintenait le recours, « subsisterait le désavantage qui subirait un accusé ne comprenant pas ou ne parlant pas la langue

1. CEDH, 27 mars 1996, *Goodwin c/ Royaume-Uni*, série A, n° 308.
2. Préc., § 46.
3. Archbold, *Criminal pleading evidence and practice*, London, Sweet-Maxwell, 2001, n°s 12-26 et s.
4. CEDH, 19 juin 2001, *Atlan c/ Royaume-Uni*, § 45.

employée à l'audience par rapport à un accusé la connaissant et que l'article 6-3 e a précisément pour but d'atténuer » [1].

Ensuite, il faut s'interroger sur l'étendue de la gratuité. S'étend-elle à la traduction de tous les actes de la procédure écrite et à l'interprétation de toutes les déclarations faites à l'audience ? Les juges de la CEDH adoptent le critère du procès équitable : l'assistance gratuite s'étend à tous les actes de procédure que l'accusé doit être en mesure de comprendre afin de pouvoir se défendre correctement. Par conséquent, la traduction n'a pas à porter sur l'intégralité du dossier écrit. Comme le dit la CEDH, « une traduction écrite de toute preuve documentaire ou pièce officielle du dossier n'est pas exigée ; il faut, mais il suffit que l'assistance linguistique permette à l'accusé de savoir ce qu'on lui reproche et de se défendre, notamment en versant au tribunal sa version des événements » [2]. Cette conception mesurée n'empêche pas la CEDH d'exiger que les juges nationaux ne se bornent pas à désigner un interprète, elle entend qu'ils exercent un contrôle du travail de ce technicien [3].

B. Le déroulement de l'instance

L'article 6-1 pose deux principes fondamentaux qui, d'ailleurs, n'intéressent pas que la procédure pénale, mais qui donne lieu à des applications surtout en cette matière : il s'agit de la publicité et de la célérité puisque ce texte indique que « toute personne a droit à ce que sa cause soit entendue... publiquement et dans un délai raisonnable ».

1. Le principe de publicité

361 Ce premier principe n'est pas absolu puisqu'après l'avoir proclamé, l'article 6-1 ajoute que « l'accès de la salle d'audience peut être interdit à la presse et au public pendant la totalité ou une partie du procès dans l'intérêt de la moralité, de l'ordre public ou de la sécurité nationale dans une société démocratique, lorsque les intérêts des mineurs ou la protection de la vie privée des parties au procès l'exigent, ou dans la mesure jugée strictement nécessaire par le tribunal lorsque dans des circonstances spéciales la publicité serait de nature à porter atteinte aux intérêts de la justice ».

Ce texte appelle trois remarques.

Le principe tout d'abord est bien celui de la publicité, l'article 6 l'affirmant d'ailleurs à deux reprises, d'abord pour la procédure, ensuite

1. CEDH, 10 mars 1980, *Luedicke, Belkacem et Koc c/ Allemagne*, série A, n° 36, § 42.
2. CEDH, 19 déc. 1989, *Kamasinski c/ Autriche*, série A, n° 168, § 74 ; J. CALLEWAERT, note sous cet arrêt à la *RTDH* 1991, p. 217 et s.
3. *Idem*.

pour la lecture du jugement. Il y a là une exigence de démocratie : « la publicité de la procédure... protège les justiciables contre une justice secrète échappant au contrôle du public... pour la transparence qu'elle donne à l'administration de la justice, la publicité aide à réaliser le but de l'article 6-1, le procès équitable » rappellent les juges de Strasbourg [1].

Cependant — et c'est la seconde remarque — ce n'est pas toute la procédure qui doit être publique. Ainsi, décide la CEDH, « le défaut d'audience publique en cassation n'enfreint pas l'article 6-1 » [2] ; il est vrai que les audiences de cassation sont consacrées exclusivement au droit et intéressent fort peu le grand public. Il est encore plus évident que l'enquête et, là ou elle existe, l'instruction doivent rester secrètes et, en réalité, la CEDH ne va pas à l'encontre de cette idée puisqu'elle indique que « les modalités d'application de l'article 6-1 dépendent des particularités de l'instance dont il s'agit » [3]. Finalement, la publicité se limite à l'audience de jugement (en première instance et en appel). Et encore, si l'audience en première instance a eu lieu en public, « l'absence de débats publics en appel peut se justifier par les particularités de la procédure en question » [4], même si la juridiction d'appel jouit de la plénitude de juridiction [5] ; cependant dans une espèce où le prévenu n'était pas présent devant la Cour suprême, seul son avocat étant présent, il a été considéré par la CEDH que la procédure n'était pas équitable car la Cour devait procéder à sa propre appréciation alors surtout que la sanction était susceptible de soulever des questions relatives à la personnalité de l'intéressé en sorte que la Cour « était tenue de prendre des mesures positives » pour le faire comparaître [6].

Enfin il y a même des cas où l'audience peut être non publique. Ainsi que l'indique l'article 6-1, il en va ainsi lorsque sont en cause la morale, l'ordre public, la sécurité nationale, l'intérêt des mineurs [7], la protection de la vie privée, voire — et c'est très large — l'intérêt de la justice [8]. Du reste, dans les droits internes, il y a souvent des dispositions qui consacrent ces atteintes à la publicité.

1. CEDH, 29 oct. 1991, *Helmers c/ Suède*, série A, n° 212-A, § 33 et 36.

2 CEDH, 22 févr. 1984, *Sutter c/ Suisse*, série A, n° 74, § 30.

3. *Id.*

4. CEDH, 2 sept. 1993, *Kremzow c/ Autriche*, série A, n° 268-B, § 58 et 59.

5. CEDH, 29 oct. 1991, *Feijde c/ Suède*, série A, n° 212-C, § 33.

6. CEDH, 19 févr. 1996, *Botten c/ Norvège*, § 53, *Rev. sc. crim.* 1997, 177 et obs. L.-E. Pettiti.

7. CEDH, 16 déc. 1999, *T. c/ Royaume-Uni*, pour un mineur de 11 ans accusé de meurtre et dont le procès s'était déroulé en public, ce qui avait empêché le requérant de participer réellement à la procédure, d'où violation de l'art. 6, § 1 Conv. EDH.

8. Cependant, rappelle la CEDH, « le huis clos doit être strictement commandé par les circonstances », 26 sept. 1995, *Diennot c/ France*, série A, n° 325-A (arrêt rendu il est vrai en matière disciplinaire).

2. Le principe de célérité

a. Vue générale

362 Selon l'article 6-1 Conv. EDH, la cause doit être entendue « dans un délai raisonnable » [1]. Une lenteur même relative fait en somme que la procédure n'a pas été équitable. Beaucoup de codes de procédure pénale cautionnent également des dispositions en ce sens qu'elles soient générales comme celle de l'article 6-1 ou plus précises (par exemple en prévoyant des délais pour l'accomplissement d'une formalité ou pour le déroulement d'une phase de la procédure). Toutes ces dispositions, de droit européen ou des droits nationaux traduisent l'inquiétude face aux procès qui, dans de très nombreux pays, durent beaucoup trop longtemps. De nombreux États européens ont déjà été condamnés par la CEDH pour longueur excessive des procédures, notamment l'Italie [2]. Les causes de cette lenteur sont connues : accroissement de la criminalité organisée combiné à une inadaptation des règles procédurales ; absence fréquente de moyens efficaces pour éviter un trop grand allongement des procédures puisque de rares législations européennes connaissent des techniques d'accélération [3]. D'autre part, ce qui explique aussi un grand nombre de décisions de la CEDH constatant une violation de l'article 6-1, c'est la marge d'appréciation considérable dont elle dispose, sans doute à cause du caractère flou du concept de délai raisonnable : il arrive en effet que dans une même affaire, les juges de Strasbourg concluent à la violation de l'article 6-1 alors que les juridictions nationales ont dit le contraire [4]. Un auteur a noté que de juin 1968 à mai 1995, le problème du délai raisonnable a fait l'objet de 159 arrêts, soit plus de 30 % du total des décisions [5].

1. Sur le délai raisonnable, v. le numéro spécial de la *RTDH*, janv. 1991, avec des études non seulement sur l'article 6-1, mais aussi sur l'article 5-3 et sur les droits nationaux de 12 États (Autriche, Belgique, Espagne, France, Grèce, Italie, Luxembourg, Pays-Bas, République fédérale d'Allemagne, Royaume-Uni, Suède et Suisse).

2. Par exemple 9 ans et 7 mois dans CEDH, 25 juin 1987, *Milasi c/ Italie*, série A, n° 119 ; 13 ans et 4 mois dans CEDH, 25 juin 1987, *Baggetta c/ Italie*, série A, n° 118 ; 16 ans dans CEDH, 7 août 1996, *Ferrantelli c/ Italie* ; 17 ans dans CEDH, 15 juill. 1982, 15 juill. 1982, *Eckle c/ Allemagne*, série A, n° 51.

3. Aux Pays-Bas, en Suisse et en Allemagne, il est admis par les Cours suprêmes qu'une durée excessive de la procédure peut conduire à une réduction de peine, voire — du moins en Allemagne de façon exceptionnelle — au classement de l'affaire et aux Pays-Bas à l'irrecevabilité de la poursuite.

4. Par exemple, CEDH, 28 juin 1978, *Koenig c/ Allemagne*, série A, n° 27, § 58.

5. J.-M. Eissen, « La durée des procédures civiles et pénales dans la jurisprudence de la Cour européenne des droits de l'homme », *Bulletin d'information de la Cour de cassation*, Paris, oct. 1995. V. aussi, *La célérité de la procédure pénale*, séminaire organisé en sept. 1995 par l'Institut supérieur international de sciences criminelles de Syracuse (Italie), sous la direction de J. Pradel, avec not. les rapports allemand (de P. Hünerfeld), anglais (de J. Spencer), belge (de H. Bosly et c/ de Valkeneer), français (de F. Casorla), italien (de M. Pisani), néerlandais (de G. Corstens), polonais (de S. Waltos), portugais (de A. Rodrigues), russe (de L. Golovko),

b. Questions techniques

363 Deux problèmes se posent.

1° Il faut d'abord déterminer le délai de la procédure, ce qui oblige à fixer le *dies a quo* (premier jour) et le *dies ad quem* (dernier jour). Le premier est celui de « l'accusation » de la personne, notion qui est interprétée de façon autonome par la CEDH comme on le sait ; il peut donc s'agir d'une date antérieure à la saisine de la juridiction de jugement comme par exemple celle de l'ouverture d'une enquête préliminaire ou de l'émission d'un mandat d'arrêt, de la levée de l'immunité parlementaire ou de l'inculpation, de l'envoi de l'avis de poursuite en Italie, voire de l'ouverture d'une information [1], etc. Ce qui importe, c'est que « l'accusation » ait entraîné une répercussion importante dans la situation du suspect [2]. Quant au second jour, il se situe à la fin de l'ensemble de la procédure, phases de recours incluses. En Allemagne où existe un recours devant la juridiction constitutionnelle contre la décision de la juridiction judiciaire supérieure, on peut se demander à quel moment doit se placer le dernier jour. La CEDH a statué en matière civile, en incluant la phase constitutionnelle dans le délai. Mais elle n'a pas encore pris parti en matière pénale. L'application de ces deux limites conduit à des durées très variables, allant d'un an jusqu'à vingt-huit !

2° Le deuxième problème est celui de la qualification du délai : en clair, sur la base de quels critères peut-on le déclarer raisonnable ou déraisonnable ? Tout dépend des circonstances particulières de chaque affaire, sauf à observer que la célérité doit se concilier avec la bonne administration de la justice. Par conséquent, il ne peut être question de qualifier *in abstracto* le délai de raisonnable ou de déraisonnable.

En pratique, la CEDH retient trois critères principaux qui peuvent éviter à l'État la condamnation :

— c'est d'abord la complexité de l'affaire, ce qui inclut toutes les données de fait comme l'enchevêtrement et la dissimulation des actes délictueux, et toutes les données de droit comme notamment le nombre de parties au procès et la multiplicité des investigations à effectuer ;

— c'est ensuite le comportement du requérant : sans être certes tenu de coopérer activement avec les autorités judiciaires, et pouvant user pleinement de toutes les voies de recours [3], il ne saurait cependant blo-

suisse (de G. Piquerez) et européen (de W. Peukert), avec un rapport de synthèse sur les pays de common law (de J. Cédrars) et un autre sur les pays romano-germaniques (de J.-Y. Chevallier), et enfin avec un rapport général (de J. Pradel), *RID pén.* 1995, n°s 3-4, vol. 66.

1. CEDH, 2 août 2000, *Bertin-Mourot c/ France.*

2. CEDH, 15 juill. 1982, *Eckle c/ Allemagne*, précité, § 73 ; 22 mai 1998, *Hozee c/ Pays-Bas*, § 43, le délai raisonnable débute dès l'instant qu'une personne se trouve accusée, en l'espèce le jour où le requérant a été interrogé pour la première fois en qualité de suspect par le Service de renseignements et d'investigations en matière fiscale (FIOD).

3. CEDH, 10 déc. 1982, *Corigliano c/ Italie*, série A, n° 57, § 42.

quer systématiquement le cours de la justice, par exemple en changeant sans cesse d'avocat, en prenant la fuite ou en tardant volontairement à communiquer les pièces nécessaires ou le nom des témoins à entendre. L'État évitera la condamnation si l'attitude du justiciable apparaît abusive et dilatoire [1] ;

— c'est enfin l'attitude des autorités judiciaires, la CEDH précisant que les États ont l'obligation d'organiser leur système judiciaire de telle sorte que leurs juridictions puissent agir avec la célérité normale [2]. Par conséquent, l'encombrement des rôles des tribunaux ne peut justifier les États d'avoir méconnu l'article 6-1, sauf si l'encombrement est passager et si toutes les mesures ont été prises pour y faire face [3]. La CEDH a stigmatisé des États dont les magistrats tardaient à prendre les mesures d'instruction nécessaire, ne procédaient pas aux interrogatoires d'inculpés, tardaient à clore l'instruction, omettaient de procéder à une expertise pourtant ordonnée par une juridiction supérieure... Par exemple, une procédure qui dure 15 ans dont 6 devant la Cour de cassation militaire viole manifestement l'article 6-1 Conv. EDH [4]. Pareillement, un État est condamné lorsqu'un délai de presque huit ans sépare la demande d'appel de la décision rendue par les juges [5]. De même une procédure concernant des mineurs certes poursuivis pour crime graves (assassinat de deux carabiniers), s'étalant sur 16 ans dépasse le délai raisonnable [6]. Certaines affaires témoignent même d'une rigueur particulière. Ainsi la France a été condamnée dans une espèce où le délai entre divers actes d'instruction n'était que de quelques mois, l'ensemble ayant cependant duré environ cinq ans [7]. La stagnation d'une procédure pendant un an et huit mois est également condamnable [8]. En bref, les États ont une obligation de résultat, sauf si le retard est tolérable ou peu grave. *A contrario*, il n'y a pas atteinte au principe du délai raisonnable lorsqu'il n'y a eu pendant l'instruction préparatoire « aucune période d'inertie de la part des autorités » [9]. Dans ces arrêts, il y a une casuistique que l'on a parfois du mal à suivre.

Les choses se compliquent d'ailleurs encore car la CEDH tient compte, à côté de ces trois critères de base, d'un quatrième, au moins dans cer-

1. CEDH, 25 févr. 1993, *Dobbertin c/ France*, série A, n° 256-D, § 44.

2. CEDH, 26 oct. 1988, *Martins Moreira c/ Portugal*, série A, n° 143, § 60.

3. CEDH, 25 juin 1987, *Baggeta c/ Italie*, préc., § 33 ; 10 juill. 1984, *Guincho c/ Portugal*, série A, n° 85, § 40.

4. CEDH, 25 mars 1996, *Mitap et Müftüoglu c/ Turquie*, *Rev. sc. crim.* 1997, p. 475 et obs. R. Koering-Joulin.

5. CEDH, 23 sept. 1998, *Portington c/ Grèce*, § 20 et 33.

6. CEDH, 7 août 1996, *Ferrantelli et Santangelo c/ Italie*, *Rev. sc. crim.* 1997, p. 482 et obs. R. Koering-Joulin.

7. CEDH, 31 mars 1998, *Reinhardt et Slimane-Kaïd c/ France*.

8. CEDH, 26 oct. 2000, *Kudla c/ Pologne*.

9. CEDH, 22 mai 1998, *Hooze c/ Pays-Bas*, l'instruction ayant pourtant duré 4 ans et 7 mois.

tains arrêts : il s'agit de l'enjeu du litige pour le requérant [1]. C'est évidemment surtout en matière pénale que cet ultime critère a l'occasion de jouer.

Quelle est la sanction du dépassement du « délai raisonnable » ? À côté de la classique « satisfaction équitable », la CEDH admet ce geste de la part du juge national que constitue une atténuation de la peine. À ses yeux, une telle mesure peut constituer une réparation adéquate qui ôte ainsi au requérant toute justification à saisir les organes de Strasbourg. Encore faut-il que le juge national ait prononcé une réduction de peine qui soit réelle et mesurable, et en outre qu'il ait imputé cette réduction expressément à la durée excessive de la procédure [2].

La jurisprudence sur l'article 6-1 Conv. EDH est considérable. Elle fait apparaître une grande rigueur dans les principes et une grande souplesse dans l'application.

SECTION 3. LE DROIT À NE PAS ÊTRE JUGÉ OU PUNI PLUS D'UNE FOIS

Art. 4, Protocole n° 7 additionnel à la Conv. EDH

1. Nul ne peut être poursuivi ou puni pénalement par les juridictions du même État en raison d'une infraction pour laquelle il a déjà été acquitté ou condamné par un jugement définitif conformément à la loi et à la procédure pénale de cet État.

2. Les dispositions du paragraphe précédent n'empêchent pas la réouverture du procès, conformément à la loi et à la procédure pénale de l'État concerné, si des faits nouveaux ou nouvellement révélés ou un vice fondamental dans la procédure précédente sont de nature à affecter le jugement intervenu.

3. Aucune dérogation n'est autorisée au présent article au titre de l'article 15 de la Convention.

364 ***Esprit de l'article 4 et difficultés d'application*** ◇ Une fois qu'un individu a été jugé définitivement (condamné ou acquitté), il ne peut faire l'objet d'une seconde poursuite. Comme l'a exprimé la CEDH, « l'article 4 du Protocole n° 7 a pour but de prohiber la répétition de poursuites pénales définitivement clôturées et ne trouve donc pas à s'appliquer avant l'ouverture d'une nouvelle procédure » [3]. Ce principe, dit

1. CEDH, 27 juin 1997, *Philis c/ Grèce* (n° 2), *Recueil* 1997-IV, p. 1083, § 35 ; 23 sept. 1998, *Portington c/ Grèce, Recueil* 1998-IV, p. 2630, § 21 ; 26 oct. 2000, *Kudla c/ Pologne,* préc., § 124.
2. CEDH, 15 juill. 1982, *Eckle c/ Allemagne,* série A, n° 51, § 88.
3. CEDH, 23 oct. 1995, *Gradinger c/ Autriche,* série A, n° 328-C, § 53, *JCP* 1996.I.3910, n° 43, obs. F. Sudre.

de l'autorité de la chose jugée, se fonde à la fois sur l'intérêt général de la justice pénale dont il importe de ne pas remettre en cause les décisions définitives et sur l'intérêt du justiciable qui doit savoir à quoi s'en tenir aussitôt que possible. La règle est si bien fondée que l'article 15 Conv. EDH — qui permet des dérogations en cas d'état d'urgence — ne la concerne pas : pas de limites à la règle donc. La seule exception au principe indiquée au § 2 est la survenance de « faits nouveaux » ou la révélation d'un « vice fondamental dans la procédure précédente ». Alors il convient en équité de reprendre le procès. Et d'ailleurs tous les droits contiennent des dispositions sur la révision pour erreur judiciaire (cette révision étant conçue en général *in favorem*, c'est-à-dire applicable après révélation d'une condamnation injuste) et plusieurs autorisent l'ouverture d'un nouveau procès après condamnation par la CEDH. Sa décision ayant révélé l'existence d'un « vice fondamental » ou si l'on préfère l'existence d'une atteinte caractérisée à la Conv. EDH que l'allocation d'une indemnité ne suffit pas à effacer [1]. Tout cela est relativement simple.

Beaucoup plus délicate est l'hypothèse dans laquelle un individu qui se voit reprocher un fait et est traduit successivement devant un tribunal répressif et devant une autorité administrative (fiscale par exemple). Les jurisprudences nationales admettent parfois ce cumul [2]. La CEDH, de son côté, a statué deux fois. Dans la première affaire, *Grandiger,* un individu en conduisant un véhicule sous l'emprise d'un état alcoolique avait causé un homicide involontaire. Poursuivi d'abord devant le juge pénal, il avait été condamné à une amende. Poursuivi ensuite devant l'autorité administrative, il s'était vu infliger une autre amende. Les juges de Strasbourg, tant de la Commission que de la CEDH, ont considéré à l'unanimité que les deux décisions se fondant sur « le même comportement », l'article 4 avait été violé [3]. Une ambiguïté toutefois subsistait : l'article 4 interdit-il la poursuite successive du même fait matériel (ici perte de maîtrise du véhicule sous l'empire de l'alcool) sous des qualifications diverses ou prohibe-t-il seulement l'identité de qualification juridique ? C'est ce point qui va être tranché dans la seconde affaire, *Oliveira,* assez proche. Une personne, suite à un accident routier, est doublement condamnée : d'abord par le juge de police pour défaut de maîtrise (amende de 200 F suisses) ; ensuite par le parquet de district pour lésions corporelles par négligence (amende de 2 000 F suisses). La CEDH vit dans l'affaire un cas de concours idéal d'infractions, figure dans laquelle un fait pénal unique donne lieu à deux (ou plus) infrac-

1. V. *supra,* n° 256.

2. Pour la France, Crim., 6 nov. 1997, *Bull. crim.*, n° 379, *JCP* 1998.II.10087, note M. Cliquennois ; 4 juin 1998, *Bull. crim.*, n° 186. Il est vrai que l'article 4, selon les réserves faites par la France, n'est applicable que pour les infractions relevant en droit français de la compétence des tribunaux répressifs.

3. CEDH, 3 oct. 1995, *Gradinger c/ Autriche,* préc.

tions, en l'espèce l'absence de maîtrise et les lésions par négligence. Or pour la CEDH, un tel concours « ne contrevient pas à l'article 4 dès lors que celui-ci prohibe de juger deux fois une même infraction alors que dans le concours idéal d'infractions, un même fait pénal s'analyse en deux infractions distinctes »[1]. La solution est donc très différente de celle admise peu avant dans l'affaire *Gradinger.* Mais elle semble meilleure car plus conforme à la lettre de l'article 4 : ses rédacteurs ont utilisé le mot « infraction » ou pas « comportement » ou « fait ». De la sorte, on retiendra que ce que prohibe l'article 4, c'est de poursuivre deux fois un individu en visant la même infraction.

SECTION 4. **LE DROIT AU RESPECT DE L'INTIMITÉ**

Art. 8 Conv. EDH

1. Toute personne a droit au respect de sa vie privée et familiale, de son domicile et de sa correspondance.

2. Il ne peut y avoir ingérence d'une autorité publique dans l'exercice de ce droit que pour autant que cette ingérence est prévue par la loi et qu'elle constitue une mesure qui, dans une société démocratique, est nécessaire à la sécurité nationale, à la sûreté publique, au bien-être économique du pays, à la défense de l'ordre et à la prévention des infractions pénales, à la protection de la santé ou de la morale ou à la protection des droits et libertés d'autrui.

365 ***Introduction*** ◇ Dans le cadre de cet ouvrage il suffit d'esquisser les grandes lignes de la doctrine et de la jurisprudence sur l'article 8. Donc, nous traiterons d'abord les notions de vie privée, domicile et correspondance du paragraphe 1 de l'article 8 et par la suite le système des exceptions admises par le paragraphe 2 de cet article, avant de concentrer notre attention sur un exemple d'ingérence à l'article 8-1, emprunté à la justice pénale : les écoutes téléphoniques. D'autres phénomènes comme la prise de sang dans le cadre de la législation sur la conduite sous l'influence d'alcool ou en vue de déterminer la structure ADN des cellules de la personne suspectée et la communication du dossier à la partie civile ne seront pas examinés, étant donné qu'il suffit de connaître le système de l'article pour les apprécier. Nous ferons référence à ces phénomènes en examinant ce système.

1. CEDH, 30 juin 1998, *Oliveira c/ Suisse,* § 26, *Recueil ; add.* H. Mock, « Une clarification bienvenue de la portée du principe *Ne bis in idem* au sens de l'article 4 du Protocole n° 7 », *RTDH* 1999, 619 et s., *JCP* 1999.I.105, n° 58, obs. F. Sudre.

Trois observations préalables s'imposent encore. Premièrement, la structure de l'article 8 ressemble à celle des articles 9 à 11 : dans un premier paragraphe le droit en question est proclamé, tandis que le deuxième paragraphe indique les restrictions qui peuvent être admises.

Deuxièmement, maintes fois la protection offerte par l'article 8 va de pair avec celle de l'article 6. Dans une pareille situation la Cour est amenée à n'examiner l'affaire que sous l'angle d'un des deux articles, de préférence l'article 6 [1].

Troisièmement, des clauses de l'article 6 peuvent contrarier des exigences comprises dans l'article 8. Par exemple, la clauses de l'équité et de la publicité dans la procédure (article 6-1) peuvent entraîner que la victime de viol soit entendue pendant l'audience en public. Cependant, la victime invoquant le droit au respect de sa vie privée, peut s'opposer à une pareille audition. C'est au juge de l'audience qu'incombe la tâche de mettre en balance les intérêts de l'inculpé et de la victime [2]. Au vu de l'amélioration de la position de la victime, il n'est pas invraisemblable que pareils conflits aient tendance à se produire plus fréquemment.

§ 1. Obligations positives découlant de l'article 8

366 Cette structure suggère, à première vue, que les États contractants ne sont tenus qu'à s'abstenir d'ingérences au droit proclamé dans le premier paragraphe. Néanmoins, comme nous l'avons aussi constaté ci-dessus [3] quant au droit à la vie, l'interdiction de la torture et des peines et traitements inhumains ou dégradants et le droit à la liberté et à la sûreté, le premier paragraphe de l'article 8 impose également des obligations positives. Selon la Cour, dans l'affaire *X et Y c/ Pays-Bas*, l'article 8 peut entraîner l'obligation d'adopter des mesures qui, pour garantir le respect de la vie privée, règlent les rapports des individus entre eux. Dans l'espèce, il s'agissait d'un délit sexuel commis contre une fille de 16 ans, handicapée mentale. Ce délit ne pouvait être poursuivi que sur plainte de la victime. Le ministère public avait décidé de ne pas poursuivre à condition que le suspect ne répétât l'infraction dans le délai de deux ans. La mère de la victime n'était pas d'accord. Elle se plaignait auprès de la Cour d'appel du classement de l'affaire, qui est compétente pour ordonner, sur plainte de la personne intéressée, la poursuite en cas de classement sans suite par le ministère public. Cette cour ne pouvait que constater une lacune dans la loi pénale néerlandaise. Celle-ci ne

1. C. A. E. Harteveld, B. F. Keulen et H. G. M. Krabbe, *Het EVRM en het Nederlandse strafprocesrecht*, 2e éd., Wolters-Noordhoff, Groningen 1996, p. 145-146 ; par exemple CEDH 12 juill. 1988, *Schenk c/ Suisse*, série A, n° 140, § 53.
2. C. A. E. Harteveld, B. F. Keulen et H. G. M. Krabbe, préc., p. 146-147.
3. Nos 272, 287 et 303.

prévoyait pas la possibilité de faire déposer une plainte par un représentant d'une personne âgée de 16 ou 17 ans, la victime elle-même, par sa situation mentale, n'ayant pu déposer une plainte. Dès lors, la Cour de Strasbourg constatait que le code pénal n'assurait pas à la victime une protection concrète et effective et concluait à la violation de l'article 8 [1]. Avant que le jugement de la Cour fut rendu, les Pays-Bas avaient déjà adopté une loi comblant la lacune [2].

Un autre exemple d'une obligation positive découlant de l'article 8-1 apparaît dans la jurisprudence sur la correspondance des prisonniers. Selon l'avis de la Commission, l'article 8 vise également « l'obligation positive de fournir dans une mesure suffisante les moyens nécessaires à la circulation effective de la correspondance autorisée » [3].

L'article 8-1 ne confère pas un droit à une vie privée et familiale, ni à un domicile ou à une correspondance. Donc, malgré les obligations positives qui en découlent, par exemple le sans-abri ne peut pas, faisant appel à l'article 8, réclamer une maison auprès des autorités compétentes [4]. Une obligation positive étant constatée, la question se pose de savoir si l'abstention de prendre des mesures est légitimée sous le coup de l'article 8-2 [5].

§ 2. **La position des personnes morales**

367 Dans la plupart des cas une personne humaine prétendra d'être la victime d'une violation de l'article 8. Cependant, il n'est pas exclu qu'une personne morale se prévale de cet article. La Cour ne s'est pas encore prononcée très clairement sur ce point. Dans sa jurisprudence sur l'article 10 elle a reconnu q'une maison d'édition peut invoquer cet article [6]. La jurisprudence sur l'article 8 concerne plusieurs cas où il s'agit d'activités professionnelles. Mais il faut admettre que ces activités étaient mêlés à des activités personnelles [7]. D'autre part, la protection due à l'homme peut entraîner la conséquence d'accepter un appel à l'article 8 par une personne morale, si cette dernière fonctionne comme la rallonge du particulier. Donc, en principe un appel à la protection de l'article 8, émanant d'une personne morale ne saurait être exclu.

1. CEDH 26 mars 1985, *X et Y c/ Pays-Bas*, série A, n° 91, § 30, *Leading Cases*, préc., p. 156.
2. Loi du 27 févr. 1985, *JO* 1985, 115
3. Comm. EDH 15 déc. 1988, *Grace c/ Royaume-Uni*, no. 11523/85, DR 62 (1989), p. 22, 69.
4. C. A. E. Harteveld, B. F. Keulen et H. G. M. Krabbe, préc., p. 144.
5. Harris, O'Boyle et Warbrick, préc., p. 326-327.
6. CEDH 26 avr. 1979, *Sunday Times c/ Royaume-Uni*, série A, n° 30 ; CEDH 22 mai 1990, *Autronic c/ Suisse*, série A, n° 178.
7. CEDH 30 mars 1989, *Chappell c/ Royaume-Uni*, série A, n° 152-A, § 26, CEDH 16 déc. 1992, *Niemietz c/ Allemagne*, série A, n° 251-B, § 29 *Leading Cases*, préc., p. 493.

§ 3. Les objets de l'article 8

368 ***Généralités*** ◇ Dans le cadre de cet ouvrage, les notions de vie privée, domicile et correspondance revêtent de l'importance. Ces notions ne sont pas très clairement délimitées l'une envers l'autre. Une perquisition dans une maison touche à la vie privée des habitants en même temps qu'elle porte atteinte à leur domicile. Des gendarmes qui mettent le feu à des maisons avec tous les effets et biens des occupants portent atteinte au droit de ces derniers au respect de leur vie privée, de leur vie familiale et de leur domicile [1]. Le contrôle de la correspondance épistolaire fait simultanément ingérence à la vie privée. Dans des affaires où il s'agissait d'interception téléphonique, la Cour citait d'un trait les mots vie privée et correspondance [2]. Donc, la notion de vie privée est plutôt la notion générale qui recouvre les notions particulières de domicile et correspondance. Le contraire n'est pas vrai : comme nous le constaterons ci-dessous, le domicile et la correspondance recouvrent des situations qui vont au-delà de la vie privée.

L'article 8-1 recouvre plus que le droit d'être laissé seul, « the right to be left alone » [3]. Il englobe aussi l'intégrité morale et physique de la personne [4], son identité personnelle, l'espace individuel, le stockage et la distribution de données personnelles, les activités sexuelles et les liens sociaux entre individus [5].

A. La notion de vie privée

369 La notion de vie privée joue un rôle sur plusieurs plans de la justice pénale. Cette dernière peut avoir pour objet l'incrimination de comportements qui sont à qualifier de vie privée, comme par exemple des comportements sexuels entre personnes du même sexe [6]. Mais, dans la pratique de la justice pénale, les ingérences des autorités dans le cadre de l'enquête et de la poursuite de n'importe quel comportement revêtent encore plus d'importance. Il peut s'agir de perquisitions, d'écoutes téléphoniques, d'interceptions d'autres formes de trafic électronique et de méthodes policières comme l'infiltration. Tous ces actes peuvent por-

1. CEDH 28 nov. 1997, *Mentes et autres c/ Turquie,* § 73 ; d'ailleurs pareilles mesures peuvent également constituer des traitements inhumains, v. *supra,* n° 286.

2. CEDH 6 sept. 1978, *Klass c/ Allemagne,* série A, n° 28, § 41, *Leading Cases,* préc., p. 54, CEDH 2 août 1984, *Malone c/ Royaume-Uni,* série A, n° 82, § 64, CEDH 24 avr. 1990, *Kruslin c/ France,* série A, n° 176, § 26, *Leading Cases,* préc., p. 366, CEDH 15 juin 1992, *Lüdi c/ Suisse,* série A, n° 238, § 39.

3. Harris, O'Boyle et Warbrick, préc., p. 303.

4. Nous l'avons déjà constaté ci-dessus en examinant les obligations positives découlant de l'article 8-1 ; v. CEDH 26 mars 1985, *X et Y c/ Pays-Bas,* série A, n. 91, § 22, *Leading Cases,* préc., p. 156 et CEDH 25 mars 1993, *Costello-Roberts c/ Royaume-Uni,* série A, n. 247-C, *Leading Cases,* préc., p. 484.

5. Harris, O'Boyle et Warbrick, préc., p. 305-312.

6. CEDH 22 oct. 1981, *Dudgeon c/ Royaume-Uni,* série A, n° 45, § 39.

ter atteinte à la vie privée non seulement de personnes dont la culpabilité sera constatée dans un stade ultérieur, mais aussi d'innocents.

La notion est vague. Elle est difficile à définir. La Cour a considéré :

« La Cour ne juge ni possible ni nécessaire de chercher à définir de manière exhaustive la notion de « vie privée ». Il serait toutefois trop restrictif de la limiter à un « cercle intime » où chacun peut mener sa vie personnelle à sa guise et d'en écarter entièrement le monde extérieur à ce cercle. Le respect de la vie privée doit aussi englober, dans une certaine mesure, le droit pour l'individu de nouer et de développer des relations avec ses semblables ».

Par la suite, la Cour a relativisé l'opposition entre « vie privée » et activités professionnelles ou commerciales :

« Après tout, c'est dans leur travail que la majorité des gens ont beaucoup, voire le maximum d'occasions de resserrer leurs liens avec le monde extérieur. Un fait, souligné par la Commission, le confirme : dans les occupations de quelqu'un, on ne peut pas toujours démêler ce qui relève du domaine professionnel de ce qui en sort. Spécialement, les tâches d'un membre d'une profession libérale peuvent constituer un élément de sa vie à un si haut degré que l'on ne saurait dire en quelle qualité il agit à un moment donné. De plus, on risquerait d'aboutir à une inégalité de traitement si, comme le préconise le Gouvernement, on refusait le bénéfice de l'article 8 au motif que la mesure dénoncée concernait uniquement des activités professionnelles : la protection continuerait à jouer en faveur d'un individu dont les activités professionnelles et non professionnelles s'imbriqueraient à un point tel qu'il n'existerait aucun moyen de les dissocier. Jusqu'ici la Cour n'a du reste pas opéré pareille distinction : elle a constaté une ingérence dans la vie privée même quand des écoutes téléphoniques portaient aussi sur les communications commerciales (arrêt *Huvig c/ France* du 24 avril 1990, série A n° 176-B, p. 41, § 8 et p. 52, § 25) ; de ce qu'une perquisition visait uniquement des activités commerciales, elle n'a pas tiré argument pour estimer l'article 8 inapplicable au titre de « vie privée » (arrêt *Chappell c/ Royaume-Uni* du 30 mars 1989, série A n° 152-A, pp. 12-13, § 26, et pp. 21-22, § 51) » [1].

370 Interprétée de cette manière, la notion de vie privée est devenue très large. Dans le cadre de la justice pénale, elle a égard à la liberté de chacun de mener sa vie personnelle à sa guise et à la protection contre des mesures d'ingérence de la part des autorités publiques. La jurisprudence de la Cour Suprême des États-Unis a redéfini la notion de vie privée comme les espoirs raisonnables de l'individu quant au respect de sa vie privée (reasonable expectation of privacy) [2]. Une telle approche peut être

1. CEDH 16 déc. 1992, *Niemietz c/ Allemagne*, série A, n° 251-B, § 29, *Leading Cases*, préc., p. 493.

2. V. C. Fijnaut, *De normering van het informatieve onderzoek in constitutioneel perspectief, preadvies Nederlandse Vereniging voor Rechtsvergelijking*, Kluwer, Deventer 1994, p. 8.

retrouvée dans l'arrêt *Lüdi.* Dans cet arrêt, la Cour partageait l'opinion du Gouvernement suisse que « le recours à un agent infiltré ne toucha ni en soi, ni par sa combinaison avec les écoutes téléphoniques, à la vie privée au sens de l'article 8 ». La Cour retenait que le requérant devait « se rendre compte qu'il accomplissait un acte criminel tombant sous le coup de l'article 19 de la loi sur les stupéfiants et qu'il risquait par conséquent de rencontrer un fonctionnaire de police infiltré chargé en réalité de le démasquer » [1]. Cette argumentation part de l'hypothèse qu'il est question d'une infraction. Mais c'est la même hypothèse qui fait l'objet de la preuve ! Dès lors, si l'hypothèse n'est pas confirmé ultérieurement, il en résulte que l'infiltration a fait ingérence à la vie privée de la personne qui faisait son objet. Donc, la base sur laquelle l'infiltration est fondée reste incertaine jusqu'à la preuve de l'hypothèse. Il faut conclure que la police ne saurait opérer sur une telle base. De la sorte elle encourt le risque que son comportement soit déclaré illégal, si l'enquête ne produit pas des résultats entraînant une condamnation. Donc il est plus logique de partir de l'hypothèse qu'une infiltration, entraînant par sa nature des contacts personnelles entre individus, porte atteinte au droit au respect de la vie privée et qu'elle doit alors être légitimée au sens du paragraphe 2 de l'article 8 [2].

De surcroît, la Cour, dans son arrêt ultérieur *A. c/ France,* a rejeté la thèse du gouvernement français selon laquelle l'enregistrement d'une conversation téléphonique portant sur des préparatifs d'ordre criminel ne relevait pas de l'article 8-1. La Cour décidait que cette ingérence affectait sans nul doute le droit au respect de la correspondance. Elle ne se prononçait pas sur le point de savoir s'il y avait aussi une atteinte à la vie privée de l'intéressé [3]. On peut en dégager une certaine inconsistance avec l'arrêt *Lüdi.* Là, le fait que l'intéressé accomplissait un acte criminel le privait de la protection empruntée à l'article 8, tandis que dans l'arrêt *A. c/ France* l'engagement en des actes préparatoires d'ordre criminel n'empêchait pas l'appel au même article, bien que fondé sur la notion de correspondance et pas sur celle de la vie privée [4].

371 La notion de vie privée comprend aussi l'enregistrement de données personnelles et la diffusion de celles-ci à un tiers [5]. Cette matière revêt d'autant plus intérêt que cet enregistrement est effectué à l'aide de procédés automatisés. Le traitement automatisé de données personnelles fait l'objet de la Convention pour la protection des personnes à l'égard du

1. CEDH 15 juin 1992, *Lüdi c/ Suisse,* série A, n° 238, § 40.
2. V. G. J. M. Corstens, « Normatieve grenzen van opsporingsmethoden », *Delikt en Delinkwent* 1995, p. 542-555, p. 546-548.
3. CEDH 23 nov. 1993, *A. c/ France,* série A, n. 277-B, § 33-37.
4. C. Van Dijk et Van Hoof, préc., p. 533-534.
5. V. CEDH 26 mars 1987, *Leander c/ Suède,* série A, n° 116, *Leading Cases,* préc., p. 219 ; CEDH 28 oct. 1994, *Murray c/ Royaume-Uni,* série A, n° 300-A, § 84-86.

traitement automatisé des données à caractère personnel, entré en vigueur le 1er octobre 1985 [1].

Le seul enregistrement lui-même d'une donnée personnelle, comme la composition du sang du suspect, constitue une atteinte à sa vie privée. Si la conservation de cette donnée a été précédée par une prise de sang, il est question d'une autre atteinte à la vie privée. Ensuite, la communication de cette donnée, par exemple à une autre instance de police dans le cadre de l'enquête d'un crime commis plus tard, est une troisième atteinte. Le refus d'accorder à la personne enregistrée la faculté de réfuter les données implique une quatrième atteinte [2].

La police procédant à des enregistrements vidéo, par exemple dans une rue, ayant du point de vue de l'ordre public une mauvaise réputation, et observant systématiquement certaines personnes, fait ingérence dans la vie privée.

Ces exemples confirment l'observation qu'il est question d'une notion vague. Elle peut recouvrir beaucoup de situations et dès lors, l'article 8 peut ainsi protéger nous tous contre « big brother who is watching us ».

B. La notion du domicile

372 Ci-dessus nous avons déjà fait mention de l'arrêt *Chappell*. Dans cette affaire il s'agissait de deux perquisitions, exécutées simultanément au domicile du requérant. Une perquisition fut motivée par le besoin d'une éventuelle poursuite au titre d'une loi sur les publications obscènes, et était donc de caractère pénal. L'autre était de nature civile. A la base de cette dernière fut délivrée une ordonnance dite « Anton Piller ». En droit anglais une telle ordonnance peut être délivrée par un juge et se rattache, entre autres, à des procédures relatives à des allégations de contrefaçon de marques ou brevets, de violation du droit d'auteur ou de concurrence déloyale. D'habitude, l'ordonnance enjoint au défendeur de laisser accéder le demandeur à ses locaux pour y rechercher et en retirer tel ou tel objet, par exemple des vidéocassettes piratées. Le défendeur peut refuser l'accès à ses locaux au demandeur. Dans ce dernier cas il encourt le risque de se voir poursuivre pour *contempt of court*. Les locaux désignés dans l'ordonnance « Anton Piller » en question étaient ceux qui relevaient du défendeur Chappell et de sa société. Une partie de ceux-ci était occupée par lui comme son domicile. Ils constituaient à l'époque sa seule résidence. Malgré la circonstance que les perquisitions eurent en partie lieu dans des espaces désignées au commerce, le Gouvernement britannique reconnaissait qu'il y a eu ingérence dans l'exercice du

1. V. F. Rigaux, *La protection de la vie privée et des autres biens de la personnalité*, Bruylant et LGDJ, Bruxelles et Paris 1990, p. 581 et s.

2. CEDH 26 mars 1987, *Leander c/ Suède*, n° 116, § 48 : « Tant leur mémorisation que leur communication, assorties du refus d'accorder à M. Leander la faculté de les réfuter, portaient atteinte à son droit au respect de sa vie privée, garanti par l'article 8, § 1 ».

droit du requérant au respect de sa vie privée et de son domicile. La Cour considérait qu'elle « n'aperçoit aucune raison de marquer son désaccord sur l'un (celui reconnue par le Gouvernement, C/P) ou l'autre de ces points » [1]. Donc, la notion de « domicile », comme celle de « vie privée » doit s'interpréter d'une manière extensive.

La Cour l'a confirmé dans son arrêt *Niemietz*, par quatre arguments, successivement d'ordre linguistique, téléologique, systématique et pratique :

« 30. Quant au mot 'home', figurant dans le texte anglais de l'article 8, on admet dans certains États contractants, dont l'Allemagne [...], qu'il s'étend aux locaux professionnels. Une telle interprétation cadre d'ailleurs pleinement avec la version française : le terme de 'domicile » a une connotation plus large que « home » et peut englober, par exemple, le bureau d'un membre d'une profession libérale.

Il peut, là aussi, se révéler malaisé d'établir des distictions précises : on peut mener de chez soi des activités liées à une profession ou un commerce, et de son bureau ou d'un local commercial des activité d'ordre personnel. Si l'on attribuait un sens étroit aux vocables « home » et « domicile », on pourrait donc créer le même danger d'inégalité de traitement que pour la notion de « vie privée » [...].

31. Plus généralement, interpréter les mots « vie privée » et « domicile » comme incluant certains locaux ou activités professionnels ou commerciaux répondrait à l'objet et au but essentiels de l'article 8 : prémunir l'individu contre des ingérences arbitraires des pouvoirs publics [...]. Les États contractants ne s'en trouveraient pas indûment bridés car ils conserveraient, dans la mesure autorisée par le paragraphe 2 de l'article 8, leur droit d'« ingérence » et celui-ci pourrait fort bien aller plus loin pour des locaux ou activités professionnelles ou commerciaux que dans d'autres cas » [2].

C. La notion de correspondance

373 Le mot correspondance n'est pas suivi par l'adjectif « privée ». L'absence de cet adjectif et l'interprétation extensive des notions de vie privée et de domicile, comme expliqué ci-dessus, sont en faveur de la thèse qu'également la correspondance de caractère mixte, c'est à dire partiellement privée et partiellement professionnelle, doit bénéficier de la protection de l'article 8. La correspondance entre avocat et détenu fait l'objet de plusieurs arrêts de la Cour. Ceci n'étonne pas, puisque celle-ci présente un des seuls moyens de communication avec le monde à l'extérieur de l'institution [3].

1. CEDH 30 mars 1989, *Chappell c/ Royaume-Uni*, série A, n° 152-A, § 51.
2. CEDH 16 déc. 1992, *Niemietz c/ Allemagne*, n° 251-B, § 30-31, *Leading Cases*, préc., p. 493.
3. HARRIS, O'BOYLE et WARBRICK, préc., p. 320.

En outre, s'il s'agit de détention préventive, la protection de l'article 8 va de pair avec la protection de l'article 6-3 b et c. La technologie moderne a introduit d'autres formes de communication à distance que le téléphone, notamment la télécopie et la poste électronique. Il va sans dire que ces nouvelles formes de communication, pourvu qu'elles ne soient pas publiques, bénéficient de la même protection [1].

§ 4. **Les restrictions aux droits de l'article 8-1, les règles générales**

A. **Le système des restrictions**

374 Le paragraphe 2 de l'article 8 détermine les restrictions aux droits du premier paragraphe. Ces restrictions sont formulées d'une manière précise. Elles sont énoncées limitativement. D'autres exceptions et limitations inhérentes ne sont pas admises. Comme la Cour l'a considéré dans son arrêt *Golder* : « La tournure restrictive dont se sert le paragraphe 2 [...] ne laisse pas place à l'idée de limitations implicites » [2]. De surcroît, « ménageant une exception à un droit garanti par la Convention, ce paragraphe (2, C/P) appelle une interprétation étroite » [3].

Le système des restrictions présente trois volets. Premièrement le paragraphe 2 exige que les restrictions soient prévues par la loi. Donc la notion de loi a besoin d'être examinée (1). Deuxièmement, seules certaines valeurs sociales entrent en ligne de compte comme but des restrictions (2). Troisièmement il doit y avoir une nécessité dans une société démocratique pour justifier la mesure (3).

B. **Les différentes conditions sous lesquelles les restrictions s'appliquent**

1. **La restriction doit être prévue par la loi**

a. **La notion de « loi »**

375 Il y a d'emblée violation de l'article 8 si la restriction n'a aucune base dans la loi nationale [4]. La notion de loi n'est pas restreinte à la loi formelle,

1. C. Harris, O'Boyle et Warbrick, préc., p. 320, en termes généraux.
2. CEDH 21 févr. 1975, *Golder c/ Royaume-Uni*, série A, n° 18, § 44, *Leading Cases*, préc., p. 18.
3. CEDH 6 sept. 1978, *Klass c/ Allemagne*, série A, n° 28, § 42, *Leading Cases*, préc., p. 54.
4. V. par ex. une affaire dans laquelle le ministre italien de la Justice avait agi *ultra vires* en censurant la correspondance de détenus : CEDH 9 janv. 2001, *Natoli c/ Italie*, § 7.

mais se rapporte aussi à la loi matérielle et au droit jurisprudentiel. Elle « englobe le droit non écrit ou *common law* » [1]. Ceci ne vaut pas seulement pour les pays du *common law*, mais aussi pour l'Europe continentale, comme la Cour l'a expliqué clairement dans son arrêt *Kruslin*. Elle considérait :

« Dans le domaine du paragraphe 2 de l'article 8 de la Convention et d'autres clauses analogues, la Cour a toujours entendu le terme « loi » dans son acception « matérielle » et non « formelle » ; elle y a inclu à la fois des textes de rang infralégislatif [...] et le « droit non écrit ». Les arrêts *Sunday Times, Dudgeon* et *Chappell* concernaient certes le Royaume-Uni, mais on aurait tort de forcer la distinction entre pays de *common law* et pays « continentaux » ; le Gouvernement le souligne avec raison. La loi écrite (*statute law*) revêt aussi, bien entendu, de l'importance dans les premiers. Vice versa, la jurisprudence joue traditionnellement un rôle considérable dans les seconds, à telle enseigne que des branches entières du droit positif y résultent, dans une large mesure, des décisions des cours et tribunaux. La Cour l'a du reste prise en considération en plus d'une occasion pour de tels pays [...]. À la négliger, elle ne minerait guère moins le système juridique des États « continentaux » que son arrêt *Sunday Times* du 26 avril 1979 n'eut « frappé à la base » celui du Royaume-Uni s'il avait écarté la *common law* de la notion de « loi » [...]. Dans un domaine couvert par le droit écrit, la « loi » est le texte en vigueur tel que les juridictions compétentes l'ont interprété en ayant égard, au besoin, à des données techniques nouvelles [2] » [3]. Donc, la notion de loi inclut le droit écrit et le droit non écrit. Ainsi elle a relativisé l'opposition classique entre *common law* et droit continental.

La Cour ne s'est pas prononcée sur le point de savoir si un acte pour être « prévu par la loi » doit émaner « d'une autorité représentative de la légitimité démocratique » [4]. Certes, il ne sera pas jugé nécessaire que l'acte se fonde directement sur le vote parlementaire, une délégation étant admise. La Cour, dans son arrêt *Barthold* a fait allusion à ce point, mais sans qu'elle l'ait expressément formulé comme condition indispensable [5].

Quant au contenu du droit national, la Cour a rappelé qu'il incombe au premier chef aux autorités nationales, et singulièrement aux cours et

1. CEDH 30 mars 1989, *Chappell c/ Royaume-Uni*, série A, n° 152-A, § 52.
2. Le texte anglais parle de « any new practical developments » ce qui semble plus logique.
3. CEDH 24 avr. 1990, *Kruslin c/ France*, série A, n° 176-A, § 29, *Leading Cases*, préc., p. 366.
4. V. H. P. Furrer, « La pratique des États membres du Conseil de l'Europe », in *La circulation des informations et le droit international*, Colloque de Strassbourg 1978, p. 65-85, p. 84, cité par Van Dijk et Van Hoof, 2e éd., préc., p. 580 ; v. aussi Harris, O'Boyle et Warbrick, préc., p. 286, relativisant la critique de E. A. Alkema et Van Dijk et Van Hoof.
5. CEDH 25 mars 1985, *Barthold c/ Allemagne*, série A, n° 90, § 46.

tribunaux, d'interpréter et appliquer le droit interne[1]. Son pouvoir de contrôler l'observation du droit interne est limité.

b. La qualité de la loi : son accessibilité et sa prévisibilité

376 Ce droit national doit, selon la Cour, répondre à deux exigences : celles de son accessibilité et de sa prévisibilité[2]. Elles doivent s'apprécier en fonction du nombre et de la qualité de ses destinataires[3]. D'un groupe bien organisé de professionnels, on peut attendre qu'il est préparé à la promulgation de règles nouvelles concernant la profession et qu'il n'est pas gêné par une certaine complexité et par quelques incertitudes. Quand la règle peut concerner chaque citoyen, ces conditions d'accessibilité et de prévisibilité seront moins rapidement remplies.

1. L'accessibilité

377 L'accessibilité se rapporte à la disponibilité du texte en question. L'intéressé « doit pouvoir disposer de renseignements suffisants, dans les circonstances de la cause, sur les normes juridiques applicables à un cas donné » [4]. Cette condition n'est pas remplie quand, par exemple, un détenu ne peut pas prendre connaissance des règles sur la censure de la correspondance des détenus. « L'accessibilité est satisfaite quand les textes et la jurisprudence pertinents sont publiés [...] ou au moins signalés à l'attention de leurs destinataires qui peuvent ainsi les consulter » [5].

2. La prévisibilité

378 Cette exigence se rapporte à la clarté et la précision de la loi, exprimée par les mots *lex certa*. L'exigence de prévisibilité doit protéger contre l'arbitraire de l'administration et de la justice pénale[6]. La notion est la même que celle de l'article 7 relatif aux incriminations[7]. Donc, par exemple, s'il s'agit de règles destinées à des professionnels, l'exigence se présente avec moins de rigueur que dans la situation où le public en général est le destinataire. La Cour a reconnu que « souvent le libellé des lois ne présente pas une précision absolue. Il en va ainsi dans les domaines, tel celui de la concurrence, dont les données ne cessent de

1. CEDH 24 avr. 1990, *Kruslin c/ France*, série A, n° 176-A, § 29, *Leading Cases*, préc., p. 366.
2. CEDH 26 avr. 1979, *Sunday Times c/ Royaume-Uni*, série A, n° 30, § 49. V. aussi Van Dijk et Van Hoof, préc., p. 768-771, Pettiti (dir.), préc., p. 334-336, Harris, O'Boyle et Warbrick, préc., p. 287-289.
3. V. CEDH 22 mai 1990, *Autronic c/ Suisse*, série A, n° 178, § 36 et 57.
4. CEDH 25 mars 1983, *Silver c/ Royaume-Uni*, série A, n° 61, § 87.
5. V. Coussirat-Coustere, *in* Pettiti (dir.), préc., p. 335.
6. CEDH 24 mars 1988, *Olsson c/ Suède*, série A, n° 130, § 61 ; v. aussi CEDH 25 mars 1998, *Kopp c/ Suisse*, *Recueil* 1998-II, p. 540.
7. V. ci-dessus nos 294 et 297.

changer en fonction de l'évolution du marché ainsi que des moyens de communication » [1]. Mais aussi dans d'autres domaines, il est parfois impossible d'atteindre une précision absolue. À juste titre la Cour a retenu que « beaucoup de lois, du fait de la nécessité d'éviter une rigidité excessive comme de s'adapter aux changements de la situation, se servent par la force des choses de formules plus ou moins vagues » [2].

La prévisibilité de la loi n'est pas seulement dégagée du texte de la loi elle-même. « Il faut aussi tenir compte des instructions ou des pratiques administratives n'ayant pas force de loi, pour autant que les intéressés les connaissent suffisamment » [3]. Les travaux préparatoires de la loi peuvent aussi contribuer à la prévisibilité en donnant des indications sur l'exercice de la faculté d'appréciation qu'elle accorde. Partant de l'idée que la clause « prévue par la loi » doit assurer une certaine protection contre des atteintes arbitraires de la puissance publique aux droits garantis par l'article 8-1, la Cour a souligné l'importance du contrôle juridictionnel de l'exercice de pouvoirs légaux dont le libellé, pour parer à toute éventualité, est nécessairement vague [4].

Parfois une trop grande prévisibilité de la mesure jugée nécessaire rendra son exécution inutile. Par exemple, le suspect qui doit être mis au courant de mesures de surveillance secrète comme l'interception de ses conservations téléphoniques, s'abstiendra de recourir à cette forme de communication ! Donc on ne peut appliquer effectivement de telles mesures et organiser son contrôle qu'à l'insu de l'intéressé. De cette manière on l'empêche forcément d'introduire un recours effectif. C'est la raison pour laquelle la Cour exige qu'il y ait des procédures qui procurent en soi des garanties appropriées et équivalentes sauvegardant les droits de l'individu [5]. Nous y reviendrons ci-dessous en examinant la clause de la nécessité dans une société démocratique. À part cela, la loi doit en ce qui concerne l'application de mesures de surveillance secrète « définir l'étendue et les modalités d'exercice d'un tel pouvoir avec une netteté suffisante — compte tenu du but légitime poursuivi — pour fournir à l'individu une protection adéquate contre l'arbitraire » [6].

2. La restriction doit avoir égard à certaines valeurs

379 Le paragraphe 2 de l'article 8 énumère les buts légitimes des ingérences. La Cour les a qualifiées de « besoin social impérieux » [7]. Il s'agit de

1. CEDH 20 nov. 1989, *Markt Intern Verlag GmbH et Klaus Beermann*, série A, n° 165, § 30.
2. CEDH 24 mars 1988, *Olsson c/ Suède*, série A, n° 130, § 61, *Leading Cases*, préc., p. 238 ; CEDH 26 avr. 1979, *Sunday Times c/ Royaume-Uni*, série A, n° 30, § 49.
3. CEDH 26 mars 1987, *Leander c/ Suisse*, série A, n° 116, § 51, *Leading Cases*, préc., p. 219 ; CEDH 25 mars 1983, *Silver c/ Royaume-Uni*, série A, n. 61, § 88.
4. CEDH 24 mars 1988, *Olsson c/ Suède*, série A, n. 130, § 62, *Leading Cases*, préc., p. 238.
5. CEDH 6 sept. 1978, *Klass c/ Allemagne*, série A, n° 28, § 55, *Leading Cases*, préc., p. 54.
6. CEDH 2 août 1984, *Malone c/ Royaume-Uni*, série A, n. 82, § 68.
7. CEDH 26 mars 1987, *Leander c/ Suède*, série A, n° 116, § 58, *Leading Cases*, préc., p. 219.

notions larges et vagues comme la défense de l'ordre et la protection des droits et libertés d'autrui, ce qui incite un auteur à constater : « L'abondance et la généralité des buts conventionnellement légitimes font que l'hypothèse du défaut d'un tel but ne se réalise pratiquement jamais » [1]. Par la suite, à juste titre, ce même auteur défend la thèse que dans ce contexte « le pouvoir le plus important des organes de contrôle est celui de sélectionner parmi les divers buts avancés celui qui paraît le plus approprié à l'ingérence en cause ; ce faisant, ils choisissent le terrain sur lequel la discussion de la nécessité de l'ingérence se situera [...] et rendent plus difficile à l'État défendeur la démonstration que la mesure reposait sur de justes motifs » [2].

3. La nécessité, dans une société démocratique, de la restriction

a. Les motifs pertinents et suffisants, subsidiarité et proportionnalité

380 La mesure en question faisant ingérence à une ou plusieurs valeurs de l'article 8-1, est-elle nécessaire pour atteindre un ou plusieurs des buts formulés au paragraphe 2 ? Le terme « nécessité » exprime un besoin moins contraignant que celui de l'article 2-2 qui parle de « absolument nécessaire ». D'autre part, le mot « nécessité » « n'a pas la souplesse d'autres comme « utile » ou « opportun » » [3].

Donc, premièrement la mesure doit être appropriée à la réalisation du but légitime [4]. Si, d'emblée, il est certain ou vraisemblable que la mesure ne produira pas l'effet voulu, qu'elle est inefficace au vu du besoin social impérieux en question, la nécessité manque. L'ingérence doit reposer sur des motifs pertinents et suffisants [5]. Deuxièmement il faut savoir si d'autres mesures équivalentes mais affectant moins la position de l'intéressé ne sont pas disponibles [6]. C'est l'application du principe de la subsidiarité. Troisièmement le principe de la proportionnalité joue son rôle. La mesure en question doit demeurer « proportionnée au but légitime poursuivi » [7]. Il doit y avoir un équilibre entre le but pour-

1. V. Coussirat-Coustere, *in* Pettiti (dir.), préc., p. 336.
2. V. Coussirat-Coustere, *in* Pettiti (dir.), préc., p. 337 et Harris, O'Boyle et Warbrick, préc., p. 289-290, 344.
3. V. Coussirat-Coustere, *in* Pettiti (dir.), préc., p. 337 ; v. aussi CEDH 7 déc. 1976, *Handyside c/ Royaume-Uni,* série A, n° 24, § 48, *Leading Cases,* préc., p. 28.
4. CEDH 22 mai 1990, *Weber c/ Suisse,* série A, n. 177, § 52.
5. CEDH 7 déc. 1976, *Handyside c/ Royaume-Uni,* série A, n° 24, § 50, *Leading Cases,* préc., p. 28.
6. CEDH 24 nov. 1993, *Informationsverein Lentia c/ Autriche,* série A, n° 276, § 39.
7. CEDH 26 mars 1987, *Leander c/ Suède,* série a, n° 116, § 58, *Leading Cases,* préc., p. 219 ; CEDH 26 nov. 1991, *Observer et Guardian c/ Royaume-Uni,* série A, n° 216, § 59.

suivi et l'ingérence. Par exemple, l'interception de conversations téléphoniques afin de lutter contre la petite criminalité ne saurait répondre à cette exigence ; une ingérence à un aspect des plus intimes de la vie privée comme la vie sexuelle intime a besoin d'une raison particulièrement grave pour rendre légitime une ingérence [1] ; il doit y avoir des motifs très contraignants pour que l'on puisse porter atteinte au secret professionnel de l'avocat [2] ou à la confidentialité de la relation avocat-client [3].

b. Les garanties procédurales

381 Dans le cadre de son contrôle de la nécessité dans une société démocratique, la Cour examine non seulement le contenu de la mesure nationale, mais aussi les conditions auxquelles l'application de cette mesure est associée, notamment les garanties procédurales. L'ingérence quoique motivée par un but légitime est alors jugée nécessaire étant donné qu'elle est entourée de garanties procédurales. Par exemple, dans son arrêt *Klass,* la Cour examinait de manière approfondie le contrôle de l'application des mesures de surveillance secrète de la correspondance, des envois postaux et des télécommunications en Allemagne. Elle soulignait que l'existence d'un système de surveillance retenue doit être contrebalancée par des garanties adéquates et suffisantes contre les abus [4].

S'il s'agit de mesures de surveillance secrète, ces garanties procédurales, et surtout si l'intéressé n'est même pas informé des mesures de surveillance après leur levée [5], revêtent d'autant plus d'importance. La Cour a exprimé le vœu que le contrôle de la surveillance secrète soit confié à un juge. Pourtant elle a accepté la législation allemande qui impliquait que le contrôle de pareilles mesures fut assuré par deux organes parlementaires, donc non-judiciaires, mais qui jouissaient d'une autonomie suffisante pour exercer ce contrôle de manière objective [6].

c. La marge d'appréciation laissée aux États contractants

382 La Cour laisse une marge d'appréciation aux autorités des États contractants. Dans l'affaire *Klass*, où des mesures de surveillance secrète visant la sécurité nationale étaient en jeu, la Cour a retenu « que le législa-

1. CEDH 22 oct. 1981, *Dudgeon c/ Royaume-Uni*, série A, n. 45, § 52.
2. CEDH 16 déc. 1992, *Niemietz c/ Allemagne*, série A, n. 251-B, § 37, *Leading Cases*, préc., p. 493.
3. CEDH 25 mars 1992, *Campbell c/ Royaume-Uni*, série A, n. 233, § 46-47.
4. CEDH 6 sept. 1978, *Klass c/ Allemagne*, série A, n° 28, § 51-60, *Leading Cases*, préc., p. 54.
5. CEDH 6 sept. 1978, *Klass c/ Allemagne*, série A, n° 28, § 58, *Leading Cases*, préc., p. 54.
6. CEDH 6 sept. 1978, *Klass c/ Allemagne*, série A, n° 28, § 53, *Leading Cases*, préc., p. 54 ; v. aussi CEDH 26 mars 1987, *Leander c/ Suède*, série A, n° 116, § 65, *Leading Cases*, préc., p. 219 ; v. aussi CEDH 16 déc. 1997, *Camenzind c/ Suisse*.

teur national jouit d'un certain pouvoir discrétionnaire. Elle (la Cour) n'a sûrement pas qualité pour substituer à l'appréciation des autorités nationales une autre appréciation de ce qui pourrait être la meilleure politique en ce domaine »[1]. Mais ce pouvoir d'appréciation n'est pas illimité. Les organes de Strasbourg doivent vérifier si une restriction cadre avec la Convention[2]. Ce dernier contrôle est plus ou moins large selon le cas[3]. Il varie pour chacun des buts de l'article 8-2 et selon la nature des activités en jeu. Donc, par exemple, si la restriction porte atteinte à un aspect des plus intimes de la vie privée, comme la vie sexuelle, il doit exister des raisons particulièrement graves pour que puisse être admise une ingérence à cet aspect[4]. D'autre part, dans son arrêt *Leander*, la Cour décidait que la marge d'appréciation revêtait une grande ampleur là où il s'agissait du but de la sécurité nationale et où l'ingérence n'empêchait pas le requérant de mener sa vie privée à sa propre guise. Le stockage et la communication d'informations en vertu du système de contrôle du personnel portaient atteinte au droit d'accès à la fonction publique. Mais ce droit n'est pas garanti par la Convention[5].

La marge laissée aux États contractants est jugée plus restreinte dans des domaines comme celui de l'homosexualité où l'on peut discerner un consensus européen[6] que dans des situations qui font l'objet de vives controverses.

La marge d'appréciation porte à la fois sur la loi elle-même et sur les décisions qui l'appliquent. Ceci vaut aussi quand ces décisions émanent d'une juridiction indépendante[7].

§ 5. **Les restrictions aux droits de l'article 8-1 L'exemple des écoutes téléphoniques**

383 ***Introduction*** ◇ Fréquemment la justice pénale porte atteinte aux droits de l'article 8-1. Il suffit de mentionner les perquisitions, les fouilles, la prise de sang, le vidéo-enregistrement, l'observation et l'infiltration policières, la mémorisation et la distribution de données et les écoutes téléphoniques. Les règles expliquées ci-dessus, développées par la jurisprudence des organes de Strasbourg s'appliquent à ces phénomènes. Il nous semble utile de donner un exemple concret de cette application.

1. CEDH 6 sept. 1978, *Klass c/ Allemagne*, série A, n° 28, § 49, *Leading Cases*, préc., p. 54.
2. CEDH 29 oct. 1992, *Open Door et Dublin Well Woman*, série A, n° 246-A, § 68, *Leading Cases*, préc., p. 467.
3. CEDH 24 nov. 1993, *Informationsverein Lentia et autres*, série A, n° 276, § 35.
4. CEDH 22 oct. 1981, *Dudgeon c/ Royaume-Uni*, série A, n° 45, § 52.
5. CEDH 26 mars 1987, *Leander c/ Suède*, série a, n° 116, § 59 et 67, *Leading Cases*, préc., p. 219.
6. V. Coussirat-Coustere, *in* Pettiti (dir.), préc., p. 341.
7. CEDH 20 nov. 1989, *Markt Intern Verlag GmbH et Klaus Beermann*, série A, 165, § 33.

Les écoutes téléphoniques, ayant fait l'objet plusieurs fois de cette jurisprudence et impliquant une ingérence majeure au droit au respect de la vie privée et de la correspondance, méritent de retenir notre attention.

A. L'existence d'une ingérence

384 Il n'est pas étonnant que la Cour, dans l'arrêt *Klass*, ait retenu que les conversations téléphoniques « se trouvent comprises dans les notions "de vie privée" et de "correspondance" » [1]. Dans cette affaire, la Cour n'avait pas à statuer sur les écoutes téléphoniques ordonnées en vertu du code allemand de procédure pénale. Là il s'agissait d'écoutes téléphoniques « administratives », en premier lieu ordonnées afin de sauvegarder la sécurité nationale. Par contre, l'arrêt *Malone* avait pour objet des écoutes téléphoniques et le comptage des installations téléphoniques [2] dans le cadre d'une enquête pénale. L'intéressé fut soupçonné de recel de biens volés, ce qui incitait la Cour a faire la remarque qu'il appartenait à une catégorie de personnes exposées à de telles mesures. La Cour conclut que la seule existence d'une législation nationale permettant des écoutes téléphoniques constitue en soi une ingérence au sens de l'article 8-2 en dehors même de toute application effective [3]. La Cour raisonnait de la même manière quant au comptage : ayant fait l'observation que l'intéressé fut soupçonné de recel de biens volés et se rangeait donc dans une catégorie de personnes risquant de tomber sous le coup d'une telle pratique, elle considérait que son existence même autorise l'intéressé à se prétendre, aux fins de l'article 25, victime d'une violation de l'article 8, indépendamment de toute mesure d'application prise contre lui [4].

Par ces constatations, la Cour fait implicitement référence à l'argumentation dévéloppée dans son arrêt *Klass* : l'assurance de bénéficier d'un droit garanti par la Convention ne saurait être supprimée du simple fait que l'intéressé est maintenu dans l'ignorance de sa violation ; donc un droit de recours aux organes de Strasbourg pour les personnes potentiellement touchées par une surveillance secrète découle de l'article 34 de la Convention, « faute de quoi l'article 8 risquerait de perdre toute portée » [5].

Même en absence d'une poursuite pénale concrète, la seule existence d'une législation qui incrimine certains actes homosexuels peut créer de la peur et de l'angoisse. Dès lors elle peut présenter une ingérence per-

1. CEDH 6 sept. 1978, *Klass c/ Allemagne*, série A, n° 28, § 41, *Leading Cases*, préc., p. 54.
2. L'emploi d'un mécanisme (un compteur combiné avec une imprimante) qui enregistre les numéros formés sur un appareil de téléphone donné de même que l'heure et la durée de chaque appel, § 83 de l'arrêt *Malone*.
3. CEDH 2 août 1984, *Malone c/ Royaume-Uni*, série A, n° 82, § 64.
4. CEDH 2 août 1984, *Malone c/ Royaume-Uni*, série A, n° 82, § 86.
5. CEDH 6 sept. 1978, *Klass c/ Allemagne*, série A, n° 28, § 36 *Leading Cases*, préc., p. 54.

manente dans l'exercice du droit d'un homosexuel au respect de sa vie privée[1].

Il va sans dire « que les appels téléphoniques en provenance et à destination de locaux professionnels, comme c'est le cas pour un cabinet d'avocats, peuvent se trouver compris dans les notions de "vie privée" et de "correspondance" visées à l'article 8, § 1 »[2].

B. Une prévision dans la loi

385 La notion loi comprend le droit écrit et le droit non écrit. Ce dernier jouait un rôle prépondérant en ce qui concerne les écoutes téléphoniques en France. La législation française n'offrant aucune base expresse, « une série de jugements et d'arrêts, en particulier de la Cour de cassation, voient dans les articles 81, 151 et 152 du code de procédure pénale (qui ne confèrent que des compétences très générales aux juges d'instruction, aux autres juges et aux officiers de police judiciaire, C/P) la base légale des écoutes pratiquées par un officier de police judiciaire sur commission rogatoire d'un juge d'instruction »[3]. Donc, selon la Cour, comme dans un système de *common law*, dans un système continental le droit jurisprudentiel peut également offrir une base suffisante pour une ingérence.

Le comptage faisant un des objets de l'arrêt *Malone*, quoique licite en droit interne, n'était pas prévu par la loi : le droit anglais ne contenait aucune norme juridique relative à l'étendue et aux modalités d'exercice du pouvoir d'appréciation des autorités[4]. Donc en absence de « loi » sur le comptage, la Cour ne procédait à l'examen de la qualité de celle-ci. Quant aux écoutes téléphoniques, la Cour rappelait les exigences d'accessibilité et de prévisibilité. S'opposant au Gouvernement britannique qui avait exprimé l'opinion que ces deux exigences sont moins adéquates dans le domaine de la surveillance secrète des communications, elle souligne le danger arbitraire qui apparaît là avec une netteté singulière. Elle reconnaît surtout que l'exigence de prévisibilité peut varier suivant le contexte. Cette exigence ne saurait être interprétée de sorte que la personne surveillée puisse régler son comportement en conséquence[5]. Mais la loi doit indiquer de manière suffisante les circonstances dans lesquelles et les conditions sous lesquelles les autorités sont compétents pour ordonner cette surveillance secrète. « Elle doit définir l'étendue et

1. CEDH 22 oct. 1981, *Dudgeon c/ Royaume-Uni*, série A, n. 45, § 40-41.
2. CEDH 25 mars 1998, *Kopp c/ Suisse*, *Recueil* 1998-II, p. 524, § 50.
3. CEDH 24 avr. 1990, *Kruslin c/ France*, n° 176-A, § 29, *Leading Cases*, préc., p. 366. *Add.* G. COHEN-JONATHAN, « La Cour européenne des droits de l'homme et les écoutes téléphoniques : les arrêts *Kruslin* et *Huvig* du 24 avril 1990 », *RUDH* 1990, doctrine, p. 185 et s. ; *D.* 1990, p. 353 et s., note J. Pradel.
4. CEDH 2 août 1984, *Malone c/ Royaume-Uni*, série A, n° 82, § 87.
5. CEDH 2 août 1984, *Malone c/ Royaume-Uni*, série A, n° 82, § 67.

les modalités d'exercice d'un tel pouvoir avec une netteté suffisante – compte tenu du but légitime poursuivi – pour fournir à l'individu une protection adéquate contre l'arbitraire [1]. Elle concluait que « le droit anglais et gallois n'indique pas avec assez de clarté l'étendue et les modalités d'exercice du pouvoir d'appréciation des autorités dans le domaine considéré ». Dans cette mesure fait défaut le degré minimal de protection juridique voulu par la prééminence du droit dans une société démocratique.

Le droit français et le droit fédéral suisse souffraient, selon la Cour, du même mal. Dans son arrêt *Kruslin*, elle lui reprochait de ne pas offrir des sauvegardes adéquates contre divers abus à redouter. Elle signalait l'absence d'une indication des catégories des personnes susceptibles d'être mises sous écoute judiciaire et de la nature des infractions pouvant y donner lieu, l'absence d'une limite à poser à la durée de l'exécution de la mesure, de précautions à prendre pour communiquer intact et complets les enregistrements réalisés, aux fins de contrôle éventuel par le juge et par la défense, et l'absence de précisions des circonstances dans lesquelles peut ou doit s'opérer l'effacement ou la destruction des bandes, notamment après non-lieu ou relaxe [2]. A la suite de cet arrêt la France a adopté la loi du 10 juillet 1991, réglant la matière d'écoutes téléphoniques [3].

La Cour reprochait au législateur fédéral suisse de ne pas avoir réglementé « de façon détaillée le cas des interlocuteurs écoutés "par hasard", en qualité de "participants nécessaires" à une conversation téléphonique enregistrée par les autorités en application (des dispositions de la loi). En particulier, la loi ne précise pas les précautions à prendre à leur égard » [4]. Dans la célèbre affaire *Kopp* où les lignes téléphoniques d'un cabinet d'avocats furent mises sur écoute, la Cour constatait que la loi fédérale n'avait pas la qualité exigée [5].

C. Une nécessité dans une société démocratique

386 La Cour a accepté la défense de l'ordre et la prévention des infractions pénales comme buts légitimes au sens de l'article 8-2 des écoutes téléphoniques. Elle admettait l'affirmation « selon laquelle l'augmentation de la délinquance, en particulier de la criminalité organisée, l'ingénio-

1. CEDH 2 août 1984, *Malone c/ Royaume-Uni*, série A, n° 82, § 68.
2. CEDH 24 avr. 1990, *Kruslin c/ France*, série A, n° 176-A, § 35, *Leading Cases*, préc., p. 366 et CEDH 24 avr. 1990, *Huvig c/ France*, série A, n° 176-B, § 34. Même reproche à l'égard de l'Espagne dans CEDH 30 juill. 1998, *Valenzuela Contreras* c/ Espagne, § 60.
3. *JO* 13 juill., p. 9167 ; v. J. PRADEL, *Un exemple de restauration de la légalité criminelle : le régime des interceptions de correspondance émises par la voie des télécommunications*, Dalloz, Chronique X, 1992, p. 49-59.
4. CEDH 16 février 2000, *Amann c/ Suisse*, § 61.
5. CEDH 25 mars 1998, *Kopp c/ Suisse*, *Recueil* 1998-II, p. 524, § 62-75.

sité grandissante des délinquants et la facilité comme la rapidité de leurs déplacements ont, en Grande-Bretagne, rendu les écoutes téléphoniques indispensables pour rechercher et combattre le crime ». La Cour soulignait la nécessité d'entourer ce système de surveillance, secrète par sa nature, de garanties suffisantes contre les excès [1].

Ayant déjà conclu que les ingérences n'étaient pas prévues par la loi, elle n'avait pas à procéder à un examen de ces garanties en droit interne [2]. Il va sans dire que, comme nous l'avons expliqué en termes généraux ci-dessus [3], l'interception doit reposer sur des motifs pertinents et suffisants, que les principes de subsidiarité et de proportionnalité doivent être respectés et que le droit interne doit offrir des garanties procédurales. Ces garanties peuvent coïncider avec les garanties découlant de l'exigence de prévisibilité.

Ces garanties doivent aussi être attribuées à celui qui prétend être la victime d'une ingérence par l'interception des communications téléphoniques de lui-même grâce à des écoutes opérées sur la ligne d'une tierce personne ; il doit avoir la possibilité d'un contrôle efficace [4].

1. CEDH 2 août 1984, *Malone c/ Royaume-Uni*, série A, n° 82, § 81.
2. CEDH 2 août 1984, *Malone c/ Royaume-Uni*, série A, n° 82, § 82.
3. V. n° 380.
4. CEDH 24 août 1998, *Lambert c/ France* ; « Droits de l'homme », chron. F. Sudre, *JCP* 1999.I.105.

TROISIÈME PARTIE

LE DROIT PÉNAL ET LE DROIT COMMUNAUTAIRE (Union européenne)

387 ***Introduction*** ◇ Il n'y a pas de forte liaison entre le droit pénal et l'Union européenne. Il n'existe pas un droit pénal unitaire de l'Union comme nous connaissons dans chaque pays de l'Union des systèmes nationaux de droit pénal. Cela n'empêche pas que le droit pénal national, comme droit sanctionnateur par excellence joue un rôle important dans le fonctionnement de l'Union [1].

Nous avons à faire d'abord quelques remarques générales (section préliminaire). Puis du droit de l'Union européenne nous examinerons les organes (Titre 1) et les sources (Titre 2). Enfin, dans le titre 3 (fonctionnement) l'accent sera mis sur la relation entre le droit pénal et le droit de la composante de l'Union de loin la plus importante : le droit communautaire. D'ailleurs, le droit des autres composantes de l'Union est plutôt du droit réalisé par le biais de la coopération intergouvernementale faisant objet de la première partie de cet ouvrage.

Cet ouvrage comporte le droit actuel et — comme entre autres la Convention relative à la protection des intérêts financiers des Commu-

1. V. aussi la chronique du droit communautaire dans la *Revue de Science criminelle et de droit pénal comparé,* actuellement de la main de L. Idot et le *Literaturbericht Europäisches Strafrecht* de Heike Jung, dans le Zeitschrift für die gesammte Strafrechtswissenschaft).

nautés européennes [1] — quelque *ius constituendum*. Nous signalons l'existence du projet *Corpus juris* qui fait un choix en faveur de l'unification du droit pénal pour parvenir à une meilleure répression pénale des fraudes au budget des Communautés européennes [2]. Les auteurs proposent « une série d'incriminations spécifiques communes, suivies de quelques dispositions fixant les principes généraux régissant ces mêmes infractions, pour ce qui est du droit matériel, et une centralisation des poursuites par le biais de l'activité d'un Parquet européen, au niveau de la procédure » [3]. Le premier rapport a été suivi d'un deuxième [4].

SECTION PRÉLIMINAIRE. GÉNÉRALITÉS SUR LE DROIT PÉNAL, LE DROIT COMMUNAUTAIRE ET LE DROIT DE L'UNION EUROPÉENNE

§ 1. Le droit communautaire et le droit pénal

388 On peut distinguer entre l'effet positif et l'effet négatif du droit communautaire sur le droit pénal national. Cette distinction va de pair avec celle de l'intégration positive et l'intégration négative [5]. Cette intégra-

1. Dit la Convention PIF, v. ci-dessous n°s 432 et s.

2. M. Delmas-Marty (dir.), « *Corpus juris* », *portant dispositions pénales pour la protection des intérêts financiers de l'Union européenne,* Economica, Paris 1997, texte issu du rapport de M. Delmas-Marty synthétisant les propositions d'un groupe d'experts composé des professeurs E. Bacigalupo, M. Delmas-Marty, G. Grasso, N. Jareborg, J. R. Spencer, D. Spinellis, K. Tiedemann, Chr. van den Wyngaert.

3. F. de Angelis, « Le *corpus juris* portant dispositions pénales pour la protection des intérêts financiers de l'Union européenne : origines et perspectives », *D.* 1998, chron. p. 221-222. V. aussi R. Sicurella, « Le *corpus juris* : proposition d'un modèle d'espace judiciaire européen », *D.* 1998, chron. p. 223-226 ; M. Delmas-Marty, « Union européen et droit pénal », *Cah. dr. eur.* 1997, p. 607-653 et U. Nelles, « Europäisierung des Strafverfahrens — Strafprozessrecht für Europa ? », *Zeitschrift für die gesamte Strafrechtswissenschaft* 1997, p. 727-755 ; W. van Gerven, « Constitutional conditions for a public prosecutor's office at the European level », *European journal of Crime, Criminal law and Criminal Justice* 2000, p. 296-318 ; A. Perrodet, *Étude pour un ministère public européen, avec un préface de John Spencer*, LGDJ, Paris 2001 ; M. I. Veldt, « Een Europees Openbaar Ministerie: de oplossing voor EU-fraude », *Nederlands Juristenblad* 2001, p. 666-671.

4. M. Delmas-Marty, J. A. E. Vervaele (eds.), « The implementation of the *Corpus Juris* in the Member States », vol. 1, *Intersentia,* Antwerpen-Groningen-Oxford, 2000. Le projet *Corpus Juris* a fait l'objet de critique : v. notamment C. Fijnaut, « De strafrechtelijke bescherming van de financiële belangen van de Gemeenschap tegen fraude », *Delikt en Delinkwent* 2000, p. 972-988.

5. V. pour les notions d'intégration positive et négative, Kapteyn et VerLoren van Themaat, *Inleiding tot het recht van de Europese Gemeenschappen*, 5e éd., Kluwer, Deventer 1995, p. 73 ; v. aussi Kapteyn et Verloren van Themaat, *Introduction to the Law of the European Communities,* 3e éd., Kluwer Law International, London, The Hague, Boston, 1998, p. 148.

tion est réalisée par la création d'un marché commun, l'établissement d'une Union économique et monétaire et par la mise en œuvre des politiques ou des actions communes (art. 2 CE). Elle comporte entre autres la libre circulation des marchandises, des personnes, des services et des capitaux, la protection de la libre concurrence, l'harmonisation des politiques économiques générales, l'instauration de politiques communes dans certains secteurs comme l'agriculture et le transport et le rapprochement des législations nationales dans la mesure nécessaire au fonctionnement du marché commun (art. 3 CE).

L'intégration négative se rapporte entre autres à l'interdiction des États membres des Communautés européennes d'introduire entre eux de nouvelles entraves à la libre circulation (par exemple, art. 25 CE) et à leur obligation de supprimer des entraves actuelles (par exemple, art. 28 CE). Il s'agit d'obligations de ne pas faire ou d'abolir.

L'intégration positive comprend entre autres l'obligation d'exécuter les directives d'harmonisation qui visent à compléter le marché commun et l'exécution de politiques communes comme la politique commune agricole faisant l'objet notamment de règlements communautaires.

Par l'effet positif du droit communautaire sur le droit pénal national, on peut entendre toutes les mesures dans le domaine du droit pénal qui sont prises par les autorités nationales afin d'assurer l'exécution des obligations découlant du droit communautaire. Cet effet positif se distingue de l'effet négatif par le fait qu'il ne s'agit pas de la neutralisation d'une entrave à la réalisation du droit communautaire, mais de mesures actives prises aux mêmes fin [1].

389 Il manque au droit communautaire un mécanisme intégral d'exécution. Cette exécution est, sauf exceptions comme en matière de concurrence, confiée aux États membres. Le droit communautaire se sert des administrations nationales pour que soit assurée l'exécution de ses règles. C'est aux administrations nationales qu'incombe la tâche de garantir cette exécution, la Commission européenne étant plutôt une administration de conception qu'une administration d'exécution. « La mise en œuvre, sur le plan administratif, du droit communautaire incombe par principe aux États membres conformément à leur régime constitutionnel » [2]. Le droit communautaire n'a pas son propre véhicule d'exécution. Si la nécessité de faire réprimer une violation d'une règle de droit communautaire par la justice pénale s'impose, le droit pénal national sera appelé à l'aide. Ainsi, suivant la règle qu'il n'y a pas de droit s'il

1. B. Bouloc, « L'influence du droit communautaire sur le droit pénal interne », in *Mélanges offerts à G. Levasseur,* Litec, Paris 1992, p. 103-120, p. 107, utilise une autre terminologie : l'influence directe, opposée à l'influence indirecte, que nous avons appelée l'effet négatif.

2. Déclaration n° 43 relative au Protocole n° 7 sur l'application des principes de subsidiarité et de proportionnalité, annexé au Traité d'Amsterdam.

n'y a pas de sanction, le droit communautaire peut être considéré comme incomplet.

Un des véhicules d'exécution est le droit pénal national. Cela implique que des infractions au droit communautaire pourront faire l'objet d'une poursuite pénale si le législateur national en a envisagé la possibilité. Par exemple l'exportateur de viande vers un pays tiers qui, en altérant la vérité, a déclaré dans un document que cette viande relève d'une certaine catégorie et fait dès lors l'objet d'une restitution à l'exportation, peut être poursuivi pour faux. C'est un exemple d'incrimination nationale classique qui peut être utilisée s'il n'y a pas de loi spéciale *(lex specialis derogat legi generali)*. Il y a d'autres techniques que le législateur national peut utiliser afin de rendre un acte anti-communautaire passible d'une poursuite pénale. L'exemple et ces autres techniques ont en commun que le législateur communautaire laisse aux États membres la liberté d'agir. Les Communautés n'interviennent pas quant à la modalité de sanction. C'est la première méthode de mise en œuvre du droit communautaire par le droit pénal : les Communautés ni ne prescrivent, ni n'imposent, ni n'exécutent elles mêmes des sanctions pénales ; elles laissent ces tâches entre les mains des États membres. Cette méthode peut être appelée la méthode nationale et sera discutée dans le titre 3, chapitre 2, section 4, § 1 (n°s 421-427 ci-dessous). Le droit matériel, qui est unitaire, fait partie du droit communautaire et la prescription, l'imposition et l'exécution de la sanction en cas d'infraction sont réglées au plan national.

La seconde méthode consiste à imposer aux États membres l'obligation de sanctionner de telle ou telle manière des violations du droit communautaire. L'État membre inflige la sanction qui plus ou moins précisément a été prescrite au plan communautaire, tandis qu'avec la première méthode l'État membre est libre à choisir la modalité et la gravité de la sanction. Le droit matériel qui est unitaire est sanctionné d'une manière harmonisée.

Cette méthode a tendance à s'élargir, parce que la première méthode se heurte à des disparités dans l'exécution du droit communautaire par les justices pénales nationales. Nous allons examiner cette méthode qui peut varier de la prescription en général de la voie pénale ou de la voie administrative jusqu'à la prescription d'une sanction très précise en cas d'infraction à telle ou telle règle communautaire. Dans ce cadre la question sera posée de savoir si le législateur secondaire (règlement, directive) est compétent pour prescrire aux États membres de suivre la voie pénale. Cette deuxième méthode se distingue de la première par le fait que sur le plan législatif les Communautés prescrivent aux États membres d'imposer certaines sanctions pénales. Cependant, l'imposition et l'exécution de la sanction sont confiées aux autorités nationales. La base de la sanction, la règle matérielle, par exemple celle qui dispose que l'exportateur de viande d'une certaine qualité vers un pays tiers reçoit une subvention à l'exportation, se trouve dans le droit communautaire. Cette méthode est la méthode mixte qui fera l'objet du titre 3, chapitre 2, section 4, § 2 (n°s 428-474 ci-dessous).

La troisième méthode est la méthode « la plus communautaire ». Les traités CECA, Euratom et CE prévoient la possibilité d'imposition d'amendes communautaires par la Commission (l'organe exécutif des Communautés) entre autres en matière de concurrence (par exemple l'art. 83-2 point a CE). Bien que des règlements établissent qu'une telle amende n'est pas de nature punitive, on se demande s'il ne s'agit pas, selon les critères de la CEDH, de sanctions pénales [1]. Cette méthode, dénommée communautaire, sera discutée dans le titre 3, chapitre 2, section 4, § 3, n°s 475-502 ci-dessous.

Ce n'est plus la définition classique de la sanction pénale comme sanction rétributive, infligée par un juge pénal, qui est le point de départ, mais plutôt la notion moderne de sanction de nature pénale, peu important qu'elle soit infligée par le juge ou par le pouvoir exécutif, y compris la police et le ministère public. Cette notion moderne joue également un rôle dans le domaine des sanctions qui sont prescrites par le législateur communautaire et qui sont appelées administratives. Elle peuvent être de nature pénale.

Les amendes communautaires sont prescrites et imposées sur le plan communautaire. Seulement l'exécution est confiée aux autorités nationales. C'est la raison pour laquelle nous les appelons « plus communautaires » que les sanctions de la première et de la deuxième méthode.

§ 2. **L'Union européenne**

390 « L'Union est fondée sur les Communautés européennes complétées par les politiques et formes de coopération instaurées par le présent traité », ainsi que le précise l'article A (1 TUE Amsterdam) du Traité sur l'Union européenne du 7 février 1992, aussi appelé Traité de Maastricht. Ce traité, modifié par le Traité d'Amsterdam [2], est entré en vigueur le 1er novembre 1993. Les membres de cette Union sont : La France, l'Allemagne, l'Italie, les Pays-Bas, la Belgique, le Luxembourg, le Royaume-Uni, l'Irlande, le Danemark, la Grèce, l'Espagne, le Portugal, l'Autriche, la Finlande et la Suède [3].

L'Union européenne comprend d'abord les Communautés européennes, (le premier pilier de l'Union), ensuite comme seconde composante la coopération des États membres de l'Union dans le domaine de la politique étrangère et de la sécurité commune (le deuxième pilier) et enfin

1. V. par ex. A. De Nauw, « Les métamorphoses administratives du droit pénal de l'entreprise », *Mys & Breesch, Gent* 1994, p. 58.
2. V. J.-L. Sauron, « Le traité d'Amsterdam : une réforme inachevée ?», *Recueil* Dalloz 1998, p. 69-78.
3. Les trois derniers depuis le 1er janv. 1995.

comme troisième composante leur coopération dans le domaine de la justice et des affaires intérieures (le troisième pilier). Bien sûr, dans le cadre de cet ouvrage seuls le premier et le troisième piliers nous intéressent.

Le premier pilier est le pilier central, ainsi qu'il découle de la phrase précitée de l'article premier du traité. Les Communautés européennes sont la Communauté européenne du charbon et de l'acier (CECA), la Communauté européenne (autrefois appelé la Communauté économique européenne) (CE) et la Communauté européenne de l'énergie atomique (Euratom). Étant donné l'ampleur de son champ d'application et son importance pour le droit pénal, nous examinerons ci-dessous surtout le droit de la Communauté européenne.

Le Traité de Maastricht prévoit l'extension du champ d'action de la Communauté européenne et un certain renforcement de la structure de cette Communauté. Elle était déjà renforcée, dans l'Acte unique européen, par l'instauration de certains champs d'actions nouveaux, comme l'éducation et la culture [1].

La justice pénale fait l'objet du titre IV CE, art. 61-69 CE, y inséré par le Traité d'Amsterdam, mais aussi et surtout du troisième pilier de l'Union (art. 29-45 TUE).

La grande différence entre la structure du premier et du troisième pilier consiste en ceci que le premier repose sur l'idée, jadis innovatrice, de la communautarisation des décisions politiques, tandis que dans le troisième pilier l'accent est mis sur le modèle classique de la coopération intergouvernementale. C'est la raison pour laquelle, hormis quelques exceptions, les résultats de cette coopération font l'objet de la première partie de cet ouvrage.

La communautarisation est marquée par les trois éléments suivants qu'on ne retrouvera pas avec la même rigueur dans la coopération intergouvernementale du (deuxième et) troisième pilier :

a) décisions du Conseil formé par les représentants des États membres, prises à la majorité, le cas échéant qualifiée (art. 205 CE),

b) sur proposition de la Commission composée de membres choisis en raison de leur compétence générale et offrant toutes garanties d'indépendance (art. 213 CE) et

c) une certaine intervention du Parlement composé de représentants des peuples des États réunis dans la Communauté (art. 189 CE) étant requise.

L'opposition entre le premier et le troisième pilier est relativisée par les circonstances suivantes :

1) Le Traité de Maastricht, prévoit parfois l'intervention du Parlement : en vertu de l'article 39 TUE, avant d'adopter dans le cadre du troisième pilier certaines décisions comme des décisions-cadres aux fins

1. V. G. ISAAC, *Droit communautaire général*, 6e éd., Armand Colin, Paris 1998, p. 13.

du rapprochement de la législation des États membres dans les domaines de la coopération policière et judiciaire en matière pénale, le Parlement doit être consulté.

2) Selon l'article 42 TUE le Conseil, statuant à l'unanimité et à l'initiative de la Commission ou d'un État membre, et après consultation du Parlement, peut décider que des actions dans les domaines visés à l'article 29 TUE (la coopération policière et judiciaire en matière pénale) relèveront du titre IV CE et, dès lors, seront communautarisées ; cependant, il est recommandé aux États membres d'adopter une telle décision conformément à leurs règles constitutionnelles respectives, ce qui souligne l'importance majeure de cette « passerelle » à la communautarisation. Cette possibilité existait déjà dans la version du traité signé à Maastricht (art. K.9), mais n'avait jamais été utilisée. De cette manière sont prévues la communautarisation et l'harmonisation du droit pénal quant aux éléments constitutifs des infractions pénales et aux sanctions applicables dans les domaines de la criminalité organisée, du terrorisme et du trafic de drogue[1] : l'art. 29 TUE dispose qu'un des instruments pour atteindre les objectifs de l'Union est le « rapprochement, en tant que besoin, des règles de droit pénal des États membres, conformément à l'art. 31 point e TUE ». Selon ce dernier article l'action en commun dans le domaine de la coopération judiciaire en matière pénale vise entre autres à : « e) adopter progressivement des mesures instaurant des règles minimales quant aux éléments constitutifs des infractions pénales et aux sanctions applicables dans les domaines de la criminalité organisée, du terrorisme et du trafic de drogue ».

3) L'article 61 CE dispose que le Conseil dans une période de cinq années, à compter de l'entrée en vigueur du Traité d'Amsterdam, arrête des mesures visant à prévenir et à combattre la criminalité en conformité avec l'article 31 point e TUE précité : l'harmonisation du droit pénal quant aux éléments constitutifs des infractions pénales et aux sanctions applicables dans les domaines de la criminalité organisée, du terrorisme et du trafic de drogue est prévue. En outre, cet article 61 CE prévoit sous le point e l'adoption de mesures dans le domaine de la coopération policière et judiciaire, conformément aux dispositions du Traité sur l'Union. À l'inverse de l'art. 62 CE et s., l'art. 61 CE ne dispose pas que le Conseil statue conformément à la procédure visée à l'art. 67 CE. On peut s'interroger si ceci a pour conséquence que la procédure de communautarisation, prévue par l'art. 67 CE n'est pas applicable à l'adoption de ces mesures de rapprochement de législation au sens de l'art. 31 point e TUE et des mesures dans le domaine de la coopération policière et judiciaire. D'une part l'art. 67 CE n'excepte pas

1. V. H. Labayle, « La coopération européenne en matière de justice et d'affaires intérieures et la Conférence intergouvernementale », *RTD eur.* 1997, p. 1 et s. ; G. Soulier, « Le Traité d'Amsterdam et la coopération policière et judiciaire en matière pénale », *Rev. sc. crim.* 1998, p. 237 et s.

l'art. 61 CE. D'autre part l'art. 42 TUE ne dispose pas que ces mesures de rapprochement de législation dans ces trois domaines (criminalité organisée, terrorisme et trafic de drogue) et les mesures dans le domaine de la coopération policière et judiciaire, ne sont pas assujetties au régime lourde de la « passerelle ». Il serait étonnant que ces mesures, malgré leur importance pour la souveraineté des États membres, puissent faire l'objet de la procédure simplifiée de communautarisation de l'art. 67 CE. Donc, il faut conclure que l'adoption des mesures au sens de l'art. 61 CE ne fait pas l'objet de la procédure (simplifiée) de communautarisation de l'art. 67 CE [1].

4) L'article 34 TUE Amsterdam dispose que le Conseil, statuant à la majorité qualifiée, peut arrêter les mesures nécessaires pour mettre en œuvre certaines décisions.

5) Ce même article, en son alinéa 2 point d, prévoit que le Conseil établit des conventions dont il recommandera l'adoption par les États membres selon leurs règles constitutionnelles respectives. L'article décide encore que les « mesures d'application de celles-ci (ces conventions) sont adoptées au sein du Conseil, à la majorité des deux tiers des Hautes Parties Contractantes ».

1. V. pour une opinion contraire R. Barents, *Het Verdrag van Amsterdam*, Kluwer, Deventer 1997, p. 130.

TITRE 1

LES ORGANES

On examinera tour à tour les organes de fonctionnement et les organes de contrôle juridictionnel.

SECTION 1. ORGANES DE FONCTIONNEMENT

§ 1. En général

391 Le seul organe spécifique de l'Union est le Conseil européen qui fonctionne comme un organe de délibération réunissant les chefs d'État et de gouvernement des États membres ainsi que le président de la Commission. Ils sont assistés par les ministres chargés des affaires étrangères des États membres et par un membre de la Commission européenne (art. 4 TUE). Le Conseil européen est un organe de type intergouvernemental qui est chargé de donner à l'Union les impulsions nécessaires à son développement et de définir les orientations politiques générales.

Pour le reste, l'Union emprunte aux Communautés son cadre institutionnel. Ce cadre comprend plusieurs éléments : le Parlement européen, le Conseil formé par les représentants des États membres, qui s'appelle Conseil de l'Union européenne [1], la Commission composée de membres choisis en raison de leur compétence générale et offrant toutes garanties d'indépendance, la Cour de Justice et la Cour des comptes. Ils fonctionnent comme des institutions des Communautés, mais ils exercent, la Cour des comptes mise à part, aussi leurs attributions dans les conditions et aux fins prévues par des dispositions du Traité de Maas-

1. Décision 93/591, *JOCE* 1993, L 281/18.

tricht autres que celles qui modifient ou complètent les traités instituant les Communautés européennes (art. 5 TUE). Cela veut dire qu'ils jouent également un rôle dans le deuxième et le troisième pilier de l'Union, l'Union comportant trois composantes emprunte à l'une d'entre elles son cadre institutionnel [1].

Les chefs d'État et de gouvernement, faisant partie du Conseil européen, peuvent aussi fonctionner au titre du Conseil (appelé Conseil de l'Union européenne). Les art. 203 CE, 27 CECA et 116 Euratom décident que le Conseil est formé par un représentant de chaque État membre au niveau ministériel, habilité à engager le gouvernement de cet État membre. Il s'ensuit que les chefs d'État et de gouvernement peuvent agir dans le cadre de Conseil, en tant qu'institution communautaire, sous la condition qu'ils respectent les dispositions de fond et de procédure du traité dans le cadre duquel ils interviennent. Le Conseil, ainsi composé, peut intervenir comme instance suprême de la coopération dans les domaines de la justice et des affaires intérieures [2].

Le Traité de Nice, pas encore en vigueur, apporte un élément démocratique quant à la nomination des membres de la Commission européenne. L'article 214, alinéa 2, stipule que le Conseil, réuni au niveau des chefs d'État et de gouvernement et statuant à la majorité qualifiée, désigne, sous condition d'approbation par le Parlement européen, le Président de la Commission. Le Conseil, statuant à la majorité qualifiée et d'un commun accord avec le président désigné, présente au Parlement la liste des autres candidats commissaires ; cette liste est établie conformément aux propositions faites par chaque État membre. La composition de la future Commission est soumise au vote d'approbation du Parlement. Après l'approbation par le Parlement le président et les autres membres de la Commission sont nommés par le Conseil, statuant à la majorité qualifiée.

S'il s'agit du rôle du Conseil tel que prévu par les articles 29 et s. TUE, le Conseil sera composé des ministres de la Justice et/ou des Affaires intérieures. Néanmoins il n'est pas exclu que, si l'on n'aboutit pas à une décision, le Conseil, réunissant les chefs d'État ou de gouvernement, prendra la décision.

§ 2. Dans le domaine de la justice pénale (Europol et Eurojust)

391 a L'article 29 TUE mentionne Europol. Europol est une des formes de la coopération entre les divers États de l'Union européenne dans le domaine de la police. La Convention Europol du 26 juillet 1995 est à la base de

1. V. ISAAC, préc., p. 26.
2. V. ISAAC, préc., p. 80.

Europol. Elle ne prévoit pas de compétences exécutives. Europol est plutôt un organe d'échanges d'informations et de renseignements [1].

Le Traité de Nice, signé le 26 février 2001 et pas encore entré en vigueur, affirme l'existence de l'Unité européenne de coopération judiciaire Eurojust (art. 29 TUE). Eurojust, créé par le Conseil européen de Tampere des 15 et 16 octobre 1999, a pour mission de contribuer à une bonne coordination entre les autorités nationales chargées des poursuites et d'apporter son concours dans les enquêtes relatives à la criminalité organisée, v. *supra*, n° 140. L'article 31 alinéa 2, comme il sera modifié par le Traité de Nice dispose :

« Le Conseil encourage la coopération par l'intermédiaire d'Eurojust en :

a) permettant à Eurojust de contribuer à une bonne coordination entre les autorités nationales des États membres chargées des poursuites ;
b) favorisant le concours d'Eurojust dans les enquêtes relatives aux affaires de criminalité transfrontière grave, en particulier en cas de criminalité organisée, en tenant compte notamment des analyses effectuées par Europol ;

c) facilitant une coopération étroite d'Eurojust avec le Réseau judiciaire européen afin, notamment, de faciliter l'exécution des commissions rogatoires et la mise en œuvre des demandes d'extradition. » Le Réseau judiciaire européen a été créé par une action commune [2].

SECTION 2. ORGANES DE CONTRÔLE JURIDICTIONNEL

392 Généralités ◇ La Cour de Justice (CJCE) joue un rôle très important dans le cadre de l'intégration européenne. Elle a même été critiquée comme étant plutôt activiste que judiciaire [3]. Elle est considérée comme un moteur de l'intégration, surtout dans les périodes où l'intégration est ralentie en raison de crises politiques [4]. Parmi les plus célèbres arrêts de la Cour figurent les arrêts dans les affaires *Costa/Enel* et *Van Gend en Loos* qui confirment ou — selon d'autres opinions — créent la doctrine de la suprématie de l'ordre juridique communautaire [5].

1. V. ci-dessus n° 151.
2. *JO* L 191 du 7 juill. 1998, p. 4.
3. V. les auteurs cités par S. WEATHERILL et P. BEAUMONT, *EU Law*, 3rd edition, Penguin Books, London, 1999, p. 193.
4. V. J. A. HOFMAN, J.W. SAP, J. SEWANDONO, *Beginselen van Europees Constitutioneel Recht*, Deventer 1993, p. 92.
5. CJCE 15 juill. 1964, *Costa*, 6/64, *Rec. CJCE* p. 585, 593 ; CJCE 5 févr. 1963, *Van Gend en Loos*, 26/62, *Rec. CJCE* p. 1, 12.

L'acquis communautaire dont l'art. 3 TUE dispose qu'il doit être respecté et développé, est pour une importante partie dû au dynamisme de la Cour.

Un article 225 CE a été inclu dans le Traité CE par l'Acte unique européen. Cet article rend le Conseil compétent pour adjoindre à la Cour de Justice une juridiction de première instance. Le Traité de Nice, pas encore en vigueur traite de cette juridiction dans l'article 220, donc à une place plus éminente. Cette juridiction n'a pas de pouvoir en ce qui concerne les questions préjudicielles soumises en vertu de l'art. 234 CE [1]. En utilisant son pouvoir, le Conseil, dans sa décision du 24 octobre 1988 [2], a institué le dit Tribunal de première instance (TPICE) qui est entrée en fonction le 1er septembre 1989. Les compétences limitées du Tribunal de première instance sont selon les décisions du 24 octobre 1988, 8 juin 1993 et 7 mars 1994 [3] les suivantes :

— Litiges entre la Communauté et ses agents (art. 236 CE et 152 CECA) ;

— Recours en annulation et en carence présentés par les personnes physiques ou morales (art. 230 et 232 CE, art. 35 et 40 CECA) ;

— Litiges relatif à la réparation des dommages visés à l'art. 288 CE et à l'art. 235 CE : responsabilité civile non contractuelle et responsabilité personnelle des agents envers la Communauté ;

— Litiges sur la responsabilité contractuelle de la Communauté (sur la base d'une clause compromissoire).

On peut se pourvoir en cassation contre les décisions du Tribunal de première instance. Ce pourvoi ne se conçoit que sur des questions de droit. La Cour de Justice, appelée à rendre une décision, statue comme une Cour de cassation. Elle ne statue donc pas comme un deuxième degré de juridiction. Selon le Statut de la Cour, les moyens sur lesquels un pourvoi peut être fondé sont : l'incompétence du Tribunal, les irrégularités de procédure ayant porté atteinte aux intérêts du requérant et la violation du droit communautaire [4].

Le Traité de Nice prévoit l'instauration de chambres juridictionnelles qui seront adjointes au TPICE (art. 220 CE) pour exercer, dans certains domaines spécifiques des compétences juridictionnelles. On peut se pourvoir de leurs décisions auprès du TPICU, soit en appel, soit en cassation (art. 225 a CE).

Examinons maintenant les titres divers auxquels intervient la CJCE. Il y en a six.

1. Le Traité de Nice prévoit la compétence de la juridiction de première instance pour connaître des questions préjudicielles dans des matières spécifiques déterminées par le statut.

2. 88/591, *JO* 1988, L 319/1 et *JO* 1989, C 215/1.

3. *JOCE* 25 oct. 1988, L 319/1, *JOCE* 16 juin 1993, L 144/21 et *JOCE* 10 mars 1994, L 66/29.

4. Art. 51 Statut et art. 58-1 du nouveau Statut, annexé au Traité de Nice, pas encore entré en vigueur.

§ 1. Actions en manquement

393 Si la Commission est d'avis qu'un État membre a manqué à une obligation qui lui incombe, par exemple si elle constate que cet État membre ne donne pas de suite à une directive ou ne réprime pas des fraudes communautaires, elle peut saisir la Cour de Justice. C'est l'action en manquement (procédure d'infraction) de l'art. 226 CE [1], l'art. 88 CECA et l'art. 141 Euratom. D'abord la Commission aura besoin d'informations sur l'infraction présumée. Très souvent, des particuliers sont à l'origine d'une action en manquement. Ils ont porté plainte auprès de la Commission. La Commission vérifiera cette plainte. L'art. 284 CE lui donne le pouvoir de recueillir toutes informations et de procéder à toutes les vérifications nécessaires. Après la constatation provisoire du manquement d'un État membre à une obligation, la Commission, dans le cadre du Traité CE, invite cet État membre à présenter ses observations. Si cette présentation n'est pas jugée satisfaisante, la Commission émet un avis motivé. L'État membre peut alors agir conformément à l'avis. S'il ne le fait pas, la Commission peut saisir la Cour de Justice qui doit se prononcer sur l'affaire. Cette procédure peut être engagée par exemple si un État membre ne poursuit pas les fraudes communautaires ou s'il le fait d'une manière inégale en comparaison avec les poursuites pénales en cas de fraude nationale. La Commission se plaindra alors du manque de loyauté communautaire qui est exigée par l'art. 10 CE [2].

Il arrive aussi qu'une disposition législative d'un État membre soit jugée incompatible avec le droit communautaire. Si l'arrêt, rendu dans le cadre d'une action en manquement, affirme ce point de vue, « il entraîne, pour les autorités participant à l'exercice du pouvoir législatif, l'obligation de modifier les dispositions en cause de manière à les rendre conformes aux exigences du droit communautaire. Les juridictions de l'État concerné ont, de leur côté, l'obligation d'assurer le respect de l'arrêt dans l'exercice de leur mission... Les juridictions de cet État sont tenues, en vertu de l'article 228 CE, de tirer les conséquences de l'arrêt de la Cour » [3].

Il s'agit d'un pouvoir discrétionnaire de la Commission. Elle n'est pas obligée de commencer une procédure d'infraction et peut, à chaque stade, renoncer à continuer la procédure [4]. Cependant, une décision de ne pas engager un action en manquement peut, à son tour, faire l'objet d'un

1. V. également les articles 88 CE, 95 CE et 298 CE.

2. V. par exemple CJCE 18 mars 1992, *Comm./Grèce*, C-29/90, *Rec. CJCE* p. I-1971 et CJCE 9 déc. 1997, *Comm. c/ France*, C-265/95, *Rec. CJCE*, p. I-6959.

3. CJCE 14 déc. 1982, *Waterkeyn*, 314 à 316/81, *Rec. CJCE* p. 4337 ; v. également J. BIANCARELLI, « Les principes généraux du droit communautaire applicables en matière pénal », *Rev. sc. crim.* 1987, p. 131-166, p. 134.

4. V. ISAAC, préc., p. 293.

recours, en vertu de l'art. 232 CE, mais ceci seulement au cas où le requérant est directement et individuellement affecté par l'acte dont l'omission est reprochée[1]. Dès lors, un particulier ne pourra utiliser le recours en carence pour contraindre la Commission à entamer la procédure de manquement d'un État membre[2].

En cas de désobéissance de l'État membre à l'arrêt de la Cour de Justice dans lequel la Cour a reconnu que l'État membre a manqué à une obligation, la Commission a le pouvoir d'engager une deuxième procédure, cette fois en raison d'une infraction à l'art. 228 CE. Selon l'art. 228 CE et l'art. 143 Euratom, la Cour peut infliger le paiement d'une somme forfaitaire ou prévoir une astreinte. Le Traité CECA connaissait, déjà à l'origine, un tel mécanisme de sanction[3].

Un autre État membre a le même pouvoir de saisir la Cour de Justice que la Commission l'a en vertu de l'art. 226 CE, comme l'art. 227 CE l'indique[4]. L'art. 227 CE n'a guère été invoqué[5]. Le seul exemple vient de la France, qui a dénoncé le Royaume-Uni pour les mesures de filets de pêche qui ne seraient pas conformes au droit communautaire[6]. Les États membres préfèrent que la Commission agisse, entre autres pour des raisons d'opportunité[7].

En cas d'action en manquement le Tribunal de première instance n'a pas de compétence : la Cour de Justice, elle seule, a cette compétence.

§ 2. Contrôle de la légalité des actes et des abstentions communautaires

394 Tandis que les articles 226 CE et 227 CE, 88 CECA, 141 et 142 Euratom ont pour objet des infractions commises par des États membres, les articles 230 CE et 232 CE, 146 et 148 Euratom, 33, 35, 37 et 38 CECA règlent la procédure de contrôle de la légalité des actes et des abstentions entre autres du Conseil, de la Commission et de la BCE.

A. Recours en annulation

395 En ce qui concerne les actes, il doit s'agir d'actes destinés à produire des effets juridiques. Non seulement des décisions finales, mais parfois

1. V. *infra*, n° 396.
2. V. CJCE 1er mars 1966, *Lütticke*, 48/65, *Rec. CJCE* p. 28, et Isaac, préc., p. 268.
3. V. l'art. 88 CECA.
4. V. également l'art. 142 Euratom.
5. V. Ph. Manin, *Les Communautés Européennes,* Paris 1993, p. 286 ; Boulouis, préc., p. 347 ; Isaac, préc., p. 287.
6. CJCE 4 oct. 1979, *France/Royaume Uni*, 141/78, *Rec. CJCE* p. 2923.
7. V. S. Weatherill, P. Beaumont, préc., p. 233.

aussi des actes préparatoires, peuvent faire l'objet d'un recours en annulation, comme par exemple la transmission, par la Commission, de certains documents d'une entreprise à une entreprise concurrente [1]. Mais en général, s'il s'agit d'un recours formé par un particulier ou une personne morale ; seules les mesures qui fixent définitivement la position de l'entreprise ou la personne concernée, sont des actes attaquables. Dans l'affaire *Akzo Chemie,* il ne s'agissait pas simplement d'une mesure préparatoire, mais d'une décision indépendante de caractère définitif qui n'était pas attaquable dans le recours éventuel contre une amende à imposer par la Commission à *Akzo Chemie.*

Les États membres, le Conseil et la Commission ont le plein pouvoir d'attaquer tous les actes autres que les recommandations ou avis destinés à produire des effets juridiques. Le Parlement européen, la Cour des comptes et la Banque Centrale Européenne peuvent utiliser le recours de l'art. 230 CE afin de sauvegarder leurs prérogatives.

Les personnes physiques ou morales ne peuvent former des recours que contre les décisions dont elles sont les destinataires et contre celles qui, bien que prises sous la forme d'un règlement ou d'une décision adressée à une autre personne, les concernent directement et individuellement (art. 230 CE). Nous avons déjà donné l'exemple de l'entreprise *Akzo Chemie* qui attaquait une décision de la Commission. Il va sans dire que dans le domaine de la concurrence une amende imposée à une entreprise est une décision dont cette entreprise est la destinataire.

Les moyens d'annulation sont, selon l'art. 230 CE les suivants :

1) incompétence ;

2) violation des formes substantielles ;

3) violation du Traité CE ou de toute règle de droit relative à son application ;

4) détournement de pouvoir.

Première précision : il peut y avoir manque de compétence si par exemple le Conseil établit un règlement dans un domaine qui selon le principe de la subsidiarité (art. 5 CE) ne devrait pas faire l'objet d'une réglementation communautaire.

Deuxième précision : le moyen permet par exemple l'annulation d'une directive pour la raison que, contrairement à une disposition du Traité CE, le Parlement n'a pas été consulté.

Troisième précision : les violations des droits de l'homme peuvent figurer sous ce moyen d'annulation. L'art. 46 point d TUE a élargi le rôle de la Cour au contrôle de la conformité avec l'article 6-2 TUE « en ce qui concerne l'action des institutions, dans la mesure où la Cour est

1. CJCE 24 juin 1986, *Akzo Chemie*, 53/85, *Rec. CJCE* p. 1965, 1990.

compétente en vertu des traités instituant les Communautés européennes et du présent traité ». L'art. 6-2 TUE dispose en effet :

« L'Union respecte les droits fondamentaux, tels qu'ils sont garantis par la convention européenne de sauvegarde des droits de l'homme et des libertés fondamentales, signée à Rome le 4 novembre 1950, et tels qu'ils résultent des traditions constitutionnelles communes aux états membres, en tant que principes généraux du droit communautaire ».

Or, la Cour est, dans les limites de l'article 230 CE, compétente pour annuler un acte pour violation des droits fondamentaux. Le Traité de Maastricht, tel que modifié par le Traité d'Amsterdam, n'a fait autre chose que consacrer la jurisprudence qui, depuis longtemps, a fait référence aux traditions constitutionnelles qui sont communes aux États membres [1] et à l'influence des conventions sur les droits de l'homme [2].

En dehors des droits de l'homme, d'autres principes généraux du droit peuvent servir de base à une annulation, comme par exemple la règle selon laquelle des promesses légitimes doivent être tenues ou le principe de la proportionnalité pour autant que ce principe ne fasse pas partie de l'art. 10 CE.

Enfin, il faut mentionner la compétence de la Cour qui a été introduite par le Traité d'Amsterdam pour contrôler la légalité des décisions-cadres et des décisions lorsqu'un recours est formé par un État membre ou par la Commission (art. 35 TUE). Les moyens d'annulation sont comparables à ceux de l'art. 230 CE.

B. Recours en carence

396 L'art. 232 CE a pour objet de sanctionner les cas où, en violation du Traité CE, le Parlement européen, le Conseil ou la Commission s'abstiennent de statuer, comme le font également les articles 148 Euratom et, abstraction faite de quelques différences, les articles 35 et 37 CECA. Non seulement les États membres et les autres institutions, mais également les personnes physiques ou morales peuvent agir comme requérants, « pour faire grief à l'une des institutions de la Communauté d'avoir manqué de lui adresser un acte autre qu'une recommandation ou un avis » (art. 232-3 CE). Les requérants ne peuvent pas s'adresser immédiatement à la Cour de Justice (ou, s'il s'agit de personnes physiques ou morales, au Tribunal de première instance). D'abord l'institution doit être invitée à agir. Si l'institution, à l'expiration d'un délai

1. CJCE 17 déc. 1970, *Internationale Handelgesellschaft*, 11/70, *Rec. CJCE* p. 1125, 1134, CJCE 16 mai 1986, *Johnston*, 222/84, *Rec. CJCE* p. 1651, 1682, et CJCE 14 mai 1974, *Nold II*, 4/73, *Rec. CJCE* p. 491, 507,.

2. CJCE 13 déc. 1979, *Hauer*, 44/79, *Rec. CJCE* p. 3727, 3744.

de deux mois à compter de l'invitation, ne prend pas position, le requérant peut alors saisir la Cour. L'art. 232 CE oblige l'institution à prendre position, si selon le Traité CE une obligation d'agir lui incombe. Il faut d'abord constater l'obligation d'agir. S'il n'y en a pas, il n'y a pas d'obligation de prendre position. Par exemple, la Commission n'est jamais obligée d'engager un recours en manquement [1]. La Commission dispose d'un entier pouvoir d'appréciation. En principe, la prise de position met fin à la carence. Elle peut consister dans la décision que l'institution n'agira pas. Cette communication peut être considérée comme une décision de ne pas agir et dès lors être susceptible d'un recours en annulation (art. 230 CE) [2-3].

S'il s'agit d'une personne physique ou morale, une telle décision fait seulement l'objet d'un recours en annulation si l'institution était obligé de lui adresser une décision [4]. La prise de position qui consiste en une décision qui diffère de celle que le requérant aurait voulu, met également fin à la carence [5].

§ 3. Contrôle de la légalité des règlements par voie d'exception d'illégalité

397 Les art. 241 CE, 156 Euratom et 36 CECA ouvrent la voie de l'exception d'illégalité à toute partie dans un recours direct. Si, dans une telle procédure, elles sont confrontées à un règlement dont la légalité, selon leur opinion, est douteuse, elles peuvent invoquer l'illégalité du règlement. Cette exception n'est pas assujettie à la condition d'un délai à respecter. Une personne physique ou morale qui ne dispose pas de moyens pour s'opposer directement à un règlement (l'art. 230 CE n'ouvre pas cette voie sauf dans l'hypothèse où une décision apparaît comme un règlement tout en la concernant directement et individuellement), peut invoquer cette exception par exemple dans un recours en annulation d'une amende lui étant imposée pour violation d'un règlement de concurrence.

§ 4. Questions préjudicielles [6]

398 La Cour peut aussi statuer à titre préjudiciel notamment sur l'*interprétation* du droit communautaire primaire et sur la validité et l'interpré-

1. V. par exemple CJCE 17 mai 1990, *Sonito*, C 87/89, *Rec. CJCE* p. I-1981, I-2008.
2. V. CJCE 8 mars 1972, *Nordgetreide*, 42/71, *Rec. CJCE* p. 105, 110.
3. V. Manin, préc., p. 313.
4. V. J. P. G. Kapteyn and P. Verloren van Themaat, *Introduction to the law of the European Communities*, 2nd edition, Deventer-Boston, 1990, p. 286-287.
5. V. CJCE 13 juill. 1971, *Deutscher Komponistenverband*, 8/71, *Rec. CJCE* p. 707, 710.
6. V. C. Barnard et E. Sharpston, « The changes faces of article 177 references », *Common Market Law Review* 1997, p. 1113-1171.

tation des actes pris par les institutions de la Communauté (articles 234 CE, 150 Euratom et 41 CECA). Les juridictions des États membres peuvent poser des questions préjudicielles à la Cour de Justice. Le second alinéa de l'article 234 CE oblige les juridictions nationales dont les décisions ne sont pas susceptibles d'un recours juridictionnel de droit interne — comme par exemple en France la Cour de Cassation et le Conseil d'État et aux Pays-Bas la Cour Suprême — lorsque une telle question est soulevée devant eux, à saisir la Cour de Justice. Les juges nationaux ne peuvent se soustraire à cette obligation que si « la question soulevée n'est pas pertinente ou que si la disposition communautaire en cause a déjà fait l'objet d'une interprétation de la part de la Cour ou que l'application correcte du droit communautaire s'impose avec une telle évidence qu'elle ne laisse place à aucun doute possible »[1]. La juridiction nationale ne décide de poser une question préjudicielle que dans la situation où elle l'estime nécessaire pour résoudre un litige dont elle est saisie[2]. Il incombe à elle et à elle seule d'estimer cette nécessité. En formulant les deux exceptions citées ci-dessus, la Cour fait application de la doctrine dite de l'acte éclairé ou de l'acte clair : « il existe déjà une jurisprudence en la matière » (acte éclairé) ; « la manière correcte d'appliquer la règle communautaire apparaît de toute évidence »[3].

Le Tribunal de première instance n'a pas encore[4] de compétence en ce qui concerne les questions préjudicielles (art. 225 CE).

L'instrument de la demande de questions préjudicielles reflète le rôle primordial des juridictions nationales dans le domaine de la mise en œuvre du droit communautaire. C'est leur tâche, mais sans que soient exclues d'autres autorités nationales, d'assurer l'exécution des obligations découlant du Traité CE ou résultant des actes des institutions (art. 10 CE). En constatant qu'une règle nationale est contraire au droit communautaire, elles donnent la priorité à ce dernier droit. Si le droit communautaire n'est pas clair, la procédure de l'art. 234 CE leur permet de demander des éclaircissements à la Cour de justice.

Le droit pénal n'est pas exempt de l'obligation à laquelle les juridictions nationales sont assujettis. La Cour a considéré que l'article 234 CE « ne fait aucune distinction entre le caractère, pénal ou non, de la procédure nationale dans le cadre de laquelle les questions préjudicielles ont été formulées » et a ajouté que « l'efficacité du droit communautaire ne saurait varier selon les différents domaines du droit national à l'intérieur desquels il peut faire sentir ses effets »[5]. Le renvoi préjudi-

1. CJCE 6 oct. 1982, *C.I.L.F.I.T.*, 238/81, *Rec. CJCE* p. 3415, 3429.
2. V. la communication no. 34/96, p. 1, de la Cour de Justice des Communautés européennes, appelée Note informative sur l'introduction de procédures préjudicielles par les juridictions nationales, www.curia.eu.int, *Nederlands Juristenblad* 1997, p. 91-92.
3. V. la communication no. 34/96, préc., p. 1.
4. V. ci-dessus n° 392.
5. CJCE 21 mars 1972, *Ministère public italien c/ Sail*, 82/71, *Rec. CJCE* p. 119.

ciel joue un rôle important dans les poursuites pénales en droit pénal économique.

Lorsque la question se pose de savoir si l'acte d'une institution des Communautés est *valide*, les juridictions nationales peuvent aussi s'adresser à la Cour de Justice afin de d'obtenir sa décision. Il importe de savoir que les tribunaux nationaux ne sont pas compétents pour constater l'invalidité d'un acte de droit secondaire [1]. Une telle compétence mettrait en danger l'application uniforme du droit communautaire : différents tribunaux nationaux pourraient prononcer les uns une déclaration d'invalidité et les autres une déclaration de validité d'un même acte ! Par conséquent, un tribunal national, s'interrogeant sur la validité d'un acte de droit secondaire, est donc tenu de renvoyer l'affaire à la Cour de Justice afin de faire apprécier la validité de cet acte. Cependant, « afin de procurer aux plaideurs une protection immédiate » [2] les juridictions nationales sont compétentes pour prononcer le sursis à l'exécution d'un acte [3] administratif national fondé sur un acte du droit communautaire dont la légalité est contestée [4].

La Cour de Justice, en principe, n'est pas appelée à statuer sur l'interprétation du droit national. Elle interprète et apprécie la validité du droit communautaire, ce qui n'empêche pas qu'en faisant cela il ne reste qu'une seule réponse sur la compabilité du droit national avec le droit communautaire !

Dans son arrêt *Leur-Bloem,* la Cour a accepté une demande de décision préjudicielle concernant une loi néerlandaise transposant des dispositions d'une directive et s'appliquant à une situation purement interne. La Cour s'est déclarée compétente, au titre de l'article 234 CE, pour interpréter le droit communautaire lorsque celui-ci ne régit pas directement la situation en cause, mais que le législateur national a décidé d'appliquer le même traitement aux situations purement internes et à celles-ci régies par la directive, en sorte qu'il a aligné sa législation interne sur le droit communautaire [5].

La manière de poser une question préjudicielle fait également l'objet de la note informative précitée [6]. La Cour écrit ceci :

« La décision de renvoi doit être motivée de manière succincte mais suffisamment complète pour permettre à la Cour, ainsi qu'à ceux aux-

1. V. CJCE 22 oct. 1987, *Foto-Frost*, 314/85, *Rec. CJCE* p. 4199.

2. G. Isaac, préc., p. 311.

3. La Cour elle-même peut dans le cadre d'un recours en annulation prononcer le sursis à l'exécution d'un acte communautaire, art. 242 CE, v. CJCE 9 nov. 1995, *Atlanta*, C-465/93, *Rec. CJCE* p. I-3761.

4. CJCE 21 févr. 1991, *Zuckerfabrik Süderdithmarschen*, C-143/88 et C-92/89, *Rec. CJCE* p. I-415 ; CJCE 9 nov. 1995, *Atlanta*, C-465/93, *Rec. CJCE* 1995 p. I-3761.

5. CJCE 17 juill. 1997, *Leur-Bloem*, C-28/95, *Rec. CJCE* I-4161.

6. V. la communication no. 34/96 de la Cour de Justice des Communautés européennes, appelée Note informative sur l'introduction de procédures préjudicielles par les juridictions nationales.

quels elle doit être notifiée (États membres, Commission et, le cas échéant, Conseil et la Parlement européen) de bien comprendre le cadre de fait et de droit de l'affaire au principal.

En particulier, elle doit comporter un exposé des faits dont la connaissance est indispensable pour comprendre la portée juridique du litige au principal, un exposé des éléments de droit éventuellement applicables, un exposé des raisons qui ont conduit le juge national à poser la question à la Cour et, le cas échéant, un exposé des arguments des parties, ces diverses informations visant à mettre la Cour de justice en mesure de fournir une réponse utile à la juridiction nationale »[1].

Soulignons l'importance de l'exigence que la question soit posée d'une manière nette et claire : l'arrêt de la Cour peut produire des effets sur d'autres États membres. C'est pourquoi les autres États ont, selon l'art. 20 du statut de la Cour[2], le droit à la communication de la question préjudicielle et au dépôt d'observations écrites dans un délai de deux mois après cette communication.

Le nouvel article 68 CE a apporté une restriction à la compétence des juridictions nationales à poser des questions préjudicielles sur l'interprétation du titre IV CE ou sur la validité et l'interprétation des actes pris par les institutions de la Communauté sur la base de ce titre : seules les juridictions nationales dont les décisions ne sont pas susceptibles d'un recours juridictionnel de droit interne sont tenues de poser des questions préjudicielles.

La Cour, dans le cadre du Traité sur l'Union européenne, tel que modifié par le Traité d'Amsterdam, est compétente pour statuer à titre préjudiciel sur la validité et l'interprétation des décisions-cadres et des décisions, sur l'interprétation des conventions établies en vertu du titre VI TUE sur la coopération policière et judiciaire en matière pénale, ainsi que sur la validité et l'interprétation de leurs mesures d'application (art. 35 TUE)[3]. Cette compétence est facultative, c'est-à-dire que tout État membre peut l'accepter (art. 35 TUE). Un État membre qui accepte cette compétence doit faire le choix entre la possibilité que toute juridiction a la faculté de poser des questions préjudicielles ou que seulement les juridictions dont les décisions ne sont pas susceptibles d'un recours juridictionnel de droit interne, ont cette faculté (art. 35 TUE). De cette manière la protection juridique du citoyen d'un État membre qui a accepté l'option la plus large de l'art. 35-3 sub b TUE, est mieux assurée par le Traité de Maastricht que celle du citoyen qui fait valoir

1. V. la note informative, préc., p. 3.
2. Art. 23 du nouveau Statut, annexé au Traité de Nice.
3. V. par ex. la question posée par le Oberlandesgericht de Cologne, mais pas encore répondue, *Hüseyin Gözütok*, C-187/01, *JOCE* du 28 juill. 2001, C 212/10, v. aussi *Neue Zeitschrift für Strafrecht* 2001, p. 558-560, note O. Lagodny.

un droit fondé sur le titre IV CE)[1] ! Cependant, l'art. 35-3 b TUE, à l'inverse de l'art. 68-1 CE, n'impose pas l'obligation de poser une question préjudicielle : dans l'article 35-3 b TUE il est question de la « faculté de demander ». Il faut ajouter que la Déclaration 10, adoptée à Amsterdam, dispose que les États peuvent se réserver le droit de prévoir des dispositions dans leur droit national pour que, lorsqu'une question sur la validité ou l'interprétation d'un acte visé à l'article 35-1 TUE est soulevée dans une affaire pendante devant une juridiction nationale dont les décisions ne sont pas susceptibles d'un recours de droit interne, cette juridiction soit tenue de porter l'affaire devant la Cour de justice. De cette manière les États membres peuvent faire valoir le système de l'art. 234 CE dans le domaine recouvert par l'art. 35 TUE Amsterdam.

L'art. 35-5 CE dispose que la Cour n'est pas compétente pour vérifier la validité ou la proportionnalité d'opérations menées par la police ou d'autres services répressifs dans un État membre, ni pour statuer sur l'exercice des responsabilités qui incombent aux États membres pour le maintien de l'ordre public et la sauvegarde de la sécurité interne.

§ 5. **Questions juridiques posées par le Conseil, la Commission ou un État membre**

399 Le nouvel article 68 CE a apporté une autre modification importante. L'alinéa 3 de cet article 68 CE confère au Conseil, à la Commission et aux États membres la faculté de poser une question sur l'interprétation du titre IV CE ou d'actes pris par les institutions sur la base de ce titre. En effet une telle question ne peut être qualifiée de préjudicielle. C'est une question juridique qui est posée indépendamment d'un litige. La dernière phrase du paragraphe ajoute que la réponse de la Cour à une pareille question n'est pas applicable aux décisions des juridictions des États membres qui ont force de chose jugée. L'autorité de ces décisions est respectée. Il s'ensuit que le juge national est tenu de respecter la réponse dans ses décisions futures.

§ 6. **Différends entre États membres ou entre États membres et Commission**

400 Le Traité d'Amsterdam a élargi la compétence de la Cour en introduisant l'art. 35-7 TUE. Cet alinéa dispose que la Cour est compétente pour statuer sur tout différend entre États membres concernant l'interprétation ou l'application des actes adoptés au titre de l'art. 34-2 TUE, dès

1. V. R. Barents, « Het Verdrag van Amsterdam en het Europees gemeenschapsrecht », *Sociaal Economische Wetgeving* 1997, p. 351-365, p. 363.

lors que ce différend n'a pu être réglé au sein du Conseil dans les six mois qui ont suivi la saisine de celui-ci par l'un de ses membres. Il dispose également que la Cour est compétente pour statuer sur tout différend entre États membres et la Commission concernant l'interprétation ou l'application des conventions établies en vertu de l'art. 34-2 point d TUE.

TITRE 2

LES SOURCES

On parle des sources du droit de l'Union et des Communautés. C'est reconnaître qu'il y a plusieurs catégories de sources. Cette pluralité ne saurait cependant dissimuler l'existence nette d'un élément commun, le respect des droits fondamentaux qui imprègne tout le droit pénal européen.

Aussi convient-il de considérer successivement la diversité formelle des sources (Chapitre 1) et l'unité réelle des sources grâce à l'existence de ces droits fondamentaux (Chapitre 2).

CHAPITRE 1
DIVERSITÉ FORMELLE DES SOURCES

On doit distinguer entre le droit de l'Union et celui des Communautés.

SECTION 1. LE DROIT DE L'UNION

401 Le droit primaire de l'Union consiste dans le Traité de Maastricht sur l'Union européenne et les Traités d'Amsterdam et de Nice [1], modifiant le premier. Pour ce qui nous intéresse dans le cadre du droit pénal, le droit secondaire de l'Union comprend, selon l'article 34 TUE [2] :

a) les positions communes ;

b) les décisions-cadres aux fins de rapprochement des dispositions législatives et réglementaires des États membres ;

c) les décisions à toute autre fin conforme aux objectifs du titre sur la coopération judiciaire et policière en matière pénale, à l'exclusion de tout rapprochement des dispositions législatives et réglementaires des États membres, et

d) les conventions et les mesures d'application de ces conventions.

Le Traité d'Amsterdam n'a que partiellement mis au clair la nature juridique de ces instruments. L'article 34 TUE dispose que les *décisions-cadres* (sub b) « lient les États membres quant au résultat à atteindre, tout en laissant aux instances nationales la compétence quant à la forme et aux moyens ». La formule a été empruntée à l'article 249 CE sur les directives communautaires. La nature juridique des décisions-cadres est donc à comparer à celle d'une directive communautaire, que nous examinerons ci-dessous. L'article 34 TUE contient la clause : « Elles ne peuvent entraîner d'effet direct ». De cette manière, les auteurs du Traité d'Amsterdam s'opposent à la jurisprudence de la CJCE sur l'effet direct d'une directive [3].

D'autre part, selon le même article 34 TUE, les *décisions* mentionnées sub c « sont obligatoires et ne peuvent entraîner d'effet direct ». On peut en tirer deux conclusions : ces décisions n'ont pas la valeur juridique des décisions-cadres et elles ne peuvent pas être invoquées par des particuliers. Mais quelle est alors leur valeur juridique ? Au vu de la cir-

1. Le Traité de Nice n'est pas encore entré en vigueur, *JOCE* 10 mars 2001, C 80/1.

2. L'art. K.3 du Traité de Maastricht distinguait : positions communes et promotion de coopération, actions communes et leurs mesures d'application, conventions.

3. V. *infra*, n° 408.

constance que la Cour, selon l'article 35 TUE, est compétente pour statuer à titre préjudiciel sur la validité non seulement des décisions-cadres, mais aussi des décisions, la réponse doit être qu'elles ont une valeur juridique nette.

Enfin, quelle est la valeur juridique des *positions communes* ? Est-ce qu'il faut les considérer comme des simples déclarations d'où l'on peut déduire l'obligation des États membres d'entreprendre des efforts afin d'atteindre le résultat désiré [1] ? Cette réponse doit être positive au vu de la circonstance que la Cour, selon l'article 35 TUE, n'est compétente pour statuer à titre préjudiciel sur la validité des positions communes.

Nous ne ferons pas mention de toutes les positions communes, décisions et décisions-cadres et conventions qui sont émanées de l'Union [2]. Nous ne rappellerons qu'un ou quelques exemples des trois premières catégories de mesure :

• position commune du 27 mai 1999 concernant les négociations relatives au projet de convention sur la criminalité dans le cyberspace, qui sont menées au sein du Conseil d'Europe [3] ;

• position commune relative à la proposition de protocole contre la fabrication et le trafic illicite d'armes à feu, de leurs pièces, éléments et munitions additionnel à la convention des Nations Unies contre la criminalité transnationale organisée [4] ;

• décision du 29 mai 2000 relative à la lutte contre la pédopornographie sur l'internet [5] ;

• décision-cadre du 29 mai 2000 visant à renforcer par des sanctions pénales et autres la protection contre le faux-monnayage en vue de la mise en circulation de l'euro [6] ;

• décision-cadre du 15 mars 2001 relative au statut des victimes dans le cadre de procédures pénales [7] ;

• décision-cadre du 28 mai 2001 concernant la lutte contre la fraude et la contrefaçon des moyens de paiement autres que les espèces [8] ;

• décision-cadre du 26 juin 2001 concernant le blanchiment d'argent, l'identification, le dépistage, le gel ou la saisie et la confiscation des instruments et des produits de crime [9].

1. V. pour les prédécesseurs de ces instruments dans le Traité de Maastricht : A. Lo Monaco, « Les instruments juridiques de coopération dans les domaines de la Justice et des Affaires intérieures », *Rev. sc. crim.* 1995, p. 11-21.
2. V. aussi K. Lenaerts et P. van Nuffel, *Constitutional Law of the European Union*, Sweet and Maxwell, London 1999, p. 253-258.
3. *JOCE* du 5 juin 1999, L 142/1.
4. *JOCE* du 12 févr. 2000, L 37/1.
5. *JOCE* du 9 juin 2000, L 138/1.
6. *JOCE* du 14 juin 2000, L 140/1.
7. *JOCE* du 22 mars 2001, L 082/1.
8. *JOCE* du 2 juin 2001, L 149/1.
9. *JOCE* du 5 juillet 2001, L 182/1.

Le rapport entre le droit communautaire et le droit de l'Union fait l'objet de l'article 47 TUE qui dispose qu'aucune disposition du Traité sur l'Union européenne (sauf les dispositions portant modification des traités instituant les trois Communautés) « n'affecte les traités instituant les Communautés européennes ni les traités et actes subséquents qui les ont modifiés ou complétés ». Donc, s'il s'agit d'un domaine sur lequel la Communauté européenne exerce une compétence exclusive, l'Union n'est pas compétente pour prendre des mesures. En cas de conflit la Cour de Justice peut être appelée à se prononcer sur cette question [1].

SECTION 2. LE DROIT COMMUNAUTAIRE

§ 1. Diversité du droit communautaire

Il faut distinguer le droit communautaire primaire du droit communautaire secondaire (dérivé).

A. Droit communautaire primaire

402 Il consiste dans les éléments suivants :

a) les trois traités instituant les trois Communautés européennes : le Traité instituant la Communauté Européenne du Charbon et de l'Acier (CECA) du 18 avril 1951, le Traité instituant la Communauté Économique Européenne (CEE) du 25 mars 1957 et le Traité instituant la Communauté Européenne de l'Énergie Atomique (Euratom) du 25 mars 1957 ;

b) les protocoles annexes ;

c) les traités et autres actes portant modifications et suppléments aux traités originaux.

Parmi les protocoles figurent par exemple le Protocole sur le statut de la Cour de Justice [2] et le Protocole sur le statut de la Banque européenne d'investissement. Un exemple de traité qui modifie et complète les traités originaux est la Convention relative à certaines institutions communes aux Communautés européennes du 25 mars 1957. Cette convention envisageait entre autres l'institution d'une Assemblée unique [3] et d'une Cour de Justice unique pour les trois Communautés. Le Traité du 8 avril 1965 instituant un Conseil unique et une Commission unique des Communautés européennes a eu pour effet la création d'un Conseil

1. V. par ex. CJCE 12 mai 1998, *Commission c/ Conseil de l'Union européenne*, C-170/96, *Rec. CJCE* p. I-2763.
2. Le statut a été renouvelé à Nice : *JOCE* 10 mars 2001, C 80/53.
3. Depuis l'entrée en vigueur de l'Acte unique : le Parlement européen.

unique et d'une Commission unique pour les trois Communautés. L'Acte unique européen des 17 et 28 février 1986 a eu pour but de réaliser avant le 31 décembre 1992 un marché interne dans lequel la libre circulation de biens, personnes, services et capitaux est garantie.

Cet Acte unique européen a inséré dans le Traité CE des nouvelles politiques communes, entre autres dans les domaines de la recherche et de l'environnement.

Une modification importante résulte du Traité de Maastricht du 7 février 1992. Depuis l'entrée en vigueur de ce traité au 1er novembre 1993 il est question de trois Communautés [1], qui font partie de l'Union européenne. Désormais, la Communauté économique européenne est appelée Communauté européenne. Le Traité de Maastricht a été modifié par les Traités d'Amsterdam et de Nice, qui ont apporté des modifications dans les trois traités instituant les Communautés.

B. Droit communautaire secondaire (dérivé)

403 Le droit communautaire secondaire ou dérivé est l'ensemble des règles de droit qui émanent des institutions communautaires. Il comprend les règlements, les directives et les décisions (art. 249 CE) [2]. Le droit secondaire reflète le caractère supranational des Communautés. Les institutions politiques des Communautés ont le pouvoir, dans les domaines de leur compétences de promulguer des règles qui ont priorité sur les règles nationales. L'unanimité, si caractéristique pour la coopération intergouvernementale, n'est plus la règle.

Les règlements, comme les directives, peuvent émaner du Conseil et de la Commission. La Banque Centrale Européenne a également compétence pour arrêter des règlements (art. 110 CE). Les règlements ont une portée générale, sont obligatoires dans tous leurs éléments et sont directement applicables dans tout État membre (art. 249-2 CE). Par conséquent, les règlements n'ont pas besoin d'être transformés en droit national. Une transformation est même interdite afin d'éviter des disparités qui apparaîtraient du fait des transformations dans les États membres et afin de maintenir au clair l'origine des mesures. Une telle disparité pourrait se produire par exemple pour cause de différences quant aux dates d'entrée en vigueur ou quant au contenu des mesures nationales d'exécution.

Les directives lient tout État membre destinataire quant au résultat à atteindre. Elles laissent aux instances nationales leur compétence

1. V. les articles G-I TUE (8-10 TUE Amsterdam).

2. Dans la terminologie du Traité CECA il s'agit, respectivement, des décisions et recommandations générales ; les décisions générales CECA sont, plus ou moins, comparables aux règlements CE et Euratom ; les recommandations générales CECA aux directives CE et Euratom, v. par ex. KAPTEYN et VERLOREN VAN THEMAAT, *Introduction to the Law of the Communities*, 3e éd., Kluwer Law International, London, The Hague, Boston, p. 321.

concernant la forme et les moyens (art. 249-3 CE) pour l'atteindre. Du point de vue des particuliers, la directive, dès lors, est moins obligatoire que le règlement. D'abord le citoyen n'est pas lié par la directive : une directive ne crée pas d'obligations pour les particuliers. Deuxièmement l'État membre destinataire est laissé libre quant à la forme et les moyens. La directive a besoin d'être transformée en droit national. Elle n'est pas directement applicable. Ceci n'exclut pas la possibilité d'un effet direct : la personne qui est confrontée à une règle de droit national inconciliable avec une disposition inconditionnelle et suffisamment précise d'une directive qui — au moment de l'infraction pénale au droit national — aurait dû être transformé, invoquera avec succès la directive [1]. À l'inverse, un règlement est en général directement applicable, mais n'a pas nécessairement d'effet direct. Un règlement peut contenir des règles dont les autorités nationales sont les destinataires.

Les directives sont les instruments par excellence pour le rapprochement des législations nationales.

L'art. 249 CE n'implique pas une attribution de pouvoir au Conseil et à la Commission pour prendre des règlements et des directives. Il faut qu'il y ait une base ailleurs que dans les traités. C'est ce que dit expressément l'article 5 CE : « La Communauté agit dans les limites des compétences qui lui sont conférées et des objectifs qui lui sont assignés par le présent traité ». L'article 7-1, deuxième phrase, précise : « Chaque institution agit dans les limites des attributions qui lui sont conférées par le présent traité ». Par exemple l'art. 83 CE déclare le Conseil compétent pour arrêter des règlements et directives dans le domaine de la concurrence. Autre exemple : l'art. 40 CE comprend le pouvoir du Conseil d'arrêter par voie de directives ou de règlements, les mesures nécessaires en vue de réaliser progressivement la libre circulation des travailleurs.

§ 2. **Primauté de l'ordre juridique communautaire**

A. **Principe**

404 L'ensemble du droit communautaire primaire et secondaire a créé un ordre juridique qui prime le droit national. Les traités qui ont institué les Communautés européennes ne sont pas des traités ordinaires. Les États signataires ont limité leur souveraineté et même créé des institutions supranationales. La jurisprudence de la Cour de Justice a affirmé cette notion dans son célèbre arrêt du 15 juillet 1964, rendu dans l'affaire *Costa* [2]. Les États signataires ont créé « une communauté de durée

1. CJCE 19 janv. 1982, *Becker*, 8/81, *Rec. CJCE* p. 53, 70.
2. CJCE 15 juill. 1964, *Costa*, 6/64, *Rec. CJCE* p. 585, 593.

illimitée, dotée d'attributions propres, de la personnalité, de la capacité juridique, d'une capacité de représentation internationale et plus précisément de pouvoirs réels issus d'une limitation de compétence » et ils « ont limité, bien que dans des domaines restreints, leurs droits souverains et créé ainsi un corps de droit applicable à leurs ressortissants et à eux-mêmes ». Ceci a pour conséquence que le droit communautaire ne doit pas être considéré comme du droit international « ordinaire » qui, par exemple en France et aux Pays-Bas, n'a une autorité supérieure au droit interne que dans les conditions de l'art. 55 de la Constitution française et de l'art. 93 de la Loi Fondamentale des Pays Bas. Le droit communautaire prend une position spéciale et supérieure au droit interne, y compris le droit national constitutionnel [1] : « ...la primauté s'exerce à l'encontre de toutes les normes nationales [...], administratives, législatives, juridictionnelles, et même de niveau constitutionnel... » [2]. Dès lors, en cas de conflit entre le droit national et par exemple un règlement communautaire, le premier devra s'effacer devant le droit communautaire. Ce dernier a primauté. Le juge national est tenu de faire prévaloir le droit communautaire, que le droit national soit antérieur ou postérieur au droit communautaire [3]. C'est l'effet négatif du droit communautaire sur le droit national.

B. Limites

1. Limites tenant aux domaines et aux instruments

405 La suprématie de l'ordre juridique communautaire n'est pas illimitée. Il importe de faire certaines remarques. En premier lieu les institutions des Communautés, comme il a déjà été remarqué à la fin de la section précédente, ne sont compétentes que dans les domaines qui sont prévus dans les traités. Par exemple les Communautés ne sont pas compétentes pour arrêter un règlement dans le domaine de l'exécution des peines d'emprisonnement.

En second lieu, dans les domaines qui sont du champ d'action des Communautés, les institutions n'ont pas le choix libre des divers instruments qui sont énumérés dans les traités. Les traités indiquent au fur et à mesure des domaines en question les pouvoirs spécifiques qui sont à la disposition des institutions spécifiques. Par exemple dans le domaine de la concurrence, le Conseil, en vertu de l'art. 83-1 CE arrête des règle-

1. CJCE 17 déc. 1970, *Internationale Handelsgesellschaft*, 11/70, *Rec. CJCE* p. 1125.
2. Isaac, préc., p. 186.
3. V. Isaac, préc., p. 184 et s., l'observation de J. Pradel dans : J. Pradel et A. Varinard, *Les grands arrêts du droit criminel*, tome 1, Paris 1997, p. 54-56 et B. Bouloc, « L'influence du droit communautaire sur le droit pénal interne », *in Mélanges offerts à G. Levasseur*, Paris 1992, p. 103-120, p. 104-106.

ments et des directives. Les traités n'ont guère attribué directement à la Commission le pouvoir d'arrêter des règlements. L'art. 39-3 point d CE attribue à la Commission le pouvoir d'établir des règlements d'application qui comprennent, pour les travailleurs des États membres, les conditions pour demeurer sur le territoire d'un État membre, après y avoir occupé un emploi. Les règlements de la Commission sont dans la plupart des cas les résultats de pouvoirs qui ont été délégués par le Conseil à la Commission (art. 202 CE).

Ces deux conditions indiquent que les Communautés n'ont pas de compétence-compétence, c'est-à-dire qu'elles ne peuvent pas définir eux-mêmes les limites de leurs compétences comme un État souverain peut le faire. Elles ne sont pas dans la position de pouvoir se confier des tâches qui ne sont pas envisagées dans les traités et pour lesquels elles exerceraient à leur gré leurs pouvoirs. Elles n'agissent que dans les domaines que les États membres leur ont assignés dans les traités et dans les limites des pouvoirs qui sont spécifiquement attribués afin de remplir ces tâches. Comme l'art. 5 CE, précité, le formule :

« La Communauté agit dans les limites des compétences qui lui sont assignées par le présent traité » [1].

D'autre part il ne faut pas oublier l'art. 308 CE :

« Si une action de la Communauté apparaît nécessaire pour réaliser, dans le fonctionnement du marché commun, l'un des objets de la Communauté, sans que le présent traité ait prévu les pouvoirs d'action requis à cet effet, le Conseil, statuant à l'unanimité sur proposition de la Commission et après consultation du Parlement européen, prend les dispositions appropriées ».

Cet article peut fonctionner comme moteur de l'ambition de la Communauté de jouer un rôle plus grand que prévu dans le Traité CE [2]. D'une part, l'article pourrait être conçu comme une base de compétence-compétence, étant donné l'ampleur de la mission de la Communauté comme formulé dans le nouvel article 2 CE :

« La Communauté a pour mission, par l'établissement d'un marché commun et d'une Union économique et monétaire, et par la mise en œuvre des politiques ou des actions communes visées aux articles 3 et 4 CE, C/P) de promouvoir dans l'ensemble de la Communauté un développement harmonieux, équilibré et durable des activités économiques, un niveau d'emploi et de protection social élevé, l'égalité entre les hommes et les femmes, une croissance durable et non inflationniste, un haut degré de compétitivité et de convergence des performances économiques, un niveau élevé de protection et d'amélioration de la qua-

1. CJCE 26 mars 1987, *Commission/Conseil*, 45/86, *Rec. CJCE* p. 1493.

2. L'art. 308 CE est par exemple à la base du Règlement 2988/95 relatif à la protection des intérêts financiers des Communautés européennes, *JOCE* 1995, L 312/1, V. ci-dessous n°s 78 et s.

lité de l'environnement, le relèvement du niveau et de la qualité de la vie, la cohésion économique et sociale et la solidarité entre les États membres ».

On ne peut guère imaginer des domaines qui ne sont pas compris dans cette mission. Donc, la clause de l'article 308 CE « dans le fonctionnement du marché commun » ne semble pas apporter une restriction essentielle [1].

On peut soutenir la thèse que dans le sens matériel, il n'est pas question de compétence-compétence, car l'article exige l'unanimité du Conseil. Chaque État membre y a le droit de veto. Par conséquent, bien que le Conseil, en statuant dans le cadre de l'art. 308 CE, agisse comme institution communautaire, ce sont finalement les États membres, par l'intermédiaire de leurs représentants dans le Conseil, qui définissent les compétences de la Communauté. Weatherill et Beaumont donnent des exemples de mesures qui ont été prises sur la base de l'art. 308 CE et qui s'étendaient sur les terrains qui, avant l'Acte unique européen et le Traité de Maastricht, ne faisaient pas partie des champs d'application de la Communauté [2].

Le danger de la compétence-compétence est que la Communauté s'empare de terrains dont les citoyens ne pouvaient pas prévoir qu'elle s'en occuperait. Cela pose, du point de vue du contrôle démocratique, un désavantage. Il en irait autrement si ce contrôle démocratique, au niveau communautaire, montrait moins d'imperfection.

2. Limites tenant aux principes de subsidiarité et de proportionnalité

406 Le Traité CE exprime les principes de la subsidiarité et de la proportionnalité. Le principe de la subsidiarité implique que la Communauté ne règle pas au niveau communautaire ce qui peut être mieux décidé ou mieux géré aux plans national ou régional, un principe qui d'ailleurs s'impose également aux autres piliers de l'Union (art. 2 TUE). « Le critère de la localisation du pouvoir de décision n'est plus le niveau le plus efficace, mais le niveau le plus efficace le plus bas » [3]. L'art. 5 CE l'exprime ainsi :

« Dans les domaines qui ne relèvent pas de sa compétence exclusive, la Communauté n'intervient, conformément au principe de la subsidiarité, que si et dans la mesure où les objectifs de l'action envisagée ne peuvent pas être réalisés de manière suffisante par les États membres et peuvent donc en raison des dimensions ou des effets de l'action envi-

1. C. Kapteyn et VerLoren van Themaat, *Inleiding tot het recht van de Europese Gemeenschappen*, 5e éd., Kluwer, Deventer 1995, p. 148.
2. V. S. Weatherill et P. Beaumont, préc., p. 156.
3. Isaac, préc., p. 40.

sagée, être mieux réalisés au niveau communautaire. L'action de la Communauté n'excède pas ce qui est nécessaire pour atteindre les objectifs du présent traité ».

Cette dernière phrase reflète le principe de la proportionnalité, qui — selon la Cour — faisait déjà partie « des principes généraux du droit communautaire. En vertu de ce principe, la légalité de mesures imposant des charges financières aux opérateurs est subordonnée à la condition que ces mesures soient appropriées et nécessaires à la réalisation des objectifs légitimement poursuivis par la réglementation en cause, étant entendu que, lorsqu'un choix s'offre entre plusieurs mesures appropriées, il convient de recourir à la moins contraignante, et que les charges imposées ne doivent pas être démesurées par rapport aux buts visés » [1]. Si la Communauté européenne « a le choix entre plusieurs modes d'action, elle doit retenir, à efficacité égale, celui qui laisse le plus de liberté aux États, aux particuliers, aux entreprises » [2]. Ce principe a un champ d'application plus vaste que celui de la subsidiarité qui ne joue de rôle que dans les domaines des compétences exclusives de la Communauté européenne [3].

En première instance, les autorités législatives de la Communauté doivent respecter ces principes. En seconde instance, il incombe à la Cour de Justice de constater une infraction à ces principes et d'y attacher des conséquences. La Cour pourra être saisie par exemple par un État membre (art. 227 CE), ou encore par une personne physique ou morale (art. 230 CE) ou par une instance judiciaire nationale afin de la voir s'exprimer sur la conformité de tel ou tel acte communautaire avec les principes de la subsidiarité et de la proportionnalité de l'art. 5 CE. On peut imaginer le cas d'une personne qui est poursuivie pour violation d'un règlement communautaire et qui prétend que ce règlement est contraire au principe de la subsidiarité. Dans cette hypothèse, un tribunal national peut s'adresser à la Cour de Justice par voie de question préjudicielle [4].

Le Protocole sur l'application des principes de subsidiarité et de proportionnalité annexé au Traité CE par le Traité d'Amsterdam précise les critères d'application de ces principes. L'art. 5 dispose : « Pour être justifiée, une action de la Communauté doit répondre aux deux aspects du principe de subsidiarité : les objectifs de l'action proposée ne peuvent pas être réalisés de manière suffisante par l'action des États membres dans le cadre de leur système constitutionnel national et peuvent donc être mieux réalisés par une action de la Communauté ».

1. CJCE 11 juill. 1989, *Schräder*, 265/87, *Rec. CJCE* p. 2237, 2269.
2. Isaac, préc., p. 42.
3. C. Isaac, préc., p. 42.
4. L'art. 234 CE.

§ 3. Applicabilité immédiate et effet direct du droit communautaire

A. La règle générale

407 La notion de la primauté du droit communautaire étant clarifié, il importe d'introduire les notions d'applicabilité immédiate et d'effet direct. L'effet négatif du droit communautaire sur le droit pénal national, c'est-à-dire la neutralisation du droit national par le droit communautaire, n'est pas seulement régi par la notion de la primauté du droit communautaire, mais également par celles de l'applicabilité immédiate et de l'effet direct du droit communautaire.

L'effet direct doit être distinguée de l'applicabilité immédiate. Le droit communautaire, qu'il soit ou non d'effet direct, est immédiatement applicable, c'est-à-dire qu'il n'a pas besoin d'être transformé en droit national. Il est immédiatement applicable et est intégré de plein droit dans l'ordre interne des États membres [1]. Non seulement les traités institutifs, mais également le droit émanant des institutions communautaires fait partie intégrante de l'ordre juridique de chaque État membre. « ... si les États membres sont libres de conserver leur conception dualiste au regard du droit international, le dualisme, au revanche, est banni des relations Communautés/États membres... » [2]. La Cour de Justice s'est exprimé comme suit : « ... le traité de la CEE a institué un ordre juridique propre intégré au système juridique des États membres lors de l'entrée en vigueur du traité et qui s'impose à leurs juridictions » [3].

L'applicabilité directe ou l'effet direct du droit communautaire [4] veut dire que le droit communautaire est susceptible d'être invoqué par des particuliers devant leurs juridictions nationales [5]. « Les personnes privées peuvent devenir titulaires de droits individuels même si elles ne sont pas expressément désignées comme les destinataires d'une disposition communautaire » [6]. Il y a effet direct (« self-executingness ») si les dispositions du droit communautaire « apparaissent comme étant, du point de vue de leur contenu, inconditionnelles et suffisamment précises » [7]. Cela n'exclut pas que le juge dispose d'un pouvoir d'appréciation [8]. *A fortiori*, le juge national qui est appelé à appliquer une norme

1. V. Isaac, préc., p. 168.
2. V. Isaac, préc., p. 168.
3. CJCE 15 juill. 1964, *Costa*, 6/64, *Rec. CJCE* p. 1141.
4. Isaac, préc., p. 171 et J. Rideau, *Droit institutionnel de l'Union et des Communautés européennes*, LGDJ, Paris 1994, p. 680 utilisent ces deux termes comme synonymes.
5. CJCE 5 févr. 1963, *Van Gend en Loos*, 26/62, *Rec. CJCE* p. 1, 12.
6. V. Isaac, préc., p. 172-173.
7. CJCE, 19 janv. 1982, *Becker*, 8/81, *Rec. CJCE* p. 53, 71.
8. V. Isaac, préc., p. 174.

communautaire, doit interpréter cette norme et peut à ces fins poser une question préjudicielle à la Cour de Justice.

Le droit communautaire a un rang supérieur à celui du droit national. C'est le principe, déjà énoncé ci-dessus, de la primauté du droit communautaire. Ce principe, répétons-le, signifie que les règles du droit communautaire « doivent être appliquées dès leur entrée en vigueur, malgré l'éventuelle préexistence d'une loi nationale incompatible, et pendant toute la période où elles restent en vigueur, malgré l'adoption ultérieure d'une loi incompatible »[1]. Par conséquent, le juge, confronté à une disposition de droit communautaire qui est directement applicable et avec laquelle une règle nationale préexistante est incompatible, se trouve contraint de laisser inappliquée cette règle nationale[2]. S'il s'agit d'une règle de droit communautaire qui est antérieure à des actes législatifs nationaux, la Cour refuse de leur reconnaître une efficacité juridique quelconque[3]. Voilà l'effet négatif du droit communautaire.

Prenons l'exemple d'une entreprise qui est confrontée à une règle nationale faisant obstacle à la libre circulation des marchandises (art. 23 et s. CE). Cette règle lui interdit de vendre des produits alimentaires qui portent des étiquettes sur lesquels le nom du produit n'est pas écrit dans la langue du pays d'importation. L'interdiction est sanctionnée par le droit pénal du pays d'importation. Étant donné que l'indication du produit est claire, que le consommateur n'est pas trompé[4], une pareille disposition est inconciliable avec le droit communautaire. L'art. 28 CE dispose que les restrictions quantitatives à l'importation, ainsi que toutes mesures d'effet équivalent, sont interdites entre les États membres. Dès lors, si cet importateur est poursuivi pénalement, il pourra invoquer l'art. 28 CE[5]. Le juge pénal serait obligé de statuer sur l'éventuelle incompabilité de l'incrimination nationale avec le droit communautaire. Si la réponse lui paraît douteuse, il pourrait — ou serait, en tant que « Cour Suprême », obligé à — poser une question préjudicielle à la Cour de Justice (art. 234 CE). S'il en résulte que la disposition violée est incompatible avec l'art. 28 CE, il doit acquitter l'entreprise ou ses dirigeants.

En l'espèce, la Commission, constatant l'existence de cette incrimination, aurait pu déclencher une action en manquement et, le cas échéant, saisir la Cour de Justice (art. 226 CE)[6]. Le même raisonnement vaut pour l'État membre d'exportation (art. 227 CE). Un tel arrêt

1. CJCE 9 mars 1978, *Simmenthal*, 106/77, *Rec. CJCE* p. 629, 643 ; V. Isaac, préc., p. 179-180.

2. CJCE 9 mars 1978, *Simmenthal*, 106/77, *Rec. CJCE* p. 629, 643. V. par ex. Cass. crim., 21 févr. 1994, *Bull. crim.*, 1994, 159, no. 74 et Cass. crim., 22 oct. 1970, *Bull. crim.*, n° 276, *D.* 1971, 221, J. Pradel et A. Varinard, *Les grands arrêts du droit criminel*, tome 1, Paris 1997, p. 49 et s.

3. V. Isaac, préc., p. 187-188.

4. V. art. 30 io. 28 CE.

5. V. par ex. Cass. crim. 27 févr. 1995, *Bull. crim.* 1995, 202 e.s.

6. V. par exemple CJCE 12 mars 1987, 178/84, *Rec. CJCE* p. 1227 Comm./Allemagne, Reinheitsgebot.

de la Cour, constatant le manquement d'un État membre peut servir au juge pénal pour en conclure que l'art. 28 CE est clarifié sur un tel point et pour laisser la disposition litigieuse hors application. Si l'arrêt constate l'incompatibilité de certaines dispositions législatives avec le traité, les autorités nationales compétentes sont obligées de modifier les dispositions en cause de manière à les rendre conformes au droit communautaire [1].

B. Un problème particulier : effet direct d'une directive ?

408 Il faut ajouter quatre remarques sur l'effet négatif des directives. Premièrement, une directive, comme le dit l'art. 249 CE, laisse aux instances nationales la compétence quant à la forme et aux moyens. Ceci n'empêche pas qu'une directive peut être invoquée si une incrimination nationale est contraire à une disposition d'une directive [2]. La Cour de Justice, dans l'affaire *Becker*, a reconnu cette possibilité dans l'hypothèse où un État membre « n'a pas correctement exécuté une directive et, plus spécialement, dans le cas où les dispositions d'une directive sont restées inexécutées à l'expiration du délai fixé pour sa mise en œuvre » [3]. Dès lors, une directive dont les dispositions sont inconditionnelles et suffisamment précises, peut produire un effet négatif en droit pénal national.

Deuxièmement, une directive qui attribue un pouvoir discrétionnaire au législateur national, abstraction faite de son effet direct (même si elle n'est pas inconditionnelle et suffisamment précise), peut être invoquée par un particulier devant ses juridictions nationales « dans le but de faire vérifier par celles-ci si les autorités nationales compétentes, dans l'exercice de la faculté qui leur est réservée quant à la forme et aux moyens pour la mise en œuvre de la directive, sont restées dans les limites d'appréciation tracées par la directive » [4].

Troisièmement, le juge national qui est appelé à appliquer le droit national et « notamment les dispositions d'une loi nationale spécialement introduite en vue d'exécuter une directive, [...] est tenue d'interpréter son droit national à la lumière du texte et de la finalité de la directive pour atteindre le résultat visé par l'article 189 (249, P/C), alinéa 3, du traité » [5].

1. CJCE 14 déc. 1982, *Waterkeyn*, 314 à 316/81 et 83/82, *Rec. CJCE* p. 4337.
2. V. *supra*, n° 403.
3. CJCE 19 janv. 1982, *Becker*, 8/81, *Rec. CJCE* p. 53, 70, CJCE 5 avr. 1979, *Ratti*, 148/78, *Rec. CJCE* p. 1629, 1640 et CJCE 8 oct. 1987, *Kolpinghuis*, 80/86, *Rec. CJCE* p. 3982.
4. CJCE 1er févr. 1977, *Verbond van Nederlandse Ondernemingen*, 51/76, *Rec. CJCE* p. 113, 127 ; comp. R. A. Lauwaars, C. W. A. Timmermans, *Europees Recht in kort bestek*, 5e éd., W. E. J. Tjeenk Willink, Deventer 1999, p. 28.
5. CJCE 10 avr. 1984, *Von Colson et Kamann*, 14/83, *Rec. CJCE* p. 1891, 1909 ; v. n° 39 ci-dessous.

Quatrièmement, le caractère contraignant d'une directive n'existe qu'à l'égard de tout État membre destinataire [1]. « ... Une directive ne peut pas par elle-même créer d'obligations dans le chef d'un particulier » [2].

1. V. Isaac, préc., p. 180.
2. CJCE 26 févr. 1986, *Marshall*, 152/84, *Rec. CJCE* p. 723.

CHAPITRE 2
UNITÉ RÉELLE DES SOURCES : LE RESPECT DES DROITS FONDAMENTAUX[1]

409 Le domaine de la justice pénale est fortement affecté par les droits de l'homme. Dès lors il convient d'examiner leur rôle par rapport au droit communautaire et au droit de l'Union. Mais avant de clarifier le droit positif il faut remarquer que le Parlement européen, le Conseil et la Commission européenne ont, le 7 décembre 2000, proclamé solennellement la Charte des droits fondamentaux de l'Union européenne[2]. Cette Charte réaffirme les droits de l'homme[3]. Mais elle fait plus que répéter ce qui a déjà été formulé dans la Convention européenne de sauvegarde des droits de l'homme et des libertés fondamentales, signée à Rome le 4 novembre 1950 et dans d'autres documents internationaux comme la Charte sociale européenne. Elle tient compte de développements récents en interdisant par exemple le clonage reproductif des êtres humains (art. 3). C'est surtout dans son chapitre VI qu'elle vise la justice pénale. La Charte reconnaît le droit à un recours effectif et à accéder à un tribunal impartial (art. 47), la présomption d'innocence et les droits de la défense (art. 48), les principes de légalité des délits et de proportionnalité des peines (art. 49) et le droit à ne pas être jugé ou puni deux fois pour une même infraction (art. 50). La portée de cette Charte n'est pas claire. Elle n'est pas juridiquement contraignante, mais peut servir « de paramètre de référence substantiel pour tous les acteurs — États membres, institutions, personnes physiques et morales — de la scène communautaire »[4]. La Cour de Justice peut dans son interprétation du droit communautaire, et — le cas échéant — du droit de l'Union, tenir compte de la Charte[5]. Selon la Déclaration 23, annexée au Traité de Nice, une nouvelle Conférence des représentants des gouvernements des États membres, à convoquer en 2004, statuera sur la révision des

1. V. par ex. M. Darmon, « La prise en compte des droits fondamentaux par la Cour de justice des Communautés européennes », *Rev. sc. crim.* 1995, p. 23-34.
2. V. aussi ci-dessus n° 17.
3. *JOCE* du 18 déc. 2000, C 364/1.
4. Avocat général Tizzano dans ses conclusions du 8 février 2001 en l'affaire C-173/99, *BECTU c/ Secretary of State,* v. aussi K. Lenaerts et E. de Smijter, « A "bill of rights" for the European Union », *Common Market Law Review* 2001, p. 273-300, p. 298-299.
5. V. par exemple, E. M. H. Hirsch Ballin, « Een wezenlijke maatstaf voor alle actoren in de Gemeenschap », *SEW* 2001, p. 330-337, p. 334.

traités à la lumière de la Charte. Donc, il n'est pas exclu que la Charte puisse être intégrée dans le Traité de l'Union européenne et/ou le Traité CE.

Le préambule du Traité de Maastricht fait référence aux droits fondamentaux en « confirmant leur (les signataires) attachement aux principes de la liberté, de la démocratie et du respect des droits de l'homme et des libertés fondamentales et de l'État de droit ».

L'article 6 TUE dispose :

« L'Union est fondée sur les principes de la liberté, de la démocratie, du respect des droits de l'homme et des libertés fondamentales, ainsi que de l'État de droit, principes qui sont communs aux États membres ».

L'art. 6 TUE décide expressément que l'Union « respecte les droits fondamentaux, tels qu'ils sont garantis par la Convention européenne de sauvegarde des droits de l'homme et des libertés fondamentales, signée à Rome le 4 novembre 1950, et tels qu'ils résultent des traditions constitutionnelles communes aux États membres, en tant que principes généraux du droit communautaire ».

Cette disposition est renforcée par l'article 5 TUE décidant que le « Parlement européen, le Conseil, la Commission, la Cour de justice et la Cour des comptes exercent leurs attributions dans les conditions et aux fins prévues... par les autres dispositions du présent traité ». Or, une de ces autres dispositions figure à l'article 6 TUE. Bien que cet article n'accorde pas de droits au citoyen [1], il revêt une importance symbolique. Mais cette dernière constatation, à son tour, a besoin d'être relativisée : l'art. 46 point d TUE dispose que la Cour, dans la mesure où elle est compétente en vertu des traités instituant les Communautés européennes et le Traité sur l'Union européenne, peut contrôler la compatibilité des actions des institutions avec les droits fondamentaux tels que relevés dans l'art. 6-2 TUE.

Le Traité d'Amsterdam a apporté une sanction au non-respect des droits de l'homme par l'insertion de l'article 7 TUE dans le Traité de Maastricht. Cet article dispose que le Conseil, réuni au niveau des chefs d'État ou de gouvernement, peut, après constatation de l'existence d'une violation grave et persistante par un État membre, décider de suspendre certains des droits découlant de l'application du Traité sur l'Union européenne à l'État membre en question. La décision du Conseil est prise à la majorité qualifiée sans tenir compte du vote du représentant du gouvernement de l'État membre en question.

Cette disposition n'avait pas été appliquée après qu'en Autriche la participation de l'extrême droite au gouvernement avait suscité beaucoup d'oppositions de la part de la plupart des États membres. Par conséquent le Traité de Nice, pas encore entré en vigueur, a dans un nouveau pre-

1. Kapteyn et VerLoren van Themaat, *Introduction to the Law of the European Communities*, 3e éd., Kluwer Law International, London, The Hague, Boston, p. 285.

mier alinéa de l'art. 7 TUE introduit la possibilité de constater avec une majorité des quatre cinquièmes des États membres « qu'il existe un risque clair de violation grave par un État membre des principes énoncés à l'article 6, paragraphe 1, et lui adresser des recommandations appropriées ». Des dispositions analogues à l'article 7, alinéa 2, et s. ont été insérées dans les Traités CE, CECA et Euratom (respectivement art. 309 CE, 96 CECA et 204 Euratom). La décision de suspension, prise dans le cadre du Traité de Maastricht, produit ses effets dans le cadre des Traités instituant les Communautés : lorsqu'il a été décidé de suspendre les droits de vote du représentant du gouvernement d'un État membre conformément à l'art. 7 TUE, ces droits de vote sont également suspendus en ce qui concerne les Traités CE, CECA et Euratom.

L'article 6 TUE fut annoncé par la déclaration commune du 5 avril 1977, dans laquelle le Parlement européen, le Conseil et la Commission ont proclamé leur attachement au « respect des droits fondamentaux tels qu'ils résultent notamment des Constitutions des États membres et de la Convention européenne de sauvegarde des droits de l'homme et des libertés fondamentales » [1].

Avant que cette déclaration ait été proclamée, la Cour de justice avait imposé le respect des droits fondamentaux aux institutions communautaires, malgré la circonstance que les traités instituant les Communautés ne contiennent pas un catalogue de droits fondamentaux. Elle avait jugé que « le respect des droits fondamentaux fait partie intégrante des principes généraux du droit dont la Cour de justice assure le respect ; que la sauvegarde de ces droits, tout en s'inspirant des traditions constitutionnelles communes aux États membres, doit être assurée dans le cadre de la structure et les objectifs de la Communauté » [2]. Dans son arrêt, rendu dans l'affaire *Nold*, la Cour a fait allusion aux conventions relatives aux droits de l'homme. Elle a considéré que « les instruments internationaux concernant la protection des droits de l'homme auxquels les États membres ont coopéré ou adhéré peuvent également fournir des indications dont il convient de tenir compte dans le cadre du droit communautaire » [3]. C'est dans son arrêt rendu dans l'affaire *Rutili* que la Cour a, pour la première fois, mentionné expressément les principes qui sont à la base de la Convention européenne des droits de l'homme [4]. Dans l'arrêt rendu dans l'affaire *Hoechst*, elle s'est directement référé à la Convention [5].

1. *JOCE* 1977, C 103/1.
2. CJCE 17 déc. 1970, *Internationale Handelsgesellschaft*, 11/70, *Rec. CJCE* p. 1125 et CJCE 12 déc. 1969, *Stauder*, 29/69, *Rec. CJCE* 1969, p. 419.
3. CJCE 14 mai 1974, *Nold II*, 4/73, *Rec. CJCE* p. 491.
4. CJCE 28 oct. 1975, *Rutili*, 36/75, *Rec. CJCE* p. 1219 ; v. par ex. également CJCE 15 mai 1986, *Johnston*, 222/84, *Rec. CJCE* p. 1651, 1682 : « il convient de tenir compte des principes dont s'inspire cette convention (la Conv. EDH) dans le cadre du droit communautaire ».
5. V. Kapteyn et VerLoren van Themaat, préc., p. 284.

Quant à l'effet (positif et négatif) du droit communautaire sur le droit pénal national, il s'ensuit qu'une violation d'un droit fondamental au plan national peut donner lieu à un arrêt de la Cour déclarant qu'un tel acte national, pour autant qu'il se situe dans le domaine propre du droit communautaire [1], est incompatible avec des droits fondamentaux qui font partie intégrante du droit communautaire.

La Cour, dans son avis du 28 mars 1996, a considéré qu'en l'état actuel du droit communautaire, la Communauté européenne n'a pas compétence pour adhérer à la Convention européenne des droits de l'homme. Une éventuelle adhésion devrait donc se faire par une révision du Traité CE. Le Traité d'Amsterdam ni le Traité de Nice ne comportent, en effet, une telle clause.

1. CJCE 11 juill. 1985, *Cinéthèque*, 60 et 61/84, *Rec. CJCE* p. 2605 ; v. M. BIESHEUVEL, « Artikel 6 van de Europese Conventie voor de Rechten van de Mens en het gemeenschapsrecht », *SEW* 1988, p. 659-705, p. 665.

TITRE 3

LE FONCTIONNEMENT (Les effets positif et négatif du droit communautaire sur le droit pénal national)

410 ***Définitions*** ◇ Le droit communautaire produit un effet négatif et un effet positif sur le droit pénal national. Cette distinction, énoncée ci-dessus dans la Section préliminaire (*supra,* n° 388), va de pair avec les notions d'intégration négative et positive [1]. La notion d'intégration négative [2] se rapporte à l'élimination et l'interdiction des entraves aux libertés communautaires (libre circulation des personnes, des marchandises, des services et des capitaux), comme prévu par exemple par l'interdiction des droits de douane et des restrictions quantitatives à l'entrée et à la sortie des marchandises, ainsi que de toutes autres mesures d'effet équivalent (art. 3, 28 et 29 CE). Cette intégration négative a été renforcée par le développement jurisprudentiel des notions de la primauté et de l'effet direct du droit communautaire. La notion d'intégration positive est relative au rapprochement des législations et à la mise en œuvre des politiques ou des actions communes, comme, par exemple, la politique commune dans les domaines de l'agriculture et de la pêche (art. 3-1 e CE) [3].

1. C. R. M. A. Guldenmund, *Strafrechtelijke handhaving van gemeenschapsrecht,* diss. Utrecht, Gouda Quint, Arnhem 19992, p. 12.

2 V. Kapteyn et VerLoren van Themaat, *Inleiding tot het recht van de Europese Gemeenschappen, Na Maastricht,* 5ᵉ éd., Kluwer, Deventer 1995, p. 73.

3. V. R. H. Lauwaars et C. W. A. Timmermans, *Europees Recht in kort bestek,* 5ᵉ éd., W. E. J. Tjeenk Willink, Deventer 1999, p. 177.

On parle d'un effet négatif du droit communautaire sur le droit pénal national si une règle de droit pénal national est considérée comme incompatible avec le droit communautaire. Cette règle nationale doit s'effacer devant la norme communautaire. Le droit national est neutralisé [1]. Par l'effet positif du droit communautaire sur le droit pénal national, on peut entendre toutes les mesures dans le domaine du droit pénal qui sont prises par les autorités nationales afin d'assurer l'exécution des obligations découlant du droit communautaire. Cet effet positif se distingue de l'effet négatif par le fait qu'il ne s'agit pas de l'élimination d'une entrave à la réalisation du droit communautaire ou de l'interdiction d'introduire une telle entrave, mais de mesures actives qui sont prises à cette même fin [2].

1. Terminologie de M. DELMAS-MARTY, « Union européenne et droit pénal », *Cah. dr. eur.* 1997, p. 607-653, p. 613 et de A. HUET, « Droit pénal », *Rép. comm. Dalloz*, oct. 1997, p. 1-15.

2. B. BOULOC, « L'influence du droit communautaire sur le droit pénal interne », dans : *Mélanges offerts à G. Levasseur*, Litec, Paris 1992, p. 103-120, p. 107, utilise une autre terminologie : l'influence directe, opposée à l'influence indirecte, que nous avons appelée l'effet négatif.

CHAPITRE 1
L'EFFET NÉGATIF : L'INCOMPATIBILITÉ DE DISPOSITIONS DE DROIT NATIONAL AVEC LE DROIT COMMUNAUTAIRE

411 *Vue générale* ◇ Tout d'abord l'incompatibilité d'une disposition de droit pénal interne peut consister en ce que le droit pénal interne interdit un comportement qui, selon le droit communautaire, est permis ou, même, très favorisé par ce dernier droit. Par exemple, le droit national rend punissable l'importateur qui, sans autorisation préalable, met des produits alimentaires, provenant d'un autre État membre, sur le marché. Une telle incrimination va à l'encontre de l'art. 28 CE qui garantit la libre circulation des marchandises en interdisant « les restrictions quantitatives à l'importation ainsi que toutes mesures d'effet équivalent ». Et, selon la CJCE, « toute mesure nationale susceptible d'entraver directement ou indirectement, actuellement ou potentiellement, le commerce intracommunautaire est à considérer comme mesure d'effet équivalent à une restriction quantitative » [1]. Sauf hypothèse de justification, telle que prévue dans l'art. 30 CE [2] ou dans la jurisprudence *Cassis de Dijon* [3], cet importateur sera, en cas de poursuite, relaxé.

Cependant la Cour a précisé sa jurisprudence en distinguant entre d'une part les règles relatives aux conditions auxquelles doivent répondre les marchandises (par exemple le poids, la composition, l'étiquetage) et d'autre part les règles limitant ou interdisant des modalités de commercialisation des marchandises (par exemple démarchage à domicile, publicité, vente du dimanche) [4]. Les premières constituent des mesures

1. CJCE 11 juill. 1974, *Dassonville*, 8/74, *Rec. CJCE* p. 837.
2. Article visant diverses circonstances (moralité publique, ordre public, sécurité publique, protection de la santé et de la vie des personnes et des animaux ou de préservation des végétaux, protection des trésors nationaux ayant une valeur artistique, historique ou archéologique, protection de la propriété industrielle et commerciale) qui permettent des atteintes à la libre circulation.
3. CJCE 20 févr. 1979, *Cassis de Dijon*, 120/78, *Rec. CJCE* p. 649 : élargissant les exceptions justifiées « notamment à l'efficacité des contrôles fiscaux, à la protection de la santé publique, à la loyauté des transactions commerciales et à la défense des consommateurs ».
4. CJCE 24 nov. 1993, *Keck*, 267/91 et 268/91, *Rec. CJCE* p. I-6097.

d'effet équivalent au sens de l'article 28 CE. Ces règles sont assujetties au régime de l'article 30 CE et à la jurisprudence *Cassis de Dijon*. Les secondes ne constituent plus de telles mesures à la condition que les deux conditions énoncées dans l'arrêt *Keck* soient remplies : les règles s'appliquent à tous les opérateurs exerçant leurs activités sur le territoire national, elles affectent de la même manière, en droit comme en fait, la commercialisation des produits nationaux et de ceux provenant des autres États membres.

Un autre exemple de l'effet négatif du droit communautaire sur le droit pénal national est fourni par la jurisprudence *Bordessa*. Celle-ci a trait à la libre circulation des capitaux, garantie par l'article 56 CE et qui interdit l'exigence d'une autorisation ou d'une déclaration préalable imposée par les autorités d'un État membre lors d'un transfert de pièces, de billets de banque ou de chèques au porteur. Cette interdiction, qui était affirmée par le droit pénal, revenait, selon la Cour, « à soumettre l'exercice de la libre circulation des capitaux à la discrétion de l'administration et serait susceptible, de ce fait, de rendre cette liberté illusoire »[1]. Donc, la règle nationale ne doit pas être de nature à rendre illusoire les libertés reconnues par le traité.

L'arrêt rendu dans l'affaire Cowan souligne l'effet que le droit communautaire peut exercer sur la justice pénale nationale. Il s'agissait d'un ressortissant britannique qui lors d'un bref séjour à Paris, était victime d'une agression violente commise à la sortie d'une station de Métro. Les auteurs de la violence n'ayant pas pu être identifiés, la victime avait sollicité une indemnisation au titre de l'article 706-3 du Code de procédure pénale français. Cette disposition pénale permet dans un tel cas d'obtenir une indemnisation de l'État. Néanmoins elle ne fut pas accordée à cause de la nationalité de la victime. La Cour considéra : « *Le gouvernement français a fait valoir également qu'une indemnité comme celle en cause dans la procédure au principal échappe à l'interdiction de discrimination, du fait qu'elle relève du droit de la procédure pénale qui n'est pas compris dans le domaine d'application du traité. À cet égard, il convient de rappeler que si, en principe, la législation pénale et les règles de la procédure pénale, parmi lesquelles a été insérée la disposition nationale litigieuse, relèvent de la compétence des États membres, il est de jurisprudence constante (voir, entre autres, l'arrêt du 11 novembre 1981,* Casati, *203/80,* Rec. *1981, p. 2595) que le droit communautaire impose des limites à cette compétence, de telles dispositions législatives ne peuvent, en effet, opérer une discrimination à l'égard de personnes auxquelles le droit communautaire confère le droit à l'égalité de traitement, ni restreindre les libertés fondamentales garanties par le droit communautaire* »[2].

1. CJCE 23 févr. 1995, *Bordessa*, C-358/93 et C-416/93, *Rec. CJCE* p. I-361 ; après la reprise de la disposition relevante de la directive 88/361/CEE au niveau du droit primaire en vertu du Traité de Maastricht (art. 73D-1 b, 58 CE Amsterdam) la Cour a confirmé cette jurisprudence : CJCE 14 déc. 1995, *Sanz de Lera*, C-163/94, C-165/94, C-250/94, *Rec. CJCE* p. I-4821.
2. CECJ 2 févr. 1989, *Cowan*, 186/87, *Rec.* CECJ p. 195.

Ci-dessous nous aborderons quelques autres catégories d'incompatibilité qui concernent des notions centrales du droit pénal, à savoir l'élément moral des infractions et la proportionnalité des peines.

SECTION 1. L'ÉLÉMENT MORAL DES INFRACTIONS

412 Le bon fonctionnement du marché commun peut être entravé par des responsabilités pénales très strictes qui font obstacle aux quatre libertés de ce marché : la libre circulation des marchandises, des personnes, des services et des capitaux. Une responsabilité pénale très stricte qui ne concerne que l'importation intra-communautaire de certaines marchandises peut avantager la vente de produits équivalents qui sont fabriqués dans l'État membre en question. Par exemple, l'importateur qui est confronté à une législation nationale qui le rend punissable pour ne pas avoir mentionné la provenance originaire extra-communautaire d'un produit même sans qu'il soit ou aurait dû être au courant de cette provenance, peut invoquer l'incompatibilité de cette règle avec le principe de la libre circulation des marchandises [1]. C'est pareil si la législation nationale rend punissable celui qui est responsable de la première mise sur le marché d'un produit dont la composition ne correspond pas aux indications portées sur ce produit. La Cour constate qu'une règle imposant à ce responsable de vérifier la conformité du produit avec les dispositions en vigueur sur le marché pourrait inciter un opérateur économique, qui procède aussi bien à la distribution de produits de fabrication nationale qu'à l'importation de produits similaires, à préférer les produits nationaux, pour lesquels la vérification incombe non pas à lui, mais au fabriquant [2]. La Cour ajoute que « s'agissant de produits pour lesquels la législation de l'État membre producteur n'impose pas la production de certificats officiels relatifs à la composition du produit, l'importateur doit également pouvoir se fier à d'autres attestations comportant un degré de garantie analogue » [3]. De nouveau, l'idée d'une responsabilité pénale « stricte » a été rejetée. Cette approche n'est pas fondée sur la doctrine pénale de l'adage *nulla poena sine culpa*, mais elle est inspirée par le désir de garantir la libre circulation des marchandises [4].

1. CJCE 15 déc. 1976, *Donckerwolcke*, 41/76, *Rec. CJCE* p. 1921, 1938, CJCE 28 mars 1979, *Rivoira*, 179/78, *Rec. CJCE* p. 1147, 1157, CJCE 26 oct. 1989, *Levy*, 212/88, *Rec. CJCE* p. 3511, 3530 ; v. également R. France, « The influence of European Community Law on the Criminal Law of the Member States », *European Journal of Crime, Criminal Law and Criminal justice* 1994, p. 324-358, 329.
2. CJCE 11 mai 1989, *Wurmser (Bouchara)*, 25/88, *Rec. CJCE* p. 1124, 1127.
3. CJCE 11 mai 1989, *Wurmser (Bouchara)*, 25/88, *Rec. CJCE* p. 1124, 1130.
4. V. n° 434.

Il s'agit plutôt de la question de savoir si l'État membre d'importation peut exiger une attestation officielle et interdire l'utilisation d'autres moyens de preuve.

SECTION 2. LA PROPORTIONNALITÉ DES PEINES

413 La libre circulation des marchandises, des personnes, des services et des capitaux dans le marché commun est mise en danger, si les peines encourues pour violation de règles qui concernent la circulation intra-communautaire sont beaucoup plus élevées que les peines qui peuvent être imposées en cas d'une violation comparable des règles sur la circulation interne. La Cour a décidé ceci : « un système de sanctions ne saurait avoir pour effet de compromettre les libertés prévues par le traité. Tel serait le cas si une sanction était si disproportionnée à la gravité de l'infraction qu'elle deviendrait une entrave à la liberté garantie par le droit communautaire »[1]. À cet égard, l'affaire *Skanavi* est exemplaire. Conformément à une directive communautaire, l'Allemagne connaissait la règle que le détenteur d'un permis de conduire délivré par un autre État membre doit, dans un délai d'un an à compter de son établissement sur le territoire de l'Allemagne, présenter ce permis aux autorités allemandes afin de l'échanger contre un permis allemand. Le détenteur qui ne suivait pas cette règle, risquait une peine d'emprisonnement ou une amende, ce qui pouvait entraîner une inscription au casier judiciaire. La Cour, se référant à sa jurisprudence constante en la matière, a considéré que les États membres ne sont pas libres de prévoir des sanctions disproportionnées qui font obstacle à la libre circulation des personnes ce qui apparaîtrait notamment avec la peine d'emprisonnement[2].

1. CJCE 25 févr. 1988, *Drexl*, 299/86, *Rec. CJCE* p. 1228, 1233-1234 ; v. également CJCE 15 déc. 1976, *Donckerwolcke*, 41/76, *Rec. CJCE* p. 1921, 1938, CJCE 28 mars 1979, *Rivoira II*, 179/78, *Rec. CJCE* p. 1147, 1157, CJCE 3 juill. 1980, *Pieck*, 157/79, *Rec. CJCE* p. 2171, CJCE 11 nov. 1981, *Casati*, 203/80, *Rec. CJCE* p. 2595, CJCE 26 oct. 1989, *Levy*, 212/88, *Rec. CJCE* p. 3511, 3530, CJCE 16 déc. 1992, *Grèce*, C-210/91, *Rec. CJCE* p. I-6735, 6753, CJCE 31 mars 1993, *Kraus*, C-19/92, *Rec. CJCE* p. I-1661 ; v. également Rodger FRANCE, préc., p. 331.

2. CJCE 29 févr. 1996, *Skanavi et Chryssanthakopoulos*, 193/94, *Rec. CJCE* p. I-929, 955 ; v. également CJCE 14 juill. 1977, *Sagulo*, 8/77, *Rec. CJCE* p. 1495, CJCE 12 déc. 1989, *Messner*, C-265/88, *Rec. CJCE* p. 4209, 4225 et CJCE 19 janv. 199, *Calfa* C-384/96, *Rec. CJCE* p. I-0011.

CHAPITRE 2 L'EFFET POSITIF : L'OBLIGATION DES ÉTATS MEMBRES SUR LE PLAN DU DROIT PÉNAL

SECTION 1. LES CONSÉQUENCES DE L'EFFET POSITIF

§ 1. Les obligations générales des États membres relativement au droit pénal

414 Étant donné que les traités institutifs ont créé un ordre juridique qui n'est pas statique, mais qui a besoin d'être développé, il faut souligner l'importance des mesures actives qui sont prises afin d'assurer l'exécution des obligations découlant du droit communautaire (l'effet positif). Ces mesures pourraient, en théorie, être prises par les autorités communautaires. Si cela était le cas, on pourrait parler d'un ordre communautaire complet. Mais, loin de cela, l'ordre communautaire existe surtout sur le plan législatif. Il y a très peu de compétences communautaires sur le plan exécutif[1]. Pour cette raison les États membres jouent un rôle prépondérant sur le plan exécutif. Ils ont le devoir d'accomplir cette tâche. L'art. 10 CE le leur prescrit : « Les États membres prennent toutes mesures générales ou particulières propres à assurer l'exécution des obligations découlant du présent traité ou résultant des actes des institutions de la Communauté. Ils facilitent à celle-ci l'accomplissement de sa mission. Ils s'abstiennent de toutes mesures susceptibles de mettre en péril la réalisation des buts du présent traité ». Dans l'arrêt de la Cour du 21 septembre 1989, rendu dans l'affaire *Commission c/ Grèce*, cette obligation prenait une position centrale. Dans cette affaire de fraude communautaire, on avait à Gand déchargé d'un navire du maïs réellement d'origine yougoslave mais qui, selon les documents, était d'origine grecque. De cette manière, aucun prélèvement agricole sur ce produit provenant d'un pays tiers à la Communauté, n'était perçu[2]. En

1. V. *supra*, n° 389.
2. Nous rappelons que la Grèce, contrairement à la Yougoslavie, fait partie de la Communauté européenne.

l'occurrence, la Grèce avait omis d'exiger le paiement des prélèvements et le recouvrement des sommes éludées et n'avait pas institué une poursuite pénale ou disciplinaire à l'encontre des fraudeurs. La Cour de Justice a estimé que l'art. 10 CE fait obligation aux États membres de « veiller à ce que les violations du droit communautaire soient sanctionnées dans des conditions de fond et de procédure, analogues à celles applicables aux violations du droit national d'une nature et d'une importance similaire et qui, en tout état de cause, confèrent à la sanction un caractère effectif, proportionné et dissuasif ». Et « les autorités nationales doivent procéder, à l'égard des violations du droit communautaire, avec la même diligence que celle dont elles usent dans la mise en œuvre des législations nationales correspondantes »[1].

Donc d'abord la Cour exige non seulement une assimilation des sanctions et pratiques de répression en cas d'infraction au droit communautaire aux sanctions et pratiques applicables aux infractions au droit national. Elle exige également que les sanctions soient de caractère effectif, proportionné et dissuasif. Ainsi la liberté des États membres est limitée. Bien des fois, ils seront, afin de remplir les conditions qui leur sont posées, obligés de suivre le chemin pénal. Il ne faut pas oublier que les pouvoirs des États membres étaient déjà limités en ce qui concerne le contenu des prescriptions à imposer. Ceci veut dire que si un État membre fait le choix de la voie pénale, les éléments de l'incrimination sont définis sur le plan communautaire. Donc, l'harmonisation touche également aux sanctions.

Cette même idée a été reproduite par l'art. 280 CE :

« 1. La Communauté et les États membres combattent la fraude et tout autre activité illégale portant atteinte aux intérêts financiers de la Communauté par des mesures prises conformément au présent article qui sont dissuasives et offrent une protection effective dans les États membres.

2. Les États membres prennent les mêmes mesures pour combattre la fraude portant atteinte aux intérêts financiers de la Communauté que celles qu'ils prennent pour combattre la fraude portant atteinte à leurs propres intérêts financiers.

3. Sans préjudice d'autres dispositions du présent traité, les États membres coordonnent leur action visant à protéger les intérêts financiers de la Communauté contre la fraude. À cette fin, ils organisent, avec la Commission, une collaboration étroite et régulière entre les autorités compétentes.

4. Le Conseil, statuant conformément à la procédure visée à l'article 251 CE, arrête, après consultation de la Cour des comptes, les mesures nécessaires dans les domaines de la prévention de la fraude por-

1. CJCE 21 sept. 1989, *Commission c/ Grèce*, 68/88, *Rec. CJCE* p. 2979 ; v. également CJCE 10 avr. 1984, *Von Colson et Kamann*, 14/83, *Rec. CJCE* p. 1891.

tant atteinte aux intérêts financiers de la Communauté et de la lutte contre cette fraude en vue d'offrir une protection effective et équivalente dans les États membres. Ces mesures ne concernent ni l'application du droit pénal ni l'administration de la justice dans les États membres.

5. La Commission, en coopération avec les États membres, adresse chaque année au Parlement européen et au Conseil un rapport sur les

Il faut ajouter que l'obligation découlant de l'article 10 CE peut entraîner des restrictions en ce qui concerne l'application du principe de l'opportunité des poursuites. Un État qui ne procède pas à la poursuite pénale de ceux qui commettent des actes de violence et de vandalisme visant les moyens de transport de produits provenant d'un autre État membre (comme en l'espèce l'Espagne ; il s'agissait de fraises espagnoles), peut être confronté à une condamnation par la Cour de Justice. En l'espèce la Cour a déclaré que la France en ne prenant pas toutes les mesures nécessaires et proportionnées afin que des actions de particuliers n'entravent pas la libre circulation des fruits et légumes, a manqué aux obligations qui découlent de l'article 30 CE, en liaison avec l'article 5 CE [1].

Cette affaire montre que l'inobservation des obligations juridiques découlant de l'article 10 CE peut faire l'objet d'une action en manquement (art. 226 CE) ; elle montre également que ces obligations ne garantissent pas une application de sanctions qui soit la même dans tous les pays de la CE. Des sanctions variables quant à leur nature (administratives, pénales) ou leur gravité (amende, emprisonnement) peuvent dans les divers États membres créer « des distorsions dans l'application des règlements, sinon de fausser la concurrence » ou même produire « des détournements de trafic » [2]. Une assimilation de la répression des infractions d'origine communautaire à la répression des infractions d'origine nationale ne prévient pas ces distorsions. C'est la raison pour laquelle les États membres ont signé la Convention relative à la protection des intérêts financiers des Communautés européennes, dont nous parlerons ci-dessous (n°s 432 et s.). Celle-ci institue, quant à la fraude communautaire, une structure qui garantit une certaine assimilation de la répression nationale à la répression dans d'autres États membres.

Une dernière remarque concerne le principe de la collaboration loyale qui s'impose non seulement aux États membres, mais également aux institutions communautaires. La Cour a déduit de ce principe, qui est à la base de l'art. 10 CE, que la Commission, pour sa part, était obligée d'apporter son concours actif à une poursuite pénale nationale, déclenchée en raison d'une infraction à une réglementation commu-

1. CJCE 9 déc. 1997, *Commission c/ France*, C-265/95, *Rec. CJCE* p. I-6959 ; v. Y. BURUMA, *Droit pénal et fraude dans l'Union européenne : faut-il communautariser ?*, in : D. Breillat et E. C. Coppens (réd.), Les Cours Internationales. Actes du Colloque organisé à Nimègue le 29-31 mai 2000 par les Facultés de Droit de Poitiers et de Nimègue, Nijmegen 2001.

2. G. ISAAC, préc., p. 220.

nautaire. Elle doit communiquer au juge national des documents et autoriser ses fonctionnaires à déposer comme témoins dans la procédure nationale, à moins qu'il n'y a des raisons impératifs qui justifient un refus de le faire [1].

§ 2. Les obligations spécifiques des États membres relativement au droit pénal

415 L'article 61 points a et e CE, inséré par le Traité d'Amsterdam dispose que, dans une période de cinq années, à compter de l'entrée en vigueur du Traité d'Amsterdam, le Conseil adopte des mesures visant à prévenir et à combattre la criminalité en conformité à l'article 31 point e TUE (point a) et que le Conseil adopte des mesures dans le domaine de la coopération policière et judiciaire, conformément aux dispositions du Traité sur l'Union (point e).

De son côté, l'article 31 point e TUE Amsterdam prévoit des mesures progressives établissant des règles minimales quant aux éléments constitutifs des infractions pénales et aux sanctions applicables dans les domaines de la criminalité organisée, du terrorisme et du trafic de drogue. Une déclaration [2] rappelle que les dispositions de cet article « ne doivent pas avoir pour effet d'obliger un État membre dont le système judiciaire ne prévoit pas de peines minimales à les adopter ». Donc, cette harmonisation est doublement limitée : elle ne se rapportera qu'à ces trois domaines et à deux aspects (les éléments constitutifs et les sanctions).

La référence générale dans l'article 61 point e CE « conformément aux dispositions du Traité sur l'Union », suggère que ces mesures dans les domaines de la coopération policière et judiciaire doivent se rapporter à l'objectif de l'article 29 TUE et s'insérer dans les limites de cet article. Cet article 29 TUE vise par exemple la lutte contre la criminalité, organisée ou d'une autre forme quelconque, notamment le terrorisme, la traite d'êtres humains et les crimes contre des enfants, le trafic de drogue, le trafic d'armes, la corruption et la fraude et le « rapprochement, en tant que de besoin, des règles de droit pénal des États membres, conformément à l'article 31, point e) ». Or, les mesures de l'article 61 point e CE peuvent, autrement que celles de l'article 61 point a CE être relatives aux domaines mentionnés, tandis que ces dernières (mesures de rapprochement) ne sauraient se rapporter qu'à la criminalité organisée, au terrorisme et au trafic de drogue. L'énumération

1. CJCE 13 juill. 1990, *Zwartveld*, C-2/88, *Rec. CJCE* p. I-3365.
2. Déclaration relative à l'article K.3, point e), du Traité sur l'Union européenne : « La Conférence estime que les dispositions de l'article K.3, point e) (31 e TUE Amsterdam, C/P), ne doivent pas avoir pour effet d'obliger un État membre dont le système juridique ne prévoit pas de peines minimales de les adopter ».

de l'article 29 TUE n'étant pas limitative (« notamment »), les mesures visant la coopération peuvent concerner d'autres domaines de la criminalité. Bien sûr, il doit y avoir une relation avec la liberté en question : la libre circulation des personnes.

Mais, comme nous l'avons remarqué ci-dessus dans le paragraphe 390, il est peu vraisemblable que les États membres ont eu l'intention de soustraire l'harmonisation du droit pénal dans ces trois domaines à la clause de l'article 42 TUE (ladite passerelle). Donc, la Communauté européenne n'est pas compétente pour imposer aux États membres de suivre la voie pénale.

SECTION 2. LES LIMITES À L'EFFET POSITIF (LES PRINCIPES DU DROIT PÉNAL)

416 ***Introduction*** ◇ L'obligation de veiller à ce que les violations du droit communautaire soient sanctionnées d'une façon adéquate ne doit pas faire oublier que la Communauté et les États membres sont assujettis au devoir de respecter les principes du droit pénal qui font partie de l'acquis communautaire. Parmi eux figurent les principes de la non-rétroactivité (§ 1) et de la légalité des incriminations pénales (§ 2). En outre, nous nous demanderons si le principe qui est exprimé dans l'adage *nulla poena sine culpa* fait partie de cet acquis communautaire (§ 3). Enfin, il faudra évoquer la proportionnalité des peines (§ 4).

§ 1. Non-rétroactivité

417 Le principe de la non-rétroactivité de la loi pénale (*nullum crimen, nulla poena sine lege praevia*) est exprimé dans l'art. 7-1 de la Conv. EDH. Cet article l'exprime comme suit :

« Nul ne peut être condamné pour une action ou une omission qui, au moment où elle a été commise, ne constituait pas une infraction d'après le droit national ou international. De même il n'est infligé aucune peine plus forte que celle qui était applicable au moment où l'infraction a été commise ».

Étant donné que ce principe fait partie des principes généraux dont l'observance est assurée par la Cour, il s'ensuit qu'un acte communautaire ne peut pas avoir pour effet de punir une personne de façon rétroactive. Ceci vaut même si un règlement communautaire autorise les États membres à sanctionner avec rétroactivité. La Cour, dans son arrêt *Kent Kirk*[1], décidait en termes généraux :

1. L'affaire concernait une situation compliquée dans laquelle l'effet négatif plutôt que l'effet positif du droit communautaire jouait un rôle.

« En effet, le principe de la non rétroactivité des dispositions pénales est un principe commun à tous les ordres juridiques des États membres, consacré par l'article 7 de la Convention européenne de sauvegarde des droits de l'homme et des libertés fondamentales comme un droit fondamental qui fait partie intégrante des principes généraux du droit dont la Cour assure le respect ». Et elle formulait comme conclusion : « Il s'ensuit que la rétroactivité prévue dans la disposition de l'article 6, paragraphe 1, du règlement n° 170/83, précité, ne saurait être entendue comme justifiant a posteriori des mesures nationales qui imposaient des sanctions pénales, à l'époque du comportement incriminé, si ces mesures n'étaient pas valides » [1].

Se référant à son arrêt rendu dans l'affaire *Kent Kirk,* la Cour jugeait qu'une disposition d'une directive adoptée le 7 mars 1988 prévoyant que les États membres « mettent en vigueur les dispositions législatives, réglementaires et administratives nécessaires pour se conformer, notamment, “à la présente directive au plus tard le 1er janvier 1988”... ne peut pas être interprétée dans le sens qu'elle imposerait aux États membres l'obligation de prendre des mesures contraires au droit communautaire, et notamment au principe de la non-rétroactivité des dispositions pénales » [2].

Faute d'une compétence pénale communautaire, les institutions communautaires désirant la pénalisation d'un comportement à l'encontre d'une règle communautaire, sont dépendantes de la coopération ponctuelle des autorités nationales. Il peut en être autrement si le législateur national a utilisé la méthode d'intégration par référence [3] du droit communautaire dans son droit pénal interne. En l'occurrence (une modification de) la législation communautaire peut immédiatement après sa promulgation sans intervention ultérieure du législateur national produire son effet dans le droit pénal interne sous la condition qu'il y ait un texte pénal national préexistant qui fasse référence au droit communautaire [4]. Hors cette situation, il n'y a pas de punissabilité tant qu'un État membre n'accomplit pas son devoir de sanctionner un certain comportement à partir d'une date fixée.

Le droit communautaire ne s'oppose pas à la rétroactivité de la loi pénale plus favorable. Ce principe est connu du droit pénal de certains États membres, comme les Pays-Bas. « En effet, le droit communautaire ne s'oppose pas à ce que la juridiction de renvoi tienne compte, conformément à un principe de son droit pénal, des dispositions plus favorables de la directive 91/439 pour les besoins de l'application du droit interne, même si, ainsi que la Commission l'a relevé dans ses observa-

1. CJCE 10 juill. 1984, *Kent Kirk*, 63/83, *Rec. CJCE* p. 2689, 2718.
2. CJCE 13 nov. 1990, *Fedesa*, C-331/88, *Rec. CJCE* p. I-4023, 4068.
3. V. n° 425.
4. Comp. R. Merle et A. Vitu, *Traité de droit criminel*, tome I, 7e éd., Cujas, Paris, 1997, n° 230, p. 315 ; J. Pradel, *Droit pénal général,* 12e éd., Cujas, Paris 1999, n° 163, p. 159.

tions écrites, le droit communautaire ne comporte pas d'obligation en ce sens »[1].

§ 2. Légalité

418 Le principe de la légalité, comme celui de la non-rétroactivité, est exprimé à l'art. 7 Conv. EDH[2]. Il exige que chaque condamnation pénale repose sur une incrimination préalable : *nullum crimen sine lege*. Il doit y avoir un texte légal ou, dans les pays du common law, au moins une notion bien claire qui définisse le comportement interdit et punissable. L'incrimination doit être claire : *lex certa est*. La Cour a souligné « qu'une sanction, même de caractère non pénal, ne peut être infligée que si elle repose sur une base légale, claire et non ambiguë »[3]. Il va sans dire que, si ceci vaut pour une sanction de caractère non pénal, *a fortiori* il en est de même pour des véritables sanctions pénales[4].

Il peut y avoir une tension entre ce principe et la technique d'intégration du droit communautaire par référence. En l'occurrence le citoyen est obligé de consulter non seulement son droit interne, mais également la disposition de droit communautaire[5]. D'autre part il faut admettre que la législation communautaire s'adresse surtout à des catégories déterminées de personnes, qui ont ou doivent avoir une connaissance spéciale de la législation en question. Par exemple, un importateur de biens s'informera sur les exigences légales en ce qui concerne ses activités professionnelles.

Le principe de la *lex certa* est menacé si le juge, en accomplissant son devoir d'interpréter son droit interne à la lumière du contenu et de la finalité des directives communautaires[6], confronte le citoyen à une interprétation sur laquelle il n'aurait pas pu et dû compter et qui est *contra legem*. *A fortiori* une telle interprétation ne saurait engendrer la constatation d'une responsabilité pénale non-préexistante ou l'alourdissement d'une responsabilité pénale. « Toutefois, cette obligation (d'interpréter le droit national dans toute la mesure du possible à la lumière du texte

1. CJCE 23 nov. 1998, *Ibiynka Aboyemi,* C 230/97, *Rec. CJCE* p. I-6781.
2. V. *supra*, n°s 294 et s.
3. CJCE 25 sept. 1984, *Könecke*, 117/83, *Rec. CJCE* p. 3291, 3302, CJCE 18 nov. 1987, *Maizena*, 137/85, *Rec. CJCE* p. 4603, 4608 et CJCE 12 déc. 1990, *Vandemoortele*, C-172/89, *Rec. CJCE* p. I-4677, 4693.
4. Comp. J. Biancarelli, « Les principes généraux du droit communautaire applicables en matière pénale », *Rev. sc. crim.* 1987, p. 131-166, p. 145.
5. V. par exemple l'article 10.44 e de la loi néerlandaise sur la gestion de l'environnement qui défend tout comportement contraire à l'article 26, § 1 du Règlement 259/93 du 1er févr. 1993, *JOCE* L 30. Ce comportement est rendu punissable par l'art. 1 a de la Loi sur les délits économiques.
6. CJCE 10 avr. 1984, *Von Colson et Kamann*, 14/83, *Rec. CJCE* p. 1891, CJCE 1987, *Kolpinghuis*, 80/86, *Rec. CJCE* p. 3969 et CJCE 13 nov. 1990, *Marleasing*, 106/89, *Rec. CJCE* I-4135, 4159.

et de la finalité de la directive) pour le juge national de se référer au contenu de la directive lorsqu'il interprète les règles pertinentes de son droit national trouve ses limites lorsqu'une telle interprétation conduit à opposer à un particulier une obligation prévue par une directive non transposée ou, à plus forte raison, lorsqu'elle conduit à déterminer ou à aggraver, sur la base de la directive et en l'absence d'une loi prise pour sa mise en œuvre, la responsabilité pénale de ceux qui agissent en infraction à ses dispositions »[1]. La Cour de justice, dans son arrêt rendu dans l'affaire *Procédures pénales/X c/ Italie*[2], a — dans ce cadre — expressément fait référence aux principes de légalité et de sécurité en ajoutant que « le principe qui commande de ne pas appliquer la loi pénale de manière extensive au désavantage de la personne poursuivie, lequel est le corollaire du principe de la légalité des délits et des peines, et plus généralement du principe de la sécurité juridique, s'oppose à ce que des poursuites pénales soient engagées du fait d'un comportement dont le caractère répréhensible ne résulte pas clairement de la loi ». La Cour de justice citait l'article 7 Conv. EDH et les arrêts *Kokkinakis*[3] et *S.W. c/ Royaume-Uni*[4] de la CEDH[5].

§ 3. **Culpabilité**

419 Nous avons constaté que selon la Cour, dans le cadre de l'effet négatif du droit communautaire sur le droit pénal interne, la règle *nulla poena sine culpa* joue un rôle, mais ceci seulement pour le motif qu'une responsabilité pénale trop stricte fait obstacle aux libertés du marché commun[6]. Ce point de vue n'est pas inspiré par le principe que nul n'est punissable qu'à raison de sa faute personnelle[7]. Qu'en est-il dans le cadre de l'effet positif du droit communautaire ? Est-ce que le droit communautaire reconnaît ce principe ? Les arrêts rendus dans les affaires *Hansen* et *VandeVenne* impliquent que, selon la Cour, les principes généraux du droit communautaire n'exigent ni n'empêchent l'introduction d'une responsabilité pénale objective[8]. La réponse, quoiqu'on en pense, ne semble pas être ambiguë. Mais il faut distinguer entre, d'une part,

1. V. CJCE 8 oct. 1987, *Kolpinghuis*, 80/86, *Rec. CJCE* p. 3969, & 9, CJCE 26 sept. 1996, *Arcaro*, C-168/95, *Rec. CJCE* p. I-4705, 4730, § 42.
2. CJCE 12 déc. 1996, *Procédure pénale/X c/ Italie*, C- 74/95 et C-129/95, *Rec. CJCE* I-6609, cité par L. Idot, « Chronique droit communautaire », *Rev. sc. crim.* 1997, p. 690-695, p. 690.
3. CEDH 25 mai 1993, *Kokkinakis c/ Grèce*, série A, n° 260-A.
4. CEDH 22 nov. 1995, *S.W. c/ Royaume-Uni*, série A, n° 335-B.
5. V. *supra*, n° 298.
6. V. *supra*, n° 412.
7. Il nous semble que R. France, préc., p. 329-330, a méconnu ce contexte.
8. CJCE 10 juill. 1990, *Hansen*, C-326/88, *Rec. CJCE* p. I-2911, 2936, CJCE 2 oct. 1991, *VandeVenne7/90*, *Rec. CJCE* p. I-4371, 4389 ; comp. B. Spriet, « De doorwerking van het Europees gemeenschapsrecht in de strafbaarstelling van het interne Belgische strafrecht », *Rechtskundig Weekblad* 1996, p. 1159-1171, p. 1167.

la responsabilité stricte et d'autre part, l'infraction matérielle. Il est question de responsabilité stricte dans le cas où une personne, étant prouvé qu'elle a violé une règle, passible d'une sanction pénale, peut faire l'objet de cette sanction sans tenir compte de son état psychologique, lui-même. La notion d'infraction matérielle veut dire que le suspect est censé être responsable sur la base de la simple commission matérielle de l'acte interdit et qu'il ne peut se dégager qu'en prouvant la force majeure ou son aliénation mentale [1]. La première notion va à l'encontre du principe *nulla poena sine culpa*. La deuxième ne se heurte pas à ce principe. Dans l'affaire *Hansen*, comme l'a relevé l'avocat général Van Gerven, l'employeur danois dont l'employé avait commis une infraction au règlement relatif aux tachygraphes, ne pouvait absolument pas échapper à une sanction pénale dès qu'il était établi qu'un de ses employés avait violé les règles et que le voyage avait eu lieu principalement dans l'intérêt de l'employeur. C'est là un cas de véritable responsabilité pénale stricte [2].

L'art. 6-2 Conv. EDH affirme la présomption d'innocence. Cette présomption connaît divers aspects. Un de ces aspects implique que la valeur des présomptions légales de preuve n'est pas illimitée. En matière pénale, la Convention européenne des droits de l'homme « oblige les États contractants à ne pas dépasser des limites raisonnables, prenant en compte la gravité de l'enjeu et préservant les droits de la défense » [3]. Il s'ensuit qu'une responsabilité pénale qui exclut toute possibilité de faire valoir l'absence totale de faute personnelle, va à l'encontre de cette présomption. De cette manière, les arrêts précités ne semblent pas être en accord avec la jurisprudence de la CEDH et ne respectent pas suffisamment le principe *nulla poena sine culpa*.

§ 4. **Proportionnalité des peines**

420 La Cour a, dans le cadre de l'appréciation de la validité du droit communautaire secondaire, souligné l'importance du principe de proportionnalité. Elle « a posé pour principe qu'afin d'établir si une disposition de droit communautaire est conforme au principe de proportionnalité, il importe de vérifier si les moyens qu'elle met en œuvre sont appropriés et nécessaires pour atteindre le but recherché et si les charges imposées aux opérateurs économiques ne dépassent pas ce qui est indispensable aux résultats recherchés » [4]. Dans sa jurisprudence sur l'effet négatif du droit communautaire sur le droit pénal national, elle a éga-

1. J. Pradel, préc., p. 463.
2. V. aussi S. Manacorda, « Le droit pénal et l'Union européenne : esquisse d'un système », *Rev. sc. crim.* 2000, p. 95 et s., p. 113.
3. CEDH 7 oct. 1988, *Salabiaku*, série A, n° 141-A, § 28, v. *supra*, n° 354.
4. J. Biancarelli, « Les principes généraux du droit communautaire applicables en matière pénale », *Rev. sc. crim.* 1987, p. 131 166, p. 150.

lement fait application du principe de la proportionnalité[1]. Il s'ensuit que ce principe s'impose aussi s'il s'agit de l'effet positif du droit communautaire. Les États membres, sanctionnant les violations du droit communautaire par la voie pénale, doivent veiller à ce que les peines imposées soient nécessaires au bon fonctionnement des règles communautaires en question sans qu'elles aillent plus ou moins loin que ce qui est nécessaire.

SECTION 3. LA RÉALISATION DE L'EFFET POSITIF

Trois méthodes se présentent à l'esprit et s'appliquent en pratique.

§ 1. La méthode nationale

421 La première méthode par laquelle le droit communautaire est mis en œuvre par le droit pénal est la méthode nationale : les Communautés ni ne prescrivent, ni n'imposent, ni n'exécutent elles mêmes de sanctions pénales. Ces tâches sont laissés entre les mains des États membres. Le droit matériel fait partie du droit communautaire tandis que la prescription, l'imposition et l'exécution de la sanction en cas d'infraction sont réglées au plan national.

A. Mise en œuvre du droit communautaire primaire par le droit pénal national (référence ou adoption en droit interne)

422 L'obligation de mettre en œuvre le droit communautaire ne se réfère pas seulement au droit dérivé, mais aussi au droit primaire. En ce dernier cas la méthode nationale consiste en la pénalisation des violations du droit communautaire primaire par un État membre sans que ce droit primaire prescrit cette pénalisation[2]. Le législateur prescrit par exemple que la violation de telle ou telle règle du traité CE est passible d'une peine de... Cette modalité peut être appelée : référence en droit interne ou intégration par référence[3] ou renvoi[4].

1. V. ci-dessus n° 413 et e.a. CJCE 15 déc. 1976, *Donckerwolcke*, 41/76, *Rec. CJCE* p. 1921, 1938.
2. La position opposée est impliquée par la méthode mixte, à discuter *infra*, n° 428.
3. V. MERLE/VITU, préc., (6ᵉ éd.) n° 221, p 304 et A. HUET, *Rép. comm. Dalloz*, oct. 1997, p. 1-15, p. 5.
4. V. DELMAS-MARTY, « Union européenne et droit pénal », *Cah. dr. eur.* 1997, p. 607-653, p. 625.

Il se peut également que le législateur d'abord transforme la disposition communautaire dans une disposition nationale et la pénalise : c'est l'adoption en droit interne ou l'incorporation [1] ou l'intégration directe [2]. Le législateur néerlandais a suivi cette dernière voie d'adoption en droit interne en ce qui concerne l'art. 70 CECA sur les prix de transports. Il a traduit ces exigences dans une loi sur les prix de transport de charbon et acier [3] et décidé qu'une violation de cette loi est une infraction dans le sens de la loi cadre sur les délits économiques.

B. Mise en œuvre du droit communautaire dérivé par le droit pénal national (tacite et expresse)

1. Mise en œuvre tacite

a. Poursuite pour délit de droit commun

423 Dans beaucoup de cas, la répression d'actes qui vont à l'encontre du droit communautaire est faite en poursuivant leurs auteurs pour faux en écritures ou pour un autre délit de droit commun comme l'escroquerie, infractions appartenant évidemment au droit national. L'entreprise qui obtient d'une manière illégale une subvention communautaire en remplissant faussement des formulaires, peut être poursuivie pour faux en écritures. Il s'agit d'une « incrimination ouverte » [4]. Les autorités nationales n'ont pas besoin d'une incrimination qui soit orientée vers cette fraude communautaire. Une incrimination existante est utilisée dans la lutte contre la fraude communautaire. Son champ d'application est élargi sans aucune modification [5].

b. Poursuite pour fraude à la TVA

424 Celui qui commet une fraude à la TVA commet un délit contre la loi fiscale nationale. Du fait que les États membres sont obligés de céder un pourcentage de TVA à la CE, toute fraude à la TVA désavantage dès lors en même temps l'État membre concerné et la CE. Une poursuite pour une telle fraude sert alors les intérêts de cet État membre et la CE [6].

1. A. Huet, préc., p. 5.
2. V. Delmas-Marty, préc., p. 625.
3. Loi du 27 juin 1963, *JO* 1963, 343.
4. M. Massé, « L'influence du droit communautaire sur le droit pénal français », *Rev. sc. crim.* 1996, p. 935, p. 943.
5. V. pour les droits allemands, francais, belge et néerlandais J. A. E. Vervaele, *La fraude communautaire et le droit pénal européen des affaires,* Paris 1994, p. 135-238.
6. V. E. Mennens, *Les fraudes au préjudice du budget communautaire,* dans : F. Tulkens, Chr. van den Wyngaert, I. Verougstraete, « La protection juridique des intérêts financiers des Communautés européennes », Antwerpen, Apeldoorn, Bruxelles 1992, p. 27-36, p. 32.

2. Mise en œuvre expresse (référence générale/spécifique ou adoption en droit interne)

a. Règlements

425 Le législateur national est compétent pour pénaliser les violations des dispositions d'un règlement communautaire par le biais d'un renvoi spécifique. Par une disposition spéciale, il interdit par exemple sous peine d'une amende d'au plus 5 000 euros la violation d'une disposition d'un règlement communautaire en renvoyant simplement à cette disposition : c'est l'intégration par référence spécifique [1].

Le législateur national peut aussi pénaliser les violations des dispositions de règlements communautaires par la voie d'un renvoi général : c'est l'intégration par référence générale. Cette modalité consiste en ceci que la loi nationale contient en ce qui concerne les éléments de l'infraction un renvoi au règlements communautaires. Par exemple, l'art. L. 214-1 du Code français de la consommation [2] dit : « Lorsqu'un règlement de la Communauté économique européenne contient des dispositions qui entrent dans le champ d'application de la présente loi, un règlement d'administration publique (décret en Conseil d'État) constate que ces dispositions ainsi que celles des règlements communautaires qui les modifieraient ou qui seraient pris pour leur application constituent les mesures d'exécution prévues aux articles L. 214-1, L. 215-1, dernier alinéa, et L. 215-4 ». En l'espèce il peut s'agir de textes préexistant à l'adoption du règlement communautaire.

On peut retrouver un autre exemple dans l'art. 264 du C. pén. allemand [3]. Cet article rend punissable celui qui commet une fraude aux subsides communautaires. Il faut admettre que cette méthode est très proche de celle de la mise en œuvre tacite [4].

Quant à l'adoption du droit communautaire en droit interne, il n'est pas permis au législateur national de reproduire littéralement la disposition communautaire dans le droit national sans indication de son origine communautaire. Sans cela, il dissimulerait l'origine communautaire

1. V. par exemple l'art. 3, § 1 de l'Arrêt Royal Belge du 13 mai 1987 : référence au règlement du Conseil 3820/85 du 20 déc. 1985, *JOCE* L 370/1 du 31 déc. 1985, relatif à l'harmonisation de certaines dispositions en matière sociale dans le domaine des transports par route. Cette technique n'attribue pas à la transparence du droit qui est exigée par le principe de *lex certa*, comme décrit ci-dessus, n° 418.

2. Reprenant l'article 13-1 de la loi française du 1er août 1905 sur les fraudes, article inséré par la loi n° 78-23 du 10 janv. 1978.

3. V. F. Zieschang, « Chancen und Risiken der Europäisierung des Strafrechts », *Zeitschrift für die gesamte Strafrechtswissenschaft* 2001, p. 255-270, p. 257.

4. M. Delmas-Marty, préc., p. 632, utilisant une autre terminologie, appelle cette méthode l'assimilation spontanée.

de la disposition, ce qui pourrait mettre en danger le principe de la primauté du droit communautaire et la possibilité de renvoi préjudiciel [1]. Cette méthode de reproduction avec indication de l'origine communautaire n'est pas utilisable si le règlement ne se prête pas à une application directe et s'il a besoin d'être élaboré dans le droit national [2].

b. **Directives**

426 Une directive, comme l'art. 249 CE le précise, laisse aux instances nationales la compétence quant à la forme et aux moyens. Dès lors, la méthode nationale de mise en œuvre du droit communautaire secondaire est la méthode par excellence quant aux directives. Une clause finale qu'on peut retrouver depuis 1990 dans toutes les directives du Conseil, impose aux États membres l'obligation de faire expressément référence aux directives dans les règles nationales qu'ils adoptent afin d'exécuter les directives [3]. Le législateur national introduit la norme communautaire, il la complète le cas échéant et il détermine la sanction. Cette intervention du législateur national est nécessaire, parce que la directive ne saurait être invoquée au détriment d'un particulier. Une directive « ne peut pas par elle-même créer d'obligations dans le chef d'un particulier et, par conséquent, la disposition d'une directive ne peut pas être invoquée en tant que telle à l'encontre d'une telle personne » [4]. Il s'ensuit qu'une directive ne peut pas par elle-même créer des responsabilités pénales ni alourdir une telle responsabilité [5]. Mais il ne faut pas oublier « qu'en appliquant le droit national, qu'il s'agisse de dispositions antérieures ou postérieures à la directive, la juridiction nationale appelée à l'interpréter est tenue de le faire dans toute la mesure du possible à la lumière du texte et de la totalité de la directive pour atteindre le résultat visé par celle-ci » [6]. Néanmoins ce principe d'interprétation ne s'applique pas, comme nous avons déjà constaté ci-dessus [7] « lorsqu'elle conduit à déterminer ou à aggraver, sur la base de la directive, et en l'absence d'une loi prise pour sa mise en œuvre, la responsabilité pénale de ceux qui agissent en infraction à ses dispositions » [8].

1. CJCE 2 févr. 1977, *Amsterdam Bulb*, 50/76, *Rec. CJCE* p. 137, 146 ; CJCE 7 févr. 1973, *Comm. c/ Italie*, 39/72, *Rec. CJCE* p. 101, 114 ; CJCE 10 oct. 1973, *Variola*, 34/73, *Rec. CJCE* p. 981, 990.
2. V. par exemple CJCE 27 sept. 1979, *Eridiana*, 230/78, *Rec. CJCE* p. 2749, 2771.
3. V. par exemple l'art. 17-3 de la directive sur le blanchiment, à mentionner ci-dessous.
4. CJCE 26 févr. 1986, *Marshall*, 152/84, *Rec. CJCE* p. 723, CJCE 11 juin 1987, *Pretore di Salò*, 14/86, *Rec. CJCE* p. 2565, CJCE 8 oct. 1987, *Kolpinghuis*, 80/86, *Rec. CJCE* p. 3969, § 9.
5. V. H. G. SEVENSTER, « Criminal law and EC law », *Common Market Law Review* 1992, p. 29-70, p. 42.
6. CJCE 13 nov. 1990, *Marleasing*, C-106/89, *Rec. CJCE* p. I-4135, 4159 ; v. H. G. SEVENSTER, préc., p. 44.
7. V. n° 418.
8. V. CJCE 26 sept. 1996, *Arcaro*, C 168/95, *Rec. CJCE* p. I-4705, 4730, CJCE

427 La sanction, déterminée par le législateur national, peut être une sanction pénale. Si la matière concernée fait déjà l'objet d'une pénalisation, la directive sera transposée en droit interne par la modification de la loi pénale préexistante. C'était par exemple le cas au Royaume-Uni où le délit d'initié faisait partie de la *Companies Securities Act 1985* et ensuite est intégré dans le *Criminal Justice Act 1993* [1]. L'exemple de la directive concernant la coordination des réglementations relatives aux opérations d'initiés [2] montre qu'une directive a eu pour résultat que le délit d'initié comprend plus ou moins les mêmes composantes dans les divers États membres [3].

Il dépend de la répartition interne des pouvoirs dans les divers États membres que la mise en œuvre d'une directive soit confiée au législateur central ou à un législateur d'un rang inférieur sans intervention parlementaire (la voie réglementaire). Les autorités communautaires ne peuvent exiger que les autorités nationales suivent l'une ou l'autre voie.

Prenons un autre exemple, celui de la directive du Conseil relative à la prévention de l'utilisation du système financier aux fins du blanchiment de capitaux [4]. L'art. 2 dispose : « Les États membres veillent à ce que le blanchiment de capitaux, tel qu'il est défini dans la présente directive, soit interdit ».

Les États membres doivent s'acquitter de la tâche qui leur incombe. L'art. 14 de la directive le précise expressément : « Chaque État membre prend les mesures appropriées pour assurer la pleine application de toutes les dispositions de la présente directive et notamment détermine les sanctions à appliquer en cas d'infraction aux dispositions adoptées en exécution de la présente directive ». L'art. 15 ajoute : « Les États membres peuvent adopter ou maintenir dans le domaine régi par la présente directive des dispositions plus strictes pour empêcher le blanchiment de capitaux ». L'art. 16 oblige les États membres à faire mettre en vigueur les dispositions législatives, réglementaires et administratives nécessaires avant le premier janvier 1993.

La directive, à l'inverse de la proposition de directive [5], ne prescrit pas de pénaliser par exemple les établissements de crédit et les institutions qui, contrairement à l'art. 3 de la directive, n'exigent pas l'identification de leurs clients moyennant un document probant lorsqu'ils ouvrent un compte. Cela méconnaîtrait le vrai caractère d'une directive. Le Conseil, dans la préambule de la directive, d'une part considère que le blanchiment doit être combattu principalement par des mesures de droit pénal et, d'autre part, considère « qu'une approche pénale ne doit tou-

1. V. R. France, préc., p. 340-341.
2. Directive du Conseil du 13 nov. 1989, *JOCE* 1989, L 334/30, n° 89/592/CEE, v. K. J. Hopt, « The European insider dealing directive », *Common Market Law Review* 1990, p. 51-82.
3. V. R. France, préc., p. 340.
4. *JOCE* 1991, L 166/77, n° 89/552/CEE.
5. V. *JOCE* 1990, C 106/6, art. 2, *JOCE* 1990, C 319/9.

tefois pas être la seule stratégie utilisée pour lutter contre le blanchiment de capitaux, étant donné que le système financier peut jouer un rôle très efficace ». C'est parfaitement en accord avec le caractère d'une directive. Le Royaume-Uni, suite à cette directive, a élargi le champ d'application de sa législation sur le blanchiment des profits de crimes de drogues sur d'autres crimes [1].

Il importe d'ajouter que les États membres, dans une annexe à la directive, ont déclaré qu'ils s'engagent à introduire des sanctions pénales au plus tard le 31 décembre 1992 [2].

§ 2. La méthode mixte

La seconde méthode de mise en œuvre du droit communautaire par le droit pénal national est la méthode mixte. Elle consiste à imposer aux États membres l'obligation de sanctionner de telle ou telle manière les violations du droit communautaire [3]. Elle se distingue de la méthode nationale par la prescription de la sanction, d'une manière plus ou moins précise, par les autorités communautaires.

A. Mise en œuvre du droit communautaire primaire par le droit pénal national aux plans communautaire et national

428 Il y a quelques exemples de l'utilisation de cette méthode dans le domaine du droit communautaire primaire. Voici le premier. L'art. 194 Euratom décide ainsi : « Chaque État membre regarde toute violation de cette obligation comme une atteinte à ses secrets protégés qui relève, en ce qui concerne tant le fond que la compétence de sa législation applicable en matière d'atteinte à la sûreté de l'État ou de divulgation du secret professionnel. Il poursuit tout auteur d'une telle violation relevant de sa juridiction sur la requête de tout État membre intéressé ou de la Commission ».

En France, l'incrimination des atteintes à la sûreté se retrouve dans les articles 411.2 et s. CP ; aux Pays-Bas ces atteintes font l'objet des articles 98 et s. CP. Le secret professionnel est protégé par l'art. 226-13 CP français et par l'art. 272 CP néerlandais.

Il est évident que le traité, par cette fiction juridique, prescrit (au moins à la France et aux Pays-Bas) de suivre la voie pénale en cas de

1. V. R. FRANCE, préc., p. 342.
2. V. aussi S. MANACORDA, « Le droit pénal et l'Union européenne : esquisse d'un système », *Rev. sc. crim.* 2000, p. 95 et s., p. 103.
3. V. *supra*, n° 389.

violation de secret. Chaque État membre est même obligé à faire déclencher une poursuite pénale, si un autre État membre ou la Commission le requiert. Cela porte atteinte au principe de l'opportunité des poursuites qui s'applique dans certains États membres. Le principe de la primauté du droit communautaire l'emporte sur le droit national.

Un deuxième exemple est donné par l'art. 27 du Statut de la Cour de Justice : « Chaque État membre regarde toute violation des serments des témoins et des experts comme le délit correspondant commis devant un tribunal national statuant en matière civile. Sur dénonciation de la Cour, il poursuit tous les auteurs de ce délit devant la juridiction nationale compétente »[1].

Ce statut fait partie du droit communautaire primaire (art. 245 et 311 CE). La disposition utilise la même technique que celle qu'on retrouve dans l'art. 194 Euratom. Les incriminations analogues nationales sont déclarées applicables en cas de violation d'une règle de droit communautaire primaire. Mais cette disposition est plus claire que celle de l'art. 194 Euratom. Elle déclare, en termes plus précis, le droit pénal national applicable et, elle aussi met à part, le cas échéant, le principe de l'opportunité des poursuites.

429 Cette technique de l'assimilation d'une violation du droit communautaire primaire à une infraction pénale nationale par la voie d'une fiction juridique ne garantit pas une répression égale dans tous les États membres. La méthode a certes, du point de vue des Communautés, l'avantage qu'il y a égalité quant à la voie à suivre. Cependant, même si, comme en espèce, le principe de l'opportunité des poursuites a été mis à part, il n'y a pas d'égalité quant aux éléments constitutifs de l'infraction, quant aux faits justificatifs, quant aux sanctions, etc.

Une plus grande égalité serait assurée si le droit communautaire primaire exigeait que le législateur national reprenne certaines facteurs comme composantes de l'infraction et prescrive en termes plus ou moins précis les peines à infliger. C'est la raison pour laquelle les États membres ont, le 26 juillet 1995, signé une Convention relative à la protection des intérêts financiers des Communautés[2]. Ce traité qui n'est pas encore en vigueur, est à qualifier de droit communautaire primaire, en raison de son caractère portant supplément aux traités originaires[3]. Il envisage surtout la répression pénale du droit communautaire secondaire, raison pour laquelle le contenu de ce traité sera discuté ci-dessous aux numéros 432 et s. qui ont trait à la mise en œuvre du droit communautaire dérivé. Exceptionnellement la fraude peut avoir égard au droit commu-

1. On retrouve ce même texte dans l'article 30 du nouveau statut, annexé au Traité de Nice.

2. *JOCE* 1995, C 316/48. C'est la fameuse Convention PIF.

3. V. *supra*, n° 402.

nautaire primaire, mais sans qu'elle porte atteinte aux intérêts financiers de la Communauté. Un accord entre entreprises qui va à l'encontre de l'art. 81-1 CE pourrait être rédigé d'une telle manière qu'il déguise cette violation. Une telle fraude ne relève pas de la Convention PIF.

B. Mise en œuvre du droit communautaire dérivé par le droit pénal national aux plans communautaire et national

Après avoir exposé le problème général de la pénalisation, on s'attachera à la Convention particulière à la protection des intérêts financiers des Communautés européennes (Convention PIF) ainsi qu'à trois Protocoles additionnels à cette Convention. On dira enfin quelques mots des sanctions quasi pénales prescrites par un règlement.

1. Obligation de pénalisation ?

a. Dans un règlement ?

430 Théoriquement, un règlement communautaire peut contenir une disposition qui oblige les États membres à pénaliser les violations du règlement. Il y en a un seul exemple dans un projet de règlement du Conseil relatif au Statut pour la Société européenne [1]. Selon l'art. 282-1, les États membres seraient obligées d'adopter des incriminations dans leurs législations relatives au droit des sociétés [2]. On ne retrouve plus cet article dans les projets ultérieures sur la Société européenne [3]. Une autre possibilité consisterait en ceci que, à l'instar de l'art. 194 Euratom, le règlement prescrirait de considérer une atteinte à un intérêt communautaire comme une atteinte à l'intérêt national correspondant dans un cas où le droit national considère une telle atteinte comme une infraction pénale [4]. Il est douteux que cette méthode soit admissible. Elle oblige à suivre la voie pénale. D'autre part, de cette manière la culture nationale qui a admis qu'une atteinte à l'intérêt national correspondant soit réprimée pénalement, n'est pas mise en danger.

1. V. *JOCE* 1970, nr. C 124/1.
2. V. par exemple l'art. VIII de l'annexe io. art. 82 sur le délit d'initié.
3. V. aussi l'exemple de la proposition de directive sur l'immigration illégale de 1976, qui prévoyait que les États membres introduiraient des peines privatives de libertés en cas de violation grave de la législation nationale, *JOCE* 1976, C277/2 et *JOCE* 1978, C97/9, citée par J. Stuyk et Chr. Denys, « Les sanctions communautaires », dans : F. Tulkens et H. Bosly, *La justice pénale et l'Europe*, Bruylant, Bruxelles 1996, p. 423-462, p. 437.
4. V. les exemples mentionnés par K. Tiedemann, « Europäisches Gemeinschaftsrecht und Strafrecht », *Neue Juristische Wochenschrift* 1993, p. 23-31, p. 25.

Il s'agit ici d'une question controversée. Est-ce que les Communautés sont compétentes pour obliger les États membres à suivre la voie pénale ? Deux opinions s'opposent. La première défend la thèse que les traités institutifs prévoient que les États membres prennent les mesures appropriées afin de réaliser les buts des traités. Le caractère d'un règlement permet d'y inclure l'obligation de sanctionner par la voie pénale ceux qui ne le respectent pas [1]. La loyauté communautaire, exprimée dans l'art. 10 CE oblige à le faire. L'obligation de réprimer par la voie pénale ceux qui portent atteinte aux obligations qui leur sont imposées par un règlement, est une conséquence possible de cette coopération des États membres avec les organes communautaires. En soutenant cette thèse, on invoque l'article 229 CE : « Les règlements arrêtés conjointement par le Parlement européen et le Conseil, et par le Conseil en vertu des dispositions du présent traité peuvent attribuer à la Cour de justice une compétence de pleine juridiction en ce qui concerne les sanctions prévues dans ces règlements ». Cet article attribue à la Cour une compétence pour le contrôle de l'application de sanctions. On en tire l'argument que « le pouvoir de prévoir des sanctions est inhérent à celui de fixer les règles et ne peut pas en être dissocié » [2].

La seconde opinion souligne que la justice pénale fait partie de la culture nationale de chaque État membre. La décision de réprimer des violations du droit communautaire par la voie pénale fait partie de cette culture. Dès lors il est en dehors de la compétence des Communautés d'obliger, par le biais de leur droit secondaire, un État membre à suivre le chemin pénal. Un État membre qui, pour de bonnes raisons, connaît le principe de l'opportunité des poursuites serait dans l'obligation d'abandonner ce principe afin de prévenir des disparités dans les divers États membres. Ensuite il y a entre les États membres d'autres différences quant à la politique criminelle et par exemple les systèmes de sursis et de libération conditionnelle diffèrent l'un pays à l'autre. L'abrogation de ces différences, dans le cadre du rapprochement des législations afin d'éviter une répression inégale, entraînerait la suppression d'une partie importante de la spécificité du droit pénal national. Deuxièmement il importe de relever que le droit pénal, qui s'impose avec tant de rigueur aux citoyens, a besoin d'être muni du sceau démocratique [3]. Or, la réa-

1. H. Johannes, « Das Strafrecht im Bereich der Europäischen Gemeinschaften », *Europarecht* 1968, p. 63-126, p. 108 ; D. Doorenbos, « EG-recht en strafwetgeving », *Delikt en Delinkwent* 1992, p. 1041-1057, p. 1050 ; R. France, préc., p. 336 ; R. Fornasier, « Le pouvoir répressif des Communautés européennes et la protection de leurs intérêts financiers », *Revue du Marché commun* 1982, p. 398-413, p. 406. Ce dernier auteur soutient les thèses que seulement les règlements du Conseil sont « de nature proprement législative et susceptibles donc de prévoir des sanctions » et que la Communauté peut, de manière directe, instituer et infliger des sanctions pécuniaires.

2. V. R. Fornasier, préc., p. 406.

3. C. A. Huet, « Droit pénal », *Rép. comm. Dalloz*, oct. 1997, p. 1-15, p. 3.

lisation du droit communautaire dérivé par le Conseil et la Commission souffre d'un déficit démocratique. C'est une raison pour laquelle la communautarisation de la lutte contre la criminalité organisée, le trafic de drogue et le terrorisme, comme prévu par le Traité d'Amsterdam [1], doit susciter des réticences.

Il faut conclure que les institutions communautaires ont agi prudemment en n'imposant pas par la voie d'un règlement, la répression pénale. L'effet négatif du droit communautaire sur le droit interne influence beaucoup moins la culture nationale que le ferait l'obligation, imposée par un règlement, de réprimer le droit communautaire par la voie pénale. La restriction de la liberté des États membres, résultant de l'adoption du principe de l'assimilation (art. 280 CE), est une conséquence naturelle des répartitions des tâches dans les Communautés européennes et, dès lors, est acceptable malgré son incidence sur la culture nationale. Mais on irait trop loin en acceptant, en tant que principe, l'obligation, imposée par la voie de règlements, de suivre la voie pénale.

En effet, malgré le point de vue contraire de certains auteurs [2], on ne peut pas trouver des exemples de règlements qui, dans des termes clairs, obligent les États membres à utiliser la voie pénale [3]. Ainsi, par exemple, le Règlement concernant certaines normes de commercialisation applicables aux œufs ne prescrit que de prendre « toutes mesures appropriées afin de sanctionner les infractions aux dispositions du présent règlement » [4].

b. **Dans une directive ?**

431 Le caractère d'une directive s'oppose à la prescription d'une type de sanction spécifique en cas de violation de la règle qui sera transposée dans le droit interne. La proposition de directive du Conseil relative au contrôle de l'acquisition et de la détention d'armes prescrivait l'imposition de sanctions pénales et administratives qui sont les mêmes que les sanctions qui sont imposées en cas de violations de règles nationales comparables [5]. Cette méthode qui, en fait, oblige les États membres à utiliser la voie pénale, est compatible ni avec le caractère d'une directive, ni avec l'opinion que les Communautés n'ont pas compétence pour obliger les États membres à suivre le chemin pénal. D'autre part, il faut admettre que la disposition proposée ne faisait pas autre chose que d'appliquer le principe de l'assimilation. Néanmoins le Conseil n'a pas adopté ce texte. Il a rédigé l'article 16 comme suit :

1. V. *supra*, n° 390.
2. V. J. W. Bridge, « The European Communities and the Criminal Law », *Criminal Law Review* 1976, p. 88-97 et R. France, préc., p. 336.
3. C. A. Huet, préc., p. 3.
4. *JOCE* L 258/1, 21 oct. 1968, Règlement 1619/68 du Conseil du 15 oct. 1968.
5. Proposition 90/453 final, *JO* 1990, C 265/6, art. 16 et Directive 91/477, *JO* 1991, L 256/51.

« Chaque État membre établit les sanctions à appliquer en cas de non-respect des dispositions adoptées en application de la présente directive. Ces sanctions doivent être suffisantes pour inciter au respect de ces dispositions » [1].

Dans l'année 2001 la Commission européenne a proposé deux directives qui prescrivent de suivre la voie pénale. La première est la proposition de directive relative à la protection de l'environnement par le droit pénal. Elle prévoit l'incrimination de certaines activités, commises intentionnellement ou par négligence, en violation de la législation communautaire protégeant l'environnement [2]. La seconde concerne la protection des intérêts financiers de la Communauté [3]. Elle vise l'incrimination par les États membres de la fraude communautaire, de la corruption passive et active au détriment de la Communauté et du blanchiment de capitaux, lié au produit de la fraude communautaire et de la corruption au détriment de la Communauté. Cette dernière proposition a été faite après que la Conférence intergouvernementale de Nice avait fait échouer la proposition de la Commission d'introduire un procureur européen indépendant [4] tel que proposé par le projet de *Corpus juris* [5]. Il nous semble que ces deux propositions rencontreront une opposition assez forte de la part de certains États membres qui ne sont pas favorables à un transfert de pouvoir dans le domaine de la justice pénale à la Communauté et ceci surtout depuis que la justice pénale a acquis sa place dans le troisième pilier.

2. La Convention relative à la protection des intérêts financiers des Communautés européennes [6]

432 La Convention relative à la protection des intérêts financiers des Communautés européennes du 26 juillet 1995 [7], ci-après aussi appelée Convention PIF, avait mis fin au débat sur les pouvoirs des Communautés dans le domaine du droit pénal. En effet, elle reconnaît que le droit pénal est une matière qui relève des États membres. C'est la raison pour laquelle les États membres ont conclu cette Convention et, dans une action bien concertée, le Conseil a adopté, le 18 décembre 1995, un règlement rela-

1. Directive 477/91 du 18 juin 1991, *JOCE* 13 sept. 1991, L 256/51.
2. *JOCE* du 26 juin 2001, C 180 E/238.
3. *JOCE* du 28 août 2001, C 240 E/125.
4. V. ci-après n° 474.
5. V. ci-dessus n° 387.
6. Cette Convention et ses protocoles annexes, quoique d'ordre intergouvernemental et dès lors non-communautaire, sont traités dans cette partie du livre et non d'une manière approfondie dans la première partie en raison de leur liaison direct avec le droit communautaire.
7. *JOCE* 27 nov. 1995, C 316.

tif à la protection des intérêts financiers des Communautés européennes [1], ci-après aussi appelé Règlement PIF. C'est une réglementation générale relative à des sanctions administratives portant sur des irrégularités au regard du droit communautaire, comme le dit l'art. 1-1 de ce règlement. Il s'ensuit de cette action concertée que le droit pénal ne cesse pas de relever des États membres. Il faut ajouter que le Traité d'Amsterdam prévoit la communautarisation et l'harmonisation du droit pénal quant aux éléments constitutifs et aux sanctions applicables dans les domaines de la criminalité organisée, le terrorisme et le trafic de drogue [2]. Donc, il n'est plus certain que tout le droit pénal reste toujours dans les mains des États membres.

La Convention PIF, contrairement au règlement, n'est pas encore entrée en vigueur. Il faut attendre jusqu'à 90 jours après la notification de l'accomplissement de la procédure d'adoption par l'État membre qui procède le dernier à cette formalité (art. 11-3).

a. Définition de la fraude communautaire

1. Le principe

433 L'art. 1er de la Convention décrit plus précisément la fraude communautaire : « est constitutif d'une fraude portant atteinte aux intérêts financiers des Communautés [3] :

a) en matière de dépenses, tout acte ou omission intentionnel relatif :

— à l'utilisation ou à la présentation de déclarations ou de documents faux, inexacts ou incomplets, ayant pour effet la perception ou la rétention indue de fonds provenant du budget général des Communautés européennes ou des budgets gérés par les Communautés européennes ou pour leur compte ;

— à la non-communication d'une information en violation d'une obligation spécifique, ayant le même effet ;

— au détournement de tels fonds à d'autres fins que celles pour lesquelles ils ont initialement été octroyés ;

b) en matière de recettes, tout acte ou omission intentionnel relatif :

— à l'utilisation ou à la présentation de déclarations ou de documents faux, inexacts ou incomplets, ayant pour effet la diminution illégale de ressources du budget général des Communautés européennes ou des budgets gérés par les Communautés européennes ou pour leur compte ;

— à la non-communication d'une information en violation d'une obligation spécifique, ayant le même effet ;

1. *JOCE* 23 déc. 1995, L 312/1, Règlement 2988/95 du 18 déc. 1995.
2. V. *supra*, n° 390.
3. Ci-dessous nous utiliserons désormais la dénomination « fraude communautaire ».

— au détournement d'un avantage légalement obtenu, ayant le même effet ».

Cette définition exclut de la notion de fraude communautaire toute infraction qui n'a pas de conséquence sur le budget communautaire [1]. La fraude communautaire peut être relative au droit communautaire primaire et — ce qui se présentera beaucoup plus fréquemment — au droit communautaire dérivé. Ainsi, la fraude peut consister en faux en écritures afin d'obtenir une subvention communautaire qui est prévue dans un règlement communautaire ou en vue d'éviter un prélèvement en ce qui concerne une importation d'une marchandise provenant d'un pays tiers.

434 Dans ce contexte il convient de mentionner les diverses ressources et dépenses de la Communauté européenne. Les ressources principales consistent en :

1) une partie de la TVA nationale ;

2) un montant égal à un pourcentage du produit national brut (BNP), et les ressources propres traditionnelles ;

3) les droits de douane, perçus à l'importation dans la Communauté de produits originaires de pays tiers ;

4) les prélèvements agricoles, perçus à l'importation de produits agricoles provenant de pays tiers (ils comblent la différence entre le prix mondial du produit et son prix au marché communautaire) et les cotisations prévues dans le cadre de l'organisation commune des marchés ;

et relativement négligeable :

5) les amendes en matière de concurrence.

Selon le Rapport Explicatif de la Convention PIF, on entend par les recettes de l'art. 1 les recettes des catégories 3 et 4. « Elles ne comprennent pas les recettes provenant de l'application d'un taux uniforme à l'assiette de la TVA des États membres, la TVA n'étant pas une ressource propre perçue directement pour le compte des Communautés. Elles ne comprennent pas non plus les recettes provenant de l'application d'un taux uniforme à la somme des PNB des États membres » [2].

Les dépenses principales sont les coûts de la politique agricole commune, à savoir :

1) restitutions agricoles (la différence entre le prix communautaire et le prix sur le marché mondial, qui est bien inférieur, est subventionnée afin de stimuler l'exportation vers des pays tiers) ;

2) achat de produits agricoles au prix garanti minimum par les organismes d'intervention ;

3) primes accordées aux agriculteurs.

1. V. pour la définition de la fraude communautaire, J. A. E. VERVAELE, *La fraude communautaire et le droit pénal européen des affaires*, Paris 1994, p. 35-39.

2. Rapport Explicatif, document 5266/97 du Conseil de l'Union européenne, p. 12.

À côté de ces dépenses agricoles, il y a en outre :

4) les dépenses du Fonds Social Européen (FSE) ;

5) les dépenses du Fonds Européen de Développement Régional (FEDER) et

6) les dépenses du Fonds Européen d'Orientation et de Garantie Agricole (FEOGA), section orientation [1].

2. La limite : restriction à un dol

435 La notion de fraude communautaire est restreinte à l'acte ou à l'omission intentionnels. Dès lors l'auteur doit être conscient de son comportement et le vouloir. Cela veut dire d'abord que celui qui présente un document qui est faux, mais dont il ne connaît pas la fausseté, ne commet pas de fraude communautaire. La négligence n'est pas non plus comprise dans la définition de la fraude communautaire : ainsi celui qui ne connaît pas la fausseté du document, mais qui, raisonnablement, aurait dû la connaître, ne commet pas de fraude au sens de l'art. 1 de la Convention PIF. La Convention PIF est enfin silencieuse quant au dol éventuel. Cette modalité de dol se produirait par exemple si quelqu'un présentait un document alors qu'il est conscient du fait que ce document peut être faux ; cependant, malgré ce risque, il agit. On admettra que la Convention PIF ne s'applique pas alors que dans certains États membres la fraude, commise en cas de dol éventuel est punissable, tandis que dans d'autres États membres son auteur ne sera pas puni.

Il faut remarquer que, selon l'art. 1-4, le caractère intentionnel d'un acte ou d'une omission peut résulter de circonstances factuelles objectives [2]. Si cela n'était pas permis, on serait, dans la plupart des cas, dépendant de la déclaration de l'auteur admettant qu'il était conscient de son comportement.

b. Obligation de pénalisation de la fraude communautaire

436 L'art. 1-2 oblige en principe les États membres à pénaliser la fraude communautaire : en effet, ce texte décide que « ... chaque État membre prend les mesures nécessaires et appropriées pour transposer en droit pénal interne les dispositions du paragraphe 1 de telle sorte que les comportements qu'elle visent soient érigés en infractions pénales ». Cela ne leur posera pas de grands problèmes, parce qu'en général les dispositions de droit national concernant le faux en écritures couvriront la plupart des actes décrits dans l'art. 1-1. Il peut en être autrement quant

1. V. E. Mennens, « Les fraudes au préjudice du budget communautaire », dans : F. Tulkens, C. van den Wyngaert, I. Verougstraete, *La protection juridique des intérêts financiers des Communautés européennes,* Antwerpen, Apeldoorn, Brussel 1992, p. 27-36.

2. Le Rapport Explicatif constate que la formule a été reprise de l'art. 1 de la directive 91/308 du Conseil, du 10 juin 1991, relative à la prévention de l'utilisation du système financier aux fins de blanchiment de capitaux, *JOCE* L 166/71.

aux dernières parties de l'art. 1-1 points a et b. Si le détournement de fonds à une autre fin que celle pour laquelle il a initialement été octroyé et le détournement d'un avantage légalement obtenu ayant pour effet la diminution illégale de ressources du budget général des Communautés ou des budgets gérés par les Communautés ou pour leur compte, n'est pas punissable dans tous les États membres, ces États membres doivent ériger ces comportements en infractions pénales.

Le paragraphe 3 du même article oblige aussi à rendre punissable l'établissement ou la fourniture intentionnels de déclarations ou de documents faux, inexacts ou incomplets ayant un effet négatif pour les intérêts financiers des communautés, « s'ils ne sont pas déjà punissables soit comme infraction principale, soit à titre de complicité, d'instigation ou de tentative de fraude telle que définie au paragraphe 1 ».

Toutefois cette double obligation supporte une exception qui figure à l'article 2-2. Ce texte se réfère au cas de fraude mineure. Celle-ci est définie comme une fraude portant sur un montant total inférieur à 4 000 euros et ne présentant pas de circonstances particulières de gravités selon la législation nationale. Une telle fraude ne relève pas des obligations imposées par la Convention PIF. Elle peut faire l'objet d'autres sanctions que pénales. Il n'en demeure pas moins que les États membres ont la liberté de pénaliser de telles fraudes. Selon l'art. 2-3 le Conseil de l'Union européenne, statuant à l'unanimité, peut modifier ce montant de 4 000 euros.

La tentative n'est pas visée. Il faut cependant considérer qu'elle doit faire l'objet d'incrimination puisque l'art. 4 de la Convention PIF précise que chaque État membre prend les mesures nécessaires pour établir sa compétence dans le cas notamment où « la fraude, la participation à une fraude ou la tentative de fraude portant atteinte aux intérêts financiers des Communautés européennes est commise, en tout ou en partie, sur son territoire... ».

C. Régime de la fraude communautaire

1. Sanctions

437 L'art. 2 oblige les États membres, en termes généraux, à prendre les mesures nécessaires afin que les comportements visés à l'article premier, soient passibles de sanctions pénales « effectives, proportionnées et dissuasives ». La terminologie est empruntée à l'arrêt de la Cour rendu dans l'affaire *Commission c/ Grèce*[1]. Étant donné que les sanctions administratives de nature pénale font l'objet, comme nous le verrons ci-dessous, du règlement 2988/95 relatif à la protection des intérêts finan-

1. V. CJCE 21 sept. 1989, *Commission c/ Grèce*, 68/88, *Rec. CJCE* p. 2965, 2985.

ciers des Communautés européennes, il faut conclure que la notion de sanctions pénales ne comprend pas les sanctions infligées par l'administration.

Ces sanctions pénales doivent, au moins dans les cas de fraude grave, inclure des peines privatives de liberté pouvant entraîner l'extradition. Il s'agit alors, sous le régime de l'art. 2 de la Convention européenne d'extradition, de faits qui sont passibles d'une peine d'emprisonnement d'au moins une année. L'art. 2-1 considère comme fraude grave toute fraude portant sur un montant minimal à fixer dans chaque État membre, mais pas à plus de 50 000 euros. Or, à partir d'une fraude de 50 000 euros une peine privative de liberté d'au moins une année doit être prévue.

2. Responsabilité pénale des chefs d'entreprise

438 L'art. 3 oblige les États membres à prendre les mesures nécessaires afin d'introduire la responsabilité pénale des chefs d'entreprise et de ceux qui leur sont assimilés en cas d'actes frauduleux commis au détriment des intérêts financiers des Communautés, tels que visés par l'article premier, par une personne soumise à leur autorité pour le compte de l'entreprise. En introduisant cette responsabilité « fonctionnelle », les États membres doivent, comme l'art. 3 le rappelle expressément, tenir compte des principes du droit interne. Cette responsabilité ne doit pas être confondue avec la responsabilité des personnes morales qui fait l'objet du deuxième Protocole à la Convention PIF. Elle sera examinée plus bas ainsi que le rapport entre l'art. 3 de la Convention PIF et ce protocole [1].

Une question se pose, relative à l'exécutant puisque l'art. 3 ne vise que les décideurs. On peut, semble-t-il, admettre aussi la responsabilité de l'exécutant aux conditions habituelles (faute personnelle) parce que le texte de la Convention PIF respecte le droit interne. Non seulement en effet les dirigeants sont impliqués pénalement « selon les principes définis par son droit interne », mais encore et surtout, le texte précise que « Aucune disposition de la présente convention n'empêche les États membres d'adopter des dispositions de droit interne allant au-delà des obligations découlant de cette convention » (art. 9 Convention PIF). En somme, les dispositions conventionnelles constituent une sorte de minimum et il y a renvoi au droit national en cas de lacune.

3. Compétence et extradition

439 L'art. 4-1 impose à chaque État membre l'obligation d'établir sa compétence sur la fraude communautaire pénalisée conformément à l'art. 1er et à l'art. 2-1 dans les cas où

« — la fraude, la participation à une fraude ou la tentative de fraude... est commise, en tout ou en partie, sur son territoire, y compris le cas de fraude où le gain a été réalisé sur ce territoire ;

1. V. *infra*, nos 457-459.

— une personne se trouvant sur son territoire participe ou incite sciemment à la perpétration d'une telle fraude sur le territoire de tout autre État ;

— l'auteur de l'infraction est un ressortissant de l'État membre concerné, étant entendu que la législation de cet État membre peut prévoir que le comportement est également punissable dans le pays où il a eu lieu ».

La première partie de l'art. 4-1, premier tiret, fait application du principe de la territorialité. Le même vaut pour la deuxième partie : le résultat s'est produit sur le territoire d'un certain État. L'art. 4-1, deuxième tiret, élargit le principe de la territorialité aux personnes qui se trouvent sur le territoire d'un État membre et qui, sur ce territoire participent ou incitent sciemment à une fraude commise sur le territoire d'un autre État. Il faut remarquer que cette partie de l'article fait mention d'une fraude commise sur le territoire de tout autre État. Ainsi, un Brésilien qui, en France, a incité à une fraude communautaire commise en Argentine, doit, selon cet article, être soumis à la loi française. L'art. 4-1, dernier tiret, fait application du principe de la personnalité active. La Convention PIF n'exige pas une réciprocité d'incrimination, mais permet qu'une telle exigence soit posée par l'État membre concerné. Néanmoins l'art. 4-2 prévoit qu'un État signataire peut déclarer, lors de la notification visée à l'art. 11-2, qu'il n'applique pas ce principe de la personnalité active.

Une telle déclaration ne peut pas être déposée si cet État membre, en vertu de sa législation, n'extrade pas ses propres ressortissants. Selon l'art. 5-1, cet État membre prend les mesures nécessaires pour établir sa compétence sur la fraude communautaire lorsqu'elle est commise par un ressortissant hors de son territoire, dans un autre État membre ou dans un pays tiers. C'est l'application du principe *aut dedere, aut judicare*. La notion de « ressortissant » doit être interprété à la lumière des déclarations relatives à l'article 6-1 point b de la Convention européenne d'extradition qui ont pu être faites par les États parties à cette Convention [1].

440 Ensuite l'art. 5-2 oblige l'État membre qui, uniquement en raison de sa nationalité, n'extrade pas un de ses ressortissants vers l'État membre dans lequel il est présumé avoir commis une fraude communautaire, à soumettre l'affaire à ses autorités compétentes aux fins de poursuite, s'il y a lieu. C'est une deuxième conséquence du principe susmentionné et qui consiste en la transmission de la poursuite. Afin de permettre cette poursuite l'État membre du *locus delicti* doit fournir les dossiers, les informations et les objets relatif à l'infraction et sera informé des poursuites engagées ainsi que des suites qui y seront données. Il n'est pas clairement indiqué si la clause « s'il y a lieu » permet de classer l'affaire pour

1. Rapport explicatif, p. 21.

des raisons d'inopportunité de la poursuite. Dans l'hypothèse où la justice pénale comme partie de la culture nationale relève en premier lieu du droit national, la réponse est affirmative.

441 L'art. 5-4 prescrit qu'il faut interpréter les termes « ressortissants d'un État membre » conformément à toute déclaration faite par cet État en vertu de l'art. 6-1 point b de la Convention européenne d'extradition et au, § 1 point c de cet article. Ainsi les Pays Bas et le Luxembourg ont déclaré qu'ils considèrent comme nationaux non seulement des Néerlandais et des Luxembourgeois, mais également des étrangers qui sont intégrés dans leur société pour autant qu'ils peuvent être poursuivis dans leur pays pour l'infraction qui fait l'objet de la requête d'extradition. Les États scandinaves ont déclaré qu'ils entendent par nationaux non seulement leurs propres nationaux, mais également les nationaux des autres États scandinaves.

442 Enfin, l'art. 5-3 interdit de refuser l'extradition en cas de fraude communautaire au seul motif qu'il s'agit d'une infraction en matière de taxes ou de droits de douane. Cette clause se réfère à l'exception classique concernant les délits fiscaux. Cette exception a tendance à disparaître [1]. Le rapport explicatif fait la remarque ambiguë que, pour les parties à la Convention européenne d'extradition, l'art. 5 se trouve ainsi limité [2]. Il importe de signaler que l'art. 5 de la Convention européenne d'extradition exigeait une déclaration spéciale en cas de délits fiscaux. L'article 2 du deuxième Protocole additionnel à cette Convention européenne d'extradition abrogeait cette restriction. Ceci a pour conséquence que les États signataires de ce protocole ne peuvent plus invoquer l'exception de l'article 5 de la Convention européenne. L'article 63 du deuxième Accord de Schengen du 19 juin 1990 oblige les États signataires de cet accord d'extrader pour les faits de l'art. 50-1. Ce dernier article concerne notamment les délits sur la TVA et les droits de douane.

4. Coopération

443 Avec l'art. 6, les États membres ont exprimé leur volonté de coopérer effectivement à l'enquête, aux poursuites judiciaires et à l'exécution de la sanction prononcée en cas de fraude communautaire. Le premier paragraphe de l'article mentionne comme exemples de moyens de coopération l'extradition, le transfert des poursuites et le transfert de l'exécution d'un jugement prononcé dans un autre État membre. L'art. 6-2 impose l'obligation de coopérer pour décider dans quel État membre une pour-

1. V. par ex. art. 2 du deuxième Protocole additionnel à la Convention européenne d'extradition et l'art. 63 du deuxième Accord de Schengen du 19 juin 1990.
2. Préc., p. 22.

suite aura lieu, si une infraction relève de la compétence de plus d'un État membre. Les États membres se sont prononcés en faveur de l'idée que, si possible, les poursuites sont centralisées dans un seul État membre [1].

5. *Ne bis in idem*

444 Il n'est pas étonnant que la Convention PIF contienne une disposition sur l'aspect international du principe *ne bis in idem* consacrant l'autorité de la chose jugée. Fréquemment plusieurs États membres auront compétence pour connaître des fraudes communautaires. Alors, pourra se produire facilement, malgré la volonté de coopérer, exprimée dans l'art. 6, un conflit positif de compétence, c'est-à-dire que plusieurs États membres poursuivent le même auteur d'une même fraude. C'est la raison pour laquelle l'art. 7-1 prescrit l'application du principe *ne bis in idem* : si la poursuite a abouti à une décision irrévocable, la même personne n'est pas poursuivie de nouveau pour le même fait. Malgré ce beau principe, une interprétation divergente de la notion « même fait » peut conduire a des résultats différents dans les divers États membres. La notion peut être interprétée de telle façon qu'une deuxième poursuite qui a pour objet un fait matériellement identique n'est jamais admise. Mais elle peut aussi être interprété de manière plus stricte : une seconde poursuite qui a pour objet le même comportement, mais qui le qualifie différemment, n'est pas défendue.

L'article a formulé la condition « que, en cas de condamnation, la sanction ait été exécutée, soit en cours d'exécution ou ne puisse plus être exécutée selon la loi de l'État de condamnation ».

445 Dans son deuxième paragraphe l'art. 7 prévoit la possibilité qu'un État membre déclare qu'il n'est pas lié par le principe exprimé dans le paragraphe 1 dans un ou plusieurs des cas suivants :

« a) lorsque les faits visés par le jugement rendu à l'étranger ont eu lieu, soit en tout, soit en partie, sur son territoire. Dans ce dernier cas, cette exception ne s'applique cependant pas si ces faits ont eu lieu en partie sur le territoire de l'État membre où le jugement a été rendu ;

b) lorsque les faits... constituent une infraction contre la sûreté ou d'autres intérêts également essentiels de cet État membre ;

c) lorsque les faits... ont été commis par un fonctionnaire de cet État membre en violation des obligations de sa charge ».

Ces exceptions, si un État membre les a invoqué dans une déclaration, ne peuvent pas s'appliquer lorsque cet État membre, lui-même, a, pour les mêmes faits, demandé la poursuite à l'autre État membre ou accordé l'extradition de la personne concernée (art. 7-3).

1. On pourrait s'inspirer de l'article 36-1 Règlement 222/77 et de son interprétation par la Cour de justice, CJCE 20 sept. 1988, *Kiwall*, C-252/87, *Rec. CJCE* p. 4753 impliquant que l'État membre où la marchandise a été importée d'un pays tiers est compétent pour l'imposition d'une dette douanière.

446 Enfin, le paragraphe 4 de l'art. 7 décide que les accords bilatéraux ou multilatéraux conclus entre les États membres et les déclarations y relatives ne sont pas affectés par cet article. Par conséquent, on est obligé de consulter d'autres conventions, comme la Convention du 25 mai 1987 entre les États membres relative à l'application du principe *ne bis in idem,* afin de savoir si une ou plusieurs d'elles l'emportent sur la présente Convention ou contiennent des dispositions supplétives. L'essentiel de la Convention du 25 mai 1987 [1] a été repris, même à peu près littéralement, dans l'article 7. Cette Convention est générale en ce qu'elle s'étend à toutes les infractions pénales. Elle comprend l'obligation de donner des renseignements à l'État membre qui a des raisons de croire que l'accusation concerne les mêmes faits que ceux pour lesquels un jugement définitif a été rendu dans l'État membre requis.

En outre un État membre qui, en raison d'une déclaration de réserve, prévue par l'article 2 de la Convention de 1987, déclenche une poursuite malgré un jugement définitif, pour les mêmes faits rendu dans un autre État membre, est obligée de déduire de la sanction qui sera éventuellement prononcée, toute période de privation de liberté subie dans cet autre État membre (art. 3 de la Convention du 25 mai 1987).

d. **Rôle de la Cour de justice des Communautés européennes**

Deux questions peuvent se poser, qui font intervenir la Cour de justice.

1. Conflits entre États membres ou entre État(s) et Commission

447 La Convention PIF attribue une compétence très limitée à la Cour. Si le Conseil, à l'expiration d'un délai de six mois, n'a pas trouvé de solution pour régler un différend entre des États membres relatif à l'interprétation ou l'application de la Convention PIF, une partie au différend peut saisir la Cour (art. 8-1). On peut imaginer qu'un État membre reproche à un autre État membre de ne pas accomplir de façon loyale l'obligation de coopération qui lui incombe en vertu de l'art. 6.

Cette compétence mise à part, il y a, selon le paragraphe 2 de l'art. 8 une seconde compétence de la Cour. Elle peut connaître des différends relatif aux articles 1er ou 10 entre un ou plusieurs États membres et la Commission européenne. La référence aux articles 1er et 10 suggère qu'un tel différend peut se rapporter, d'une part, à la notion de fraude communautaire et la loyauté de la transposition dans leur droit interne des obligations qui leur incombent en vertu de la convention, et, d'autre part, à l'obligation, prévue dans l'article 10, de communiquer certaines informations à la Commission.

1. *JO* français du 29 oct. 1991.

2. Questions préjudicielles

448 Il faut ajouter que le rôle de la Cour fait l'objet du Protocole concernant l'interprétation, à titre préjudiciel, par elle de la Convention relative à la protection des intérêts financiers des Communautés européennes, Protocole adopté le 29 novembre 1996 [1]. Ce protocole règle la compétence de la Cour pour statuer à titre préjudiciel sur l'interprétation de la dite convention et son premier protocole. Les États membres doivent faire un choix entre la possibilité que toute juridiction ou que seulement les juridictions dont les décisions ne sont pas susceptibles d'un recours juridictionnel de droit interne, ont la faculté de poser des questions préjudicielles à la Cour [2].

3. Le premier Protocole à la Convention relative à la protection des intérêts financiers des Communautés européennes (anti-corruption)

449 ***Introduction*** ◇ Le 27 septembre 1996 les États membres ont signé un premier protocole à la Convention PIF [3]. Ce Protocole, en premier lieu, intéresse la corruption commise « par ou envers des fonctionnaires, tant nationaux que communautaires, responsables de la perception, la gestion ou la dépense des fonds communautaires soumis à leur contrôle ». Il s'agit de corruption au détriment des intérêts financiers des Communautés européennes. Deuxièmement il envisage la fraude communautaire commise par ou envers les fonctionnaires communautaires. La structure du Protocole est analogue à celle de la Convention PIF.

a. Définition de la corruption communautaire

450 Le Protocole à l'instar de beaucoup de codes nationaux distingue entre corruption passive et corruption active. L'article 2-1 indique que « est constitutif de *corruption passive* le fait intentionnel, pour un fonctionnaire, directement ou par interposition d'un tiers, de solliciter ou de recevoir des avantages, de quelque nature que ce soit, pour lui-même ou pour un tiers, ou d'en accepter la promesse, pour accomplir ou ne pas accomplir, de façon contraire à ses devoirs officiels, un acte de sa fonction ou un acte dans l'exercice de sa fonction, qui porte atteinte ou est susceptible de porter atteinte aux intérêts financiers des Communautés européennes ».

1. *JOCE* 1997 du 20 mai 1997, C 151.
2. L'Allemagne, la Grèce, les Pays-Bas, l'Autriche, la Finlande et la Suède ont choisi la première, tandis que la France, l'Irlande et le Portugal ont choisi la deuxième modalité, v. la Déclaration faite en application de l'article 2, *JOCE* du 20 mai 1997, C 151/14.
3. *JOCE* 1996, C 313/1.

La définition n'est pas très originale, même si elle est précise. La corruption passive est donc le fait pour une personne exerçant une fonction publique de solliciter ou d'accepter des avantages quelconques en vue d'accomplir un acte contraire à sa fonction, et pouvant porter atteinte aux intérêts financiers des Communautés.

Selon l'article 3-1 « est constitutif de *corruption active* le fait intentionnel, pour quiconque, de promettre ou de donner, directement ou par interposition d'un tiers, un avantage de quelque nature que ce soit, à un fonctionnaire, pour lui-même ou pour un tiers, pour qu'il accomplisse ou s'abstienne d'accomplir, de façon contraire à ses devoirs officiels, un acte de sa fonction ou un acte dans l'exercice de sa fonction qui porte atteinte ou est susceptible de porter atteinte aux intérêts financiers des Communautés européennes ».

Là encore, la définition est classique. Dans la corruption active, l'agent (corrupteur) propose à un fonctionnaire un avantage en compensation d'un autre qu'il attend de ce fonctionnaire. Alors que la corruption passive est commise par un fonctionnaire, la corruption active est commise par un particulier. Mais dans les deux cas, on se trouve en présence d'un « couple criminel ».

L'article 1 sub 1.a définit comme fonctionnaire « tout fonctionnaire, tant communautaire que national, y compris tout fonctionnaire national d'un autre État membre ». Dans l'article 1-1 point b, le terme « fonctionnaire communautaire » est défini comme suit : toute personne ayant la qualité de fonctionnaire ou d'agent engagé par contrat au sens du statut des fonctionnaires des Communautés européennes, les personnes mises à la disposition des Communautés européennes par les États membres ou par tout organisme public ou privé, qui exercent des fonctions équivalentes à celles qu'exercent les fonctionnaires ou autres agents des Communautés européennes, enfin (par voie d'assimilation) les membres des organismes créés en application des traités instituant les Communautés européennes et les personnels de ces organismes lorsque le statut des fonctionnaires des Communautés européennes ne leur est pas applicable. Quant à l'expression « fonctionnaire national », elle est interprétée par référence à la définition du fonctionnaire ou de l'officier public dans le droit national de l'État membre intéressé.

b. Obligation de pénalisation de la corruption communautaire

451 Le Protocole utilise la même technique que la Convention PIF, c'est-à-dire qu'il oblige les États membres à prendre les mesures nécessaires afin que les deux formes de corruption communautaire soient érigées en infractions pénales (art. 2-2 et art. 3-2). La corruption passive et la corruption active doivent être passibles de sanctions pénales « effectives, proportionnées et dissuasives », incluant, au moins dans les cas graves, des peines privatives de liberté pouvant entraîner l'extradition. Le Pro-

tocole, à l'inverse de la Convention PIF[1], ne prescrit pas un seuil au dessus duquel il est question d'un cas grave. L'obligation de pénalisation s'étend à la complicité et à l'instigation, mais, de nouveau à l'inverse de la Convention PIF[2], pas à la tentative (art. 5-1). Étant donné que les droits pénaux internes connaissent la notion générale de la tentative, ce manque ne produira pas d'effets de grande importance.

L'art. 4-1 du Protocole se réfère au deuxième but du Protocole, c'est-à-dire que cet article oblige à assimiler la fraude communautaire (comme définie dans l'art. 1 de la Convention PIF) commis par des fonctionnaires communautaires dans l'exercice de leurs fonctions à la fraude communautaire commise par des fonctionnaires nationaux dans l'exercice de leurs fonctions. Voilà une application du principe dit d'assimilation.

Les paragraphes 2, 3 et 4 de l'art. 4 du Protocole comprennent des dispositions qui, pour les cas de fraude communautaire et de corruption communautaire commises par ou envers les membres de la Commission des Communautés européennes, du Parlement européen, de la Cour de justice et de la Cour de comptes des Communautés européennes dans l'exercice de leurs fonctions, assimilent leurs positions à celles de leurs équivalents nationaux : les ministres du gouvernement, les élus des assemblées parlementaires, les membres des plus hautes juridictions et les membres des cours de comptes.

Il faut encore remarquer que selon l'art. 5-2 l'incrimination de la corruption communautaire n'affecte pas l'exercice des pouvoirs disciplinaires par les autorités compétentes à l'encontre des fonctionnaires nationaux ou des fonctionnaires communautaires. Il est laissé aux juridictions pénales nationales la possibilité d'appliquer le « Anrechnungsprinzip », c'est-à-dire qu'elles « peuvent prendre en compte, selon les principes de leur droit nationale, toute sanction disciplinaire déjà imposée à la même personne pour le même comportement ».

C. Régime de la corruption communautaire

1. Compétence

452 Quant à la compétence, le Protocole reprend dans son article 6-1 point a le principe de la territorialité. On retrouve le principe de la personnalité active dans ce même paragraphe point b qui rappelle que chaque État membre prend les mesures nécessaires pour établir sa compétence si l'auteur de l'infraction est un de ses ressortissants ou un de ses fonctionnaires.

De même, chaque État doit établir sa compétence dans les cas où l'infraction est commise à l'encontre d'un fonctionnaire national ou com-

1. V. *supra*, n° 436.
2. V. *supra*, n° 436.

munautaire (dans le sens large de l'article 1) ou d'un des membres des institutions visées à l'article 4-2 (e.a. membres de la Cour et de la Commission) qui est un de ses ressortissants : il y a application du principe de la personnalité passive.

Enfin l'article 6-1 d oblige chaque État à créer sa compétence dans les cas où l'auteur de l'infraction est un fonctionnaire communautaire au service d'une institution des Communautés européennes ou d'un organisme créé conformément aux traités instituant les Communautés européennes et ayant son siège dans l'État membre concerné.

2. Relation avec la Convention PIF

453 Il découle des articles 7 et 8 que plusieurs dispositions de la Convention PIF s'appliquent directement ou d'une manière analogue à la matière qui fait l'objet du Protocole.

4. La Convention relative à la lutte contre la corruption impliquant des fonctionnaires des Communautés européennes ou des fonctionnaires des États membres de l'Union européenne

454 Le 26 mai 1997, les États membres ont, dans le cadre de la coopération intergouvernementale sur la base du Traité de Maastricht, signé une Convention relative à la lutte contre la corruption, ci-après aussi appelée Convention anti-corruption. Cette Convention est d'une ampleur plus grande que le premier Protocole à la Convention PIF, son objet n'étant pas seulement la corruption qui porte atteinte ou est susceptible de porter atteinte aux intérêts financiers des Communautés européennes. La Convention est relative à toute forme de corruption passive et active dans laquelle sont impliqués des fonctionnaires des Communautés européennes ou des États membres de l'Union européenne ou des personnes assimilées à eux, comme des ministres. Alors que le premier protocole à la Convention PIF est relatif « à la Convention relative à la protection des intérêts financiers des Communautés européennes », la Convention anti-corruption de 1997, plus simplement, est intitulée Convention « relative à la lutte contre la corruption impliquant des fonctionnaires des Communautés européennes ou des fonctionnaires des États membres de l'Union européenne ». Il n'est pas impossible d'ailleurs qu'à cette première raison de disparition du membre de phrase — étendre le champ d'application de l'infraction — s'en ajoute une autre : la preuve de l'atteinte, réelle ou éventuelle, aux intérêts financiers communautaires étant difficile, des délinquants auraient échappé à la répression en passant à travers les mailles du filet pénal. Avec l'allégement de 1997, cet inconvénient disparaît.

Cette Convention reprend la plupart des dispositions du premier Protocole.

5. Le deuxième Protocole à la Convention relative à la protection des intérêts financiers des Communautés européennes (responsabilité des personnes morales et blanchiment)

455 ***Introduction*** ◇ Le 19 juin 1997 les États membres ont signé un deuxième protocole à la Convention. Ce protocole a pour objets le blanchiment de capitaux et la responsabilité des personnes morales [1].

a. Blanchiment des capitaux

456 Le blanchiment des capitaux faisait déjà l'objet de la directive 91/308 CE du Conseil, celle du 10 juin 1991 relative à la prévention de l'utilisation du système financier aux fins du blanchiment de capitaux [2]. Cette directive fut suivie d'une Déclaration des représentants des États membres dans laquelle ils s'engageaient à pénaliser le blanchiment. Cette obligation ne pouvait pas être retenue par la directive. Son caractère s'oppose à la prescription de suivre le chemin pénal ou une autre voie. En plus, les Communautés ne sont pas compétente pour obliger les États membres à suivre la voie pénale [3].

Le deuxième Protocole renvoie à la définition de blanchiment de capitaux donné à l'article premier troisième tiret de la directive 91/308 CE qui est donc la suivante :

« ... on entend par : ... blanchiment de capitaux : les agissements ci-après énumérés, commis intentionnellement :

— la conversion ou le transfert de biens, dont celui qui s'y livre sait qu'ils proviennent d'une activité criminelle ou d'une participation à une telle activité, dans le but de dissimuler ou de déguiser l'origine illicite desdits biens ou d'aider toute personne qui est impliquée dans cette activité à échapper aux conséquences juridiques de ses actes ;

— la dissimulation ou le déguisement de la nature, de l'origine, de l'emplacement, de la disposition, du mouvement ou de la propriété réelle de biens ou de droits y relatifs dont l'auteur sait qu'ils proviennent d'une activité criminelle ou d'une participation à une telle activité ;

— l'acquisition, la détention ou l'utilisation de biens en sachant, au moment de la réception de ces biens, qu'ils proviennent d'une activité criminelle ou d'une participation à une telle activité ;

— la participation à l'un des actes visés aux trois points précédents, l'association pour commettre ledit acte, les tentatives de le perpétrer, le

1. *JOCE* du 19 juill. 1997, C 221.
2. *JOCE* 1991 du 28 juin 1991, L 166/77.
3. V. *supra*, n° 430-431.

fait d'aider, d'inciter ou de conseiller quelqu'un à le faire ou le fait d'en faciliter l'exécution ».

L'article 2 du deuxième Protocole ne répète que partiellement l'obligation de pénaliser le blanchiment, la définition de blanchiment de capitaux étant limitée au blanchiment lié « au produit de la fraude, du moins dans les cas graves, et de la corruption active et passive » (art. premier point e). Les notions de fraude et de corruption active et passive, à leur tour, sont celles de la Convention PIF et son premier protocole.

Les dispositions des articles 3, 4, 5, 6, 7, 9 et 10 de la Convention PIF sont applicables au blanchiment (art. 12).

b. **Responsabilité des personnes morales**

457 L'article 3 prévoit la responsabilité des personnes morales s'il s'agit de fraude, de corruption active et de blanchiment de capitaux [1]. Mais est-ce que le deuxième Protocole introduit pour ces comportements, à titre général, la notion de responsabilité pénale des personnes morales ? Une réponse affirmative, quoique proposée par la Commission dans un projet de protocole [2], serait remarquable, car la plupart des États membres n'admet pas, au moins à titre général, la responsabilité pénale des personnes morales. Seuls les États de common law, les Pays-Bas, la Belgique et la France l'ont admis [3]. Le *Corpus juris* précité [4] admet également cette responsabilité [5].

À vrai dire, l'article 3-1 qui oblige à introduire la responsabilité des personnes morales n'utilise pas le terme « responsabilité pénale ». Cet article oblige les États à prendre « les mesures nécessaires pour assurer que les personnes morales puissent être tenues pour responsables... ». De plus, l'article 4-1 décide que « Chaque État membre prend les mesures nécessaires pour assurer qu'une personne morale déclarée responsable au sens de l'article 3-1 soit passible de sanctions effectives, proportionnées et dissuasives, qui incluent des amendes pénales ou non pénales et éventuellement d'autres sanctions, notamment : ... ». En ouvrant la

1. Mais pas la corruption passive car celle-ci étant commise par un fonctionnaire, on n'a pas voulu que soit engagée la responsabilité de la personne morale qu'est la Communauté européenne ou l'un des États membres. D'autre part, il faut admettre que l'art. premier sub d ne fait exception que pour les « États ou autres entités publiques dans l'exercice de leurs prérogatives de puissance publique et des organisations internationales publiques ». Ce texte et l'art. 3 supposent la responsabilité d'une entité publique pour autant qu'elle n'a pas agi dans l'exercice de ses prérogatives publiques.

2. COM (95) 693 def., *JOCE* du 20 mars 1996, C 83/10.

3. V. J. PRADEL, *Droit pénal comparé*, Dalloz, Paris 1995, n°s 216 et s. ; K. TIEDEMANN, « La criminalité du comportement collectif », *in* DE DOELDER/TIEDEMANN, *La criminalisation du comportement collectif*, Kluwer 1996, p. 26 et s. ; Chris VAN DEN WYNGAERT, *Strafrecht en strafprocesrecht*, Maklu, Antwerpen, 1999, p. 251-252.

4. V. *supra*, n° 387.

5. V. art. 14.

possibilité de restreindre les sanctions à des amendes non pénales, le deuxième Protocole n'oblige pas à introduire à titre général la responsabilité pénale des personnes morales [1]. Les États membres peuvent par exemple se limiter à appliquer leur système de droit pénal administratif, s'ils le connaissent déjà, à la fraude, à la corruption active et au blanchiment pour lesquels une personne morale doit être tenue pour responsable. Ainsi, des États comme l'Espagne, l'Allemagne, l'Italie et le Portugal, hostiles à la notion de responsabilité pénale des personnes morales, peuvent élargir leurs systèmes de droit pénal administratif (« système de "Ordnungswidrigkeiten" » en Allemagne) au comportements visés à l'article 3.

458 Ensuite, il importe de considérer plus précisément les textes des articles 3 et 4. L'article 3-1 décide que la fraude, la corruption active et le blanchiment de capitaux sont commis pour la compte de la personne morale par une personne — agissant soit individuellement soit en tant que membre d'un organe de la personne morale — qui exerce un pouvoir de direction en son sein, sur les bases suivantes :

a) un pouvoir de représentation de la personne morale, ou

b) une autorité pour prendre des décisions au nom de la personne morale, ou

c) une autorité pour exercer un contrôle au sein de la personne morale.

Dès lors, la responsabilité ne s'étend pas nécessairement aux actes d'une personne qui est un simple employé d'une entreprise ou qui y exerce une grande influence sans être pourvue du pouvoir formel de représentation ou d'une position comme indiquée ci-dessus aux points b ou c. "Pas nécessairement", parce que les États membres ne sont pas dépourvus de la faculté d'aller au-delà de cette obligation, comme l'indique l'art. 9 de la Convention PIF qui s'applique au deuxième Protocole (art. 12-2 deuxième Protocole).

Au cas où la personne agissante ne remplit pas une des conditions indiquées ci-dessus aux points a, b ou c, le deuxième paragraphe de l'article 3 peut apporter la solution. Il oblige à prendre « les mesures nécessaires pour assurer qu'une personne morale puisse être tenue responsable lorsque le défaut de surveillance ou de contrôle de la part d'une personne visée au paragraphe 1 a rendu possible la commission d'un fait de fraude, de corruption active ou de blanchiment de capitaux pour le compte de ladite personne morale par une personne soumise à son autorité ». Cette disposition ne couvre pas la situation du tiers qui exerce une grande influence sur la personne morale mais qui n'a aucun lien formel avec elle, la condition d'être « soumise à son

1. Dès lors, nous ne partageons pas l'opinion de M. Delmas-Marty que ce Protocole « prévoit plus précisément la responsabilité pénale des personnes morales », « Union européenne et droit pénal », *Cah. dr. eur.* 1997, p. 607-653, p. 641.

autorité » n'étant pas remplie. De nouveau, les États membres ont la faculté d'aller au-delà de cette obligation et de supprimer cette dernière condition.

459 La dernière partie de l'article 3-1 élargit l'obligation de sa première partie à la responsabilité de la personne morale pour la participation à la fraude, à la corruption active et au blanchiment en qualité de complice ou de l'instigateur et pour la tentative. Le troisième paragraphe de l'art. 3 décide que la responsabilité de la personne morale en vertu des paragraphes 1 et 2 n'exclut pas les poursuites pénales contre les personnes physiques auteurs, instigateurs ou complices du fait de fraude, de corruption active ou de blanchiment de capitaux.

L'obligation qui découle de l'article 3-1 est rendue plus concrète par l'article 4-1, imposant l'obligation d'assurer qu'une personne morale déclarée responsable au sens de l'art. 3-1 « soit passible de sanctions effectives, proportionnées et dissuasives, qui incluent des amendes pénales ou non pénales et éventuellement d'autres sanctions, notamment :

a) des mesures d'exclusions du bénéfice d'un avantage ou d'une aide publique ;

b) des mesures d'interdiction temporaire ou permanente d'exercer une activité commerciale ;

c) un placement sous surveillance judiciaire ;

d) une mesure judiciaire de dissolution ».

En ce qui concerne l'obligation découlant de l'article 3-2, l'article 4-2 ne comprend que — en termes encore plus généraux que ceux du paragraphe 1 — l'obligation de prendre les mesures nécessaires pour assurer qu'une personne morale soit passible de sanctions ou mesures effectives, proportionnées et dissuasives. Voilà le type d'une disposition nullement contraignante, laissant une grande liberté aux États membres.

L'article 5 oblige les États à prendre les mesures nécessaires pour permettre la saisie et, sans préjudice des droits des tiers de bonne foi, la confiscation ou le retrait des instruments et du produit de la fraude, de la corruption active et passive et du blanchiment de capitaux, ou des biens dont la valeur correspond à ce produit. Dans le silence du texte, on peut admettre que cette sanction s'applique à la fois aux individus et aux groupements.

C. Rôle de la Cour de justice des Communautés européennes

460 Le deuxième Protocole attribue à la Cour un rôle qui est plus ou moins comparable au rôle attribué à la Cour dans la Convention PIF. Ceci est conforme au système de la Convention PIF : un différend entre États membres ou entre une ou plusieurs États membres et la Commission qui n'a pu être réglé par voie de négociation, peut être soumis à la Cour.

Le Protocole du 29 novembre 1996 sur l'interprétation, à titre préjudiciel, par la Cour, discuté ci-dessus [1], s'applique également au deuxième Protocole (art. 13).

6. Sanctions quasi pénales prescrites par un règlement

a. Jurisprudence de la Cour de Justice

461 L'opinion que le droit pénal relève des États membres l'avait —jusqu'à la signature du Traité d'Amsterdam [2] — emporté sur l'opinion que les Communautés ont une compétence dans le domaine du droit pénal. Finalement, cette opinion a eu pour résultat la réalisation de la Convention PIF, discutée ci-dessus. La Convention PIF était précédée par des règlements communautaires qui prescrivent des sanctions dites administratives, mais qui vont au-delà de la pure réparation du dommage causé ou du seul paiement d'un montant égal à celui indûment perçu. Dès lors elles sont à qualifier de non-réparatrices et de rétributives. S'il s'agit d'une sanction de caractère réparateur, il n'y a pas de doutes quant à la compétence des Communautés pour prescrire l'imposition d'une telle sanction. Il en est autrement si la sanction dite administrative déguise une sanction de nature pénale. Néanmoins, la Cour de Justice, dans son arrêt du 27 octobre 1992, rendu dans l'affaire *RFA c/ Commission* [3], a accepté cette possibilité. L'Allemagne avait, dans un recours en annulation (art. 230 CE), demandé à la Cour de se prononcer sur la question de savoir si la Commission était compétente pour obliger les États membres à imposer de telles sanctions. Il s'agissait de divers règlements qui établissaient des sanctions à appliquer par les autorités nationales à ceux qui avaient commis des irrégularités lors de l'introduction d'une demande visant à l'obtention d'une aide financière prévue par des règlements. Ces sanctions, prescrites dans des règlements fondés sur les art. 34 et 37 CE, consistaient soit dans le paiement d'une majoration calculée sur le montant de l'aide indûment versée, soit dans l'exclusion de l'opérateur du bénéfice de l'aide ou du régime d'aides pendant la campagne (la saison de production) qui suit celle au cours de laquelle l'irrégularité a été constaté. L'art. 34-2 CE établit le pouvoir de la Communauté de prendre toutes les mesures nécessaires pour atteindre les objectifs définis à l'art. 33 CE (de la politique agricole commune), notamment des réglementations des prix des subventions quant à la production ainsi qu'à la commercialisation des différents produits, des systèmes

1. *JOCE* C 151, du 20 mai 1997, v. n°s 61 et 448.
2. V. *supra*, n° 390.
3. CJCE 27 oct. 1992, *RFA c/ Commission*, C-240/90, *Rec. CJCE* p. 5383.

de stockage et de report et des mécanismes communs de stabilisation à l'importation ou à l'exportation. Cet article ne mentionne pas de sanctions.

462 L'Allemagne avait contesté la compétence de la Communauté quant aux exclusions. À cet égard le gouvernement allemand avait, entre autres, fait valoir que les exclusions constituent des sanctions pénales que ni le Conseil ni la Commission n'ont le pouvoir d'instituer. La Cour invoquait notamment l'argument de la prévention générale (« ... les demandes de subventions étant trop nombreuses pour être soumises à des contrôles systématiques et complets... ») et un argument d'ordre politique (« De même, l'application de sanctions nationales ne permettrait pas de garantir l'uniformité des mesures appliquées aux fraudeurs »)[1]. Ces arguments d'ordre fonctionnel furent suivis par l'observation « qu'il n'y a pas lieu, dans le cadre du présent litige, de se prononcer sur la compétence de la Communauté dans le domaine pénal ». Et elle continuait comme suit :

« 25. En effet, les exclusions litigieuses ne constituent pas des sanctions pénales. À cet égard, le gouvernement allemand, qui n'a pas contesté le pouvoir de la Communauté d'établir des majorations telles que celles qui sont contestées dans le présent recours, n'a pas démontré qu'il existait une différence fondamentale entre la sanction consistant à infliger à un opérateur le paiement d'une telle majoration et celle consistant à priver ce même opérateur du droit de bénéficier d'un avantage pendant une certaine période. Dans les deux hypothèses, la personne visée subit une perte financière qui va au-delà du simple remboursement, éventuellement augmenté d'intérêts, des prestations indûment perçues ».

« 26. Il y a lieu ensuite de considérer que l'application d'une sanction à un opérateur économique suppose que, au préalable, ce dernier se soit vu reconnaître un droit. Celui-ci, dès lors qu'il se rapporte à un régime d'aides communautaires alimenté par des fonds publics et fondé sur une idée de solidarité, doit être subordonné à la condition que son bénéficiaire présente toutes les garanties de probité et de fiabilité. Dans cette perspective, la sanction attaquée constitue un instrument administratif spécifique faisant partie intégrante du régime d'aides et destiné à assurer la bonne gestion financière des fonds publics communautaires ».

Quant à l'argument que la Commission n'était pas habilitée à instituer des sanctions, la Cour répondit, se référant aux articles 202 et 211 CE, qu'il y a une distinction entre les règles qui déterminent les élé-

1. J. Stuyk et Chr. Denys, « Les sanctions communautaires », dans : F. Tulkens et H. Bosly (dir.), *La justice pénale en Europe*, Bruylant, Bruxelles 1996, p. 423-462, p. 443, note 73, écrivent que c'est la première fois que la Cour utilise un argument de nature politique.

ments essentiels d'une réglementation et les règles qui sont relatives à l'exécution. Les dispositions « qui ont pour objet de traduire les orientations fondamentales de la politique communautaire » doivent être qualifiées d'essentielles et, dès lors, sont réservées à la compétence du Conseil. Les règles sur les sanctions sont destinées à garantir les choix de la politique communautaire « en assurant la bonne gestion financière des fonds communautaires ». Elles relèvent des compétences d'exécution de la Commission, déléguées à la Commission. La Cour continuait :

« 39. En conséquence, il y a lieu de conclure que les mesures consistant à instituer des sanctions telles que des majorations et des exclusions pour le cas où l'opérateur économique concerné communiquerait de faux renseignements à l'administration, n'excède pas le cadre de l'exécution des principes établis dans les règlements de base et que, dès lors que le Conseil ne se l'est pas réservée, cette compétence a pu faire l'objet d'une délégation à la Commission ».

Il faut remarquer que la Cour, comme elle le disait dans son considérant 12 de l'arrêt précité, avait déjà admis la licéité de mesures consistant à infliger à un opérateur le remboursement, majoré d'intérêts, d'un avantage indûment perçu [1], et la perte de la caution équivalent à l'avantage indûment perçu [2]. De même a-t-elle estimé que l'abandon d'une caution constituait une sanction conforme au droit communautaire dans des hypothèses où cette caution servait seulement à garantir l'obligation d'exporter, contractée par les intéressés, et où ceux-ci n'avaient reçu aucun avantage pécuniaire de la Communauté [3].

b. Critique

463 Il convient de remarquer que la notion de sanction pénale, telle que développée récemment dans l'arrêt précité, par la CJCE, est assez formelle. D'une part, la CJCE constate que la personne visée subit une perte financière qui va au-delà du simple remboursement ; d'autre part, dans son considérant 26, la Cour parle d'un instrument administratif spécifique au service d'un régime d'aides auquel l'opérateur économique s'est rapporté. Il semble essentiel que cet opérateur ne soit pas n'importe quelle personne, mais quelqu'un qui s'est relié au régime institué. Il a fait le choix de participer à ce régime et est présumé avoir accepté la sanction comme composante de la relation entre lui et la Communauté. De cette manière, la sanction peut être considérée comme une compensation en cas de fraude. Le même argument vaut, dans cette approche, pour les majorations et les autres sanctions mentionnées et pour les amendes.

1. CJCE 5 févr. 1987, *Plange Kraftfutterwerke*, 288/85, *Rec. CJCE* p. 611.
2. CJCE 27 nov. 1991, *Italtrade*, C-199/90, *Rec. CJCE* p. 5545, 5565.
3. CJCE 17 déc. 1970, *Internationale Handelsgesellschaft*, 11/70, *Rec. CJCE* p. 1125 et CJCE 18 nov. 1987, *Maïzena*, 137/85, *Rec. CJCE* p. 4587.

La Cour Européenne des Droits de l'Homme, se prononçant dans les affaires *Oztürk* et *Bendenoun* sur la notion « d'accusation en matière pénale » de l'art. 6 Conv. EDH, s'est prononcée en faveur d'une notion beaucoup plus « matérielle »[1]. Dans son arrêt, rendu dans l'affaire *Oztürk*, elle a utilisé trois critères afin de se demander si l'on est en « matière pénale » au sens de l'article 6 Conv. EDH. D'abord il importe de savoir si le comportement sanctionné ressortit ou non au droit pénal d'après la technique juridique de l'État concerné. Néanmoins, une réponse négative à cette question n'est pas décisive. Deuxièmement la nature de l'infraction joue un rôle. Il s'agit notamment de la distinction entre une faute purement disciplinaire et une faute qui peut être commise par chaque citoyen. Une accusation pour faute disciplinaire ne saurait pas être assujettie aussi vite aux exigences de l'article 6 qu'une accusation pour faute "générale". Toutefois, la réponse au deuxième critère n'est pas essentielle. Il semble que le critère le plus souvent déterminant soit le troisième, celui du but et de la sévérité de la sanction. Si le but n'est que « réparateur, visant à effacer seulement les conséquences du fait ou du comportement transgresseur... on reste en dehors de la matière pénale »[2]. Les infractions dont les auteurs s'exposent à des peines destinées à exercer un effet dissuasif relèvent en général du droit pénal[3]. La gravité de la sanction doit être considérée d'une manière relative. D'une part ce composant du troisième critère peut avoir pour conséquence qu'une faute disciplinaire qui est sanctionnée d'une peine privative de liberté, relève de la matière pénale au sens de l'article 6[4]. D'autre part une contravention à une règle de la circulation routière qui est punie d'une amende modique proportionnée à la faute, n'est pas soustrait aux exigences de l'article 6[5].

Dans son arrêt rendu dans l'affaire *Bendenoun* la CEDH a précisé qu'aucun des trois critères n'est décisif en soi[6]. Il faut les considérer de façon globale, ce qui rend plus difficile de savoir s'il y a matière pénale ou non. Il est malaisé à déterminer l'importance relative de chacun des trois critères.

En appliquant les critères de ces arrêts au problème en question, il faut d'abord constater qu'il va sans dire que le comportement sanctionné (fraude communautaire) ne ressortit pas au droit pénal d'après la technique juridique utilisée par les Communautés : les Communautés ne connaissent pas la possibilité d'appliquer le modèle classique du droit pénal. Ensuite,

1. CEDH 21 févr. 1984, *Oztürk c/ Allemagne*, série A, n° 73 et CEDH 24 févr. 1994, *Bendenoun c/ France*, série A, n° 284, v. *supra*, n° 339.
2. V. J.-Cl. Soyer et M. de Salvia, in L.-E. Pettiti, E. Decaux, P.-H. Imbert (dir.), préc., p. 255. V. aussi *supra*, n° 339.
3. V. CEDH 21 févr. 1984, *Oztûrk c/ Allemagne*, série A, n° 73, § 53.
4. CEDH 8 juin 1976, *Engel c/ Pays-Bas*, série A, n° 22, § 82.
5. Par exemple l'affaire *Oztûrk*, arrêt précité, concernait une amende de 60 DM, environ 25 écus.
6. CEDH 24 févr. 1994, *Bendenoun c/ France*, série A, n° 284, § 47.

les sanctions prévues par les règlements contestés ne pouvaient pas être imposées à chaque personne, mais seulement aux opérateurs des marchés concernés. Troisièmement, les exclusions allaient au-delà du simple remboursement des prestations indûment perçues. En plus, une telle exclusion constitue, pour l'entreprise en question, une sanction sévère.

464 En contrebalançant les arguments et en appliquant le test global de l'arrêt *Bendenoun*, il convient de conclure que, selon les critères de la CEDH, les exclusions doivent être qualifiées de peines [1] et que la CJCE s'est éloignée de la jurisprudence de la CEDH. Les majorations peuvent être qualifiées de dédommagements, s'il y a une relation proportionnelle entre le dommage réel et la majoration. En l'absence d'une telle relation, les majorations doivent être considérées comme des amendes et dès lors comme des peines [2]. La perte d'une caution qui est équivalente au montant indûment perçu est une sanction réparatrice pure. L'abandon d'une caution qui sert seulement à garantir l'obligation d'exporter et qui est contractée par les intéressés ne revêt pas un caractère pénal [3]. Le fait que l'éventuel abandon ait fait l'objet d'un contrat s'y oppose. Une amende qui serait imposée par la Commission, devrait également être qualifiée de peine au sens de la jurisprudence de la CEDH.

Il faut ajouter qu'une telle qualification, malgré la divergence entre cette jurisprudence et celle de la CJCE, ne fait pas obstacle à l'imposition de la peine par une autorité administrative comme la Commission. La CEDH a admis que, dans le domaine de la circulation routière [4] et celui de la fiscalité [5], une amende soit imposée par une autorité administrative sous condition qu'il y ait une possibilité de recours au juge et que la procédure suivie devant ce juge remplisse toutes les conditions formulées par l'article 6.

C. Le règlement du Conseil relatif à la protection des intérêts financiers des Communautés [6]

465 ***Introduction*** ◇ La jurisprudence de la CJCE, malgré la divergence de celle de la CEDH, présente l'avantage ou, si l'on préfère, le désavantage, que les Communautés, en évitant le débat sur l'admissibilité de la prescription de sanctions pénales dans un règlement, se reconnaissent la

1. V. également R. France, préc., p. 356 et G. Grasso, « Nouvelles perspectives en matière de sanctions communautaires », *Rev. sc. crim.* 1993, p. 265 et s.
2. V. K. Tiedemann, commentaire de CJCE 27 oct. 1992, *Commission c/RFA*, 240/90, *Neue Juristische Wochenschrift* 1993, p. 49.
3. V. CJCE 17 déc. 1970, *Internationale Handelsgesellschaft*, 11/70, *Rec. CJCE* p. 1125.
4. Dans son arrêt rendu dans l'affaire *Oztürk*, préc., § 56.
5. Dans son arrêt rendu dans l'affaire *Bendenoun*, préc., § 46.
6. V. également Solveig Faurholt Pedersen, Thomas Elholm et Lars Kolze, « The effects of Community Law on National Criminal Law », *European Journal of Crime,* Criminal Law and Criminal, *Justice,* 1999, p. 164-179.

liberté de dissimuler des sanctions de nature pénale en sanctions administratives. Ainsi la voie fut ouverte à la discussion sur la proposition de règlement du Conseil relatif aux contrôles et aux sanctions applicables dans les politiques communes de l'agriculture et de la pêche [1], qui n'a pas abouti à l'adoption d'un règlement définitif. Cette proposition fut anéantie par une proposition de règlement du Conseil relatif à la protection des intérêts financiers des Communautés [2] qui, le 18 décembre 1995, a été arrêté comme Règlement 2988/95 [3]. Il est fondé sur l'article 308 CE, relatif aux sanctions administratives communautaires dans tous les domaines du droit communautaire et, dès lors, a une portée générale [4].

Cela dit, huit points doivent être examinés.

1. Définition de l'irrégularité

466 Par opposition à la Convention qui concerne la « fraude portant atteinte aux intérêts financiers des Communautés européennes », le règlement prend comme point de départ les « irrégularités au regard du droit communautaire ». Une telle irrégularité est définie comme « toute violation d'une disposition du droit communautaire résultant d'un acte ou d'une omission d'un opérateur économique qui a ou aurait pour effet de porter préjudice au budget général des Communautés ou à des budgets gérés par celles-ci, soit par la diminution ou la suppression de recettes provenant des ressources propres perçues directement pour le compte des Communautés, soit par une dépense indue » (art. 1-1). Cette définition est tellement large qu'elle inclut la fraude communautaire. La définition de la fraude communautaire dans l'article premier de la Convention est plus spécifique et restreinte aux actes et omissions intentionnels, tandis qu'il découle de l'art. 5-1 du règlement que celui-ci se rapporte aux actes intentionnels ainsi qu'aux actes causées par négligence.

2. Principe de la légalité

467 Le principe de la légalité est consacré par l'article 2-2 : « Aucune sanction administrative ne peut être prononcée tant qu'un acte communautaire antérieur à l'irrégularité ne l'a pas instaurée ». L'applicabilité de ce principe aux sanctions administratives correspond à la tendance moderne que chaque sanction négative [5], imposée par des autorités admi-

1. V. J. A. E. Vervaele, *La fraude communautaire et le droit pénal européen des affaires*, Paris 1992, p. 30 ; V. pour la proposition COM (90) 126 final, *JO* 1990, C 137/10 et *JO* 1991, C 294/17.
2. *JOCE* 1994, C 216/11.
3. *JOCE* 1995, L 312/1.
4. J. Stuyk et chron. Denys, préc., p. 423-462, p. 446.
5. On rappellera la distinction entre sanctions positives et négatives, les premières consistant par exemple en subventions ou récompenses, et les seconds consistant par exemple en une amende.

nistratives, doit être prévisible pour le citoyen. Une deuxième règle, bien connue dans le droit pénal, celle de la « *lex mitior* », est prescrite dans le même article : « En cas de modification ultérieure des dispositions portant sanctions administratives et contenues dans une réglementation communautaire, les dispositions moins sévères s'appliquent rétroactivement ». Le principe de la légalité ne s'applique pas aux mesures non-sanctionnatrices. Ceci découle des articles 2-2 et 4-4.

En admettant que le règlement se rapporte à la méthode mixte, il y a dans les paragraphes 3 et 4 de l'article 2 une division du travail entre le droit communautaire et le droit national. La nature et la portée des mesures et sanctions administratives sont déterminées par le droit communautaire. Cela va sans dire, étant donné qu'il s'agit de sanctions instituées au niveau communautaire. Un message général, adressé au législateur communautaire, consiste en ceci que le droit communautaire doit tenir compte « de la nature et de la gravité de l'irrégularité, du bénéfice accordé ou de l'avantage reçu et du degré de responsabilité ». Le législateur national a pour tâche de régler « les procédures relatives à l'application des contrôles et des mesures et sanctions communautaires ». Ci-dessous [1] nous reviendrons sur la clause « sous réserve du droit communautaire applicable ».

3. Mesures non-sanctionnatrices

468 Le règlement décide dans les paragraphes 1 et 4 de l'art. 4 que les mesures suivantes ne sont pas considérées comme des sanctions : le retrait d'un avantage indûment obtenu par l'obligation de verser les montants dus ou de rembourser les montants indûment perçus ; le retrait de l'avantage indûment obtenu par la perte totale ou partielle de la garantie constituée à l'appui de la demande d'un avantage octroyé ou lors de la perception d'une avance. Ce caractère non-sanctionnateur subsiste si le retrait de l'avantage obtenu est augmenté, si cela est prévu, d'intérêts qui peuvent être déterminés de façon forfaitaire (art. 4-2).

4. Sanctions administratives

469 L'art. 5 énumère les sanctions administratives suivantes :

a) le paiement d'une amende administrative ;

b) le paiement d'un montant excédant les sommes indûment perçues ou éludées, augmentées, le cas échéant, d'intérêts ; l'art. 5 indique que ce montant sera déterminé selon un pourcentage à fixer dans les réglementations spécifiques ;

c) la privation totale ou partielle d'un avantage octroyé par la réglementation communautaire, même si l'opérateur a bénéficié indûment d'une partie seulement de cet avantage ;

1. V. *infra*, n° 501.

d) l'exclusion ou le retrait du bénéfice de l'avantage pour une période postérieure à celle de l'irrégularité ;

e) le retrait temporaire d'un agrément ou d'une reconnaissance nécessaire à la participation à un régime d'aide communautaire ;

f) la perte d'une garantie ou d'un cautionnement constitué aux fins du respect des conditions d'une réglementation ou la reconstitution du montant d'une garantie indûment libérée ;

g) d'autres sanctions à caractère exclusivement économique, de nature et de portée équivalentes, prévues dans les réglementations sectorielles adoptées par le Conseil en fonction des nécessités propres au secteur concerné et dans le respect des compétences d'exécution conférées à la Commission par le Conseil.

Cette énumération est suivie d'une disposition générale qui rappelle que, sans préjudice des mesures et sanctions administratives communautaires arrêtées sur la base des règlements sectoriels existant au moment de l'entrée en vigueur du règlement, les autres irrégularités ne peuvent donner lieu qu'aux sanctions non assimilables à une sanction pénale prévue au paragraphe 1, pour autant que de telles sanctions soient indispensables à l'application correcte de la réglementation.

Comme il a été dit ci-dessus, une bonne partie de ces sanctions administratives est à qualifier de sanctions à caractère pénal [1]. Ceci vaut en tout cas pour les sanctions a, b, c et d (s'il s'agit de la partie non-réparatrice), leur caractère étant rétributif. Il en découle qu'une autorité administrative peut imposer ces sanctions sous condition qu'il y ait une possibilité de recours au juge et que la procédure suivie devant ce juge remplisse toutes les conditions formulées par l'article 6 Conv. EDH [2].

Le paragraphe 2 de l'article 5 rend possible que d'autres irrégularités, c'est-à-dire des irrégularités non-intentionnelles et non causées par négligence, soient suivies de sanctions administratives non assimilables à une sanction pénale. Ceci vaut pour les sanctions e et f.

Il convient de remarquer que l'article 5-2 du règlement utilise l'expression « sanctions non assimilables à une sanction pénale prévue au paragraphe 1 ». Ce texte peut donner lieu à deux interprétations : a) toutes les sanctions prévues au paragraphe 1 ne revêtent pas un caractère pénal ; b) il y a parmi les sanctions prévues au paragraphe 1 des sanctions non assimilables à une sanction pénale [3]. La seconde concep-

1. Dès lors nous ne soutenons pas la thèse de M. Delmas-Marty, « Union européenne et droit pénal », *Cah. dr. eur.* 1997, p. 607-653, p. 640, que le règlement est « clairement situé hors du champ pénal ».

2. V. la jurisprudence de la CEDH, *supra*, n° 464.

3. V. F. C. M. A. Michiels, « Nieuwe instrumenten ter bescherming van de financiële belangen van de Europese Gemeenschappen », *Tijdschrift voor Europees en economisch recht* 1996, p. 362-371, p. 369 ; cet auteur cite le texte anglais qui n'est pas clair non plus : « Without prejudice to the provisions laid down in the sectoral rules existing at the moment of the time of entry into force of this Regulation, other irregularities may give rise only to those penalties not equivalent to a criminal penalty that are provided for in paragraph 1 ». Le texte néerlandais donne lieu à la première interprétation.

tion est en accord avec l'opinion, développé ci-dessus, sur le vrai caractère de certaines des sanctions énumérées dans l'article 5-1.

5. Rapport entre les sanctions administratives et pénales

470 L'art. 6 du règlement traite du rapport entre l'imposition de sanctions administratives et l'institution de poursuites pénales. Cet article décide que « l'imposition des sanctions pécuniaires, telles que les amendes administratives peut être suspendue par décision de l'autorité compétente si une procédure pénale a été ouverte contre la personne en cause et porte sur les mêmes faits ». L'article ne prescrit pas l'application du principe *electa una via, recursus ad alteram non datur* : la partie qui a choisi de suivre la voie de la sanction administrative ne peut porter une action devant la juridiction pénale[1]. Selon l'article 6-1, l'autorité compétente peut suspendre la procédure administrative, mais elle n'est pas obligé de le faire. Si la procédure pénale n'est pas continuée, la procédure administrative qui a été suspendue reprend son cours (art. 6-2). Mais lorsque la procédure pénale est menée à son terme, la procédure administrative reprend son cours, pour autant que les principes généraux du droit ne s'y opposent pas (art. 6-3). Cette disposition n'est pas élaborée. Elle n'énumère pas les principes en question. On peut soutenir la thèse que le principe *ne bis in idem* qui figure parmi ces principes s'oppose à la continuation de la procédure administrative qui sert à l'imposition d'une sanction purement punitive après que le juge pénal se soit prononcé sur le fond de l'affaire. Ainsi la continuation d'une telle procédure administrative n'est pas permise si le juge pénal a prononcé un acquittement ou une condamnation de la même personne pour les mêmes faits qui font l'objet de la procédure administrative (application du *Erledigungsprinzip*). En l'occurrence la répression pénale a la priorité.

Dans ce contexte, l'art. 6-4 pose un problème. La disposition oblige l'autorité administrative à veiller « à ce que soit appliquée une sanction équivalant au moins à celle prescrite par la réglementation communautaire, pouvant tenir compte de toute sanction imposée par l'autorité judiciaire pour les mêmes faits à la même personne ». Ainsi il est suggéré que l'autorité administrative puisse imposer une sanction pénale après une condamnation prononcée par un juge pénal et que cette autorité ne soit obligée que de tenir compte de la sanction imposée par ce juge. De cette manière, l'autorité administrative pourrait définir la gravité de la sanction. Ceci va à l'encontre de l'idée que l'administration est contrôlée par le juge. Une application du *Anrechnungsprinzip* en sens inverse[2] dépouillerait le juge de son pouvoir dans le domaine des sanctions pénales.

1. C. l'art. 5 CPP français.

2. Rapport de synthèse de M. Delmas-Marty, *Étude comparative des dispositions législatives, réglementaires et administratives des États membres relatives aux agissements frauduleux commis au préjudice du budget communautaire*, p. 231 : « Il convient, lorsque les mêmes faits consti-

L'article 6-5 comprend une réserve pour les sanctions pécuniaires qui font partie intégrante des régimes de soutien financier. Ils peuvent être appliquées indépendamment d'éventuelles sanctions pénales, si et dans la mesure où elles ne sont pas assimilables à de telles sanctions. c'est-à-dire que, dans ce domaine, les règles sur la suspension et la reprise de la procédure administrative demeurent sans application.

6. Personnes morales et complicité

471 Dans son article 7 le règlement introduit la notion de personne morale comme « délinquant ». Il va même plus loin en indiquant que non seulement les personnes physiques et morales mais également « les autres entités auxquelles le droit national reconnaît la capacité juridique, qui ont commis l'irrégularité » peuvent faire l'objet de mesures et sanctions administratives communautaires. Le règlement étend la notion, bien connue en droit pénal, de complicité aux mesures et sanctions administratives communautaires : « Elles peuvent également s'appliquer aux personnes qui ont participé à la réalisation de l'irrégularité, ainsi qu'à celles qui sont tenues de répondre de l'irrégularité ou d'éviter qu'elle soit commise ».

7. Prescription

472 L'article 3 comprend des règles sur la prescription. Le délai de prescription est de quatre ans à partir de la réalisation de l'irrégularité. Mais les réglementations sectorielles peuvent prévoir un délai inférieur qui ne saurait aller en deçà de trois ans (§ 1). L'article 3-1 reconnaît la possibilité d'une interruption de la prescription. Une limite maximale est posée par la disposition que, « toutefois, la prescription est acquise au plus tard le jour où un délai égal au double de la prescription arrive à expiration sans que l'autorité compétente ait prononcé une sanction, sauf dans les cas où la procédure administrative a été suspendue conformément à l'article 6 paragraphe 1 ». L'art. 3-2 règle le délai d'exécution de la sanction administrative en disposant qu'il est de trois ans. Les cas d'interruption et de suspension sont réglés par les dispositions pertinentes du droit national.

Dans un dernier paragraphe l'article 3 indique que les États membres peuvent définir des délais plus longues que ceux prévus aux paragraphes 1 et 2.

8. Contrôles et vérifications

473 L'article 8-1 oblige les États membres à prendre les mesures nécessaires pour s'assurer de la régularité et de la réalité des opérations engageant

tuent à la fois une infraction pénale et une infraction administrative et que le cumul est admis, que le juge tienne compte de la sanction déjà infligée au délinquant à raison des mêmes faits ». C'est la véritable application du *Anrechnungsprinzip*.

les intérêts financiers des Communautés. Le paragraphe 2 de cet article prescrit l'application du principe de la proportionnalité. Il doit y avoir proportionnalité entre, d'une part, les mesures de contrôle et les objectifs poursuivis et, d'autre part, les mesures de contrôle et les « contraintes économiques » et « coûts administratifs ». Dès lors, non seulement les opérateurs économiques, mais également les États membres sont affectés par l'application du principe.

L'article 9 vise les contrôles et vérifications sur place par la Commission elle-même. Ces contrôles et vérifications font l'objet d'un Règlement 2185/96 du 11 novembre 1996 relatif au contrôles et vérifications sur place effectués par Commission pour la protection des intérêts financiers des Communautés européennes contre les fraudes et autres irrégularités, règlement prévu par l'article 10 du règlement 2988/95 [1]. Ce règlement, selon son article 1er, s'applique à tous les domaines d'activité des Communautés ; c'est pourquoi dans le considérant 17 en l'absence d'une base dans les traités, les articles 308 CE et 203 Euratom sont invoqués.

Il attribue, dans son article 2, à la Commission le pouvoir de procéder à des contrôles et vérifications sur place dans cinq situations :

1) en vue de la recherche d'irrégularités

a) graves ou

b) transnationales, ou

c) dans lesquelles sont susceptibles d'être impliqués des opérateurs économiques agissant dans plusieurs États membres ;

2) en vue d'irrégularités lorsque la situation dans un État membre exige dans un cas particulier le renforcement des contrôles et vérifications sur place afin d'améliorer l'efficacité de la protection des intérêts financiers et, ainsi, d'assurer un niveau de protection équivalent au sein de la Communauté ;

3) à la demande de l'État membre intéressé.

Les articles 3, 4, 6-2, 7-2, 8-2 et 3 et 9 visent la coopération entre la Commission et les États membres. Les contrôles et vérifications sur place ne peuvent s'effectuer que lorsqu'il existe des raisons de penser que des irrégularités ont été commises (art. 5). Or, les pouvoirs de la Commission ne comprennent pas le contrôle général, faisant abstraction de l'exigence de soupçon concret [2]. Les contrôleurs de la Commission sont tenus de respecter les règles de procédure de l'État membre concerné (art. 6-1). Les opérateurs économiques sont tenus de permettre l'accès aux locaux, terrains, moyens de transport et autre lieux, à usage professionnel (art. 5). Sous la condition d'une stricte nécessité, les contrô-

1. Règlement du 11 nov. 1996, 2185/96, *JOCE* 1996, L 292/2, v. pour la proposition COM (95) 690 final, *JOCE* 1996, C 84/10.

2. C. U. NELLES, « Europäisierung des Strafverfahrens – Strafprozessrecht für Europa ? », *Zeitschrift für die gesamte Strafrechtswissenschaft* 1997, p. 727-755. p. 744.

leurs peuvent effectuer des contrôles et vérifications sur place auprès d'autres opérateurs économiques que ceux qui sont soupçonnés d'avoir commis une irrégularité, afin d'obtenir des informations pertinentes à propos des faits sur lesquels portent les contrôles et vérifications sur place (art. 5).

L'article 7 décrit les objets des contrôles et vérifications sur place portant notamment sur les livres et documents professionnels, les données informatiques et la nature et le volume des marchandises. Ils ont accès à ces objets dans les mêmes conditions que les contrôleurs administratifs nationaux et peuvent utiliser les mêmes moyens matériels de contrôle que ces contrôleurs nationaux (art. 7-1). À cet égard, l'article 9 dispose qu'au cas où les opérateurs économiques s'opposent à un contrôle ou à une vérification sur place, l'État membre concerné est obligé à prêter assistance[1]. Ceci implique la possibilité de contrainte dans les limites du droit national.

L'article 8-1, règle le secret professionnel ainsi que l'utilisation des informations communiquées ou obtenues.

La Commission est tenue de communiquer à l'autorité compétente de l'État membre tout fait ou tout soupçon relatif à une irrégularité dont elle a eu connaissance dans le cadre de l'exécution du contrôle ou de la vérification sur place (art. 8-2).

Les contrôleurs doivent veiller à ce que leurs rapports soient établis en tenant compte des exigences du droit national (en application du principe *locus regit actum*). Ces rapports, ainsi dressés, constituent, au même titre et dans les mêmes conditions que les rapports nationaux, « des éléments de preuve admissibles dans les procédures administratives ou judiciaires » de l'État membre où leur utilisation s'avère nécessaire. « Ils sont soumis aux mêmes règles d'appréciation que celles applicables aux rapports administratifs établis par les contrôleurs administratifs nationaux et ont une valeur identique à ceux-ci » (art. 8-3).

9. Rôle de OLAF

473-a Dans sa décision 1999/352/CE, CECA, Euratom du 28 avril 1999[2], la Commission européenne a institué l'Office européen de la lutte antifraude (OLAF). OLAF a été chargé d'effectuer les enquêtes administratives antifraude. Elle a été doté d'une indépendance dans l'exercice de sa fonction d'enquête. Le Règlement 1073/1999[3] prévoit que OLAF exerce les compétences conférées à la Commission par le Règlement 2185/96 et OLAF effectue des contrôles et vérifications prévus par l'article 9 paragraphe 1 du Règlement 2988/95 (enquêtes externes). OLAF est aussi chargé d'effectuer dans le domaine de la lutte contre la fraude, la corruption et toute autre activité illégale portant atteinte aux intérêts finan-

1. C. U. Nelles, préc., p. 745.
2. *JOCE* du 31 mai 1999, L 136/20.
3. *JOCE* du 31 mai 1999, L 136/1.

ciers de la Communauté, des enquêtes administratives à l'intérieur des institutions, organes et organismes (enquêtes internes). Les institutions, organes et organismes sont obligés d'informer OLAF sur les éventuels cas de fraude, de corruption ou de toute autre activité illégale. Les États membres sont obligés de coopérer avec OLAF (art. 7). OLAF est placé sous le contrôle d'un comité de surveillance [1]. On peut se demander si une activité d'OLAF ou son inactivité peut faire l'objet d'un recours en annulation ou d'un recours en carence devant la Cour de Justice [2].

d. **Évaluation**

474 Le règlement et la Convention concernant la protection des intérêts financiers des Communautés ont, dans un certain sens, mis fin au débat sur les pouvoirs des Communautés dans le domaine du droit pénal : Les Communautés peuvent imposer et faire imposer des sanctions administratives de caractère punitif, tandis que l'application du droit pénal « classique » relève des pouvoirs des États membres qui, en ce qui concerne la fraude communautaire, se sont engagés à respecter les exigences de la Convention. Les « communautaristes » auraient préféré une approche plus communautariste qui reconnaîtrait des pouvoirs des Communautés dans le domaine du droit pénal comme par exemple l'imposition de la voie pénale dans un règlement communautaire. Les « intergouvernementalistes » soutiennent en revanche la thèse que, dans l'état actuel du développement des Communautés, il n'est pas souhaitable que les Communautés aient des pouvoirs dans ce domaine.

Le débat est rouvert par la proposition de la Commission européenne d'une directive relative à la protection pénale des intérêts financiers de la Communauté [3]. En constatant que l'entrée en vigueur de la Convention PIF et les protocoles y rattachés continue à rester incertaine, la Commission européenne avait proposé à la Conférence intergouvernementale de Nice (décembre 2000) de modifier l'article 280 CE et d'insérer un article 280 *bis* CE afin d'introduire un procureur européen [4]. Cette proposition était précédée du projet de *Corpus juris* [5] et du rapport du Comité des experts indépendants, institué après que la Commission européenne avait été confrontée à une crise à la suite de soup-

1. V. W. VAN GERVEN, « Constitutional conditions for a public prosecutor's office at the European level », *European Journal of Crime, Criminal Law and Criminal Justice* 2000, p. 296-318, p. 301-303 et J. A. E. VERVAELE, « Towards an independent European agency to fight fraud and corruption in the EU ? », *European Journal of Crime, Criminal Law and Criminal Justice* 1999, p. 331-346 ; du même auteur : « Naar een Europees zelfstandig bestuursorgaan (ZBO) voor fraude en corruptiebestrijding in de EU », *Nederlands Juristenblad* 1999, p. 636-643.

2. Art. 173 et 175 CE, v. ci-dessus n°s 395 et 396 ; W. van GERVEN, préc., p. 315-316 affirme la possibilité d'un recours en annulation.

3. *JOCE* du 28 août 2001, C 240 E/125.

4. Document COM/2000/0608/final.

5. V. ci-dessus n° 387.

çon d'activités illégales ou de népotisme pour lesquels un commissaire était considéré responsable[1]. Ce procureur européen devrait être indépendant et chargé (selon le texte de l'article 280 *bis* comme proposé) « de rechercher, de poursuivre et de renvoyer en jugement les auteurs et les complices des infractions portant atteinte aux intérêts financiers de la Communauté et d'exercer devant les juridictions compétentes des États membres l'action publique relative à ces infractions, dans les conditions fixées par les règles prévues au paragraphe 3 ». Il était prévu que le droit dérivé réglerait le statut du procureur, le droit substantiel (infractions, peines), la procédure pénale et l'admissibilité des preuves et le contrôle juridictionnel des actes pris par le procureur dans l'exercice de ses fonctions. Il n'est pas étonnant que la Conférence intergouvernementale n'ait pas adopté cette proposition. Le transfert de compétences exécutives dans le domaine de la justice pénale à une autorité communautaire doit être précédé d'un débat approfondi sur la nécessité et l'opportunité d'une telle opération majeure. Confronté à cet échec, la Commission a, le 23 mai 2001, présenté une proposition de directive relative à la protection pénale des intérêts financiers de la Communauté[2]. Selon cette proposition les États membres seraient obligés de suivre la voie pénale dans la lutte contre la fraude communautaire, la corruption passive et active portant atteinte aux intérêts financiers de la Communauté et le blanchiment des capitaux lié au produit de cette fraude et de cette corruption. Cette proposition a été faite nonobstant que l'article 280-4 dispose que les mesures antifraude du Conseil « ne concernent ni l'application du droit pénal national ni l'administration de la justice dans les États membres ». Il faut posséder une certaine souplesse d'esprit juridique pour pouvoir considérer cette proposition comme conforme à cette disposition[3]. Ensuite on ne doit pas oublier que l'article 31 point e TUE prévoit une certaine harmonisation dans le domaine du droit pénal[4]. On doit s'interroger sur le sens de cette disposition, en se demandant si la Communauté aurait déjà compétence dans le domaine du droit pénal.

§ 3. La méthode communautaire

475 ***Introduction*** ◇ La méthode communautaire, comme il a déjà été dit, consiste en l'imposition d'une sanction communautaire par une institution communautaire. Elle appelle des règles de procédure et pose un problème d'élargissement du champ de la méthode communautaire.

1. Rapport du 10 septembre 1999, André Middelhoek, Inga-Britt Ahlenius, Antonio Tizzano et Walter van Gerven.
2. *JOCE* du 28 août 2001, C 240 E/125.
3. V. aussi. W. VAN GERVEN, préc., p. 306-307.
4. V. ci-dessus nos 398 et 415.

A. Droit de fond des sanctions communautaires « classiques »

1. Énumération des sanctions

476 Dans ce cadre il faut examiner :

– les sanctions en matière de concurrence, à imposer par la Commission ;

– les sanctions prévus par le Traité CECA ;

– les sanctions prévus par le Traité Euratom ;

– les sanctions qui sont prévues dans le règlement 11/60 en matière de transport, adopté sur la base de l'art. 75 CE) [1].

Il suffit de mentionner les sanctions qui peuvent être imposées par la Banque centrale européen (art. 110-3 CE). Nous examinerons aussi l'élargissement du système de sanctions communautaires à d'autres domaines.

a. Les sanctions communautaires en matière de concurrence, prévues par l'art. 83 CE [2]

477 L'art. 81-1 CE déclare incompatibles avec le marché commun et interdits « tous accords entre entreprises, toutes décisions d'associations d'entreprises, et toutes pratiques concertées, qui sont susceptibles d'affecter le commerce entre États membres et qui ont pour objet ou pour effet d'empêcher, de restreindre ou de fausser le jeu de la concurrence à l'intérieur du marché commun... ». L'art. 82-1 CE décide qu'est « incompatible avec le marché commun et interdit, dans la mesure où le commerce entre États membres est susceptible d'en être affecté, le fait pour une ou plusieurs entreprises d'exploiter de façon abusive une position dominante sur le marché commun ou dans une partie substantielle de celui-ci ». L'art. 83 CE dispose que le Conseil est compétent pour arrêter tous règlements ou directives utiles en vue de l'application des principes figurant aux articles 81 et 82 CE. L'art. 83-2 CE précise que ces mesures ont pour but notamment « d'assurer le respect des interdictions visées à l'article 81, paragraphe 1 et à l'article 82 CE, par l'institution d'amendes et d'astreintes ».

En vertu de cette disposition le Conseil a pris le règlement 17/62 du 6 février 1962 [3]. Cette législation a attribué à la Commission le

1. *JOCE* du 16 août 1960, 52/1121.

2. Nous ne traiterons cette matière spécialisée qu'en termes brefs, la littérature étant abondante ; V. par exemple, C. Bellamy et C. D. Child, *Common Market Law of Competition*, 4th ed., London 1993, G. Druesne et G. Kremlis, *La politique de la concurrence de la CEE*, Paris 1990, W. van Gerven *et al.*, *Kartelrecht*, W. E. J. Tjeenk Willink, Deventer, 1997, D. G. Goyder, *EC Competition Law*, 3rd ed., Oxford 1998.

3. *JOCE* du 21 févr. 1962, 13, p. 204.

pouvoir d'infliger des amendes selon une procédure dans laquelle les droits de défense sont respectés. On peut se pourvoir en appel auprès du Tribunal de première instance contre l'imposition d'une amende et, le cas échéant, former un recours en cassation auprès de la Cour de Justice.

Les règlements 1017/68, 3975/87 et 4056/86, attribuent également à la Commission le pouvoir d'imposer des amendes relatives à la fausse concurrence dans les secteurs du transport par chemin de fer, par route et par voie navigable [1], du transport aérien [2] et du transport maritime [3].

L'art. 15 du règlement 17/62 autorise la Commission à imposer aux entreprises et associations d'entreprises, si une infraction aux dispositions de l'art. 81-1 CE ou 82 CE a été commise de propos délibéré ou par négligence, des amendes, dont le montant, en fonction de la gravité et de la durée de l'infraction, varie de 1 000 à 1 000 000 d'euros et peut être porté jusqu'à 10 % du chiffre d'affaires. Une même amende peut être infligée en cas de désobéissance par dol ou négligence aux conditions qui sont posées en vertu de l'art. 81-3 CE io. art. 8 du règlement. L'art. 15 du règlement a également habilité la Commission à infliger des amendes de 100 à 5 000 euros pour sanctionner des infractions aux règles procédurales, notamment en cas de fourniture de données fausses ou inexactes et de refus de coopérer aux contrôles et vérifications par la Commission. Les articles 22 du règlement 1017/68, 12 du règlement 3975/87 et 19 du règlement 4056/86 ont, pour les secteurs du transport, un contenu comparable avec celui de l'art. 15 du règlement 17/62.

L'art. 14 du règlement 4064/89 sur le contrôle des concentrations prévoit des amendes administratives de 1 000 à 50 000 euros en cas d'infractions aux règles procédurales et des amendes qui peuvent être portées jusqu'à 10 % du chiffre d'affaires si e.a. une concentration d'entreprises a été effectuée, déclarée incompatible avec le marché commun [4].

b. Les sanctions prévus par le Traité CECA

478 Le Traité CECA connaît plusieurs sanctions communautaires pouvant être imposées par la Commission. Il s'agit d'amendes qui sont infligées aux entreprises pour des infractions d'ordre procédural et de caractère matériel. Parmi les premières figurent le refus de coopérer aux contrôles et vérifications par la Commission et la fourniture, sciemment, d'informations fausses à la Commission (art. 47 CECA) [5]. Les secondes

1. *JOCE* du 23 juill. 1968, L 175/1.
2. *JOCE* du 31 déc. 1987, L 374/1.
3. *JOCE* du 31 déc. 1986, L 378/4.
4. Règlement du 21 déc. 1989, *JOCE* 1989, L 395/1.
5. V. par exemple également Décision 14/64 du 8 juill. 1964, *JOCE* 1964 120/1967 du 28 juill. 1964 et Décision 379/84 du 15 févr. 1984, *JOCE* 1984 L 46/23 du 16 févr. 1984.

concernent le non-respect de décisions sur les investissements (art. 54 CECA) et la production (art. 58 et 59 CECA) [1], sont relatives aux prix (art. 64 CECA), à la concurrence (art. 65 CECA), aux concentrations d'entreprises (art. 66 CECA) et regardent le non-respect des recommandations en matière de salaires (art. 68 CECA).

L'article 95 CECA dispose que la Commission, avec accord du Conseil, prend une décision ou émet une recommandation sans que le Traité l'ait prévu. Contrairement à son homologue dans le Traité CE (art. 308 CE) l'article 95 CECA prévoit expressément qu'une telle décision ou recommandation « détermine éventuellement les sanctions applicables ».

On entend par sanctions les amendes et les astreintes [2].

Le Traité CECA qui a précédé le Traité CE prévoit alors expressément pour tout son champ d'application, qui est d'ailleurs très limité, l'imposition d'amendes communautaires par la Commission, tandis que le Traité CE qui a un champ d'application très large n'accorde à la Commission de compétences explicites pour infliger des sanctions communautaires que pour un secteur bien précis.

Les décisions (règlements) 14/64 et 379/84 de la Haute Autorité et de la Commission comprennent les compétences de la Commission pour les vérifications si les entreprises respectent les règles susmentionnées [3]. Le non-respect de ces compétences peut entraîner l'imposition des amendes prévues dans l'article 47, § 3 CECA.

C. Les sanctions prévus par le Traité Euratom

479 Le Traité Euratom prévoit que la Commission inflige des sanctions administratives communautaires. Mais ces sanctions, énumérées dans l'article 83 Euratom, ne comprennent pas les amendes. Il est question de l'avertissement, du retrait d'avantages particuliers tels qu'assistance financière ou aide technique, de la mise de l'entreprise, pour une durée maximum de quatre mois sous l'administration d'une personne ou d'un collège désigné d'un commun accord entre la Commission et l'État dont relève l'entreprise, du retrait total ou partiel des matières brutes ou matières fissiles spéciales [4]. Du point de vue de la ressemblance entre peines et certaines sanctions administratives, ces sanctions de l'article 83 Euratom ne nous intéressent pas. Elles ne revêtent pas de caractère rétributif.

1. Voir par exemple également Décision 2794/80 du 30 oct. 1980, *JOCE* 1980 L 291/1 du 31 oct. 1980.

2. V. C. van Acker, « Communautaire sanctionering van ondernemingen », *Antwerpen-Deventer* 1986, p. 11-12.

3. Décisions 14/64 du 8 juill. 1964, *JO* 120 du 28 juill. 1964, p. 1967 et 379/84 du 15 févr. 1984, *JOCE* du 16 févr. 1984, L 46/23.

4. V. C-90/413/Euratom, *JOCE* 1990, L 209, p. 27, C-92/194/Euratom, *JOCE* 1992, L 88, p. 54, C-94/955/Euratom et C-94/956/Euratom, *JOCE* 1994, L 371, p. 16.

d. Les sanctions prévues dans le règlement 11/60 en matière de transport, adopté sur la base de l'art. 75 CE

480 Ce règlement a été adopté en vertu de l'article 75 CE. Il a pour objet la suppression, dans le trafic à l'intérieur de la Communauté, des « discriminations qui consistent en l'application par un transporteur pour les mêmes marchandises sur les mêmes relations de trafic, de prix et conditions de transports différents en raison du pays d'origine ou de destination des produits transportés ». L'article 17 du règlement habilite la Commission à imposer une amende, dont le maximum est de 500 euros, à l'entrepreneur qui refuse de fournir l'information requise ou qui fournit, de propos délibéré, des renseignements faux. L'article 18-1 prévoit que la Commission, dans le cas où une discrimination au sens de l'article 75-1 CE a été constaté, impose une amende qui peut être portée à vingt fois le prix du transport perçu ou demandé. Si malgré une décision de la Commission ayant ordonné la suppression d'une discrimination, celle-ci n'a pas disparu, la Commission peut infliger une amende, dont le maximum est de 10 000 euros (art. 18-2).

L'article 19 du règlement indique que les décisions prises en vertu des articles 17 et 18 n'ont pas de caractère pénal. Cette disposition fait l'objet de la même critique que celle qui sera formulée à l'égard des articles analogues des règlements émis en vertu de l'article 83 CE [1].

2. Régime des sanctions

481 ***Introduction*** ◇ Ci-dessous nous examinerons surtout les amendes en matière de concurrence en raison de leur place centrale dans l'application des sanctions communautaires. Quand nous parlerons d'une entreprise, nous entendrons par ce terme également les associations d'entreprises.

Chacun des cinq règlements précités sub a [2] dispose expressément que les amendes « n'ont pas un caractère pénal » [3]. Cette clause fait l'objet d'une critique quasi générale [4]. Ces amendes n'ont pas seulement pour objet la réparation du dommage causé [5]. Au moins une partie de l'amende

1. V. *infra*, n° 481.
2. V. *supra*, n° 477.
3. Les art. 15, § 4, Règlement 17/62, 22, § 4, Règlement 1017/68, 19, § 4, Règlement 4056/86, 12, § 4, Règlement 3975/87 et 14, § 4, Règlement 4064/89.
4. V. par ex. K. TIEDEMANN, « Europäisches Gemeinschaftsrecht und Strafrecht », *Neue Juristische Wochenschrift* 1993, p. 23-31, p. 28, P. WATTEL, *De fiscale behandeling van het wederrechtelijke,* diss. Universiteit van Amsterdam, Kluwer, Deventer 1992, p. 128-140, J. STUYK et C. DENYS, préc., p. 455-459.
5. V. WATTEL, préc., p. 136, S. WEATHERILL et P. BEAUMONT, *EU Law*, London 1999, p. 912.

ne reflète pas l'avantage causé par l'infraction. Leur caractère est au moins partiellement rétributif : l'amende exprime la réprobation du comportement constaté. Dès lors ces amendes qui sont imposées par la Commission doivent être considérées comme des peines [1].

Ce point de vue est en accord avec la jurisprudence de la CEDH, comme nous l'avons constaté ci-dessus [2]. C'est d'autant plus vrai que ces sanctions peuvent être très sévères. Ceci a pour conséquence que l'imposition de telles amendes doit répondre aux exigences de base du droit pénal et à celles de l'art. 6 Conv. EDH. La reconnaissance du caractère pénal des amendes à imposer par la Commission entraîne logiquement l'applicabilité des principes de base du droit pénal. En conséquence, nous évoquerons les principes de la légalité et de la non-rétroactivité, le principe de la culpabilité, le principe *ne bis in idem*, le principe de la proportionnalité et la prescription, toutes institutions de nature pénale.

a. Les principes de la légalité et de la non-rétroactivité

482 Le principe de la légalité exige que l'amende repose sur une base légale bien claire et non-ambiguë. Cette exigence s'impose déjà s'il s'agit d'une sanction de caractère non pénal [3]. *A fortiori* les sanctions de caractère pénal doivent répondre à cette exigence. Cette condition est remplie, car les textes des règlements applicables définissent les infractions d'une manière suffisamment claire.

D'ailleurs il est à noter que les destinataires de ces textes sont des entreprises et pas des simples citoyens. Or, participant au jeu de concurrence dans un marché économique, ils sont censés être au courant des règles applicables, même si ces règles sont compliquées.

Le principe de la non-rétroactivité, découlant du principe de la légalité, s'oppose à ce que l'entrée en vigueur d'une règle soit fixée à une date antérieure à sa publication. La publication d'une proposition de règlement visant par exemple la réduction de quotas de production peut pousser les entreprises concernées à augmenter leur production en prévision des diminutions à appliquer par la suite. De cette manière la mesure de réduction serait privée de son effet. La Cour a donc admis que dans une telle situation, quoique « le principe de la sécurité juridique s'oppose à ce que la portée dans le temps d'un acte communautaire voie son point de départ fixé à une date antérieure à la publication, il peut en être autrement, à titre exceptionnel, lorsque le but à atteindre l'exige et lorsque la confiance légitime des intéressés est dûment

1. V. les auteurs précités qui critiquent la clause disant que les amendes « n'ont pas un caractère pénal » et les n°s 463-464, *supra*.
2. *Supra*, n°s 463-464.
3. CJCE 25 sept. 1984, *Könecke*, 117/83, *Rec. CJCE* p. 3291, 3302.

respectée »[1]. Une solution équitable peut être trouvée si la mesure s'applique aux comportements des opérateurs sur le marché lorsque ces comportements se réalisent à partir de la publication de la proposition. Or, les opérateurs peuvent tenir compte de la mesure annoncée, malgré la circonstance que — formellement — il y a rétroactivité. Il faut ajouter qu'en l'espèce l'affaire ne concernait pas une amende. La Cour ne considérait pas que la règle ne s'appliquerait pas s'il s'agissait d'une amende.

Nous nous arrêtons là, étant conscient du fait que la jurisprudence de la Cour, constituée dans le cadre de l'effet positif du droit communautaire, a reconnu la validité des principes de la légalité et de la non-rétroactivité[2]. À vrai dire, dans cette jurisprudence le principe est appliqué aux poursuites pénales nationales. Mais l'application du principe dans le domaine des sanctions communautaires de caractère pénal serait en accord avec cette jurisprudence.

b. Le principe de la culpabilité

483 Les règlements précités en matière de concurrence sur la base de l'article 83 CE et le règlement 11/604[3] ne prévoient des amendes qu'en cas d'infractions intentionnelles ou commises par négligence. Une infraction est intentionnelle si l'entreprise était au courant ou n'avait pas « pu ignorer que la conduite incriminée avait pour objet de restreindre la concurrence »[4]. Si les autres règlements précités, prévus par les Traités CECA et Euratom[5], n'exigent pas la présence de dol ou négligence, il faut néanmoins souligner que le principe de la culpabilité, clé de voûte du droit pénal, est applicable si l'amende infligée n'est pas réparatrice[6].

c. Le principe *Ne bis in idem* et le *Anrechnungsprinzip*[7]

484 Le principe *ne bis in idem* a été discuté ci-dessus dans le cadre d'une disposition du Règlement relatif à la protection des intérêts financiers des Communautés[8]. Les règlements précités (*supra*, n°s 476 et s.) n'en font pas mention. La Cour, dans son arrêt rendu dans l'affaire *Walt*

1. CJCE 16 févr. 1982, *Rumi*, 258/80, *Rec. CJCE* p. 487, 503 et CJCE 16 févr. 1982, *Padana*, 276/80, *Rec. CJCE* p. 517, 541.
2. V. *supra*, n°s 417 et 418.
3. V. *supra*, n°s 477 et 480.
4. CJCE 11 juill. 1989, *Belasco*, 246/86, *Rec. CJCE* p. 2117, 2191, CJCE 8 févr. 1990, *Tippex*, C-279/87, *Rec. CJCE* p. I-261, CJCE 1er févr. 1978, *Miller*, 19/77, *Rec. CJCE* p. 131, 153.
5. V. *supra*, n°s 478 et 479.
6. V. les conclusions de l'avocat général VerLoren van Themaat, CJCE 16 nov. 1983, *Thyssen*, 188/82, *Rec. CJCE* p. 3721, 3740.
7. Cela veut dire qu'il suffit que le juge tient compte de la sanction déjà infligée par un autre juge pour le même fait.
8. V. *supra*, n° 470.

Wilhelm[1], a refusé de l'appliquer. Elle a, en faisant référence à l'article 90 CECA, fait application du « Anrechnungsprinzip », selon lequel la Commission, en déterminant une sanction, devra tenir compte de la décision nationale rendu dans la même affaire pour un manquement à une obligation de la même portée. La Cour qualifiait ce principe « d'exigence générale d'équité ».

d. **Le principe de la proportionnalité**

485 Ce principe joue un rôle dans la détermination de la hauteur de la sanction à infliger[2]. Il impose de tenir compte de la nature de l'infraction, du dommage causé et de l'entreprise concernée. Étant donné que la Cour exige que les États membres fassent application de ce principe en accomplissant leurs obligations découlant de l'art. 10 CE par l'imposition de sanctions pénales, il est évident que les institutions communautaires qui infligent des sanctions communautaires de caractère pénal, doivent respecter ce principe. L'application de ce principe restreint la libre appréciation de la Commission, qui jouit des grandes marges qui sont prévues dans les règlements sur la concurrence.

Les règlements en matière de concurrence, prévus par l'article 83 CE[3], prescrivent que la Commission, en déterminant l'amende, tienne compte de la gravité et de la durée de l'infraction. De cette manière, le principe de la proportionnalité est matérialisé.

Ce principe n'empêche pas que la Commission élève le niveau des amendes en vue de renforcer l'effet dissuasif de celles-ci. De cette manière elle peut tenir compte du fait que certaines pratiques sont encore, « bien que leur illégalité ait été établie dès le début de la politique communautaire de concurrence, relativement fréquentes en raison du profit que certaines des entreprises intéressées peuvent en tirer ». Et « l'application efficace des règles communautaires de la concurrence exige que la Commission puisse à tout moment adapter le niveau des amendes aux besoins de cette politique (communautaire de concurrence) »[4].

Dès lors, le pouvoir de la Commission d'infliger des amendes n'est pas régi par un automatisme absolu[5]. La Commission « a la faculté et même l'obligation de graduer le montant des amendes en fonction des circonstances de la violation et de la gravité de l'infraction »[6]. Elle doit

1. CJCE 13 févr. 1969, *Walt Wilhelm*, 14/68, *Rec. CJCE* p. 1, 16.
2. Weatherill et Beaumont, préc., p. 913 ; V. également CJCE 16 nov. 1983, *Thyssen*, 188/82, *Rec. CJCE* p. 3721, 3736.
3. V. *supra*, n° 477.
4. CJCE 7 juin 1983, *SA Musique Diffusion française*, 100 à 103/80, *Rec. CJCE* p. 1825, 1906.
5. CJCE 20 juill. 1985, *Queenborough*, 64/84, *Rec. CJCE* p. 1829.
6. CJCE 12 nov. 1985, *Krupp Stahl*, 183/83, *Rec. CJCE* p. 3609, 3626, § 40.

tenir compte de la situation exceptionnelle d'une entreprise justifiant l'application d'un taux autre que le taux standard [1].

e. La prescription

486 La prescription fait l'objet du Règlement 2988/74 [2]. L'article premier de ce règlement prévoit un délai de prescription de trois ans pour l'imposition des amendes en matière de concurrence (les règlements précités sous le numéro 477) et de transport (règlement précité sous le numéro 480) en ce qui concerne les infractions plutôt procédurales et de cinq ans quant aux infractions plutôt matérielles, à compter du jour où l'infraction a été commise. Pour les infractions continues ou continuées la prescription ne court qu'à compter du jour où l'infraction a pris fin.

L'article 4 régit la prescription des amendes imposées et prescrit à cette fin un délai de cinq ans, à compter du jour où la décision est devenue définitive.

Le règlement prévoit l'interruption et la suspension de la prescription en matière de poursuite ainsi qu'en matière d'exécution.

B. Règles de procédure applicables aux sanctions communautaires « classiques »

1. Les règles en elles-mêmes

487 Les règlements CE en matière de concurrence [3] et le Règlement 11/60 sur la matière de transport [4] contiennent des règles procédurales qui sont plus ou moins semblables. Nous prenons comme exemple le Règlement 17/62.

a. Renseignements

488 L'art. 11, § 1 dispose que la Commission peut recueillir tous les renseignements nécessaires auprès des entreprises. La Commission indique dans sa demande les bases juridiques et le but de celle-ci ainsi que les sanctions qui peuvent être infligées au cas où une information inexacte serait fournie (art. 11-3). Si les informations demandées ne sont pas données dans le délai imparti ou si elles le sont de façon incomplète, la Commission les demande par voie de décision (art. 11-5) [5]. La déci-

1. V. J. Biancarelli, « Les principes généraux du droit communautaire applicables en matière pénale », *Rev. sc. crim.* 1987, p. 131-166, p. 157.
2. Règlement 2988/74 du 26 nov. 1974, *JOCE* L 319/1 du 29 nov. 1974.
3. V. *supra*, n° 477.
4. V. *supra*, n° 480.
5. V. comme exemple CJCE 19 mai 1994, *SEP*, C-36/92 P, *Rec. CJCE* p. I-1911, 1934.

sion précise les renseignements demandés, fixe un délai approprié et indique les sanctions prévues pour le non-respect de la décision ainsi que le recours ouvert contre la décision (art. 11-6).

b. Vérifications sur place

489 La Commission peut, selon l'article 14-1, procéder à toutes les vérifications nécessaires auprès des entreprises. Dans ce cadre, ses agents sont investis des pouvoirs de :

a) contrôler les livres et autres documents professionnels ;
b) prendre copie ou extrait des livres et documents professionnels ;
c) demander sur place des explications orales ;
d) accéder à tous locaux, terrains et moyens de transport des entreprises.

Les agents de la Commission doivent être munis d'un simple mandat écrit indiquant l'objet et le but de la vérification ainsi que la sanction prévue au cas où les livres ou documents professionnels requis seraient présentés de façon incomplète (art. 14-2). Une décision indique l'objet et le but de la vérification, fixe la date à laquelle elle commence, et énonce les sanctions prévues à l'article 15-1 c, et à l'article 16-1 d, ainsi que le recours juridictionnel. La vérification sur la base d'un mandat écrit s'effectue avec la collaboration, de façon volontaire, de l'entreprise concernée [1], tandis que la possibilité de vérification, ordonnée par voie de décision, vise le cas où il y a (ou il y aurait) un manque de collaboration. Au cas d'une vérification par simple mandat écrit, seule la présentation de façon incomplète de documents peut entraîner l'imposition d'une amende et uniquement une amende. Dans le cas où la vérification est ordonné par voie de décision, l'entreprise qui ne se soumet pas à la vérification peut être punie d'une amende ou se voir infligé une astreinte. Ensuite, les agents de la Commission, lorsqu'ils se heurtent à l'opposition de l'entreprise concernée, peuvent demander le concours des autorités nationales afin de forcer l'accès à des locaux ou à des meubles ou de contraindre le personnel à leur fournir un tel accès [2] et, dès lors, même entreprendre des fouilles. Donc, les agents de la Commission, ont, si la vérification n'est pas fondée sur la collaboration de l'entreprise, le pouvoir de perquisitionner les locaux d'une entreprise, mais ceci seulement avec le concours des autorités nationales. Cette assistance peut être demandé à titre préventif, en vue de surmonter l'opposition éventuelle de l'entreprise [3]. Ces agents ont la faculté de rechercher des documents et des données non encore connus ou pleinement identifiés [4].

1. CJCE 21 sept. 1989, *Hoechst*, 46/87 et 227/88, *Rec. CJCE* p. 2859, 2927.
2. CJCE 21 sept. 1989, *Hoechst*, 46/87 et 227/88, *Rec. CJCE* p. 2859, 2927.
3. CJCE 21 sept. 1989, *Hoechst*, 46/87 et 227/88, *Rec. CJCE* p. 2859, 2927-2928.
4. CJCE 21 sept. 1989, *Hoechst*, 46/87 et 227/88, *Rec. CJCE* p. 2859, 2926.

L'autorité nationale, qu'elle soit judiciaire ou non, n'a pas la faculté de substituer sa propre appréciation du caractère nécessaire de la vérification à celle de la Commission. Elle ne dispose que du pouvoir d'examiner, « après avoir constaté l'authenticité de la décision de vérification, si les mesures de contrainte envisagées ne sont pas arbitraires ou excessives par rapport à l'objet de le vérification et de veiller au respect des règles de son droit national dans le déroulement de ces mesures » [1].

La circonstance que le pouvoir de demander sur place des explications orales n'est pas entouré des garanties prévues dans l'art. 11 a pour conséquence qu'il ne peut être relatif qu'à « des questions concrètes spécifiques découlant des livres et des documents professionnels qu'ils (les agents mandatés par la Commission) examinent » [2].

Le Règlement contient des dispositions sur la collaboration entre la Commission et les autorités nationales (art. 11-2 et 11-6, art. 13, art. 14-4 et 14-5).

La correspondance entre l'entreprise et son avocat, pour autant qu'il s'agisse de correspondance échangée dans le cadre et aux fins du droit de la défense du client et qu'elle émane d'avocats indépendants, est exempte de l'obligation de procurer à la Commission l'information requise [3]. Il y a là une manifestation d'une règle générale fondée sur les droits de la défense.

c. Utilisation d'information

490 L'article 20-1 interdit l'utilisation des informations recueillies en application des articles 11, 12, 13 et 14 dans un autre but que celui pour lequel elles ont été demandées (principe de spécialité). Dès lors une information, reçue pendant une vérification sur place, sur une éventuelle atteinte à la libre circulation des marchandises, ne peut pas être utilisée afin de mettre fin à cette atteinte. Cependant, la Cour, dans son arrêt rendu dans l'affaire *Dow Benelux*, a jugé qu'il n'est pas « interdit à la Commission d'ouvrir une procédure d'enquête afin de vérifier l'exactitude ou de compléter des informations dont elle aurait eu incidemment connaissance au cours d'une vérification antérieure au cas où ces informations indiqueraient l'existence de comportements contraires aux règles de concurrence du traité. En effet, une telle interdiction irait au-delà de ce qui est nécessaire pour préserver le secret professionnel et les droits de la défense, et constituerait donc une entrave injustifiée à l'accomplissement, par la Commission, de la mission de veiller au respect des règles de concurrence dans le marché commun et de déceler les

1. CJCE 21 sept. 1989, *Hoechst*, 46/87 et 227/88, *Rec. CJCE* p. 2859, 2928.
2. CJCE 26 juin 1980, *National Panasonic*, 136/79, *Rec. CJCE* p. 2033, 2056.
3. CJCE 18 mai 1982, *AM & S v/Comm.*, 155/79, *Rec. CJCE* 1982, p. 1575, 1612.

infractions aux articles 85 et 86 du traité »[1]. Alors, il n'est pas interdit à la Commission d'ouvrir, sur la base d'une information incidemment communiquée, une procédure d'enquête en matière de concurrence.

Il en est de même, si une autorité nationale a reçu, en vertu de l'article 10-1, des documents, peu important qu'il s'agisse d'informations recueillies en application des articles 11, 12, 13 et 14 du Règlement 17/62 ou d'informations contenues dans les demandes et notifications prévues par les articles 2, 4 et 5 de ce règlement : les autorités nationales, dans le cadre de la compétence qui leur est reconnue pour l'application des règles nationales et communautaires de concurrence, ne peuvent pas utiliser ces informations comme moyens de preuve. D'autre part, si ces documents comprennent des indices qui justifient l'ouverture d'une procédure nationale en matière de concurrence, ces autorités nationales peuvent ouvrir une telle procédure sur cette base. Mais ces documents « ne peuvent être utilisés que pour apprécier l'opportunité d'engager ou non une procédure nationale »[2].

Ensuite, il faut reconnaître qu'une autorité, qu'elle soit la Commission ou une autorité nationale à qui sont, en vertu de l'article 10-1, transmis des documents, ne peut pas non plus, hors du domaine de la concurrence, faire abstraction d'une information qu'elle a reçu. Ces autorités ne peuvent pas être efficacement obligées à ne tenir aucun compte de l'information légitimement consultée[3]. Pour cette raison la Cour s'est prononcée en faveur d'une interprétation limitative de l'obligation découlante de l'article 10-1 : « le principe général de protection des secrets d'affaires... peut limiter l'obligation de la Commission, en vertu de l'article 10, paragraphe 1, de transmettre le document en cause aux autorités nationales compétentes ». La Commission est obligée, « si elle souhaite transmettre un document aux autorités nationales compétentes, nonobstant l'allégation selon laquelle ce document aurait, dans les circonstances particulières de l'espèce, un caractère confidentiel à leur égard, de prendre une décision dûment motivée qui serait susceptible d'un contrôle juridictionnel par la voie d'un recours en annulation »[4]. Il va de soi que la Commission ne procède pas à la transmission du document aux autorités nationales avant que la décision du juge communautaire saisi soit devenue définitive[5].

Le deuxième paragraphe de l'article 20 impose à la Commission et aux autorités compétentes des États membres ainsi qu'à leurs fonction-

1. CJCE 17 oct. 1989, *Dow Benelux*, 85/87, *Rec. CJCE* p. 3137, 3155.

2. CJCE 16 juill. 1992, *Asociación Espanola de Banca Privada*, C-67/91, *Rec. CJCE* p. I-4785, 4833, 4837, § 42, 55.

3. CJCE 19 mai 1994, *SEP*, C-36/92 P, *Rec. CJCE* p. I-1911, 1941.

4. CJCE 19 mai 1994, *SEP*, C-36/92 P, *Rec. CJCE* p. 1911, 1942.

5. V. pour une affaire dans laquelle il s'agissait de transmission de documents à un tiers plaignant, une entreprise concurrente : CJCE 24 juin 1986, *AKZO Chemie*, 53/85, *Rec. CJCE* p. 1965, 1992.

naires et autres agents l'obligation « de ne pas divulguer les informations qu'ils ont recueillies en application du présent règlement et qui, par leur nature, sont couvertes par le secret professionnel ».

d. **Communication des griefs et connaissance du dossier**

491 L'enquête préalable terminée, la procédure d'imposition de l'amende est déclenchée par la communication des griefs retenus par la Commission (art. 19-1). Cette communication prend une place primordiale dans cette procédure. Elle est comparable à l'accusation dans une procédure pénale. Elle est à la base de l'amende en ce sens que l'amende ne peut concerner que des griefs qui ont été communiqués à l'entreprise (art. 4 Règlement 99/63).

L'entreprise a le droit de connaître tous les documents que la Commission a pris en considération pour les thèses qui sont à la base de sa décision [1]. Il ne s'agit pas seulement des informations auxquelles la Commission a fait expressément référence, mais aussi des informations sur lesquelles la Commission s'est implicitement appuyée [2]. Le contrôle du respect de cette dernière exigence sera très difficile. Néanmoins, de cette manière, on peut penser que le contenu de documents secrets (notes internes et informations relatives à d'autres entreprises) dont la Commission s'est servie, ne sera pas opposé à l'entreprise. D'autre part, cette jurisprudence facilite la garantie du secret d'affaires, par exemple lorsqu'il y a des entreprises concurrentes.

Le Règlement le plus récent, celui relatif au contrôle des opérations de concentration entre entreprises [3], précise que « l'accès au dossier est ouvert au moins aux parties directement intéressées tout en respectant l'intérêt légitime des entreprises à ce que leurs secrets d'affaires ne soient pas divulgués » (art. 18-3) [4].

e. **Audition**

492 Avant d'infliger une amende la Commission donne à l'entreprise intéressée ainsi qu'à toute personne justifiant d'un intérêt suffisant qui demande à être entendu, l'occasion de faire connaître son point de vue au sujet des griefs retenus par la Commission (art. 19-1). La Commission a, en vertu de l'article 24 du Règlement 17/62 pris le Règle-

1. CJCE 17 janv. 1984, *VBVB et VBBB*, 43 et 63/82, *Rec. CJCE* p. 19, 59. V. Ch. Soulard, « La communication des pièces sur lesquelles les poursuites sont fondées et l'accès à l'ensemble du dossier », *Rev. sc. crim.* 1996, p. 188 et s.

2. CJCE 9 nov. 1983, *Michelin*, 322/81, *Rec. CJCE* p. 3461, 3499.

3. Règlement 4064/89, précité, n° 477.

4. V. également la Communication de la Commission 97/C 23/03, *JOCE* C 23/3 du 23 janv. 1997.

ment 99/63 qui précise les dispositions de ce premier règlement sur les auditions [1]. La Commission fixe le délai dans lequel l'entreprise a la faculté de lui faire connaître son point de vue (art. 2-4 Règlement 99/63). Si l'entreprise l'a demandé dans ses observations écrites, elle a le droit de présenter oralement ses arguments. Mais ce droit n'existe que dans la situation où l'entreprise a utilisé son droit d'exprimer par écrit son point de vue. Le même droit vaut pour les personnes physiques ou morales justifiant d'un intérêt suffisant : étant reconnues comme telles, elles ont l'occasion d'exprimer par écrit leur point de vue et de demander dans leurs observations écrites d'être entendues verbalement (art. 5 et s. Règlement 99/63). En dehors de ces cas, la Commission a le pouvoir de donner à toute personne l'occasion d'exprimer oralement son point de vue (art. 7-2 Règlement 99/63). Elle « dispose d'une marge d'appréciation raisonnable pour décider de l'intérêt que peut avoir une audition des personnes dont le témoignage peut présenter une importance pour l'instruction du dossier » [2].

La Commission organise une audition, sous la présidence d'un fonctionnaire de la Direction Générale de la concurrence (conseiller-auditeur). Il est dressé procès-verbal de cette audition qui n'est pas publique. L'article 9-3 dispose : « Les personnes sont entendues séparément ou en présence d'autres personnes convoquées ». Or, il n'est pas exclu que la décision imposant une amende soit fondée sur des arguments développés par une personne qui est entendue en absence d'un représentant de l'entreprise et sans que cette dernière ait pu contredire ces arguments. Ceci irait à l'encontre des droits de la défense : notamment on sait que selon l'article 6-1 Conv. EDH, l'affaire doit être entendue publiquement et que selon l'article 6-3 d Conv. EDH, l'accusé a le droit d'interroger ou faire interroger les témoins à charge. La Commission n'étant pas un juge au sens de l'article 6 Conv. EDH, l'idée générale de l'équité de la procédure peut faire qu'on va au-delà de ce qui est strictement prescrit par la Conv. EDH.

Les représentants des entreprises peuvent se faire assister d'un avocat [3].

À plusieurs reprises, la Cour a souligné l'importance du droit d'être entendu. La Cour a estimé que l'entreprise doit être « en mesure de faire connaître utilement son point de vue sur les documents retenus par la Commission à l'appui de son allégation de l'existence d'une infraction » [4].

L'art. 36 CECA prescrit que la Commission, avant de prendre une des sanctions pécuniaires, doit mettre l'intéressé en mesure de présenter ses observations [5].

1. Règlement 99/63 du 25 juill. 1963, *JOCE* du 20 août 1963, p. 63/2268.
2. CJCE 17 janv. 1984, *VBVB et VBBB*, 43 et 63/82, *Rec. CJCE* p. 19, 57.
3. G. Druesne, préc., p. 198.
4. CJCE 7 juin 1983, *Pioneer*, 100 à 103/80, *Rec. CJCE* p. 1825.
5. V. CJCE 12 nov. 1985, *Krupp Stahl*, 9/83, *Rec. CJCE* p. 3609, 3620.

Il importe de remarquer que le Règlement le plus récent, celui relatif au contrôle des opérations de concentration entre entreprises [1], décide que la Commission « ne fonde ses décisions que sur les objections au sujet desquelles les intéressés ont pu faire valoir leurs observations. Les droits de la défense des intéressés sont pleinement assurés dans le déroulement de la procédure » (art. 18-3).

f. Consultation du Comité consultatif

493 Après cette audition la Commission est, selon l'article 10-3, obligé de consulter le Comité consultatif en matière d'ententes et de positions dominantes. Ce Comité est composé de fonctionnaires compétents en la matière. Chaque État membre désigne un fonctionnaire qui le représente (art. 10-4). L'avis du Comité n'est pas rendu public (art. 10-6). On peut se demander si cet avis ne devrait pas, au plus tard au stade de la procédure devant le juge communautaire, être rendu public afin de répondre à l'exigence d'un procès équitable au sens de l'article 6-1 Conv. EDH.

g. Motivation de l'amende

494 Les articles 253 CE, 162 Euratom et 15 CECA imposent aux institutions communautaires l'obligation de motiver leurs actes. Les décisions de la Commission infligeant des amendes doivent donc être motivées. Cette exigence ne garantit pas seulement la protection juridictionnelle de l'entreprise concernée, mais permet aussi au juge communautaire d'exercer son contrôle de légalité [2]. Dans son arrêt rendu dans l'affaire *ACF Chemiefarma*, la Cour a jugé que « en ce qui concerne plus particulièrement les décisions infligeant une amende, la motivation doit être jugée suffisante dès lors qu'elle fait apparaître de façon claire et cohérente les considérations de fait et de droit sur lesquelles s'appuie la condamnation des intéressés, de manière à permettre tant à ceux-ci qu'à la Cour de connaître les éléments essentiels du raisonnement de la Commission » [3].

h. Recours auprès du Tribunal et de la Cour

495 L'article 17 attribue au juge communautaire la compétence prévue à l'article 229 CE. L'entreprise faisant l'objet d'une amende peut s'opposer à celle-ci auprès du Tribunal. Ensuite elle peut se pourvoir en cassation auprès de la Cour contre les arrêts du Tribunal. La procédure est régie

1. Règlement 4064/89, préc., n° 477.
2. V. J. Biancarelli, préc., p. 142-143.
3. CJCE 15 juill. 1970, *ACF Chemiefarma*, 41/69, *Rec. CJCE* p. 661, 692.

par les règlements de procédure de la Cour et du Tribunal qui sont fondamentalement les mêmes [1]. Le juge communautaire peut supprimer, réduire ou majorer l'amende (art. 17). Il convient de remarquer que ces facultés ne sont attribuées à la Cour que dans les limites de sa compétence comme juge de cassation.

L'entreprise concernée a le droit de s'opposer à tous les actes de la Commission qui précèdent l'imposition d'une amende, comme par exemple la décision, prise en vertu de l'article 14-3, de procéder à une vérification. Cela découle de l'article 230 CE.

i. **Résumé**

496 Comme la Cour l'a reconnu dans son arrêt *National Panasonic* [2], la réglementation en matière d'amendes communautaires dans le domaine de la concurrence comporte deux procédures : une procédure d'enquête préalable et une procédure, de nature contradictoire, engagée par la communication des griefs. La première procédure comprend la simple demande de renseignements (art. 11-1, première phase), le cas échéant renforcée d'une décision formelle (art. 11-5, seconde phase) et la vérification auprès de l'entreprise (art. 14). La seconde procédure est ouverte par la communication des griefs prévue par l'art. 19-1 du Règlement ; elle est suivie d'une audition prévue dans les paragraphes 1 et 2 de l'art. 19 et régie par le Règlement 99/63 [3]. Ces procédures précèdent, au cas où l'entreprise s'oppose à l'imposition de l'amende, la procédure judiciaire auprès du Tribunal et la Cour.

2. L'incidence des principes généraux de la procédure pénale sur les règles

497 ***Vue générale*** ◇ Le contenu des art. 6 et 8 Conv. EDH, bien que les Communautés n'aient pas adhéré à la Convention européenne des droits de l'homme, joue un rôle important dans la jurisprudence de la Cour. Comme nous l'avons expliqué ci-dessus [4], les droits fondamentaux tels qu'ils sont garantis par la Convention sont jugés comme étant des principes généraux du droit communautaire. Or, en principe les garanties qui sont comprises dans les art. 6 et 8 de la Convention sont applicables aux procédures administratives et judiciaires qui encourent les sanctions communautaires de caractère pénal.

1. Règlement du 19 juin 1991, *JOCE* 1991, L 176/7 et Règlement du 2 mai 1991, *JOCE* 1991, L 136/1 et L 193/44 ; v. Isaac, préc., p. 219 et s.
2. CJCE 26 juin 1980, *National Panasonic*, 136/79, *Rec. CJCE* p. 2033, 2054 ; V. également CJCE 18 oct. 1989, *Orkem*, 374/87, *Rec. CJCE* p. 3343, 3349.
3. Règlement 99/63 du 25 juill. 1963, *JOCE* 127, p. 2268.
4. V. *supra*, n° 409.

Le fait que les sanctions communautaires sont imposées par une autorité administrative comme la Commission, qui n'est pas un tribunal au sens de l'article 6 Conv. EDH [1], ne contrevient pas à l'art. 6 Conv. EDH pour autant que la personne concernée puisse s'adresser à un tribunal qui offre toutes les garanties de l'art. 6 Conv. EDH [2].

Nous allons évoquer quelques principes procéduraux qui ne découlent pas des règles de procédure développées ci-dessus et qui sont élaborés dans la jurisprudence en matière de concurrence.

a. **Le droit de ne pas témoigner contre soi-même *(nemo tenetur prodere seipsum)***

498 La Cour de Justice, dans l'affaire *Orkem*, a décidé ainsi : « en admettant qu'il (art. 6 Conv. EDH) puisse être invoqué par une entreprise objet d'une enquête en matière de droit de la concurrence,... il ne résulte ni de son libellé ni de la jurisprudence de la Cour européenne des droits de l'homme que cette disposition reconnaisse un droit de ne pas témoigner contre soi-même » [3]. On sait que l'article 14-3 g du Pacte international relatif aux droits civils et politiques, reconnaît en revanche expressément le droit de ne pas témoigner contre soi-même ou de s'avouer coupable. Cela dit, la Cour de justice a pris une position assez formelle en estimant que cette disposition « ne vise que les personnes accusées d'une poursuite judiciaire et est, dès lors, étrangère au domaine des enquêtes en matière de droit de la concurrence ». Nonobstant ces remarques, la Cour a reconnu le droit au silence au nom du principe général des droits de la défense et annulé la décision de la Commission qui avait violé ce droit. Un tel droit doit être respecté dès le stade de l'enquête préalable. Il faut éviter que les droits de la défense « ne puissent être irrémédiablement compromis dans le cadre de procédures d'enquête préalable qui peuvent avoir un caractère déterminant pour l'établissement des preuves du caractère illégal de comportements d'entreprises de nature à engager leur responsabilité ». « La Commission ne saurait imposer à l'entreprise l'obligation de fournir des réponses par lesquelles celle-ci serait amenée à admettre l'existence de l'infraction dont il appartient à la Commission d'établir la preuve ».

Depuis que l'arrêt *Orkem* a été rendu, la CEDH a jugé que « le droit de se taire et — l'une de ses composantes — le droit de ne pas contribuer à sa propre incrimination sont des normes internationales reconnues qui sont au cœur de la notion de procès équitable consacré par ledit

1. CJCE 7 juin 1983, *Musique Diffusion française*, 100 à 103/80, *Rec. CJCE* p. 1825, 1880.
2. V. par ex. CEDH 24 févr. 1994, *Bendenoun*, série A n° 284, § 46, ci-dessus n° 464.
3. CJCE 18 oct. 1989, *Orkem*, 374/87, *Rec. CJCE* p. 3343, 3350, *JCP* 1990.II.21346 ; J.-C. Bonichot, « La répression des pratiques anticoncurrentielles et le respect des droits fondamentaux », *Rev. sc. crim.* 1990, p. 160 et s.

article (l'art. 6 Conv. EDH). Ce droit est une composante des principes fondamentaux d'un procès équitable inhérents à l'article 6 » [1]. Ce droit peut s'appliquer, même s'il n'y a pas encore de charges au sens de l'article 6-1 Conv. EDH. « L'intérêt public ne saurait justifier l'utilisation de réponses obtenues de force dans une enquête non judiciaire pour incriminer l'accusé au cours de l'instance pénale. Il faut noter à cet égard qu'en application de la législation pertinente, les déclarations obtenues par un bureau de la répression des fraudes dans l'exercice de ses pouvoirs coercitifs ne peuvent en principe être produites comme preuves au procès pénal ultérieur de l'intéressé. D'ailleurs, ce n'est pas parce que le requérant a formulé des déclarations avant d'être inculpé que leur usage ultérieur dans la procédure pénale ne constitue pas une atteinte à ce droit » [2].

Il faut donc souligner que la constatation de la Cour de justice sur la portée de l'article 6 Conv. EDH est périmée.

b. La protection de la vie privée

499 La Commission peut, dans le cadre des règlements sur la concurrence précités [3], du Traité CECA [4], du Règlement 11/60 précité [5] et du Règlement 2185/96 (découlant du Règlement 2988/95, précité [6]) faire procéder à des contrôles et vérifications sur place, même par voie de surprise [7]. Les opérateurs économiques sont tenus de permettre l'accès aux locaux, terrains, moyens de transport et autres lieux à usage professionnel [8]. La Commission peut contrôler les livres et autres documents professionnels et en prendre copie ou extrait.

La Cour de justice a rejeté l'applicabilité directe de l'art. 8 Conv. EDH. Elle a — contrairement à la jurisprudence de la CEDH, notamment dans ses arrêts *Chappel* et *Niemietz* [9] — dans son arrêt rendu dans l'affaire *Hoechst*, rejeté l'idée que la protection de la vie privée et l'inviolabilité du domicile, comme garanties par l'article 8 Conv. EDH, seraient étendues

1. CEDH 25 févr. 1993, *Funke c/ France*, série A, n° 256. V. également CEDH 8 févr. 1996, *Murray*, *Rev. sc. crim.* 1996, p. 476 et obs. R. Koering-Joulin, et CEDH 17 déc. 1996, *Saunders c/ Royaume-Uni*, *Rec.* 1996-VI, p. 2044 ; v. *supra*, n° 353.
2. CEDH 17 déc. 1996, *Saunders c/ Royaume-Uni*, *Rec.* 1996-VI, p. 2044, § 74.
3. V. *supra*, n° 477.
4. V. les décisions 14/64 du 8 juill. 1964, *JOCE* 1964, 120/1967 et 379/84 CECA du 15 févr. 1984, *JOCE* 1984, L 46/23.
5. V. *supra*, n° 480.
6. V. *supra*, n° 473.
7. CJCE 26 juin 1980, 136/79, *National Panasonic*, *Rec. CJCE* p. 2033, 2058 ; v. aussi WEATHERILL et BEAUMONT, préc., p. 890, G. DRUESNE, *Droit et Politiques de la Communauté et de l'Union européennes*, 3e éd., PUF, Paris 1995.
8. V. par exemple les articles 14-1 point d Règlement 17/62 et 5 Règlement 2185/96.
9. CEDH 30 mars 1989, *Chappell c/ Royaume-Uni*, série A, n° 152 et CEDH 16 déc. 1992, *Niemietz c/ Allemagne*, série A, n° 251.

aux locaux commerciaux[1]. Mais la Cour de justice a admis qu'il « n'en demeure pas moins que dans tous les systèmes juridiques des États membres, les interventions de la puissance publique dans la sphère de l'activité privée de toute personne, qu'elle soit physique ou morale, doivent avoir un fondement légal et être justifiées par les raisons prévues par les lois et que ces systèmes prévoient, en conséquence, bien qu'avec des modalités différentes, une protection face à des interventions qui seraient arbitraires ou disproportionnées. L'exigence d'une telle protection doit donc être reconnue comme un principe général du droit communautaire ».

c. Le délai raisonnable

500 L'article 6, § 1 Conv. EDH exige que la procédure pénale se déroule dans un délai raisonnable. Ce délai, en tout cas, joue à compter de la communication des griefs au sens de l'article 19-1. Mais si un acte de la Commission, qui précède cette communication, entraîne des répercussions importantes sur la situation de l'entreprise concernée, comme par exemple une vérification par voie de décision (art. 14-3), le début du délai doit être situé à la date de celle-ci.

C. L'élargissement du champ d'application de la méthode communautaire

501 L'article 5 de la proposition de règlement (CE, Euratom) du Conseil relatif à la protection des intérêts financiers des Communautés[2] prévoyait qu'une sanction communautaire serait appliquée non seulement par les États membres, mais également par la Commission. Cet article disposait que « ... la fraude, l'abus ou toute autre manquement résultant d'une négligence donne lieu à l'application, par les États membres ou par la Commission, d'une sanction administrative communautaire, lorsque la législation communautaire le prévoit ainsi ». Dans son texte définitif le premier paragraphe de l'article 5 du Règlement 2988/95 termine l'énumération des sanctions administratives par la catégorie suivante : « g) d'autres sanctions à caractère exclusivement économique, de nature et de portée équivalentes, prévues dans les réglementations sectorielles adoptées par le Conseil en fonction des nécessités propres au secteur concerné et dans le respect des compétences d'exécution conférées à la Commission par le Conseil ». Les derniers mots font supposer que le règlement concerne non seulement les sanctions imposées par des autorités des États membres, mais qu'il ouvre ou reconnaît également la possibilité que la Commission inflige une telle sanction. Cette

1. CJCE 21 sept. 1989, *Hoechst*, 46/87 et 227/88, *Rec. CJCE* p. 2859, 2924 ; v. aussi CJCE 17 oct. 1989, *Dow Benelux*, 85/87, *Rec. CJCE* p. 3137, 3157.
2. *JOCE* du 6 août 1994, C 216/11.

supposition est affirmée par la clause « sous réserve du droit communautaire applicable » de l'article 2-4 du Règlement.

Dès lors, la question se pose de savoir comment le règlement se rapporte à ces sanctions. La Cour, dans son arrêt rendu dans l'affaire *Allemagne c/ Commission* [1], n'a pas abordé la question de savoir si les Communautés elles-mêmes peuvent instituer des sanctions par voie de règlement et confier leur application aux cas d'espèce aux institutions communautaires. Le règlement 3929/90 du 20 décembre 1990 [2] implique une réponse positive. L'article 3-8 de ce règlement confère à la Commission une compétence pour imposer des sanctions, notamment celle de ne pas délivrer de nouvelles licences de pêche pour une période maximale de douze mois pour les navires pour lesquels les obligations prévues par ce règlement n'ont pas été respectées [3]. L'article 10-2 du règlement 1627/94 du 27 juin 1994 [4] attribue à la Commission le pouvoir de suspendre, retirer et ne plus accorder des licences de pêche et des permis de pêche. Il y a aussi l'exemple, qui date de l'année 1960, du Règlement 11/60, adopté en vertu de l'article 75 CE [5], sur la suppression dans le trafic à l'intérieur de la Communauté, de certaines discriminations. Ce règlement, autorisant l'imposition d'amendes par la Commission, n'invoque même pas l'article 308 CE.

Il convient de conclure que le phénomène des sanctions administratives communautaires, imposées par la Commission, a été accepté par le Conseil et que la proposition de règlement sur la protection des intérêts financiers des Communautés codifiait une pratique déjà préexistante. Le texte définitif de l'article 5 du Règlement 2988/95 la confirme implicitement [6]. Néanmoins il faut souligner que les deux exemples récents concernent des sanctions à infliger à des non-ressortissants des Communautés. Ce facteur rend compréhensible que la Commission soit autorisée à imposer une sanction administrative communautaire. Le dernier exemple date d'il y a longtemps. L'éventuelle incertitude sur la question de savoir si le Conseil est compétent pour le faire, a été supprimé par l'appel, dans un des considérants du Règlement 2988/95, à l'article 308 CE.

1. CJCE 27 oct. 1992, 240/90, *Rec. CJCE* p. 5383.

2. Ce règlement 3929/90 du Conseil du 20 déc. 1990 fixait, pour l'année 1991, certaines mesures de conservation et de gestion des ressources de pêche applicables aux navires battant pavillon de la Suède, *JOCE* L 378/48.

3. Dans son arrêt du 29 juin 1994, *Fiskano, Rec. CJCE* p. I-2885, C-135/92, la CJCE a déclaré irrecevable un moyen tiré de l'illégalité de l'art. 3-8 du règlement 3929/90. Sur cet arrêt, v. Ch. SOULARD, « Le droit d'être entendu dans toute procédure susceptible d'aboutir à une sanction », *Rev. sc. crim.* 1995, p. 148 et s.

4. Ce règlement établissait les dispositions générales relatives aux permis de pêche spéciaux, *JOCE* 1994, L 171/7.

5. V. *supra,* n° 480.

6. L'ancien avocat général auprès de la CECJ W. VAN GERVEN partage cette opinion : « Constitutional conditions for a public prosecutor's office at the European level », *European Journal of Crime, Criminal Law and Criminal Justice* 2000, p. 296-318, p. 299.

502 À la lumière de l'article 5 du Règlement 2988/95, il est possible d'élargir le système des sanctions communautaires à d'autres domaines qui relèvent de la compétence des Communautés. Cela poserait l'avantage d'une plus grande égalité dans la répression des infractions au droit communautaire. Même si, dans le domaine du droit pénal national, les législations spécifiques sont rapprochées, des inégalités quant aux mesures et fréquences de contrôles, quant à la détection d'infractions et l'application de règles procédurales, quant aux politiques de poursuite (système de légalité ou d'opportunité de poursuite), quant à la responsabilité pénale (responsabilité de personnes morales), quant aux sanctions, etc., subsisteront [1]. Dans ce contexte, il importe de remarquer qu'un véritable système de justice pénale au plan communautaire est, dans les prochaines décennies, impensable [2].

Cet avantage de la plus grande égalité, apporté par un système de sanctions administratives communautaires, est contrebalancé par le désavantage de la moindre désapprobation émanant d'une sanction administrative que d'une condamnation par un juge pénal [3]. Ensuite il faut bien réaliser qu'un système de sanctions communautaires suppose la présence de moyens suffisants au sein de la Commission pour la détection des infractions et l'imposition des sanctions administratives. Il s'agit d'une énorme masse d'infractions, commises dans un territoire très vaste. Troisièmement, la transmission de la répression à la Commission aura pour résultat un engagement diminué des États membres et dès lors un pas en arrière dans le processus d'intégration des droits communautaire et nationaux [4]. Enfin, il faut remarquer que la concentration des pouvoirs de détection, de poursuite et d'imposition d'amendes entre les mains d'un seul organe dont le contrôle démocratique est défectueux n'est pas séduisant, bien qu'on puisse exercer un recours devant un juge.

L'idée de l'élargissement du champ d'application des sanctions communautaires à d'autres domaines que celui de la concurrence doit, dès lors, être considérée avec beaucoup de prudence.

1. V. Hanna G. Sevenster, « Criminal Law and EC Law », *Common Market Law review* 1992, p. 29-70, p. 53-58.

2. Le *Corpus Juris* portant dispositions pénales pour la protection des intérêts financiers de l'Union européenne, préc., sous la direction de M. Delmas-Marty, Paris 1997, est moins ambitieux et déjà il est loin d'entraîner une adhésion générale.

3. V. R. Guldenmund, Chr. Harding, A. Sherlock, « The European Community and Criminal Law », *in* Chr. Harding, Ph. Fennell, N. Jörg, B. Swart, *Criminal Justice in Europe,* Oxford 1995, p. 106-126, p. 123.

4. V. Guldenmund, Harding, Sherlock, préc., p. 123.

ANNEXE I

Glossaire

Amsterdam (Traité d'—). Instrument international signé à Amsterdam le 2 octobre 1997, non encore entré en vigueur, modifiant le traité sur l'Union européenne (Maastricht, 1992) * ainsi que les traités instituant les Communautés européennes, notamment celui de Rome (1957) * et certains actes annexes. Il se termine par une table de concordance entre les articles du Traité sur l'union européenne de 1992 et du Traité instituant la Communauté européenne de 1957 d'une part et ceux des mêmes traités tels que numérotés dans le Traité d'Amsterdam. Parallèlement apparaissent une version consolidée du Traité sur l'Union européenne et du Traité instituant la Communauté européenne.

Comité européen pour la prévention de la torture (CPT). Organe du Conseil de l'Europe * destiné à assurer préventivement la lutte contre la torture. Composé d'un nombre de membres égal à celui des États parties à la Convention pour la prévention de la torture (1987), ce comité procède à des visites dans des lieux de détention et élabore des rapports contenant le cas échéant des invitations pressantes adressées aux États afin qu'ils modifient leurs pratiques.

Commission européenne. Organe siégeant à Bruxelles, composé de 20 membres et ayant pour mission d'assurer le fonctionnement et le développement du marché commun. À ce titre, elle veille notamment à l'application des dispositions du Traité de Rome, dispose d'un pouvoir de décision propre, exerce les compétences que le Conseil des ministres * lui confère et formule des recommandations selon l'article 155 Traité CE (art. 211 CE Amsterdam).

Commission européenne des droits de l'homme. Organe juridictionnel, établi dans le cadre du Conseil de l'Europe, recevant les plaintes d'États ou de particuliers pour violation prétendue d'une norme inscrite dans la Conv. EDH et pouvant, le cas échéant, saisir la CEDH *. Elle a disparu en 1998.

* L'astérisque signifie voir ce mot.

Conseil européen. Composé des chefs des exécutifs des États (chefs d'État ou de gouvernement et du président de la commission), le Conseil européen se réunit au moins deux fois l'an et a pour mission de donner une impulsion à l'Union européenne * et d'en définir les orientations politiques générales selon l'article D TUE Maastricht (art. 4 TUE Amsterdam).

Conseil des ministres (ou de l'Union européenne). Composé des délégués des gouvernements des États membres de l'Union européenne * — souvent des ministres des Affaires étrangères —, le Conseil assure la coordination des politiques générales des États membres, dispose d'un pouvoir de décision et confère à la Commission, dans les actes qu'il adopte (par exemple des règlements et des directives), les compétences d'exécution des règles qu'il établit, art. 145 CE (202 CE Amsterdam).

Conseil de l'Europe. Organisation internationale née du traité signé à Londres le 5 mai 1949 et regroupant un certain nombre d'États (40 pour l'instant) qui adoptent les mêmes principes concernant les droits de l'homme et les libertés fondamentales. Le Conseil de l'Europe siège à Strasbourg.

Convention européenne des droits de l'homme. Instrument international élaboré par le Conseil de l'Europe et dont le titre officiel est « Convention de sauvegarde des droits de l'homme et des libertés fondamentales ». Signé à Rome le 4 novembre 1950 et entré en vigueur le 3 septembre 1953, la Conv. EDH énumère un certain nombre de prérogatives applicables dans un « État de droit » et fondant la dignité de l'individu. Elle institue en outre (et surtout) un mécanisme juridictionnel qui permet à une juridiction, la Cour européenne des droits de l'homme *, d'apprécier la conformité de textes et décisions nationaux à la Conv. EDH.

***Corpus juris* (portant dispositions pénales pour la protection des intérêts financiers de l'Union européenne).** Réalisé en 1997 sous l'égide de la Direction générale du contrôle financier de la Commission européenne, ce document fixe des règles de droit pénal de fond et de procédure pénale applicables à un certain nombre d'infractions intéressant la Communauté comme la fraude au budget communautaire. Aucune consécration officielle pour l'instant.

Cour européenne des droits de l'homme (CEDH). Siégeant à Strasbourg et comportant un nombre de juges égal à celui des États membres du Conseil de l'Europe *, la CEDH assure le respect de la conformité (ou « conventionnalité ») de textes et décisions étatiques à la Conv. EDH *.

Cour de justice des Communautés européennes. Siégeant à Luxembourg, la CJCE comporte 15 juges (dont un président) et 9 avocats généraux. Elle traite du contentieux issu du droit communautaire, tout en assurant aussi le respect des droits de l'homme. Lui est adjoint un tribunal de première instance des Communautés européennes.

Directive. Texte communautaire liant tout État membre destinataire quant au résultat à atteindre, tout en laissant aux États la liberté quant à la forme et aux moyens (art. 189 CE ; 249 CE Amsterdam).

Droit communautaire. Droit applicable aux Communautés européennes et comportant deux ensembles. Le premier est le *droit communautaire primaire (ou originaire)*, constitué par les traités, accords et conventions ayant institué les Communautés européennes (Traité de 1951 instituant la Communauté européenne du charbon et de l'acier, CECA ; Traité de 1957 instituant l'un une Communauté européenne de l'énergie atomique, CEEA ou Euratom, l'autre la Communauté économique européenne, CEE ou Marché commun devenue Communauté européenne). Le second est le *droit communautaire secondaire (ou dérivé)* (de ces traités) : il est constitué de règlements, directives, décisions et recommandations édictés par les autorités communautaires.

Droits fondamentaux. Ensemble de prérogatives résultant des traditions constitutionnelles communes aux États membres de l'Union européenne et de la Conv. EDH. Leur respect est assuré par la CEDH * et rappelé dans le Traité sur l'Union européenne (art. F § 2 Maastricht, 6 § 2 Amsterdam).

Entraide répressive inter-étatique européenne. Ensemble d'actes de procédure accomplis par l'autorité judiciaire d'un État (dit requis) à la demande de l'autorité judiciaire d'un autre État (dit requérant). On peut distinguer l'*entraide primaire* dans laquelle un État abandonne sa souveraineté au profit d'un autre, par voie de délégation de compétence (par ex. en cas de transmission des poursuites) et l'*entraide secondaire* dans laquelle un État ne fait qu'apporter une aide à un autre État qui conserve sa souveraineté sur l'affaire (par ex. en cas d'extradition) *.

Espace judiciaire européen. Territoire englobant celui de plusieurs États et à l'intérieur duquel s'exécutent librement les demandes d'entraide judiciaire entre États, tout comme à l'intérieur du territoire d'un État.

Europol (Office européen de police). Organisme de l'Union européenne, sis à La Haye, fondé sur une convention de 1995 non encore ratifiée. Europol sera un centre d'échanges d'informations et de renseignements en matière de grosse criminalité.

Extradition. Procédure par laquelle un État (dit requis) remet un individu réfugié sur son territoire à un autre État (dit requérant) afin que ce dernier puisse le juger (extradition aux fins de jugement) ou lui faire exécuter sa peine (extradition aux fins d'exécution). L'extradition n'appartient pas seulement au droit pénal européen.

Maastricht (Traité de –). Instrument international signé à Maastricht le 7 février 1992 et créant l'Union européenne *, composée actuellement de 15 États. Ce traité comporte notamment un titre VI intitulé « Dispositions sur la coopération dans les domaines de la justice et des affaires intérieures » (art. K et s.). Avec la modification de ce traité par celui d'Amsterdam, ce titre VI est désormais appelé « Dispositions relatives à la coopération policière et judiciaire en matière pénale » (art. 29 et s.).

Magistrat de liaison. Magistrat d'un État de l'Union européenne détaché auprès du ministère de la Justice d'un autre État. Sa mission est de conseiller les praticiens de l'État d'accueil en leur expliquant les spécificités de la procédure de son propre droit en vue d'une meilleure application de la coopération judiciaire répressive.

Notion autonome. Concept dégagé par la CEDH * selon lequel celle-ci adopte sa propre interprétation (en fait large) de certains concepts juridiques nationaux afin de pouvoir appliquer plus souvent les normes édictées par la Conv. EDH *. Ainsi « l'accusation de l'article 6 Conv. EDH est aux yeux de la CEDH une notion beaucoup plus large que selon un grand nombre de droits nationaux, ce qui permet d'appliquer les garanties de l'article 6 sur le procès équitable * à des individus même non formellement « accusés ».

Officier de liaison. Policier, gendarme ou douanier ressortissant d'un État de l'Union européenne et envoyé sur le territoire d'un autre État de l'Union européenne en vue de faciliter la mise en œuvre de la coopération policière.

Parlement européen. Organe siégeant à Strasbourg composé de représentants des peuples des États réunis dans la Communauté. Il est notamment consulté sur les propositions importantes faites par la Commission * au Conseil des ministres * et il procède à un vote selon les articles 137 et s. Traité CE (art. 189 et s. CE Amsterdam).

Présomption d'innocence. Obligation de considérer comme étrangère à la commission d'une infraction toute personne poursuivie aussi longtemps que sa culpabilité n'a pas été légalement établie (art. 6, § 2 Conv. EDH).

Procès équitable. Notion difficile à définir qui évoque l'idée d'une bonne Justice *(fair trial)*. Au sens étroit, le procès équitable suppose une égalité des armes entre accusateur et accusé, et donc le respect des droits de la défense et du contradictoire. Au sens large, le procès équitable inclut le droit d'être jugé par un tribunal impartial au terme d'une procédure contradictoire, publique et menée dans un délai raisonnable (art. 6 Conv. EDH).

Proportionnalité (Principe de –). Notion qui n'est pas propre au droit européen et qui implique pour la réalisation d'une fin, la mise en œuvre de moyens n'allant pas au-delà de ce qui est nécessaire en fonction des circonstances. Nombreuses applications en droit pénal européen : ainsi l'article 15 Conv. EDH autorise les États à déroger aux droits de l'homme « dans la stricte mesure où la situation l'exige ».

Règlement. Évoquant la loi interne, le règlement communautaire a une portée générale. Il est obligatoire dans tous ses éléments et il est directement applicable dans tout État membre, selon l'article 189 CE (art. 249 CE Amsterdam). À distinguer de la directive * qui laisse aux États l'obligation de l'intégrer dans leurs droits internes.

Rome (Traité de –). Instrument international signé à Rome en 1957 et instituant une Communauté économique européenne (appelée Communauté européenne après l'entrée en vigueur du Traité de Maastricht), entre les 6 États signataires (Allemagne fédérale, Benelux, France, Italie), ultérieurement étendue à 9 autres États. Ce traité institue une union douanière, une libre circulation des personnes, capitaux, produits et services, une protection de la libre concurrence et le principe d'une harmonisation des politiques économiques.

Schengen. Par l'effet de l'accord de Schengen (1985) et de la Convention d'application de cet accord (1990), est organisée entre certains États de l'Union européenne une coopération policière comportant un échange d'informations entre les polices ainsi que le pouvoir pour les policiers d'un État d'observer et même de poursuivre certains criminels situés sur le territoire d'un autre État.

Subsidiarité (Principe de –). Selon l'article 3B du Traité instituant la Communauté européenne (5 CE Amsterdam), dans les domaines ne relevant pas de sa compétence exclusive, la Communauté n'intervient « conformément au principe de subsidiarité » que si elle est mieux placée que les États pour agir. Principe ayant pour fonction de réduire les inquiétudes des États en ce qui concerne leur souveraineté.

« Troisième pilier ». Expression doctrinale recouvrant un ensemble de normes sur la justice et les affaires intérieures créées par le Traité de Maastricht *. Préexistaient à ce traité un « premier pilier » sur les Communautés européennes et un « second pilier » sur la politique étrangère et la sécurité. Le traité de Maastricht reprend les deux premiers et en ajoute un troisième.

Union européenne. Concept inventé par le Traité de Maastricht * et par l'effet duquel les peuples de l'Europe s'accordent sur un ensemble de principes, y compris de nature pénale. L'Union européenne cependant n'a pas de personnalité juridique ni de budget propre. Elle a un caractère politique.

ANNEXE II

Convention européenne des droits de l'homme et ses protocoles telle qu'amendée par le Protocole n° 11

(Date d'entrée en vigueur : 11 novembre 1998)

Convention de sauvegarde des droits de l'homme et des libertés fondamentales

Rome, 4.XI.1950

Les gouvernements signataires, membres du Conseil de l'Europe,

Considérant la Déclaration universelle des droits de l'homme, proclamée par l'Assemblée générale des Nations Unies le 10 décembre 1948 ;

Considérant que cette déclaration tend à assurer la reconnaissance et l'application universelles et effectives des droits qui y sont énoncés ;

Considérant que le but du Conseil de l'Europe est de réaliser une union plus étroite entre ses membres, et que l'un des moyens d'atteindre ce but est la sauvegarde et le développement des droits de l'homme et des libertés fondamentales ;

Observations sur le texte

Le texte de la Convention avait été amendé conformément aux dispositions du Protocole n° 3 (STE n° 45), entré en vigueur le 21 septembre 1970, du Protocole n° 5 (STE n° 55), entré en vigueur le 20 décembre 1971 et du Protocole n° 8 (STE n° 118), entré en vigueur le 1er janvier 1990, et comprenait en outre le texte du Protocole n° 2 (STE n° 44) qui, conformément à son article 5, paragraphe 3, avait fait partie intégrante de la Convention depuis son entrée en vigueur le 21 septembre 1970. Toutes les dispositions qui avaient été amendées ou ajoutées par ces Protocoles sont remplacées par le Protocole n° 11, à compter de la date de son entrée en vigueur, le 1er novembre 1998. À compter de cette date, le Protocole n° 9 (STE n° 140), entré en vigueur le 1er octobre 1994, est abrogé.

Réaffirmant leur profond attachement à ces libertés fondamentales qui constituent les assises mêmes de la justice et de la paix dans le monde et dont le maintien repose essentiellement sur un régime politique véritablement démocratique, d'une part, et, d'autre part, sur une conception commune et un commun respect des droits de l'homme dont ils se réclament ;

Résolus, en tant que gouvernements d'États européens animés d'un même esprit et possédant un patrimoine commun d'idéal et de traditions politiques, de respect de la liberté et de prééminence du droit, à prendre les premières mesures propres à assurer la garantie collective de certains des droits énoncés dans la Déclaration universelle,

Sont convenus de ce qui suit :

Article 1 [1]
Obligation de respecter les droits de l'homme

Les Hautes Parties contractantes reconnaissent à toute personne relevant de leur juridiction les droits et libertés définis au titre I de la présente Convention :

Titre I [1]. — Droits et libertés

Article 2 [1]
Droit à la vie

1. Le droit de toute personne à la vie est protégé par la loi. La mort ne peut être infligée à quiconque intentionnellement, sauf en exécution d'une sentence capitale prononcée par un tribunal au cas où le délit est puni de cette peine par la loi.
2. La mort n'est pas considérée comme infligée en violation de cet article dans les cas où elle résulterait d'un recours à la force rendu absolument nécessaire :

a) pour assurer la défense de toute personne contre la violence illégale ;
b) pour effectuer une arrestation régulière ou pour empêcher l'évasion d'une personne régulièrement détenue ;
c) pour réprimer, conformément à la loi, une émeute ou une insurrection.

Article 3 [1]
Interdiction de la torture

Nul ne peut être soumis à la torture ni à des peines ou traitements inhumains ou dégradants.

1. Intitulé ajouté conformément aux dispositions du Protocole n° 11 (STE n° 155).

Article 4 [1]
Interdiction de l'esclavage et du travail forcé

1. Nul ne peut être tenu en esclavage ni en servitude.
2. Nul ne peut être astreint à accomplir un travail forcé ou obligatoire.
3. N'est pas considéré comme « travail forcé ou obligatoire » au sens du présent article :

a) tout travail requis normalement d'une personne soumise à la détention dans les conditions prévues par l'article 5 de la présente Convention, ou durant sa mise en liberté conditionnelle ;

b) tout service de caractère militaire ou, dans le cas d'objecteurs de conscience dans les pays où l'objection de conscience est reconnue comme légitime, à un autre service à la place du service militaire obligatoire ;

c) tout service requis dans le cas de crises ou de calamités qui menacent la vie ou le bien-être de la communauté ;

d) tout travail ou service formant partie des obligations civiques normales.

Article 5 [1]
Droit à la liberté et à la sûreté

1. Toute personne a droit à la liberté et à la sûreté. Nul ne peut être privé de sa liberté, sauf dans les cas suivants et selon les voies légales :

a) s'il est détenu régulièrement après condamnation par un tribunal compétent ;

b) s'il a fait l'objet d'une arrestation ou d'une détention régulières pour insoumission à une ordonnance rendue, conformément à la loi, par un tribunal ou en vue de garantir l'exécution d'une obligation prescrite par la loi ;

c) s'il a été arrêté et détenu en vue d'être conduit devant l'autorité judiciaire compétente, lorsqu'il y a des raisons plausibles de soupçonner qu'il a commis une infraction ou qu'il y a des motifs raisonnables de croire à la nécessité de l'empêcher de commettre une infraction ou de s'enfuir après l'accomplissement de celle-ci ;

d) s'il s'agit de la détention régulière d'un mineur, décidée pour son éducation surveillée ou de sa détention régulière, afin de le traduire devant l'autorité compétente ;

e) s'il s'agit de la détention régulière d'une personne susceptible de propager une maladie contagieuse, d'un aliéné, d'un alcoolique, d'un toxicomane ou d'un vagabond ;

f) s'il s'agit de l'arrestation ou de la détention régulières d'une personne pour l'empêcher de pénétrer irrégulièrement dans le territoire, ou contre laquelle une procédure d'expulsion ou d'extradition est en cours.

1. Intitulé ajouté conformément aux dispositions du Protocole n° 11 (STE n° 155).

2. Toute personne arrêtée doit être informée, dans le plus court délai et dans une langue qu'elle comprend, des raisons de son arrestation et de toute accusation portée contre elle.

3. Toute personne arrêtée ou détenue, dans les conditions prévues au paragraphe 1.c du présent article, doit être aussitôt traduite devant un juge ou un autre magistrat habilité par la loi à exercer des fonctions judiciaires et a le droit d'être jugée dans un délai raisonnable, ou libérée pendant la procédure. La mise en liberté peut être subordonnée à une garantie assurant la comparution de l'intéressé à l'audience.

4. Toute personne privée de sa liberté par arrestation ou détention a le droit d'introduire un recours devant un tribunal, afin qu'il statue à bref délai sur la légalité de sa détention et ordonne sa libération si la détention est illégale.

5. Toute personne victime d'une arrestation ou d'une détention dans des conditions contraires aux dispositions de cet article a droit à réparation.

Article 6 [1]
Droit à un procès équitable

1. Toute personne a droit à ce que sa cause soit entendue équitablement, publiquement et dans un délai raisonnable, par un tribunal indépendant et impartial, établi par la loi, qui décidera, soit des contestations sur ses droits et obligations de caractère civil, soit du bien-fondé de toute accusation en matière pénale dirigée contre elle. Le jugement doit être rendu publiquement, mais l'accès de la salle d'audience peut être interdit à la presse et au public pendant la totalité ou une partie du procès dans l'intérêt de la moralité, de l'ordre public ou de la sécurité nationale dans une société démocratique, lorsque les intérêts des mineurs ou la protection de la vie privée des parties au procès l'exigent, ou dans la mesure jugée strictement nécessaire par le tribunal, lorsque dans des circonstances spéciales la publicité serait de nature à porter atteinte aux intérêts de la justice.

2. Toute personne accusée d'une infraction est présumée innocente jusqu'à ce que sa culpabilité ait été légalement établie.

3. Tout accusé a droit notamment à :

a) être informé, dans le plus court délai, dans une langue qu'il comprend et d'une manière détaillée, de la nature et de la cause de l'accusation portée contre lui ;

b) disposer du temps et des facilités nécessaires à la préparation de sa défense ;

c) se défendre lui-même ou avoir l'assistance d'un défenseur de son choix et, s'il n'a pas les moyens de rémunérer un défenseur, pouvoir

1. Intitulé ajouté conformément aux dispositions du Protocole n° 11 (STE n° 155).

être assisté gratuitement par un avocat d'office, lorsque les intérêts de la justice l'exigent ;

d) interroger ou faire interroger les témoins à charge et obtenir la convocation et l'interrogation des témoins à décharge dans les mêmes conditions que les témoins à charge ;

e) se faire assister gratuitement d'un interprète, s'il ne comprend pas ou ne parle pas la langue employée à l'audience.

Article 7 [1]
Pas de peine sans loi

1. Nul ne peut être condamné pour une action ou une omission qui, au moment où elle a été commise, ne constituait pas une infraction d'après le droit national ou international. De même il n'est infligé aucune peine plus forte que celle qui était applicable au moment où l'infraction a été commise.

2. Le présent article ne portera pas atteinte au jugement et à la punition d'une personne coupable d'une action ou d'une omission qui, au moment où elle a été commise, était criminelle d'après les principes généraux de droit reconnus par les nations civilisées.

Article 8 [1]
Droit au respect de la vie privée et familiale

1. Toute personne a droit au respect de sa vie privée et familiale, de son domicile et de sa correspondance.

2. Il ne peut y avoir ingérence d'une autorité publique dans l'exercice de ce droit que pour autant que cette ingérence est prévue par la loi et qu'elle constitue une mesure qui, dans une société démocratique, est nécessaire à la sécurité nationale, à la sûreté publique, au bien-être économique du pays, à la défense de l'ordre et à la prévention des infractions pénales, à la protection de la santé ou de la morale, ou à la protection des droits et libertés d'autrui.

Article 9 [1]
Liberté de pensée, de conscience et de religion

1. Toute personne a droit à la liberté de pensée, de conscience et de religion ; ce droit implique la liberté de changer de religion ou de conviction, ainsi que la liberté de manifester sa religion ou sa conviction individuellement ou collectivement, en public ou en privé, par le culte, l'enseignement, les pratiques et l'accomplissement des rites.

2. La liberté de manifester sa religion ou ses convictions ne peut faire l'objet d'autres restrictions que celles qui, prévues par la loi, constituent

1. Intitulé ajouté conformément aux dispositions du Protocole n° 11 (STE n° 155).

des mesures nécessaires, dans une société démocratique, à la sécurité publique, à la protection de l'ordre, de la santé ou de la morale publiques, ou à la protection des droits et libertés d'autrui.

Article 10 [1]
Liberté d'expression

1. Toute personne a droit à la liberté d'expression. Ce droit comprend la liberté d'opinion et la liberté de recevoir ou de communiquer des informations ou des idées sans qu'il puisse y avoir ingérence d'autorités publiques et sans considération de frontière. Le présent article n'empêche pas les États de soumettre les entreprises de radiodiffusion, de cinéma ou de télévision à un régime d'autorisations.
2. L'exercice de ces libertés comportant des devoirs et des responsabilités peut être soumis à certaines formalités, conditions, restrictions ou sanctions prévues par la loi, qui constituent des mesures nécessaires, dans une société démocratique, à la sécurité nationale, à l'intégrité territoriale ou à la sûreté publique, à la défense de l'ordre et à la prévention du crime, à la protection de la santé ou de la morale, à la protection de la réputation ou des droits d'autrui, pour empêcher la divulgation d'informations confidentielles ou pour garantir l'autorité et l'impartialité du pouvoir judiciaire.

Article 11 [1]
Liberté de réunion et d'association

1. Toute personne a droit à la liberté de réunion pacifique et à la liberté d'association, y compris le droit de fonder avec d'autres des syndicats et de s'affilier à des syndicats pour la défense de ses intérêts.
2. L'exercice de ces droits ne peut faire l'objet d'autres restrictions que celles qui, prévues par la loi, constituent des mesures nécessaires, dans une société démocratique, à la sécurité nationale, à la sûreté publique, à la défense de l'ordre et à la prévention du crime, à la protection de la santé ou de la morale, ou à la protection des droits et libertés d'autrui. Le présent article n'interdit pas que des restrictions légitimes soient imposées à l'exercice de ces droits par les membres des forces armées, de la police ou de l'administration de l'État.

Article 12 [1]
Droit au mariage

À partir de l'âge nubile, l'homme et la femme ont le droit de se marier et de fonder une famille selon les lois nationales régissant l'exercice de ce droit.

1. Intitulé ajouté conformément aux dispositions du Protocole n° 11 (STE n° 155).

Article 13 [1]
Droit à un recours effectif

Toute personne dont les droits et libertés reconnus dans la présente Convention ont été violés, a droit à l'octroi d'un recours effectif devant une instance nationale, alors même que la violation aurait été commise par des personnes agissant dans l'exercice de leurs fonctions officielles.

Article 14 [1]
Interdiction de discrimination

La jouissance des droits et libertés reconnus dans la présente Convention doit être assurée, sans distinction aucune, fondée notamment sur le sexe, la race, la couleur, la langue, la religion, les opinions politiques ou toutes autres opinions, l'origine nationale ou sociale, l'appartenance à une minorité nationale, la fortune, la naissance ou toute autre situation.

Article 15 [1]
Dérogation en cas d'état d'urgence

1. En cas de guerre ou en cas d'autre danger public menaçant la vie de la nation, toute Haute Partie contractante peut prendre des mesures dérogeant aux obligations prévues par la présente Convention, dans la stricte mesure où la situation l'exige et à la condition que ces mesures ne soient pas en contradiction avec les autres obligations découlant du droit international.
2. La disposition précédente n'autorise aucune dérogation à l'article 2, sauf pour le cas de décès résultant d'actes licites de guerre, et aux articles 3, 4 (paragraphe 1) et 7.
3. Toute Haute Partie contractante qui exerce ce droit de dérogation tient le secrétaire général du Conseil de l'Europe pleinement informé des mesures prises et des motifs qui les ont inspirées. Elle doit également informer le secrétaire général du Conseil de l'Europe de la date à laquelle ces mesures ont cessé d'être en vigueur et les dispositions de la Convention reçoivent de nouveau pleine application.

Article 16 [1]
Restrictions à l'activité politique des étrangers

Aucune des dispositions des articles 10, 11 et 14 ne peut être considérée comme interdisant aux Hautes Parties contractantes d'imposer des restrictions à l'activité politique des étrangers.

1. Intitulé ajouté conformément aux dispositions du Protocole n° 11 (STE n° 155).

Article 17 [1]
Interdiction de l'abus de droit

Aucune des dispositions de la présente Convention ne peut être interprétée comme impliquant pour un État, un groupement ou un individu, un droit quelconque de se livrer à une activité ou d'accomplir un acte visant à la destruction des droits ou libertés reconnus dans la présente Convention ou à des limitations plus amples de ces droits et libertés que celles prévues à ladite Convention.

Article 18 [1]
Limitation de l'usage des restrictions aux droits

Les restrictions qui, aux termes de la présente Convention, sont apportées auxdits droits et libertés ne peuvent être appliquées que dans le but pour lequel elles ont été prévues.

Titre II [2]. — Cour européenne des droits de l'homme

Article 19
Institution de la Cour

Afin d'assurer le respect des engagements résultant pour les Hautes Parties contractantes de la présente Convention et de ses protocoles, il est institué une Cour européenne des droits de l'homme, ci-dessous nommée « la Cour ». Elle fonctionne de façon permanente.

Article 20
Nombre de juges

La Cour se compose d'un nombre de juges égal à celui des Hautes Parties contractantes.

Article 21
Conditions d'exercice des fonctions

1. Les juges doivent jouir de la plus haute considération morale et réunir les conditions requises pour l'exercice de hautes fonctions judiciaires ou être des jurisconsultes possédant une compétence notoire.
2. Les juges siègent à la Cour à titre individuel.
3. Pendant la durée de leur mandat, les juges ne peuvent exercer aucune activité incompatible avec les exigences d'indépendance, d'im-

1. Intitulé ajouté conformément aux dispositions du Protocole n° 11 (STE n° 155).
2. Texte amendé conformément aux dispositions du Protocole n° 11 (STE n° 155).

partialité ou de disponibilité requise par une activité exercée à plein temps ; toute question soulevée en application de ce paragraphe est tranchée par la Cour.

Article 22
Élection des juges

1. Les juges sont élus par l'Assemblée parlementaire au titre de chaque Haute Partie contractante, à la majorité des voix exprimées, sur une liste de trois candidats présentés par la Haute Partie contractante.

2. La même procédure est suivie pour compléter la Cour en cas d'adhésion de nouvelles Hautes Parties contractantes et pourvoir les sièges devenus vacants.

Article 23
Durée du mandat

1. Les juges sont élus pour une durée de six ans. Ils sont rééligibles. Toutefois, les mandats d'une moitié des juges désignés lors de la première élection prendront fin au bout de trois ans.

2. Les juges dont le mandat prendra fin au terme de la période initiale de trois ans sont désignés par tirage au sort effectué par le secrétaire général du Conseil de l'Europe, immédiatement après leur élection.

3. Afin d'assurer, dans la mesure du possible, le renouvellement des mandats d'une moitié des juges tous les trois ans, l'Assemblée parlementaire peut, avant de procéder à toute élection ultérieure, décider qu'un ou plusieurs mandats des juges à élire auront une durée autre que celle de six ans, sans qu'elle puisse toutefois excéder neuf ans ou être inférieure à trois ans.

4. Dans le cas où il y a lieu de conférer plusieurs mandats et où l'Assemblée parlementaire fait application du paragraphe précédent, la répartition des mandats s'opère suivant un tirage au sort effectué par le secrétaire général du Conseil de l'Europe immédiatement après l'élection.

5. Le juge élu en remplacement d'un juge dont le mandat n'est pas expiré achève le mandat de son prédécesseur.

6. Le mandat des juges s'achève dès qu'ils atteignent l'âge de 70 ans.

7. Les juges restent en fonctions jusqu'à leur remplacement. Ils continuent toutefois de connaître des affaires dont ils sont déjà saisis.

Article 24
Révocation

Un juge ne peut être relevé de ses fonctions que si les autres juges décident, à la majorité des deux tiers, qu'il a cessé de répondre aux conditions requises.

Article 25
Greffe et référendaires

La Cour dispose d'un greffe dont les tâches et l'organisation sont fixées par le règlement de la Cour. Elle est assistée de référendaires.

Article 26
Assemblée plénière de la Cour

La Cour réunie en Assemblée plénière :

a) élit, pour une durée de trois ans, son président et un ou deux vice-présidents ; ils sont rééligibles ;

b) constitue des Chambres pour une période déterminée ;

c) élit les présidents des Chambres de la Cour, qui sont rééligibles ;

d) adopte le règlement de la Cour, et

e) élit le greffier et un ou plusieurs greffiers adjoints.

Article 27
Comités, Chambres et Grande Chambre

1. Pour l'examen des affaires portées devant elle, la Cour siège en comités de trois juges, en Chambres de sept juges et en une Grande Chambre de dix-sept juges. Les Chambres de la Cour constituent les comités pour une période déterminée.

2. Le juge élu au titre d'un État Partie au litige est membre de droit de la Chambre et de la Grande Chambre ; en cas d'absence de ce juge, ou lorsqu'il n'est pas en mesure de siéger, cet État partie désigne une personne qui siège en qualité de juge.

3. Font aussi partie de la Grande Chambre, le président de la Cour, les vice-présidents, les présidents des Chambres et d'autres juges désignés conformément au règlement de la Cour. Quand l'affaire est déférée à la Grande Chambre en vertu de l'article 43, aucun juge de la Chambre qui a rendu l'arrêt ne peut y siéger, à l'exception du président de la Chambre et du juge ayant siégé au titre de l'État partie intéressé.

Article 28
Déclarations d'irrecevabilité par les Comités

Un comité peut, par vote unanime, déclarer irrecevable ou rayer du rôle une requête individuelle introduite en vertu de l'article 34 lorsqu'une telle décision peut être prise sans examen complémentaire. La décision est définitive.

Article 29
Décisions des Chambres sur la recevabilité et le fond

1. Si aucune décision n'a été prise en vertu de l'article 28, une Chambre se prononce sur la recevabilité et le fond des requêtes individuelles introduites en vertu de l'article 34.

2. Une Chambre se prononce sur la recevabilité et le fond des requêtes étatiques introduites en vertu de l'article 33.

3. Sauf décision contraire de la Cour dans des cas exceptionnels, la décision sur la recevabilité est prise séparément.

Article 30
Dessaisissement en faveur de la Grande Chambre

Si l'affaire pendante devant une Chambre soulève une question grave relative à l'interprétation de la Convention ou de ses protocoles, ou si la solution d'une question peut conduire a une contradiction avec un arrêt rendu antérieurement par la Cour, la Chambre peut, tant qu'elle n'a pas rendu son arrêt, se dessaisir au profit de la Grande Chambre, à moins que l'une des parties ne s'y oppose.

Article 31
Attributions de la Grande Chambre

La Grande Chambre :

a) se prononce sur les requêtes introduites en vertu de l'article 33 ou de l'article 34 lorsque l'affaire lui a été déférée par la Chambre en vertu de l'article 30 ou lorsque l'affaire lui a été déférée en vertu de l'article 43 ; et

b) examine les demandes d'avis consultatifs introduites en vertu de l'article 47.

Article 32
Compétence de la Cour

1. La compétence de la Cour s'étend à toutes les questions concernant l'interprétation et l'application de la Convention et de ses protocoles qui lui seront soumises dans les conditions prévues par les articles 33, 34 et 47.

2. En cas de contestation sur le point de savoir si la Cour est compétente, la Cour décide.

Article 33
Affaires interétatiques

Toute Haute Partie contractante peut saisir la Cour de tout manquement aux dispositions de la Convention et de ses protocoles qu'elle croira pouvoir être imputé à une autre Haute Partie contractante.

Article 34
Requêtes individuelles

La Cour peut être saisie d'une requête par toute personne physique, toute organisation non gouvernementale ou tout groupe de particuliers qui se prétend victime d'une violation par l'une des Hautes Parties contractantes des droits reconnus dans la Convention ou ses protocoles. Les Hautes Parties contractantes s'engagent à n'entraver par aucune mesure l'exercice efficace de ce droit.

Article 35
Conditions de recevabilité

1. La Cour ne peut être saisie qu'après l'épuisement des voies de recours internes, tel qu'il est entendu selon les principes de droit international généralement reconnus, et dans un délai de six mois à partir de la date de la décision interne définitive.

2. La Cour ne retient aucune requête individuelle introduite en application de l'article 34, lorsque :

a) elle est anonyme ; ou

b) elle est essentiellement la même qu'une requête précédemment examinée par la Cour ou déjà soumise à une autre instance internationale d'enquête ou de règlement, et si elle ne contient pas de faits nouveaux.

3. La Cour déclare irrecevable toute requête individuelle introduite en application de l'article 34, lorsqu'elle estime la requête incompatible avec les dispositions de la Convention ou de ses protocoles, manifestement mal fondée ou abusive.

4. La Cour rejette toute requête qu'elle considère comme irrecevable par application du présent article. Elle peut procéder ainsi à tout stade de la procédure.

Article 36
Tierce intervention

1. Dans toute affaire devant une Chambre ou la Grande Chambre, une Haute Partie contractante dont un ressortissant est requérant a le droit de présenter des observations écrites et de prendre part aux audiences.

2. Dans l'intérêt d'une bonne administration de la justice, le président de la Cour peut inviter toute Haute Partie contractante qui n'est pas partie à l'instance ou toute personne intéressée autre que le requérant à présenter des observations écrites ou à prendre part aux audiences.

Article 37
Radiation

1. À tout moment de la procédure, la Cour peut décider de rayer une requête du rôle lorsque les circonstances permettent de conclure :

a) que le requérant n'entend plus la maintenir ; ou

b) que le litige a été résolu ; ou

c) que, pour tout autre motif dont la Cour constate l'existence, il ne se justifie plus de poursuivre l'examen de la requête.

Toutefois, la Cour poursuit l'examen de la requête si le respect des droits de l'homme garantis par la Convention et ses protocoles l'exige.

2. La Cour peut décider la réinscription au rôle d'une requête lorsqu'elle estime que les circonstances le justifient.

Article 38
Examen contradictoire de l'affaire et procédure de règlement amiable

1. Si la Cour déclare une requête recevable, elle :

a) poursuit l'examen contradictoire de l'affaire avec les représentants des parties et, s'il y a lieu, procède à une enquête pour la conduite efficace de laquelle les États intéressés fourniront toutes facilités nécessaires ;

b) se met à la disposition des intéressés en vue de parvenir à un règlement amiable de l'affaire s'inspirant du respect des droits de l'homme tels que les reconnaissent la Convention et ses protocoles.

2. La procédure décrite au paragraphe 1.b est confidentielle.

Article 39
Conclusion d'un règlement amiable

En cas de règlement amiable, la Cour raye l'affaire du rôle par une décision qui se limite à un bref exposé des faits et de la solution adoptée.

Article 40
Audience publique et accès aux documents

1. L'audience est publique à moins que la Cour n'en décide autrement en raison de circonstances exceptionnelles.

2. Les documents déposés au greffe sont accessibles au public à moins que le président de la Cour n'en décide autrement.

Article 41
Satisfaction équitable

Si la Cour déclare qu'il y a eu violation de la Convention ou de ses protocoles, et si le droit interne de la Haute Partie contractante ne permet d'effacer qu'imparfaitement les conséquences de cette violation, la Cour accorde à la partie lésée, s'il y a lieu, une satisfaction équitable.

Article 42
Arrêts des Chambres

Les arrêts des Chambres deviennent définitifs conformément aux dispositions de l'article 44, paragraphe 2.

Article 43
Renvoi devant la Grande Chambre

1. Dans un délai de trois mois à compter de la date de l'arrêt d'une Chambre, toute partie à l'affaire peut, dans des cas exceptionnels, demander le renvoi de l'affaire devant la Grande Chambre.

2. Un collège de cinq juges de la Grande Chambre accepte la demande si l'affaire soulève une question grave relative à l'interprétation ou à l'application de la Convention ou de ses protocoles, ou encore une question grave de caractère général.

3. Si le collège accepte la demande, la Grande Chambre se prononce sur l'affaire par un arrêt.

Article 44
Arrêts définitifs

1. L'arrêt de la Grande Chambre est définitif.

2. L'arrêt d'une Chambre devient définitif :

a) lorsque les parties déclarent qu'elles ne demanderont pas le renvoi de l'affaire devant la Grande Chambre ; ou

b) trois mois après la date de l'arrêt, si le renvoi de l'affaire devant la Grande Chambre n'a pas été demandé ; ou

c) lorsque le collège de la Grande Chambre rejette la demande de renvoi formulée en application de l'article 43.

3. L'arrêt définitif est publié.

Article 45
Motivation des arrêts et décisions

1. Les arrêts, ainsi que les décisions déclarant des requêtes recevables ou irrecevables, sont motivés.

2. Si l'arrêt n'exprime pas en tout ou en partie l'opinion unanime des juges, tout juge a le droit d'y joindre l'exposé de son opinion séparée.

Article 46
Force obligatoire et exécution des arrêts

1. Les Hautes Parties contractantes s'engagent à se conformer aux arrêts définitifs de la Cour dans les litiges auxquels elles sont parties.

2. L'arrêt définitif de la Cour est transmis au Comité des ministres qui en surveille l'exécution.

Article 47
Avis consultatifs

1. La Cour peut, à la demande du Comité des Ministres, donner des avis consultatifs sur des questions juridiques concernant l'interprétation de la Convention et de ses protocoles.

2. Ces avis ne peuvent porter ni sur les questions ayant trait au contenu ou à l'étendue des droits et libertés définis au titre I de la Convention et dans les protocoles ni sur les autres questions dont la Cour ou le Comité des ministres pourraient avoir à connaître par suite de l'introduction d'un recours prévu par la Convention.

3. La décision du Comité des ministres de demander un avis à la Cour est prise par un vote à la majorité des représentants ayant le droit de siéger au Comité.

Article 48
Compétence consultative de la Cour

La Cour décide si la demande d'avis consultatif présentée par le Comité des ministres relève de sa compétence telle que définie par l'article 47.

Article 49
Motivation des avis consultatifs

1. L'avis de la Cour est motivé.
2. Si l'avis n'exprime pas en tout ou en partie l'opinion unanime des juges, tout juge a le droit d'y joindre l'exposé de son opinion séparée.
3. L'avis de la Cour est transmis au Comité des ministres.

Article 50
Frais de fonctionnement de la Cour

Les frais de fonctionnement de la Cour sont à la charge du Conseil de l'Europe.

Article 51
Privilèges et immunités des juges

Les juges jouissent, pendant l'exercice de leurs fonctions, des privilèges et immunités prévus à l'article 40 du Statut du Conseil de l'Europe et dans les accords conclus au titre de cet article.

Titre III [1, 2] — Dispositions diverses

Article 52 [1]
Enquêtes du scrétaire général

Toute Haute Partie contractante fournira sur demande du secrétaire général du Conseil de l'Europe les explications requises sur la manière

1. Intitulé ajouté conformément aux dispositions du Protocole n° 11 (STE n° 155).
2. Les articles de ce titre sont renumérotés conformément aux dispositions du Protocole n° 11 (STE n° 155).

dont son droit interne assure l'application effective de toutes les dispositions de cette Convention.

Article 53 [1]
Sauvegarde des droits de l'homme reconnus

Aucune des dispositions de la présente Convention ne sera interprétée comme limitant ou portant atteinte aux droits de l'homme et aux libertés fondamentales qui pourraient être reconnus conformément aux lois de toute Partie contractante ou à toute autre Convention à laquelle cette Partie contractante est partie.

Article 54 [1]
Pouvoirs du Comité des ministres

Aucune disposition de la présente Convention ne porte atteinte aux pouvoirs conférés au Comité des ministres par le Statut du Conseil de l'Europe.

Article 55 [1]
Renonciation à d'autres modes de règlement des différends

Les Hautes Parties contractantes renoncent réciproquement, sauf compromis spécial, à se prévaloir des traités, conventions ou déclarations existant entre elles, en vue de soumettre, par voie de requête, un différend né de l'interprétation ou de l'application de la présente Convention à un mode de règlement autre que ceux prévus par ladite Convention.

Article 56 [1]
Application territoriale

1 [2]. Tout État peut, au moment de la ratification ou à tout autre moment par la suite, déclarer, par notification adressée au secrétaire général du Conseil de l'Europe, que la présente Convention s'appliquera, sous réserve du paragraphe 4 du présent article, à tous les territoires ou à l'un quelconque des territoires dont il assure les relations internationales.

2. La Convention s'appliquera au territoire ou aux territoires désignés dans la notification à partir du trentième jour qui suivra la date à laquelle le secrétaire général du Conseil de l'Europe aura reçu cette notification.

1. Intitulé ajouté conformément aux dispositions du Protocole n° 11 (STE n° 155).
2. Les articles de ce titre sont renumérotés conformément aux dispositions du Protocole n° 11 (STE n° 155).

3. Dans lesdits territoires les dispositions de la présente Convention seront appliquées en tenant compte des nécessités locales.

4 [1]. Tout État qui a fait une déclaration conformément au premier paragraphe de cet article, peut, à tout moment par la suite, déclarer relativement à un ou plusieurs des territoires visés dans cette déclaration qu'il accepte la compétence de la Cour pour connaître des requêtes de personnes physiques, d'organisations non gouvernementales ou de groupes de particuliers, comme le prévoit l'article 34 de la Convention.

Article 57 [2]
Réserves

1. Tout État peut, au moment de la signature de la présente Convention ou du dépôt de son instrument de ratification, formuler une réserve au sujet d'une disposition particulière de la Convention, dans la mesure où une loi alors en vigueur sur son territoire n'est pas conforme à cette disposition. Les réserves de caractère général ne sont pas autorisées aux termes du présent article.

2. Toute réserve émise conformément au présent article comporte un bref exposé de la loi en cause.

Article 58 [2]
Dénonciation

1. Une Haute Partie contractante ne peut dénoncer la présente Convention qu'après l'expiration d'un délai de cinq ans à partir de la date d'entrée en vigueur de la Convention à son égard et moyennant un préavis de six mois, donné par une notification adressée au secrétaire général du Conseil de l'Europe, qui en informe les autres Parties contractantes.

2. Cette dénonciation ne peut avoir pour effet de délier la Haute Partie contractante intéressée des obligations contenues dans la présente Convention en ce qui concerne tout fait qui, pouvant constituer une violation de ces obligations, aurait été accompli par elle antérieurement à la date à laquelle la dénonciation produit effet.

3. Sous la même réserve cesserait d'être Partie à la présente Convention toute Partie contractante qui cesserait d'être membre du Conseil de l'Europe.

4 [1]. La Convention peut être dénoncée conformément aux dispositions des paragraphes précédents en ce qui concerne tout territoire auquel elle a été déclarée applicable aux termes de l'article 56.

1. Les articles de ce titre sont renumérotés conformément aux dispositions du Protocole n° 11 (STE n° 155).

2. Intitulé ajouté conformément aux dispositions du Protocole n° 11 (STE n° 155).

Article 59 [1]
Signature et ratification

1. La présente Convention est ouverte à la signature des membres du Conseil de l'Europe. Elle sera ratifiée. Les ratifications seront déposées près le secrétaire général du Conseil de l'Europe.
2. La présente Convention entrera en vigueur après le dépôt de dix instruments de ratification.
3. Pour tout signataire qui la ratifiera ultérieurement, la Convention entrera en vigueur dès le dépôt de l'instrument de ratification.
4. Le Secrétaire Général du Conseil de l'Europe notifiera à tous les membres du Conseil de l'Europe l'entrée en vigueur de la Convention, les noms des Hautes Parties contractantes qui l'auront ratifiée, ainsi que le dépôt de tout instrument de ratification intervenu ultérieurement.

Fait à Rome, le 4 novembre 1950, en français et en anglais, les deux textes faisant également foi, en un seul exemplaire qui sera déposé dans les archives du Conseil de l'Europe. Le secrétaire général du Conseil de l'Europe en communiquera des copies certifiées conformes à tous les signataires.

1. Intitulé ajouté conformément aux dispositions du Protocole n° 11 (STE n° 155).

ANNEXE III

Version consolidée du Traité sur l'Union européenne

(par le Traité d'Amsterdam, tel qu'il a été signé le 2 octobre 1997 et entré en vigueur le 1er mai 1999)

TITRE VI
Dispositions relatives à la coopération policière et judiciaire en matière pénale

Article 29 (ex-article K.1)

Sans préjudice des compétences de la Communauté européenne, l'objectif de l'Union est d'offrir aux citoyens un niveau élevé de protection dans un espace de liberté, de sécurité et de justice, en élaborant une action en commun entre les États membres dans le domaine de la coopération policière et judiciaire en matière pénale, en prévenant le racisme et la xénophobie et en luttant contre ces phénomènes.

Cet objectif est atteint par la prévention de la criminalité, organisée ou autre, et la lutte contre ce phénomène, notamment le terrorisme, la traite d'êtres humains et les crimes contre des enfants, le trafic de drogue, le trafic d'armes, la corruption et la fraude, grâce :

— à une coopération plus étroite entre les forces de police, les autorités douanières et les autres autorités compétentes dans les États membres, à la fois directement et par l'intermédiaire de l'Office européen de police (Europol), conformément aux articles 30 et 32 ;

— à une coopération plus étroite entre les autorités judiciaires et autres autorités compétentes des États membres, conformément à l'article 31, points a) à d), et à l'article 32 ;

— au rapprochement, en tant que de besoin, des règles de droit pénal des États membres, conformément à l'article 31, point e).

Article 30 (ex-article K.2)

1. L'action en commun dans le domaine de la coopération policière couvre entre autres :

a) la coopération opérationnelle entre les autorités compétentes, y compris les services de police, les services des douanes et autres services répressifs spécialisés des États membres, dans le domaine de la prévention et de la détection des infractions pénales et des enquêtes en la matière ;

b) la collecte, le stockage, le traitement, l'analyse et l'échange d'informations pertinentes, y compris d'informations détenues par des services répressifs concernant des signalements de transactions financières douteuses, notamment par l'intermédiaire d'Europol, sous réserve des dispositions appropriées relatives à la protection des données à caractère personnel ;

c) la coopération et les initiatives conjointes dans les domaines de la formation, des échanges d'officiers de liaison, des détachements, de l'utilisation des équipements et de la recherche en criminalistique ;

d) l'évaluation en commun de techniques d'enquête particulières concernant la détection des formes graves de criminalité organisée.

2. Le Conseil encourage la coopération par l'intermédiaire d'Europol et, en particulier, dans les cinq ans qui suivent la date d'entrée en vigueur du traité d'Amsterdam :

a) permet à Europol de faciliter et d'appuyer la préparation, et d'encourager la coordination et la mise en œuvre d'actions spécifiques d'enquête menées par les autorités compétentes des États membres, y compris des actions opérationnelles d'équipes conjointes, comprenant des représentants d'Europol à titre d'appui ;

b) arrête des mesures destinées à permettre à Europol de demander aux autorités compétentes des États membres de mener et de coordonner leurs enquêtes dans des affaires précises, et de développer des compétences spécialisées pouvant être mises à la disposition des États membres pour les aider dans des enquêtes sur la criminalité organisée ;

c) favorise l'établissement de contacts entre magistrats et enquêteurs spécialisés dans la lutte contre la criminalité organisée et travaillant en étroite coopération avec Europol ;

d) instaure un réseau de recherche, de documentation et de statistiques sur la criminalité transfrontière.

Article 31 (ex-article K.3)

L'action en commun dans le domaine de la coopération judiciaire en matière pénale vise entre autres à :

a) faciliter et accélérer la coopération entre les ministères et les autorités judiciaires ou équivalentes compétents des États membres pour ce qui est de la procédure et de l'exécution des décisions ;

b) faciliter l'extradition entre États membres ;

c) assurer, dans la mesure nécessaire à l'amélioration de cette coopération, la compatibilité des règles applicables dans les États membres ;

d) prévenir les conflits de compétences entre États membres ;

e) adopter progressivement des mesures instaurant des règles minimales relatives aux éléments constitutifs des infractions pénales et aux sanctions applicables dans les domaines de la criminalité organisée, du terrorisme et du trafic de drogue.

Article 32 (ex-article K.4)

Le Conseil fixe les conditions et les limites dans lesquelles les autorités compétentes visées aux articles 30 et 31 peuvent inter-venir sur le territoire d'un autre État membre en liaison et en accord avec les autorités de celui-ci.

Article 33 (ex-article K.5)

Le présent titre ne porte pas atteinte à l'exercice des responsabilités qui incombent aux États membres pour le maintien de l'ordre public et la sauvegarde de la sécurité intérieure.

Article 34 (ex-article K.6)

1. Dans les domaines visés au présent titre, les États membres s'informent et se consultent mutuellement au sein du Conseil en vue de coordonner leur action. Ils instituent à cet effet une collaboration entre les services compétents de leurs administrations.

2. Le Conseil, sous la forme et selon les procédures appropriées indiquées dans le présent titre, prend des mesures et favorise la coopération en vue de contribuer à la poursuite des objectifs de l'Union. À cet effet, il peut, statuant à l'unanimité à l'initiative de tout État membre ou de la Commission :

a) arrêter des positions communes définissant l'approche de l'Union sur une question déterminée ;

b) arrêter des décisions-cadres aux fins du rapprochement des dispositions législatives et réglementaires des États membres. Les décisions-cadres lient les États membres quant au résultat à atteindre, tout en laissant aux instances nationales la compétence quant à la forme et aux moyens. Elles ne peuvent entraîner d'effet direct ;

c) arrêter des décisions à toute autre fin conforme aux objectifs du présent titre, à l'exclusion de tout rapprochement des dispositions législatives et réglementaires des États membres. Ces décisions sont obligatoires et ne peuvent entraîner d'effet direct ; le Conseil, statuant à la majorité qualifiée, arrête les mesures nécessaires pour mettre en œuvre ces décisions au niveau de l'Union ;

d) établir des conventions dont il recommande l'adoption par les États membres selon leurs règles constitutionnelles respectives. Les États membres engagent les procédures applicables dans le délai fixé par le Conseil.

Sauf dispositions contraires y figurant, ces conventions, une fois qu'elles ont été adoptées par la moitié au moins des États membres, entrent en vigueur dans les États membres qui les ont adoptées. Les mesures d'application de ces conventions sont adoptées au sein du Conseil à la majorité des deux tiers des Parties contractantes.

3. Pour les délibérations du Conseil qui requièrent une majorité qualifiée, les voix des membres sont affectées de la pondération prévue à l'article 205, paragraphe 2, du traité instituant la Communauté européenne ; les délibérations sont acquises si elles ont recueilli au moins soixante-deux voix, exprimant le vote favorable d'au moins dix membres.

4. Pour les questions de procédure, les délibérations du Conseil sont acquises à la majorité des membres qui le composent.

Article 35 (ex-article K.7)

1. La Cour de justice des Communautés européennes est compétente, sous réserve des conditions définies au présent article, pour statuer à titre préjudiciel sur la validité et l'interprétation des décisions-cadres et des décisions, sur l'interprétation des conventions établies en vertu du présent titre, ainsi que sur la validité et l'interprétation de leurs mesures d'application.

2. Tout État membre peut, par une déclaration faite au moment de la signature du traité d'Amsterdam, ou à tout autre moment postérieur à ladite signature, accepter la compétence de la Cour de justice pour statuer à titre préjudiciel dans les conditions définies au paragraphe 1.

3. Un État membre qui fait une déclaration au titre du paragraphe 2 indique que :

a) soit toute juridiction de cet État dont les décisions ne sont pas susceptibles d'un recours juridictionnel de droit interne a la faculté de demander à la Cour de justice de statuer à titre préjudiciel sur une question soulevée dans une affaire pendante devant elle et portant sur la validité ou l'interprétation d'un acte visé au paragraphe 1, lorsquelle estime qu'une décision sur ce point est nécessaire pour rendre son jugement ;

b) soit toute juridiction de cet État a la faculté de demander à la Cour de justice de statuer à titre préjudiciel sur une question soulevée dans une affaire pendante devant elle et portant sur la validité ou l'interprétation d'un acte visé au paragraphe 1, lorsqu'elle estime qu'une décision sur ce point est nécessaire pour rendre son jugement.

4. Tout État membre, qu'il ait ou non fait une déclaration au titre du paragraphe 2, a le droit de présenter à la Cour des mémoires ou observations écrites dans les affaires dont elle est saisie en vertu du paragraphe 1.

5. La Cour de justice n'est pas compétente pour vérifier la validité ou la proportionnalité d'opérations menées par la police ou d'autres services répressifs dans un État membre, ni pour statuer sur l'exercice des responsabilités qui incombent aux États membres pour le maintien de l'ordre public et la sauvegarde de la sécurité intérieure.

6. La Cour de justice est compétente pour contrôler la légalité des décisions-cadres et des décisions lorsqu'un recours est formé par un État membre ou par la Commission pour incompétence, violation des formes substantielles, violation du présent traité ou de toute règle de droit relative à son application, ou détournement de pouvoir. Les recours prévus au présent paragraphe doivent être formés dans un délai de deux mois à compter de la publication de l'acte.

7. La Cour de justice est compétente pour statuer sur tout différend entre États membres concernant l'interprétation ou l'application des actes adoptés au titre de l'article 34, paragraphe 2, dès lors que ce différend n'a pu être réglé au sein du Conseil dans les six mois qui ont suivi la saisine de celui-ci par l'un de ses membres. La Cour est également compétente pour statuer sur tout différend entre États membres et la Commission concernant l'interprétation ou l'application des conventions établies en vertu de l'article 34, paragraphe 2, point d).

Article 36 (ex-article K.8)

1. Il est institué un comité de coordination composé de hauts fonctionnaires. En plus de son rôle de coordination, ce comité a pour mission :

— de formuler des avis à l'intention du Conseil, soit à la requête de celui-ci, soit de sa propre initiative ;

— de contribuer, sans préjudice de l'article 207 du traité instituant la Communauté européenne, à la préparation des travaux du Conseil dans les domaines visés à l'article 29.

2. La Commission est pleinement associée aux travaux dans les domaines visés au présent titre.

Article 37 (ex-article K.9)

Les États membres défendent les positions communes arrêtées conformément au présent titre dans les organisations internationales et lors des conférences internationales auxquelles ils participent.

Les articles 18 et 19 s'appliquent, le cas échéant, aux questions relevant du présent titre.

Article 38 (ex-article K.10)

Les accords visés à l'article 24 peuvent couvrir des matières relevant du présent titre.

Article 39 (ex-article K.11)

1. Avant d'adopter toute mesure visée à l'article 34, paragraphe 2, points b), c) et d), le Conseil consulte le Parlement européen. Celui-ci

rend son avis dans un délai que le Conseil peut déterminer et qui ne peut être inférieur à trois mois. À défaut d'avis rendu dans ce délai, le Conseil peut statuer.

2. La présidence et la Commission informent régulièrement le Parlement européen des travaux menés dans les domaines relevant du présent titre.

3. Le Parlement européen peut adresser des questions ou formuler des recommandations à l'intention du Conseil. Il procède chaque année à un débat sur les progrès réalisés dans les domaines visés au présent titre.

Article 40 (ex-article K.12)

1. Les États membres qui se proposent d'instaurer entre eux une coopération renforcée peuvent être autorisés, dans le respect des articles 43 et 44, à recourir aux institutions, procédures et mécanismes prévus par les traités, à condition que la coopération envisagée :

a) respecte les compétences de la Communauté européenne, de même que les objectifs fixés par le présent titre ;

b) ait pour but de permettre à l'Union de devenir plus rapidement un espace de liberté, de sécurité et de justice.

2. L'autorisation prévue au paragraphe 1 est accordée par le Conseil statuant à la majorité qualifiée à la demande des États membres concernés, la Commission ayant été invitée à présenter son avis. La demande est également transmise au Parlement européen.

Si un membre du Conseil déclare que, pour des raisons de politique nationale importantes et qu'il expose, il a l'intention de s'opposer à l'octroi d'une autorisation décidée à la majorité qualifiée, il n'est pas procédé au vote. Le Conseil, statuant à la majorité qualifiée, peut demander que le Conseil européen soit saisi de la question en vue d'une décision à l'unanimité.

Les voix des membres du Conseil sont affectées de la pondération prévue à l'article 205, paragraphe 2, du traité instituant la Communauté européenne. Pour être adoptées, les décisions doivent recueillir au moins soixante-deux voix, exprimant le vote favorable d'au moins dix membres.

3. Tout État membre qui souhaite participer à la coopération instaurée en vertu du présent article notifie son intention au Conseil et à la Commission, qui transmet au Conseil, dans un délai de trois mois à compter de la date de réception de la notification, un avis éventuellement assorti d'une recommandation relative à des dispositions particulières qu'elle peut juger nécessaires pour que l'État membre concerné participe à la coopération en question. Dans un délai de quatre mois à compter de la date de la notification, le Conseil statue sur la demande ainsi que sur d'éventuelles dispositions particulières qu'il peut juger nécessaires. La décision est réputée approuvée, à moins que le Conseil, statuant à la majorité qualifiée, ne décide de la tenir en suspens ; dans ce cas, le Conseil indique les motifs de sa décision et fixe un délai pour

son réexamen. Aux fins du présent paragraphe, le Conseil statue dans les conditions prévues à l'article 44.

4. Les dispositions des articles 29 à 41 s'appliquent à la coopération renforcée prévue par le présent article, sauf dispositions contraires de ce dernier et des articles 43 et 44.

Les dispositions du traité instituant la Communauté européenne concernant la compétence de la Cour de justice des Communautés européennes et l'exercice de cette compétence s'appliquent aux paragraphes 1, 2 et 3.

5. Le présent article n'affecte pas les dispositions du protocole intégrant l'acquis de Schengen dans le cadre de l'Union européenne.

Article 41 (ex-article K.13)

1. Les articles 189, 190, 195, 196 à 199, 203, 204, 205 paragraphe 3, aux articles 206 à 209, 213 à 219, 255 et 290 du traité instituant la Communauté européenne sont applicables aux dispositions relatives aux domaines visés au présent titre.

2. Les dépenses administratives entraînées pour les institutions par les dispositions relatives aux domaines visés au présent titre sont à la charge du budget des Communautés européennes.

3. Les dépenses opérationnelles entraînées par la mise en œuvre desdites dispositions sont également à la charge du budget des Communautés européennes, sauf si le Conseil, statuant à l'unanimité, en décide autrement. Quand une dépense n'est pas mise à la charge du budget des Communautés européennes, elle est à la charge des États membres selon la clé du produit national brut, à moins que le Conseil, statuant à l'unanimité, n'en décide autrement.

4. La procédure budgétaire fixée dans le traité instituant la Communauté européenne s'applique aux dépenses qui sont à la charge du budget des Communautés européennes.

Article 42 (ex-article K.14)

Le Conseil, statuant à l'unanimité à l'initiative de la Commission ou d'un État membre, et après consultation du Parlement européen, peut décider que des actions dans les domaines visés à l'article 29 relèveront du titre IV du traité instituant la Communauté européenne et, en même temps, déterminer les conditions de vote qui s'y rattachent. Il recommande l'adoption de cette décision par les États membres conformément à leurs règles constitutionnelles respectives.

INDEX ALPHABÉTIQUE

(Les chiffres renvoient aux numéros des paragraphes)

D

E

F

G

I

L

M

N

O

P

Q

R

S

T

U

V

TABLE DES MATIÈRES

PHOTOCOMPOSITION : S.A.R.L. SAINT-CYR COMPO - CAHORS (LOT)

Achevé d'imprimer en février 2002
par Normandie Roto Impression s.a.
61250 Lonrai
N°d'impression : 020306
703970 (1) OSB-T60g CYR
Dépôt légal : mars 2002